U0450814

唐山玉清观道学文化丛书

参同集注

——万古丹经王《周易参同契》注解集成

董沛文／主编

东汉 魏伯阳◎等著

周全彬 盛克琦◎编校

【第二册】

宗教文化出版社

目　录

第十一卷　周易参同契分章注 …………… 元·陈致虚（509）

　点校说明 ……………………………………………（509）

　序 ……………………………………… 清·俞慕纯（511）

　序 ……………………………………… 清·朱仲棠（512）

　《周易参同契分章注解》卷之上 ………………（513）

　　大易总叙章第一 …………………………………（513）

　　乾坤设位章第二 …………………………………（517）

　　日月悬象章第三 …………………………………（519）

　　圣人上观章第四 …………………………………（521）

　　君臣御政章第五 …………………………………（523）

　　炼己立基章第六 …………………………………（525）

　　明两知窍章第七 …………………………………（527）

　　明辩邪正章第八 …………………………………（529）

　　龙虎两弦章第九 …………………………………（530）

　　金返归性章第十 …………………………………（531）

　　二土全功章第十一 ………………………………（533）

　　同类合体章第十二 ………………………………（535）

　　三圣前识章第十三 ………………………………（536）

　　金丹刀圭章第十四 ………………………………（539）

　　水火情性章第十五 ………………………………（542）

　《周易参同契分章注解》卷之中 ………………（545）

　　阴阳精气章第十六 ………………………………（545）

　　君子君室章第十七 ………………………………（546）

晦朔合符章第十八 …………………………………… (549)
爻变功用章第十九 …………………………………… (550)
养性立命章第二十 …………………………………… (553)
二气感化章第二十一 ………………………………… (555)
关键三宝章第二十二 ………………………………… (556)
傍门无功章第二十三 ………………………………… (558)
流珠金华章第二十四 ………………………………… (559)
如审遭逢章第二十五 ………………………………… (560)
姹女黄芽章第二十六 ………………………………… (561)
男女相胥章第二十七 ………………………………… (563)
四者混沌章第二十八 ………………………………… (564)
卯酉刑德章第二十九 ………………………………… (565)
君子好述章第三十 …………………………………… (566)
《周易参同契分章注解》卷之下 ……………………… (567)
圣贤伏炼章第三十一 ………………………………… (567)
法象成功章第三十二 ………………………………… (570)
鼎器妙用章第三十三 ………………………………… (572)
补塞遗脱章第三十四 ………………………………… (575)
自叙启后章第三十五 ………………………………… (576)
附录：
《周易参同契分章注》三卷 ………… 清·《四库全书总目》(577)

第十二卷 周易参同契药物火候图说 ………… 明·楼英(578)

点校说明 ……………………………………………… (578)
《周易参同契》药物火候图说 ………………………… (579)

第十三卷 周易参同契测疏 ………… 明·陆西星(582)

点校说明 ……………………………………………… (582)
序 ……………………………………………………… (584)
《周易参同契测疏》上篇 …………………………… (583)
周易参同章第一 ……………………………………… (584)
乾坤二用章第二 ……………………………………… (586)

中宫土德章第三 …………………………………（587）

日月神化章第四 …………………………………（587）

朔受震符章第五 …………………………………（588）

天心建始章第六 …………………………………（589）

日月始终章第七 …………………………………（590）

药生象月章第八 …………………………………（590）

阴符转统章第九 …………………………………（591）

象彼仲冬章第十 …………………………………（592）

推度符征章第十一 ………………………………（592）

御政之首章第十二 ………………………………（593）

内以养己章第十三 ………………………………（594）

知白守黑章第十四 ………………………………（595）

道术是非章第十五 ………………………………（597）

二八弦炁章第十六 ………………………………（598）

金火含受章第十七 ………………………………（599）

二土全功章第十八 ………………………………（600）

金丹妙用章第十九 ………………………………（601）

同类相从章第二十 ………………………………（601）

背道迷真章第二十一 ……………………………（602）

三圣前识章第二十二 ……………………………（603）

金火铢两章第二十三 ……………………………（604）

水火情性章第二十四 ……………………………（606）

古今道一章第二十五 ……………………………（607）

《周易参同契测疏》中篇 ………………………（608）

乾坤精炁章第二十六 ……………………………（608）

入室休咎章第二十七 ……………………………（609）

晦朔合符章第二十八 ……………………………（610）

卦律火符章第二十九 ……………………………（612）

性命根宗章第三十 ………………………………（616）

二气感化章第三十一 ……………………………（618）

关键三宝章第三十二 …………………………………（618）
旁门无功章第三十三 …………………………………（620）
珠华倡和章第三十四 …………………………………（620）
五行逆克章第三十五 …………………………………（621）
龙虎主客章第三十六 …………………………………（622）
不得其理章第三十七 …………………………………（623）
父母滋禀章第三十八 …………………………………（623）
药物至灵章第三十九 …………………………………（624）
天元配合章第四十 ……………………………………（624）
日月含吐章第四十一 …………………………………（625）
四象归土章第四十二 …………………………………（626）
阴阳反覆章第四十三 …………………………………（627）
牝牡相须章第四十四 …………………………………（628）
《周易参同契测疏》下篇 ……………………………（628）
继往开来章第四十五 …………………………………（628）
丹法全旨章第四十六 …………………………………（629）
鼎器歌第四十七 ………………………………………（632）
序第四十八章 …………………………………………（634）
赞序第四十九 …………………………………………（636）
紫阳真人读《周易参同契》文 ………………………（636）

第十四卷　周易参同契口义 …………………明·陆西星（639）

《周易参同契》口义初稿引 …………………………（639）
《周易参同契口义》上篇 ……………………………（640）
周易参同章第一 ………………………………………（640）
乾坤二用章第二 ………………………………………（642）
中宫土德章第三 ………………………………………（643）
日月神化章第四 ………………………………………（644）
朔受震符章第五 ………………………………………（644）
天心建始章第六 ………………………………………（645）
日月始终章第七 ………………………………………（646）

药生象月章第八 …………………………………………… (647)

阴符转统章第九 …………………………………………… (648)

象彼仲冬章第十 …………………………………………… (649)

推度符征章第十一 ………………………………………… (650)

御政之首章第十二 ………………………………………… (651)

内以养己章第十三 ………………………………………… (652)

知白守黑章第十四 ………………………………………… (653)

道术是非章第十五 ………………………………………… (656)

二八弦炁章第十六 ………………………………………… (656)

金火含受章第十七 ………………………………………… (657)

二土全功章第十八 ………………………………………… (658)

金丹妙用章第十九 ………………………………………… (659)

同类相从章第二十 ………………………………………… (659)

背道迷真章第二十一 ……………………………………… (660)

三圣前识章第二十二 ……………………………………… (660)

金火铢两章第二十三 ……………………………………… (661)

水火情性章第二十四 ……………………………………… (663)

古今道一章第二十五 ……………………………………… (664)

《周易参同契口义》中篇 …………………………………… (664)

乾坤精炁章第二十六 ……………………………………… (664)

入室休咎章第二十七 ……………………………………… (665)

晦朔合符章第二十八 ……………………………………… (667)

卦律火符章第二十九 ……………………………………… (669)

性命根宗章第三十 ………………………………………… (672)

二气感化章第三十一 ……………………………………… (674)

关键三宝章第三十二 ……………………………………… (675)

旁门无功章第三十三 ……………………………………… (677)

珠华倡和章第三十四 ……………………………………… (677)

五行逆克章第三十五 ……………………………………… (678)

龙虎主客章第三十六 ……………………………………… (679)

不得其理章第三十七 ……………………………… (679)

父母滋禀章第三十八 ……………………………… (679)

药物至灵章第三十九 ……………………………… (680)

天元配合章第四十 ………………………………… (680)

日月含吐章第四十一 ……………………………… (682)

四象归土章第四十二 ……………………………… (683)

阴阳反覆章第四十三 ……………………………… (684)

牝牡相须章第四十四 ……………………………… (685)

《周易参同契口义》下篇 ………………………… (686)

自叙启后章第四十五 ……………………………… (686)

丹法全旨章第四十六 ……………………………… (687)

参同字义分属 ……………………………………… (687)

月节气候卦斗律火总纪 …………………………… (688)

斗建子午将指天罡图 ……………………………… (691)

九宫八卦图 ………………………………………… (693)

昏见图 ……………………………………………… (693)

晨现图 ……………………………………………… (694)

八卦纳甲之图 ……………………………………… (695)

含元播精三五归一图 ……………………………… (695)

附录：

陆西星先生年表 ……………………………… 周全彬(696)

第十五卷 参同契疏略 …………………… 明·王文禄(703)

点校说明 …………………………………………… (703)

《参同契正文》序 ………………………………… (704)

上篇 ………………………………………………… (705)

下篇 ………………………………………………… (710)

鼎器歌 ……………………………………………… (717)

自序篇 ……………………………………………… (718)

跋 …………………………………………………… (718)

附录：

王文禄传……………………………………清·《海盐县志》(719)

第十六卷　古文参同契玄解 ………………… 明·彭好古(720)
点校说明………………………………………………(720)
《古文参同契玄解》序………………………………(721)
《古文参同契》题辞………………………一壑居士(722)
《玄解》凡例…………………………………………(723)
《参同契经文》叙………………………东汉·魏伯阳(723)
古文参同契……………………………………………(725)
　上篇…………………………………………………(725)
　中篇…………………………………………………(731)
　下篇…………………………………………………(736)
《古文参同契》笺注……………………东汉·徐景休(739)
《古文参同契》笺注叙………………………………(740)
　上篇…………………………………………………(740)
　中篇…………………………………………………(745)
　下篇…………………………………………………(748)
《参同契·三相类》叙…………………东汉·淳于叔通(754)
古文参同契·三相类…………………………………(754)
　上篇…………………………………………………(754)
　下篇…………………………………………………(757)
附录：
彭好古传………………………清·王修厘《问津书院志》(759)

第十七卷　周易参同契解笺 ……… 明·张文龙解　朱长春笺(760)
点校说明………………………………………………(760)
《周易参同契注解》序…………………………张文龙(762)
《契笺》后叙…………………………………………(762)
《周易参同契解》序…………………………………(763)
《周易参同契解》序…………………………………(765)
《周易参同契解》序……………………………明·张惟任(766)
周易参同契解后跋………………………………明·张维枢(767)

周易参同契解笺上篇……………………（769）
乾坤设位章第一…………………………（772）
日月悬象章第二…………………………（774）
圣人上观章第三…………………………（776）
君臣御政章第四…………………………（779）
炼己立基章第五…………………………（782）
明两知窍章第六…………………………（784）
明辨邪正章第七…………………………（787）
龙虎两弦章第八…………………………（788）
金返归性章第九…………………………（790）
二土全功章第十…………………………（791）
同类合体章第十一………………………（793）
三圣前识章第十二………………………（795）
金丹刀圭章第十三………………………（796）
水火情性章第十四………………………（800）
《周易参同契解笺》中篇………………（803）
阴阳精气章第十五………………………（803）
君子君室章第十六………………………（805）
晦朔合符章第十七………………………（809）
爻象功用章第十八………………………（813）
养性立命章第十九………………………（822）
二气感化章第二十………………………（825）
关键三宝章第二十一……………………（825）
傍门无功章第二十二……………………（830）
流珠金华章第二十三……………………（830）
如审遭逢章第二十四……………………（833）
姹女黄芽章第二十五……………………（833）
男女相胥章第二十六……………………（837）
四者混沌章第二十七……………………（838）
卯酉刑德章第二十八……………………（841）

君子好述章第二十九 …………………………………… (843)
《周易参同契解笺》下篇 ……………………………… (844)
圣贤伏炼章第三十 ……………………………………… (844)
法象成功章第三十一 …………………………………… (849)
鼎器妙用章第三十二 …………………………………… (856)
补塞遗脱章第三十三 …………………………………… (860)
自做启后章第三十四 …………………………………… (861)
《契解》后跋 ……………………………… 张文龙(864)
附录：
一、访玄栖山房记 ………………… 明·张维枢(865)
二、朱长春传 …………… 清·光绪七年《乌程县志》(866)

第十八卷　周易参同契注解 ……………… 朝鲜·权克中(867)
点校说明 ………………………………………………… (867)
魏真人传 ………………………………………………… (869)
周易参同契注解序 ………………………………… 青霞子(869)
魏伯阳《周易参同契》上篇一卷 ……………………… (872)
第一章 …………………………………………………… (872)
第二章 …………………………………………………… (872)
第三章 …………………………………………………… (872)
第四章 …………………………………………………… (873)
第五章 …………………………………………………… (873)
第六章 …………………………………………………… (874)
第七章 …………………………………………………… (875)
第八章 …………………………………………………… (876)
第九章 …………………………………………………… (877)
第十章 …………………………………………………… (878)
第十一章 ………………………………………………… (878)
第十二章 ………………………………………………… (879)
第十三章 ………………………………………………… (880)
第十四章 ………………………………………………… (881)

第十五章 …………………………………………（882）
第十六章 …………………………………………（882）
第十七章 …………………………………………（883）
第十八章 …………………………………………（883）
第十九章 …………………………………………（884）
第二十章 …………………………………………（884）
第二十一章 ………………………………………（886）
第二十二章 ………………………………………（886）
第二十三章 ………………………………………（887）
第二十四章 ………………………………………（887）
第二十五章 ………………………………………（888）
第二十六章 ………………………………………（888）
第二十七章 ………………………………………（889）
第二十八章 ………………………………………（889）
第二十九章 ………………………………………（889）
第三十章 …………………………………………（891）
第三十一章 ………………………………………（891）
第三十二章 ………………………………………（892）
魏伯阳《周易参同契》中篇二卷 ………………（892）
第三十三章 ………………………………………（892）
第三十四章 ………………………………………（892）
第三十五章 ………………………………………（893）
第三十六章 ………………………………………（893）
第三十七章 ………………………………………（893）
第三十八章 ………………………………………（894）
第三十九章 ………………………………………（894）
第四十章 …………………………………………（897）
第四十一章 ………………………………………（897）
第四十二章 ………………………………………（898）
第四十三章 ………………………………………（898）

第四十四章 …………………………………………（899）

第四十五章 …………………………………………（900）

第四十六章 …………………………………………（900）

第四十七章 …………………………………………（901）

第四十八章 …………………………………………（901）

第四十九章 …………………………………………（901）

第五十章 ……………………………………………（902）

第五十一章 …………………………………………（902）

第五十二章 …………………………………………（902）

第五十三章 …………………………………………（903）

第五十四章 …………………………………………（903）

第五十五章 …………………………………………（904）

第五十六章 …………………………………………（904）

第五十七章 …………………………………………（904）

魏伯阳《周易参同契》下篇三卷 ……………………（905）

第五十八章 …………………………………………（905）

第五十九章 …………………………………………（906）

第六十章 ……………………………………………（906）

第六十一章 …………………………………………（906）

第六十二章 …………………………………………（907）

第六十三章 …………………………………………（908）

第六十四章 …………………………………………（909）

魏伯阳《周易参同契》疏论四卷 ……………………（912）

原本 …………………………………………………（912）

炼己 …………………………………………………（913）

制度 …………………………………………………（914）

采取 …………………………………………………（915）

火候 …………………………………………………（915）

互修 …………………………………………………（916）

魏伯阳《周易参同契》图说五卷 ……………………（917）

金丹炉鼎图 …………………………………………… (917)

金丹药物图 …………………………………………… (918)

金丹坎离交媾图 ……………………………………… (919)

金丹逆流还丹图 ……………………………………… (920)

金丹五行三要图 ……………………………………… (921)

金丹八卦图 …………………………………………… (922)

丹法三关图 …………………………………………… (923)

八卦纳甲图 …………………………………………… (925)

周天火候之图 ………………………………………… (926)

金丹明镜之图 ………………………………………… (927)

日月晦朔弦望之图 …………………………………… (928)

一年阴阳升降节候进退图 …………………………… (930)

六十四卦方圆之图 …………………………………… (931)

太极之图 ……………………………………………… (932)

《参同》后序 ………………………………… 青霞子(933)

附：

一、青霞子金丹吟 …………………………… 权克中(934)

二、青霞子权公墓碣铭 ………………… 朝鲜·赵文命(936)

第十九卷　参同契阐幽 ………………… 清·朱元育(938)

点校说明 ……………………………………………… (938)

序 ……………………………………………………… (939)

《参同契阐幽》卷之一 ………………………………… (941)

上篇 …………………………………………………… (941)

乾坤门户章第一 ……………………………………… (941)

坎离二用章第二 ……………………………………… (945)

日月含符章第三 ……………………………………… (948)

天符进退章第四 ……………………………………… (951)

君臣御政章第五 ……………………………………… (957)

《参同契阐幽》卷之二 ………………………………… (959)

上篇 …………………………………………………… (959)

炼己立基章第六 …………………………………………（959）

两窍互用章第七 …………………………………………（961）

明辨邪正章第八 …………………………………………（965）

《参同契阐幽》卷之三 ……………………………………（966）

　上篇 ………………………………………………………（966）

　两弦合体章第九 …………………………………………（967）

　金返归性章第十 …………………………………………（969）

　真土造化章第十一 ………………………………………（970）

　同类相从章第十二 ………………………………………（973）

　祖述三圣章第十三 ………………………………………（976）

　还丹法象章第十四 ………………………………………（978）

　还丹名义章第十五 ………………………………………（981）

《参同契阐幽》卷之四 ……………………………………（985）

　中篇 ………………………………………………………（985）

　四象环中章第十六 ………………………………………（986）

　动静应时章第十七 ………………………………………（987）

　坎离交媾章第十八 ………………………………………（990）

　乾坤交媾章第十九 ………………………………………（995）

《参同契阐幽》卷之五 ……………………………………（999）

　中篇 ………………………………………………………（999）

　性命归元章第二十 ………………………………………（999）

　二炁感化章第二十一 ……………………………………（1004）

　关键三宝章第二十二 ……………………………………（1005）

　旁门无功章第二十三 ……………………………………（1008）

《参同契阐幽》卷之六 ……………………………………（1009）

　中篇 ………………………………………………………（1009）

　性情交会章第二十四 ……………………………………（1009）

　审察真伪章第二十五 ……………………………………（1013）

　铅汞相投章第二十六 ……………………………………（1015）

　制炼魂魄章第二十七 ……………………………………（1017）

三家相见章第二十八 …………………………………（1020）

刑德反复章第二十九 …………………………………（1022）

阴阳交感章第三十 ……………………………………（1024）

伏食成功章第三十一 …………………………………（1026）

《参同契阐幽》卷之七 …………………………………（1029）

下篇 ……………………………………………………（1029）

鼎炉妙用章第三十二 …………………………………（1030）

火候全功分章第三十三 ………………………………（1034）

三道由一章第三十四 …………………………………（1042）

四象归根章第三十五 …………………………………（1044）

第十一卷

周易参同契分章注

元 陈致虚 注
清 傅金铨 顶批
清 郭嵩焘 批校

点校说明

1.《周易参同契分章注》三卷,元陈致虚注。致虚,字观吾,号上阳子,江右庐陵(今江西吉安市)人。生于元世祖至元二十七年(1290)庚寅,卒年不详。《金丹大要》一书自言先得缘督子赵友钦授以正道,后又遇青城老师亲传。考赵友钦系北宗正脉,而青城老师当即为南派嫡传。故上阳子著作能合流南北丹法,力主人元阴阳,影响后世丹家至深。

2. 本书以道光二十一年新刊《顶批上阳子原注参同契》为底本,同时参考了巴蜀书社出版的《藏外道书》第11册影印本,简称"藏外本"。参校的版本有:一、黄山书社出版《三洞拾遗》第八册影印本明姚汝循校刊《参同契分节解》,简称"分节本"。二、《藏外道书》第9册影印明刊《金丹正理大全》本,简称"正理本"。三、中国书店影印明《道书全集》本,简称"全集本"。四、清平津馆校刊蒋一彪《古文参同契集解》本,简称"集解本"。五、清《四库全书》本,简称"四库本"。六、《四库全书》之蒋一彪《古文参同契集解》本,简称"四库蒋本"。七、中华书局影印《古今图书集成》本,简称"集成"本。八、清《道藏辑要》本,简称"辑要本"。九、清宣统元年扫叶山房刊印《顶批参同契悟真篇三注》,简称扫叶本。十、民国元年(1912)上海江东书局《改良悟真四注篇》本。

  3. 在点校过程中,据孟乃昌、孟庆轩辑编,华夏出版社出版的《周易参同契三十四家注释集萃》,将清末郭嵩焘批注傅金铨顶批的《周易参同契分章注》文字一并录入,以广见闻。

周易参同契分章注解

东汉会稽魏伯阳撰
元庐陵上阳子注解
济一子金溪傅金铨顶批圈点醒秘
悟明子荆沙徐立先参订
乾阳子麻城俞慕纯参订
定阳子彝陵熊怀善参订
贞阳子临川李拱辰参订
清 郭嵩焘批校

序

纯东南下士，幼慕元宗，喜游道观，参礼黄冠，讲清静，习坐功，必弃妻子，必要入山，始得任意逍遥。此全真之教，纯拜而受学有年矣。但一读丹经，则眩惑疑贰，莫定适从。盖丹经尽言有作，黄冠之教，尽属无为，孰是孰非，何由取证？太上立此教门，说清静经，行清静法，万年不废，岂得曰非。《参同》、《悟真》丹经之祖，读之如泛重溟，茫无畔岸。质诸老道通儒，尽属支离，无有定解。纯私心揆度，必有一是。教门是，则丹经尽可废；丹经是，则教门尽属非。二者犹黑之与白、苦之与甘，判如冰炭。耿耿于怀，盖十年矣，安得一遇名贤，为我晰之？

今春坐次，客有谈济一先生者，当代真师，著书凡十万余言，显明龙虎深机，诠释铅汞秘谛，子何不一往见之？余即买舟西上，匝月抵渝，备贽参求。先生曰：穷理尽性以至于命。又曰：欲求天仙者，当立一千三百善，圣有明训，世人不立德修心，积功累行，所以不遇真师，无由闻天下之有斯妙事也。纯又复问曰：善功立矣，功用云何？先生曰：养静修心。纯又问：静定矣，功用云何？先生曰：修心即①炼己之谓。昔人云，修仙有程，炼己无限。至于匹配阴阳，交合水火，求铅制汞，所不难也，炼心为至难耳。纯又以《三注悟真》、《参同》请训，先生曰：此讹乱，非真本。即启箧亲授一帙，曰：此上阳子原注《参同契》，分三十五章，及三真人注《悟真篇》，外附《金丹真传》及《试金石》，为后学寻师之据，一皆加之圈点，以醒其秘，标之顶批，以发其微，使有目共见，子其味之。纯日夕穷研，蒙我师训迪，但恨弟子不慧，法虽粗知，理实未彻。日月既久，天启愚衷，恍然契悟，乃知大道之生，元始开混沌之天，降浊升清，太极一动，分二气，定三才，以成阖辟。大矣哉，上极九天，下极九渊，莫有能并之矣。古之圣神，于形形色色之中，窃生生化化之道，法天象地而运神工，非有至人传授心法，恶乎其不测之哉！夫天地以气交而生万物，人以情交而产人。气交者，逆行无情，所以长生；情交者，顺行伤气，所以促寿。窃造化之士，其知之矣。是书犁乱简编，几三百年，神仙高象先《诗》首曰乾坤易门户。彼以乾刚坤柔为首者，谬矣。今吾师取上阳子原注，顶批圈点，可谓披隙导窍，发尽此书精蕴，云露天梯，嘉惠曷极。纯不敏，敬序而授梓。

大清道光二十一年岁次辛丑长至日麻城俞慕纯乾阳子序

序

万卷丹经斯是祖，神机妙用更无伍。登云此是上天梯，拔尔人间生死苦。尘世茫茫，空言学道，曾无一人知有长生之学。长生者，金丹也。外此皆是旁门。今古万年，至东汉天生魏公伯阳，始显露天机，宣发秘谛，依《龙虎》作《参同契》。宋天台张紫阳作《悟真篇》。二书皆万世下学道准绳。三真人注解详明。今更得济一子顶批圈点，如云开月现，学者按法遵行，便能得药，便可成丹，一经服食，立地飞腾，证位仙阶，迢升九祖，妻子延年，同享无极，人世荣名，莫能其万一也。

惟《参同》一书，诸家注释虽详，或失之凿，或失之琐。上阳子深通

---

① 即，底本作"曰"，据藏外本、扫叶本改。

易理,妙达玄机。儒者言讲易见天心,真能见天心者,惟邵康节一人而已。所谓儒则真儒,仙则真仙。《易》曰:一阴一阳之谓道。是书阐发阴阳者也。天一地二、天三地四、天五地六、天七地八、天九地十,是书阐发河图者也。阴阳者,道之统宗;河图者,道之显象。发《道德经》之真诠,显《阴符经》之秘旨。世无是书,则无门无径,断绝津梁,何由窥其涯涘?有志斯道者,何其幸哉?千周彬彬,万遍可睹,神明告人,心灵乍悟。奈何不精心细昧,讲求其理,海宇虽宽,道统相承,终古不绝。愿我同人,勿坠厥志,庶几哉旦暮遇之。此书在处,昭如日月,或有所遇,即以此书印之,作定盘星,为绳墨。末附济一子《试金石》,为认师之左证,邪师妄人,若鬼魅之当明镜,无遁形矣。

大清光绪二十一年冬十二月朔,潜阳子麻城朱仲棠撰

《周易参同契分章注解》卷之上

东汉 会稽魏伯阳撰
元 庐陵上阳子注解
济一子金溪傅金铨顶批圈点醒秘
悟明子荆沙徐立先参订
乾阳子麻城俞慕纯参订
定阳子彝陵熊怀善参订
贞阳子临川李拱辰参订
郭嵩焘批校

大易总叙章第一

乾坤者,易之门户,众卦之父母。坎离匡廓,运毂正轴。牝牡四卦,以为橐籥。覆冒阴阳之道,犹工御者,准绳墨,执衔辔,正规距,随轨辙。处中以制外,数在律历纪。月节有五六,经纬奉日使。兼并为六十,刚柔有表里。朔旦屯直事,至暮蒙当受。昼夜各一卦,用之依次序。即未至晦爽,终则复更始。日月为期度,动静有早晚。春夏据内体,从子到

辰巳。秋冬当外用，自午讫戌亥。赏罚应春秋，昏明顺寒暑。爻辞有仁义，随时发喜怒。如是应四时，五行得其理。

伏羲睹河图始画八卦，黄帝、尧、舜垂衣裳而天下治。取诸乾坤，夏易①《归藏》，以坤为首；商曰《连山》，以艮为首；文王《周易》，乾坤为首。孔子《翼》曰：乾坤其易之门户耶！乾，阳物也；坤，阴物也。又曰：夫乾，其静也专，其动也直，是以大生焉；夫坤，其静也翕，其动也辟，是以广生焉。伯阳仙翁②深得三圣人之旨，作《周易参同契》，上翼三圣之道，下航万世之人。首句直指曰：乾坤，易之门户，众卦之父母。上阳子曰：夫乾之为物，阳也，故为易之户；坤之为物，阴也，故为易之门。太极胚胂，非得乾坤之门户，则天地何由而设位？日月何由而光明？人物何由而化生？圣人何由而行其道哉？是以乾动而直则阳，太极而生阴；坤动而辟则阴，太极而生阳。阴阳交错而生成坎离。仲尼曰：易有太极，是生两仪，两仪生四象，四象生八卦。是乾之用九也，初乘坤而成复；复中妊震，复而为师；师中妊坎，师而谦；谦而妊艮，谦而豫。震生于豫，豫而比；坎生于比，比而剥；艮生于剥，则震、坎、艮三男皆妊生于坤矣。坤之用六也，初乘乾而成姤；姤中娠巽，姤而同人；同人娠离，同人而履；履中娠兑，履而小畜；小畜生巽，小畜而大有；大有生离，大有而夬；夬生兑，则巽、离、兑三女皆娠生于乾矣。雌雄错杂，以类相胥。则乾再交坤而成临，临而泰，泰而大壮，大壮而夬，是阳之求乎阴也；坤再感乾而成遁，遁而否，否而观，观而剥，是阴之感乎阳也。斯为乾生三女，坤生三男。由此而往，三男三女，迭为夫妻，而六十卦次第生矣。此之谓乾坤为众卦之父母也。何谓坎离匡廓？盖阳乘阴，则乾中虚而为离；阴乘阳，则坤腹实而为坎。故坎离继乾坤之体，而为阴阳之匡廓。比乾坤之于坎离，犹车辐之于毂轴，乾坤正坎离之辐，坎离辏乾坤之毂。老子曰：

---

① 易，诸本作"曰"。
② 伯阳仙翁，集解本作"魏君"。

三十辐共一毂。此大小伯阳①之旨同也。牝牡者,牝乃畜之母,牡乃畜之父,故牝为阴物之通称,牡为阳物之总名。合乾坤坎离,言牝牡四卦,其以牝牡而为橐籥,犹用阴阳以为消息。橐象阴之门,籥类阳之户,喻乾坤坎离,若天地间一橐籥耳。用橐籥之道而生物者谓之物,用橐籥之道而生人者谓之人,用橐籥之道而超凡入圣者谓之圣。圣人者,善夺造化也,善用坎离也。善夺造化之道者,犹良工准绳墨而正规矩,何事不成?善用坎离之道者,犹执衔辔以循轨辙,何往不获?圣人者,宇宙在乎手,万化生乎身也;圣人者,善处中以制外也,明律历而知数也。律历者,律应造化之候,历纪周天之运。一阳初生,律应黄钟。自子至亥,周天度始,故一岁既周,而阳复生于子也。月节有五六,月节者,两节为一月;五六者,五日为一候,六候为一月。是一月有三十日,一日十二时,两卦十二爻,则一日两卦为之经纬,一月六十卦以为表里也。朔旦屯直事,至暮蒙当受者,何谓也?盖震下坎上为屯,震为长男,而能复坎中之阳,以施生育之德,故谓屯直事;又艮上坎下为蒙,艮为少男,而能聚坎中之阳,以行温养之功,故谓蒙当受。昼夜各一卦,六十卦中皆有阴阳,互施生养也。晦朔为一月之始终,早晚谨一日之动静,四时定一年之赏罚。济其美者赏之,败其事者罚之②,不失仁义喜怒之正,要得四时五行之理。

　　此章大义,总叙《参同契》之统指。乾坤为易之门户,非便言金丹药物火候。此书解者百有余人,少能深造其奥。惟真一子彭晓,虽知药火而欠次第,乃章章指为药物火候,篇篇指为丹鼎工夫,其中或恐后人附会。岂知仙翁述此一书,无重复语。上篇叙阴阳造化,炼成大丹之旨;中篇又细议还返、温养、防虞之用;下篇乃拟法象,备露成丹之详。上篇则次第而言,中篇复条例而布,何可淆混而不察?上阳子分而注

---

① 伯阳,正理本作"阴阳",四库蒋一彪集解本作"系阳",平津馆蒋一彪集解本、明毛晋汲古阁蒋一彪集解本作"徐君"。按,四库本蒋一彪集解本作"系君",当为"徐君"之误。盖《参同契》五言句,古本视为徐景休所撰,故原本"伯阳"一词,古本则改为徐君。

② 顶批云:妙义谁知?夫亦聋者之听宫商耳。济其美者为谁?败其事者为谁?受兹赏罚者为谁?细参,勿囫囵读过。

之，分上篇为十五章，以应上弦得丹之义；中篇为十五章，以应下弦丹成之义；下篇为五章，以应五行之成数。所分之章，取其旨意同者，以为一章，寻详仙翁之本意，次第铺陈，就中借托玄言，直指金丹、药火、鼎器造化细密，使后来人易于领悟，遵而行之，从凡入圣，作佛成仙。其心传口授之秘，又不敢施于笔者。噫，世人器德凉薄，诽谤易生①。是以古圣大贤，立言垂②训，不泄③天宝，散布于经。文王、孔子相传曰《周易》，明此道也；黄帝、老子相传曰金丹，明此道也；释迦、达摩相传曰大乘，明此道也。圣人慈悲，方便接引，皆欲世人俱明此道，实众生之阶筏，为万世之梯航。岂谓后人各执异见，不立苦志④，参访真师，不明阴阳同类相胥，各尚所闻，愈差愈远。彼见《周易》，则指为卜筮、纳甲之书，又恶知同类得朋之道乎⑤？彼见鼎器之说，则猜为金石炉火之事；彼闻采取之说，则猜为三峰采战之术；彼闻有为，则疑是旁门邪径；彼闻无为，则疑是打坐顽空；彼闻大乘，则执为禅宗空性，惟资谈论。更不察圣人之道，是用阴阳修之，以出阴阳，用世间法修之，以出世间⑥。凡此等辈，乌足以谈《参同契》中之妙语耶？昔王冲熙得刘海蟾金丹之旨而成道，乃叹曰：举世道人无能达此，唯张平叔一人而已。平叔遇圣师于成都，作《悟真篇》以训于后，旨意详切，其玄言奥语，一与《参同契》合⑦。上阳子自遇圣师而后，遍游江湖间，广参博采，无非诳谈。泥丸《翠虚篇》云：后来依旧去参禅，勘破多少野狐精。迩来岂惟无平叔一人，只要如冲熙何从而得？然说禅说性，逞干慧者，比比皆是，求其可入此门而闻圣人之道者，亿中无一⑧。则知冲熙之言为大悟，而翠虚之语尤可

---

① 顶批云：缘何诽谤？必有可诽可谤之事。
② 垂，底本作"乖"，据校本改。
③ 不泄漏，集成本作"不惜"。
④ 顶批云：古人万里寻师，其苦志为何如？
⑤ 顶批云：悲汝世人不立苦志，参访真师，毕世不能闻阴阳同类之道。
⑥ 顶批云：为要用阴阳，须要用世法着眼。
⑦ 顶批云：《悟真》之文不同于《参同》之文，《悟真》之诀与《参同》共一诀。
⑧ 顶批云：亿万中无一人，古已如斯，今人闻之，不特大笑，且将争胜不休。福薄无缘，天实扼之。今之道流，栖岩住观，太上慈悲，设此教门，使之苦志苦行，为他身后世之地也。

怜。古人谓谈道者如牛毛，明道者如兔角。况求其行道之人乎？先哲云：愚人多不晓，一闻便大笑。上人心了了，一闻便知窍。今若有将此窍问是何物？就喻之曰：窍是阴阳之门户①。如此岂不愈动其猜疑哉？

乾坤设位章第二

天地设位，而易行乎其中矣。天地者，乾坤之象也；设位者，列阴阳配合之位也。易谓坎离，坎离者，乾坤二用。二用无爻位，周流行六虚。往来既不定，上下亦无常。幽潜沦匿，变化于中。包囊万物，为道纪纲。以无制有，器用者空。故推消息，坎离没亡。言不苟造，论不虚生。引验见效，校度神明。推类结字，原理为证。坎戊月精，离己日光。日月为易，刚柔相当。土王四季，罗络始终。青赤黑白，各居一方。皆禀中宫，戊己之功。

《十翼·系辞》：天尊地卑，乾坤定矣。仙翁述曰：天地设位，而易行乎其中矣。复自注曰：天地者，乾坤之象也；设位者，列阴阳配合之位也。易谓坎离，坎离者，乾坤二用。其言既详，其心太切②，岂谓世人信之不及，愚而难悟。《翼》曰③：分阴分阳，迭为柔刚，故易六位而成章。二用者，乾用九，坤用六，有用而无位。用九见群龙无首吉者，君子行道而德之至也；用六利永贞者，言坤之德地道④也，妻道也，臣道也，地道无成而代有终也。故言坤之为用，孤阴则无成，是以用六从乾，乃与类行也；而乾用九匹坤，西南得朋也。乾坤变化，各正性命⑤。乾之太始，用九乘坤，阳含其阴，虚而成离；坤之太一，用六承乾，阴含其阳，实而成坎。是坎离得专阴阳之体，变易而用，包⑥囊生育，愈无停机。如⑦天上

---

① 顶批云：此窍非凡窍，乾坤共合成。名为神㟼穴，内有坎离精。
② 太切，正理本、全集本、分节本、集成本作"大切"。
③ 《翼》曰：集成本作"《说卦传》曰"。
④ 地道，全集本、集成本作"至道"。
⑤ 顶批云：性命而曰各正，明明属两家矣。
⑥ 包，底本作"句"，据诸本改。
⑦ 如，集成作"譬如"。

之日月,忽忽而弦望,忽忽而晦朔;即如人身之阴阳,忽忽而太极,忽忽而无常。易道屡迁,变动不居,乾坤毁则无以见易。圣人以此洗心退藏于密,而逆行易之道也。文王《周易》,每卦六爻,故曰六位成章,又曰周流六虚。其往来消息既不定,而上下盈虚亦无常。故乾初变姤,累变至坤;坤初变复,累变至夬。又有三男三女,互相交变。且六十卦,皆有累变,一卦暨游魂归魂,共变八卦;又有积变,是一卦积变至六十四卦。而六十四卦积变至四千九十六卦。复、姤互相育孕,而各禀阴阳,成天下之亹亹者,皆此阴阳之道也。夫此阴阳之道、之炁①,或幽潜于其身,或沦匿于各体,或变化居中而包囊万物,或懋施生杀而为道纪纲。倘非乾坤二用,纪纲妙道,则道或几乎息矣。以无制有,器用者空。无与有为两者何也?太极之分有先天,有后天。何谓先天?形而上者谓之道,以有入无也;何谓后天?形而下者谓之器,从无入有也。老子曰:无名天地之始,有名万物之母。海蟾云:从无入有皆如是,从有入无能几人?推度坎离消息之功,则后天者,皆为器形滓质,而有消息没亡。非若先天,乃有久长之道,可跻圣域也。孔子曰:先天而天弗违,后天而奉天时。世人惟顺行后天之道,故一生一死,而轮转不息。圣人善逆用先天之道,故致知格物,正心修身,乃长存而不泯②。数往者顺,知来者逆,故易之道,逆数也。言不苟造者,盖诸子百家之书,随才③述作,工拙何居?此为道之祖书,不可妄置一语,恐误后人,此所谓言不苟造也。论不虚生者,仙翁上法三圣,准阴阳,象日月,况同类,作此书为世梯筏,此谓论不虚生也;何谓引验见效?昔黄帝上升,巢、许高蹈,老子化胡成佛,淮南鸡犬皆仙,此皆引验见效也;何谓校度神明?如日月合璧④,爽现于庚。子曰:神而明之,存乎其人。推类结字者⑤,如丹从月生,水象

---

① 顶批云:阴阳真炁,乃是道炁,此炁至灵至圣,神仙之根,道德之祖,所以谓之祖炁。
② 泯,底本作"氓",据校本改。
③ 才,集成本作"在"。
④ 璧,底本作"壁",据诸本改。
⑤ 顶批云:推类结字,注释精微。

坎卦,日月为易,首之成道①,此结字也。原理为证者,阴极而阳,阳极而阴,顺行阴阳,生人生物;逆用阴阳,必成金丹。此原理也。坎戊月精者,北之正位为坎,中有真土,是为阳土,女宿主事,幽潜阳精,戊为之门,月毂之地,藏无角兔,内白外黑,是为阴中之阳,外雌而内雄也;离己日光者,南之正位为离,中有真土,是为阴土,柳宿主事,沦匿阴光,己为之户,日轮之所,藏三足乌,内黑外白,是为阳中之阴,内雌而外雄也。古人以日月为易字者,是易即阴阳也②。然言阴阳则不见易,言易则不见阴阳矣。且万物非土则不能芽蘖,而日月尤所以孕乎土也③。故东躔则经氐土,西度则经胃土,南行则经柳土,北毓则经女土。日月得土而久其明,土借日月以厚其德。土之分王,循环四季,春生夏长,土之功也;秋敛冬闭,土之力也。所以四时各有王日,长镇中宫,始终罗络,以就其功。青赤白黑,虽各居于东西南北,然皆禀于戊己二土,共成其德,以施神化也。

此章言阴阳分位各居,凡所用者必借于土,非有龙虎、铅汞、金水采结之语。故前则言列阴阳配合之位,后乃云各归一方。其他解者,不述仙翁本意,无分条件,紊乱互注,使后之人观此书者,或言仙翁觑缕重言,是不知妙语之有次序也。

日月悬象章第三

易者,象也。悬象著明,莫大乎日月。穷神以知化,阳往则阴来。辐辏而轮转,出入更卷舒。易有三百八十四爻,据爻摘符,符谓六十四卦。晦至朔旦,震来受符。当斯之际,天地媾其精,日月相撣持。雄阳播玄施,雌阴④化黄包。混沌相交接,权舆树根基。经营养鄞鄂,凝神以成躯。众夫蹈以出,蠕动莫不由。

---

① 顶批云:首之成道,首下也。
② 顶批云:易字,上是日,下是勿,是月,故曰日月为易。易即阴阳,阴阳即易。孔子曰:一阴一阳之谓道。
③ 顶批云:日月孕土一论,尽精至微。
④ 雌阴,集成本作"阴雌"。

孔子曰：变通莫大乎四时，悬象著明，莫大乎日月。仙翁重以明之，引而信之。此书法象日月以喻阴阳，日月丽乎天而有朔望对合，阴阳在乎世而有顺逆生成①。日乃纯阳之炁，谓之太阳；月乃纯阴之精，谓之太阴。周天三百六十五度余四之一，每昼夜，天一周遭为一日。太阳一日行一度，行及三十度为一月；太阴一日行三十度有奇，月一周天，谓之一月。日行一度，谓之一日。何谓穷神以知化？神之为物，神莫神于天地；化之为妙，化莫化于阴阳。天道左运，一日一周遭，行五十五万余里。地在其炁之中，如水上之浮板而不动。太阳之神，天地之元炁也，其体全莹，万物资其阳火赫赤之炁，以生长成实。其体之径阔八百四十五里差余，其行不由黄赤道，乃出入于黄道内外。昼长在赤道北，昼短在黄道南②。何云南北内外？盖北有紫微垣帝座居之，故北曰内，而南曰外。其神有不可得而穷极者，太阳之神也。太阴之神，天地之至精也，其体全黑，万物资其阴水运化之功，以孕产滋育。其体之径阔六百七十里有奇，其行不由黄赤道。其黄道与赤道，如两环相交，相距二十四度，月乃由中而行，距黄道约六度。其体虽黑，映日即明。缘督子以革象诲人，用黑漆毯于簷下映日，其毯映日之光远射暗壁，月之圆体比黑漆毯，有日映处则有光，日映不到则无光，故常一边光，一边暗。遇望日月相对，夜则月在天上，日在地下，所映之光全向人间，一边暗处全向天，世所不见；晦朔日月同经，月在日之下，月受日映，一边光处全向天，一边暗处全向地。月离日二十五度，人间乃见月吐微光。离渐远光渐多，月离日九十余度，人见月光一半，故谓之弦。既望以后，光渐少耳。故月体本无圆缺，在乎受日光之多少矣。愚人或谓日月对望，为地所隔。彼岂知天之高远，而阴阳之炁，有隔碍潜通之理。然月中似瑕者，即大地之影也。日体大，月体小，日距天远，月距天又远，而月之化有不可尽泄者，太阴之神也。此谓穷神以知化也③。子为一阳之首，至巳而极，阳极则阴生；午为一阴之首，至亥而极，阴极则阳生。寒暑代谢，温

---

① 顶批云：顺行世道，则生人；逆行世法，则生丹。这顺、逆二字，便朦胧千古。
② 顶批云：精研若此，上阳子每称其师缘督子，天文、地理、历数，无所不通。
③ 顶批云：穷神知化。

凉平分，阴极阳生，阳往阴来。比阴之附阳，若辐之于轮，辐辏而轮转，阴卷则阳舒。易有三百八十四爻，据爻摘符者，谓一卦有六爻，一爻有三符，一日两卦，两卦有三十六符，阴阳相交，不用一时之久，不尽一爻之用，犹一时有三符，止用一符。一符之行，则一阳生于坤之下以成震。震者，一阳能伏一阴也，故云震来受符。当斯之际，天地媾精，万物凭虚而受生；日月撑持，乌兔相结而莫解。阳雄而刚，峙翠玄而施化；阴雌而辟，化黄包以含滋。杳冥混沌之中，两相交接权舆，牝牡初媾，始树根基。权舆者，始初之义。古人造衡自权始，造车自舆始。此①言造化之初毓也。又，权者，暂也；舆者，稳也。言暂时工用，要最稳当不僵踣也。经营一气，以养鄞鄂，凝布阳精，以成形躯。

此章但言太极肇分之初，阴阳顺行之始而生人也，生万物也，故曰：众夫蹈以出，蠕动莫不由。世人不知后天顺行之道，亦借朝屯、暮蒙之喻，亦有根基、鄞鄂之比，乃指为还丹鼎中造化，非也。

圣人上观章第四

于是仲尼赞鸿濛，乾坤德洞虚。稽古当元皇，关睢建始初。冠婚气相纽，元年乃芽滋。圣人不虚生，上观显天符。天符有进退，屈伸以应时。故易统天心，复卦建始萌。长子继父体，因母立兆基。消息应钟律，升降据斗枢。三日出为爽，震庚受西方。八日兑受丁，上弦平如绳。十五乾体就，盛满甲东方。蟾蜍与兔魄，日月气双明。蟾蜍视卦节，兔者吐生光。七八道已讫，屈折低下降。十六转受统，巽辛见平明。艮直于丙南，下弦二十三。坤乙三十日，东北丧其朋。节尽相禅与，继体复生龙。壬癸配甲乙，乾坤括始终。七八数十五，九六亦相应。四者合三十，阳气索灭藏。八卦布列曜，运移不失中。元精眇难睹，推度效符证。居则观其象，准拟其形容。立表以为范，占候定吉凶。发号顺时令，勿失爻动时。上察河图文，下序地形流。中稽于人心，参合考三才。动则

---

① 此，正理本、全集本、集解本作"比"。

循卦节,静则因象①辞。乾坤用施行,天下然后治。②

《翼》曰:易有太极,是生两仪。是仲尼赞鸿濛也。乾坤之德,混沌虚妙。元皇,为盘古开辟之初,是仲尼稽古也。关睢者,男女人伦之正,夫妇冠婚之首。仲尼定《诗》,先夫妇者,正阴阳无邪之道;仲尼翼《易》,先乾坤者,明刚柔必配之理③。是《系辞》曰:易与天地准,故能弥纶天地之道。仰以观于天文,俯以察于地理,是知幽明之故。原始返终,故知死生之说。何谓原始?盖顺行阴阳之道,以生人物,故云冠婚相纽也。是之谓知生也。何谓返终?能逆行先天之道,超凡入圣,故云元年乃芽滋。是之谓知死也。昔者子路问死,子曰:未知生,焉知死?圣人好问、好察,惜子路当时不就问生死之说④,以发露《易》之道,使后世人知有顺死逆生之理,知有和顺道德之义,知有穷理尽性以至于命之道。是以圣人之降世也,仰观俯察,精审阴阳,以阴为符,以阳为命。何谓上观显天符?盖阴气在天地间曰天符,阳气在天地间曰天命,阴气在人身中曰火符,阳气在人身中曰性命⑤。若阴阳屈伸之时,则符为进退之候,符候准,乃不失时。故《易》之道统乎天心。天心,乾之正位,子为天心阳生之户。乾为阳物,天符纯阴。乾阳初生于二阴之下为震,震为长子,复生于坤。复者,一阳伏五阴也,坤为母,故曰因母立兆基也。钟律应斗枢者,黄钟之律在子,斗枢之运建子,皆应一阳始萌之时,即于三日之晡,月之微阳生于西南,阳生于月之下比震,故云震庚受西方。八日上弦,兑受丁火,阳升至半,其平如绳。十五对望,日西月东,月兔尽吐其光,阳满卦体成乾。十六平明,巽见于辛,阴符包阳,使无奔逸。二十三日,阴符半裹,光止下弦。坤乙三十日,月体全晦,白静黑纯,光

① 象,底本作"篆",据正理本、分节本、集成本、四库本、辑要本改。
② 诸本末尚有:"一本云:'可得不慎乎?'非是。"
③ 顶批云:是道也,即阴阳无邪之道也,即刚柔匹配之道也。
④ 顶批云:或叹子路不再问,余谓圣言深远,其旨已尽。能知生从何来,便死归何处。
⑤ 顶批云:经谓天地人物、山川草木、洞天海岛、一切灵坛众圣,皆此一阳而有,得此便得造化之源,把握阴阳而不受阴阳陶铸,主持天地而不为天地化育,所以我命在我,岂阎王老子所得而钤制之哉?

向于天。东北丧朋,东北为艮,箕水之乡,艮为鬼路。即于人身,癸满经行,丧损其气,节尽癸竭,一阳复生①,故以壬癸而配甲乙,如乾始复,七八、九六,数终三十,终则成坤,真气归藏。是知八卦,乾坎居北,艮震归东,巽离返南,坤兑还西,交布列曜,运用推移,不失于中。中乃天心,即太中极,元精之物,眇不可睹。天生圣人,推考度量,以效为验,以符为证。观日月之象,拟诸其形容。若司天者,立表测影,以为格范,占知时候,察定吉凶。若一发号,必顺时令,准拟爻动,则知阳生。上察河图,明乾象阴阳之交会;下序地形,详坤体金水之妙化;中稽人心,应时发号。动循卦节,复震从先,静因象辞。大哉乾元,云行雨施,品物流形,含弘光大,柔顺利贞。天文既察,地形已存,人心又正,则乾坤之门,施阴阳之道,使天地人物皆得自然之治矣。

此章引圣人稽古、观天之喻,明日月之合,体乾坤之用。使世人辨阴阳,识进退,明造化,拟形容,应符节,谨动静,如是而此②,一身之天地治矣,非有龙虎鼎中抽添之语。

君臣御政章第五

御政之首,鼎新革故。管括微密,开舒布宝。要道魁柄,统化纲纽。爻象内动,吉凶外起。五纬错顺,应时感动。四七乖戾,誃离俯仰。文昌统录,诘责台辅。百官有司,各典所部。日合五行精,月受六律纪。五六三十度,度竟复更始。原始要终,存亡之绪。或君骄佚,亢满违道;或臣邪佞,行不顺轨。弦望盈缩,乖变凶咎。执法刺讥,诘过贻主。辰极受正,优游任下。明堂布政,国无害道。

仙翁以修丹之难,借喻御政,则知乱民之难治,凡修丹,则知意马之难拴系。旧染俗污,咸与维新,御政之首也,是谓鼎新也;惩忿窒欲,见善则迁,修身之本也,是谓革故也。若为政,若修身,先从自己。至微至密者,首当管括而究治之,则为政而政成,宝身而身修。孔子曰:为政以

---

① 顶批云:秘密天机,何尝不露?人不知悟耳。
② 此,正理本、全集本、分节本、集成本作"比"。

德。譬如北辰居其所，而众星拱之。德之一事，不但为政，德乃百行之元，修丹之士可无德乎？且何谓德？仁、慈、爱、明、诚，上德之士也；恭、宽、信、敏、惠，人道之门也。凡以修丹当以惠、敏为先，惠则足以使人①。仙翁乃曰开舒布宝者，外得民之欢心，内宝己之真气。此为要道之魁柄。若数布宝，乃能统化其纲纪。纲纪者，执法之主，善加统化，则执法者不苦其法。若爻象内动，则吉凶外应，亦犹五纬差顺，吉凶应时感动。迻离与此意同。迻即改，离犹移迁也。言四七之星宿，乖戾迻离，悉皆俯仰。文昌为太微主星，即魁中戴筐六星，号南极统星，为人身朱雀之神，录人长生之籍；虚精之星，乃三台之纲纪，统录之星，为三台之领袖，在人身为明堂之主，开化世人之德；洞微隐光星，是紫微辅弼，即尊、帝二星，在人身为玄武之神，若人见之，寿可千岁。其余百节万神，各典所部。修丹一事，紧关造化，故比御政为难，复以星宿喻身。日合五行精者，子、丑、寅月，日合五星于北；卯、辰、巳月，日合五星于西；午、未、申月，日合五星于南；酉、戌、亥月，日合五星于东。尧时天心建子，甲辰冬至，日次虚鼠；汉太初冬至，日次牵牛；唐太衍冬至，日次东斗；宋至今冬至，日次南箕。此谓岁差。故太阳得火土益精光，得金水愈炫彩②。月受六律纪者，律阳而吕阴，一五一六，而合三十，三十度周，日月再会，故云度竟复更始。日月循环往来，而有弦望晦朔；世因弦望晦朔，而有寒暑代谢；人因寒暑代谢，故有生老病死。原其始则能长存，要其终则能不亡。君乃心也，臣乃身也；心即我也，身即物也。若我心骄亢，或自满溢，或身物相竞，不顺轨法，则弦望乖变，盈缩有凶咎，致执法者刺讥，诘过于其主矣。辰极则前文昌星，一曰南极。辰极禀正而行，优游以任其下。明堂即台辅，勤布其善政，使国无乖戾。国亦身也，身安气和，则不害道。

此章喻人之修身炼丹，亦犹人君之治国。布政治国得其人，行其政，则天下平；修身尽其心，立其命，则丹道成矣。他本御政之首下，无鼎新革故一句。此书流传已久，后有不能晓其玄言，诸本多有差错，晦

---

① 顶批云：这惠字是恩惠，即开舒布宝也。
② 顶批云：畅于故事，精于考故，自非通儒，谁能及此？

庵朱熹正数百字，未能尽善，非遇圣师，难分石玉。

炼己立基章第六

内以养己，安静虚无。原本隐明，内照形躯。闭塞其兑，筑固灵株。三光陆沉，温养子珠。视之不见，近而易求。黄中渐通理，润泽达肌肤。初正则终修，干立末①可持。一者以掩蔽，世人莫知之。

养己者，修身炼己也。孔子曰：君子好其身而后动，易其心而后语，定其交而后求②。君子修此三者，故全也。圣人患③虑之深，备练人之情实。一动、一语、一求，三者乃入圣之至理，真养己之要言。宝精裕气，养己也；对境忘心，炼己也；常静常应，炼己也；积德就功，炼己也。苦行其事云炼，熟行其事云炼。修丹之士，必先炼己，苦行忍辱，庶得入室之时，六根大定，方使纯熟，忘无可忘，乃能就事。是以大学之道，在明明德，在知人，在止于至善。既明德，又知人，止于至善，正合炼己。况知止而后能定，定而后能静，静而后能安，安而后能虑，虑而后能得，此正合安静虚无之要。虚无者，非空虚全无之谓。仙师曰：先天一炁，自虚无中来。是安静虚无之至也。原本者，从自己生身处求之④，则知真精、真气为我身之本；隐明者，世人多为聪明所役，耗其神气。大修行人，黜聪明，屏智慧，内照形，外忘我，塞兑而筑固灵株，收视而温养子珠。如是方得黄中通理，肌肤润泽。初正乃炼己之事，修炼乃临炉之

---

① 末，底本作"未"，据诸本改。
② 顶批云：此之言求，求何物也？求彼之金也。
③ 患，底本作"惠"，据诸本改。
④ 顶批云：吕祖曰：穷取生身受气初。上阳子曰：从自己生身处求之。谁能知得自己生身之处，愿请天下贤智，将耳目间一切习见习闻，使此心空无物，然后吾言可入。否则愚鬼于心曲，何也？圣训昭然，如此明白，尚且死心认杀无为是道，夫自是者，必非人。夜光之珠，不是瓦砾，意有偏重也。吾今不避谴责，为汝大众，略加剖析，但愿人人成仙，个个作佛。只这生身二字，便是大大天机，父母生我以清静耶？以有事生耶？亦精气耳。男不能孕，必得传精女腹，精血既凝，生气氤氲，渐渐成形，此常道生人之理；仙道则逆而施之，颠倒的阴阳，反行的离坎，氤氲开合，凝结圣胎。切勿猜向采战淫欲上去，则罪孽如山矣。须知是端正正，毫无沾染之事。

事,干立尽炼己之道,末持下入室之功。一者,己也,戊也。会此一字,是参到伯阳心地上了。子曰吾道一以贯之,老子谓得一万事毕,释氏云万法归一。故天一生水者,要知此水从一中而生。一中者,坎之中爻也。一者掩则聚精会神,一者蔽则分灵布炁。人能知一,则宇宙在乎手也;人能得一,则万化生乎身也。一之为妙,非师莫明。故云:一者以掩蔽,世人莫知之。亦云莫之知。亦妙。仙翁丹法,要先筑固灵株者,炼己而凝神也;温养子珠者,积精而累炁也。炼己功纯,方可以炼还丹。世人既不知炼己事大,又妄行半时得药之功,希冀功成,愚之甚也。故《清净经》曰:内观其心,外观其形。远观其物,惟见于空。空无所空,所空既无。无无亦无,无无既无。湛然常寂,寂无所寂。语到这里,常人看来,岂非大休歇、大解脱时也? 缘何下接①:欲岂能生? 欲既不生,即是真静②,真静方能应物。仔细看来,行到真静应物处,方是初学底事。若论修丹,未梦见在③。其常人也,施一斋,造一塔,或三峰采战,或枯坐诵经,或无为,或祷祀,凡此等,以为向善则可,若曰修道,实未得其门而入也。故养己之功,欠一些不可。是以洞宾云:七返还丹,在人先须,炼己待时。泥丸云:言语不通非眷属,工夫不到不方圆。紫阳云:若要修成九转,先须炼己持心。圣圣相传,可不谛受。太虚真人得黄房公旨,依教往武夷,即谋就,乃事初行炼己功,每障魔百至。太虚卓然曰:束送妖魔精,斩馘六鬼峰。旋定息而坐,此念才举,爱根斩然。后学者观此炼己一事,更宜三思。

此章只曰养己,无金虎、鼎室之说,若以三光即阳火、阴符、金胎,尤非也。

---

① 缘何下接,分节本作"缘何不接",辑要本作"缘何一接"。校者按:此处系陈上阳引《清静经》之语以证清静功夫之后,尚且还有向上一着功夫可传。《清静经》云:"寂无所寂,欲岂能生? 欲既不生,即是真静"云云。故底本作"缘何下接"系转折语,分节本作"缘何不接",将"下"作"不"系误。辑要本作"一",句意亦通。

② 真静,集成本作"真情",后同。

③ 顶批云:请看,上阳子行到真清静,方是初学的事,若论修丹,尚未梦见。读《清静经》,当看其结尾:如此清静,是名得道。乃忽曰:能悟之者,可传圣道。《清静》至此,而尚有可传,是清静,特未学耳。

明两知窍章第七

　　上德无为，不以察求；下德为之，其用不休。上闭则称有，下闭则称无。无者以奉上，上有神德居。此两孔穴法，金气亦相胥。知白守黑，神明自来。白者金精，黑者水基。水者道枢，其数名一。阴阳之始，玄含黄芽。五金之主，北方河车。故铅外黑，内怀金华。被褐怀玉，外为狂夫。金为水母，母隐子胎；水为金子，子藏母胞。真人至妙，若有若无。仿佛太渊，乍沉乍浮。退而分布，各守境隅。采之类白，造之则朱。炼为表卫，白里真①居。方圆径寸，混而相拘。先天地生，巍巍尊高。旁有垣阙，状似蓬壶。环匝关闭，四通踟蹰。守御密固，阏绝奸邪。曲阁②相通，以戒不虞。可以无思，难以愁劳。神炁满室，莫之能留。守之者昌，失之者亡。动静休息，常与人俱。

　　上德者，体全德之人也，无不为之士也。男女当二八之年，真精全而欲泄，全德之人则能保爱而浑无亏。又遇明师授以无为修摄之道，以永其寿，是谓无不为之士，是谓上德之全人也，是即圣人行无为之化，是即大人成无为之功也③。下德者，窃造化之人也，盗万物之士也④。夫一切人，年甫二八，真精未泄，谓之纯乾。迨夫情欲一动，乾之中爻走入坤宫，乾不能纯，心虚为离。由是而后，日夜漏泄，存而有者，复几何哉？惟至人者，不待其极，乃行圣人复全之道，以仙其身。是谓下德之士，是窃造化之人也，是即圣人率性之道，是即神人有为之功也。上德者，无为而无不为也，得太极全体，成后天之功，是曰不以察求；下德者，有为而有以为也，夺造化之用，成先天之功，是曰其用不休。仙师云：始于有

---

　　① 真，集成本作"贞"。
　　② 閤，集成本作"阁"。
　　③ 顶批云：童身无漏，是为上德。不须筑基，便可行十月之功。
　　④ 顶批云：有漏之躯，是为下德，必须补完缺陷，乃可还丹证圣。程子曰：苟非窃造化之机，安能长生？

作无人见，及至无为众始知。但见无为为要妙，孰知有作是根基①。斯言道尽金丹之事，非易也，至人不得已而行之。老子故曰：夫佳兵不祥之器，不得已而用之。盖谓此也。上闭则称有，上闭为坤，坤之为德，其静也翕。有乃坎中之戊土，内有先天真一之炁；下闭则称无，下闭为乾，乾之为德，其静也专。无乃离中之己土，中藏后天自然之汞。到此双明两用之窍。《经》曰：常无欲以观其妙，常有欲以观其窍，此两者同出而异名，同谓之玄，玄之又玄，众妙之门。圣人无两心，其玄言妙语未尝高远，万世莫能测其端倪，必要师授之②。黄帝上圣，若不师广成子，岂能自明此道耶？只如此窍，圣人无可奈何，形容极到了处：伏羲画卦，首以乾坤两象以定此窍；文王不隐，重而明之；孔子《翼》出乾直坤辟之义；老子乃云玄牝之门，是谓天地根；释迦喻正法眼藏、涅槃妙心。此皆直指而可见矣。上士或能自明此窍，其中功用，非师莫明③。无者以奉上，无言己性，有即戊情。若己之性，能奉戊之情，则情之义肯恋性之仁矣。上有神德居，盖先天一炁，自虚无中来者，神之德也。仙翁重指曰：此两孔穴法，金气亦相胥④。两句为《参同契》之关键，万世之下，慧饶颜闵，不能自通⑤。云房翁曰：生我之门死我户，几个醒醒几个悟。夜来铁汉细思量，长生不死由人做。只那生我之门死我户，岂非两空穴也？如前止陈乾坤日月造化之理，至此才定玄关，便指金水二物。作书次第，不泛若此。修丹之士，既明此窍，且参金炁为何物，相胥为何用？深达洞晓，方可炼丹⑥。知白守黑，知其金之精纯，白而无污，是知白也；守其黑之基，待时而生水，是守黑也。水之初生，名为先天，以其至真，号曰神明。白黑相符，金水泛旺，一遇己土，制水淘金，金水满炉，故曰神明自来。何谓水者道枢，其数名一？盖水从天一而生，故为阴阳之

---

① 顶批云：世人所不见者，是有作；所习见者，是无为。便谓无为是道，空山打坐，清静一心，及至老死，都无成就。不知要妙根基，头上安脚，倒行逆施矣。

② 顶批云：必要师授！

③ 顶批云：非师莫明！

④ 顶批云：名为神气穴，内有坎离精。

⑤ 顶批云：慧饶颜闵，不能自通，非师莫明也。

⑥ 顶批云：奈何世人不肯参求，所以毕生莫知，通世不解也。

始。玄含黄芽者，《翼》曰：阴虽有美，含之以从王事。即太玄为水，黄芽为丹，水中有丹，因喻之曰：玄含黄芽。黑铅之中，内蕴白金；河车之中，内藏黄芽。亦犹士而怀玉，衣若被褐，则害不至。金为水母，盖兑金生坎水，而坎之中爻属金，故云母隐子胎；水为金子，壬癸之水，自西而生，兑之中爻乃属于坎，故云子藏母胞。真人至妙者，真人即乾之体，乾之为物，至神至妙，其为形也，或有或无；太渊即坤之象，坤之为物，能沉能浮，其为形也，莫见莫闻。故乾能变化，坤德资生，既以化生，乾坤分布，各守其境。采之类白者，是铅中有银而白，造为内丹则朱，独炼则成胡粉，其采外丹而炼，亦类乎是。然外丹者，常须表卫，外睹如朱之红润，内使不失其真白也。方圆径寸，混而相拘者，盖杳冥之中有物，则太极未分之时，为先天地，内蕴先天真一之炁①，居乎太极之前，乃象帝之先，故曰巍巍尊高也。旁有垣阙，状似蓬壶，乾之为象，亦似垣阙，亦似蓬壶，法象形容一身一己②。如上皆指鼎器而言。环匝关闭，即表卫也；四通踟蹰，密外护也；守御密固者，不可须臾离也，可离非道也；阏绝奸邪者，其出入以法度，限内外使知惧，令白里真居也；曲阁相通者，必置坛埤精研③，以戒不虞之患。仙翁慈悲，自环匝关闭而下，历历指教，恐有不虞之害。又须无思无虑，不可忧愁劳役，故云：可以无思，难以愁劳。俾神炁满室，而不致亏损，故云：守之者昌，失之者亡。若稍不固，便致倾丧。是以动静休息，顷刻不敢放恣而忽慢，则金鼎之炁，彼我坚固，而互相调伏，故云常与人俱。

此章直指两窍之体，发明金水之用④。修行之人，看诵《参同契》到此，方知入头一着，便是难能之事。然下德之器，修有为之道，其功全资于炼己也，炼己稍欠，神明不来。

明辨邪正章第八

是非历脏法，内观有所思。履行步斗宿，六甲以日辰。阴道厌九

---

① 顶批云：得真一之炁，乃有杳冥恍惚之象。
② 顶批云：先天二字，详明若此。
③ 研，正理本、分节本、集解本、集成本、四库本、辑要本作"严"。
④ 顶批云：直指两窍之体。两窍，两孔穴也。

一,浊乱弄元胞。食气鸣肠胃,吐正吸外邪。昼夜不卧寐,晦朔未尝休。身体日疲倦,恍惚状若痴。百脉鼎沸驰,不得清澄居。累土立坛宇,朝暮敬祭祀。鬼神见形象,梦寐感慨之。心欢意喜悦,自谓必延期。遽以夭命死,腐露其形骸。举措辄有违,悖逆失枢机。诸术甚众多,千条有万余。前却违黄老,曲折戾九都。明者省厥旨,旷然知所由。勤而行之,夙夜不休。伏食三载,轻举远游。跨火不焦,入水不濡。能存能亡,长乐无忧。道成德就,潜伏俟时。太乙乃召,移居中洲。功满上升,膺箓受图。

做修行人,须明大道之正。倘非阴阳配合、坎离施化,外则皆为旁门左道。如内视五脏,存想呬呵,外履斗宿,步罡握诀;或习房中之术,御女三峰;或行九一之道,剑法五事。对境接气,浊乱元胞,是皆邪行,乃旁门之最下者。又如吐正吸邪,忍饥食气;或论年打坐,昼夜不眠;或立坛祭神,鬼物见象。此又旁门之乱道者。是使精神恍惚,百脉沸驰,心意日欢,梦寐夜作,千蹊百径,然总①无功。既违黄帝、老子之教言,不参真师阴阳之同类,曲折而招九都之戾,何由而结一黍之珠?本冀延年,故因促寿。若有明达之士,复遇真师之言,旷然行之,愈勤不息,夙夜不休以求药,专心伏食而密行三载,一任远游,九年足可轻举。积累一纪,水火不伤,居洞府以无忧,宴瑶池而长乐。已成道则潜伏,更积德以俟时。三天有名,太一乃召,俾司仙职,移居中洲。若有功高,飞身三境,加封进级,膺箓受图。如张、葛、旌阳、浮丘、钟、吕列圣已然,后圣已遵而行之也。

此章仙翁力言一迷一明,一邪一正。邪则九都谴戾,正则行满飞升,理之必然,无可积虑。至于下手工夫次第在后。

龙虎两弦章第九

《火记》不虚作,演《易》以明之。偃月法炉鼎,白虎为熬枢。汞日为流珠,青龙与之俱。举东以合西,魂魄自相拘。上弦兑数八,下弦艮

---

① 然总,集成本作"玩忽",正理本、全集作"然忽"。

亦八。**两弦合其精,乾坤体乃成。二八应一斤,易道正不倾。**

仙翁铺设到此,方言炉鼎龙虎弦气。曰偃月炉,曰白虎,曰上弦,曰兑,曰魄,属于西也,彼也,玉池也;曰汞日,曰流珠,曰青龙,曰下弦,曰艮,曰魂,属于东也,我也,金鼎也①。偃月炉者,即太乙神炉,是之为阴炉也,以其偃仰似月初生之象。白虎乃西方兑宫之物,天地初分,元属于彼。其虎之威,叩之则应,含弘光大,品物资生,虽能伤人杀人,却蕴大乘气象。文王重《易》曰:履虎尾,不咥人,亨。又曰:履道坦坦,幽人贞吉。孔子曰:说而应乎乾。又曰:素履之往,独行愿也。修丹之士,知畏此虎,要先降而伏之。既能伏之,则可为熬之枢,而不咥人也。离为日、为汞,中有砆砂,名曰流珠。青龙乃东方震宫之物,劫运既周,元属于我。此龙之势,威能变化,感而遂通,云行雨施,品物流行。乾之九二:见龙在田,利见大人。子曰:龙德而正中也。世人不悟此龙生生之功,每服其害。若人悟而畏之,调而降之,则能驱驾而用之矣。举东以合西,则嘉会而合礼也。兑艮数各八,流戊而就己也;魂魄自相拘,金木不间隔也。两弦合精,乾坤体成。易道不倾者,必二八相停而成一斤也。一斤指圆成之数,数乃积小以成大,故十粉曰丸,一丸如黍,一黍余曰刀圭,六十四黍曰一圭,十黍为累,十累为铢,两铢四累为钱,十钱为两,八铢为锱。《说文》:六铢为锱。《监韵》:八两为锱。二者皆伪。三锱为两,是二十四铢也。十六两为一斤,斤有三百八十四铢,斤四两为铎也。古人分铢以应卦爻之数。

金返②归性章第十

金入于猛火,色不夺精光。自开辟以来,日月不亏明。金不失其重,日月形如常。金本从月生,朔旦受日符。金返归其母,月晦日相包。隐藏其匡廓,沉沦于洞虚。金复其故性,威光鼎乃熺。

仙翁无一泛言,至此方指金之为用。非金之功,则不成丹,故云金

---

① 顶批云:解释名义。

② 返,底本作"近",据诸本及底本原目录改。

丹。却非世上金玉之金，非从土石中出者。乃天地造化，五行颠倒之妙，自乾坤大化窟中而产者，此金是也。今之盲师，但说金丹，便自慌忙，不知所为。何者？口说修行，又不得闻金丹之名，亦不究竟《参同契》中①之语，乃诳于世。岂知仙翁历历指示此金神化之用。有辈愚人，每睹是书，不察阴阳真金体用，乃猜为烧炼炉火等事，惜哉，昧哉！若不与世露些消息，则万世之下，此书愈高愈远②。人既不能窥其畔岸，遂皆弃而不观，抑何从而求修行之旨耶？上根利器，要知此金在鸿濛混沌之先，太极未判之始，元属于乾，故谓之乾金。大劫欲交，则谋报混沌之德者，至是以乾初交坤，此金颠蹶蹄骤，奔入坤宫，谓之坤中金。坤得此金，内实而为坎。坤之三爻，本皆中虚，号曰坤土。既得此金，以实其中，而成坎象。坎之正位，居于北方癸水之地。是坎为水，金藏其中，故谓之水中金。夫水中之金，为先天之宝，不能久居于后天之坎，因化为兑，兑或跃于北方之坎户，占居西天之酉方，则此金日生夜长。酉之正位属兑，是以此金主行丹道于兑之中，故谓之兑金也。炼丹之士，寻微索赜，原始要终，格物致知，探其源流，审其根苗。若炼金丹，必求此金。若求此金，不求于乾，不求于坤，不求于坎，专求于兑。兑之为物，乃坤月同类，是云：同类易施功，非类难为巧。兑之为妙，代坤行道。故炼金丹，除此兑金，余皆旁门，不能成道③。黄帝、老子，从古圣仙，皆用此金，方能了道。文王重巽九五：先庚三日，后庚三日。仲尼《翼》：巽兑柔，皆顺乎刚，君子以申命行事。夫庚，金也。经云三日月出庚是也。且释迦假此金以成佛，故号金仙。盖兑中之金，与天上太阴同体而生明，同时而生丹。天上之月名曰太阴，缘此兑金，同其功用，遂亦名之曰少阴，又云阴中之金。天上太阴，其功接太阳之辉光，以成岁时；兑之少阴，其道传续大千世界，化生人物。仙翁参透前圣，知此金之根源，推此金之妙化，阐出此金之神变也。彼世间金能与天地同久，入火其色愈

---

① 中，底本无此字，据校本补。
② 顶批云：慈悲苦口，发露真诠，学者当拜而后读。
③ 顶批云：专求于兑，兑是□东西？学人宜精思此物，便有下手处。看他说兑妙，代坤行事，下文少阴生金，悟否？

精，久炼不失其重。况此兑金，是乾坤大化炉中之所产也，月之光有亏盈，兑之金有流转，故云形如常。朔旦日月合璧，月受日符，现一阳之光于庚申之位，此天上之太阴也。而此兑金，每应月之朔，亦初三日，生始阳之丹于混沌之位，此人间之少阴也，故云：金本从月生，朔旦日受符。何谓金返复其母？盖金之舍曰兑，兑之母曰坤，兑不能久舍其金，金亦因时而发用。坤之《翼》曰：含章可贞，以时发也。圣人之心，妙在于此①。金既发用，兑返母而包归坤，犹月晦而日相包。何也？晦月朔旦，月之全体，隐藏匡廓，为日所覆，一日、二日、三日，运行其度，辉光再吐也。又如金返归母，金之真精，沉沦洞虚，为世之用。一生二，二生三，劫运再交，金将复产也②。若此金复产，必复其故性。何也？性为乾之用，乾之直也，寄金于坤，坤寄于坎，坎寄于兑，兑金舒情，复其故性，乃以此金还于乾宫③。乾之金鼎，复得其种，炼成金丹，是以此丹号金液还丹，鼎号威光金鼎，是云威光鼎乃熺。熺亦作熹，亦作譆，三字通释火炽热盛之义。此金丹书，日月星宿、天龙真宰、造化神灵，悉皆拥护，敬之畏之④。

二土全功章第十一

子午数合三，戊己号称五。三五既和谐，八石正纲纪。呼吸相含育，伫思为夫妇。黄土金之父，流珠水之子。水以土为鬼，土镇水不起。朱雀为火精，执平调胜负。水盛火消灭，俱死归厚土。三性既合会，本性共祖宗。巨胜尚延年，还丹可入口。金性不败朽，故为万物宝。术士伏食之，寿命得长久。土游于四季，守界定规矩。金砂入五内，雾散若风雨。熏蒸达四肢，颜色悦泽好。发白皆变黑，齿落生旧所。老翁复丁壮，耆妪成姹女。改形免世厄，号之曰真人。

子居北，北乃坎之正位，其数一；午居南，南乃离之正位，其数二。

---

① 顶批云：讲《易》而至于此，真万古不闻。
② 顶批云：日月三旬一遇逢。
③ 顶批云：兑金舒情，则震木正性，情性相合，金丹乃生。
④ 顶批云：无价之珍，天神所护。

坎中有土曰戊，其数五；离中有土曰己，其数五。戊专坎之门，掌先天真一之气；己直离之户，积后天至真之汞。若求先天之气，必通戊土而后得之；若用后天之汞，必伏己土而后和之。子午既欢而谐，戊己既和而合，二五之精，妙合而凝。流戊就己，鼎中得类，两土相结，因名曰圭。八石为坤，乾坤为众石之父母，非坤则不得兑之纲纪消息①。子午相呼吸，戊己相含育，铅汞相交结，而为夫妇矣。归土②者，戊土也，戊土能生兑中金，故为金之父；流珠者，木汞也，铅水能资木中之汞，故流珠乃水之子。铅水以戊土为鬼，戊土一镇中宫，水不妄流于外。朱雀者，离中之物，是为火精，心平气和而脉停，可使调其胜负矣。水克火，火克金，金克木，四者俱消，其功归于厚土。厚土者，己土也；三性者，戊金水也。坎之门曰戊，坎之中爻曰兑金，金生太乙之水。金既生水，戊又制之，是三性合会也。木性即己土也，离中之户曰己，戊、金、水三者，合本性之己，木乃徐徐而克之，总变而为大丹，故曰本性共宗祖。巨胜者，胡麻也，胡麻若作饭，常食之能延年。况还丹是金水、戊己炼成，为天地间之至宝，修行术士，伏而食之，寿与日月同其长久。伏者，伏先天之气；食者，吞黍米之丹。后人误作服字，是不知伏之为妙也。故仙师云：伏炁不服气，服气须伏炁；服气不长生，长生须伏炁。只一伏字，逆用化机。土游于四季，四季者，辰、戌、丑、未也。土各有王日，每季月王十八日，谓之游。惟夏季火生土，土德胜王；金畏火，故入秋属申月。古人③以水土俱生申者，土因夏火而生，水到三垣而产，水潮制火，土乃生金。故入秋初，土德先王九日而生庚金，至戌止有九日而分王也。守界定规矩者，东方有氐土，能守青龙之界；西方有胃土，能规白虎之威；南有柳土，能矩离火之户；北有女土，能定坎水之门。是使制伏丹砂真金之气，还入五内。其丹初至，气散如雾，润泽若雨，丹气薰蒸，遍达四肢，神气既全，颜色悦好，齿生发黑，返老还童，改其枯悴之形，永免世间之厄，形

---

① 顶批云：黄婆探候。
② 归土，正理本、分节本、集解本、四库本、辑要本作"黄土"。全集本、集成本亦作"归土"。
③ 古人，底本作"吉人"，据诸本改。

神俱妙,紫霞真人①。

此章言欲下手炼丹,先和戊己二土,然后可采金水而成丹也。

同类合体章第②十二

胡粉投火中,色坏还为铅。冰雪得温汤,解释成太玄。金以砂为主,禀和于水银。变化由其真,终始自相因。欲作伏食仙,宜以同类者。植禾当以谷,覆鸡用其卵。以类辅自然,物成易陶冶。鱼目岂为珠,蓬蒿不成槚。类同者相从,事乖不成宝。燕雀不生凤,狐兔不乳马,水流不炎上,火动不润下。世间多学士,高妙负良材。邂逅不遭遇,耗火亡资财。据按依文说,妄以意③为之。端绪无因缘,度量失操持。捣治羌④石胆,云母及矾磁。硫黄烧豫章,泥汞相炼冶。鼓下五石铜,以之为辅枢。杂性不同类,安肯合体居。千举必万败,欲黠反成痴。稚年至白首,中道生狐疑。背道守迷路,出正入邪蹊。管窥不广见,难以揆方来。

胡粉,黑铅炼就也,得火则还本性;冰雪,寒水结成也,遇热则归本源。黄金入水银而变白,得火则回其赤色。世人嗜欲而乱性,全性而可以长生。何谓金以砂为主?何谓禀和于水银?修行之人,明其造化,洞达阴阳⑤。欲炼金丹,先积离己之朱砂,以和玉池之水银;却用坎中之水,以济离中之火。水火既济,金砂合形,变化由同类之真⑥,终始因雄雌为主。所谓欲作伏食仙,宜以同类者,实为谛当。如植禾必种谷,覆鸡须用卵,欲作仙佛,不得同类,虽入阛百处,打坐千年,终落空亡⑦。

---

① 按:"紫霞真人"一句,分节本作"紫霞真人言:欲下手炼丹……成丹也。"集解本作"紫霞真人云……"。考分节本及集解本,均据古文本,割裂陈上阳注于其下,文字多有改窜,此处易为"紫霞真人言",当为误读。

② 第,底本原缺,今补。

③ 意,正理本、全集本、四库本作"言"。

④ 羌,集成本作"韶"。

⑤ 阴阳,集成作"眷属"。

⑥ 顶批云:苦口慈心,盲人请看。

⑦ 顶批云:今之人阛先生、打坐禅和,曾听见说用同类否?

若也不参同类，行诸旁门，或房中御女，或三峰采战，此皆邪径，犹认鱼目为珠，蓬蒿为梫，岂知变化由其真乎？燕雀飞禽也，不能生凤；狐兔走兽也，安能乳马？皆非其类。水之为化不能炎上，火之为功不能润下，盖以阴阳往来，必禀自然之道。仙翁教人以求明师，必参同类，必配阴阳，方可言丹。我紫琼翁初受太虚真人入室语，首问《参同契》为明《易》耶①？为行《易》耶？太虚曰：《易》只阴阳两件物事，能明能行，方为圣人②。故《易》曰：西南得朋，乃与类行。《契》曰：类同者相从，事乖不成宝。先明之，后行之，圣人也。岂谓后人，或负高妙之良材，不求真师，依按古文，妄意度量：或以韶之石胆炼金，或用辰之砂银烧丹，捣治五金，鍜炼八石，以三黄为同类，净赤铜为辅枢。其石与金，非我同类，安肯合我之气而居我之身乎？昔九江张相，炼丹服食，洞宾悯其好道心切，化一术士，访而救之。张自负恃服丹已久，必可飞升，略不加礼，洞宾顿去。但见座间有诗云：可惜九江张尚书，服药失明神气枯。不思还丹本无质，翻饵金石何大愚？后果双目不见而终。此辈皆负良材，执滞不回，甘受盲师，误将金石指为同类，耗亡资财，服食烧炼，或至于终身不悟。如彼等人，以管窥天，岂知天地间而有真仙圣师耶？世人纽于惯常，不自卑下博问，不肯拔萃广参，耳隘目低，乌足听观高远之事耶？却乃昂藏称大丈夫，是皆空负高妙之良材，失于自恃自满耳。

三圣前识章第十三

若夫至圣，不过伏羲，始画八卦，效法天地。文王帝之宗，结体演爻辞。夫子庶圣雄，十翼以辅之。三君天所挺，迭兴更御时。优劣有步骤，功德不相殊。制作有所踵，推度审分铢。有形易忖量，无兆难虑谋。作事令可法，为世定此书③。素无前识资，因师觉悟之。皓若褰帷帐，

---

① 顶批云：好谈易理者，请看。

② 顶批云：盲人掠空谈理，昧昧一生，也曾知此两件事物？由明而行，为造圣之功。

③ 此书，诸本作"诗书"。

瞋目①登高台。《火记》六百篇,所趣等不殊。文字郑重说,世人不熟思。寻度其源流,幽明本共居。窃为贤者谈,曷敢轻为书。若遂结舌瘖,绝道获罪诛。写情著竹帛,又恐泄天符。犹豫增叹息,俛仰缀斯愚。陶冶有法度,未可悉陈敷。略述其纲纪,枝条见扶疏。

八章②言前却违黄老者,黄帝、老君二大圣。至此详明三圣人之立言垂训,其尊崇前圣后圣之意。回视后之末学,总无所知,妄诞相高,开口谤毁者,其罪当何如哉?经曰:若夫至圣,不过伏羲。伏羲亦作庖犠,亦作伏戏。孔子《翼》曰:古者庖犠氏之王天下也,仰则观象于天,俯则取法于地。观鸟兽之文,与地之宜,近取诸身,远取诸物。于是始画八卦,以通神明之德,以类万物之情。文王结体演爻辞,示西南得朋之妙。何谓十翼以辅之?《易》之书也,伏羲画卦,文王繇辞,周公爻辞,共为二篇曰正经;仲尼于正经之后,《翼》以十篇,曰上象传、下象传、大象传、小象传、系辞传上、系辞传下、文言传、说卦传上、中、下十篇,是为《十翼》。本释《易》,乃不曰释,而曰翼者,以辅翼之道也。圣人上祖下法,经自为经,翼之为翼,欲使后之学者,知圣人不敢先于前圣,亦不紊乱正经。传自商瞿,至于费、孟、梁、丘。费之言曰:《象辞》所以解经,乃分二翼于各卦之下。费之《易》行,圣经乱矣。费直不明圣人不先不紊之意,若正经可紊,则仲尼早分而释之矣。费传至郑康成,郑主费也。郑之言曰:《文言传》者,所以释乾坤二卦,乃移于乾坤上卦之后。至于王弼,王弼主费、郑。弼之言曰:《象传》所以释爻,乃移于各爻辞之后,各添象曰、象曰字。数百年间已三紊乱,既乱正经又失《翼传》,费直作俑,郑、王和之。今之《易》,非《周易》,乃王弼之《易》也。先贤欲复《周易》之《翼》多矣,只如宋李焘、晁说之、欧阳修诸公,皆尝校定《周易》,以为古《易》。焘曰:《周易》十二篇,始紊于费、郑,大乱于王弼,乃复校定,名曰《古易》,极于州学。晁说之再定《古易》,正经二篇,《十翼》十篇,已亡《说卦》二篇。欧阳修曰:秦火《易》之正经,以卜筮存,是则《十翼》之书,散在人间。汉文帝广求文字,《十翼》所存唯彖、象、系

---

① 瞋目,正理本、全集本、集成本作"瞑目"。
② 八章,集成本作"明辨邪正章"。

辞、文言耳。后至汉宣帝时,河上女子掘冢,得《易》全书上之。内说卦中、下二篇,污坏不可复识。如是则《十翼》果亡二翼,后人以序卦、杂卦是《十翼》者,非也。其辞肤浅,后之儒者唯相附和①。独程氏有卓然之见,其《遗书》曰:序卦非《易》之蕴,此不合道。后横渠以大匠一斧辩之,更非是,唯程氏知亡二篇也。朱震曰:独乾一卦,是《周易》之本文,弼不敢紊。朱熹曰:《周易》上、下两篇,经则伏羲之画,文王、周公之辞,并孔子所作之《传》十篇,凡十二篇,中间颇为诸儒所乱,今悉整而正之,定著为经二卷,传十卷,以复孔子之旧。自熹到今,已二百年,竟不复旧者,其有以夫《易》非《十翼》,则易之道何以明?言辞何以通?变动何以识?制器何以象?为道而不通言辞②,则不得情性之感;为道而不知变动,则不得金水之化;为道而不工制器,则不得鼎炉之用;为道而不达吉凶,则不得逆顺之理。《翼》曰:《易》有圣人之道四焉者。此也。是以君子将有为也,将有行也,问焉而以言,其受命也如响,无有远近幽深,遂知来物。夫幽深,乃恍惚杳冥之谓。君子有为、有行,必于恍惚杳冥之中,而遂知来物。非天下之至精,其孰能与于此?仙翁谓十翼以辅之,斯言尽矣。圣人之用功,均沾后世,但恐后学无大福德,无大智慧,不足承当,千般蔽阻,无由见闻。三圣迭兴,制作推度,万世师法。伏惟至道,天生圣哲,奚有自悟?必资师授。纵负聪明,谋虑忖度,如有所障。若有仁贤,研心究竟,忽得师旨,心胸豁然。犹如室中褰去帷帐,分明洞达,一似瞋目,上登高台,何所不见,人不求师,奚自觉悟?倘有所师,先以《参同契》一书辩之,若句句能明,章章洞晓,方是真正;苟有一句懵懂含糊,便难信受。若除此书,谓别有途可成道者,此大诳人。何以故?此书文王、周公、孔子祖述伏羲者也。故仙翁曰夫子庶圣雄。

---

① 顶批云:发明《易》之原委。

② 顶批云:通言辞三字,是谁的言辞?通此有情有性之言辞耳;变动是谁变动?即此水中金之变动耳。必要工制器。所制何器?即此鼎炉所用之器耳。吉凶生杀,生吉而凶杀,能逆反此生杀之机,则祸也而变为福矣。诸儒讲《易》,各有注疏,寻枝摘叶,何曾道及本根,尽是隔靴挠痒,曾谁说到情性相感四字,要亦打机锋,听棒喝耳。必有神人如魏公者,乃知大易性情之道也。上阳之知之言之,而不敢尽言之。天机照临,慎尔出话。

万世之下,孰能超乎孔子也哉?且黄帝《阴符》三百,老子《道德》五千,符合不差,惟明此道。是以老祖、天师、葛、许、浮丘诸仙皆从此入,又如紫阳《悟真篇》、缘督子《金丹难问》等书,皆祖《参同》也①。参之佛典、道经,俱契于此。若有人曰:某师谁氏,又复师谁,其说如流。问其《参同》,多所不晓,此皆地狱种子②,反谓至道不在文书,诳妄盲引。孰知此书,参勘真实,方可下手。况乎《火记》六百,时节爻符,密言妙语,从首至尾,郑重而说。人不熟③思求其源流,以顺幽明共居之故。此书为贤者谈,曷肯轻述?果若结舌,道恶乎传?尽露竹帛,又泄天符④。犹豫增叹息者,犹乃兽名,此兽性多疑,居山,闻有声,则豫上树,下上非一,故不能自决者,名之曰犹豫。仙翁自说趑趄,涉川畏邻,自增咨叹,俯仰再三,缀撰斯文也。然陶冶后来,有隐露法度,其口诀未可悉陈,但述纲纪,略见枝条耳。

金丹刀圭章第十四

以金为隄防,水入乃优游。金计有十五,水数亦如之。临炉定铢两,五分水有余。二者以为真,金重如本初。其三遂不入,火二与之俱。三物相含受,变化状若神。下有太阳气,伏蒸须臾间。先液而后凝,号曰黄舆焉。岁月将欲讫,毁性伤寿年。形体如灰土,状若明窗尘。捣治并合之,持入赤色门。固塞其际会,务令致完坚。炎火张于下,昼夜声正勤。始文使可修,终竟武乃陈。候视加谨慎,审察调寒温。周旋十二节,节尽更须亲。气索命将绝,体⑤死亡魄魂。色转更为紫,赫然成还丹。粉提以一丸,刀圭最为神。

---

① 顶批云:果系真师,断无有不解《参同》、《悟真》者。经曰:今古上升无限数,尽从此处达真诠。请问谈玄老师,可能达此否?则当自愧野狐。敢强辞妄说,欺天地鬼神耶?

② 顶批云:该骂,即骂是提撕。贡高自是者,请看。

③ 熟,底本作"孰",据诸本改。

④ 顶批云:天符秘诀,不敢尽形竹帛,犹豫叹息,欲言复止。

⑤ 体,校本作"休",扫叶本作"体"。

仙翁铺叙到此，方言入室临炉，下手结丹，以入鼎也。上根者，当明是书，最有次第而不泛。《参同》一书，此章大有肯綮。非此一章之详，后人如何下手？修丹之流，未遇师旨，不知是书隐而且奥。观至此章，浑如嚼蜡，无入头处，只得猜为五金八石煅炼之事，到底无功，反怨圣师谩语，诚为可怜。今略泄露，未①释后疑。以金为隄防者，大修行人，参炼九还金丹，须明此金乃西方兑中之金也。先办②真心，求彼兑金③，立置坛墠，常加谨护，隄防固济，以待此金之生水也。所生之水，尤当推度而明辨之。要知此水，是先天之水耶？是后天之水耶？若是后天，则水溷浊，不可以炼还丹；若是先天之水，又待其水之清而用之也。诗曰泾清渭浊。盖泾水清而渭水浊也。修丹者，待其泾水之清④，优游防闲，不可挠动，故云水入乃优游。此水之清中有真金，周兴嗣曰：金生丽水。清之至也。且要知其斤两轻重而后用之。盖此兑金，必约十五两重者，借近一斤之准则，是云金计有十五也。金重到十五两，则能生丽水矣。何谓水数亦如之？非言水亦十五两，要水与金相称，如十五两之金，必能生多少之水，故曰如之。所以仙翁叮咛，临炉方定其铢两，若十五两之金，已生到五分之水，则水过余而不可用，是云五分水有余；若此金初生水到二分时，乃真可用，是云二者以为真⑤；即此二分之水，必约十五两之金，是云金重如本初；若水已到三分者，亦不堪用，是云其三遂不入；若金水之数，及时相等，急以二分之火而合之，是云火二与之俱。金水火既已相合，则火受金炁，复得水制，结成还丹，乃能变化，而状若神矣。下手临炉之工，莫此为要⑥。是以圣人年中取月而置金，月中测日而听潮，日中择时而应爻，时中定火而行符。何谓行符？古圣先贤，以炼金丹为一大件事也，推度时节，立攒簇法，以一年七十二候簇于一日，

---

① 未，辑要本作"永"，意似更洽。

② 办，底本作"辨"，据正理本、全集本、四库本、辑要本等改。

③ 顶批云：彼兑中之金铅，求之者，非我震中之木汞乎？

④ 顶批云：六字是人世神机，天庭秘宝，我不敢说。世无真人，断不解此。

⑤ 顶批云：水生二，药正真，若待其三，遂不入。

⑥ 顶批云：临期潮候，决产真人。

以三百六十爻攒于一月,以三十六符计一昼夜,分俵①十二时中。是一时有六候,比之求丹,止用二候之久;一时有一爻,比之求丹,不要半爻之顷;一时有三符,比之求丹,止用一符之速。所谓单符单决②者此也,所以黄帝言《阴符》者此也,故曰:人知其神而神,不知不神之所以神者,此也。修丹仙子,于此一符之顷,蹙三千六百之正气,逆纳胎中。当斯之时,夺天地之造化,窃日月之精华,地轴由心,天关在手,交龙虎两弦之炁,捣金水一体之真,龟蛇盘结于丹炉,乌兔会行于黄道,黑白交映,刚柔迭兴,玉户③储祥,紫华映日,荧惑守于西极,朱雀炎于空中,促水运金,催火入鼎,伏蒸以太阳之炁,结号黄舆之丹也。夫初炼金水之时,隄防以岁月而计;至于合丹之际,止用一符之工夫。久则毁性而伤丹,一亏则伤寿年矣,是云:岁月将欲讫,毁性伤寿年。修丹一事,本为延寿登真,若差一发,反伤寿矣④。故仙翁诲后学,必要慎密。明窗尘者,比丹之至微也;捣治者,阴阳之交炼也;持入者,保持之而收入也;赤色门,乃乾之户,丹从乾之户而归神室;固塞者,闭息也;际会者,九窍也。皆要坚完而无所失。炎火张于下,昼夜声正勤者,盖阳丹之初到,其中有信⑤,乍得离中之火,昼夜周流,一身百节万神,悉皆听命,正宜勤勤内守,使声寂而意和,炁匀而脉住,丹始凝结。始文使可修者,炼丹之始,用文火而修之。其首尾则皆武火,首用武火以炼己,终用武火以温养,故《鼎器歌》曰:首尾武,中间文是也。候视加谨慎者,不可自取疏慢,泥丸有云工夫不到不方圆是也;审察调寒温者,勿为人物所瞒,紫阳翁曰调停火候托阴阳是也;周旋以十二节,终而复始,直待添汞抽铅,铅将尽,汞亦干,七魄已死魂亦变,是炁索命将绝,体死亡魂魄也。景象至此,其色转为紫金赫赤之还丹也。粉提以一丸,刀圭最为神者,其少如一提之粉,其小如一丸之药。黍大曰丸,其轻如刀圭之匕,言至微也,

---

① 俵,底本作"依",据校本改。
② 决,分节本、集解本作"诀"。
③ 玉户,正理本、全集本、集成本、辑要本作"玉炉"。
④ 顶批云:知止不殆。
⑤ 顶批云:信之一字,从古万圣万真之总路。

月现震生,即三日出庚之时。屯以子申,乃生水旺之处;蒙用寅戌,乃火生库之位。其六十卦,各有其日。聊陈二卦,即屯卦也。未能究悉者,仙翁自谓未能尽究详悉。盖玄奥要口授,故经云:非世上之常辞。上圣已成真人,通玄究微,能悉其意。此言未能究悉者,世无上圣之资,岂能行此道而成真人哉?立义设刑,所以防其欺诈;当仁施德,所以诱其欢心。逆之者凶,顺之者吉,按依法度,申明号令,用须至诚,行宜专密也。谨候日辰者,一年止在一月,一月止有一日,一日止在一时,一时止用一符;察消息者,必要知其兑金所生之水,清浊分数,倘毫厘有差,纤芥不正,必招责恪,贼害丹炉。如此乖错,则阴阳差忒,二至改度,隆冬反为大暑,盛夏而有严霜,春秋二分以纵横,晨昏刻漏而不应,雨阳愆伏,怪异多端。如上咎征,皆喻临炉,一差百错,总因炼已无功,致斯乖变。愚者不责于己,反怨丹经。若是大根,方寸真实,自悔自咎,诚心愈励,精勤不退,一念通天,自有仙助,临事必成。亦犹孝子诚心,方能感动皇极。心者神之舍,心实则神明自来;言乃心之声,言孚则情性相感。语虽近出己口,声传远播他方;败则招殃,成则致福;事乖则或造兵革,事济则身乐太平。成、败、乖、济四者,皆由人心所为。动静不妄,必依墨绳。则四时应,炁相求,刚柔和,五行正,大易之道,周流反复,无不顺矣。如上譬喻,要修丹者,专心致志,虑其危殆而谨防之。盖此丹道不特由我,亦由乎天。天若或违,当以财宝精诚感之,不可有逆天道。能顺天道,金丹成矣,故同人先号咷而后笑。《翼》曰:君子之道,或出或处,或默或语,二人同心①,其利断金。同心之言,其臭如兰。同人之卦者,同心之人也。其卦一阴而五阳,夫阴多阳少,则阳为主;阳多阴少,则阴为主。是以同人以孤阴而同乎老阳也。故欲得乎同人之心,必以利而断之,方得同人之言也。是以君子慎密委曲者,惟不妄言,而又托言语以为之阶,成丹之道之难,可不奉顺而谨之乎②?

---

① 顶批云:同人者,同心之人也。**精诚感之**,更当以财宝悦之。
② 顶批云:玄言妙谛,世无知音。知之者,其神人乎?

晦朔合符章第十八

　　晦朔之间,合符行中。混沌鸿濛,牝牡相从。滋液润泽,施化流通。天地神明,不可度量。利用安身,隐形而藏。始于东北,箕斗之乡。旋而右转,呕轮吐萌。潜潭见象,发散精光。昴毕之上,震为出征。阳炁造端,初九潜龙。阳以三立,阴以八通。三日震动,八日兑行。九二见龙,和平有明。三五德就,乾体乃成。九三夕惕,亏折神符。盛衰渐革,终还其初。巽继其统,固际操持。九四或跃,进退道危。艮主进止,不得踰时。二十三日,典守弦期。九五飞龙,天位加喜。六五坤承,结括终始。韫养众子,世为类母。上九亢龙,战德于野。用九翩翩,为道规矩。阳数已讫,讫则复起。推情合性,转而相与。循环璇玑,升降上下。周流六爻,难可察睹。故无常位,为易宗祖。

　　此章象一月之晦朔弦望,以比炼丹之行爻合符。盖一年十二度,晦朔弦望,天上太阴有十二度①,与太阳合璧②;人间少阴有十二度,以隐行看经③。此阴阳之正也。惟少阴也,溟涬杳冥,不可度量,圣人测之,优游太极,方拟合符,始可行中,故号先天。天上之太阴,每会太阳,日月合符,月在日之下,日在月之上,月上正日之精光,其光向天,非人可见。亦犹男女交合,男在上,女在下,女为男覆而不可见。当此晦朔,月在日之下,辉光未分,比人间之少阴也。太极混沌之时,先天鸿濛之内,经罢符至④,初三庚方,微阳将生,阳牡阴牝,相从配合,其中滋液润泽,自然施化流通,天地神明,不可度量也。夫大道者,非圣贤之资则不能运行。《翼》曰:与天地合其德,与日月合其明,四时合其序,鬼神合其吉凶。金丹之神妙,虽天地不能测度,虽神明不能猜量,何哉？金丹乃

---

① 顶批云:天上太阴,月也。
② 璧,底本作"壁",据诸本改。
③ 顶批云:人间少阴,兑也。隐形看经,这经是不可见之经也,故曰隐形看之。吕祖曰:黄婆伏伺用心看。就是此看也。
④ 顶批云:万古不泄之秘,就是这经罢符至四字,是天机,是神机,是气机。能达此者,便可为真人,可为神人,可为至人。

也。又曰：中行独复，以从道也。朔旦为复，阳炁始通者，圣人之心一也。复者，先伏而后能复也。阳之始炁，出入相通，且无嫉害。立表微刚者，乾动而直也。黄钟之律，阳月建子。兆者，众庶也，始也。庶物生此阳炁，昔始滋彰。播施柔暖，黎蒸得常者，黎蒸之众，得复柔暖，一阳之炁，皆能复其常道也。上阳子曰：作丹之妙，其要在此，切毋轻忽也。学道已得师诀，须晓三关三候①，何也？预营坛埠，先采药物，既得药物，出入相通，行炼己功，柔暖播施，微温直透，此为初关第一候也；临驭丹炉，施条接意，辟开道路，不僭不狂，分彩和光，愈低愈下，大吕应丑，日景渐长，是为中关第二候也。大簇律临，仰以成泰，泰之为卦，地上于天，阴若居上，水能润下，阳居于下，火临照上，故咸之《翼》曰：柔上而刚下，二炁感应以相与，止而说。男下女，是以亨利贞②。夫五行颠倒，大地成宝。柔施于前，饶他为主；刚施于后，我反为宾。牡初小往，牝乃大来；金气相胥，阳全乾体。此云刚柔并隆，阴阳交接，是为下关第三候也③。渐历大壮，结凝还丹；侠列卯门，榆荚归根；刑德相负，昼夜始分。言丹之兆，落在黄庭，以防以养，宜慎宜专。夬之为卦，阴以决别，阳炁既回，金丹怀孕。乾健盛明，金气已纯，阳终于巳。运行阴符，姤承乍包，阳无走逸，阳复得阴，阴为主人。坤之为化，初六履霜，井④底寒泉，阴炁下来，六月为遁，敛精俟时。否届七月，阴阳不通，阴伸阳屈，阳炁内明。八月观象，量察秋情，任畜微稚，若麦之蘖；老枯复荣，若蘁之芽。化气既竭，剥消其形，道穷则返，归乎坤元。一来一往，恒顺承天。此书撰作，深有法度。或序冒头，或括结尾。无冒头者，结尾括之；无结尾者，冒头总之。即如此章，是无冒头而以结尾括之。其首句曰：朔旦为

---

① 顶批云：三关三候，细看。

② 顶批云：魏公借《易》以明丹道，此为《周易》真解。儒者注释百家，掠空谈理，毫无实证。《大易》性情，千古无人发出。天生上阳子，乃露其端，圣人非圣人不知，神机非神人不解也。

③ 顶批云：看他说小往大来，是阴阳交接时事。金气相胥之际，牡小往而牝大来，此是运用阴符，空世莫测之秘。昔虎皮张真人授李虚庵曰：今日所说，四大部洲，无一个人儿知道。

④ 井，底本作"非"，据诸本及上下文义改。

复,复而临,临而泰,泰而大壮,大壮而夬,夬而乾,乾而姤,姤而遁,遁而否,否而观,观而剥,剥而坤,尾却结曰:玄幽远眇,隔阂相连。只此两语,最为简易。玄幽远眇者,阴阳二物,至玄极幽,不可捉摸;至玄极眇,不可思议。而其造化,功倍天地。隔阂相连者,二物间隔,动几万里,若得黄婆以媒合之,则虽至远而至近也①。是以两物应度而育种,为阴阳之元。圣人用之而行其道,寥廓恍惚而不可捉摸者,未容度量,圣人推之以逆其用也。先迷失轨,后为主君者,柔顺利贞,君子攸行,先迷失道,后顺得常。此《十翼》之辞也。仙翁引而详之,中言阴为主人,末曰后为主君,皆坤之利,地之道也。无平不陂,道之自然,水之至平,潴为渊陂;畔岸不流,陂若盈科,则水自泛。以水喻道,自然之理。变易更盛,犹复至乾;消息相因,如姤至坤。故云:终坤复始,如循连环也。帝王承御,千载常存者,若帝王能承御乾坤逆顺之道,则千载之寿,亦未为多;若功崇行著,白日升天,亦分内事。昔黄帝一世为民,修世间福,再世乃得为臣,复修出世功德,三世乃得为君。遂捐天下,离弃万机,寻山水幽绝处,得鼎湖之君山,炼此九还大丹,丹成之后,白日乘龙而上升也。即洞庭湖,湖中有山,因黄帝炼丹,号曰君山也。

养性立命章第二十

将欲养性,延命却期。审思后末,当虑其先。人所禀躯,体本一无。元精云布,因炁托初。阴阳为度,魂魄所居。阳神日魂,阴神月魄。魂之与魄,互为室宅。性主处内,立置鄞鄂;情主营外,筑固②城廓。城廓完全,人物乃安。爰斯之时,情合乾坤。乾动而直,炁布精流;坤静而翕,为道舍庐。刚施而退,柔化以滋。九还七返,八归六居。男白女赤,金火相拘。则水定火,五行之初。上善若水,清而无瑕。道之形象,真一难图。变而分布,各自独居。类如鸡子,白黑相符。纵广一寸,以为始初。四肢五脏,筋骨乃俱。弥历十月,脱出其胞。骨弱可卷,肉滑若

---

① 顶批云:知此二物乎?乾阳物也,坤阴物也。故黄婆得而媒合之也。

② 固,诸本作"垣"。

铅。

　　此章言人先须养性，乃可修命。且性者何也？乾之物也，人能养之，则乾阳不亏。精从内守，炁自外生，可以炼丹①，可以入圣。世人莫知性命两者为何物？或猜性是灵明知觉，或以性为肉团顽心，或认思想识神为性，或指不可捉摸为性，或拟顽空为性，或以令为命，他岂知杳杳冥冥之物为性？又焉知生生化化之门为命？惟只盲猜妄想，怎达圣人之道哉？黄帝曰：天性，人也；人心，机也。君子得之固穷，小人得之轻命。孔子曰：穷理尽性以至于命。孟子曰：存其心，养其性，所以俟天命也，夭寿不贰，修身以俟之，所以立命也。圣人之道，传至孟子，忒杀分明。《翼》曰：昔者圣人作《易》也，将以顺性命之理。是以立天之道，曰阴与阳；立地之道，曰柔与刚；立人之道，曰仁与义。上仙云：修性不修命，如何能入圣？修命先修性，方入修行径。人言释氏修性，道家修命，天下岂有二道哉？是不参孟子存心养性，修身立命之道。盖欲立命，先养其性；若不悟性，焉能知命？故《中庸》天命之谓性，率性之谓道。是以圣人无两心也。此谓将欲养性，延命却期，世人不知何者为养性，洞宾乃以炼丹以晓之；不知何者为立命，张、许乃以炼丹喻之。惟精惟一，允执厥中，此养性也；男女媾精，万物化生，此立命也；积精累气，此养性也；流戊就己，此立命也。审思后末者，人负聪慧，执僻不回，谓有生必有死，奚有长生也哉②？圣仙与佛，皆天所生，师岂能授，人岂能为？是不审思，甘分守死。当虑其先者，虑即念也。当念我身从何而有？若云父母阴阳之炁所生，则阴阳之炁，必可延命，必可成仙佛矣③。故修大丹，与生身受炁之初，浑无差别，但有逆顺耳④。仲尼曰：未知生，焉知死？圣人明性命之所以死生，示阴阳之道，缘何逆顺。故顺而生物者，人也；逆而生丹者，圣也⑤。此之谓元精云布，因气托初。何谓阴阳为

---

① 顶批云：炁自外生，非由我出，炼此炁以成丹，全此炁以成圣。
② 顶批云：世人读书可谓不求甚解矣。
③ 顶批云：夜来铁汉细思量，长生不死由人做。经曰：我命在我不由天。
④ 顶批云：教人即顺以悟逆。
⑤ 顶批云：所以死生，缘何顺逆？

度,魂魄所居?盖阴阳以魂魄为体,魂魄就阴阳为舍。离为日魂,坎为月魄。魄乃阴中之阳,戊土专之;魂乃阳中之阴,己土直之。魂魄互为室宅,阴阳两相交通①。性主实精于内,立置鄞鄂;情主伏炁于外,筑固城廓。城者何也?承华之包也;廓者何也?炼丹之室也。当斯之时,乾之性动而直,则精炁合体;坤之情静而翕,为道舍庐。刚而直者,一施则退;柔而化者,布润以滋。丹产于鼎,还返成功。所谓九还者?地四生金,天九成银,龙虎相交,金银之炁,复还鼎中,故云九还;其七返者,地二生火,天七成砂,魂魄相恋,砂火之精,返照鼎中,故云七返;八归者,天三生木,地八成汞,戊己一合,木汞之真,归炼鼎中,故云八归;曰六居者,天一生水,地六成铅,性情相感,铅汞之妙,回居鼎中,故云六居。男白女赤,金水相拘,男属青龙之木,受兑金之炁,炼而返白;女属白虎之金,被离火之精,炼而还赤也。则水定火者,坛埕精严,药物真正,须则其水之多少而抽添之,约其火之老嫩而烹炼之,此时为五行造化之初;上善若水者,水中有金,能生丽水,探其至清,全无挠动,无质无瑕,方能变化,是云上善。道之形象者,男女即道之形,乾坤乃道之象。形与象之中,能生真一之炁②,乃不可以尽其形而图其象也。故此形此象,各任化机,分布而居,秉生秉杀,甲乙自东而游,庚辛自西而舍,故云各自独居也。类如鸡子者,还丹有形也;白黑相符者,阴阳得匹也。纵广一寸者,丹结之初,来如黍米之微,渐觉一寸之广,非但神室充裕,暖遍四肢,润泽五脏,筋骨一皆快畅。十月功满,丹已成形,脱去其胞,号曰阳神。阳神之象,乃先天之炁结成,骨故可卷而软,肉比铅华而滑,非若后天之精血,以成人物者,其骨重肉滓不能变化。肉滑若铅,铅犹铅粉,亦曰铅华,俗言水粉,洁白软滑,女妇以此饰面,尚增光彩,况此阳神,乃先天真铅之炁以凝结而成其形乎?此与第六章内以养己相应。

二气感化章第二十一

阳燧以取火,非日不生光。方诸非星月,安能得水浆?二炁玄且

---

① 顶批云:阴阳相通,乃得二炁回环。
② 顶批云:真一之炁,从何而生,知乎?

远,感化尚相通。何况近存身,切在于心胸。阴阳配日月,水火为效征。

阳燧者,阳之物也,其中有炁,故感日而能生火;方诸者,阴之物也,其中有精,故感月而能生水。日月在天之高远,阳燧、方诸之至微,阴阳二炁,尚相感化。况乎人身,真阴真阳,切在心胸,可亲可密,近而易求,安有相通而不感化哉？① 缘以后之人不得其道耳。人身之阴阳,以比天上之日月;诸燧之水火,以喻人身之精炁。无情之物,尚尔相通;有情有灵,自然交感。且天地间最灵者人也,虽至贱至愚者,皆知阴阳化育之理,不待教令而使之然。一切愚迷,但知顺行以生人物,至于逆用,非师罔通。盖逆用阴阳之道,乃炼精伏炁以成丹也。

此章单明阴阳二炁以相通,感而成造化也。

关键三宝章第二十二

耳目口三宝,闭塞勿发通。真人潜深渊,浮游守规中。旋曲以视听,开阖皆合同。为己之枢辖,动静不竭穷。离炁纳②营卫,坎乃不用聪。兑合不以谈,希言顺鸿濛。三者既关键③,缓体处空房。委志归虚无,无念以为常。证难以推移,心专不纵横。寝寐神相抱,觉悟候存亡。颜色浸以润,骨节益坚强。排却众阴邪,然后立正阳。修之不辍休,庶炁云雨行。淫淫若春泽,液液象解冰。从头流达足,究竟复上升。往来洞无极,怫怫被容中。反者道之验,弱者德之柄。耕耘宿污秽,细微得调畅。浊者清之路,昏久则昭明。

此章详明炼丹入室之密旨④。学者得师口诀,便须诵此章万遍,句

---

① 顶批云:能相通,则能感化。相者,两相和谐;通者,由此通彼。受感者,想非木石之伦,必是血气之类。

② 纳,诸本作"内"。

③ 健,集成本、四库本、辑要本作"键"。

④ 顶批云:入室秘旨,须从师授。

句熟①玩,字字寻详,勿轻易读过去,一字不逗,不能成丹②。盖此章乃《参同契》着紧合尖处。其中有不以语言泄露者,上天所宝也。且夫人生于世,性无有不善。及乎年既长,非负上圣之资,介然自守者鲜。淫朋妄友,牵诱于外,声色嗜欲,迷惑于内,六根门头,色色皆爱,日用夜作,件件戕贼。最苦毒者,耳、目、口也。耳听乎声,目视乎色,口嗜乎味。由此之故,福从色败③,害随声至,病因口入,梦生醉死,递递何穷?学士多不能成道者,皆被耳、目、口三者,邻朋互诱,汩丧其真④。仙翁以耳、目、口为三宝者,遵重而不敢轻放,是用闭塞,勿令发通。入室之际,大用现前,六根大定,方可采炼。真人,即己土也;潜深渊者,用己土去克水以求丹;浮游守规中者,规中名造化窟也,若炼大丹于此一符之顷,切须慎密;浮游者,常静而又常应,暂时不离此;用守者,勤勤内照,诚有所待也。此两句又为《参同契》中合尖处,用一下大斧底工夫相似。是以真仙圣师,所出玄言法语,万世莫能猜之。上阳子因尽泄之者,但愿人人皆明此道而行之也。旋曲以视听者,非蠢然之闭塞也,内能旋曲委宛,微侦而视听之,使戊土之开阖,不隐不瞒,与己土以合同⑤,若吞若唉。己之为性,颠蹶猖狂,必得戊土为其枢辖,是云为己之枢辖。何谓动静不竭穷?盖己之为道,其动也直,其静也专,若善用之,不致穷竭,离炁纳营卫,目光内照也;坎乃不用聪,耳须内听也;兑合不以谈,希言而调息,以顺鸿濛之施化。惟此三者,善于关键,方可缓体处于空房。缓体者,优游而不劳;空房者,严静而不杂。委志归虚无,盖虚无者,炁之所生处也。是曰先天一炁,自虚无中来,要得此炁,必当委曲

---

① 熟,底本作"孰",据诸本改。
② 顶批云:此书若有一字不透达,便有窒碍,不能下手。明了阴阳,不知药物,徒然;知药物不知采取真时,必当面错过,也是徒然;知真时而不知火候抽添起止之法,亦是徒然。有一未达,便不能入室施工,枉费财力。
③ 顶批云:福从色败,此大福之事。奈何炼己不纯,致伤虎口,戒之,慎之。
④ 顶批云:南岳魏夫人曰:但在庄敬,丹到而绝淫色之念。若抱淫欲之心,行上真之道,清宫所落,皆此辈也。岂止落名生籍,方被拷于三官。勉之,慎之。
⑤ 顶批云:《悟真》曰:只缘彼此怀真土。戊己即彼此也。彼此相通,戊己合同矣。

志虑以求之也①。无念以为常,无念二字最为受用。真人潜深渊,无念以应之;浮游守规中,无念以候之;呼吸相含育,无念以致之;三性既合会,无念以入之。能应、能候、能致、能入,其功惟多,故以为常也。证难以推移者,戊之为物号曰白虎,虎之为变,易动难安,若以己土会之,切毋纵横推移,心或不专,恐生灾异。前云无念,此又云心专不纵横,可不谛思之乎?寝寐神相抱者,心不纵横,又不推移,于斯寝寐之顷,神炁自相抱一。又须常觉而常悟,候其一气之存亡。炼丹之功,用力至此,方自知验②。予往昔得师之旨,此段以为甚难,近从大罗山之阴,行此大功,始觉易也。大要修之而不辍休,方能成就其全功也。故仙翁由明采取烧炼之时,不可毫发差忒。自颜色浸以润而下③,句句紧用着,无一句放闲,皆得丹之后,有自然之效,见种种之验。凡修此道者,居五浊恶世,修出世间法④,人行之不辍,久则功必成,勿因小魔障,中道而弃之。是云:浊者清之路,昏久则昭明。证圣成仙,指日可冀,功最神速,故名之曰神丹。

郭嵩焘批注:反者,有为而有以为;弱者,无为而无不为。反者,求道之候,嫌为成德之征。

傍门无功章第二十三

世人好小术,不审道浅深。弃正从邪径,欲速阏不通。犹盲不任杖,聋者听宫商。没水捕雉兔,登山索鱼龙。植麦欲获黍,运规以求方。竭力劳精神,终年无见功。欲知伏食法,事约而不繁。

世人好小术,小术不是道。器局若浅小,不可闻大道。道大包天地,道深阔如海。人固不可闻,先被盲师毒。先入言为主,正道无由闻。旁门好采战,弃正从邪径。服药求轻举,欲速阏不通。精竭不养性,犹盲不任杖。借道咨谈辩,如聋听宫商。没水捕雉兔,何不参同类?五行

---

① 顶批云:此气若果在吾身中,又何用求?又何须委曲志虑以求?细参。
② 顶批云:在眼前,甚容易,得服之人,妙难比。
③ 按:"自颜色浸以润而下",此句底本作"自功始觉以润而下",据诸本改。
④ 顶批云:佛言:我于五浊恶世修行而得大道。

不颠倒,登山索鱼龙。枯坐以求仙,植麦欲获黍。无为若办道,运规以求方。如上种种为,竭力劳精神。若不遇圣师,终年无见功。欲知伏食法,古仙语不繁。伏炁不服气,服气须伏炁。服气不长生,长生须伏炁。斯言真妙诀,以诏高上人。

流珠金华章第二十四

太阳流珠,常欲去人。卒得金华,转而相因。化为白液,凝而至坚。金华先唱,有顷之间。解化为水,马齿琅玕。阳乃往和,情性自然。迫促时阴,拘蓄禁门。慈母养育,孝子报恩。严父施令,教敕子孙。五行错旺,相据以生。火性销金,金伐木荣。三五与一,天地至精。可以口诀,难以书传。子当右转,午乃东旋。卯酉界隔,主客二名。龙呼于虎,虎吸于精。两相饮食,俱相贪并①。遂相衔咽,咀嚼相吞。荧惑守西,太白经天,杀气所临,何有不倾?狸犬守鼠,鸟雀畏鹯,各得其功,何敢有声?不得其理,难以妄言。竭殚家产,妻子饥贫。自古及今,好者亿人。讫不谐遇,希有能成。广求名药,与道乖殊。

此章分明指示流珠金华为阴阳之二物,复示烧炼之密旨。其间透露,大为详切。至于口诀,难以书传是也。上阳子乃重宣此义,而为偈言:太阳流珠,离有日乌。离宫姹女,非色非姝。太阳隐明,实称乾父。砂中有汞,汞为砂祖。世人缘因,六贼引逼。刷凿流珠,或嚟(音嘶,龙所吐涎也。)或逸。金本居兑,寓坎生华。坎之真水,乃克离砂。汞被金水,制伏转变。化为白液,应时烧炼。金返居前,吐华先唱。真土云己,己须神王。己曰地神,涌一玉局。升于高座,暴露双足。金华化水,有顷之间。色如马齿,钟乳琅玕。乾阳为宾,往以求友。阳性阴情,譆(音熙,暖也)相蟠糺。阴被阳迫,阳被阴促。彼促我迫,时阴拘畜。两肾之中,号曰禁门。一阴一阳,一乾一坤。慈母云金,金生坎水。水即金公,水称孝子。严父云木,木生砂汞。子又生孙,子继孙踵。虑不精专,严施号令。五行错王,颠倒克应。铅汞砂银,相据于土。火盛生土,

---

① 贪并,诸本作"贪便",据上阳注文,当作"贪便"。

土为金母。火王销金,木畏金刑。金被火伐,木乃敷荣。东南同五,木三火二。西北同五,水一金四。中央戊己,是曰三五。数一至万,兆经垓补。数合天地,薨(音忙,勉也)感至精。此感彼合,口诀须明。子当右转,若謇若譂。阳金生子,午乃东旋。阴汞生午,包固阳精。卯酉东西,主客二名。金木间隔,相去万里。怀仁怀德,金顺木喜。龙呼虎吸,金恋木仁。一主一宾,饮食相亲。一乌一兔,俱相贪便。一男一女,遂相衔咽。一龟一蛇,咀嚼相吞。南方之神,朱雀荧惑。守占于西,煅炼金德。兑之杀方,慎毋差忒。含储生意,炁曰太白。经行黄道,信归乾户。煞炁一临,生炁自布。犹猫捕鼠,似雀畏鹯。各得其功,何敢有声?不得口诀,奚有猜言?枉耗家产,行诸旁门。邪蹊曲径,采战误真。误真罪重,岂顾他贫?自古及今,好者亿人。不遇真师,希有能成。未明阴阳,岂知同类?广求明药,愈耗真炁。金石草木,非类无情,与道乖远,寥隔万程。法则后学,梗概敷陈。备明奥典,得做仙真。

郭嵩焘批注:火炽而铄金,生水于火,以伏火炁,方成水火既济之功;转而相因者,水火会而阴阳乃相得也。火与木通气,随木以东旋,水与金通气,随金以右转。木为主于内,而金为客于外,东西转于龙虎相见,此言周天搬运之诀。○聚火载金,而金上行,火金相导,水火相制。如狸守鼠,以全力伺之;如鸟畏鹯,以全神防之。此言语胎息相守之功。

如审遭逢章第二十五

如审遭逢,睹其端绪。以类相况,揆物终始。五行相克,更为父母。母含滋液,父主秉与。凝精流形,金石不朽。审专不泄,得为成道。立竿见影,呼谷传响。岂不灵哉,天地至象。若以野葛一寸,巴豆一两,入喉辄僵,不得俛仰。当此之时,周文操蓍,孔子占象,扁鹊操针,巫咸扣鼓,安能令苏,复起驰走?

此章乃谓人若遇师,先须审察,睹其端绪,是正是邪,将此《参同契》勘[①]。果是名师,问无不知,略无留滞,若是盲师,十不知九,百端捏

[①] 顶批云:此段是学道的试金石,以此辨师之真伪,最宜细究。

怪,引人落草。或以无言是道,或惟打坐观空。问其砂汞虎龙,金木间隔,三日震象,逆用先天,不晓丹经,哑口无对。世之愚夫,但闻何人打坐几年,某人入阛几处,便纷言其有道①,他岂知马祖南岳磨砖之诮乎?他岂知阴阳吞啖生杀之理乎?有辈俗子,略记前人口涎,日惟说禅,锋辩横论,唤作性宗,指此为道,以愚世人,尤为可笑,彼乌知禅有性哉②?何谓性?即乾用九,其动也直,若能了此,即正法眼藏也;何谓禅?即坤用六,其动也辟,若能知此,即涅槃妙心也。禅与性合,以土制铅也;金木相投,以铅伏汞也;仁与义施,以直养炁也。故一阴一阳,《易》之道也;离宫修定,禅之宗也;水府求玄,丹之府也③。名虽分三,道惟一尔。睹其三教修养之端绪,皆要同类方能成功④。此云以类相况也。何谓揆物终始?当揆度其生人生物,阴阳始终消息之因。是以五行相生相克,一旺一衰,劫劫更易而为父母。上圣至人,所行之道,阴阳而已。其主含储滋液之炁者,坤兑更易而为圣母也;其生禀与生成之妙者,乾震更易而为灵父也。气液凝精,流而成形,以结为丹,如金石之固而不朽也。审察专一,方乃不泄,可得成道。若立百尺之竿而见影,如呼千岩之谷而传响。阴阳自然,影响交感,最为灵验,以合天地造化之至象也。野葛、巴豆,无情之草木,尚尔杀人。文王大圣,周公、孔子庶圣,扁鹊神医,巫咸贤师,著、占、针、祷,其毒气不可疗。况乎真阴真阳之炁,同类有情之物,以相匹配,安有不结灵丹者乎?

姹女黄芽章第二十六

河⑤上姹女,灵而最神。得火则飞,不见埃尘。鬼隐龙匿,莫知所存。将欲制之,黄芽为根。物无阴阳,违天背元。牝鸡自卵,其雏不全。

---

① 顶批云:愚夫迷于习俗,千古同情。
② 顶批云:磨砖作镜、木橛子,我西方下根人也不为此,此参公案,皆释典自谓坐禅,不能成佛之语。奈何黄冠,又欲修定,枯坐成仙,愚得可怜。
③ 顶批云:即佛是道,即禅是丹。
④ 顶批云:教虽分三,非用此同类,断无成就。
⑤ 河,底本作"何",据诸本改。

夫何故乎？配合未连。三五不交，刚柔离分。施化之精，天地自然。火动炎上，水流润下。非有师导，使其然也。资使统正，不可复改。观夫雌雄，交姤之时，刚柔相结，而不可解。得其节符，非有工巧，以制御之。男生而伏，女偃其躯。禀乎胞胎，受炁元初。非徒生时，著而见之。及其死也，亦复效之。此非父母，教令其然。本在交媾，定置始先。

注云：河上乃爱河欲海之喻，姹女即自己阴汞之精。何谓灵而最神？以其功能生人，亦能杀人，又能合丹。当寂然不动之时，一灵内养，忽感而遂通之顷，奔骤如神，境动情生，福从色败，意念才起，汞逐火飞，如埃与尘，不可复拾。鬼隐其精，龙匿其形，云散天空，空即是色。此与二十四章太阳流珠，常欲去人义同。人谩尔看将过去，故复到此，引而伸之，圣人功盖后世，类多如此。将欲制之，黄芽为根，即前卒得金华，转而相因义同。盖如姹女，因之顺而易失，非彼黄芽之一阳，不能制伏。黄芽即先天之炁，号真一之铅①，烧此铅炁，以为根基，其汞自不奔逸，何哉？阴阳配而使然。若也物无阴阳，是违造化之天，背其生物之元。修丹者，不离阴阳，以立根基。倘真一之气既还，丹已成熟，则方跳去阴阳之外。世之愚人，不看丹经，谓修行者必居深山，必先孤处，必弃妻子，必当辟谷，必合无为，必要打坐，以此为道，何其愚哉②？若也不用阴阳，不究五行，不辩金木，不知龙虎，不识铅汞，不明坎离，只以无言为可成道。是以此书，力救其弊，历言阴阳匹配，方谓之道。只如牝鸡不雄自卵，覆雏不成，为其孤阴无阳。若欲生雏，当午盛水，曝而温之，假借阳炁，雏乃可全。若不温之，必不生也。夫何故？亦如造化，配合未连，三五不交，刚柔离分，岂成生生之道？是以女人之国无男子，若欲孕，则必择日，一日三时，俯观井底，亦借真水之炁，是观井中之象以为交感，方能怀妊。所谓阴阳施化之精，天地自然相感之道。若此火炎上，水润下，非有师导，以使其然，资始统正，一气已定。《翼》曰：大哉乾元，万物资始，乃统天。乾道变化，各正性命。性命已正，安可复改？

---

① 顶批云：黄芽即先天之炁，号真一之铅。
② 顶批云：贤达若肯细味丹经，自然不肯入山住静，不肯去妻辟谷，不肯无为打坐。如此大声疾呼，唤不醒愚迷，哀哉！

故曰：观夫雌雄，交姤之时，刚柔相结，而不可解，得其节符，非有工巧制御，必男生而伏，女偃其躯。此皆极理之论，造化不能移易。岂但生乎？溺而死者，亦必男伏女偃，此非父母教令其然，本在交姤，定置始先。俗眼看来，语似屑屑，本其著书之意，令人洞达阴阳之理，语故频而不烦也。

郭嵩焘批注：炼铅以成汞，火不伏则汞飞。丹家故有引水伏火之功。阴阳之气不反，则不复屈伸反复，以气相续，乃以长生。

男女相胥章第二十七

坎男为月，离女为日。日以施德，月以舒光。月受日化，体不亏伤。阳失其契，阴侵其明。晦朔薄蚀，掩冒相倾。阳消其形，阴凌灾生。男女相胥，含吐以滋。雌雄错杂，以类相求。金化为水，水性周章；火化为土，水不得行。男动外施，女静内藏。溢度过节，为女所拘。魄以钤魂，不得淫奢。不寒不暑，进退合时。各得其和，俱吐证符。

坎为水，为月，为中男；离为火，为日，为中女。坎外阴而内阳，中有戊土，以储金水，养其阴魄，为中情，为道义之门，黑中之白也；离内阴而外阳，中有己土，以居砂汞，主其阳魂，为成性，为仁德之体，白中之黑也。月体本黑，受日之化，光彩复舒，两体不亏。阳失其契，契，合也，阴侵阳明。薄蚀者，晦朔之间，月掩日光，正对的射，日体居上，月在日下，暂障日光，此谓阳消其形，阴凌灾生。以比世人不能保守真阳，数为阴所凌烁。若也雌雄得类，颠倒相感，男女相胥，逆求化机。则其兑金，化生坎水，非得真土，则坎之水周流泛滥。离中有火，火能生己土，以制坎水，水不泛矣。是以男之为道，乾刚而外施；女之为德，坤静而内藏。若乾外施，溢度过节，则为坤女之所拘制。魄以钤魂，魄属于兑，魂属于震，震男兑女，阴阳所交。不得淫奢，必使一寒一暑，得其进退，和合有时，不愆不忒，则有雌雄，各吐符证，乃可见其效验者矣。

此章大意在乎周章、溢度，淫奢过节则阴凌而灾生，致仲冬行夏令成隆暑，仲夏行冬令返严寒。即男行而女不随，阳唱而阴不和。阴阳乖错，皆由周章而淫奢也。修丹不易，切毋自轻。昔纯阳翁既得钟离老仙之传,及其入室,累次下工,以未尽善,不即成丹,复蒙玄元崔真人授以《入药镜》,方得洞达。乃作诗曰:因看崔公《入药镜》,令人心地转分明。厥后用功,旋即成就。后之愚人,专以无为顽空是道,依稀度日,任生任死,此辈为教中大罪人,况敢言修行一事哉?

郭嵩焘批注:阳主施,阴主受。阳有为而阴无为,有为故有运化,无为故委而听命,而隐伏慾忒生否。是以月受日化,而有光,而其□亦足上掩。

四者混沌章第二十八

丹砂木精,得金乃并。金水合处,木火为侣。四者混沌,列为龙虎。龙阳数奇,虎阴数偶。肝青为父,肺白为母。肾黑为子,离赤为女。脾黄为祖,子午行始。三物一家,都归戊己。

上阳子曰:夫人之身,最灵而至宝者,精与炁也。《心印经》以为上药,张紫阳以为命宝。仙翁所撰之书,则有同而有异。何谓同?曰金来归性初,乃得称还丹,此最简而同也;何谓异?曰乾坤坎离,曰牝牡橐籥,曰开曰阖,曰无曰有,曰阴阳,曰日月,曰玄牝,曰戊己,曰刚柔,曰雌雄,曰斗枢,曰魁罡,曰乌兔,曰魂魄,曰金气,曰神明,曰黄芽,曰河车,曰铅银,曰砂汞,曰浮沉,曰白黑,曰鸿濛,曰恍惚,曰规中,曰枢辖,曰虚无,曰杳冥,曰真人,曰大渊,曰垣阙,曰蓬壶,曰朱雀,曰龟蛇,曰白虎,曰青龙,曰熬枢,曰流珠,曰金砂,曰水银,曰八石,曰黄土,曰两孔穴,曰神德居,曰偃月炉,曰悬胎鼎,曰赤色门,曰明窗尘,曰上下弦,曰文武火,曰丹砂木精,曰河上姹女,曰鄞鄂城郭,曰马齿琅玕,曰禁门,曰刀圭,曰金华,曰秋石,曰情性,曰主客,曰白雪,曰黄舆,曰玄沟,曰河鼓,曰甑山,曰暑影,曰钟乳,曰苍液,曰三五,曰两七,曰铢两,曰爻符,等等名色,如是皆身中之宝。或喻门户,或言神室,或云鼎器,或譬体用,或察形象,或比进退。故易道以乾直坤辟为生死之门户,丹法以鹊桥黄道为往来之路①,不离己身之精气耳。此假名而异字。故此章言丹砂木

---

① 顶批云:一阖一辟,谓之变;往来无穷,谓之通。

精,得金乃并,又合前太阳流珠,常欲去人,卒得金华,转而相因之义同也。盖谓流珠、谓姹女、谓丹砂,本皆有阴而无阳,以属后天,不能成丹;金与黄芽、金华,乃先天之铅,可炼还丹。故夫丹砂木精,即离中之木火。火之父为东方甲乙之木,以生真精,是谓中女。是以东方甲乙之木与南方丙丁之火,一父一女也。父与其女为阳中之阴,则震木离火为之侣也。黄芽金液为坎中之铅水,水之母乃西方庚辛之金,以孕其液,而为中男。是以西方庚辛之金,与北方壬癸之水,一母一子也。母与其子,为阴中之阳,则兑金坎水以合处也。木火金水,四者混沌,列为龙虎,一东一西。龙居东,其数三,故云龙阳数奇;虎属西,其数四,故云虎阴数偶。木火为侣者,龙从火里出也;金水合处者,虎向水中生也。肝青属木,为火之父;肺白属金,为水之母;肾黑属水,为金之子;离赤属火,为木之女;脾黄属土,四者之祖。子居五行之始,故为一阳之首。金与水,木与火,龙与虎,是谓三物。若此三物交会而作一家,则必藉戊己二土之力,方能成其功用也。

卯酉刑德章第二十九

刚柔迭兴,更历分布。龙西虎东,建纬卯酉。刑德并会,相见欢喜。刑主伏杀,德主生起。二月榆落,魁临于卯。八月麦生,天罡据酉。子南午北,互为纲纪。一九之数,终而复始。含元虚危,播精于子。

青龙属东,白虎属西,此其正也。更历分布者,青龙建纬于酉,白虎建纬于卯,是刑德并会,而龙虎欢喜,颠倒相见,故龙虎相见。会合一处,则二物欢喜,以生生为德;若龙东虎西,定位各居,自生自旺,则二物相竞纷扰,以主杀为刑。刑者,阴阳乖错之义,雌雄相见之喻。刑者,五行顺行之谓;德者,五行颠倒之意。刑者阴消其阳,德者阳合乎阴;刑者阴多而阳少,德者阴少而阳多。且如四阳而二阴,二月之卦也。阳长阴退,其阳虽多而有余阴。阳多为德,余阴主杀,是以三春万物并生,而榆荚堕落者。一如人也,年方及壮,一身之中,阳多阴少,日壮一日。却于此时,欲火大炽,其阳虽多,皆为阴消,纵有余阳,不能主宰,百病来侵。将暨阳脱,犹复念念在于欲界,尽力求阴;余阳遇阴,悉皆消脱,卒然而终。此之谓德返为刑也。若是上智,乘其余阳,以为阶梯,急行还丹之道,可复长生,是之谓刑德并会也,是为相见欢喜也。又如四阴①而二阳,八月之卦也。阳为阴消,其阴虽多,尚有余阳。阴多为刑,余阳主生,是以三秋万物将零,而荠麦乃生。一如人也,年将六十,一身之中,阴多而阳少,日衰一日。若于此时,幸有余阳,而行金丹之道,能令阳复,是谓返老还童也,是谓长生久视也,是之谓刑返为德也。二月子时,斗之魁星临于卯位,罡星临于巳上,位属东南,主生为德;八月戌时,斗之罡星,据于酉地,魁星临于亥上,位次西北,主杀为刑。经云:罡星指丑,其身在未。所指者吉,所在者凶。余位皆然。此喻炼丹之功用也。子南午北者,颠倒五行也。仙圣云:五行顺行,法界火坑;五行颠倒,大地七宝。所以水火互为纲纪,方能既济也。阳生于一,成于九,阳数至九则极,极则复于一,此谓一九之数,终而复始,含元虚危,播精于子者。丹之神功在此两句。盖虚危之次,日月合璧之地;一阳初生之方,龟蛇蟠结之所。故太一所含先天之元炁,其真精遇子则播施。

此复应前章子午行始之义也。世人但闻卯酉为沐浴,岂能明刑德之喻?盖德与生,即半时得药之比;刑与杀,则顷刻失丧之喻。是以入室之际,直须防危虑险,方可炼丹。仙翁比为春旺之时,何物不生,而榆荚死者,德中防刑,生中防杀也;秋肃之候,何物不凋,而荠麦生者,刑中有德,杀中有生也。是书历历而论,种种而明者,其主意之妙,唯要得先天之炁尔。

君子好逑章第三十

关关雎鸠,在河之洲。窈窕淑女,君子好逑。雄不独处,雌不孤居。玄武龟蛇,蟠虬相扶。以明牝牡,意当相须。假使二女共室,颜色甚姝,苏秦通言,张仪合媒,发辩利舌,奋舒美辞,推心调谐,合为夫妻,弊发腐齿,终不相知。若药物非种,名类不同。分刻参差,失其纲纪。虽黄帝临炉,太一执火,八公捣炼,淮南调合,立宇崇坛,玉为阶陛,麟脯凤脂,

---

① 四阴,底本作"二阴",据诸本改。

把籍长跪,祷祝神祇,请哀诸鬼,沐浴斋戒,冀有所望。亦犹和胶补釜,以硇涂疮,去冷加冰,除热用汤,飞龟舞蛇,愈见乖张。

仙翁直指金丹必须同类药物①。一阴一阳,必资交感;一牝一牡,方得化生。倘独居孤处,安得化化之机？若夫众雌无雄,岂有生生之道②？欲炼还丹,必求先天一气以成也。此章句语直露,不宜重述。为是书者,乃泄天地造化之机,倅乾坤生育之德,焕日月合明之理,漏阴阳逆施之功。《易》曰：与天地合其德,日月合其明,四时合其序,鬼神合其吉凶。先天而天弗违,后天而奉天时。天且弗违,而况于人乎？主此道者,圣人也；行此道者,神人也③。此书在处,天地神祇,日月星辰,雷霆万神,常切扈卫。上贤敬受,诵至万遍,仙真降庭,告以上道；若彼下愚,妄生毁谤,则有神鬼阴录其过,注于黑籍,小则恶病缠身,大则黑司促算,徒为幽冥之鬼,长堕苦海之中,福善祸淫,昭然毋忽。

《周易参同契分章注解》卷之下

东汉 会稽魏伯阳撰

元 庐陵上阳子注解

济一子金溪傅金铨顶批圈点醒秘

悟明子荆沙徐立先参订

乾阳子麻城俞慕纯参订

定阳子彝陵熊怀善参订

贞阳子临川李拱辰参订

郭嵩焘批校

圣贤伏炼章第三十一

惟昔圣贤,怀玄抱真。伏炼九鼎,化迹隐沦。含精养神,通德三光。

---

① 顶批云：有同类,方有药物。

② 顶批云：众雌无雄,无生生之道；然者众雄无雌,又岂有先天一炁哉？

③ 顶批云：主此道者,圣人也；行此道者,神人也。惟神人乃能不亏神功,噫,微乎哉!

津液腠理，筋骨致坚。众邪辟除，正气长存。累积长久，变形而仙。忧悯后生，好道之伦。随傍风采，指画古文。著为图籍，开示后昆。露见枝条，隐藏本根。托号诸名，覆谬众文。学者得之，韫椟终身。子继父业，孙踵祖先。传世迷惑，竟无见闻。遂使宦者不仕，农夫失耘，商人弃货，志士家贫。吾甚伤之，定录此文。字约易思，事省不繁。披列其条，核实可观。分两有数，因而相循。故为乱辞，孔窍其门。智者审思，用意参焉。

古圣大贤，必明其道，故伏羲、神农、黄帝之书，皆言大道。《阴符》尚存，其经三百一十五字。后人因不明道，乱猜其经，乃谓百言演道，百言演法，百言演术者，聋瞽一世，彼安足知圣人之道哉？盖《阴符》自观天之道，百二十字乃叙道之纲领①；自天地万物之盗九十一字，乃下手之用；自瞽者善听一百四字，乃成功之要。是以黄帝鼎湖伏炼九鼎大丹，乘龙上升，却非烧炼金石草木之谓，乃伏先天之炁以成丹尔②，故云：伏炼非服炼也。所谓伏炼者，各有其事，如怀玄抱真，化迹隐沦，含精养神，通德三光。如上七者，首事先行，是云炉火，是之谓炼己。若能炼己，则真炁薰蒸，遍于一身，如炉中有火，暖炁似烧，故谓之炉火，故谓之炼己也。津液腠理，筋骨致坚，众邪辟除，正气长存，如上四者，是云伏炁，是之谓炼丹。盖怀玄者，内怀玄一之炁；抱真者，负抱太乙之真；化迹者，韬光藏迹，使人不我知，故知我者稀，则识我者贵。隐沦者，沉隐沦匿，使人不可识。故古之善为士者，微妙玄通，深不可识。含精者，饱含真汞之精以炼己；养神者，外养全体之神以合炁。累功至此，大要通德三光。德者，修行之上事也。修道而不修德，是有阴而无阳；道德全修，阴阳自配。人之修德，自云有德，而实无德，缘以妄想，德不感通。修行之士，德愈深厚，自不想德，天地神明、日月星辰，德皆感彻。如张、葛、许，自积自修，心实罔觊，此为通德三光也。炼己既勤，积德通感，方可伏炼大丹。津液腠理者，津乃玉津，即白雪也；液乃金液，即黄芽也。

---

① 顶批云：《阴符经》，揭领要言。
② 顶批云：炼丹只是伏此一口气耳。若不能以我身之子炁，感彼先天之母炁，则不能结丹。伏气则丹结矣。故曰：伏气不服气，长生须伏气。

玉津、金液之腠理于神室之中，则一身之筋骨致坚。众邪者，百骸之阴，皆得辟除。正气乃先天之阳，长存不坏，积累长久，变形而仙，黄帝伏炼九鼎大丹者，此之谓也。《庆会录》云：昔轩辕氏一世为民，再世为臣，三世为君，济世积功，数尽升天。《阴符》而下，列圣相继。载于经者，文王《周易》，明乾坤其易之门，咸恒夫妇之道；孔子《十翼》，明乾动而直，坤静而翕之义；《道德》五千，明有无玄牝之门；子思《中庸》，天命之谓性，率性之谓道；《孟子》养浩然，明至大至刚，以直养而无害。籛铿老彭之比，列风庄鹏之喻，皆由圣贤以至仙也。其忧悯后学好道之士，遂其风采，指画著为图籍，开示后昆。或露见枝条，隐藏本根；或托号诸名，覆谬众文。所谓露见者，累露其大概，如乾坤，其易之门耶是也。至其本根，必资口授，故隐藏耳①。所谓托号覆谬者，不可显言，比方借喻，散于群书之内。后之明眼者，既得其文，不遇其人，韫椟而终其身。若是法器之子，公孙继踵可也。有等学人，虽录此文，不得师旨，迷以传迷，引入邪径，竟无见闻，趋走旁门，阴阳不知，五行错乱。汨乎后来修道之流，据此文书，且无口诀。此辈有若士、农、工、商，失其本业。只如宦者求官，无路以登仕版；农夫欲佃，无地而可以耘锄；工艺抱术而莫施；商贾计利而亡本。即如学者，虽有其文，未承师诀，无下手处，谬猜妄行，乌能成道？仙翁恻悯，鋦冶炉开，定录此文，为亿世法。字约而义易思，如真人潜深渊之句；事省而理不繁，有金来归性初之语。披列其条者，即此上篇分十五章，披露阴阳造化、采丹首尾；中篇分十五章，详列分两符候；下篇五章，法象成功。后人睹此所列之条，综核其实，便于观览。其间数目分两，皆有法度，得师一指，依此循习，可以成丹。乱辞者，即托号、覆谬之义；孔窍者，包括玄妙之深。实大劫之梯航，为昏衢之智烛。后圣来贤，审思密用，伏惟大道，非圣莫明，非贤不语。故父不得传子，臣不得献君。圣人之道，岂不传耶？谓恐无德而难承当，或若轻言，后必颠踣，是云：智者审思，用意参焉。

---

① 顶批云：口口相传不记文，又曰：口诀安能纸上名？

法象成功章第三十二

　　法象莫大乎天地兮，玄沟数万里。河鼓临星纪兮，人民皆惊骇。晷影妄前却兮，九年被凶咎。皇上览视之兮，王者退自改。关键有低昂兮，害气遂奔走。江淮之枯竭兮，水流注于海。天地之雌雄兮，徘徊子与午。寅申阴阳祖兮，出入复终始。循斗而招摇兮，执衡定元纪。升熬于甑山兮，炎火张设下。白虎导唱前兮，苍液和于后。朱雀翱翔戏兮，飞扬色五彩。遭遇罗网施兮，压之不得举。嗷嗷声甚悲兮，婴儿之慕母。颠倒就汤镬兮，摧折伤毛羽。漏刻未过半兮，鱼鳞狎鬣起。五色象炫耀兮，变化无常主。潏潏鼎沸驰兮，暴涌不休止。接连重叠累兮，犬牙相错距。形似仲冬冰兮，琅玕吐钟乳。崔嵬而杂厕兮，交积相支柱。阴阳得其配兮，淡薄而相守。青龙处房六兮，春花震东卯。白虎在昂七兮，秋芒兑西酉。朱雀在张二兮，正阳离①南午。三者具来朝兮，家属为亲侣。本之但二物兮，末而为三五。三五并与一兮，都集归二所。治之如上科兮，日数亦取甫。先白而后黄兮，赤黑达表里。名曰第一鼎兮，食如大黍米。自然之所为兮，非有邪伪道。山泽气相蒸兮，兴云而为雨。泥竭遂成尘兮，火灭化为土。若蘖染为黄兮，似蓝成绿组。皮革煮成胶兮，曲蘖化为酒。同类易施工兮，非种难为巧。惟斯之妙术兮，审谛不诳语。传于亿世后兮，昭然自可考。焕若星经汉兮，昺如水宗海。思之务令熟兮，反覆视上下。千周灿彬彬兮，万遍将可睹。神明或告人兮，心灵乍自悟。探端索其绪兮，必得其门户。天道无适莫兮，常传于贤者。

　　上阳子曰：圣人之道，大包天地，细入微尘。《传》云：至广大而尽精微，极高明而道中庸。道乃天所秘宝，不显竹帛，惟只口口相传。圣人无可奈何，百般引喻示后。黄帝歧伯之问，始云精不足者，补之以味；形不足者，补之以气。只此一句，尽露金丹。及文王重伏羲之《易》，曰西南得朋，此又露补气之方。孔子又曰：同声相应，同气相求。此又指

---

① 离，四库本、辑要本作"杂"。

补炁之类。老子则曰:玄牝之门,是为天地根。此却明补炁之门。《参同契》历历指示药物、鼎炉、斤两、火候,金炁相胥,真人潜深渊之海,最明且切。复于下篇法相比喻,圣圣相传,其揆一也。故金液九还大丹,无非补其一气耳。然补阴必用阳,补阳必用阴①,本乎太极之炁,借名金丹。何谓金?何谓丹?谓乾始金,谓坤始丹。乾初太极,金丹于坤;坤初太极,气化为丹。乾金布坤,经却流转,金隐于兑,兑金生水,水初生丹,丹在虎圈,故虎向水中生;虎居于西,若要合丹,先降其龙,龙家于木,化现于离,离有阴火,故龙从火里出。夫龙居东九炁之苍天,青帝篱之,以为真宰,而生万物;虎居西七炁之素天,白帝囊之,以成造化,而产万物。自西至东,数万余里。今仙翁以天地而喻离坎,以金鼎而譬玄沟,河鼓、星纪以比会合,晷影、前却而比乾龙,皇上览视而比顿悟而明了,关键、害炁比收拾而闭塞。以雌雄指子午,以出入指寅申。甑山者,杳冥之门;招摇者,恍惚之户。白虎乃金之物,朱雀乃火之金。罗网喻下手也,汤镬比鼎炉也。鼎沸、暴涌,炁之盛也;接连、叠累,足其药也;珊玕、钟乳,丹肇形像;杂厕、交柱,德合阴阳;青龙处房,入室了事;白虎在昴,得药归炉;朱雀在张,神已合炁。二物,即铅汞也;三五者,簇五行也;一者,坎之水;二者,离之炉。先白而后黄者,白乃金也,黄乃土形;赤黑达表里者,赤乃火容,黑乃铅体。五行全,阴阳会,名为一鼎,其大如黍米,经云:元始悬一宝珠,大如黍米,在空玄之中者此也。自然之所为,是皆阴阳造化,自然感动之道也;非有邪伪道者,非旁门采战,左道邪术也;山泽炁相蒸者,喻金丹乃阴阳之气相蒸而成;泥竭遂成尘者,比真炁入鼎遂结成丹。染黄用檗、绿用兰,煮皮成胶、曲成酒,喻得金液必成还丹也。同类易施工者,如乾以坤为类,坤以兑为类,则阴阳和而工易施;非种难为巧者,如兑以巽为种,阴以雌为种。二女同居,岂能成造化哉?斯之妙术,明审谛当,实非诳语。传于亿世后者,此书此道,如星之在天,谁不可睹?若水之宗海,岂有异流?虽万亿世,莫能离此道也。详玩熟思,反覆万遍,自感神明告人,或心灵自悟也。圣贤著书,尾必应

---

① 顶批云:顺行、逆行,总是行此一炁;顺补、逆补,总是用此阴阳。

首,此书上卷首章云乾坤易之门户,至此末章乃直曰:探端索其绪兮,必得其门户。是谓原始返终,天道无私,常传贤者,学道之士宜谛思之。

鼎器妙用章第三十三

　　此章原接法象之下,缘鼎器亦法象耳。彭真一谓其辞理钩连,字句零碎,置于后,非也。仙圣所述,深有法度,不可轻移。况句皆三字叶韵,又一体法,今依原本正之于此也。

　　圆三五,寸一分。

　　此详明三五一之旨。是书凡言三五者:十一章,三五既和谐;二十四章,三五与一,天地至精;二十六章,三五不交,刚柔离分;三十二章,本之但二物,末而为三五。此章以三五一为句首者,使人洞明三五一之旨,则知鼎器有三五之妙,药物有一寸之真,火候正一分之用。圆者,熟也。若能圆明熟达三五一之要,可炼大丹。世人不圆斯旨,只泥鼎器方寸尺度,又何浅哉?仲尼曰:三五以变,错综其数,通其变,遂成天地之文;极其数,遂定天下之象。《悟真篇》云:三五一都三个字,古今明者实然稀。东三南二同成五,北一西方四共之。戊己自居生数五,三家相见结婴儿。婴儿是一含真炁,达者方能入圣机。阴阳之数,以炁为主;五行之气,因数而生。故东方青气九,元也,仁也;木德生数三,刚也,精也。《古文龙虎经》曰:变化为青龙。阳木也。南方赤炁二,亨也,礼也;火德生数二,柔也,血也。《经》曰:丹砂流汞父。阴火也。阳木生阴火,离为阳中之阴,阴为中女,则离女以震木为父,是木为火侣。其生数二与三,同为一五也,为砂中汞也,为我也,为鼎也。紫阳云金鼎欲留朱里汞是也。西方白炁七,利也,义;金德生数四,雌也,液也。《经》曰:雌阴赭黄金。阴金也。北方黑气五,贞也,智也;水德生数一,雄也,气也。《经》曰:雄阳翠玄水。阳水也。阴金生阳水,坎为阴中之阳,为中男,则男以兑金为母,是金与水同处。其生数一与四,同为一五也,为水中金也,为彼也,器也。紫阳云玉池先下水中银是也。中央黄炁,一己也,神也;土德生数五,戊也,信也。老子曰:杳杳冥冥,其中有精;其精甚真,其中有信是也。戊己一合成圭,二五之精,妙合而凝者,金丹凝结也。是之谓三五一也,是之谓鼎器也。三五一总合而成九数,以还东方青气之元数九,是之谓九还大丹也。

口四八,两寸唇。

四与八合十二,又加两,足一十四。十四者,是天上月之初圆,月圆为纯阳。以其阳纯,方能生一阳之金精于鼎之内也。口与唇为金气相胥之门户,是谓鼎之口、器之唇也,是谓二七一十四也,是之谓七返之妙义也。世人不明仙翁妙谛,藏妙中之妙,有意外之意。其见口与唇二字,直欲求鼎器之尺寸者,乌知金液大丹,法乾坤为鼎器,欲比量金丹鼎器之尺寸者,是比量乾坤也。且不知将何丈尺比量乾坤?抑不知从何下手而比量也?彼乌知炼丹法象,以天地为炉,以阴阳为火,此谓之炉火。即如人身一小天地,以一身为炉,精炁为火,却非五金八石之炉火鼎器者也。

长尺二,厚薄均。

尺二者,一年十二月也;长者,年年有十二月也;厚,太过;薄,不及也。修行人要知每年有十二月,月月有金水相生之时①。鼎器厚,则有望远之嫌;鼎器薄,则有衰弱之患。均者,所以调之、摄之。调摄者,审之候之也②。故先哲以一年七十二候,攒簇于一日,一时之内有六候,则一候有三符,止用一符之速,是谓符候。厚薄均,调摄不差一发,方许炼大丹也。

腹齐三,坐垂温。

腹者,丹鼎之内室也;齐者,与月齐光也;三者,必皆初三日也;坐者,待也;垂者,至也;温者,阳炁动也。何谓与月齐光?盖天上月,号曰太阴,每月初三日,晡生一阳之光于庚申之上,以象震卦。震者,微阳乘二阴也。丹鼎亦然。人间之鼎器,号曰少阴,亦每月初三之夕,生一阳之炁于壬癸之乡,以象复卦。复者,一阳伏五阴也。何谓坐垂温?修行者,已得鼎器,遇其初三之夕,必坐而候之,待其火炁垂至,不寒不燥而温然,此其阳炁欲动,急可炼丹也。

---

① 顶批云:花花结就长生药。
② 顶批云:此调鼎之功,有强弱、先后、衰旺之殊,苟非仙传,无庸议此。

阴在上，阳下奔。

阴乃器中之水，阳乃鼎中之火。水上火下，水火既济；阴上阳下，地天泰也。紫阳云饶他为主我为宾是也。

首尾武，中间文。始七十，终三旬。二百六，善调均①。

首行武火，炼己之时也；尾行武火，温养之日也；中间却行一符之文火，以炼丹也。始七十，积己之功最难为也；终三旬者，言温养之际，尤当慎也。七十又三旬，并二百六，总三百六十，乃四九之圆数，一周之日足也。比三百六十日，以七分之日炼己，以三分之日温养。如以一年温养，则先三年炼己，惟中间炼丹之文火，止要半个时也，故谓善调匀。其炼丹用半个时中一符文火，却不在七十与三旬，并二百六之列。学者当详首、尾、终、始四字，则中间文在外而不相干也。世人每见七十与三旬之语，皆为三分文，七分武，岂悟丹经藏机，不敢直吐者也。若洞晓一符之顷为得丹之候，则中间文自融会矣。

阴火白，黄芽铅②。两七聚，辅翼人。

地二生火，天七成砂，此阴火之成数，是一七也；天一生水，地六成铅，此黄芽之合数，是一七也；以铅火之数合，两七聚也。两七一十四也。以此十四之铅火，会于鼎器之中，其功辅翼于人而成丹也。

赡理脑，定玄升。子处中，得安存。来去游，不出门。渐成大，性情纯。却归一，还本原。善爱敬，如君臣。至一周，甚辛勤。密防护，莫迷昏。途路远，复幽玄。若达此，会乾坤。刀圭霑，净魄魂。得长生，居仙村。乐道者，寻其根。审五行，定铢分。谛思之，不须论。深藏守，莫传文。

此段浅近，言得药之士，更无怠荒，暂时不离，勤勤咐嘱。句句明白，不必再释。若丹已成，婴儿渐大，不妨行九载向上之功也。

御白鹤，驾龙鳞。游太虚，谒仙君。录天图，号真人。

此系丹成道备，行满成功之事。然功高德重，则效验有不能尽述者。缘夫至道，上天所宝，善根上智，勤行不息。性命双修，形神俱妙，

---

① 均，集成本作"匀"。
② 铅，集成本作"银"。

与道合真,德重功高。一如懋赞之辞,谒仙君而号真人也。人人可以作此大功德,成此大自在,勿以事难而自弃,勿以缘浅而不修。老子、张、葛亦人尔,非天上落下的;释迦、达摩亦人尔,非地下涌出的。坚心勇猛,事皆易成,志士修行,深思勉力①。

补塞遗脱章第三十四

《参同契》者,敷陈梗概。不能纯一,泛滥而说。纤微未备,阙略仿佛。今更撰录,补塞遗脱。润色幽深,钩援相逮。旨意等齐,所趋不悖。故复作此,命《三相类》,则大易之情性尽矣。

乙（浮右）丁（文火）己物 辛（世银）癸（真铅）五位相得

三木 二火 五土 四金 一水

甲（沉左）丙（武火）戊药 庚（世金）壬（真汞）而各有合

大易情性,各如其度。黄老用究,较而可御。炉火之事,真有所据。三道由一,俱出径路。枝茎华叶,果实垂布。正在根株,不失其素。诚心所言,审而不误。象彼仲冬节,竹木皆摧伤。佐阳诘贾旅,人君深自藏。象时顺节令,闭口不用谈。天道甚浩广,太玄无形容。虚寂不可睹,匡廓以消亡。谬误失事绪,言还自败伤。别序斯四象,以晓后生盲。

此章补塞遗脱,中存口诀,隐而不露。注者到此当体获麟之意。况其戒云:闭口不用谈。又云:言还自败伤。一举双明,其意远矣。是书有大解脱,有大神通。若得闻是书,蛇虎不能伤;得诵是书,疫痢不敢作;得明是书,地狱不拘摄;得行是书,天堂自快乐。是书在处,空中常有金光交射,虚空生白,人若见之,延寿六六,供养信受,其福无边,况坚修而勤行乎?

郭嵩焘批注:根株不失其素,则枝、茎、华、叶、果、实,自然发生,自然垂布。但曰权舆树根基,曰固筑灵株,丹家首功必由于此。

---

① 顶批云:太上不从天生,释迦非从地涌,一般父精母血结成。学者果能苦志求师,一诚不退,不患不知;果能积功累行,以邀天眷,不患不行。

自叙启后章第三十五

会稽鄙夫，幽谷朽生。挟怀朴素，不乐权荣。栖迟僻陋，忽略利名。执守恬淡，希时安宁。晏然闲居，乃撰斯文。歌叙大易，三圣遗言。察其旨趣，一统共论①。务在顺理，宣耀精神。神化流通，四海和平。表以为历，万世可循。序以御政，行之不繁。引内养性，黄老自然。含德之厚，归根返元。近在我心，不离己身。抱一毋舍，可以长存。配以伏食，雄雌设陈。挺除武都，八石弃捐。审用成物，世俗所珍。罗列三条，枝茎相连。同出异名，皆由一门。非徒累句，谐偶斯文。殆有其真，砾硌可观。使予敷伪，却被赘愆。命《参同契》，微览其端，辞寡意大，后嗣宜遵。委时去害，依托丘山。循游寥廓，与鬼为邻。化形而仙，沦寂无声。百世而下，遨游人间。敷陈羽翮，东西南倾。汤遭厄际，水旱隔并。柯叶萎黄，失其华荣。吉人相乘负，安稳可长生。

上阳子乃重宣此义，而说偈曰：安稳可长生，长生无劫年。大道难思议，还丹岂变迁？火炼金为体，土克水为圆。初伏十六两，咽吞上下弦。常配以伏食，归根而还原。草木非同类，金石皆弃捐。审用窥造物，世俗珍此铅。清净得真修，殷勤蕲自然。上圣宝金经，积功善结缘。炁炼玄元始，太上命精延。刀利高嵯峨，育帝摄上玄。泥丸耀神辉，赫赫复八骞。大罗齐玉京，丹凤回蹁跹。洞章振九都，鬼魔咸首愆。杨枝甘露浆，铺叙聆真诠。浩灵布元梵，劫劫金口宣。斋戒诵一遍，积逮沉疴痊。七遍至九遍，乾坤逆回旋。百遍至千遍，奏名玉帝前。万遍不辍休，火里生金莲。种名无色界，给君度②大千。金童散天华，玉女掌琼筵。灵风响层霄，梵炁盈芝田。五老勒箓籍，四协较宸篇。景霞荫羽盖，太清浮紫烟。渺渺龙汉上，铨功诣瑛③鲜。亿劫亘绵绵，金光焕万丈。神霄九阳会，洞妙高上仙。④

---

① 论，集成本作"伦"。
② 度，底本作"庶"，误。据诸本改。
③ 瑛，底本作"英"，据诸本改。《度人经》云："龙汉瑛鲜"。
④ 顶批云：玄文高古，琢句如《大洞经》，可谓梵炁以莹，清声浮大空矣。

附录：

《周易参同契分章注》三卷

（浙江巡抚采进本）

元陈致虚撰。致虚字观吾，自号上阳子。年四十，始从赵友钦学道，讲神仙炼养之术。其说以金丹之道，当以《阴符》、《道德》为祖，《金碧》、《参同》次之。又称丹书多不可信，得真诀者要必以《参同契》、《悟真篇》为主。所作《醒眼诗》有云：端有长生不死方，常人缘浅岂承当。铅银砂汞分斤两，德厚恩深魏伯阳。盖于伯阳之书尤所研讨也。此乃所作《参同契注》，凡分为三十五章，与彭晓注本分九十章者不同。又谓晓以《鼎器歌》一篇移置于后为非，仍依原本置之法象成功章之后。其所疏解，亦皆明白显畅。近时李光地注《参同契》，谓诸本之中惟《汉魏丛书》所载朱长春本为最得古意。今以朱本相勘，惟首篇乾坤者易之门户云云，不立章名，故自乾坤设位以下只分为三十四章，视此较少一章，其余章次悉与此本相同。盖朱本即钞此本而去其注，光地未考其渊源也。

——出清《四库全书总目》

第十二卷

周易参同契药物火候图说

明 楼英

点 校 说 明

1.《周易参同契药物火候图说》,一卷,明楼英著。楼英,字全善,一字公爽,浙江萧山楼塔村人,生于元至顺三年(1332),卒于明建文三年(1401)。楼英系著名之医家,著有《医学纲目》40卷、《内经运气类注》4卷、《周易参同契药物火候图说》、《仙岩文集》2卷等。

2.《周易参同契药物火候图说》一篇,乃楼氏研究《参同契》之心得,言简意赅,以六卦论月体之阴阳盈虚消息,火候之诀于斯篇毕露。论用功要诀,则推陈虚白《规中指南》一书。

3.本篇系从周明道《楼英研究》一书中录出,兼参考了周士一主编《周易参同契集注》"附录部分"所收录的版本。

4.楼英生平事迹及学说,可参考周明道《楼英研究》而得其详。

周易参同契药物火候图说

明 楼英

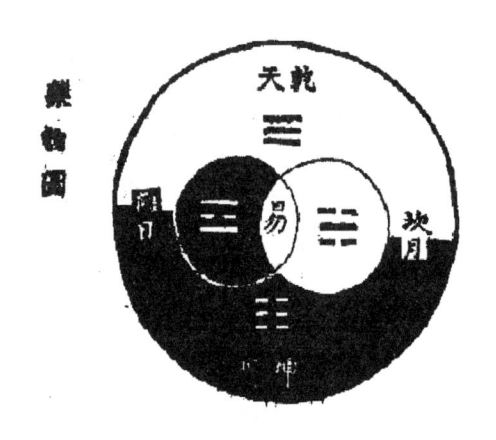

（药物图）

已上药物一图,谨按《周易参同契》之旨述也之。☰乾天☷坤地者,即人之形体,乾天表而坤地里也。☵坎月,☲离日者,即人之精气,坎月气而离日精也。乾坤位乎上,日月跨乎其间,合而为㊐者,形体说表里之位,精气周流升降于其间,变易阴阳也。《契》所谓天地设位,而易行乎其中者是也。此皆人人具足,个个圆成者,但众人随情逐欲,而其精气之升降,升则顿浮出表而为纯阳之乾,降则顿沉入里而为纯阴之坤。故阳孤阴寡,间隔为二,而有徂落之变。修炼之法,则神内守,默意定气。使升也,必浸徐顺轨,如月之生明,而阳由存阴,变乾象为震兑;其降也,亦必浸徐顺轨,而如月之亏明,而阴中存阳,变坤象为巽艮。故阳交阴姤,混融为一,而精气凝结为丹,长生久视。崔公《入药镜》所谓水火交，永不老者是也。其乾坤二象，本皆具足，余卦皆此二象变易而生，《契》所谓乾坤之门户，众卦之父母者是也。其乾坤变易，皆本精气之周流，《契》所谓坎离匡郭，运毂正轴者是也。其变易所生震、兑、巽、艮，皆阴阳匹配而不孤寡，《契》所谓牝牡四卦者是也。

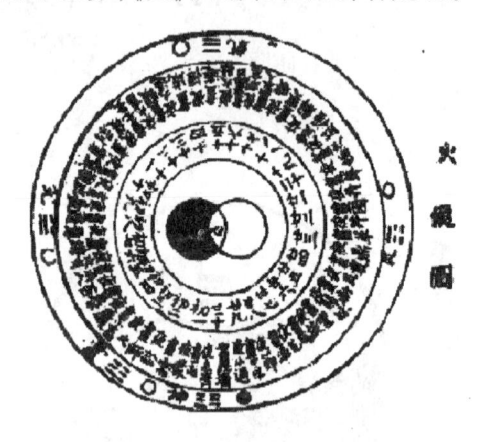

（火候图）

已上火候一图，亦按《周易参同契》之旨述之也。六卦之一阴一阳，即人气之隐显。阳显阴隐而媾之为㊀也。一月之㊂夜，即人心之性情，㊂性夜情而统之于心也。㊂夜直火之各一，而㊂三十卦所直者性，制阳之动驰也。夜三十，卦所直者，情御阴之静昏也。朔至望，㊂夜三十卦者，制御气升之候，动驰静昏，使阴抱阳，如日光之守月于望前也；望至晦，㊂夜三十卦者，制御气降之候，动驰静昏，使阳抱阴，如月质之守光于望后也。详而言之，其㊂子夜午，乃动驰静昏之初萌，用工制御，为火候之枢要；㊂卯夜酉，乃动驰静昏之混融，无所制御，为自然之归中气，《契》所谓屯以子申，蒙用寅戌，余六十卦，各自有日者是也；其气升之候，则阳胜阴负，故制御常㊂难夜易，而偏于性体，《契》所谓春夏据内体，上德无为，不以察求者是也。其气降之侯，则阳胜阴负，故制御常㊂易夜难而偏于情，《契》所谓秋冬当外用，下德为之，其用不休者是也。如此则心守规中，气循易象，而升降顺轨，火候无差，《契》所谓君子居屋，千里应之，动静有常，奉其绳墨，五行守界，不妄盈缩者是也。

由是将升之初，阳阴媾精，身心混沌，《契》所谓晦至朔旦，震来受符，当斯之时，天地媾其精，日月相覃持，合符行中，混沌洪蒙者是也。此乃元关一窍，产药川源，口诀在此，下手在此，结胎在此，脱体在此，洞宾谓之正一阳动，道光谓之冬至，泥丸谓之念头动处者也。久而渐于阴里微显阳光，象●☳震。《契》所谓三日出为爽，震受庚西方者是也。久而渐升，出至半，表阳之显与阴相等，象◐☱兑，《契》所谓八日兑受丁，上弦平如绳者是也。至升候已，阳渐全出，显象○乾☰乾，《契》所谓十五乾体就，盛满甲东方者是也。升已而降，则阴于阳表，微隐象○☴巽，《契》所谓十六转受统，巽辛平明，及平叔谓之癸生者是也。久而渐降，入至半里，阴之隐与阳相等，象◐☶艮，《契》所谓艮直于丙南，下弦二十三者是也。至降候已，阴渐全入，隐，象●☷坤，《契》所谓坤乙三十日，东北丧其朋者是也。降已复升，循环无端，而阴阳常相抱，隐显常相符矣。制御一有间断，则气随不轨，或骤显为孤阳，或骤隐为寡阴，而阴阳隔绝，火候差珠，《契》所谓纤芥不正，悟①吝为贼，二至改度，乖错委曲，隆冬大暑，盛夏霰雪，二分纵横，不应刻漏者是也。此法若绝世累行之，可变形换骨，能存能亡，至于元始，劫化生诸天，皆不出此。但古今隐秘，虽有邹䜣、彭晓、月华、储泳等注，其邹䜣注，得其文之妙而未尽其法，彭晓等注，得其法之妙而迷乱其文，故人皆莫晓。惟陈冲素虚白《三要》，微露肺肝，然又未尝明言其象候与下手处，而人皆不能熟思得之也。

---

① 悟，当为"悔"字之误。

第十三卷

周易参同契测疏

明 陆西星注

点 校 说 明

1.《周易参同契测疏》一卷,明陆西星注。陆西星,字长庚,号潜虚子、方壶外史,江苏兴化县人。西星幼有异禀,科举失意后即专心于道家之学,所著《方壶外史丛编》、《南华副墨》、《三藏真诠》、《楞伽要旨》、《楞严说约》等书,皆能发挥仙释修炼之心法,为有明道家之巨子,后世称之为东派祖师。

2.《周易参同契测疏》,乃陆西星有感于元代陈上阳之《参同契分章注》"学问渊深,议论闳博,初学之士,骤尔读之,未免厌多而废,苦难而止",于是为之"会文释义,以义从文,剪去枝蔓,直见本根,详略相因,义由一贯,其宗旨则上阳也,其文则己也"。故知《测疏》实则以陈上阳注为基础而加以发挥。之后,陆西星又作《参同契口义》一卷,继续敷衍《测疏》未尽之意,其旨极精,读者当留意之。

3.《参同契测疏》、《参同契口义》两卷,取汪东亭于光绪庚子(1900)年所刊《道统大成》本为底本,以江苏广陵古籍刻印社影印郑官应民国四年(1915)《方壶外史》刊本为校本,简称广陵本,对勘一过,标出两本文字之异同,以便读者研究。

4.末附陆西星先生年表。此表曾附载蒋门马点校陆西星《南华真经副墨》、盛克琦点校《方壶外史》两书中,此次收入时,对年表又作了一些相应修订。

周易参同契测疏

序

淮海参学弟子潜虚陆西星长庚 撰

丹经难读难解,古今同之。立言固难,知言亦不易也。言有君,事有宗,夫惟无知,是以不我知,有能得其君宗,知其径要,则庖丁之牛,恢恢乎游刃有余地矣。天下非无上智之资也,乃读此书,大都掩卷中倦,或有口之成诵,而问辄茫然;或有此处稍通,而他方龃龉。乃至邪宗边见,迷执终身,黠识强辞,千人自废,风之斯下,当勿论矣。嗟夫,道之不行,由不明也。所以上阳子云:一字不逗,不能成丹。逗之一字,岂易言哉!吾闻之精诚不贯,则心花不明;灵扃不开,则义天不朗。思能作睿,畜以成通,事有必至,理固然也。有以粗浮之心,临玄奥之旨;守偏着之见,悟圆通之机。欲其相入,岂不难矣?《管子》曰:思之思之,又重思之,思之未通,神明通之。斯了义之要枢,会文之肯綮也。予生幼而尚玄,沉潜是书二十年许矣。晚承师旨,一旦豁然,雾廓云披,获睹天日。间尝参读诸家,真一、抱一、玉吾之书,分注错经,互有挂漏,而求其心领神会,以得夫立言之旨者,则惟上阳近之。特其学问渊深,议论闳博,初学之士,骤尔读之,未免厌多而废,苦难而止,盖自某昔者病之矣。经者,径也,径有殊条同归。适市,释经之法则,如携儿入市,十步一顾,犹恐失之;若信步纡回,游涉他物,则去之远矣。如某所述作,会文释义,以义从文,剪去枝蔓,直见本根,详略相因,义由一贯。其宗旨则上阳也,其文则己也,名之《测疏》,相与《阴符》、《道德》共成一家之书,非敢传之人人,藏诸石室,运移数周,有知子云者出焉,或可免于覆瓿耳。

隆庆三年岁在己巳重九日

《周易参同契测疏》上篇

东汉魏伯阳真人 著

淮海陆西星潜虚 测疏

新安汪启濩东亭 辑

粤东许启邦杰卿 评点

韩景垚 校刊

周易参同章第一

（准上阳分章，篇目间有更定。）

乾坤者，易之门户，众卦之父母。坎离匡廓，运毂正轴。牝牡四卦，以为橐籥。覆冒阴阳之道，犹御者之执衔辔，有准绳，正规距，随轨辙。处中以制外，数在律历纪。月节有五六，经纬奉日使。兼并为六十，刚柔有表里。朔旦屯直事，至暮蒙当受。昼夜各一卦，用之依次序。既未至昧爽，终则复更始。日辰为期度，动静有早晚。春夏据内体，从子到辰巳。秋冬当外用，自午讫戌亥。赏罚应春秋，昏明顺寒暑。爻辞有仁义，随时发喜怒。如是应四时，五行得其序。

天地定位，日月运行，二曜交光而万物生焉；阴阳消息，寒暑往来而万物成焉。此天地之丹法也。圣人观天之道，执天之行，则而象之，故亦以乾坤为鼎器，以乌兔为药材，阴阳得类，药物匀平，然后采之炼之，养之伏之，应以四时，顺之寒暑，以为作丹之火候。是以圣人之道，与天地合其德，与日月合其明，与四时合其序。而其身也，亦能形神俱妙，而与道为之合真。夫圣人之所以能形神俱妙者，丹之力也。丹之为字，取象日月，《契》亦有言：推类结字，日月为易。是知易道、丹道，通一无二。魏公洞晓阴阳，深达造化，故尝以此参合相同，乃作是书，名曰《周易参同契》。《参同契》者，言易道、丹道参之而相同如契也。首言易道以准丹道，故曰：乾坤者，易之门户，众卦之父母。何谓乾坤者，易之门户，众卦之父母？《易》曰：有天地，然后万物生焉。盈天地间，森罗万象,洪纤高下,莫非阴阳变化之所为。圣人仰观俯察,有见乎此,故于画卦之初,只以乾坤两画,相摩相荡,而六十四卦,皆由此生。众卦既生,则天地万物之撰,尽于此矣。易即众卦本其所自出者而言,故谓之曰门户,又谓之曰父母。然而众卦之中,坎、离二卦,阴中有阳,阳中有阴,乃乾坤相交而后,继体而生,邵子所谓:阴阳之精,互藏其宅者,此间却有妙理。故夫乾坤定上下之位,坎离列左右之门,是谓天地设位,日月运行,循环昼夜,如匡廓之周遭,交光照曜而万象生焉。丹法亦以乾坤合体,日月交光而生造化,然其中必有机轴,以为主宰。运縠者,先正其轴,邵子云:天向一中分造化,人于心上起经纶。此天地人之大机轴也,可不正乎?下此一句,便见意有指归,文有转合,古人构思之巧,不得轻易看过。牝牡四卦,以为橐籥,四卦者何?乾坤坎离是也。橐者,冶人鼓气之鞴囊;籥,其管也。《老子》曰:天地之间,其犹橐籥乎?虚而不诎,动而愈出。只此四卦,以为橐籥,往来阖辟,生出不穷,真可覆冒阴阳之道,无余蕴矣。圣人知其如此,故尝奉其绳墨,以准丹法。犹之御者,执衔辔而定准绳,正规矩而随轨辙,优游处中,以制乎外。何谓处中?中者,吾人之正轴也。仙翁于此急下中外二字,令人着眼。故夫药自外来,丹由中养。养之之法,自有度数,故曰数在律历纪。律历纪者,作丹之规矩、绳墨也。夫丹采时谓之药,养时谓之火。律者,律此者也;历者,历此者也;纪者,纪此者也。天地之化,虽无终穷,然不过阴阳消息两端而已。作丹之火候则之,故其升降进退,无不与天合度。月节有五六者,五日为候,六候为节,而丹法之经纬奉之。何谓经纬?经者,前后长短之定位;纬者,往来运行之妙用。经纬奉日,此一年之火候也。又以六十卦兼并于一月之中,而用刚用柔,各有表里。朝屯进火,则用刚也;暮蒙退符,则用柔也。刚者为表,则柔者为里,昼夜两卦,一表一里,各依次序而用之。以至既未昧爽,终而复始,此一月之火候也。若以日辰为期,则火之动静,又分早晚。从子到巳,阳以渐长,则为春、为夏,而据内体;自午讫亥,阴以渐消,则为秋、为冬,而当外用。内体外用,亦指卦爻而言,盖内体即朝屯也,外用即暮蒙也。内体主动,外用主静,一动一静而不失其早晚之时,此一日之火候也。然一日即一月也,一月即一年也,奚以异哉?魏公详而论之,欲使学者引伸触长,以尽火候之细微。又总之以赏罚应春秋,昏明顺寒暑,爻辞有仁义,随时发喜怒。赏罚、喜怒者,文武惨舒之用;春秋、寒暑者,升降进退之宜。夫惟顺之四时,准之易象,毫发不差,然后吾身五行之气皆得其序,而还丹可成矣。否则五纬错顺,四七乖戾,所谓隆冬大暑,盛夏霰雪,群异旁出,过咎岂小小哉?

魏公首章铺叙作丹之旨,药物火候,大段分明。学者于此,诚能句句精透,字字贯串,则以后诸章,皆如破竹,数节之后,可以迎刃而解矣。

乾坤二用章第二

天地设位,而易行乎其中矣。天地者,乾坤之象也;设位者,列阴阳①配合之位也。易谓坎离,坎离者,乾坤二用。二用无爻位,周流行六虚。往来既不定,上下亦无常。幽潜沦匿,变化于中。包囊万物,为道纪纲。以无制有,器用者空。故推消息,坎离没亡。

天地设位,而易行乎其中矣。《易传》之言也。魏公引此一句,又自注云:天地者,乾坤之象也。设位者,列阴阳②配合之位也。易谓坎离,坎离者,乾坤二用。何谓二用?坎离者,乾坤之交而成者也。乾交于坤,中乃虚而成离,坤以时行中,或动而成坎,虚实相承,有无相生,千变万化,皆从交易而生妙用。观夫天地设位,日月运行,昼夜交光而生万象,居可知矣,故曰:坎离者,乾坤二用。既谓之用,则何往非爻,何往非位?往来上下,周流六虚,何往而非坎离之匡廓乎?但其精互藏,故幽潜沦匿,而不可见。《老子》曰:恍兮惚兮,其中有物;窈兮冥兮,其中有精;其精甚真,其中有信。故夫阴阳之精,互藏于坎离之中者,窈冥恍惚,视之不可见,听之不可闻,抟之不可得,何潜匿也?然其中却有变化,故能包囊万物,而为道之纪纲。潜匿则无也,变化则有也,是谓以无而制有,以虚而造实,故《老子》曰:有之以为利,无之以为用。又曰:天

---

① 阴阳,广陵本作"乾坤"。
② 阴阳,广陵本作"乾坤"。

地万物生于有,有生于无。观于器用者空,得非以无制有之谓乎?然空非断空也,无非寂灭也,但幽潜沦匿,互藏其宅而不可见耳。不可见,故不可推。所可推者,消息之运而已。推其消息,则朝屯暮蒙,以至既未、朔旦、昧爽,终而复始,又何坎离之可见哉?是谓坎离没亡,不用而用之以通,此所以二用无爻位,周流行六虚,往来既不定,而上下亦无常也。

魏公此章,所论坎离二用,本不难解,但学者不得师传,意见揣度,求之身中,恐不识坎离何物,所藏何处,作用何似耳?

中宫土德章第三

言不苟造,论不虚生。引验见效,校度神明。推类结字,原理为征。坎戊月精,离己日光。日月为易,刚柔相当。土王四季,罗络始终。青赤白黑,各居一方。皆禀中宫,戊己之功。

魏公准《周易》而作《参同》,岂敢造言虚论,以误后人?故尝引见乎效验,校度乎神明,而又推类结字,以观象形,乃知丹道至理所寓、其所取证一理而已。且夫坎离水火,二者相当,不相涉入,却能和合中宫,以成造化者,戊己之功也。坎纳戊,戊乃阳土,月之精也;离纳己,己乃阴土,日之光也。戊己二土,分纳于坎离之中,勾引调和,以成交媾。故日月为易,而变化之道行,刚柔相当,而彼此之情恋,戊己之功,于是为大矣。且土之为德也,分王四季,以罗络一岁之始终,故木得之以荣,火得之以藏,金得之以生,水得之以止。青赤白黑,各居其方,而皆禀德中宫,以施神化,造化之妙有如此者,故吾所以引验见效,校度神明,而信至理之可征者,此而已矣。《悟真篇》云:离坎若还无戊己,虽含四象不成丹。只缘彼此怀真土,遂使金丹有返还。又云:木金间隔会无因,须仗黄婆勾引。意盖出此。然真土、黄婆,更是何物?学者须要识得。

日月神化章第四

易者,象也。悬象著明,莫大乎日月。穷神以知化,阳往则阴来。辐辏而轮转,出入更卷舒。

此条魏公借引《易传》，以明坎离二用，无甚深旨。中间神化二字，要人识得。张子曰：一故神，两故化。又曰：气有阴阳，推行有渐为化，合一不测为神。皆坎离之妙用也。而悬象著明，莫大乎日月，能穷其神，则知晦朔合符之妙，而往来转辗，采之可以为药矣。能知其化，则知动静、早晚之期，而出入卷舒，运之可以为火矣。噫，非洞晓阴阳，深达造化者，不足以语此。

朔受震符章第五

易有三百八十四爻，据爻摘符，符谓六十四卦。晦至朔旦，震来受符。当斯之时，天地构其精，日月相撢持。雄阳播玄施，雌阴统黄化。浑沌相交接，权舆树根基。经营养鄞鄂，凝神以成躯。众夫蹈以出，蝡动莫不由。

此章通论卦爻，以准造化。易有三百八十四爻，除牝牡四卦，则三百六十，其常①数也。据爻摘符，则以一爻当一时，一月周而三百六十尽之矣。魏公复自注曰：符谓六十四卦，谓卦中起爻，爻中摘符，凡一爻一时，两爻一日也。且以时日而言，晦至朔旦，则震卦初爻，当来受符矣。晦至朔旦，其时则亥子也，其节气则冬至也，其直符则朝屯也。屯下起震，震之初爻，一阳始动。于斯时也，鸿濛始判，天地相遇而构精，日月合璧，乌兔相搦而撢持，雄阳播施，雌阴统化，两者混沌，交接相连，生天、生地、生人、生物之根，权舆于此。此造化之生机，邵子所谓天根是也；《阴符》所谓盗机，盗乎此者也；紫阳所谓铅遇癸生，生于此者也。故作丹者，急于此时，经之、营之，采此动机以立命基，以养鄞鄂。鄞鄂，即命蒂也。而养之之道何如？不过凝吾之神，以成其躯而已。躯非血肉之躯，乃圣体也。《丹髓歌》云：昔日遇师亲口诀，只要凝神入气穴。盖神凝则炁回，炁回则丹结，养之久，自尔脱胎神化，身外有身，而血肉之躯始为委蜕矣。是道也，百姓日用而不知，故曰：众夫蹈以出，蝡动莫不由。顺之则人，逆之则丹，无二道也，但有仙凡净秽之不同耳。魏

---

① 常，底本无，据广陵本补。

公至此，盖已直泄天机，无所顾忌。读者不得师指，直将轻易看过，其于所谓震来之符，不知何指，一切认为自己身中阳生，下手便欲采之以立丹基，岂不误哉？

天心建始章第六

于是仲尼赞鸿濛（此二字，宜在乾坤之下。），乾坤德洞虚。稽古当元皇，关雎建始初。冠婚气相纽，元年乃芽滋。故易统天心，复卦建始初。长子继父体，因母立兆基。圣人不虚生，上观显天符。天符有进退，诎伸以应时。消息应钟律，升降据斗枢。（此章颇有错简，今为顺之。圣人不虚生四句，旧本在故易统天心之上。）

承上文而言，晦至朔旦，震来受符，造化之妙有如此者。于是仲尼首赞乾坤鸿濛洞虚之德，曰：大哉乾元，万物资始；至哉坤元，万物资生。乾元、坤元之德，鸿濛洞虚尽之矣。鸿濛者，以炁而言；洞虚者，以量而言也。盖非此鸿濛，无以播玄施；非此洞虚，何以统黄化？《易》首乾坤，而仲尼赞之，良有以也。载稽古之元皇，礼重关雎，以立人道之始，亦以冠婚相纽，男女相求，生人生物之原，萌蘖于此，故礼始于夫妇。芽滋于元年，元年者，履端之首，受符之初先也，肇万物之始炁，为天下之母炁。然元年即震也，即震即复也。孔子曰：复，其见天地之心乎？故易统天心，复卦建始萌。是天心之元年也。复之为卦，下体为震，上体为坤，坤为母，震长男也，长子继父，必须因母以立兆基。魏公至此，又别就二体立义，以尽复卦之蕴，以阐造化之秘。仲尼赞《易》，亦不到此。盖丹有子炁，有母炁。母炁者，先天之始炁也；子炁者，人身中所生后天之炁也。子炁在人会有奔蹶，必得履端之始，先天母炁以伏之。然后相亲相恋，自然怀胎结婴，体化纯阳，而子继父体矣。故因母立基，老圣谓之食母、守母，此圣人作丹之第一义也。圣人于此①，岂虚生哉？盖其聪明之德，本于天赋，故能洞晓阴阳，深达造化。观天符而知进退之妙，据斗律而知气候之分，诎伸以应之，消息以合之。采取知时，火符

---

① 此，广陵本作"世"。

应候,是以中和交应而丹道可成也。圣人将以此道而继天心、开万世,岂虚生哉?

日月始终章第七

日含五行精,月受六律纪。五六三十度,度竟复更始。原始要终,存亡之绪。

此条旧本在御政章各典所部之下,意义不属,鄙意移置于此,以为三日出庚之发端。日含五行精者,日为太阳元精,中含五彩,万物得之而成五色。《太阳元精论》中所谓:分霞布彩,逐气生灵。皆五行之精所化也。月为太阴,其体白而无光,每借光于日,以去日远近而为晦朔弦望。月与日会,一月一度,而六律六吕由之以生,故曰月受六律纪。五行皆含于日,故日之数五;六律皆起于月,故月之数六。以五乘六,以六含五,共成三十之度,度更而日月合璧。然终而复始,未尝更也。原始要终,以究存亡之绪,则生明于震,丧明于坤,节尽相禅,继体生龙,曷有既乎?

药生象月章第八

三日出为爽,震庚受西方。八日兑受丁,上弦平如绳。十五乾体就,盛满甲东方。蟾蜍与兔魄,日月气双明。蟾蜍视卦节,兔者吐生光。七八道已讫,屈折低下降。(降,平声。)

此章仙翁指示药生之候,而以月夕征之,欲人洞晓阴阳,深达造化也。夫人身中先天真乙之炁,是为大药之宗,还丹之本,名为阳火,亦曰真铅,寄于西南之位,产于偃月之炉,名之玉蕊,又曰金精。《悟真》之诗有云:蟾光终日照西川。如此名号,种种不一,然亦不过白虎初弦之炁而已。是炁也,生之有时,采之有日,当其水源至清,有气无质,得而采之,然后药嫩而可取,否则金有望远之嫌,而不适于用矣。故三日出为爽,震庚受西方,象药之始生也。何谓三日出为爽?自月而言也。月无光,借日之光以为光,故朔后三日而生明,乃阳之复也。昏见西方,出为爽者,言即此昏见之期,作为昧爽之义,所谓晦去朔来,其符若此。八日则象兑受丁,而上弦如绳矣;十五则乾体已就,而甲东盛满矣。夫月之阳光以渐而长,则人身阳火亦当以渐而生,所谓药材老嫩,正在此分。《石函记》云:与君说破我家风,太阳移在月明中。我师云:月夕炉中药。盖言此也。今之称月者,其名不一,有曰蟾蜍者,曰兔魄者,而不知蟾蜍之与兔魄,亦当有辨。盖蟾蜍者,月之精;而兔魄者,月之体也。今夫月之光本借于日,故日月之气,必待双对,而明始生,乃阴阳含孕自然之理。然而阳生以渐,故蟾蜍之生也,惟视乎卦节。卦下之阳渐长,则蟾蜍之精渐生,而后兔者吐之,以生光明。若七八之道已讫,则屈折①下降,必至于渐亏渐灭而后已,亦自然之理也。七八者,少阴少阳之数,七八合而成十五,则盛满之极也,阳极则其道讫矣。七八九六,无甚深义,故不必解。

阴符转统章第九

十六转受统,巽辛见平明。艮直于丙南,下弦二十三。坤乙三十日,东方丧其明。节尽相禅与,继体复生龙。壬癸配甲乙,乾坤括始终。七八数十五,九六亦相当。四者合三十,易象索灭藏。

十六,则转而受统,统者,统制于阴之义,乃阳消之初候也,于象为巽,平明见于辛位;二十三,则直于丙南,而下弦成艮矣,阳消之中候也;三十日,则阳消已尽,于象为坤,故丧明于东方之乙位。迨夫卦节既周,物极而返,则晦去朔来,复生庚月,所谓晦至朔旦,震来受符,故节尽相禅与,继体复生龙。龙者,震也。盖尝论之,阳生震兑乾,阴生巽艮坤者,阴阳消长之象也。震纳庚,兑纳丁,乾纳甲,巽纳辛,艮纳丙,坤纳乙者,八卦纳甲之法也。晦朔弦望者,日月亏盈之理也。三者本不相涉,魏公比而同之。若合符节者,盖道本一原,理无二致,苟能洞晓而深达之,则取之左右,皆逢其源,然非欲一一而合之也,特立象以尽意,使人得意而忘象耳。且夫月见之方,苏于庚,亏于辛,盛于甲,丧于乙,而上

---

① 折,广陵本作"拆"。

下弦于丙丁，独不及于壬癸者，其故何哉？盖纳甲之法，壬癸已配甲乙，分纳于乾坤之下矣。乾坤括纳甲之始终，此所以壬癸配甲乙而兼纳之也。如此则盛于甲者，未始不为盛于壬；而丧于乙者，未始不为丧于癸矣。然此特论纳甲云者①，无甚意味。而魏公必补言之者，言无偏枯，理无渗漏，当如是也。又举易数而言，以明丧明之义。七八数十五，九六亦相当。易之策数，少阳得七，少阴得八，七与八合是十五也；太阳得九，太阴得六，九与六合亦十五也。合四者之数而得三十，则数尽而无有矣。故易之四象，索然而灭藏，易象如此，天象亦然。是以月数既周，遂丧明而成晦也。夫月之生明，既有准于卦节；而月之丧明，又有准于策数。有如此者，魏公旁喻曲证，可谓无余蕴矣。

象彼仲冬章第十

象彼仲冬节，草木皆摧伤。佐阳诘商旅，人君深自藏。象时顺节令，闭口不用谈。天道甚浩广，太玄无形容。虚寂不可睹，匡郭②以消亡。谬误失事绪，言还自败伤。别序斯四象，以晓后生盲。

此条旧本误于后序中，林屋山人移置于此，义亦相协，今依此解之。象彼仲冬节者，言前列序四象，合为三十，而易象已灭藏矣。即此灭藏之象，乃一月晦尽之候也。于象为坤，阴极阳生，故晦去而朔当复来。《契》曰：晦朔之间，合符行中。丹法所谓冬至，正在于此。是宜安静恬养，闭口勿谈，以待其复可也。彼天道浩广，至虚至寂，以难言，太玄无形，匡郭消亡而莫睹，故《老子》曰：恍兮惚兮，其中有物；窈兮冥兮，其中有精。苟非慎密以侦之，静默以伺之，其不至于谬误而失事者几希？

下篇魏公以关键三宝，为临炉采药之诀，叮咛之意，亦深切矣。

推度符征章第十一

八卦布列曜，运移不失中。元精眇难睹，推度效符征。居则观其

---

① 者，广陵本作"耳"。
② 郭，广陵本作"廓"。

象,准拟其形容。立表以为范,占候定吉凶。发号顺时节,勿失爻动时。上察河图文,下序地形流,中稽于人心,参合考三才。动则依卦变,静则循象辞。乾坤用施行,天下然后治。

八卦布列曜,陈万象森罗,八方周匝,而其运移未尝离此辰极。辰极者,天之中极也,人亦有之。《契》云:辰极处正,优游任下。明堂布政,国无害道。邵子云:天向一中分造化,人于心上起经纶。苟或不能立此中极,则运动之际,乖戾舛错,非轻而失臣,则躁而失君,元神昏佚,而元精愈不可得矣。且元精之为物也,幽潜沦匿,藏于杳冥恍惚之中,非可视之而见、听之而闻、抟之而得者所可推度,独在内之效验,与在外之符征耳。《契》云:证验自推移,心专不纵横。是故观象以拟之,则以月亏盈而知药材之老嫩;立表以候之,则以日早晚而为火候之消息。所以拟之、候之,如是之审密者,欲得乎爻动之时也。爻动则时至而事起,天运而人从,天人合发而万化之基定矣。又尝上察星河,而知天之应星也;下序地流,而知地之应潮也;中稽人心,而知情之归性也。所以察之、序之、稽之,如是之慎密者,欲合乎三才之道也。道合则动可以盗机,静可以观复,依变循辞,而乾坤之用行①矣。如是而吾身之天地,焉有不治者哉?乾坤之用,坎离是也。

此章仙翁教人推证见效,视履考祥,以成大道。至运移而不失乎中,发号而不失乎时,意益加密矣。

御政之首章第十二

可不慎乎,御政之首。管括微密,开舒布宝。要道魁柄,统化纲纽。爻象内动,吉凶外起。五纬错顺,应时感动。四七乖戾,誃离仰俯。文昌统录,诘责台辅。百官有司,各典所部。或君骄溢,亢满违道;或臣邪佞,行不顺轨。弦望盈缩,乖变凶咎。执法刺讥,诘过贻主。辰极处正,优游任下。明堂布政,国无害道。(誃,改也,音移。)

御政之首,志士炼丹入室之初也。夫既知药生之候,得爻动之时

---

① 行,底本作"神",据广陵本及上下文义改。

矣。是宜虚心应物，管括微密，而关键乎三宝。开舒布宝，而慈惠以使人。如是则内不失己，外不失人，而有求以得矣。此二句乃临炉采药之要诀。而要中之要，则又在于魁柄。魁柄者，斗柄也。天以北斗斟酌元气，在人则为统化之纲纽。纲纽安在？吾人之辰极是也。故爻象动乎内，则吉凶见乎外，可不慎乎？若使辰极不正，则运移失中，而吾之枢纽脱矣。是以应时感动之余，或水火溢节而金木之不交，牛女乖张而交泰之道失。上不降而下不升，天不氤而地不氲，妙用从何而生哉？故曰：五纬错顺，应时感动。四七乖戾，誃离俯仰也。且入室炼丹以窃造化，非常人之所为，故圣人谨之以为大事，有文昌以为护持之主，有台辅以为辅弼之臣，其诸百官有司，各典所部，准则刻漏，挨排火候，以尽有相之道，可谓密矣。若也君或骄溢而亢满违道，臣或邪佞而行不顺轨，弦望失盈缩之度，乖变招凶咎之虞，执法诘过，咎将谁归？由主人也。可不慎欤？君臣，即《悟真》所谓主宾之意，而诘过贻主，又宾中之主人也。盖不能管括微密，故臣邪佞；不能开舒布宝，故君骄亢。辰极处正，则无邪佞之私矣；优游任下，则无骄亢之失矣。优游者，如如自然之义。《复命篇》云：北斗南辰下，眉毛眼睫边。灰心行水火，定息采真铅。四句深可玩味。明堂布政，国无害道，布政，即御政之意，言能辰极处正，一正君而国定矣。以此布政于明堂，所谓百辟其刑之，又有何害道之有哉？

此章上阳注本，御政之首下，有鼎新革故一句，深有旨趣。日含五行精六句，意义不属，故僭窜之三日出庚之上。

内以养己章第十三

内以养己，安静虚无。原本隐明，内照形躯。闭塞其兑，筑固灵株。三光陆沉，温养子珠。视之不见，近而易求。黄中渐通理，润泽达肌肤。初正则终修，干立末可持。一者以掩蔽，世人莫知之。

此章仙翁备论内养之道，以立炼丹入室之根基，上阳子所谓炼己立基是也。然养与炼，亦当有辨。炼者，事来识破，境来勘过，洗心涤虑之谓也；养者，优柔厌饫，澡雪柔埏，勿忘勿助之谓也。上阳子曰：宝精裕炁,养己也;对境忘情,炼己也。有文武之道焉。安静虚无,此四字者,乃养己之要诀,千圣万真,同此一旨。《老子》曰:致虚极,守静笃,万物并作,吾以观其复。司马真人《坐忘论》云:心安而虚,道自来居。夫人生而静,天之性也;感于物而动,性之欲也。既有欲矣,则耳淫于声,目夺乎色,口爽乎味,真性既迷,而元精元炁因以耗失,而大命随之。故养己者,以安静虚无为本焉。安静虚无云者,无劳尔形,无摇尔精,一念不起,万缘皆空,心若太虚,一物不着。虚靖天师云:要得心中神不出,莫向灵台留一物。物在心中神不清,耗散真精损筋骨。学者试能穷究本初,回光而内照之,则知清净之中,一物无有,而所谓安静虚无者,我得之矣。由是闭塞其兑,而筑固乎灵株,三光陆沉,以温养乎子珠。灵株者何?灵根是也。《黄庭经》云:玉池清水灌灵根。子珠者,性珠也。神为子炁,得阳火以炼之,则子母相抱,而成玄珠。盖兑塞,则炁不上泄,故柢①固而根深;光沉则神不外驰,故性定而明湛。然所谓灵株、子珠者,视之虽不可见,近在己身,的有可求之理。果能收视返听,闭口勿谈,则心息相依,神炁相守,自能②打成一片,而和顺积中,英华外邕矣,故曰:黄中渐通理,润泽达肌肤。不言老翁丁壮、耆妪成姹者何?非阳丹故也。夫内炼至此,则始正而终可修,干立而末可持矣。夫然后临炉采药,而行一时半刻之功。且采药者,采取先天真乙之炁,归复而成丹。所谓一者,即真乙也。老子曰:得其一,万事毕。上阳子曰:一者,坎之中爻也。一者掩则聚精会神,一者蔽则分灵布炁。人能知一,则宇宙在乎手矣;人能得一,则万化生乎身矣。一之为妙,非师莫悟③。世人不知一者掩蔽之妙,执言内炼可以成道,而独修孤阴之一物。至论药自外来,一切认为房中采战之术,岂不误哉!此章上阳注,明切可诵,解内多引其说。

知白守黑章第十四

上德无为,不以察求;下德为之,其用不休。上闭则称有,下闭则称

---

① 柢,底本作"抵",据广陵本改。
② 自能,广陵本作"自然"。
③ 悟,广陵本作"传"。

无。无者以奉上,上有神德居。此两孔穴法,金气亦相须。知白守黑,神明自来。白者金精,黑者水基。水者道枢,其数名一。阴阳之始,玄含黄芽。五金之主,北方河车。故铅外黑,内怀金华。被褐怀玉,外为狂夫。金为水母,母隐子胎;水者金子,子藏母胞。真人至妙,若有若无。仿佛大渊,乍沉乍浮。进退分布,各守境隅。采之类白,造之则朱。炼为表卫,白里真居。方圆径寸,混而相拘①。先天地生,巍巍尊高。旁有垣阙,状似蓬壶。环匝关闭,四通踟蹰。守御固密,阏绝奸邪。曲阁相连,以戒不虞。可以无思,难以愁劳。神气满室,莫之能留。守之者昌,失之者亡。动静休息,常与人俱。(阏,音遏。下章勤而行之五十六字,当移置于此。)

上德者,全体道德之士,混沌未凿,故不以察求,而行无为之道。察求者,辨庚甲而知水源之清浊,象屯蒙而为火候之消息,是察察之事也。下德,则太朴既散,故不得不假有为以行归复之道,故曰:下德为之,其用不休。老子曰:上德无为,而无以为,下德为之,而有以为。魏公之意,盖本于此。上闭以下,皆言有为之事。何谓上闭?上者,阳也,坎也,戊也,情也;下者,阴也,离也,己也,性也。闭者,勿发之意。上闭者,坎中先天未扰之铅,朕兆未萌;下闭者,离中后天久积之汞,固塞勿发也。然虽朕兆未彰,而杳冥有精,其中有信,故上闭则称有;内以养己,安静虚无,故下闭则称无。无者以奉上,上有神德居,奉者,小心慎密,恭敬奉持之意;神德者,神明之德,真乙之炁是也。今夫真乙之炁,居于坎戊之宅,来而称有,而无者慎密以伺之,恭己以迎之,如臣之奉君,不敢有一毫之差谬,是始焉能存无而守有,终焉自推情而合性,而有为之能事毕矣。夫此两者孔穴作用之法,非师莫明。老子曰:常有欲以观其窍。又曰:玄牝之门,是谓天地根。钟离有言:生我之门,死我之户。此皆一穴两分,所谓异名而同出者。此中金炁相须之殷,而相济之足,知其相须,则可察而求之,奉而守之矣。故知白守黑,神明自来。所谓神明,即神德也。白者金精,黑者水基,所谓金精,即金炁也。五行之

① 拘,广陵本作"扶"。

气,金能生水,而还丹造化,先天白金却生于坎水之中。故作丹者,惟虚心恭己,奉坎以求铅。迨夫时至机动,神明自来,则忽然夜半一声雷,万户千门次第开,而相须之妙用见矣。且水之所以能生金者,何也?试原本而论之:水者道枢,其数名一。盖天一生水,阴阳始交,日月照耀于玄冥之地,而生黑铅,即坎水也,中有乾金,可作大丹,故曰玄含黄芽。是五金之主,北方之河车也。何谓河车?盖以坎水能载金而上行,故曰河车。故铅外黑,内怀金华。外黑,则北方之色也;金华,则乾金之精也。如人被褐怀玉,而外为狂夫者然。被褐则黑也,怀玉则白也。所谓知白,知此而已;所谓守黑,守此而已。且夫金能生水,而黑铅居于坎位,是母隐子胎也;水者金子,而金中至清之水却在西川,是子藏母胞也。天地造化,除此坎中一点先天之炁,余二非真,故号之曰真铅,而又谓之真人。真人至妙,若有若无何?恍惚也。仿佛太渊,乍沉乍浮何?窈冥也。太渊者,重阴之下,深昧不测之所,此金重而常沉,激其浮而采之,则水源至清,及其进退分布,合而成丹,则各守境隅,而东家西邻不相涉入矣。是丹也,采之则金也,炼之则火也,故曰:采之类白,造之则朱。然必先于炼己以为表卫,使之城郭完固,然后可以奉此神德而居之。神德来居,则还丹成矣。且丹居神室,方圆径寸而混沌相拘,先天地生而巍巍尊高,岂凡物之可比哉!伊欲造之,要当环匝关闭,使管括之微密,守御严固,而阕绝乎奸邪,庶使白里真居,永无虞失。《契》云:三者既关键,缓体处空房。委志归虚无,无念以为常。可以无思,难以愁劳。盖谓是也。然无思者,非顽空断灭、寂然无思之谓也。有勿忘勿助之义焉。故神气满室,莫之能留。守之则昌,失之则亡。而守之之道,则惟动静休息,常与人俱。老子曰:载营魄抱一,能无离乎?盖能如此,则庶乎专炁致柔,神炁相守,而还丹可望其成矣。

道术是非章第十五

　　是非历藏法,内视有所思。履斗步罡宿,六甲次日辰。阴道厌九一,浊乱弄元胞。食气鸣肠胃,吐正吸外邪。昼夜不卧寐,晦朔未尝休。身体日疲倦,恍惚状若痴。百脉鼎沸驰,不得清澄居。累土立坛宇,朝暮敬祭祀。鬼物见形象，梦寐感慨之。心欢而意悦，自谓必延期。遽以夭命死，腐露其形骸。举措辄有违，悖逆失枢机。诸术甚众多，千条有万余。前却违黄老，曲折戾九都。明者省厥旨，旷然知所由。勤而行之，夙夜不休。服食三载，轻举远游。跨火不焦，入水不濡。能存能亡，长乐无忧。道成德就，潜伏俟时。太乙乃召，移居中洲。功满上升，膺箓受图。（勤而行之以下五十六字，愚意欲移置于前章常与人俱之下。）

道法三千六百，皆属旁门，穷年皓首，迄以无成。惟此金丹大道，法象天地，准则日月，符合卦爻，逆转生杀，乃上圣登真之梯筏。黄帝之《阴符》，老子之《道德》，皆述此意。明者省厥旨趣，勤而行之，结之以片饷，养之以三载，阳神出壳，身外有身，则轻举远游，水火不能厄，生死不相干，道成德就，济人功满，膺箓受图，而身为帝臣，此大丈夫功成名遂之日也。或疑服食之说，以为神丹，误矣，误矣！此章玉吾注可诵。

二八弦炁章第十六

偃月作鼎炉，白虎为熬枢。汞日为流珠，青龙与之俱。举东以合西，魂魄自相拘。上弦兑数八，下弦艮亦八。两弦合其精，乾坤体乃成。二八应一斤，易道正不倾。铢有三百八十四，亦应卦爻之数。（首窜《火记》二句）

此章仙翁分别二八龙虎两弦之炁，以表药材铢两。无名子曰：偃月炉，阴炉也，中有玉蕊之阳气，虎之弦炁是也；朱砂鼎，阳鼎也，中有水银之阴气，龙之弦炁是也。丹法以此初弦之炁，和合而成玄珠，故曰：偃月作鼎炉，白虎为熬枢。熬枢者，虎铅阳火也。《契》云：升熬于甑山兮。以其为真汞之枢纽，故曰熬枢。汞日为流珠者，离宫之汞，飞走不定，其在东家，配为青龙之弦炁，故曰青龙与之俱。今夫龙居于东，虎居于西，虽则各守境隅，却有感通之理，故举东方之魂以合西方之魄，则龙虎自然交媾，相铃相制，而大药成矣。举东以合西者，驱龙以就虎也；魂魄自相拘者，推情而合性也。《复命篇》云：师指青龙汞，配归白虎铅。两般俱会合，水火炼经年。知此，则药物在是矣。既知药物，当识斤两。

《悟真篇》云：前弦之后后弦前，药物平平气象全。盖上弦值兑，兑数得八；下弦值艮，艮数亦八。八者，两弦去朔望各八日也。此时阴阳匀平，火数不燥，水铢不滥，方可合丹，故两弦合精，乃成乾坤之体；二八匀平，方得阴阳之正。故曰易道正不倾也。然非真有斤两也，不过欲其阴阳两齐，配合相当耳。《复命篇》云：方以类聚物群分，两岸同升共一斤。一斤之数，为铢者三百八①十有四，亦应卦爻之数。丹道、易道吻合之妙有如此者。

金火含受章第十七

金入于猛火，色不夺精光。自开辟以来，日月不亏明。金不失其重，日月形如常。金本从日生，朔旦受日符。金返归其母，月晦日相包。藏隐其匡郭，沉沦于洞虚。金复其故性，威光鼎乃熺②。

此章仙翁发明金火含受之妙。世人不识金火两字，妄意猜度，不得其旨。盖金即铅也，火即汞也，知金火则知铅汞矣。今人皆谓火能克金，而不知金入猛火，不夺其光，不失其重，所以不相烁而反相受者，则何故哉？盖以金，乾体也。乾乃太阳真火，奔入坤中，实而成坎，位居北方，谓之水金，其性刚健，本藏火德，故得火而融，两相含受，犹之日月焉。日譬则火也，月譬则金也。自开辟以来，日月之明不亏，而形亦如常者，亦以金本从日，故不相射而反相受耳。何谓金本从日生？盖月者，太阴之精也，本体纯白，必借耀于日，而后生明。先儒谓月无光，借日之光以为光，故自合璧之后，晦尽朔来，禀受日符，至三日而生庚，八日而上弦，十五而望满，二十有三而下弦，三十而成晦。晦朔弦望，皆自日生。与日相包，则隐明而不见；去日渐远，乃相耀而生明。月晦则犹金返归其母也，生明则犹金复其故性也。返归其母者，金在坎中，上下两画，皆属于坤，坤为土，土能生金，以坤为母，故曰归母；坎中一画，原属于乾，故曰故性。归母，故沉潜沦匿而不可见；复性，则种入乾家交感

---

① 八，广陵本作"六"，误。
② 熺，广陵本作"熹"。下同。

之宫,而金来归性矣。《契》云:金来归性初,乃得称还丹。意盖如此。丹成则鼎有威光,熺然而炽盛矣,何者?金入于火,精光焕发也。此章上阳注,深可玩味。

二土全功章第十八

子午数合三,戊己数居五。三五既和谐,八石正纲纪。土游于四季,守界定规矩。呼吸相含育,佇息为夫妇。黄土金之父,流珠水之母。水以土为鬼,土填水不起。朱雀为火精,执平调胜负。水盛火消灭,俱死归厚土。三性既合会,本性共宗祖。

此章言真土妙用。承上文金火虽相含受,必得真土调和,乃克有济。真土者,戊己二土也。盖坎水数一,离火数二,各居子午之方,其数合而成三,而坎离中戊己二土,自居五数。戊为铅情,己为汞性,金来归性,则三者会合归于元宫,是谓三五和谐,而八石之纲纪正矣。八石者,丹家药品也。五金八石,皆非真正药物。惟此三五和谐,乃为正品。或曰:八石者,以象八方之义,丹居中宫,则四面八方之气皆来归之,其妙用在一和字。盖丹者,和气之所成也。《契》云:和则随从,路平不邪。圣人致中和,而天地位焉,万物育焉。纲举目张,自然之效也。且土之为德,周游四季,罗络始终,故金得以生,木得以荣,水得以制,火得以藏,各守四方之界限,以定规矩,所以正八石之纲纪者在是。《契》云:青赤白黑,各居一方。皆禀中宫,戊己之功。盖谓是也。故夫阴阳升降,一呼一吸,而皆归于中宫,以相含育。迨夫铅汞同炉,则真息自定,而相合相和,如夫妇之和谐,含育于中宫,佇息于中宫,和合于中宫。中宫者,戊己之宫也,和气之所归也。土之为德,其盛矣乎!且夫先天造化,还丹之宗,坎中一画乾金而已,中纳戊土,戊土为先天之金,故曰黄土金之父。上阳子曰:黄土者,戊土也。此金居于坎位,又名金水,其母则流珠也。流珠者,太阳流珠,日汞是也。日有三照,南照生砂,北照生铅,水之金精皆太阳元精所化,故流珠为水之母。自其相生而言,金以土为父;以其相制而言,水又以土为鬼,盖水得土则止而不流。今也坎宫既纳戊土,则水为土填伏而不起,故须朱雀火精执平衡而调之,则水得火而沸腾,其金自随水而上矣。朱雀者,南方火精,己土是也;执平者,二八相当之意。调,调停也。水火互有盛①负,平调则大小无伤,而两国可全。迨夫金水涌沸,腾入离宫,则离火又为坎水所灭,火灭之后,汞既不走,铅亦不飞,加以火候温养,汞日以添,铅日以抽,二者俱死,归于厚土,二者相合而成刀圭。《契》云:泥竭遂成尘兮,火灭化为土。此之谓也。今夫坎中先天未扰之铅,幽潜沦匿,是土填水不起也。吾以离中己汞,调而致之,得药归鼎,点化己汞,而成大丹。以汞求铅,是朱雀平调也;以铅干汞而成大丹,是水胜火灭而俱死归土也。故水、土、火三性会合,而还丹之道毕矣。夫三性之所以能会合者,何哉?以与本性共宗祖故也。本性,即己性也,皆自元始祖炁而分,一变而为水,即金水也,为先天之铅;二化而为火,即己性也,为后天之汞;五变而成土,即戊己也,为水火两性之性情。是皆同宗共祖,一炁而分,故同类相从而其性易合也。学者不得师旨,不知三性何物?妄以意见揣度,郢书而燕说之,岂不惜哉?

金丹妙用章第十九

巨胜尚延年,还丹可入口。金性不败朽,故为万物宝。术士服食之,寿命得长久。金砂入五内,雾散若风雨。熏蒸达四肢,颜色悦泽好。发白皆变黑,齿落生旧所。老翁复丁壮,耆妪成姹女。改形免世厄,号之曰真人。(长久下窜土游于四季二句)

巨胜、胡麻二种,常服可以延年,故服食者尚之,况金液还丹乎?盖金液者,先天乾金,生于坎位,寄体西邻,唤来归舍,故称还丹。且金之为性,万劫不坏,故为世宝。况此先天乾金,有气无质者乎!志士炼而服之,其长生也久②矣。金砂入五内以下,备言服食之效。

同类相从章第二十

胡粉投火中,色坏还为铅。冰雪得温汤,解释成太玄。金以砂为

---

① 盛,疑为"胜"之误,《契》云:"水火调胜负"。
② 久,广陵本作"必"。

主，禀和于水银。变化由其真，终始自相因。欲作服食仙，宜以同类者。植禾当以黍，覆鸡用其卵。以类辅自然，物成易陶冶。鱼目岂为珠，蓬蒿不成槚。类同者相从，事乖不成宝。是以燕雀不生凤，狐兔不乳马，水流不炎上，火动不润下。

此章言炼丹服食之事，欲求合体，须以同类。胡粉者，铅之所成；冰雪者，水之所结。而其返本还源，则复合为一体。金丹大药，以砂为主。陶公埴①云：砂者，铅中之至宝。炼士先须诱取金砂，以为服食之药祖。禀和于水银者，原其所自出也。《悟真篇》云：本是水银一味，周流遍历诸辰。陶公又云：黑者水银，非世间银。是其证也。以此返还归复，合而成丹，亦犹化胡粉而为铅，释冰雪而成水，其必然也明矣。所以然者，以变化由其真，故终始相因也。真，即真乙之真。人皆禀此真乙之炁而生，混沌既凿，此真奔蹶，逸于坎中，故以真补真，乃可长存。《悟真篇》云：竹破须将竹补宜，覆鸡须用卵为之。万般非类徒劳力，争似真铅合圣机。学者不知何为真铅？何为同类？不肯虚心参访，妄以意见猜度，纽合非类，以冀其成，岂不难哉？故下文遂言其弊。

背道迷真章第二十一

世间多学士，高妙负良才。邂逅不遭遇，耗火亡资财。据按依文说，妄以意为之。端绪无因缘，度量失操持。捣治羌石胆，云母及礜磁。硫磺烧豫章，泥汞相炼飞。鼓铸五石铜，以之为辅枢。杂性不同类，安肯合体居。千举必万败，欲黠反成痴。侥幸讫不遇，圣人独知之。稚年至白首，中道生狐疑。背道守迷路，出正入邪蹊。管窥不广见，难以揆方来。（豫章无解，疑即樟木脑，与硫同性者。）

玉吾注云：饶君智慧过颜闵，不遇真师莫强猜。只为丹经无口诀，教君何处结灵胎？世间高才好学之士，不为无人，而求其遇真师得正传者，寡矣。彼有烧炼三黄、四神之药，妄意以为道在于是。殊不知五金八石，乃世间有形有质之物，种类不同，性质各异，安肯合体而共居哉？

---

① 埴，底本作"填"，据广陵本改。

凡为此术者，莫不千举万败，欲黠成痴，何则？端绪无因缘，度量失操持故也。《指玄篇》云：访师求友学烧丹，精选朱砂作大还。将谓外丹化内药，原来金石不相关。盖神仙金液大丹，乃无中生有之至药，而所谓朱砂水银者，不过设象比喻而已。奈何世人不识真铅汞，将谓凡砂及水银，往往耗火费财，迄无成功，卒至皓首茫然，反起虚无之叹。甚至得正传而中道生疑，出正入邪者，亦有之矣。之人也，背大道而守迷路，管窥天而不广见，乌足与论方来无穷之玄奥哉！

抱一子注云：金丹之理，妙夺造化，迥出思议之表。不遇至人，徒劳测度；若用外物，尤甚狂妄；守邪背正，又非贤才。往往学道之人不肯坚心，寻师访友，苦志勤求，或有始无终，或狐疑中道，蹉跎白首，衰老无成，是皆以管窥天，自满自高者之过也。然明明日月，荡荡乾坤，寒往暑来，朝昏相代，无非大道方来之理。不遇至人，难以揆度。学者宜先积行累德，以祈感遇，切勿自欺，到此宝山，空手归去。

愚按：二公之言，明透警切，无可赞一词矣。故备录之，以示同志。

三圣前识章第二十二

若夫至圣，不过伏羲，始画八卦，效法天地。文王帝之宗，循而演爻辞。夫子庶圣雄，十翼以辅之。三君天所挺，迭兴更御时。优劣有步骤，功德不相殊。制作有所踵，推度审分铢。有形易忖量，无兆难虑谋。作事令可法，为世定此书。素无前识资，因师觉悟之。皓若褰帷帐，瞋目登高台。《火记》不虚作，演《易》以明之。《火记》六百篇，所趣等不殊。文字郑重说，世人不熟思。寻度其源流，幽明本共居。窃为贤者谈，曷敢轻为书。若遂结舌瘖，绝道获罪诛。写情著竹帛，又恐泄天符。犹豫增叹息，俛仰辄思虑。陶冶有法度，未忍悉陈敷。略述其纲纪，枝叶见扶疏。（此中补《火记》不虚作二句。）

此章魏公原本作《契》之意，盖欲以上继往圣，下开来学也。玉吾注可玩。

金火铢两章第二十三

以金为隄防，水入乃优游。金计有十五，水数亦如之。临炉定铢两，五分水有余。二者以为真，金重如本初。其三遂不入，火二与之俱。三物相含受，变化状若神。下有太阳气，伏蒸须臾间。先液而后凝，号曰黄舆焉。岁月将欲讫，毁性伤寿年。形体为灰土，状若明窗尘。捣治并合之，驰入赤色门。固闭其济①会，务令致完坚。炎火张于下，昼夜声正勤。始文使可修，终竟武乃陈。候视加谨慎，审察调寒温。周旋十二节，节尽更须亲。气索命将绝，体②死亡魂魄。色转更为紫，赫然成还丹。粉提以一丸，刀圭最为神。

此章仙翁准则金火铢两，以定临炉采取之妙用，而始之所发端，与终之所极致，备载于此。特其文隐奥，莫可寻详，考之诸家，其说不一，惟上阳子注颇得其旨，今复申而论之。以金为隄防者，炼丹之要，莫先于金水。金水者，先天未扰之铅也。此金水者，生于二八之门，产于虚无之窟，故炼丹者，先置此金以为内药之隄防。盖己之离汞，飞走不定，若得此金以制之，则如水之有隄防，不至溃决矣。水入乃优游，水即金水也。金水之生，自有真候，仙家谓之阳火。阳火柔弱，优游入内③，法当优游和中，以俟其入。凡言入者，自外来也。《契》有之曰：辰极处正，优游任下。此之谓也。金计有十五者，金体如月，十五则金精壮盛，故所生之水亦如其数，应潮而至，喻如二七之期，真铅始降，吾侦其期而求之，临炉以定铢两，则五分之水已自有余矣。盖水有五分者三：自晦朔之间，积五分而生庚；又积五分而上弦；又积五分而盛满。盛满固有望远之嫌，生庚亦非冬至之候，故五分有余。而五分之中，二者始为真候，而其三遂不入也。入，即上文水入之意。水必二分者，取水源至清，有炁而无质也。然金之重必如本初者，盖金必十五，然后炁足精全而生

---

① 济，广陵本作"际"。
② 体，广陵本作"休"。
③ 内，广陵本作"人"。

真水,若金数不满,则真水不生,而临炉无可采之药矣。方其二分水至之时,吾急以二分之火合之。二分之火,一时半刻之火也。上阳子曰:一时三符,比之求铅,止用一符之速是也。火迎水入,相含相受于戊己之宫,则三性会合,自然龙吟虎啸,而变化之状,斯若神矣。下有太阳气,伏蒸须臾间,须臾,即半刻也;太阳气者,离宫汞火也。伏蒸其下,则金水为火所蒸,自然腾沸于其上矣。尔其贯尾闾而通乎泥丸,下重楼而入乎紫庭,周游上下,至其所止之处而休焉。先则为液而逆流,后则为丹而凝结,故圣人名之曰还丹,而号之曰黄舆焉。黄舆者,以其随河车而上行于黄道之中,故曰黄舆。若夫迴回丹结,火候既足而攒簇之,岁月将讫,急宜罢火守城,否则丹体有伤,而寿龄反促矣。毁性者何?性乃丹体也。《契》曰:性主处内,立置鄞鄂。性毁,则命亦从而毁矣。何者?金来归性,性源未彻,少有毁伤,金复何附?所谓藏锋之火,祸发必克,年寿之伤,无足异者。所以老圣垂知止、知足之戒,紫阳有一朝殆辱之忧,《入药镜》亦云:火候足,莫伤丹。天地灵,造化悭。盖谓是也。且夫神仙丹诀,无过用铅、用火而已。不知用铅,则药物失其铢两;不知用火,则始终乖其节度。仙翁悲悯后生,垂慈特切,形体以下,又以申明用铅、用火之诀。形体为灰土,状若明窗尘者,言查滓无用,惟当择其轻清者而用之。明窗尘者,窗外日光浮动,尘影微细之极也。此盖借之以明轻清之义。或者不知,以为明窗尘乃外丹飞结于鼎盖之上者,遂以此章认为炉火,痴儿说梦,殊可嗤笑。今夫明窗尘,即二分轻清之水也。捣合并治,驰入赤色之门,则丹可成矣。曰并、曰合,火二与之俱也。驰者,驰有道路,入有门户。赤色门,所入之门也。赤色门者,乾门也,乾为大赤,故曰赤色门。《入药镜》云:产在坤,种在乾,贯尾闾,通泥丸。如此,则门与道两得之矣。固塞以下,又言用火之诀,结丹、养丹,全在于此。固塞其际会者,守御固密,阏绝奸邪也;炎火张于下,昼夜声正勤者,朝屯暮蒙,周天运火也。火不同,有文有武。始也求铅,则用文火,故曰始文可使修;终也结丹,则用武火,故曰终竟武乃陈。王道《龙虎经注》云:文火乃发生之火,武火乃结实之火。深为得旨。盖优游任下,是文火也;固塞坚完,炎火勤张,是武火也。《鼎器歌》有云:首尾武,中间文。读者至此,不能无疑。今为诀破:《歌》中所言文武,乃阴阳二字之义,盖首之炼己,终之养丹,皆属阴火,惟有中间一符阳火,乃真铅之炁,故首尾属武,中间属文,与此不同。候视加谨慎者,寤寐神相抱也;审察调寒温者,昏明顺寒暑也;周旋十二节,节尽更须亲者,度更终复始,更须亲历也。如此翕聚精神,调停火候,直待铅抽已尽,己汞亦干,魄死魂销,群阴剥尽,化为纯阳,故色转更为紫,赫然成还丹。读者至此,又认以为外丹,不知金液还丹,虽称外药,却非自炉火中出者,若天元则称神丹矣。还之一字,认尚不明,可谓具眼哉!粉提以一丸,刀圭最为神者,喻言丹成药就,其体至微,其用甚妙。仙翁措辞立意,多托寓言,读者不能以意逆志,而求之言语文字之外,徒尔执象泥文,胡自揣度,乌能心领神会,以得夫立言之旨哉?

水火情性章第二十四

推演五行数,较约而不繁。举水以激火,奄然灭光明。日月相薄蚀,常在晦朔间。水盛坎侵阳,火衰离昼昏。阴阳相饮食,交感道自然。名者以定情,字者缘性言。金来归性初,乃得称还丹。

此章论金来归性,乃阴阳交感自然之道。盖金即水也,性即火也。五行之数,水火有相灭之理。水火之义,譬诸日月:其在晦朔之间,每以相交而成薄蚀,故水盛则坎月侵阳,火衰则离日昼昏,如举水激火,而光明奄灭者然,然非相害相悖也。一阴阳饮食,交感自然之道而已。还丹之道,亦犹是也。且夫还丹之道,一物而已,分而为二,则有两者之名,犹人之有名、有字者然。吾将以情定为名,性定为字,则情也,金也,水也,名之谓也;性也,火也,字之谓也。今也作丹之法,推情合性,转而相与,则是金来归性矣,水来激火矣,坎来侵阳矣,故不相悖,而反相为用,要亦阴阳饮食交感自然之道而已矣。道则一,而有阴阳水火之分;人则一,而有性情名字之别。不可谓之全别,不可谓之全同,不可全别无全同,不可全同无全别,于此识得,方为洞达。

古今道一章第二十五

吾不敢虚说,仿效古人文。古记题龙虎,黄帝美金华。淮南炼秋石,玉阳嘉黄芽。贤者能持行,不肖毋与俱。古今道由一,对谈吐所谋。学者加勉力,留念深思惟。至要言甚露,昭昭不我欺。

仙翁自谦,言己之著书,不敢虚说,皆效仿古人已垂之典,已试之事,如轩辕之题龙虎,黄帝之美金华,淮南之炼秋石,玉阳之嘉黄芽,皆是道也。是道也,惟贤者而后乐此,故贤者能持行,而不肖者无与之俱。昔者鬼谷子从子华子游十有二年,业成而辞归,子华子送之曰:今汝之所治,吾无间然矣。然子之志则广取而泛①与也,恐汝之后,夫择者也,其将有剥汝之外郛,而自筑之宫廷者矣。登汝之车,而乘之以驰骋于四郊者矣;取汝之所以为璧者,毁裂而五分之者矣。夫道固恶于不传也,不传则妨道;又恶于不得其所传也,不得其所传则病道。今汝则往矣,而思所以慎厥与也,则于吾无间然矣。读之至此,令人洒浙②,且古今无二道,圣人无两心,所以无二道者,一故也。一即真乙之一,得此一则万事毕矣。佛语有云:除此一乘法,余二则非真。仙师对谈吐谋,至言甚露,岂欺我哉?学者当留念思惟,勉力策励,以报深恩,否则甘于暴弃,一不肖之子耳,安足与议于道哉!

《周易参同契测疏》上篇终

---

① 泛,广陵本作"讯",误。
② 洒浙,底本作"洒浙",据广陵本改。

《周易参同契测疏》中篇

东汉魏伯阳真人 著
淮海陆西星潜虚 测疏
新安汪启濩东亭 辑
粤东许启邦杰卿 评点
韩景垚 校刊

乾坤精炁章第二十六

乾刚坤柔，配合相包。阳禀阴受，雄雌相须。偕以造化，精气乃舒。坎离冠首，光耀垂敷。玄冥难测，不可画图。圣人揆度，参序元基。四者混沌，径入虚无。六十卦用，张布为舆。龙马就驾，明君御时。和则随从，路平不邪。邪道险阻，倾危国家。

此章之旨，备言鼎器、药物、火候大略，与上篇首章相似。乾刚坤柔，配合相包者，即乾坤者，易之门户；坎离冠首，光耀垂敷者，即坎离匡廓也。何谓配合相包？盖天之形常包乎地之外，而其气尝行乎地之中，故阳主禀与，阴主禽受，如人物之雄雌相须者。然相须则偕以造化，而精炁乃舒矣。《易》有之曰：精炁为物。是精炁也，互藏于阴阳之宅；坎离者，冠阴阳之首者也。坎外阴而内阳，中有真炁；离外阳而内阴，中有至精。坎离之象，配诸日月，日月交光，一禀一受，而万物生焉。丹法亦犹是也。然是道也，玄冥难测，不可画图。圣人洞晓阴阳，深达造化，故揆度参序，以立元基。元基者，丹基也。作丹之法，不过以此阴阳精炁，交媾于混沌之初，凝结于虚无之室，而以六十卦火养之，故六十卦用，张布为舆。舆者，取运毂之义；龙马就驾者，乾为龙马，坤为大舆，乾就坤驭，和则随从。和之一字，最为肯綮。广成子告黄帝曰：我守其一，以处其和。然必明君御时，然后能致中和，而天地位，万物育。况此大道，路平不邪。老子所谓：大道甚夷，而民好径。彼邪道险阻，倾危国家。金丹大道，至易至简，岂邪道哉？

入室休咎章第二十七

君子居其室，出其言善，则千里之外应之。谓万乘之主，处九重之室。发号施令，顺阴阳节。藏器待时，勿违卦日。屯以子申，蒙用寅戌。六十卦用，各自有日。聊陈两象，未能究悉。在义设刑，当仁施德。按历法令，至诚专密。谨候日辰，审察消息。纤芥不正，悔吝为贼。二至改度，乖错委曲。隆冬大暑，盛夏霜雪。二分纵横，不应刻漏。风雨不节，水旱相伐，蝗虫涌沸，山崩地裂。天见其怪，群异旁出。孝子用心，感动皇极。近出己口，远流殊域。或以招祸，或以致福，或兴太平，或造兵革。四者之来，由乎胸臆。动静有常，奉其绳墨。四时顺宜，与气相得。刚柔断矣，不相涉入。五行守界，不妄盈缩。易行周流，屈伸反覆。

此章备言入室休咎。君子居其室，出其言善，则千里之外应之。魏公断章取义，引之以言入室之事。谓居室者，入室也，喻如万乘之主处九重之室。夫主言万乘，重之至也；室言九重，密之至也。古之君子，以炼丹为一大事也。故藏器于身，待时而动，侦炁动以盗机，而勿违夫卦日，法屯蒙以运火，而一顺乎阴阳。屯以子申，使水有生而有旺；蒙用寅戌，则火有生而有库。以至六十卦用，各有其日，聊陈两象，则其余可例推矣。故在义设刑，当仁施德，文武火候，各适其宜，其要只在至诚专密，以候其日辰、察其消息而已矣。至诚二字，最为肯綮。《入药镜》云：但至诚，顺自然。盖至诚则心志自专，心专则功行自密。故至诚感物，则人自归心；至诚格天，则神明默佑。炼丹之士，可以不诚乎哉！若乃纤芥之微，念虑不诚，则吾之辰极，不得其正，将见悔吝为贼，而灾变随之。故二至改度，而失其节序之常，或隆冬而大暑，或盛夏而霜雪；二分不应，有乖于中和之气，或风雨不时，而水旱相伐，或蝗虫涌沸，而地裂山崩，天见其怪，地产其妖。如上咎征，皆喻临炉之时，一差百错，总因炼己无功。夫不重其事，是不重其身者也；不爱其宝，是不爱其身者也。不重其事与不爱其身者，均为不孝。孝子用心，则不如此。盖孝子者，重其事而爱其身者也。能继天之志，而述天之事者也。其用心，何心哉？至诚专密而已矣。至诚而不动者，未之有也。故能感动皇极，而自天佑之,吉无不利。夫言者,心之声也。近出己口,尚能远流乎殊域,况天道不远,而吾以至诚之心格之乎!所以曰:君子居其室,出其言善,则千里之外应之。盖言速也。且夫祸福无门,惟人所召,福至则身乐太平,祸生则横罹兵革,四者之来,由乎胸臆而已。可以不诚乎哉?诚能动静有常,以奉卦爻之绳墨,则四时顺宜,自然与吾二炁相得,而刚柔无凌犯之怨,五行无盈缩之妄,屈伸反覆,莫非易用之周流矣。此章玉吾注,深可玩味,但彼不知药,一切认之自身,殊可惜耳!

晦朔合符章第二十八

晦朔之间,合符行中。浑沌鸿濛,牝牡相从。滋液润泽,施化流通。天地神明,不可度量。利用安身,隐形而藏。始于东北,箕斗之乡。旋而右转,呕轮吐萌。潜潭见象,发散精光。昴毕之上,震出为征。阳气造端,初九潜龙。阳以三立,阴以八通。故三日震动,八日兑行。九二见龙,和平有明。三五德就,乾体乃成。九三夕惕,亏折神符。盛衰渐革,终还其初。巽继其统,固济操持。九四或跃,进退道危。艮主进止,不得踰时。二十三日,典守弦期。九五飞龙,天位加喜。六五坤承,结括终始。韫养众子,世为类母。上九亢龙,战德于野。用九翩翩,为道规矩。阳数已讫,讫则复起。推情合性,转而相与。循据璇玑,升降上下。周流六爻,难以察睹。故无常位,为易宗祖。

此章魏公以天象卦爻,双明药火,与上篇三日出庚章大意颇同。夫先天阳火,在人身中炼时则谓之药,养时则谓之火,其理无二,然皆起绪于晦朔之间。盖晦朔之间,乃天地阴阳之交会也。以月而言,则曰晦朔之间;以时而言,则曰亥子之半;以气运而言,则曰贞元之会;以性情而言,则曰动而未形,有无之间。天地于此时①开辟,日月于此时合璧,人身之阴阳于此时交会,乃天、地、人之至妙至妙者。神仙于此时,盗其机而作丹②,则内真外应,若合符节矣,故曰:晦朔之间,合符行中。浑沌

---

① 时,广陵本作"乎"。下同。
② 丹,底本作"舟",误,据广陵本及文义改。

鸿濛,牝牡相从者,天地媾其精,日月相撑持,而混沌相交接也;滋液润泽,施①化流通者,雄阳播玄施,雌阴统黄化,而权舆树根基也。天地神灵,不见其迹,莫知其然,其不可度量,有如此者。是以君子利用安身,隐形而藏。安身者,安静虚无,炼己以待时也;隐藏者,管括微密,夷明而养晦也。如是则可以得夫至静之原,而不失乎爻动之时矣。且以药火之符而言之,悬象著明,莫大乎日月,观其合璧②之时,始于东北,箕斗之乡,旋而右转,以至昴毕之上,于时三日出庚,阳气造端,呕轮吐萌于庚方之位,于卦为震。震者,阳之动也。在人则为一阳来复,在爻则为乾之初九,初九潜龙,未堪用火,《大成集》云:复卦起潜龙,戊己微调③未可攻是也。阳以三立,阴以八通,通者,阳自三日始萌,至八日而与阴和通;三,阳数也;八,阴数也。八日上弦,于卦为兑,二阳渐长,在人则为身中阳火之半,在爻则为乾之九二。九二见龙,和平有明,和平,言火力匀调也。三五德就,乾体乃成,在人则为三阳盛满,要当慎以持盈,在爻则为乾之九三。九三夕惕,亏折神符,此时三五道讫,屈折下降。至于十六,阴符继统,盛衰渐革,于卦为巽。巽者,一阴下生,在人则为阴符起绪,在爻则为乾之九四。九四或跃,进退道危,法当固济操持,常使阴符包裹阳炁。二十三日,则下弦之期,丹至此时,金水又均,在人又为阴符之半,于卦为艮。艮者,二阴一阳,主于进止,在爻为乾之九五。此时火候将足,还丹已成,位乎天位以中正④也,故云加喜。六五三十,奄然丧明,在人则为神气归根,寂然不动,于卦为坤,结括始终,韫养诸卦,以为更始之端。世为类母者,阴能生阳,晦能成朔,世为气类之母也。在爻则当乾之上九,上九亢龙,极亢⑤则战,法当振刷精神,以俟起绪,否则火冷而丹又将散矣。如上火符,乃阴阳升降自然之理,象以易卦,准以乾爻,无不吻合。有志之士,当细味精研,庶当机应事,无

---

① 施,广陵本作"玄"。
② 璧,底本作"壁",据广陵本改。
③ 微调,底本作"为媒",据广陵本及《金丹大成集》改。
④ 中正,广陵本作"正中"。
⑤ 极亢,广陵本作"亢极"。

有差错。然六六时中，工夫缜密，有心则助，失念则忘，当知火候难调，更有要诀，不过曰绵绵若存，顺其自然而已。《入药镜》云：但至诚，顺自然。《阴符经》云：自然之道静，故天地万物生。天地之道浸，故阴阳胜。阴阳相推，而变化顺矣。圣人知自然之道不可违，因而制之。且夫真火无候，大药无斤，如《契》所云，不过欲人知药火之分数而已。苟得其言意于象数之外，则所谓不刻时中分子午，无爻卦里别乾坤，而用易之道，莫此为善矣。且夫易之为道，阳数用九，其以乾卦六爻，潜、见、惕、跃、翩然下复，足为丹火之规矩。故阳数已讫，讫则复起，推情合性，辗转相与，岂有多术？不过以炁合神，以神驭炁，以成其岁功而已。是道也，上据璇玑，同斗枢之升降；中参易数，符卦爻之动静。虽若一定可求，而实则杳冥恍惚之中，造化玄微，难可察睹，初何常位之有？上篇云：故推消息，坎离没亡。此所以独超象数之外，而为易道之宗祖也欤！

卦律火符章第二十九

朔旦①为复，阳炁始通。出入无疾，立表微刚。黄钟建子，兆乃滋彰。播施柔暖，黎烝得常。临炉施条，开路生光。光耀渐进，日以益长。丑之大吕，结正低昂。仰以成泰，刚柔并隆。阴阳交接，小往大来。辐辏于寅，运而趋时。渐历大壮，侠列卯门。榆荚堕落，还归本根。刑德相负，昼夜始分。夬阴以退，阳升而前。洗濯羽翮，振索宿尘。乾健盛明，广被四邻。阳终于巳，中而相干。姤始纪绪，履霜最先。井底寒泉，午为蕤宾。宾服于阴，阴为主人。遁世去位，收敛其精。怀德俟时，栖迟昧冥。否塞不通，萌②者不生。阴伸③阳诎，毁伤姓名。观其权量，察仲秋情。任蓄微稚，老枯复荣。荠麦芽蘖，因冒以生。剥烂肢体，消灭其形。化气既竭，亡失至神。道穷则反，归乎坤元。恒顺地理，承天布宜。玄幽远眇，隔阂相连。应度育种，阴阳之原。寥廓恍惚，莫知其端。

---

① 旦，底本作"且"，据广陵本改。
② 萌，广陵本作"蒙"，陆注文，当作"萌"为宜。
③ 伸，广陵本作"信"。

先迷失轨，后为主君。无平不陂，道之自然。变易更盛，消息相因。终坤始复，如循连环。帝王承御，千秋常存。

　　天上分明十二辰，人间分作炼丹程。莫言刻漏无凭信，不合玄机药未成。魏公此章，复以卦气律吕相配一年，以明药火消息，大旨与前章相同。朔旦为复者，言阳火起绪之初，自朔旦始，然非以月之初一为朔旦也。人身中自有朔旦。于卦为复，于十二辰为子，律应黄钟。钟者，踵也，又曰种也，言此中黄之炁，踵踵而生，以种万物。此时剥尽纯坤，一阳来复，如月之晦去而朔来。以其阳气始通，未堪用火，但当出入无疾，以立表其微刚而已。出入无疾者，乃复之卦辞，魏公断章取义。盖出入者，呼吸之义，乃乾坤阖辟、日月运行之象也。《黄庭经》云：出日入月呼吸存。今夫一阳来复之时，含光默默，真息绵绵，出入以踵，则一身之中，一万三千五百气息，三百六十骨节，八万四千毫窍，得此柔暖播施，自然融和顺适而得其常道矣，故曰黎烝得常。黎烝，犹言众庶也。丹法以身为国，以精气为民，故曰黎烝。渐至二阳，于卦为临，于月为丑，律应大吕。吕者，侣也，又曰助也。太阳得侣相助以进。炼丹之士，既得真侣，临驭丹炉，施条接意，开辟道路，以生光耀，此时耀景日长，阳火渐长，故当开路以致之，语有之曰吹彻重关藉巽风，即开路之意也。临炉之诀，结正低昂四字，最为肯綮。结者，环匝周遭，守御固密之谓也；正者，正心诚意，念念无邪之谓也；低昂者，颠倒坎离，柔上刚下之谓也。故天地相交，仰以成泰。仰，即昂也；泰则三阴三阳，刚柔并隆；并隆者，即二八相当之义。于时阴阳交接，小往大来，铅至汞迎，阳施阴受，而生造化。于月为寅，律应大簇。簇者，凑也。万象萌此，阳气辐辏而生，是宜运火趋时，不得怠缓。《大成集》云：交得三阳逢泰卦，便堪进火法神功。此之谓也。或疑采药之诀，铅遇癸生，便当急采，迟则度于后天。今自子至寅，渐历三辰，方言进火，无乃缓乎？曰：不然，作丹之法，以日易月，以时易日，而一时之中，又分三符六候，比时采取，只用二候，不尽一符之顷，何其速也。魏公此言，盖以发明造化、阴阳进退消息之理，而吾身之药火象之，若夫攒簇卦火于一时半刻之中，则天机阒密，丹经往往靳而不言，在人以意会之而已。《悟真篇》云：日月三旬一遇逢,以时易日法神功。守城野战知凶吉,增得灵砂满鼎红。又云:此中得意休求象,若究群爻漫役情。此之谓也。渐历大壮,四阳盛长,于月为卯,律应夹钟。夹者,侠也。阴阳气平,侠列生物,刑德相负,德中有刑,故万物甲坼①而榆荚反堕。此时昼夜始分,阴阳平等,加火则有偏重之虞,丹法于此立为卯酉沐浴之法。《悟真篇》云:兔鸡之月及其时,刑德临门药象之。到此金丹宜沐浴,若还加火必倾危。五阳一阴,于卦为夬,于月为辰,律应姑洗。洗者,洗也。阳升而前,洗濯羽翮,一阴宿垢②,振索立去,此时丹经沐浴,倍增精彩。至于乾健,则阳火盛明,广被四邻矣。于月为巳,律应仲吕。仲者,中也。日中则昃,中而相干。于时盛极当衰,阴符继统,故姤始纪绪,一阴下生。喻如坚冰之兆于履霜,寒泉之生于井底。于月为午,律应蕤宾。宾者,宾也。阴方萎弱,来而为宾,此时阳方退位,故宾服于阴而以阴为主焉。阴为主人,则阴符用事矣。二阴成遁,遁者,阳遁而去位也。于月为未,律应林钟,此时阴方浸长,阳当去位,故当收敛③其精,怀德俟时,而以幽栖乎昧冥。三阴成否,否,闭塞也。于月为申,律应夷则。夷者,伤也。物伤则萌者不生。申者,伸也。阴伸则阳毁名姓,以至四阴成观。观其权量,以察仲秋之情,则阴阳之气至此又平。于月为酉,律应南吕。南者,任也。万物至此有妊娠之象焉。任蓄微稚,则麦以芽滋;老枯复荣,则荠以萌蘖。此谓刑中有德。丹法至此又当沐浴,沐浴之后,火库归戌,火愈细微,五阴成剥。剥者,烂也。言化气既竭,而至神亡失也。神谓神火,于月为戌,律应无射。无射之义,于《契》不言。或曰失当作佚,亡佚,即无射也。射者,终也。终而无终,绵绵不绝,道穷则反,归乎坤元。归坤,则纯坤用事矣。此时丹乃归静,静曰复命,复命曰常,故恒顺地理以承天施。于月为亥,律应应钟。亥,隔阂也。亥子之交,又为晦朔之间,冬至之候,故阴阳之气虽相隔绝,而实则相连,万物又复应此而种种生育,故律曰应钟。应钟者,言应度而育种也。是为阴阳之元,二气之始,

---

① 坼,底本作"折",据广陵本改。
② 垢,底本作"姤",据广陵本及上下文义改。
③ 敛,底本作"殓",据广陵本及上下文义改。

藏于廖廓恍惚之中,其端倪朕兆,微妙若此,自非圣人,孰从而知之哉?载观坤卦之辞,有先迷后得之语,魏公复断章取义以为先后二语,乃造化始终,存亡之绪。盖返乎坤元,则轨道已终,故为失轨;朔旦为复,则阳气又通,而主人将复兴矣,故后为主君。失轨则先迷也,为主则后得也。归坤之妙,有如此者,所以然者,一自然而已。《阴符经》云:自然之道静,故天地万物生;天地之道浸①,故阴阳胜。故无平不陂,无往不复,变易更盛,而消息之相因,终坤始复,而连环之相循。圣人既大明乎终始,而又能时乘以御天,则丹有不成而身有不仙者哉!故曰千秋常存云。

或问:进火退符之说,曰火为神火,予固已知之矣。阴符何物,抑亦有可言者乎?曰:吾闻之仙师七返九还之说,曰七乃火数,九乃金数,以火炼金而成丹,即以神驭炁而成道也。由是观之,作丹之法,始终妙用一火而已。进则谓火,退则谓符。符者,合也。言升降进退,表里符合也。当其运火之时,神炁相守,抱一无离,绵绵若存,一火而已,曷有所谓阴符可用哉?故《契》于姤、于遁、于否、于观、于剥、于坤,曰宾服、曰去位、曰毁伤、曰亡失、曰归元,皆主阳退而言。正如月望之后,阳以渐消,其光自亏,渐消渐减,以至于晦,又乃复苏而为朔,是皆主阳而言,非论阴也。若论阴,则当言进符矣。由是观之,吾身之中,曷有所谓阴符可用者哉?

仙翁此章,语奥旨深,所谓卦律之类,有直指示人者,有借字用意者,有借义用意者,或隐或显,各随其文义之所驱。直指而示者,如朔旦为复、仰以成泰、渐历大壮、姤始纪绪、夬阴以退,与黄钟建子、丑之大吕、午为蕤宾之类也;借字用意者,如临炉施条、乾健盛明、遁世去位、否泰不通、观其权量、剥烂肢体之类也;借义用意者,如辐辏于寅、侠列卯门、洗濯羽翮、中而相干、毁伤姓名、任蓄微稚、亡失至神、应度育种、隔阂相连之类也。此非熟读详味,不能得其意旨,而诸家之注,率多疏略,予故详而论之,读者更宜细玩。

---

① 天地之道浸,广陵本脱"天地之道"四字。

性命根宗章第三十

　　将欲养性,延命却期。审思后末,当虑其先。人所秉躯,体本一无。元精流布,因炁托初。阴阳为度,魂魄所居。阳神日魂,阴神月魄。魂之与魄,互为宅室。性主处内,立置鄞鄂;情主营外,筑完城廓。城廓完全,人物乃安。于斯之时,情合乾坤。乾动而直,炁布精流;坤静而翕,为道舍庐。刚施而退,柔化以滋。九还七返,八归六居。男白女赤,金火相拘。则水定火,五行之初。上善若水,清而无瑕。道之形象,真乙难图。变而分布,各自独居。类如鸡子,黑白相符。纵广一寸,以为始初。四肢五脏,筋骨乃俱。弥历十月,脱出其胞。骨弱可卷,肉滑①若饴。

　　魏公此章,欲人穷取生身之初,以修性命。将者,且然未必之辞。言人将欲养性延命以却死期,当知性命根宗,性何由来,命何由立?《圆觉经》云:一切众生,皆以情欲而正命本。人有此身,却是所禀父母之气而生,浊骨凡胎,会有涯尽而不可久。吾生也有涯,而化也无涯。故炼丹者,以无涯之元气,续有限之形躯,而无涯之元气,乃先天真乙之炁,所谓体本一无者也。然一②,即真乙也;无,即无极也。周子曰:无极之真,二五之精,妙合而凝,而人生焉。所谓无极,即先天真乙之炁,在人为性者也;所谓二五之精,即后天阴阳,精气为物,在人为命者也;二者妙合,而人始生。列子③所谓:有生者,有生生者,生之所生者死矣,而生生者未尝死。盖生者,形也;所以生生者,炁也。故曰:元精流布,因炁托初。知托初之炁,则知性为吾人立命之原,而不可以不养矣。知流布之精,则知命为吾人有涯之生,而非术不延矣。然其所谓性者,乃先天道朴,不落有无,不属指拟。落于形质之中,于是始有阴阳之分。然而阴阳之精,互藏其宅,故阳神日魂,乃藏于阴,阴神月魄,乃藏于阳,

---

① 滑,底本作"骨",据广陵本及前后文义改。
② 一,底本作"乙",据广陵本及前后文义改。
③ 列子,底本及广陵本俱作"庄子",考其所引,实出于《列子·天瑞》中,当为陆氏之误记。

而魂之与魄，互为宅室。互为，即互藏也。庄子云：天地有官，阴阳有藏。非深达造化，不足语此。自其魂为魄之室也，在人则为性而主处乎内；自其魄为魂之宅也，在人则为情而主营乎外。主乎内者，安静虚无，归根而复命也；营乎外者，关键三宝，积精而裕气也。归根复命，则鄞鄂立矣；积精裕气，则城廓完矣；夫其城廓全，而人民安也。然后可以配合乾坤，而行采药之功。且乾之为性，其动也直，动则炁布而精流；坤之为性，其静也翕，静则为道之庐舍。动主敷施，静主滋化，迨夫刚施而退，而柔以承之，则自然和合中宫产至真，而五行四象之炁，一时辐辏而归之鼎中。故九者还，七者返，八者归，六者居。九八七六者，金木水火之数也。六之言居者，北方坎位，乃真铅之本乡，丹常居此，则如北辰不动而众星拱之。然所谓还者、返者、归者、居者，乃自四方之炁而言，约而言之，则九还七返尽之矣。盖九乃金数，七乃火数，金火相拘，乃成丹道。何者？坎男中白，是曰白金，金即水也；离女内赤，是为赤汞，汞即火也。丹法则水定火，常使铢两无差，则金火自是相拘，而返还之道在是矣。然而铅至汞留，水激火灭，其功皆归于水者，盖水为五行之初先，故其用甚大，老子所谓上善若水，盖谓是也。然水之所以为善者，乃取其清而无瑕，稍有查质，则度于后天而不可用。是水也，何水也，而妙用若是？乃先天真乙之炁，互藏于坎位而寄体于西邻者也，即所谓道也①。夫道也，恍惚窈冥，何可图象？及其变而分布也，则一水、二火、三木、四金，各居一方而成五行之气。是五行也，顺而行之，百姓日用之道也；逆而修之，丹道也，仙道也。丹之为象，亦有可言者乎？类如鸡子，黑白相符。纵广一寸，以为始初。一寸者，丹之神室也。四象和合于此中，五行攒簇于此中，故肢藏、筋骨无不完具，如婴儿然。弥历十月，火候数足，脱出其胞，骨弱肉滑，迥异凡体，是乃身外之身，无质之质，体本一无，因炁托初，而成圣体。吕师所谓：九年火候俱经过，忽尔天门顶中破。真人出现大神通，从此天仙可相贺。至是而宇宙在乎手，万化生乎身，性命之理得矣，圣修之能事毕矣，丈夫之志愿遂矣！

---

① 即所谓道也，广陵本脱"即所谓"三字。

二气感化章第三十一

阳燧以取火,非日不生光。方诸非星月,安能得水浆?二气且①悬远,感化尚相通。何况近存身,切在于心胸。阴阳配日月,水火为效征。

此章仙翁指言阴阳二炁感化之理,以明同类之易于相从。《契》所谓:引验见效,校度神明者也。夫日中有火,而欲得火者,则以阳燧取之;月中有水,而欲得水者,则以方诸取之。阳燧、方诸,何物也?玉吾注云:阳燧,木燧也;方诸,阴燧,大蛤也。夫以日月丽天,相去悬远,以物致之,尚可以得其水火之精,是知一气感通,神化若此,何况近存乎身,切在于心者乎?身心二字,最可玩味。紫阳《金丹四百字·序》云:以身心分上下两弦。盖身属坎情,心属汞性,性情相感,自然会合而成还丹。紫阳所谓:阴阳得类归交感,二八相当自合亲者。故阴阳之义,配诸日月,取水、取火以为效征,乃知同类易相亲,事乖不成宝也。仙翁引证见效,可谓深切而著明矣。

关键三宝章第三十二

耳目口三宝,固塞勿发通。真人潜深渊,浮游守规中。旋曲以视听,开阖皆合同。为己之枢辖,动静不竭穷。离炁纳营卫,坎乃不用聪。兑合不以谈,希言顺鸿濛。三者既关键,缓体处空房。委志归虚无,无念以为常。证验自推移,心专不纵横。寝寐神相抱,觉悟候存亡。颜色浸以润,骨节亦坚强。排却众阴邪,然后立正阳。修之不辍休,庶炁云雨行。淫淫若春泽,液液象解冰。从头流达足,究竟复上升。往来洞无极,怫怫被容中。返者道之验,弱者德之柄。耘锄宿污秽,细微得条畅。浊者清之路,昏久则昭明。

此章仙翁备言炼丹入室之密旨,可与上篇御政之首参看。耳目口三宝,固塞勿发通者,入室之际,大用现前,必须六根大定,而后可以采

---
① 且,广陵本作"至"。

炼,故以耳目口三者,尊为三宝。《阴符经》云:九窍之邪,在乎三要,可以动静。所谓三宝,即三要也。是用闭塞管括,勿令发通,庶外者不入,内者不出,真炁收敛,精神翕聚,而可以行此一时半刻之功。然所谓固塞者,又非蠢然之闭塞也,旋曲侦候,有静而能应之道焉。真人潜深渊,浮游守规中,何谓真人?即真乙之炁也。《契》云:真人至妙,若有若无。仿佛大渊,乍沉乍浮。所谓大渊,即深渊也。今夫真乙之炁,沉潜沦匿于重阴深昧之地,视之不可见,听之不可闻,搏之不可得,然却有动机,故当守其浮游于规中。浮游者,爻动之时,浮游之炁也;规中者,造化之窟,真炁所产之处也;所谓守者,至诚专密,旋曲而视听之也。旋曲视听,则见气机之动,一开一阖,与吾之真机皆相合同,合同则欢忻交通、感应相与,而相亲相恋之妙,不言可知矣。不惟合同,又且为己之枢辖。所谓己者,己土也。己土猖獗,得此戊土以为枢辖,然后动有可求,静有可养,而吾之动静庶不至于竭穷。凡吾所以关键三宝者,欲得戊土以为枢辖也。故收视于目,则离炁内营矣;返听于耳,则坎不用聪矣;兑合不谈,则鸿濛施化而吾以希言顺之矣。夫惟三者,善于关键,然后缓体以处空房。缓体者,优柔和中,将有所俟也;处于空房,言入室也。委志归虚无,无念以为常者,得丹之后,当情境①俱忘,人法双遣,不可沉着于有为事相之中,所谓一念不起,万缘皆空。以此为常,功深力到,则证验推移,立竿见影矣。然所谓无念者,非顽空断灭之谓也,乃无杂念之谓也。心专不纵横,则无杂念矣。以心专不纵横言之,寝寐而神气相抱,觉悟而候其存亡,则心专矣。若夫证验推移,则颜色浸润,骨节坚强,以下云云,是其证也。排却众阴邪,然后立正阳者,炼去己私,然后得药归鼎,归鼎之后,朝屯暮蒙,修之不辍,则和气充溢,周匝一身,蒸蒸然如山云之腾太虚,霏霏然似膏雨之遍原野,淫淫然若春水之满四泽,液液然如河冰②之将欲释,往来上下,百脉冲融,畅于四肢,被于容中,拍拍满怀都是春,而状如微醉也。《入药镜》云:先天炁,后天气,得之者,浑似醉。又以其验而言,则反者为道之验。何谓之反?反者,复也。

---

① 境,底本作"竟",据广陵本改。
② 冰,底本作"水",据广陵本改。

张子曰：生而后有气质之性，善反之，则天地之性存焉。夫人有此性，落于形质之中，六尘缘影，依幻而生，诱而忘返。今也，克己功深，尽忘我相，则气质消融，查滓浑化，所谓无生之生，真性湛然，而道其在是矣，故曰反者道之验。至于大用现前，则应务之顷，又当以弱为柄，老子所谓：曰慈、曰俭、曰不敢为天下先。又曰：知其雄，守其雌，为天下谿；知其荣，守其辱，为天下谷。又曰：不敢进寸而退尺。皆濡弱之谓也。其曰：复归于朴、复归于婴儿、复归于无极。即善反之谓也。夫善反，则鼎新革故而宿秽耘耡矣；濡弱不争，则太和充溢而细微调畅矣。宿秽降①，细微畅，则宜乎不浊，其又有时而浊者，非真浊也。得炁之后，百脉归源，如上篇所谓气索命将绝，体②死亡魄魂者。故混混沌沌，莫知其然，久则昭明，而这回大死今方活也，老子云：孰能浊以静之徐清。意盖如此。自颜色浸③润以下，皆以申明证验推移，自非仙翁真造实诣，乌能形容如此之亲切而有味哉！

旁门无功章第三十三

世人好小术，不审道浅深。弃正从邪径，欲速阏不通。犹盲不任杖，聋者听宫商。没水捕鸡兔，登山索鱼龙。植麦欲获黍，运规以求方。竭力劳精神，终年不见功。欲知服食法，事约而不繁。（阏，音遏。）

仙翁铺叙大道二炁感化之理，引验见效，历如指掌。重悯世人偏好小术，不审浅深，不辨邪正，不求同类，妄意作为，迄无成效。殊不知服食之法，至易至简，一涉烦难，则非大道。学者诚能办深信心，具智慧眼，于此《参同》千周万遍，又何浅深之不明，而邪正之不我辨哉？

珠华倡和章第三十四

太阳流珠，常欲去人。卒得金华，转而相因。化为白液，凝而至坚。

---

① 降，广陵本作"除"，据上下文义，当依"除"为确。
② 体，广陵本作"休"，据陆注上篇，当作"休"为宜。
③ 浸，底本作"寝"，据广陵本及上下文义改。

金华先倡,有顷之间。解化为水,马齿阑干。阳乃往和,情性自然。迫促时阴,拘蓄禁门。慈母养育,孝子报恩。遂相衔咽,咀嚼相吞。严父施令,教敕子孙。(原本有遂相衔咽,咀嚼相吞二句,在报恩之下,紫阳窜入别章,今当返此。)

　　此章仙翁指示真铅伏汞,乃阴阳情性之自然。太阳流珠,离宫之真汞也。此汞在人,飞走不定,故常欲去人。《灵源大道歌》云:此物何尝有定位,随时变化因心意。在体感热则为汗,在鼻感风则为涕。在肾感合则为精,在眼感悲则为泪。八门九窍,无往而非灵汞游走之处,凡人之所以有老病死苦者,流珠去人之故也。卒得金华,转而相因,则化为白液,而凝为坚固不坏之宝,何者?金华者,金之精华,水金是也。水中之金,号曰真铅。今夫金华先倡于爻动之时,不过一烝而已,有顷之间,则化而为水,既乃凝结,而成丹砂。古歌云:好丹砂,白马牙。故色如马齿,状若阑干,所谓化为白液,凝而至坚者,意盖如此。然非真有此物也,不过设喻以明黄芽初就之象耳。然阳本主倡,而今曰往和者,何也?阳者,乾也,男也。他为主,则主倡;以我为宾,故主和。情性自然者,情来归性,一交感,自然之道静,故万物生。静者,时之阴也。静极则动,而一阳来复矣。法当促之、迫之于静极之时,然后动机可得。何谓促迫?巽风常向坎中吹,即促迫之意也。及乎得药归鼎,则拘之、蓄之于禁密之门。禁门者,环匝关闭,守御密固,如万乘之主,处九重之室也。何谓慈母育养,孝子报恩,严父施令,教敕子孙?先天乾金,寄体于坤母之中,实而成坎,赖此慈母养之、育之,唤来归舍,反伏己汞,由是衔咽相吞,有反哺之义焉,是犹慈母养育,而孝子报恩也;及乎得药归鼎,日运神火以温养之,丹得火化,日滋月长,以底于成,是犹严父施令,教敕子孙也。然此子孙者,即报恩之子孙,夫惟母以养之,父以教之,然后人道成,家道正,丹道之妙亦犹是也。仙翁引喻设譬,其旨深哉!

五行逆克章第三十五

　　五行错王,相据以生。火性销金,金伐木荣。三五与一,天地至精。可以口诀,难以书传。

此章仙翁言丹道五行，皆以逆克而成妙用。五行错王者，无极之先，混元一炁而已。分为阴阳，则一变一合，而生水、火、木、金、土。此五行者，质具于地，气行于天。以其气而语其行之序，则木王于东，火王于南，金王于西，水王于北，各以四时之序而相错以王。然而五行之气，互有生克，故相对则相克，相据则相生。据，依凭也。玉吾本作梋①，有载据勾连之义焉。今夫水能克火，而水之子反能生火；金能克木，而金之子反能生木。是皆相连相据，藏至恩于至怨之中。使生而不克，则生者有余；克而不生，则克者不足。皆非造化之妙也。丹法以汞求铅，是以火销金也；得药归鼎，是以金伐木也。火销金，则宜金受其克矣，而金反和融；金伐木，则宜木受其伤矣，而木反荣盛。则何故哉？盖以五行之气本一炁也，以其相对而言，似曰相克；以其合一而言，则实相成。故一分为五，则相克相生，乃常道也；五合为一，则相亲相恋，乃丹道也。《悟真篇》云：三五一都三个字，古今明者实然稀。东三南二同成五，北一西方四共之。戊己自居生数五，三家相见结婴儿。三家相见，则三五归一，和合中宫产至真，而天地之至精孕于此矣。如斯之秘，以口诀之，恐尚失之于赘；以书传之，则执象泥文者抑又多矣。

龙虎主客章第三十六

子当右转，午乃东旋。卯酉界隔，主客二名。龙呼于虎，虎吸龙精。两相饮食，俱相贪并。遂相衔咽，咀嚼相吞。（此二句在孝子报恩之下，朱紫阳定之在此。今以章法而论，则紫阳之定亦未为当，还之本处可也。）荧惑守西，太白经天，杀气所临，何有不倾？狸犬守鼠，鸟雀畏鹯，各得其性，何敢有声？

此章仙翁正方位、定主客，以明丹法，亦承上文三五与一之义而言。盖天地之有子午卯酉，即水火金木四正之炁也。子午者，阴阳之首也；卯酉者，阴阳之界也。故子当右转，则金公寄体于西邻，而虎向水生矣；午乃东旋，则离火藏锋于卯木，而龙从火出矣。故夫子午旋转，卯酉界

---

① 梋，广陵本作"据"。

隔,水火之精,互藏其宅。大要主客二名,丹家之最所当辨者也。故作丹之际,饶他为主,我反为宾,龙呼于虎,则以汞而求铅;虎吸龙精,乃以铅而投汞,二炁交感混合,自然相饮相食、相并相吞而成还丹。所谓火性销金,金伐木荣,是皆转杀机而逆用之。拟之天象,则如荧惑守西,太白经天,杀气所临,何有不倾者乎？拟之物类,则如狸犬守鼠,鸟雀畏鹯,各得其性,何敢有声者乎？荧惑、太白者,天之金、火二星。火入金乡,则为荧惑守西;金来伐木,是谓太白经天。凡杀气所临之处,则伐无不克,丹法之妙,亦犹是也。狸犬二句,又言铅汞相伏之性。

不得其理章第三十七

不得其理,难以妄言。竭殚家产,妻子饥贫。自古及今,好者亿人。讫不谐遇,希有能成。广求名药,与道乖殊。如审遭逢,睹其端绪。以类相况,揆物始终①。

此结上文。如上所言阴阳五行之理,在人须当洞晓深达,睹其端诸,揆其终始,以相比况。不得其理而言之,则自取僭妄;不得其理而为之,则立见饥贫。凡从古及今,好之者多,成之者寡。非道之难成也,不明造化,不审遭逢,不知同类之易为功,而以非种施巧耳。仙翁每于章末言之,其悲悯后生之意,亦至哉②！

父母滋禀章第三十八

五行相克,更为父母。母含滋液,父主禀与。凝精流形,金石不朽。审专不泄,得成正道。

前章以五行逆克而分主客,此又以五行逆克而分父母,皆所以发丹道未尽之蕴。盖阴阳男女之道,施者为父,受者为母,故母含滋液以统化,父主禀与而播施。作丹之法,金受火销,火炎水沸,是木火主施,而

---

① 始终,广陵本作"终始"。
② 亦至哉,广陵本作"亦至矣哉"。

金水主受也；得药归鼎，金来伐木，水来灭火，是金水主施，而木火主受也。受则为母，施则为父。前则迭为主客，此则更为父母，皆非常道。如此盗机逆用，而成还丹，则凝神成躯，而万劫不坏矣，故曰：凝精流形，金石不朽。凝精之道何如？其要在于审专不泄而已。审专者，至诚专一，宁其神也；不泄者，管括微密，固其宝也。正道不过阴阳得类，盗机逆用而已，岂有他术？审能修之，其效可立而见也。故下文遂言其效。

药物至灵章第三十九

立竿见影，呼谷传响。岂不灵哉，天地至象。若以野葛一寸，巴豆一两，入喉辄僵，不得俯仰，当此之时，虽周文揲蓍，孔子占象，扁鹊操针，巫咸扣鼓，安能令苏，复起驰走？

夫立竿见影，呼谷传响，影自何来？响自何出？立竿呼谷，为之自我虚无之中，自成影响。丹法无中生有，虚里造实，亦复如是。丹成之易有如此者，得而服之，则长生久视，轻举远游，理之自然，无足怪异。试以野葛一寸，巴豆一两，与人服之，则入喉辄僵，圣哲不能复苏。今人皆知世有死人之药，而于长生大药，漫不加信，一何昧哉！

天元配合章第四十

河上姹女，灵而最神。得火则飞，不见埃尘。鬼隐龙匿，莫知所存。将欲制之，黄芽为根。物无阴阳，违天背元。牝鸡自卵，其雏不全。夫何故乎？配合未连。三五不交，刚柔离分。施化之道，天地自然。犹火动而炎上，水流而润下。非有师导，使其然者。资使统政，不可复改。观夫雄雌，交媾之时，刚柔相结，而不可解。得其节符，非有工巧，以制御之。若男生而伏，女偃其躯。禀乎胞胎，受炁元初。非徒生时，著而见之。及其死也，亦复效之。此非父母，教令其然。本在交媾，定制始先。（偃，当作仰。①）

①"偃，当作仰。"此四字底本无，据广陵本补。

此章仙翁极论阴阳配合自然之道,以明铅汞相制之理。河上姹女八句,与前太阳流珠意同。河上姹女者,离宫之灵汞也。午分三河,故曰河上。何谓黄芽?黄者,中黄之炁;芽者,爻动之萌,即真铅也。今夫真铅制汞,乃阴阳自然之道,故物无阴阳,则违天背原矣。牝鸡自卵,则其雏不全矣。何者?阴阳失类而配合未连,三五不交而刚柔离分也。且夫阳施阴化,天地自然,犹之火动而上炎,水流而下润,非有师导使其然者。用是而知天地之道,资始统政,不可复改,故天不变则道不变,道不变则丹亦不变。圣人知自然之不可改也,因而制之。观夫结丹之际,玄黄交媾,二炁纽结,而不可解者,得其节符,非有工巧以制御之,一自然而已矣。是道也,顺之则人也,逆之则丹也,奚以异哉?学者于此,苟能洞晓而深达之,则知一阴一阳之谓道,而可以破独修一物之愚矣。

日月含吐章第四十一

坎男为月,离女为日。日以施德,月以舒光。月受日化,体不亏伤。阳失其契,阴侵其明。晦朔薄蚀,掩冒相倾。阳消其形,阴凌灾生。男女相须,含吐以滋。雄雌错杂,以类相求。金化为水,水性周章;火化为土,水不得行。男动外施,女静内藏。溢度过节,为女所拘。魄以钤魂,不得淫奢。不寒不暑,进退合时。各得其和,俱吐证符。

此章仙翁法象日月,义取含吐,以准丹法。坎为男为月,离为女为日,此易象也。丹术著明,莫大乎日月。即举日月而论,日施阳德,月借日光,月受日化而有晦朔弦望之分。然亏而复盈,绝而复苏,终不至于亏伤,阴含阳精,阴得阳助故也。故丹法移太阳于月明,专以借光为义。盖自晦朔之间,合符行中,此时自有符契可以造丹,苟或不能乘时盗机,致阳失其契合之符,则金嫌望远,药度后天,渐消渐减,屈折下降,以至阴侵其明,而受统于巽,掩冒相倾而薄蚀于朔,阴凌生灾而丧明于坤,如此阴盛阳消,岂丹道耶?故夫人道之所以有生有死者,凡以阳失其契故也;丹体之所以常灵常存者,凡以月受日化故也。丹道不过日月交光,阴阳得类而已。故男女相须,而一施一受,即日月之含吐也;雄雌错杂,而以类相求,即阴阳之得类也。知相须,则知顺而成人,逆而成丹矣;知以类,则知孤阴不生,独阳不成矣。且以丹法而言,作丹之际,以火销金,金化为水,化则和融而周章,所赖以制之者,得无土乎?离宫己土,自火而化,用此意土,克水求丹,水受土制,乃不妄行,而自来归性。此丹法也。故坎水为男,动而外驰;离火为女,静而内藏。含而吐之,以滋造化。溢度过节,而为女所拘,是水受土制而性不周章也;魄以钤魂,而不得淫奢,是为女所拘而俱死归土也。由是运以符火,准以卦爻,不寒不暑,而进退之合时,则各得其和,而证符之俱吐矣。药生曰符,药成曰证,皆自和气而生。《契》云:和则随从,路平不邪。广成子之告黄帝云:吾守其一,以处其和。今夫仙翁法象日月,平调水火,而以和之一字终之,渊乎微哉!

四象归土章第四十二

丹砂木精,得金乃并。金水合处,木火为侣。四者浑沌,列为龙虎。龙阳数奇,虎阴数偶。肝青为父,肺白为母。心为赤女,脾黄为祖。肾黑为子,子五行始。三物一家,都归戊己。

此章言四象不离二体,五行全入中央。丹砂木精,得金乃并者,砂中有汞,汞从东转,乃木之精,得金制之,则相吞相并而成还丹。《契》云:太阳流珠,常欲去人。卒得金华,转而相因是也。今夫丹家四象,金、木、水、火而已。金能生水,水中产金,是金水合处也;木能生火,砂中含汞,是木火为侣也。谓之合处,则一而不分;为侣,则有彼此附丽之义焉。丹经下字,义意精密,大率类此。凡此四者,皆自混元一炁而分,故合之则浑浑沌沌,谓之先天无极之真;分之则列为龙虎,谓之二八初弦之炁。其实一而已矣。故龙从火出,位于东方,木数得三,是龙阳数奇也;虎向水生,居于酉位,金数得四,是虎阴数偶也。凡此龙虎奇偶象数,则然执而泥之,终成疣赘。其又配之后天,木炁在肝,其色青,其人父;金炁在肺,其色白,其人母;火炁在心,其色赤,其人女;土炁在脾,其色黄,其人祖;水炁在肾,其色黑,其人子。肝肺所以为父母者,以其能生水火也；脾黄所以为祖者，以其能生金木①也。其以生出之序言之，天一生水，则子水又为五行之初先，以是四者合处共侣，混而一之，同归戊己之宫，则三物一家矣。一家则和合中宫产至真，而丹体就矣。上篇云：青白赤黑，各居一方。皆禀中宫，戊己之功。意盖类此。

阴阳反覆章第四十三

刚柔迭兴，更历分部。龙西虎东，建纬卯酉。刑德并会，相见欢喜。刑主杀伏，德主生起。二月榆死，魁临于卯。八月麦生，天罡据酉。子南午北，互为纲纪。一九之数，终而复始。含元虚危，播精于子。

此章仙翁备言丹法颠倒互换之妙。盖金丹逆用，自与常道不同。故语成质，则乾刚坤柔，理之常也；取互藏之精，则刚中用柔，柔中用刚，而刚柔迭兴矣。语分部，则龙东虎西，理之常也；论合丹，则龙往于西，虎来居东，而迭更分部矣；语建纬，则卯东酉西，理之常也；论交媾，则以汞求铅，以金伐木，刑德并会而相见欢喜矣；语生杀，则刑主杀伏，德主生起，理之常也；论并会，则生中有杀，杀中有生，二月榆死，而八月麦生矣；语月将，则天罡在辰，河魁在戌，理之常也；论拱合，则八月而天罡据酉，二月而河魁临卯矣；语定位，则子南午北，理之常也；论交泰，则北斗面南观，而子南午北，互为纲纪矣。是皆东入西邻，西归东舍，女居男位，坎在离乡，如此颠倒反覆，更易互换，迥异常道，所谓掀翻斗柄，逆转璇玑，非止一端。仙翁备而言之，不过欲人洞晓深达，远求近取，求以得夫先天真乙之炁而已。且夫真乙之炁，一变而为水，二变而为火，三变而为木，四变而为金。一为水数，九为金数，即此金水互相含育，遍历诸辰，循环卦节，莫非此炁之妙用，故一九之数，终而复始。其交会之际，则含元于虚危。虚危者，天地亥子之间②，日月合璧，龟蛇蟠结之所也。所谓贞元之会，亥子之交，冬至之半，正在于此，少焉时至机动，则忽然夜半一声雷，万户千门次第开，而雄阳播施矣，故曰播精于子。上章所

---

① 金木，广陵本作"金母"。
② 间，广陵本作"次"。

谓子五行始，意盖如此。一九以下四句，乃丹经之肯綮，天机閟密，尽泄于此，读者宜深味之。

牝牡相须章第四十四

关关雎鸠，在河之洲。窈窕淑女，君子好逑。雄不独处，雌不孤居。玄武龟蛇，蟠虬相扶。以明牝牡，竟当相须。假使二女共室，颜色甚姝，苏秦通言，张仪合媒，发辨利舌，奋舒美辞，推心调谐，合为夫妻，弊发腐齿，终不相知。若药物非种，名类不同。分剂参差，失其纲纪。虽黄帝临炉，太乙执火，八公捣炼，淮南调合，立宇崇坛，玉为阶陛，麟脯凤腊，把籍长跪，祷祝神祇，请哀诸鬼，沐浴斋戒，妄有所冀。亦犹和胶补釜，以硇涂疮，去冷加冰，除热用汤，飞龟舞蛇，愈见乖张。

此章引《诗》以明同类相从之意。盖金丹之道，不过一阴一阳，盗机逆用而已。孤阴不生，独阳不成，观之人物，莫不皆然。世人不能洞晓阴阳，深达造化，执着清净无为之道，谓彼身中阴阳，人人有之，吾不知何者而后谓之孤独也？故仙翁《参同》之作，发明牝牡相求之理，日月交光之义，反覆晓譬，言言一旨，至引《关雎》之诗，直指明示，学者须当深味。淑女、君子，以圣配圣，若徒狃于日用之凡情，而妄有作为，则失好逑之义，而非金丹之旨矣。

《周易参同契测疏》下篇

东汉魏伯阳真人 著

淮海陆西星潜虚 测疏

新安汪启濩东亭 辑

粤东许启邦杰卿 评点

韩景垚 校刊

继往开来章第四十五

惟昔圣贤，怀玄抱真。伏炼九鼎，化迹隐沦。含精养神，通德三元。

精溢腠理，筋骨致坚。众邪辟除，正气长存。累积长久，变形而仙。忧悯后生，好道之伦。随傍风采，指画古文。著为图籍，开示后昆。露见枝条，隐藏本根。托号诸名，覆谬众文。学者得之，韫椟终身。子继父业，孙踵祖先。传世迷惑，竟无见闻。遂使宦者不仕，农夫失耘，商人弃货，志士家贫。吾甚伤之，定录此文。字约易思，事省不烦。披列其条，核实可观。分两有数，因而相循。故为乱辞，孔窍其门。智者审思，以意参焉。

此章仙翁自叙启后之意。先以古之至人，修炼成仙之事而言。夫丹列三元，仙分九品。三元者，天元、地元、人元之谓也。天元者，谓之神丹。神丹者，神室之中，无质生质，伏炼九鼎而成神符，朱子所谓：刀圭一入口，白昼生羽翰。乃高圣上真①，神化莫测之事也。人元者，谓之大丹。大丹者，阴阳得类，盗机逆用，含精养神，铢积寸累，十月胎圆，婴儿显相，乃志土大贤，返还归复之道也。地元者，谓之灵丹。灵丹则炉火点化之事，其法可以助道而不可以轻身。三元之道，其理一致，至于化迹变形，则天元、人元之道，此其选也。古之圣贤，既以此道自成其身，又不忍于独善，忧悯后生，好道之伦，不遇真师，无从印可，于是随傍风采，指画古文，如《龙虎》、《阴符》之类，著为图籍，开示后昆，续往圣之心灯，作将来之道眼。然又不敢直泄，故露枝藏本，托号变文，以寓其意。奈何传世既久，迷惑转深，以盲引盲，同落坑堑，遂使四民失业，志士家贫。仙翁又重伤之，故作此书以为定录。又恐天机轻泄，模仿古人，托号变文之意，故为乱辞，孔窍其门，智者诚能精思熟究，而以意参焉，则可以得其旨趣之攸归，而窥见大道之堂奥矣。

丹法全旨章第四十六

法象莫大乎天地兮，玄沟数万里。河鼓临星纪兮，人民俱惊骇。晷影妄前却兮，九年被凶咎。皇上览视之兮，王者退自后。关键有低昂兮，害炁遂奔走。江河无枯竭兮，水流注于海。天地之雄雌兮，徘徊子

---

① 上真，广陵本作"妙真"。

与午。寅申阴阳祖兮,出入终复始。循斗而招摇兮,执衡定元纪。升熬于甑山兮,炎火张于下。白虎唱导前兮,苍龙和于后。朱雀翱翔戏兮,飞扬色五彩。遭遇罗网施兮,压止不得举。嗷嗷声甚悲兮,婴儿之慕母。颠倒就汤镬兮,摧折伤毛羽。漏刻未过半兮,龙鳞甲鬣起。五色象炫耀兮,变化无常主。潏潏鼎沸驰兮,暴涌不休止。接连重叠累兮,犬牙相错拒。形如仲冬冰兮,阑干吐钟乳。崔巍以杂厕兮,交积相支拄。阴阳得其配兮,淡泊自相守。青龙处房六兮,春华震东卯。白虎在昴七兮,秋芒兑西酉。朱雀在张二兮,正阳离南午。三者俱来朝兮,家属为亲侣。本之但二物兮,末乃为三五。三五并为①一兮,都集归一所。治之如上科兮,日数亦取甫。先白而后黄兮,赤色通表里。名曰第一鼎兮,食如大黍米。自然之所为兮,非有邪伪道。若山泽气蒸兮,兴云而为雨。泥竭遂成尘兮,火灭化为土。若檗染为黄兮,似蓝成绿组。皮革煮为胶兮,曲蘖化为酒。同类易施工兮,非种难为巧。惟斯之妙术兮,审谛不诳语。传于亿世后兮,昭然而可考。焕若星经汉兮,昺如水宗海。思之务令熟兮,反复视上下。千周灿彬彬兮,万遍将可睹。神明或告人兮,心灵忽自悟。探端索其绪兮,必得其门户。天道无适莫兮,常传与贤者。

　　此章仙翁备言金丹法象,始终条理,错落可观,盖以总括一经之全旨,乃所谓《小参同》一部是也。法象莫大乎天地者,金丹之道,法天象地,其以天象而言,则自尾箕之间,以至柳星之分,有玄沟焉,南北斜横,界断天盘,吾不知其几千万里也,世人谓之天汉,观其低昂以分寒暑。人亦有之,任督二脉是也。人能通此二脉,则真炁升降,上下灌注,百脉流通,而无有乎壅滞之患矣。河鼓临星纪兮,人民俱惊骇,河鼓者,河边星名,位在牛斗之间;星纪者,天盘之丑位也。盖河鼓临于星纪,乃丹家采药行火之候,于时造化争驰,虎龙交媾,一身之中,神兵百万,当自惊骇。若夫得药归鼎,养以符火,准以卦爻,不得毫发差殊,安其进退,否则晷影诊离,群异旁出,而九转之功亏矣。九年,即九转也;前却,即进

---

① 为,广陵本作"危"。

退也。皇上览视之兮,王者退自后,何谓皇上？神火是也；何谓王者？真人是也。览视之者,旋曲周遭之意。今夫作丹之法,宾迎主入,罢功守城,专赖绛宫神火周遭包固,以养鄞鄂,犹皇上日日览视万机,而王者养蒙毓德,优闲退处于邃密之宫。丹道、君道,通一无二。关键有低昂兮,害炁遂奔走者,运火之法,前短后长,各随①关键之低昂以为升降。若乃火候失调,一害其炁,则丹遂奔溃而走。何者？丹者,和炁之所成。害其炁,是失其和也。于此防危虑险,可不慎乎？江河无枯竭兮,水流注于海者,江河以气脉而言,海以宗源而言。言江河之所以无枯竭者,以水有宗源,流注于海故也。丹法运火之际,绵绵不绝,气归元海,徘徊子午,循关键之低昂；出入寅申,随阴阳之终始。又何火力之不调而害炁奔走之足患哉？循斗而招摇兮,执衡定元纪,元纪者,元辰之十二纪也。天以斗柄斟酌元炁,而十二辰次由之以分,故斗有七星：一曰枢,二曰璇,三曰玑,四曰权,五曰衡,六曰开阳,七曰摇光。自一至四为魁,自五至七为杓。执衡招摇者,执其杓而转之也。执其杓而转之,则十二元辰,各随所指,而建此天之大枢纽也。人亦有之,故运火之妙,存乎一心。《悟真篇》云：潜藏飞跃总由心。意盖如此。升虎熬于甑山兮,炎火张于下,何谓甑山？昆仑是也。熬即白虎熬枢之熬,言采药之际,升虎熬于甑山者,以炎火张于下也。炎火者,武火也。今夫铅为火煅,逼出金华,渝然而蒸,升炁于顶,峰回路转,降入中宫,则白虎导于前,而苍龙和于后矣。一唱一和,虎啸龙吟,铅为汞留,汞因铅伏。汞性飞扬,类朱雀之翔舞；铅能伏汞,喻罗网之施张。始则嗷嗷声悲,既乃羽毛摧折,其以一时半刻之候而言,震来受符,龙鳞奋起,金华炫耀,五色无常。漓漓鼎驰兮,上河车而逆转；接连重叠兮,同错拒之犬牙。渐采渐结,先液后凝,钟乳阑干,交积支拄。丹之成象,尽露斯言,是皆阴阳得类而成。欲养圣胎,无过淡泊。淡泊者委志归虚无,而无念以为常也；相守者,载营魄,抱一而无离也。且金丹之道,不过三五之炁,混合归一而已。以五行而言,房宿六度,青龙居之,于时为春,于卦为震,于位为东,于辰

---

① 随,底本作"殊",据广陵本及上下之文义改。

为卯；昴宿七度，白虎居之，于时为秋，于卦为兑，于位为西，于辰为酉；张宿二度，朱雀居之，于时为正阳，于卦为离，于位为南，于辰为午。本之则水火二物，分布则各为三五。故三者来朝，并与危一，集归一所，凝结而成还丹。一所者，还丹凝结之处；危一者，真铅所产之乡也。治丹之法，如上所科，无余法矣。若夫进火工夫，则日数亦复取是，要皆起绪于虚危，然后朝屯暮蒙，以足周天之数。且丹在身中，有何色相？以其得五行之炁而言，则先液为白，归土成黄，火包内外，赤通表里，名之第一之鼎，而无等无伦，食如黍米之珠，而至微至细。经云：元始有一宝殊，悬于虚空，大如黍米。盖是物也。是物也，何物也，而妙用若是？一自然所为兮，非有邪伪道也。以自然之道言之，若山泽气蒸兮，兴云而为雨也；若泥竭遂成尘兮，火灭化为土也；若蘖染为黄兮，似蓝成绿祖也；皮革煮为胶兮，曲蘖化为酒也。请细论之：夫炎火下张，升熬甑山，即山泽之蒸气也；化为玉浆，降下重楼，滋液润泽，和通表里，即兴云为雨；而洗濯乾坤，皆成明润也。故蒸气则白云朝于顶上，化雨则甘露洒于须弥。及乎铅为火煅，日以渐抽，化为窗尘，片片飞浮而去，是泥竭而成尘；汞为铅擒，死归厚土，烟消烬灭，冷于寒灰，是火灭化为土也。仙翁旁引曲证，至为精密。又恐学者不得宗旨，泥于自然之说，兀坐蒲团以为功课，复结之云：凡吾所谓自然者，以同类为功，而不以非种施巧也。非种则为邪伪，而非阴阳自然之道矣。既复叮咛数语，言如斯之妙术兮，审谛不狂语，言吾所谓是实语者，不异语者，故传之亿世，昭然可考，焕若星之经汉而经纬有章，晜如水之宗海而源流共一。学人于此果能千周万遍，熟究精研，精诚所通，或有神明告于梦寐之间，心灵悟于恍惚之顷。又况天道无亲，常与善人，安肯靳而不传以绝道脉？顾在我之贤否如何、精诚之禽聚如何？学人更当勉于修德，以为凝道之基，决不可谓遭际之难偶，至遭之难闻，而自生懈退也。

鼎器歌第四十七

夫鼎立悬胎，炉安偃月，假名立号，在人得意忘言。执象泥文，徒尔按图索骥，在古仙垂鼎鼎无鼎之训，似若可凭；而《阴符》著爰有奇器之文,岂终无说?乃至仙翁此歌,剂量尺寸,较定短长,认为炉火则文义不蒙,求之身心则支纽难合,然诸家注疏亦涉朦胧,非以名不可名,象而罔象,今为臆说,大义粗陈,或不悖于圣师,兼以就正于有道云耳。

圆三五,径一分。口四八,两寸唇。长尺二,厚薄匀。腹齐三,坐垂温。阴在上,阳下奔。首尾武,中间文。始七十,终三旬,二百六,善调匀。阴火白,黄芽铅。两七聚,辅翼人。赡理脑,定升玄。子处中,得安存。来去游,不出门。渐成大,性情纯。却归一,还本元。善爱敬,如君臣。至一周,甚辛勤。密防护,莫迷昏。途路远,极幽玄。若达此,会乾坤。刀圭霭,净魄魂。得长生,居仙村。乐道者,寻其根。审五行,定铢分。谛思之,不须论。深藏守,莫传文。**御白鹤兮驾龙鳞,游太虚兮谒仙君,受图箓兮号真人。**(径,诸本作寸,准玉吾作径。)

圆三五,径一分,言鼎也,谓以五寸为度而规圆之,径得三分之一,是为阳鼎;口四八,两寸唇,言炉也,谓口分四寸八分,而又有两寸之唇以环口外,是谓阴炉。盖鼎在炉中,炉包鼎外,三五与一,阳之数也;四八与两,阴之数也;有围有径,奇之象也;有口有唇,偶之象也。阴阳奇偶,尽露斯言,学人以意参之,可以得之象数之外矣。长尺二,厚薄匀,匀者,药物匀平,二八相当无偏胜也;尺二者,十有二月,卦气循环无差纽也;腹脐三者,腹脐之下三分;匀,停,定其居也;坐垂温者,默坐垂帘,以观阳复,候其气也;阴在上,阳下奔者,采药之时,地天交泰而阴中之阳奔于下也;首尾武,中间文者,炼己、养丹,皆属之武,而中间一符属之文也;始七十,终三旬,二百六,善调匀者,调停火候托阴阳,而卦气周天,功圆数足也;阴火者,白也;黄芽者,铅也。白乃白雪之号,铅乃金华之称。两七聚,辅翼人者,龙东虎西,各居七宿,同聚中宫,辅翼人道以成仙道也;赡理脑,定升玄者,脑居上田,为诸髓之海,脑实而诸髓皆实也。《黄庭经》云:子欲不死修昆仑。意盖如此。子处中,得安存者,子者,子丹,婴儿是也。身中有宝,然后安乐而长存,然脱胎之后,又当时时顾諟,不可纵其远游,及乎渐成大而情性纯矣。于是抱元守一,而行三年九载之功。善爱敬,如君臣,尊之至也;至一周,甚辛勤,谨防护,莫迷昏,慎之至也。是道也,路极遥远,不可一蹴而至,理极幽玄,不可常情而测。若能达此，则宇宙可以在手，万化可以生身，而乾坤之理于我而得之矣。刀圭霑，净魄魂者，还丹入口，而阴气为之消铄也；得长生，居仙村者，心远地偏，而人境与之俱胜也。夫乐道者，寻大道之根宗，审五行之顺逆，定药物之铢分，则此《歌》尽之矣。谛而思之，不须阐之以辞；深而藏之，不必传之以文可也。迨夫功成道备，身外有身，则驾鹤骖龙，而神游乎寥廓之表；膺箓受图，而天锡以真人之号。是谓圣修之极功，而丈夫之能事毕矣。仙翁篇末而以是终之，其歆动学人之意，亦深切矣哉！

序第四十八章

《参同契》者，敷陈梗概。不能纯一，泛滥而说。纤微未备，阔略仿佛。今更撰录，补塞遗脱。润色幽深，钩援相逮。旨意等齐，所趣不悖。故复作此，命《三相类》，则大易之情性尽矣。大易情性，各如其度。黄老用究，较而可御。炉火之事，真有所据。三道由一，俱出径路。枝茎华叶，果实垂布。正在根株，不失其素。诚心所言，审而不误。邻国鄙夫，幽谷朽生。挟怀朴素，不乐权荣。栖迟僻陋，忽略利名。执守恬淡，希时安平。宴然闲居，乃撰斯文。歌叙大易，三圣遗言。察其所趣，一统共伦。务在顺理，宣耀精神。神化流通，四海和平。表以为历，万世可循。序以御政，行之不繁。引内养性，黄老自然。含德之厚，归根返元。近在我心，不离己身。抱一无舍，可以长存。配以服食，雄雌设陈。挺除武都，八石弃捐。审用成物，世俗所珍。罗列三条，枝茎相连。同出异名，皆由一门。非徒累句，谐偶斯文。殆有其真，砾硌可观。使予敷伪，却被赘愆。命《参同契》，微览其端。辞寡意大，后嗣宜遵。委时去害，依托丘山。循游寥廓，与鬼为邻。化形为仙，沦寂无声。百世一下，遨游人间。敷陈羽翮，东西南倾。汤遭阨际，水旱隔并。柯叶萎黄，失其华荣。各相乘负，安稳长生。

序者，《鼎器歌》之序也，亦仙翁所自作，下章赞序则后人为之。言己所作《参同契》者，敷陈其概而已，未尝成片诀破，又或泛滥而说，未能悉备纤微。如此阔略仿佛，恐未足以尽大道之精蕴；故复撰此《鼎器》之歌，补塞词旨之遗脱，润色道理之幽深，勾援相连，旨意等齐，所趣不悖，命之《三相类》，则大《易》之情性尽矣（《三相类》乃依玉吾本，其义颇胜，故从之。）。何谓三相类？言黄老、炉火、大易之道，三相类也。今夫《契》之所言，皆黄老性命之学，未尝一及炉火；而此言及之者，正所以补塞遗脱也。况《歌》中首言尺寸、厚薄、长短之规，皆自吾身中悬胎、偃月之数而裁定之，已为外炉法象之张本矣。古之至人，通德三元，故能得一以贯万，因此而识彼。何者？道由一门，理无二致故也。且夫大易情性，不过一阴一阳而已。故黄老盗之以作丹，炉火①遵之以炼药，各如其度，然后丹可成，药可就，而成神化莫测之功，故三道由一，俱出径路。明大易者，黄老、炉火一以贯之，无余法矣。其又取譬而言之，则炉火者，木之枝茎华叶也；黄老者，木之果实也；大易情性者，木之根株也。正在根株，则枝叶敷果实就而不失其素矣。是盖诚心所言，审谛不误者也。吾乃邻国鄙夫，幽谷朽生，抱朴栖迟，而忽略乎名利；甘守恬淡，而愿见乎太平。当此闲居，不欲无补于时，自同朽腐，乃撰斯文，以继往圣，以开来学。凡歌序中所言大易者，乃伏羲、文王、孔子三圣之遗言，本圣人作之，以开物成务，以冒天下之道，察其所趣，殆与三元丹法，一体共伦。务在顺其理而行之，则精神宣耀，神化流通，而四海和平之治可复见矣。四海，以吾身而言，且吾所谓大易之道，与三乘丹法一体共伦者，何以见之？盖大易之道，乃阴阳造化之理，表以为历，则卦节周天，万世可循也；序以御政，则至易至简，行之不烦也；引以养性，则归根复命，可以长存也；配以服食，则雄雌设陈，而武都之物可捐（雄黄、雌黄，出武都山。），八石之类可弃也。是黄老之道，一大易也。审而用之，以成药物，则二物相投，文武并用，定其浮沉，知其老嫩，功圆药验，点化金石而成世珍。是炉火之事，一大易之道也。是故罗列三条，则枝茎相连，异名同出，而俱由②于一门，所谓一体共伦者，意盖如此。且吾之成是书也，岂徒累叠章句，谐偶斯文以为观美哉？殆得其

---

① 炉火，底本无，据广陵本补。
② "俱由"之后，底本以下直接窜入"赞序第四十九"注文"至桓帝时……"。及"赞序第四十九"正文及部分注文也脱。此处据广陵本补。

真,故砾硌可观耳。使予敷伪,则赘愆之罪孰得而辞诸? 凡吾所以命此书为《参同契》者,盖亦微览大道之端绪,故辞虽寡陋,意实闳大,诚后嗣所宜遵也。曰微曰寡,乃魏公之谦辞。委时去害以下,乃魏公名字之隐语,玉吾注为得之。

赞序第四十九

《参同契》者,辞陋而道大,言微而旨深。列五帝以建业,配三皇而立政。若君臣差殊,上下无准;序以为政,不至太平;服食其法,未能长生;学以养性,又不延年。至于剖析阴阳,合其铢两,日月弦望,八卦成象,男女施化,刚柔动静,米盐分判,以易为证,用意健矣。故为立注,以传后贤。惟晓大象,必得长生,强己益身。为此道者,重加意焉。

此赞序,乃后人立注者之所作。彭注云:魏公密授青州徐从事,令其笺注,徐乃隐名而注之。至桓帝时,复授同郡淳于叔通,遂行于世。疑此序为徐从事所作,注亡而序存耳。今按此书,有四言、五言、散文之不同,而上、中两篇,复多有文义相类者,疑其简帙①散乱,经、传混淆,理或宜然。近世姑苏有杜一诚者,不知何据,直分四言、五言、散文为魏公与徐、淳三人所作,名为《参同契古文》。按彭序不过谓桓帝时传于淳于叔通耳,未尝令其笺注也,淳于叔通安得而有作哉? 予尝以《春秋传》疑郭公夏五之事而观,则今之不逮于古也,盖已远甚,姑存其旧焉可也。

紫阳真人读《周易参同契》文

大丹妙用法乾坤,乾坤运兮五行分。五行顺兮常道有生有死,五行逆兮丹体常灵常存。一自虚无兆质,两仪因一开根;四象不离二体,八卦互为子孙。万象生乎变动,吉凶悔吝兹分。百姓日用不知,圣人能究本源。顾易道妙尽乾坤之理,遂托象于斯文。否泰交则阴阳或升或降,

---

① 帙,广陵本作"轶"。

屯蒙作则动静在朝在昏。坎离为男女水火，震兑为龙虎魄魂。守中则黄裳元吉，遇亢则无位而尊。既未慎万物之终始，复姤昭二气之归奔。月盈亏应精神之衰旺，日出没合营卫之寒温。本立①言以明②象，既得象以忘言。犹设象以指意，悟其意则象捐。达者惟简惟易，迷者愈惑愈繁。故修真上士读《参同契》，不在乎泥象执文。

夫金丹之道，法天象地。天地不外乎阴阳，阴变阳合而生水火木金土，五气顺布，四时行焉。而凡在二五陶铸之中，莫不顺之以为生死，此常道也。丹道则举水以灭火，以金而伐木，每以逆克而成妙用，故曰：五行顺兮常道有生有死，五行逆兮丹体常灵常存。要之，丹之所以常灵常存者，得一故也。一者何？先天真乙之炁，自虚无来者也。老子曰：道生一，一生二。故曰一者虚无所兆之质，而两仪则因一以开其根，两仪立矣，四象生焉。四象者何？阴阳老少也。太阳为火，太阴为水，少阳为木，少阴为金，是皆阴阳变化而成，故曰：四象不离二体，八卦互为子孙。何也？八卦者，四象之所因也。乾生三男，震坎艮；坤生三女，巽离兑。丹法震兑归乾，巽艮还坤，则兑属之乾，而艮属之坤矣；离东坎西，则离属之乾，而坎属之坤矣，故曰互为子孙。又乾为金，金生水，则坎为子，而震巽之木为孙；坤为土，土生金，则乾为子，而坎水为孙；离为火，火生土，则艮坤为子，而乾为孙；坎为水，水生木，则震巽为子，而离为孙。推此，则八卦可知矣，亦曰互为子孙云。万象生乎变动，吉凶悔吝兹分。何以故？卦爻之吉凶悔吝，皆生乎动，丹法纤芥不正，悔吝为贼，爻动之时，可不慎乎？且夫金丹之道，一阴一阳而已。日用而不知者，百姓也；知之而修炼者，圣人也。圣人洞阴阳之本原，夫既修之以善其身矣。于是作为丹经，以开来学，以为尽乾坤之理者，莫过于《周易》，故《参同》拟《易》，莫不以乾坤为鼎器，以坎离为药物，以屯蒙既未为符火，要皆托象于《易》，以明阴阳消息之理故。否泰交则阴阳之升降也，屯蒙作则动静之朝昏也。坎离，则男女水火也；震兑，则龙虎之魄魂也。至若采药行火之际，其言元吉者，即六五黄裳，中而且顺也；其亢悔者，

---

① 立，广陵本作"因"。
② 明，广陵本作"立"。

即上九战德,无位而尊也。慎其终始,则屯蒙既未不爽于毫厘,象其归奔则复往姤来,一循乎卦节。月盈亏应精神之衰旺,言精神而药物可知也;日出没合荣卫之寒温,言荣卫而火符可准也。此《参同》拟《易》之大旨也。然其要不过识阴阳互藏之精,盗其机而逆用之耳。举其要,则惟简惟易;迷其宗,则愈烦愈难。学人苟能因文以会其意,捐其象而不泥其文,则庶乎理与心融,文从义顺,而无开卷嚼蜡之患矣。

第十四卷

周易参同契口义

明 陆西星 注

周易参同契口义

淮海参学弟子潜虚陆西星 著

《周易参同契》口义初稿引

《参同契》，予旧有《测疏》，贯串经旨，断络章句，自谓庶几不悖作者之意，然非敢说郢书、陈瞽奏也。先师有教，小子述之，范我驰驱，畴敢谆戾，侮圣裂道，罪不容诛，予盖惧焉！黡蚀改窜，将易数稿，又后五载，新帝改历，内子抱瘠①，将还造化，予乃僦地北里，俟命晨夕，容膝之下，倚木焚香，展予书而读之，则见曩者，大义虽明，而微言未晰，将使后昆，一字不逗，衷怀贰疑，纵予不咎，宁无歉乎？于是伸纸濡毫，信手成句，纷解义意，补塞遗漏，不复润色辞藻，名之《口义》。方尔尘谈，起草于孟夏之望，阅月余乃就绪，存之草创，相与《测疏》之书，互相参订。嗣我后者，好道之伦，苟能精思而玩索焉，庶乎诵言知味，而无开卷嚼蜡之患矣。

万历元年仲夏十有八日

---

① 瘠，广陵本作"苦"。

《周易参同契口义》上篇

东汉魏伯阳真人 著
淮海陆西星潜虚 口义
新安汪启濩东亭 辑
粤东许启邦杰卿 评点
韩景垚 校刊

周易参同章第一

乾坤者,易之门户,众卦之父母。坎离匡廓,运毂正轴。

作《参同契》,最难下手,伯阳仙翁真有肯綮。首言乾坤者,易之门户,便是以乾坤为鼎器;坎离匡廓,便是以乌兔为药物;运毂正轴,便见万事、万化皆生于心。而正之一字,又肯綮中之最肯綮者,盖不正,则有作有为,悉归邪妄矣。

牝牡四卦,以为橐籥,覆冒阴阳之道。

牝牡四卦,乾坤坎离是也;橐籥者,配合乾坤,运行离坎,其中真气往来消息,如冶人之橐籥,一开一阖,直与天地之气相为流通。然四卦者,即六十卦之纲领。四卦运,则六十卦皆在其中。而是药者,又即是火矣。覆冒阴阳之道者,丹道不外乎阴阳,阴阳不离于药火,药火不出乎四卦。

犹御者之执衔辔,有准绳,正规矩,随轨辙,处中以制外。

犹御者,是借上文运毂之义而立言;运毂者,在马则有衔辔准绳,在行则有规矩,在途则有轨辙,皆一定不易之成度,要在处中之人,六辔在手,执之有法,则自然可以制外,而动无覆败之虞。丹法亦然。故下文遂言准绳、规矩、轨辙之度。而中外二字,分明露出药自外来,丹由中结之义,读者所宜深味也。

数在律历纪,

数，成算也。言丹道，虽若玄之又玄，然其运用之法，却有成算。律历纪者，丹法之成算，犹御者之准绳、规矩也。天地之化，虽无终穷，然亦不过一阴一阳，往来消息而已。圣人则之，十二月以为历，积之十二年以为纪，而又取其声气之元，候之十二管以为律，皆一义也。学者苟能曲畅旁通，而各极其趣，则作丹之法，亦不外是而得之矣。

月节有五六，经纬奉日使。

月节有五六者，每月五日一候，六候一节，而五与六共三十日也。如立春之节，五日而鸡乳，五日而征鸟厉疾，又五日而水泽腹坚，是为雨水之中气。又五日而东风解冻，又五日而蛰虫始振，又五日而鱼陟负冰，然后交二月之节气，是月节五六，一月之定候也。经纬奉日使者，经者，南北长短之位，即《悟真》所谓前行、后行也；纬者，东西往来之用，即《参同》所谓龙西虎东，建纬卯酉也。一经一纬，皆药火自然之运用。奉日使者，玄化之宰，每日必以使者直符。比之丹法，则以屯直朝符，蒙直暮符，而一经一纬，无不奉之日使。奉则五候六节，皆可积日而成矣。自此以下，皆详经纬奉日之义。

兼并为六十，刚柔有表里。朔旦屯值事，至暮蒙当受。昼夜各一卦，用之依次序。既未至昧爽，终则复更始。

此举一月之火候，以见经纬奉日之义。兼并为六十者，运火之法，一日两卦，三十日凡用六十卦也；刚柔有表里者，丹法六时进火，六时退符，进火是用刚也，退符是用柔也。刚者为表，则柔者自当为里。表里二字，亦取阴阳符合之义。用火之法，朝屯暮蒙，各依次序，卦数既终，自宜更始。既未者，既济、未济，卦数之终也；昧爽者，来月之朔旦也。朔旦，则屯又值事矣。此举一月之火候，以准一年。

日辰为期度，动静有早晚。春夏据内体，从子到辰巳。秋冬当外用，自午讫戌亥。

上言丹法既以卦数受直矣，至其温燠凉寒之度，又以日辰准之。盖火候之有温燠凉寒，乃阴阳进退自然之消息。一日之中，六时进火，自子至巳，即四时之春夏也；六时退符，自午讫亥，即四时之秋冬也。进则为动，退则为静。内体，即卦之朝屯也；外用，即卦之暮蒙也。举一日之火候,则一月一年,居可知矣。

赏罚应春秋,昏明顺寒暑。爻辞有仁义,随时发喜怒。如是应四时,五行得其序。

又总结之,以明丹道之与天道、易道,无不相准。盖赏罚喜怒者,火候文武惨舒之用也。天道,春一嘘而万物以生,秋一吸而万物以肃。《易》书爻辞,喜而扶阳,怒而抑阴,莫非消息自然之理。丹法进火退符,一准是道,故昏则宜寒,为罚为怒;明则宜暑,为赏为喜。一日之中,而四时之气,莫不毕备。要皆顺其自然,而非有所矫揉造作于其间者,如是则吾身之五行,各得其序,而丹道可望其成矣。

乾坤二用章第二

天地设位,而易行乎其中矣。天地者,乾坤之象也;设位者,列乾坤配合之位也。易谓坎离,坎离者,乾坤二用。

首句是《易·大传》之辞,魏公引之,又自注云:天地者,乾坤之象也;设位者,列乾坤配合之位也。易谓坎离。分明是申上章乾坤者,易之门户,众卦之父母,坎离匡廓之义。坎离者,乾坤二用,何谓二用?盖坎离者,乾坤之交而成者也。邵子曰:阴阳之精,互藏其宅。深得坎离二卦之旨。盖乾交于坤,中乃虚而成离,坤以时行中,或动而成坎,乾坤立配合之体,坎离妙运行之用。观之天地设位,日月交光,而森罗万象,皆由此出。无坎离,是无日月也。天地不能无日月,丹法不能外坎离。其在吾人,则恍恍惚惚,其中有物者,离之精也;杳杳冥冥,其中有精,其精甚真,其中有信者,坎之精也。如此指示,太煞分明,要在吾人盗其机而逆用之耳。

二用无爻位,周流行六虚。往来既不定,上下亦无常。幽潜沦匿,变化于中。包囊万物,为道纪纲。

六十卦用之,则有爻位,如朝屯暮蒙,各有次序。惟此坎离二用,是药是火,往来上下,莫非二者之周流,但幽潜沦匿,隐秘而不可见。虽不可见,而其中却有变化。故顺之则人,包囊万物;逆之则丹,为道纪纲。二用之妙,有如此者。论至于是,则坎也、离也,不在爻,不在位,不在易,而在吾人矣。

以无制有,器用者空。

潜匿则无也,变化则有也,是谓无中生有,虚里求①实。故以无制有,乃先天丹法之妙用。观于器用者空,得非以无,制有之谓乎？器用者空,言器之所以为器者,皆以空中而生妙用。老子曰：三十辐,共一毂,当其无,有车之用；埏埴以为器,当其无,有器之用；凿户牖以为室,当其无,有室之用。故有之以为利,无之以为用。意盖如此。然又须知空之与器,本不相离,使离器以求空,又非空矣。故法身无相,终不离于色身之中。二用无常,亦岂外于互藏之宅？

故推消息,坎离没亡。

消息者,火候之运也。推其消息,以准火候,则朝屯暮蒙,以至既未,终而复始,莫非六十卦爻之妙用,又何坎离之可见哉？惟②不可见,所以既谓之无,而又谓之空也。盖坎离是药,消息是火,药则互藏而难见,火则一定而可推也。

中宫土德章第三

言不苟造,论不虚生。引验见效,校度神明。推类结字,原理为征。

天地设位,日月交光,而生万物,此效验之实体,神明之至德也。魏公作《契》,有见于此,而又引申其类,以考古人结字之原。如叠日月而成易,合日月而成丹,皆不外此交光之义。乃知神仙丹道,至理所寓,其所取证,一理而已。然则,言岂苟造,而论岂虚生者哉？

坎戊月精,离己日光。日月为易,刚柔相当。土王四季,罗络始终。青赤白黑,各居一方。皆禀中宫,戊己之功。

其以日月交光之义而言：坎中纳戊,戊即月精也；离中纳己,己即日光也。载观古人结字之意,每以日月为易,易则有交光之义焉。坎与离,皆刚柔相当者也。相当而何以成易也？赖此戊己之土焉耳。土,冲

---

① 求,广陵本作"造"。
② 惟,底本作"推",据广陵本改。

炁也。物必相和而成交易，坎离之中，各有冲气，是以相亲相恋，而成大丹。且造化五行，土无定位，各分王于四季之中，以罗络一岁之终始。故木得之以荣，火得之以藏，金得之以生，水得之以止。青白赤黑，各居一方，以司岁运，而皆禀德于土，以成岁功。造化如此，丹道可知。《悟真篇》云：离坎①若还无戊己，虽含四象不成丹。只缘彼此怀真土，遂使金丹②有返还。意盖出此。然真土更是何物？古仙以意当之，精矣。

日月神化章第四

易者，象也。悬象著明，莫大乎日月。穷神以知化，阳往则阴来。辐辏而轮转，出入更卷舒。

易者，象也，三句皆《易传》之文，魏公错综引之，以见己意。盖谓易之取象，乃日月交光之义，其中神化，未易窥测，要在学者穷而知之。何谓神化？张子曰：气有阴阳，推行有渐，为化合一，不测为神。又曰：一故神，两故化。盖观日月往来，出入卷舒，是其化也；晦朔合符，辐辏轮转，是其神也。能穷其神，则可以得采药之符矣；能知其化，则可以知运火之妙矣。噫，非洞晓阴阳，深达造化者，不足以语③此。

朔受震符章第五

易有三百八十四爻，据爻摘符，符谓六十四卦。

此章之旨，专论震符，以立采药之准。先言易有三百八十四爻，除牝牡四卦，凡为爻者三百六十，据一爻以当一时之火符，则一月周而三百六十爻象，尽之矣。盖一日两卦，一时一爻也。符，爻符也。魏公不曰爻符，而复注云：符谓六十四卦，何也？盖卦则可名，而爻则不可名，故举卦以该爻，不能因一爻以见卦也。然不言六十卦，而言六十四卦，又何也？牝牡四卦，不用而用之以通也。此盖统论火符，正与首章兼并

---

① 离坎，广陵本作"坎离"。
② 金丹，广陵本作"灵丹"。
③ 语，广陵本作"与"。

为六十,终则复更始之意互相发。

晦至朔旦,震来受符。当斯之时,天地媾其精,日月相撢持。雄阳播玄施,雌阴统黄化。浑沌相交接,权舆树根基。经营养鄞鄂,凝神以成躯。众夫蹈以出,蠕动莫不由。

此段仙翁密指采药之候。晦至朔旦,乃晦朔之间,亥子之交,冬至之日,中间一符,乃先天药生之候,在人身中,一日止有一时①,此天机之最秘②者。于此盗其机而逆用之,则仙道毕矣。何谓震来受符?震,以一阳动于二阴之下,所谓爻动之时,正与天心复卦相为表里。又况此时,朝屯值符,屯下起震,首时正值震之初爻,一阳来复,正好求铅于斯时也。乾坤交泰,合体而构精;乌兔相持,交加而纽结。坎播玄施,离统黄化,混沌之气,交接相连。造化之根基,权舆于此;吾人之鄞鄂,树立于此。鄞鄂者,花之蒂,喻命蒂也。命蒂既立,所贵经营以养之,而养之之道,不过凝吾之神,以成其躯而已。神,神火也。丹从中结,神火周遭十月,功圆脱胎神化,自然身外有身,而吾之圣体就矣。是道也,逆之则仙,顺之则人,非有二也,故曰:众夫蹈以出,蠕动莫不由。但百姓日用而不知耳。知之修炼,谓之圣人。

天心建始章第六

于是仲尼赞鸿濛(此二字,当在乾坤之下。),乾坤德洞虚。稽古当元皇,关雎建始初。冠婚气相纽,元年乃芽滋。故易统天心,复卦建始初。长子继父体,因母立兆基。

此章之意,归重元年、建始,亦承上章朔旦震符之意。盖朔旦之符,吾人之始炁也。其在造化,则为乾元、坤元。是以仲尼赞《易》,首以大哉、至哉称之。盖以鸿濛洞虚之德,可以生始万物,丹之祖炁,亦犹是也。载稽古之元皇,礼重关雎,亦以人道之始,起于冠婚,生育之原,萌蘖于此,故曰元年芽滋。然元年,即震也,即复也。孔子曰:复其见天地

---

① 一日止有一时,广陵本作"止有一日一时"。
② 秘,广陵本作"閟"。

之心乎？知复，则知元年矣。故易统天心，复卦建始初。是知复卦者，天心之始初，滋芽之元年也。以复卦言之，上坤下震，地势重阴之下，忽有一阳来复，乃复之正义。魏公别取一义，以尽丹道之蕴。盖复，上坤下震，坤为母，震为长男。丹道长子继父，必须因母以立兆基。子者，子炁；母者，母炁；父，纯乾也。人身中所有者，皆后天子炁。子炁会有奔蹶，而不能久，必得先天母炁以伏之，然后怀胎结婴，体化纯阳，而子父体。而先天母炁，乃履端之初，元年之始炁也，故因母立基。老子谓之食母、守母，其义甚精。而上阳仙翁，往往有西南得朋之说，学者当以意参之，则得之矣。

圣人不虚生，上观显天符。天符有进退，诎伸以应时。消息应钟律，升降据斗枢。（此章颇有错简，圣人四句，旧本在易统天心之上，今为正之。）

《阴符经》云：观天之道，执天之行，尽矣。今夫天地之阴阳升降，日月之晦朔盈亏，岁序之寒暑往来，日辰之昏明早晚，莫非天符之显然者。圣人上观天符，则交泰天地，进退符火。月盈亏，象药材之老嫩；日早晚，为火候之寒温。一消一息，又复与钟律相应；而一升一降，据斗枢以运之。盖天以北斗斟酌元气，而惟视其斗枢之所指以为月建；其在吾人，用火亦当据而运之，则内外符合，而真气之升降、盈亏，与天合度矣。《悟真篇》云：晨昏火候合天枢。意盖如此。此章分为二段，前段指药符，后段言火候。

日月始终章第七

日含五行精，月受六律纪。五六三十度，度竟复更始。原始要终，存亡之绪。（此条在御政章各典所部之下，文义①不属，今移置于此，以为下章发端。）

此数句，是言日月往来、辐辏轮转之义。日含五行精，日者，太阳元精，中含五行，照耀万物，而成五色，许旌阳公所谓分霞逐彩，布气生灵，

---

① 义，底本作"篆"，据广陵本改。

皆五行之精之所化也。月本无光,其体全白,必借光于日,每以去日远近而成晦朔弦望。晦则合璧,朔则复苏。一年之中,周天三百六十五度,凡月与日会者,十有二度,分为十有二月,而圣人以十二律吕纪之。不言十有二律,而言六律者,举阳以该阴也。然日含五行,则日之数五;月纪六律,则月之数六。以五乘六,以六乘五,恰得三十之数,故三十之日,日月乃合璧焉。此但言其数之适相准者,非真有所谓五六相乘也。若以正义而言,则月与日会之度,良由日行速而月行迟。每日周天,日则过天一度,月不及日者十三度有奇,积之三十日,则月之退数,适与日之进数相值,乃合璧而成晦,此《契》中所不言者,漫为及之。度竟复更始者,言合璧之后,乃复苏而成朔也。合璧,则终也;复苏,则始也。终则丧明而似亡,苏则生明而复存。绪者,如丝之有绪,相续不绝也。天日月运行,辐辏轮转,无有停机,然后气序推迁,寒暑往来,而岁功可成。吾人苟能观天之道,执天之行,以神驭炁,而无一息之间断,则丹之道,其尽之矣。

药生象月章第八

三日出为爽,震庚受西方。

此章指示药生之候,而以月夕征之。三日出者,自月而言之也;爽,谓昧爽言。即此三日昏见之期,作为朔旦昧爽之气,正是晦尽朔来,阳炁始复,阴下起阳,于卦为震,此月乃现一符阳光于西方之庚位,是谓铅遇癸生,药材正嫩,而可采者。过此则度于后天,而不可用。或者不知为爽二字,中有深味,直以三日为期,不知晦朔之间,合符行中,去之三日,则非晦朔之间矣。此中别有真诀,敢谓世人所未喻者。

八日兑受丁,上弦平如绳。

八日,则阳以渐长,一阴二阳,于卦为兑,此月乃现半轮之光于南方之丙位,平如张弓之弦,曰如绳者,绳,即弦也。是谓金水平分,各得半斤之数,乃虎之弦炁也,《悟真》所谓药味平平气象全者,意盖指此。

十五乾体就,盛满甲东方。

十五,则三阳盛满而成乾体,此月现于东方甲位,《悟真》所谓十五蟾辉、金精壮盛,正谓此也。问:三者皆指药材,既以庚月为嫩,余皆度于后天,将焉用之?曰:庚者,象其嫩;丁者,象其平;甲者,象其盛。盖不盛则药不生,而不平则二八不能相当,而有偏胜之患矣。合而论之,自不相悖也。

蟾蜍与兔魄,日月气双明。蟾蜍视卦节,兔者吐生光。

予作《测疏》云:今之称月者,有曰蟾蜍者,有曰兔魄者,其名不一。不知蟾蜍之与兔魄,亦当有辨。盖蟾蜍者,月之精;兔魄者,月之体也。今夫月之光,本借于日,故日月之气必双对,而明始生,乃阴阳含孕自然之理。然而阳生以渐,故蟾蜍之生也,惟视乎卦节。卦下之阳渐长,则蟾蜍之精渐生,然后兔者吐之,以生光明。卦节,即震、兑、乾也;蟾蜍月精,即卦下之阳画。

七八道已经讫,屈折低下降(平声)。

七八,十五数也。十五则盛满,而阳道讫矣。讫,犹终也。阳道终,则阴将继统①,故升者降,伸者诎,必至于渐亏渐灭而后已也。

阴符转统章第九②

十六转受统,巽辛见平明。

十六,则阳道屈折下降,转受阴统。统者,统制之义。一阴生于二阳之下,于象为巽,平明见于西方之辛位。

艮直于丙南,下弦二十三。坤乙三十日,东方丧其明。节尽相禅与,继体复生龙。

二十三,则平明,直于丙南,于象为艮。艮者,二阴渐长,金水又平,是为下弦,乃龙之弦炁。后天久积之汞,如此方足,而与药平。三十日,则阴乃盛长,于象为坤,与日合璧而丧明于东方之乙位。丧明者,合璧之后,不受阳光,若丧之也。然丧而不丧,故节尽相禅,继体生龙,所谓晦至朔旦,震来受符。龙,即震也。前云度竟更始,此云节尽继体,其义

---

① 统,广陵本作"绪"。
② 阴符转统章第九,此七字,广陵本脱。考《周易参同契测疏》实有此章目。

相似。

壬癸配甲乙，乾坤括始终。

月现之方，震下纳庚，巽下纳辛，兑下纳丁，艮下纳丙，乾下纳甲，坤下纳乙。卦节既周，而十干尚余壬癸，则以壬癸而配甲乙，复分纳于乾坤之下，是乾坤括纳甲之始终也。夫乾纳甲，而复纳壬，则盛于甲者，未始不为盛于壬；坤纳乙，而复纳癸，则丧于乙者，未始不为丧于癸矣。然而不言离纳己、坎纳戊者，何也？土居中央，流行则无定位，故不言耳。

七八数十五，九六亦相当。四者合三十，易象索灭藏。（此条当作象彼仲冬之首。）

此于丧明之义，而以易数准之。盖易之策数，少阳得七，少阴得八，太阳得九，太阴得六。七与八，是十五也；九与六，亦十五也。合四者之数，而得三十，则数尽而无有矣。数尽，故易象灭藏。易象如此，天象亦然。是以月数既周，遂丧明而成晦也。此魏公旁喻曲证，以尽丹道之蕴，有如此者。

象彼仲冬章第十

（旧本在后序中，林屋上①人移置于此。②）

象彼仲冬节，草木皆摧伤。佐阳诘商旅，人君深自藏。象时顺节令，闭口不用谈。天道甚浩广，太玄无形容。虚寂不可睹，匡廓以消亡。谬误失事绪，言还自败伤。别序斯四象，以晓后生盲③。（四象，即七八九六。予故谓当联属成章者以此。）

仲冬之节，晦尽朔来之时，于卦为复，先王以至日闭关，商旅不行，后不省方。盖示人以安静养阳之义。作丹之士，乘此爻动之时，是宜关键三宝，闭塞其兑，不得多言谬误，以取伤败。盖临炉采药之诀，莫要于此，读者详之。

---

① 上，当作"山"，即宋元林屋山人俞琰也。
② 此段陆氏校订语，底本脱，据广陵本补。
③ 盲，底本作"育"，据广陵本改。

推度符征章第十一

八卦布列曜，运移不失中。

八卦布于方位，列曜陈于周天，然其运移未尝离此辰极，人亦有之。《契》云：辰极处正，优游任下是也。至邵子之诗有云：天向一中分造化，人于心上起经纶。更明切矣。

元精眇难睹，推度效符征。

元精者，元阳也。《石函记》云：元阳即元精，发生于玄玄之际。老子所谓：窈窈冥冥，其中有精；其精甚真，其中有信者。又：视之而不可见，听之而不可闻，抟之而不可得。故云眇难睹。然却有效验可知，符征可据。如云：金砂入五内，雾散若风雨。先天炁，后天炁，得之者，常似醉。是其效也。符征者，如三日出庚之类，是其符也。皆指先天药祖而言。

居则观其象，准拟其形容。立表以为范，占候定吉凶。

象以拟形，则知药材之老嫩；表以测时①，则知火候之消息。吉凶者，火候中之休咎也，如隆冬大暑、盛夏霰雪之类。

发号顺时节，勿失爻动时。

爻动，指震符而言。

上察河图文，下序地形流。中稽于人心，参合考三才。

仰观天文，如玄沟之低昂，星宿之经纬，斗枢之旋转；俯察地理，如山泽之通气，潮汐之盈缩；中稽人心，如牝牡之相求，性情之相归。皆一阴一阳，往来消息，以成三才之道者也。作丹者，皆当参而合之。

动则依卦变，静则循彖辞。乾坤用施行，天下然后治。

不过是言动静，皆准于易之意。作丹之要，盗机逆用，法其自然而已。何变可依、何象可循也？乾坤用施行，坎离者，乾坤二用；天下，亦指一身而言。

此章中字、时字，最为肯綮。

---

① 时，广陵本作"日"。

御政之首章第十二

可不慎乎,御政之首。管括微密,开舒布宝。要道魁柄,统化纲纽。

御政之首,志士炼丹入室之初也。一本有鼎新革故四字,在御政之首之下,义更精密。管括微密者,关键三宝,固塞勿发也。盖炼丹之要,其神贵凝,其气贵固①。管括微密者,凝其神以固其气也。《契》云:固塞其济会,务令致完坚。意盖如此。开舒者,推心置腹,舒气改颜而畜之以慈也;布宝者,不自悋吝,从其所好而使之以惠也。如是则内外交诱,可以得其归性之情,而有求以获矣。此二句者,乃临炉采药之要诀,而要中之要,则又在于魁柄。魁柄,即斗柄也。盖魁柄者,乃造化统摄元化之纲纽,其在吾人辰极是也。若使辰极不正,则运移失中,而举动之际,过咎随之矣。

爻象内动,吉凶外起。五纬错顺,应时感动。四七乖戾,誃离仰俯。

爻象内动,爻动之时也,或致太平,或兴兵革,只在毫发之间,可不慎乎?且炼丹之士,当此爻动之时,盗机逆用,能使五纬错顺,感动于应时之顷。四七乖戾,誃离于仰俯之度,所谓人发杀机,阴阳反覆,岂细故哉?所以当慎职在于此。五纬,纬星也;四七,二十八宿,经星也。五纬错顺者,丹法举水以灭火,以金而伐木,皆行逆道,故曰错顺;四七乖戾者,子南午北,龙西虎东,一时璇玑皆为逆转,故曰乖戾。誃,改移也。誃离仰俯者,阴阳易位,柔上而刚下也。所谓丹法逆用,意盖如此。予前《测疏》以为咎征,近觉非是。

文昌统录,诘责台辅。百官有司,各典所部。

统录者,护持之主;台辅者,辅弼之官。其诸百官有司,则皆准则刻漏、挨排火候之人。盖所以尽有相之道,以共成圣事者也。炼丹入室,其事悉备,有如此者。

或君骄溢,亢满违道;或臣邪佞,行不顺轨。弦望盈缩,乖变凶咎。执法刺讥,诘过贻主。

---

① 固,广陵本作"专",观后文,作"固"为确。

君谓虎铅，臣谓龙汞，即《悟真》所谓主宾之意。君骄溢而亢满违道者，情不归性也；臣邪佞而行不顺轨者，动不以正也。弦望盈缩，谓二八之不当；乖变凶咎，则铅飞而汞走。如上过差，总因持心不定，炼己无功，故执法刺讥，诘过于主。执法者，谏诤之官，亦自君臣之喻而立言，正与统录台辅之意相同，非真有是官也。

辰极处正，优游任下。明堂布政，国无害道。

辰极者，吾之主人也；处正，则无邪佞之私；优游者，冰入优游，自来归性，无骄亢也。以此布政于明堂，又何害道之有哉？国，指一身而言；害道，即凶咎体①变。

内以养己章第十三

内以养己，安静虚无。

此章备言养己之事，以立临炉采药之基址。盖己者，离宫己土也。己之为性，飞走不定，故必炼之、养之，使之入于大定，然后临炉之际，大用现前，保无虞失。而养之与炼，亦当有辨。上阳曰：宝精裕炁，养己也；对境忘情，炼己也。养己，则主于静；炼己，则兼乎动矣。老子曰：致虚极，守静笃。万物并作，吾以观其复。司马真人《坐忘论》云：心安而虚，道自来居。虚靖天师《大道歌》云：要得心中神不出，莫向灵台留一物。广成子告黄帝云：无劳尔形，无摇尔精。皆安静虚无之意义也。养己之诀，四字最为肯綮。

原本隐明，内照形躯。

原本者，穷取生身受炁之处，隐明而内照之；隐明者，即沉光也。隐明内照，则神入气穴矣。

闭塞其兑，筑固灵株。

闭塞其兑者，闭口勿谈也；灵株，即灵根，即上所谓气穴，乃真气所归之处。盖兑塞，则气不上泄，故柢固而根深。

三光陆沉，温养子珠。

---

① 体，广陵本作"灾"。

沉光，即隐明也；子珠者，性珠也。神为子炁，故曰子珠。光沉，则神不外驰，故性定而明湛。

视之不见，近而易求。黄中渐通理，润泽达肌肤。初正则终修，干立末可持。一者以掩蔽，世人莫知之。

然所谓灵株、子珠者，视之虽不可见，近在己身，却有可求之理。苟能修之，则和顺积中，而英华外邕矣。初正、干立者，尽养己之事也；终修、末持者，行采药之功也。世之人，只知内养可以成丹，而不知一者掩蔽之妙，未免独修孤阴之一物，故仙翁急为点破。盖一者，先天真乙之炁，坎中一画先天乾金，所谓元始祖炁是也。老子曰：得其一，万事毕。自夫窍凿混沌之后，此之真一溃决而不存。修丹之士，洞晓阴阳，深达造化，故于互藏之宅而求其所谓真乙者，以为我之掩蔽，是谓取坎填离，以炁补炁，长生久视之道，端在于此。世人不知一者掩蔽之妙，至论药自外来，一切认为房中九一之术，则又误矣。

知白守黑章第十四

上德无为，不以察求；下德为之，其用不休。

上德者，全真体道之士，混沌未凿，故不以察求，而行无为之道；察求者，辨庚甲而知水源之清浊，象屯蒙为火候之消息，是皆察察之政，不得已而用之者也。上德则无用为此矣。若夫下德之人，道德既失，故不得不假有为，以行归复之道，故曰：下德为之，其用不休。不休者，绵绵若存，不敢有一息之间断也。今天下之称上德者，能几人哉？此圣人所以有教也。

上闭则称有，下闭则称无。

此二句颇难解。盖上、下二字，与上德、下德之意不同，各有所指。盖上指在上者而言，颠倒用之，虎铅是也；下指在下者而言，颠倒用之，龙汞是也。上闭者，先天未扰之铅，朕兆未萌；下闭者，后天久积之汞，固塞勿发也。然虽朕兆未彰，而恍惚有物，窈冥有精，故可称之曰有；虽固塞勿发，而太虚之中，一物无有，故可称之曰无。称无，则无欲而可以观其妙矣；称有，则有欲而可以观其徼矣。

无者以奉上，上有神德居。

求铅之法，存无守有而已。奉者，恭敬捧持之意。盖坎中之铅，来而称有，而无者慎密以伺之，恭己以迎之，非过劳也。盖以神明之德，居于上有之中，少有差谬，则情不归性，而吾之大事去矣。故修丹之士，奉坎以求铅者，谓其有神德也。神德，即下文所谓神明，乃先天真乙之炁。

此两孔穴法，金气亦相须。

凡此药物所藏之处，一穴两分，老子所谓玄牝之门，钟离公所谓生我之门、死我之户，皆异名而同出者。正如一穴两孔，其中金气相须之殷，而相济之足，知其相须，则可察而求之，奉而迎之矣。

知白守黑，神明自来。白者金精，黑者水基。

承上文，逐①言金炁。盖坎水之内，中有乾金。坎水，黑体也；乾金，白金也。奉坎者，但守其黑。盖晦尽之期，朔当自来，守之之久，自尔震来受符，而神明之德见矣。（老氏所谓知白守黑，意盖如此。）

水者道枢，其数名一。阴阳之始，玄含黄芽。五金之主，北方河车。故铅外黑，内怀金华。被褐怀玉，外为狂夫。

又承上文，逐言水金。天地既判，阴阳始交，一变生水，居于北方，其数一，其色玄，于卦为坎，中间一画，乃乾金也，故玄含黄芽，为五金之主。然此金必得此水，然后能载而上行，故又为北方之河车，象之以铅，则外黑而内怀金华，是其征也。象之以人，又若被褐怀玉，而外为狂夫者。然被褐则黑也，怀玉则白也，水之为德，有如此者。

金为水母，母隐子胎；水者金子，子藏母胞。

金水之妙，母子互藏。金为水母，而先天乾金居于坎位，是母隐子胎也；水者金子，而后天兑金能生真水，是子藏母胞也。盖此金水配位于北，而寄体于西，其妙有如此者。学者苟能会而通之，则产药之川源，不外是而得之矣。

或问：乾金、兑金？曰：乾金，水金也；兑金，鼎金也。宜细思之。

真人至妙，若有若无。仿佛太渊，乍沉乍浮。进退分布，各守境隅。

---

① 逐，广陵本作"遂"。下同。

真人者，坎中水金也，谓之真铅。以其藏于重阴不测之所，恍惚窈冥，不可为象，故曰若有若无，而仿佛太渊也。乍沉乍浮者，动机也。此金重而常沉，激其浮而取之，则水源至清。及其进退分布，合而成丹，则东家、西邻，各守境隅，不相涉入矣。

采之类白，造之则朱。炼为表卫，白里真居。

是丹也，采之则金也，炼之则火也，故曰：采之类白，造之则朱。然必先于炼己以为表卫，使之城郭完固，然后可以奉此真人而居之。

近观炼为表卫一句，是足造之则朱之意。炼为表卫者，神火周遭于外，所以护卫真气，而使白里真居，保无虞失也。下文见意。

方圆径寸，混而相扶。先天地生，巍巍尊高。旁有垣阙，状似蓬壶。环匝关闭，四通踟蹰。守御密固，阏绝奸邪。曲阁相连①，以戒不虞。可以无思，难以愁劳。

此明炼为表卫之意，亦借天元神室以见义。盖垣阙四通、曲阁②相连，喻如人之八门九窍，是必管括微密，使外邪不入，然后白里真居，保无虞失。然所谓警戒不虞者，又非过于畏慎，而以勤劳自苦也。故急以可以无思一句足之。《契》云：三者既关键，缓体处空房。委志归虚无，无念以为常。意盖如此。

神气满室，莫之能留。守之者昌，失之者亡。动静休息，常与人俱。

此又申明上义。守者，守御固密也。丹居神室，不得神火周遭，则母子不能相抱，故守之者昌，失之者亡。而守之之道，要惟动静休息，常与之俱而已。老子曰：载营魄抱一，能无离乎？意盖如此。

勤而行之，夙夜不休。服食三载，轻举远游。跨火不焦，入水不濡。能存能亡，长乐无忧。道成德就，潜伏俟时。太乙乃召，移居中洲。功满上升，膺箓受图。（此段在后章，愚意当移置于此。）

勤而行之，即上文动静休息，常与人俱之意。夫丹结之以片饷，养之以三年，功圆之日，身外生身，自能轻举远游，入水火而无患，长生久视，超生死而独存。道成德就，济人功满，膺箓受图，而身为帝臣，此大

① 连，广陵本作"通"。而广陵本《测疏》又作"曲阁相连"。
② 阁，广陵本作"阖"。

丈夫得志之日也。或疑服食以为天元神丹，误矣，误矣！

道术是非章第十五

是非历藏法，内视有所思（此言存想）。履斗步罡宿，六甲次日辰（此法无考）。阴道厌九一，浊乱弄元胞（此言采战。九一，即九浅一深）。食气鸣肠胃，吐正吸外邪（此言吐纳）。昼夜不卧寐，晦朔未尝休。身体日疲倦，恍惚状若痴。百脉鼎沸驰，不得清澄居（此即今之炼魔法）。累土立坛宇，朝暮敬祭祀。鬼物见形象，梦寐感慨之。心欢而意悦，自谓必延期。遽以夭命死，腐露其形骸（此即汉武祷祀之法）。举措辄有违，悖逆失枢机。诸术甚众多，千条有万余。前却违黄老，曲折戾九都。明者省厥旨，旷然知所由。（前却，即进退之义；九都者，九幽之府。戾九都者，言取罪戾于九都，言幽有鬼责也）

二八弦炁章第十六

偃月作炉鼎，白虎为熬枢。

此章仙翁分别二八龙虎弦炁，以定药材铢两。偃月炉，阴炉也，中有玉蕊之阳炁，虎之弦炁是也。丹法以偃月为炉，而其中虎之弦炁实为熬枢。熬枢者，阳火也。《契》云：升熬于甑山兮。是其证也。以其为真汞之枢纽，故曰熬枢。

汞日为流珠，青龙与之俱。

汞日者，离宫汞火也。离宫之汞，飞走不定，故曰流珠。《契》云：太阳流珠，常欲去人。是其证也。青龙与之俱者，其在东家，配为青龙之弦炁，而龙从火里出也。

举东以合西，魂魄自相拘。

东，东家也；西，西邻也；举东以合西者，驱龙以就虎也。魂，日魂也；魄，月魄也；魂魄自相拘者，推情以合性也。今夫龙居于东，虎居于西，虽则各守境隅，而作丹之际，举以合之，自然龙虎交媾，而东方之魂与西方之魄，相钤相制，而大药成矣。尝思魂、魄二字之义，予意以为日魂属西，取太阳元精奔入坎中之义；月魄属东，取借日为光之义。而诸书皆不然者，姑存之以备参考。

上弦兑数八，下弦艮亦八。两弦合其精，乾坤体乃成。二八应一斤，易道正不倾。铢有三百八十四，亦应卦爻之数。

上既明指药物，此又准则铢两。独取二八两弦者，贵匀平也。盖上弦直兑，自朔计之，其数得八；下弦直艮，以望计之，其数亦八。此时火数不燥，水铢不滥，药物平平，可以合丹。故两弦合精，乃成乾坤交媾之体；二八一斤，乃应阴阳气类之正。而一斤之铢，又合爻数，丹道、易道相为吻合，其妙有如此者。（铢，廿四铢为一两。）

金火含受章第十七

金入于猛火，色不夺精光。自开辟以来，日月不亏明。金不失其重，日月形如常。金本从日生，朔旦受日符。

此章即月借日光之义，以明金火含受之妙。盖金，即铅也；火，即汞也。知金火，则知铅汞矣。今人皆谓火能克金，而不知金入猛火，不夺其光，不失其重者，以其气相含受故也。犹之日月焉，所以并行而不相悖者，月借日光也。故自开辟以来，日月之象，不亏其明，而形亦如常。金譬则月也，火譬则日也。月中之光，本借于日。盖自朔旦之后，禀受日符，故三日而生庚，八日而上弦，十五而望满，二十有三而下弦，三十日而成晦。晦朔弦望，皆自日生，故曰金本从日。然不曰月本从日，而曰金本从日者，何也？月不从日，而月下之金则从日也。知日月，则知金火含受之妙矣。

金返归其母，月晦日相包。藏隐其匡郭，沉沦于洞虚。金复其故性，威光鼎乃熺①。

金在坎中，上下两画，原属于坤，坤为母，故曰返归其母。归母，则幽潜沦匿而不可见，犹之月晦而与日相包也。迨夫金来归性，则大药圆成，而鼎有威光，熺然而炽盛矣。犹之月借光，盛满而成望也。故性者，

---

① 熺，广陵本作"熹"。下同。

坎中一画，原属于乾，种入乾家交感之宫，则为复性，又爻动之时，亦复性也。复性，则为金入猛火，而精光焕发矣。

二土全功章第十八

（题仍上阳之旧。①）

子午数合三，戊己数居五。三五既和谐，八石正纲纪。

承上言，金火虽相含受，必得真土调和，乃克有济，故此归功戊己。夫丹有五金八石之类，皆非纲纪之正；惟此水、火、土三者和谐合会，乃为正道。盖水数得一，居于子位；火数得二，居于午位；戊己自居五数，纳于水火之中。戊为铅情，己为汞性，金来归性，则三五自然和谐，而八石之药材方为真正。

土游于四季，守界定规矩。呼吸相含育，伫息为夫妇。

三五和谐，土之力也。以土言之，天干则居于中宫，地支则游于四季，各守四隅，以定木火金水之规矩。至于和谐之际，则一呼一吸，皆入戊己之宫而自相含育。迨夫真气既回，则真息自定，宛如夫妇之交畅，而丹药成矣。土②德之妙，有如此者。（上二句原本十九章寿命得长久之下，今窜入此。）

黄土金之父，流珠水之母。水以土为鬼，土填水不起。朱雀为火精，执平调胜负。

此正言二土妙用。盖坎纳戊土，乃黄土也，以其为先天乾金，故曰金之父；离纳己土，乃流珠也，以其北照生铅，故曰水之母。五行之炁，土能克水，而坎纳戊土，则土填水不起矣，必须朱雀火精，执平衡而调之，则水得火而沸腾，其金自随水而上矣。朱雀、火精，乃己土也。此处分明点出以汞求铅，而平调二字，亦见二八相当之义。

水盛火消灭，俱死归厚土。

水为火沸，腾入离宫，则离火又为坎水所灭，二者俱化为土而成刀

---

① 此六字底本无，据广陵本补。
② 土，底本作"上"，据广陵本改。

圭。到此方为三五和谐,三性会合也。

三性既合会,本性共宗祖。

水、火、土三性之所以能合会者,何也？以其与本性共宗祖也。本性,即己性,皆自元始祖炁而分。一变而为水,即金水也,为先天之铅;二化而为火,即己性也,为后天之汞;五变而成土,即戊己也,为水火两性之性情。是皆同宗共祖,一炁而分,故同类相从,而其性易合也如此。

金丹妙用章第十九

巨胜尚延年,还丹可入口。金性不败朽,故为万物宝。术士服食之,寿命得长久。金砂入五内,雾散若风雨。熏蒸达四肢,颜色悦泽好。发白皆变黑,齿落生旧所。老翁复丁壮,耆妪成姹女。改形免世厄,号之曰真人。(此章无深解。巨胜,胡麻二物。)

同类相从章第二十

胡粉投火中,色坏还为铅。冰雪得温汤,解释成太玄。

言物之同类者,则能返还,以况丹道。胡人以粉饰面,故曰胡粉。太玄,水也。

金以砂为主,禀和于水银。变化由其真,始终自相因。(和,去声。)

砂,指离宫真汞[①];水银,即水金也。《悟[②]真篇》云：玉池先下水中银。金丹之道,以砂为主者,先积离宫砂汞,炼己待时;迨夫金华先倡,吾乃和之。然后两者返还归复,而成大丹。所以然者,变化由其真也。紫阳云：真土擒真铅,真铅制真汞。如此始终相因,皆本一炁。亦犹胡粉之与铅,冰雪之于水,未有不可返还者。使或一有不真,乌能以成变化耶？

---

① 真汞,广陵本作"砂汞"。
② 悟,底本误刻为"慎",今改。

欲作服食仙,宜以同类者。植禾当以黍,覆鸡用其卵。以类辅自然,物成易陶冶。鱼目岂为珠,蓬蒿不成槚。类同者相从,事乖不成宝。是以燕雀不生凤,狐兔不乳马,水流不炎上,火动不润下。

此亦无甚深解。

背道迷真章第二十一

世间多学士,高妙负良才。邂逅不遭遇,耗火亡资财。据按依文说,妄以意为之。端绪无因缘,度量失操持。捣治羌石胆,云母及礜磁。硫磺烧豫章,泥汞相炼飞。鼓铸五石铜,以之为辅枢。杂性不同类,安肯合体居。千举必万败,欲黠反成痴。侥幸讫不遇,圣人独知之。稚年至白首,中道生狐疑。背道守迷路,出正入邪蹊。管窥不广见,难以揆方来。(此章无甚深解。豫章,疑即樟木脑;五石铜,疑二物;羌,石胆所产之处。)

三圣前识章第二十二

(题仍上阳之旧。①)

若夫至圣,不过伏羲,始画八卦,效法天地。文王帝之宗,循而演爻辞。夫子庶圣雄,十翼以辅之。三君天所挺,迭兴更御时。优劣有步骤,功德不相殊。制作有所踵,推度审分铢。有形易忖量,无兆难虑谋。作事令可法,为世定此书。素无前识资,因师觉悟之。皓若褰帷帐,瞋目登高台。《火记》不虚作,演《易》以明之。《火记》六百篇,所趣等不殊。文字郑重说,世人不熟思。寻度其源流,幽明本共居。窃为贤者谈,曷敢轻为书。若遂结舌瘖,绝道获罪诛。写情著竹帛,又恐泄天符。犹豫增叹息,俛仰辄思虑。陶冶有法度,未忍悉陈敷。略述其纲纪,枝叶见扶疏。(此章无甚深解。)

---

① 此六字底本无,据广陵本补。

金火铢两章第二十三

以金为隄防,水入乃优游。

此章予《测疏》注之甚详。金,鼎金也。修丹之士,先置此鼎金以为内药之隄防,而鼎中所生之水,当优游以俟其自入。《契》云:辰极处正,优游任下是也。

金计有十五,水数亦如之。

十五,是准月数而言,所谓八月十五玩蟾辉,正是金精壮盛时。盖必有十有五分之金,然后能生十五分之水。若金数不足,则真水不生,而临炉无可采之药矣。此在鼎金,则为二七之期,天真之气始降。

临炉定铢两,五分水有余。二者以为真,金重如本初。其三遂不入,火二与之俱。

水有五分,亦自十五分而三分之。盖自朔旦之后,积五分而生庚,又五分而上弦,又五分而盛满。五分水有余者,言生庚之水,已非晦朔之符矣,故言有余;而五分之中,只用二分,乃为真水,而其三者遂不入也。金重如本初者,金必十五也;火二与之俱者,二分之水,须以二分之火合之也。盖二分之火,乃一时半刻之火。上阳子曰:一时三符,比之求铅,止用一符之速是也。如此指示,太煞分明,而迷者犹求真水于三十时辰之后,又乌知有炁无质之妙,非度于后天者所可伦哉。

三物相含受,变化状若神。

三物,即前章所谓三性,乃水、火、土也。此盖得药归鼎,会于元宫,故此三者,相含受而生变化。

下有太阳气,伏蒸须臾间。先液而后凝,号曰黄舆焉。

此明以汞求铅之义。太阳气,离宫汞火也;须臾间,一时半刻也。作丹之法,乘其爻动之时①,运一点真汞以迎之,则火蒸水沸,其金自随水而上矣。尔其贯尾闾,通泥丸,下重楼,入紫庭。先则气化为液,而有醍醐、甘露之名;后则液凝为丹,乃有黄舆之号。黄舆者,以其循河车而

---

① 时,广陵本作"期"。

逆上，行于黄道之中，如车舆然，故以名之。到此则金公归舍，还丹始成。

岁月将欲讫，毁性伤寿年。

岁月者，攒簇之岁月也。丹法攒年成月，攒月成日，攒日成时，而一时之中，分为三符，求铅之候，只用一符。所以如此之速者，知止知足也。故岁月将欲讫之时，不能持盈守满，忽尔姹女逃亡，是谓毁性。金来归性，性既毁矣，金复何附？所谓藏锋之火，祸发必克，年寿之伤，无足异者。

形体为灰土，状若明窗尘。

此明用铅之诀。形体为灰土，言查质无用；状若明窗尘者，言当择其轻清者而用之；明窗尘者，窗外日光，浮动尘影，微细之极也。以药论之，二分之水则是。

捣治并合之，驰入赤色门。

以此二分之水，合以二分之火，然后种入乾家交感之宫。盖乾为大赤，故曰赤色门。或曰赤色门，即离宫也，亦通。驰入赤色门，则丹结矣。

固塞其济①会，务令致完坚。

此下言用火之诀。固塞其际会者，关键三宝也。必固塞完②坚，然后精神禽聚，而炎火可张。采药养丹，首尾皆当如此。

炎火张于下，昼夜声正勤。始文使可修，终竟武乃陈。

炎火勤张者，朝屯暮蒙，周天运火也；始文，乃求铅之火；终武，乃结丹之火；文者，优游任下，濡弱不争之意；武者，守御固密，阏绝奸邪之意。始文只有一时半刻，终竟则连十月之功，皆在其中。

候视加谨慎，审察调寒温。周旋十二节，节尽更须亲。

候视加谨慎者，瘟瘟神相抱，觉悟候存亡也；审察调寒温者，赏罚应春秋，昏明顺寒暑也；周旋十二节，节尽更须亲者，度竟终复始也。皆言火候。

---

① 济，广陵本作"际"。
② 完，底本作"充"，据广陵本改。

气索命将绝，休死亡魄魂。色转更为紫，赫然成还丹。粉提以一丸，刀圭最为神。

结丹之候，二气纽结，于时璇玑、玉衡，一时停轮，如人之气索而命将绝者，将绝欲绝而未绝也。功圆之候，铅抽已尽，己汞亦干，魄死魂销，群阴剥尽，如人之体①死而亡魄魂者。于是色转为紫，赫然而成还丹。惟此还丹，有气物质，其体至微，其用甚大，故曰：粉提以一丸，刀圭最为神也。以甲摄物曰提。

水火情性章第二十四

（题仍上阳之旧）

推演五行数，较约而不繁。举水以激火，奄然灭光明。日月相薄蚀，常在晦朔间。水盛坎侵阳，火衰离昼昏。阴阳相饮食，交感道自然。

此言铅之伏汞，而以水火、日月明之。盖铅即水月也，汞即日火也。丹法以铅求汞，则汞因铅伏，自然不飞不走，而死归厚土。正如火因水决而光灭，离为坎侵而昼昏，其相薄相蚀，理之自然，无足异者。然而日月薄蚀，常于晦朔之间，盖不合璧、不交光也。造化之符，其一定不易，有如此者。作丹之士，不求所谓晦朔之间，以为药生之符，又安能潜夺造化耶？常在晦朔间一句，最为肯綮。

名者以定情，字者缘性言。金来归性初，乃得称还丹。

金丹一物而已，乃有铅、汞两者之名。铅者，同类有情之物也，故铅为情；汞者，所禀以生之灵光也，故汞为性。情之与性，正如名之与字，虽则号称各别，其实一人也。吾将以情定为名，性定为字，而作丹之际，推情合性，转而相与，则金来归性矣。归性则丹道乃成，而谓之曰还者，正归之义也。然既名之曰丹，则不可谓之铅情，不可谓之汞性。所谓以两而化者，以一而神矣。金来归性，一句道出丹髓，非魏公不能也。

---

① 体，广陵本作"休"，据陆注上下文义，作"休"似宜。

古今道一章第二十五

吾不敢虚说，仿效古人文。古记题龙虎，黄帝美金华。淮南炼秋石，玉阳嘉黄芽。贤者能持行，不肖无与俱。古今道由一，对谈吐所谋。学者加勉力，留念深思惟。至要言甚露，昭昭不我欺。

此段无甚深旨。

《周易参同契口义》中篇

东汉魏伯阳真人 著
淮海陆西星潜虚 口义
新安汪启濩东亭 辑
粤东许启邦杰卿 评点
韩景垚 校刊

乾坤精炁章第二十六

（题仍上阳之旧）

乾刚坤柔，配合相包。阳禀阴受，雄雌相须。偕以造化，精气乃舒。

此篇大略与首章相似，疑即首章之疏义也。乾刚坤柔，配合相包，乾坤者，鼎器之法象也。以其形而言之，常包乎地之外；以其气而言之，复包于地之中，故曰相包。相包则阳主禀与，阴主翕受。如人物之雄雌相须者，然一禀一受，偕以造化，则无中生有，虚里造实，精气舒布而品物流形矣。《易》有之曰：精气为物。造化如此，丹道亦然。

坎离冠首，光耀垂敷。

其以精炁之互藏者而言，则莫外于坎离。坎象为月，离象为日，日月冠万物之首，而光耀垂敷于其下，形形色色，何莫而非日月照耀之所生。故观日月交光，一禀一受而万物生，此造化之丹法也。作丹之士，洞晓阴阳,故于互藏之宅,而求其所谓坎离精炁者,以为药物,则其借以造化,亦与造物者无以异矣。

玄冥难测,不可画图。圣人揆度,参序元基。

玄冥,指丹道而言。言是道也,杳冥恍惚,不可图象,圣人洞晓阴阳,深达造化,故揆度其配合交光之理,参序其往来消息之次,以立丹基,此《参同契》之所以作也。

四者混沌,径入虚无。六十卦用。张布为舆。龙马就驾,明君御时。和则随从,路平不邪。邪道险阻,倾危国家。

四者,即乾、坤、坎、离。言丹法以此阴阳精炁,交媾于混沌之初,凝结于虚无之室,而以六十卦火养之。张布为舆者,亦取首章运毂之义。又乾为龙马,坤为大舆。乾就坤驭,和则随从。和之一字,最为肯綮。《契》云:不寒不暑,进退合时。各得其和,俱吐证符。意盖如此。路平不邪者,言此阴阳正道,非有邪秽。若涉邪秽之私,则是自临险阻,而国家几于倾覆矣。国家,指吾一身而言。

入室休咎章第二十七

君子居其室,出其言善,则千里之外应之。谓万乘之主,处九重之室。发号施令,顺阴阳节。藏器待时,勿违卦日。

此举《易传》之辞,而借之以明入室之事。古之圣人,以炼丹为一大事,故尊主以万乘,喻室为九重,比火符为号令,无非欲其慎重谨密,不敢轻忽之意。藏器待时四字,亦是借《易》之辞。器谓鼎器,时谓爻动之时。勿违卦日者,朝屯暮蒙,进退合度也。

屯以子申,蒙用寅戌。六十卦用,各自有日。聊陈两象,未能究悉。(若以子申寅戌,作水火生旺、归库之意为解,则于第二日需、讼上又如何说?予故不取。)

此言卦日,子申寅戌,乃妆卦浑天甲子之法,无甚取义。两象,即屯蒙两卦,聊举一日直事之卦,余三十日可依次第而推也。

在义设刑,当仁施德。按历法令,至诚专密。谨候日辰,审察消息。

丹法六时退火,此在义也;六时进火,此当仁也。设刑者,其气肃;

施德者，其气舒。《契》云：刑主杀伏，德主生起。魏公言此，不过以象火候消息之用而已。究而言之，则绵绵若存，顺其自然而已。何刑可设、何德可施也？至诚专密四字，最为肯綮。《入药镜》云：但至诚，法自然。《契》云：心专不纵横。又云：守御固密，闼绝奸邪。此足以相发明矣。

纤芥不正，悔吝为贼。二至改度，乖错委曲。隆冬大暑，盛夏霜雪。二分纵横，不应刻漏。风雨不节，水旱相伐。蝗虫涌沸，山崩地裂。天见其怪，群异旁出。

此下咎征，盖言入室之顷，持心未熟，炼己无功，不能至诚专密而致之。然二至改度，火候不调也；不调，故隆冬而大暑，盛夏而霜雪；二分纵横，君骄臣佞也；不应刻漏者，水溢火燥，多寡不匀也。不应，故风雨不时而水旱之相伐，虫蝗沸涌而蟊贼之互起。高者崩，下者裂，天见其怪，地产其妖，失其阴阳之和而乖变出矣。纤芥不正，其咎如此。

孝子用心，感动皇极。近出己口，远流殊域。

孝子者，能继天之志，述天之事者也。其用心，何心哉？一正而已矣，一诚而已矣。皇极者，天有中黄八极，感动皇极，言感动天心也。夫君子居其室，出其言善，则千里之外应之，近出己口，尚能远流于殊域，况孝子用心，既诚且正，而有不能感动皇极者哉？

或以招祸，或以致福，或兴太平，或造兵革。四者之来，由乎胸臆。

丧宝为祸，得宝为福；为而不为，曰兴太平；轻敌强战，曰造兵革。四者皆由于心之诚与不诚、正与不正而已。

动静有常，奉其绳墨。四时顺宜，与气相得。刚柔断矣，不相涉入。五行守界，不妄盈缩。易行周流，屈伸反覆。

动静，谓火候之早晚；绳墨，谓卦爻也；四时，谓寒热温凉；气，谓阴阳二气。盖指吾身中而言。刚柔断矣，不相涉入者，无凌犯也；五行守界，不妄盈缩者，无乖错也。如是则屈伸反覆，无往而非易用之周流矣。屈伸反覆，上下河车也。真气于此而周流，乃日月运行之黄道。火候既调，则法轮自转。

晦朔合符章第二十八

（题仍上阳之旧）

晦朔之间，合符行中。

此章之旨，是以月夕乾爻，双明药火，亦与首篇三日出庚之义相为表里。晦朔之间，即亥子之交，冬至之候也。人身之药生于此时，作丹者盗其机而用之，则天人合发而万化之基定矣。合符行中者，谓当合此晦朔之符而行于其间也。

混沌鸿濛，牝牡相从。滋液润泽，玄化流通。

混沌鸿蒙，元始初判之炁也。盖此晦朔之间，天机已动，阴阳有相求之情，故牝牡相从而雄阳播施，雌阴统化，滋液润泽，自相流通。如上篇所谓混沌相交接，权舆树根基者，意盖如此。

天地神明，不可度量。利用安身，隐形而藏。

神明，即上篇神明、神德之义；不可度量，言活也。人身中之子时，既活而不可测，不静密以俟之，其不至于谬误而失事者几希。安身，即养己章安静之义。

始于东北，箕斗之乡。旋而右转，呕轮吐萌。潜潭见象，发散精光。昴毕之上，震出为征。阳气造端，初九潜龙。

箕者，东方七宿之尾；斗者，北方七宿之首；箕斗之乡，正谓亥子之交，晦朔之间。此时阳气造端，见而不见，征以月夕，则旋而右转于昴毕之上，西方庚位，此月呕轮吐萌，乃现一符之阳光，于卦象震，于爻则为乾之初九，深渊之下，有龙潜焉，药则可用而火宜微调者也。呕轮吐萌四字要分晓：呕者，尽出；吐者，微出；轮，月之全轮也；萌者，轮下之微光，如草之萌蘖然者。①

阳以三立，阴以八通。故三日震动，八日兑行。九二见龙，和平有明。

---

① 《道藏精华》本，该处有笔批云：此节注中，显汞铅征验，采药口诀，似乎时所知，此□□□未云，有当待扣之师□测。

阳以三立者，三日出庚也；阴以八通者，八日出丁，上弦如绳也。通，谓和通。三日象震，八日象兑，乾卦则当九二见龙之爻，龙德中正，正象身中药物均平，始当利见，采则已老，而火宜沐浴者也。

三五德就，乾体乃成。九三夕惕，亏折神符。

三五，十五月廓盛满，乃成乾体。此时阳升已极，屈拆当降。乾爻则当九三夕惕之爻，是宜持盈守满，不得怠纵。

盛衰渐革，终还其初。巽继其统，固济操持。九四或跃，进退道危。

十六，则盛极当衰，渐亏渐减，终当成晦，故曰还初。于时阳亏阴长，于象为巽。然而阳退一符，则阴进一符。当此进退改革之际，正运①乾爻之九四或跃在渊，可以进而不遽于进，是宜固济操持，常使阴符包裹阳气。或问：火为神火，予固已知之矣。阴符何物，亦有可言者乎？曰：凡人一身之中，皆后天阴气也。阳退一分，则阴自进一分，正如月廓之亏，阳自亏耳。白者，岂别有物？即本体也。可类推矣。

艮主进止，不得逾时。二十三日，典守弦期。九五飞龙，天位加喜。

二十三日，又当下弦之期，二阴一阳，于象成艮。艮者，进而止之之义。于时，阴阳各半，金水又平，法当止火而为沐浴。曰不得逾时者，火不可过也。其在乾爻，则当飞龙之九五，位乎天位，以正中也。丹药至此，可庆圆成矣，故云加喜。

六五坤承，结括终始。韫养众子，世为类母。上九亢龙，战德于野。

六五，三十日也。阳尽阴纯，于象成坤，故云六五坤承；此时火功已罢，归静之极，少焉，则晦去朔来，复生庚月，又为药火更始之端，故云结括终始。韫养众子者，众子，谓震兑诸卦，阳不生于阳而生于阴，故积阴之坤，为能韫养诸阳，待时而动，古人谓十月为阳月，正以其韫养诸阳故也；世为类母者，类即众子也，坤为母，故云类母。其在乾爻，则应上九之亢龙，亢则有害，承乃制之患，必有与之战者，故战德于野而奄然丧明也。战德，谓阴盛而与之战。予《测疏》中言，振刷精神，以俟起绪，否则火冷而丹散，却是余意，非为正解。

---

① 运，广陵本作"应"。

用九翩翩，为道规矩。阳数已讫，讫则复起。推情合性，转而相与。循据璇玑，升降上下。周流六爻，难以察睹。故无常位，为易宗祖。

丹道法象，皆取乾九之爻者，以其翩翩而升，翩翩而降，足为丹道之规矩。故观阳数已讫，讫而复起，则丹道之推情合性，转而相与，亦若是焉而已。是道也，上据璇玑，中据卦爻，升降上下，周流六虚，初无常位，不可察也，不可睹也。《易》之所以为易者，其宗祖源流，如是而已。徒以象数测之，常位求之，岂知《易》者哉？

卦律火符章第二十九

朔旦为复，阳炁始通。出入无疾，立表微刚。黄钟建子，兆乃滋彰。播施柔暖，黎烝得常。

上以卦爻而准一日，此以卦律而准一年。要之，一年即一日也。魏公推配以尽其蕴耳。朔旦为复者，言晦去朔来，于卦为复，此时积阴之下，阳炁始通，如人身中静极而动，阳炁甚微，未堪进火，但当出入无疾，以立表其微刚而已。出入无疾者，复卦之辞，魏公借之以明火候。盖人之有呼吸出入，乃用火之橐籥也。疾则火燥，散则火冷，暖则火调，自然之理也。当此阳炁始通之时，正当出入无疾以表之，使之不冷不燥，然后生机不息，绵绵迤迤而渐长可期。是月也，斗杓建子，律调黄钟。钟者，踵也，又曰种也。言此中黄之炁，踵踵而生，以种万物。天地生物之朕兆，至此乃复可见，故曰兆乃滋彰。故丹法用火，但当播施柔暖，使一身之中，荣卫和适，得其常度而已。黎烝，犹言众庶。丹法以身为国，以精炁为民，故曰黎烝。

临炉施条，开路生光。光耀渐进，日以益长。丑之大吕，结正低昂。

《参同契》文字高古，义理幽深，非得师指，未易讲解。如此条者，是何义味？如曰临炉施条，便如此卦为临，借此卦名，作为临炉之意，如易卦名履，而遂言履虎尾也。临炉施条者，上阳子云：临驭丹炉，施条接意。盖施条者，所以接意。意者，己土也。施条二字，意在言表。开路生光，光乃阳炁也。开路，则阳炁通矣。阳炁既通，则光耀自当渐进，正如冬至之后，日以益长。是月也，斗杓建丑，律调大吕。吕者，侣也；大者,阳也。言阳得阴助,是谓真侣。得此真侣,临炉施条。施条之诀,结正低昂,尽露玄指。盖结者,关键三宝,管括微密之谓也;正者,辰极处正,至诚专密之谓也;低昂者,子南午北,柔上刚下之谓也。于此之时,则已进火炼药矣。

仰以成泰,刚柔并隆。阴阳交接,小往大来。辐辏于寅,运而趋时。

仰以成泰,承上低昂之义而言。如此颠倒坎离,乾下坤上,则成泰卦。泰者,交泰之义,言阴阳相交接也。于时二八相当,正如此卦之刚柔并隆;汞迎铅入,正如此卦之小往大来。大既来矣,则吾一身之神气自尔翕然归之,如辐之辏毂然者。是月也,斗杓指寅,律调太簇。簇者,凑也。言万物当此之时,辐辏而生也。丹法于此辐辏之际,是宜进火,与时偕行。运而趋时者,河车不敢暂留停,运入昆仑峰顶也。此时已得药归鼎矣。

渐历大壮,侠列卯门。榆荚堕落,还归本根。刑德相负,昼夜始分。

渐历四阳,于卦为壮,于月建卯,律应夹钟。夹者,侠也。侠列卯门,则生门之中已含杀气,故二月榆落,叶归本根。夫春主生物而榆荚反落者,德中有刑故也。于时阴阳气平,故刑德之气,互相胜负。昼夜始分者,阴阳气平之验也。气平加火,则有偏重之虞,故作丹者立为卯酉沐浴之法。榆荚堕落,还归本根,上阳以为丹落黄庭之象,良①是德中有刑,德不可过也,故宜止火。榆落又是刑德之征验。

夬阴以退,阳升而前。洗濯羽翮,振索宿尘。

五阳一阴,于卦成夬,此时阳升而前,律应姑洗。洗者,洗也,有洗涤羽翮之义焉;斗杓建辰,辰者,振也,有振索宿尘之义焉。洗濯,谓沐浴;振索,则前升。盖丹经沐浴更宜加火。宿尘,指一阴而言。振索尽,则为纯阳矣。

乾健盛明,广被四邻。阳终于巳,中而相干。

六阳成乾,阳火盛明,一身之中,圆满周匝,故曰广被四邻。于月建巳,律调仲吕。仲者,中也。日中则昃,故中而相干。干谓阴进干阳,阳

---

① 良,底本误刻为"艮",据广陵本改。

当退避也。自此以下，皆言退火之候。

姤始纪绪，履霜最先。井底寒泉，午为蕤宾。宾服于阴，阴为主人。

盛阳之下，一阴始生，于卦为姤。姤始纪绪者，阳极而阴生也。生则渐长，正如坚冰之兆于履霜，寒泉之生于井底。于月建午，律应蕤宾。宾，宾服也。阳本为主，今退而宾服于阴，则阴为主人矣。此阴符用事之候也。

遁世去位，收敛其精。怀德俟时，栖迟昧冥。

二阴成遁。遁者，阳之遁也。敛①精怀德，栖迟昧冥，皆取退火之意。于月建未，律应林钟，《契》乃不言。或云：昧，即未也；栖，有林意。射覆之语，汉人多用之。

否塞不通，萌者不生。阴信阳诎，毁伤姓名。

三阴成否。否者，气塞不通之谓也。万物至此，不生萌蘖。于月建申，申者，阴之伸也。阴伸则阳诎，律应夷则。夷者，伤也。阳诎，故毁伤姓名，此时阳火降下半矣。

观其权量，察仲秋情。任蓄微稚，老枯复荣。荠麦芽蘖，因冒以生。

四阴成观。观者，观也。观其权量，以察仲秋之情，则阴阳之气，至此又平。于月建酉，律应南吕。南者，任也，万物至此，有妊娠之义焉。任蓄微稚，则老枯者，当得复荣，观之荠麦，斯可见矣。何也？刑中有德也。此时丹法又宜沐浴。

剥烂肢体，消灭其形。化气既竭，亡失至神。

五阴成剥。剥者，阴剥阳也。阳受剥，则体烂形消，于月为戌，律应无射。此时造化之气既竭，又火库归戌之时，便宜止火，故曰亡失至神。神为神火。或曰失当作佚。亡佚，即无射也。

道穷则反，归乎坤元。恒顺地理，承天布宣。玄幽远眇，隔阂相连。应度育种，阴阳之原。寥廓恍惚，莫知其端。先迷失轨，后为主君。

道穷，阳道穷也；归坤，则纯阴用事矣。此时丹乃归静。静者，坤道之常也。老子曰：归根曰静，静曰复命，复命曰常。意盖如此。恒顺地

---

① 敛，底本作"殓"，据广陵本改。

理,承天布宣者,言作丹者,当此归静之时,恒顺地理,凝然寂然,迨夫一阳来复,然后承天而布宣之。布宣,言用火也。此盖复表明岁起绪之端。是月也,斗杓建亥,亥有隔阂相连之义焉;律调应钟,又有应度育种之意焉。相连则隔而不隔,育种则绝而复生,造化之妙如此。以况丹法,阴阳之原,虽若寥廓恍惚,莫知端倪,然其先后始终存亡之绪,可推而知也。载观坤之辞曰:先迷后得。是知先迷者,道穷而失轨也。失轨则终,终则复始,少焉朔旦为复,则阳炁又通,而主君将复兴矣。主君,谓阳火也。此亦魏公借其辞以明丹道,非正义也。

无平不陂,道之自然。变易更盛,消息相因。终坤始复,如循连环。帝王承御,千秋常存。

总结上意,急提自然二字,以见造化消息相因之妙,乃无心而成化者。作丹者,果能法其自然之运,则如帝王之乘龙御天,而千秋万祀,统纪不绝矣。此章予《测疏》发挥甚明。

性命根宗章第三十

将欲养性,延命却期。审思后末,当虑其先。人所秉躯,体本一无。元精流布,因炁托初。

此章欲人穷取生身受炁之初,以修性命。言人将欲养性延命,以却死期,当思性从何来,命因何立?凡吾人所秉之躯,皆后天查质,浊骨凡胎,会有涯尽,当知体本一无。一者,先天真乙之炁;无,即所谓无极之真是也。元精流布二句,即体本一无之意。元精者,太阳元精也;流布,谓遍历诸辰。盖自鸿濛一判,此之元精,周历四方,至于兑方而生金水。阴阳既交,此元精者,化为元炁,而人物之生胚胎于此,故曰因炁托初也。知托初之炁,则知性为吾人立命之原,而不可以不养矣;知所秉之躯,则知命为吾人有涯之生,而非术不延矣。

阴阳为度,魂魄所居。阳神日魂,阴神月魄。魂之与魄,互为宅室。

然所谓一无之炁者,乃先天道朴,不落有无,不属指拟。初不可以分阴阳,自其落于形质之中,以阴阳为度而分属之。则所谓托初之炁者,乃先天之物,有气无质,魂之谓也;所秉之躯者,乃后天之物,有气有质,魄之谓也。魂,即人之阳神也;魄,即人之阴神也。阳神则为日魂,阴神则为月魄。此日魂者,常居于月魄之中,故月借日则明,魄附魂则灵,而魂之与魄,互为宅室也。

性主处内,立置鄞鄂;情主营外,筑完城廓。城廓完全,人物乃安。于斯之时,情合乾坤。

自其魂为魄之室也,则为在人之性而主处乎内;自其魄为魂之宅也,则为在人之情而主营乎外。主乎内者,安静虚无,以正命本,立先天也,故曰立置鄞鄂;营乎外者,关键三宝,以裕精气,修后天也,故曰筑完城廓。夫其城廓完全,而人物安矣,然后可以配合乾坤而行采药之功。此章所论性情,皆自一人而言,与上篇推情合性之旨不同,当细心研究。

乾动而直,炁布精流;坤静而翕,为道舍庐。

承上文情合乾坤,故此遂言乾坤之德。盖乾主敷施,坤主翕受,阴阳男女,莫不皆然。然阴曰精、阳曰炁,而精亦属之乾者,要知此精亦先天元精也。精炁之在先天者,不可分属,炁布则精流矣。为道舍庐者,魄为魂宅也。

刚施而退,柔化以滋。九还七返,八归六居。

刚施而退者,雄阳播玄施也;柔化以滋者,雌阴统黄化也;九、八、七、六者,金、木、火、水之数。得药归鼎,则九者还、七者返、八者归,而总居于水北之位,故曰六居。六独言居者,北方水位,乃真铅之本乡,还者、返者、归者,皆聚于此,而丹始凝结。然而九曰还、七曰返、八曰归者,盖有深旨。还者,外来之物也;返与归者,本有之物也。还者还于何处、返者返于何处、归者归于何处?此三者共居于六,非六独居也。

男白女赤,金火相拘。则水定火,五行之初。上善若水,清而无瑕。道之形象,真乙难图。变而分布,各自独居。

丹道虽称七、八、九、六,实则九还七返尽之矣。九,金数也;七,火数也。坎男中白,是曰水金;离女内赤,是曰汞火。惟此二物,相钤相制,乃成丹道。故丹法则水定火,常使水铢不滥,火铢不燥,则金火自是相拘,而返还之道在是矣。然而铅至汞留,汞因铅结。其功皆归于水者,盖水为五行之初先,故老子曰上善若水。然必清而无瑕,乃可用之,使有滓质，则度于后天而不可用矣。是水也，何水也？而上善若是，乃先天真乙之炁。所谓道也，道之形象，本真乙而难图。及其变而分布也，则一变生水，位居于北；二化生火，位居于南；三变生木，位居于东；四化生金，位居于西。各自独居，不相涉入。圣人攒簇而和合之，使之返还归复，乃成丹道。是以不谓之五行，不谓四象，而谓之曰丹也。

类如鸡子，黑白相扶。纵广一寸，以为始初。四肢五脏，筋骨乃俱。弥历十月，脱出其胞。骨弱可卷，肉滑若饴。

此言丹之为象，类如鸡子。黑白相扶者，阴阳混合也；纵广一寸者①，丹之神室也。四象和合于此中，五行攒簇于此中，故肢脏筋骨，无不完具，如婴儿然。弥历十月，火候数足，脱出其胞，骨弱肉滑，迥异凡体，是乃身外之身，无质之质，体本一无，因炁托物而成圣体者。盖金丹之道，逆而成仙，与顺而成人者，理本无二。魏公比而言之，其旨深矣。

二气感化章第三十一

（题仍上阳之旧）

阳燧以取火，非日不生②光。方诸非星月，安能得水浆？二气悬且③远，感化尚相通。何况近存身，切在于心胸。阴阳配日月，水火为效征。

此章言二气感化，有求必得之理，取以为铅汞相投、金来归性之征。阳燧，木燧也；方诸，大蛤也。或有以阳燧为火珠，方诸为阴鉴者。二物乃引致水火之具。夫日中有火，月中有水，乃阴阳自然之精，以此二物致之，可立而得。亦以二物之中元含水火，故以精摄精，以炁感炁，隔阂潜通，有莫知其然而然者。舍此二物，则必无可得之理。以况金丹大药，原是我家固有之物，奔蹶之后，乞诸其邻，厥有至理，舍此他求，则为非类，欲其合体而居也，斯亦难矣。仙翁引证见效，类皆若此。中间身

---

① 纵广一寸者，广陵本作"纵广一寸，一寸者"，疑广陵本字衍。
② 生，底本误刻作"先"，据广陵本及上下文义改。
③ 悬且，广陵本作"至悬"。

心二字,最宜着眼。紫阳真人《四百字·序》云:以身心分上下两弦。意更明切。

关键三宝章第三十二

(题仍上阳之旧)

耳目口三宝,固塞勿发通。真人潜深渊,浮游守规中。旋曲以视听,开阖皆合同。为己之枢辖,动静不竭穷。

此言炼丹入室之密旨,正与首篇御政之首互相发明。耳目口三宝者,道家以精气神三者为三宝,而耳目口乃三者发窍之处,故仙翁亦拟之以为三宝。固塞勿发通者,言管括微密也。盖当入室之际,大用现前,必须六根大定,然后可以临炉施条,而行一时半刻之功。然所谓固塞勿发者,又非蠢然之固塞也。静而能应,有旋曲视听之道焉。旋曲视听,则见真人之潜于深渊者。一浮一游,皆不出此规中之一窍;而一开一阖,无不与己之真气相为合同。己之真气既与之合,则所以为己之枢辖者在是矣。己谓己土,戊土能制己土,故曰枢辖。而戊土者,即深渊之真人也。动静不竭穷者,动静以火之消息而言。不竭穷者,绵绵若存也。此数句,采药行火,其诀悉备,读者详之。

离氛纳营卫,坎乃不用聪。兑合不以谈,希言顺鸿濛。三者既关键,缓体处空房。委志归虚无,无念以为常。

嘱视、倾听,则摇其精;多言,则丧其气。故当关键三者。顺鸿濛者,专一翕聚,以俟鸿濛之施化也。鸿蒙,谓真乙之氛。盖此时得药归鼎,鸿濛施化,便当优游和缓,无劳尔形,委志虚无,无杂其念,庶乎火力匀调,而九转之功可冀也。无念二字,更当分晓,予《测疏》谓得丹之后,当情境两忘,人法双遣,不可沉着于有为事相之中,所谓一念不起,万缘皆空,以此为常,功深力到,则证验推移,立竿见影,其说良是。盖有念者,一时半刻之事;无念者,三年九载之功也。故云以为常。

证验自推移,心专不纵横。寝寐神相抱,觉悟候存亡。

证验者,丹之证验;推移者,由浅而深也。证验,非心专则不能觉;纵横,言心弛于外也。驰于外,则心不专矣。寝寐而神与之相抱,觉悟而候其存亡，非心专而何？然上文既云无念，而此复言心专者，盖无念者，乃无杂念之谓，非顽空也；心专，则无杂念矣。

颜色浸以润，骨节亦坚强。排却众阴邪，然后立正阳。

此精充气足之外符，所谓证验，此其最著者也。排却众阴邪，然后立正阳者，炼去己私，然后得药归鼎。盖正阳者，乃真乙之炁，其来也甚微，兹欲立之，必须排却身中阴邪之气，庶邪不干正，阴不剥阳，而正炁可留。使邪者方盛，而我无排却之功，则阴之分数多，而欲正阳之立也难矣。

修之不辍休，庶气云雨行。淫淫若春泽，液液象解冰。从头流达足，究竟复上升。往来洞无极，怫怫被容中。

此证验之见于内者。盖得药之后，丹降中宫，于时众气自归，河车自转，蒸蒸然如山云之腾于太空，霏霏然如春雨之遍于原野，淫淫然如春水之满四泽，液液然如河冰之将欲解，往来上下，洞达无穷，百脉冲融，和气充足，畅于四肢，被于容色，拍拍满怀都是春，而状如微醉也。此非亲造实诣，难以语此。

反者道之验，弱者德之柄。

《道德经》云：反者道之动，弱者道之用。魏公亦借其语，而其意微有不同。盖《道德》所言反者，乃反复之复，言一阳来复，乃道之动也；此云道之验者，主意似言体道者之验，而反者，乃与物相反之谓，如老子所谓：众人昭昭，我独若昏；众人察察，我独若闷。如此道情、世情，一一相反，方为体道之验，如前所谓炼己，正是炼此世情。一切与物相反，则道在是矣，故云反者道之验也。何谓弱者德之柄？老子云：知其荣，守其辱，为天下谷；知其雄，守其雌，为天下溪。又云：专气致柔，如婴儿乎？凡此濡弱不争，乃修德者之所当执持而不可失者，故云德之柄也。道、德二字，要当有别：无为者曰道，有为者曰德；自然曰道，反还者曰德。不可不知也。

耘锄宿污秽，细微得调畅。浊者清之路，昏久则昭明。

芸锄宿秽者，剥尽群阴也。阴消则阳长，故一身之中细微调畅。宿秽除,细微畅,宜乎不浊。不浊,其有时而昏且浊者何①? 盖得炁之后,百脉归源,如所谓气索命将绝,体②死亡魄魂者,故昏昏默默,莫知其然,久之则自昭明,无更虑其昏浊也。老子云:孰能浊以静之徐清。意亦若此。

旁门无功章第三十三

（题仍上阳之旧）

世人好小术,不审道浅深。弃正从邪径,欲速阕不通。犹盲不任杖,聋者听宫商。没水捕鸡兔,登山索鱼龙。植麦欲获黍,运规以求方。竭力劳精神,终年不见功。欲知服食法,事约而不繁。

此章无甚深旨。

珠华倡和章第三十四

太阳流珠,常欲去人。卒得金华,转而相因。化为白液,凝而至坚。

太阳流珠,离宫真汞也。真汞之性,飞走不定,故常欲去人。去人则幻质非坚,故必得此金华,然后足以伏之、留之。金华者,金之精华,先天水金是也。得而采之,则转而相因,化为白液,而成坚固不坏之宝。《契》曰:先液而后凝,号曰黄舆焉。以其为金炁所化,故曰白液。凝而坚,则不去人矣。

金华先倡,有顷之间。解化为水,马齿阑干。阳乃往和,情性自然。

今夫先天水金,先倡于爻动之时,一炁而已。有顷之间,一时半刻,渡于鹊桥,转于昆山,解化为水,乃有醍醐、甘露之名;下于重楼,降于黄宫,结而成丹,则有马齿、阑干之象。马齿、阑干者,盖借外丹法象而言,非真有是物也。然而金华倡矣,阳乃和之。何谓之? 乾也,男也,阳不主倡而乃往和者何? 饶他为主我为宾也。一倡一和,则木性爱金,金情

---

① 此句广陵本作:"宜乎不昏不浊,其有时而昏且浊者何?"
② 体,广陵本作"休"。

恋木,欢忻交通,自然感应,而丹道成矣。

迫促时阴,拘畜禁门。

时阴者,阴极之时也。阴极则阳将复生,故当此之时,迫之、促之,以感其炁。及夫一阳来复,得药归鼎,则又拘之、畜之于禁密之门,所谓环匝关闭,守御密固,即此意也。此八字,丹法尽矣。

慈母养育,孝子报恩。遂相衔咽,咀嚼相吞。严父施令,教敕子孙。

先天乾金入于坤宫,实而成坎。坤为母,赖此慈母育之、养之,唤来归舍,却入乾家,是慈母育养而孝子报恩也。报恩,谓报乾父之恩,非报慈母也。遂相衔咽,咀嚼相吞者,两相饮食,和合而成丹也。丹结黄庭,复以离宫真火环匝周遭,丹得火化,日兹①月长,以底于成,是谓严父施令,教敕子孙。子孙即报恩之孝子,严父乃乾父也。离宫之火,乃太阳真火,故曰乾父。此皆作者广引曲譬之词,以明丹道之准于家道,如此要而言之,何父母子孙之有哉!

五行逆克章第三十五

五行错王,相据以生。火性销金,金伐木荣。三五与一,天地至精。可以口诀,难以书传。

太极判,两仪分,阴变阳合,而生水、火、木、金、土,此五行生出之序也。错王者,木王于东,火王于南,土王于中,金王于西,水王于北,各依四时之序而专其气,以成岁功。然而错王之中,又各相据以生。据者,依据之意,如木则依水以生,火则依木以生,土则依火以生,金则依土以生,水则依金以生,此常道之顺五行也。其以丹道而言,则以逆克而成妙用,何者?丹法以汞求铅,是以火销金也;得药归鼎,以铅伏汞,是金来伐木也。火性销金,而金反和融,金来伐木,而木反荣盛,则何故哉?盖以五行一炁而已。分而为五,则错王以相生;合而归一,则相亲而相恋。故三五归一,而丹之道尽之矣。何谓三五?东三南二,一五也;北一西四,二五也;戊己自居五数,三五也。合此三五而总归入北一,则丹

---

① 兹,广陵本作"滋"。

结矣。然三五如何会归？当有口诀，书不可得而传也，故曰：可以口诀，难以书传云。

龙虎主客章第三十六

子当右转，午乃东旋。卯酉界隔，主客二名。

如上所言，水火性情，俱已敷陈悉备，但未及于龙虎，此复论之。盖丹有震龙兑虎，各守境隅于卯酉之位。而不知水火之精，互藏于彼，故子当右转，则金公寄体于西邻；午乃东旋，乃离火藏锋于卯木。丹家所谓黑铅水虎、赤汞火龙，良有旨也。《契》云：青龙处房六兮，春华震东卯。白虎在昴七兮，秋芒兑西酉。如此龙东虎西，界隔卯酉，分为主客，则西者为主，东者为客，盖主客二名，丹家之最所宜辨者也。老子云：吾不敢为主而为客。《悟真篇》云：饶他为主我为宾。此足以相发明矣。

龙呼于虎，虎吸龙精。两相饮食，俱相贪并。荧惑守西，太白经天，杀气所临，何有不倾？狸犬守鼠，鸟雀畏鹯，各有其性，何敢有声？

龙呼于虎，以汞求铅也；虎吸龙精，则铅来伏汞矣。两者混合中宫，相饮相食，相吞相并而成还丹。拟之天象，则如荧惑守西，太白经天，杀气所临，何有不倾者乎？拟之物类，则如狸犬守鼠，鸟雀畏鹯，各得其性，何敢有声者乎？荧惑、太白，天之金、火二星。火入金乡，则为荧惑守西；金来伐木，则为太白经天。凡杀气所临之处，则战无不克，故以象之。又狸犬守鼠，象汞之求铅；鸟雀畏鹯，象铅之伏汞。

不得其理章第三十七

不得其理，难以妄言。竭殚家产，妻子饥贫。自古及今，好者亿人。讫不谐遇，希能有成。广求名药，与道乖殊。如审遭逢，睹其端绪。以类相况，揆物终始。

此章无甚深旨。

父母滋禀章第三十八

五行相克，更为父母。母含滋液，父主禀与。凝精流形，金石不朽。

审专不泄,得成正道。

上言五行逆克而分主客,此言五行逆克而分父母,皆旁通曲畅,以尽丹道之蕴。五行相克者,丹法以火销金,以金伐木,皆逆克也。何以更为父母?更者,迭更之意。盖阴阳之道,施者为父,受者为母,《契》云:雄阳播玄施,雌阴统黄化。丹法以汞求铅,是以火销金也。如是则木火主施,而金水主受,是木火为父而金水为母也。及乎得药归鼎,以铅伏汞,是金来伐木也。是又金水主施,木火主受,金水为父而木火为母矣。如此二炁五行,交盗互入,乃成丹法。得而修之,则长生久视,万劫不坏,理亦宜然。观之于物,则凡凝精流形如金石者,皆能不朽。何谓凝精?精者,阴阳施受之精。盖自日月交光,照耀下土,凝结不散,则为金为石。人亦有精也,审专不泄,则精凝而宝结矣。审专,即至诚专密之意;不泄,即关键三宝之意。或以此精为交感之精者,非是。

药物至灵章第三十九

立竿见影,呼谷传响。岂不灵哉,天地至象。

太空之中,原无影响,以形声召之,则影响立至,此天地之至灵也。以况先天一气,来自虚无,召之自我,则无中生有,虚里造实,亦如立竿呼谷而影响随之。丹法之灵,有如此者。

若以野葛一寸,巴豆一两,入喉辄僵,不得俯仰。当此之时,虽周文揲蓍,孔子占象,扁鹊操针,巫咸扣鼓,安能令苏,复起驰走?

此与上条立设譬语,皆言药物至灵之义。盖上是言召摄之至灵,此言服食之至灵也。反言野葛、巴豆服之皆能杀人,世有死人之药,独无生人之药乎?故毒药入喉,圣哲不能复苏;刀圭入口,羽翰生于白日。理有固然,无足异者。今人于死人之药,则不敢复试,乃至长生大药,漫不加信,一何昧哉?

天元配合章第四十

河上姹女,灵而最神。得火则飞,不见埃尘。鬼隐龙匿,莫知所存。

将欲制之，黄芽为根。

姹女，身中灵汞也。此汞属于离宫，午分三河，故云河上。得火则飞者，离宫真火一动，则汞自逃走，如感悲则泪，感合则精，感愧则汗，感惧则溺，皆由心君，故云得火则飞也。灵汞飞走，逃匿莫知其乡，其神若此。然既谓之曰灵矣，而又谓之曰神者何？盖灵则感而遂通，神则无方无体，正言此汞之在人身，无处不有，无感不通，常欲去人，不可控制，自非黄芽大药，别无他能。黄芽者，真铅之别名也。何谓黄芽？黄者，中黄之炁；芽者，爻动之萌；为根者，言以之为丹基也。前云：太阳流珠，常欲去人。卒得金华，转而相因。意亦若此。

物无阴阳，违天背元。牝鸡自卵，其雏不全。夫何故乎？配合未连。三五不交，刚柔离分。

夫铅之所以能伏汞者，阳能制阴也。天下无一物无阴阳，无阴阳则违天背元矣。元者，无极之初，始生一炁，便含阴阳。故邵子云：无极之先，阴含阳也；有象之后，阳分阴也。天地万物岂有无阴阳而成造化者乎？故雌鸡自卵伏之，则其雏不全。何者？无配合也。无配合，则三五不交而刚柔离分矣。三五，即三五与一之三五。三五交，则刚柔合，而万化从此生矣。

施化之道，天地自然。犹火动而炎上，水流而润下。非有师导，使其然也①。资始统政，不可复改。观夫雄雌，交媾之时，刚柔相结，而不可解。得其节符，非有工巧，以制御之。若男生而伏，女偃其躯。禀乎胞胎，受炁元初。非徒生时，著而见之。及其死也，亦复效之。此非父母，教令其然。本在交媾，定制始先。（偃，当作仰。②）

雄阳播玄施，雌阴统黄化，此阴阳施化之道也。是乃天地自然而然，故施者必化，禀者必受，犹之火动必上炎，水流必下润，非有师导而使之然，一自然而已矣。以是知乾元资始，坤元资生，资始统政之道，万古此天地，则万古此施化也。所谓天不变则道不变，道不变则丹亦不变，圣人知自然之不可变也。因而制之，尔其配合阴阳，运行日月，使刚

---

① 也，广陵本作"者"。
② 此句底本无，据广陵本补。

柔之炁，互相纽结而不可解。不可解，则凝而至坚，而还丹成矣。此岂别有工巧以制御之，不过得其符节而已矣。节谓水火之节，符谓药生之符，得其节符，此还丹之第一义也。还丹而得其节符，则一时半刻之间，可以立就，直至婴儿现相，脱胎神化，皆出自然，所谓一得永得，定制于先，不可改易。若男生而伏，女仰其躯，生时如此，死复效之，此岂父母使之然哉？亦由受胎之初，所禀之气，有阴阳施化先后之不同，故男伏女仰，一定而不可易耳。以是知顺而成人，亦皆自然而然，不可复改，知人道则知丹道矣。此章意重在定制始先不可复改，以明丹法万古不变之意。

日月含吐章第四十一

坎男为月，离女为日。日以施德，月以舒光。月受日化，体不亏伤。阳失其契，阴侵其明。晦朔薄蚀，掩冒相倾。阳消其形，阴凌灾生。

此章意重阴阳含吐。含吐者，含其精而吐之也。夫坎男为月，离女为日，此易象也。丹术著明，莫大乎日月，即举日月而论，日主施德，月主舒光，月之光吐于日者也。月受日化，而有晦朔弦望之分，然亏而复盈，绝而复苏，其体终不至于亏伤者，以阴含阳①，阴得阳助故也。故神仙造丹，专取借光为义。盖指庚方月现，药吐一符，乃阳之契也。得此契而造丹，则丹可立就。苟或后时失事，失此符契，则金嫌望远，药度后天，必至于渐消渐灭，屈折下降，阴侵其明而受统于巽，掩冒相倾而薄蚀于朔，消形生灾而丧明于坤矣。是可以见阳之契不可失也，失其契非盗机矣。

男女相须，含吐以滋。雄雌错杂，以类相求。

丹法之男女相须，偕以造化，即日月之含精吐光，滋生万物也。是盖月受日化，坤承天施，乃阴阳自然之理，夫道不过一阴一阳而已。观夫雄雌错杂，其类不一，然其以类相求，含吐之情无不同也。以是知孤阴不生，独阳不成，顺而成人，逆而成丹，非有二道，贵在夫人能识其含

---

① 阳，广陵本作"阳精"。

吐之妙，盗其机而用之耳。

金化为水，水性周章；火化为土，水不得行。男动外施，女静内藏。溢度过节，为女所拘。魄以铃魂，不得淫奢。不寒不暑，进退合时。各得其和，俱吐证符。

此下发明男女相须，含吐以滋之义。金化为水者，爻动之时，金初生水也。水之为性，和融周章，必得离宫己土，铃而制之，然后水为土撵，不得滥行，自来归性而成还丹。盖今人皆谓真铅能制真汞，而不知真土能擒真铅，故仙翁此章归重于此。故男动外施，女静内藏，何谓之男？男者，阳也，动而外施者，雄阳播玄施也；女者，阴也，静而内藏者，雌阴统黄化也。是可以见男女相须，含吐以滋之义矣。当夫金化为水之时，未免周章过溢，而此则则水定火，制以己土，使不得行，是阳为阴撵，男为女拘，魄以铃魂，而不得淫奢也。《契》云：阳神日魂，阴神月魄。凡人四大一身，皆属于阴，而先天真乙之炁，自爻动中来者，是曰日魂。魂来归魄，魂为魄铃，彼此相拘，含而吐之，以成造化。由是则以卦爻，运以符火，不寒不暑，而进退之以时，则各得其和而证符之俱吐矣。药生曰符，药成曰证，皆自和气中来。和之一字，最为肯綮，而含吐二字，又是一章之大旨，学者更宜细玩。

四象归土章第四十二

丹砂木精，得金乃并。金水合处，木火为侣。四者浑沌，列为龙虎。龙阳数奇，虎阴数偶。

此章言四象五行，各有归并。丹砂者，离宫真汞也。午乃东旋，藏于木中，则为木精。必得西方之金以制之，则木性爱金，金情恋木，和合交并而成还丹。然西方之金中有真水，是金水合处也；丹砂木精，砂中含汞，是木火为侣也。此四象者，分布则各守境隅，混沌则列为龙虎。浑沌者，用先天也。列为龙虎，则龙居东方，木数得三，而龙阳数奇矣；虎居西方，金数得四，而虎阴数偶矣。然阴阳之宅，其精互藏，龙岂真阳、虎岂真阴也哉？会而通之可也。

肝青为父，肺白为母。心赤为女，脾黄为祖。肾黑为子，子五行始。

三物一家,都归戊己。

其以后天而论,木炁在肝,其色青,其人父;金炁在肺,其色白,其人母;火炁在心,其色赤,其人女;水炁在肾,其色黑,其人子;土炁在脾,其色黄,其人祖。肝肺之所以为父母者,以其生木火①也;脾之所以为祖者,以其生金母也。丹家只论龙虎初弦之炁而已,与此全无干涉,而魏公必指此者,以见后天五行,欲人洞晓深达尔。然既曰肾黑为子,而下即云子五行始者,盖又以先天生出之序而言,天一生水,位居于北,独为五行之初先。子当右转,则金水合处也;午乃东旋,则木火为侣也。并而合之,则同归戊己之宫,而还丹始就,故云:三物一家,都归戊己。戊己不独只言中宫,亦有俱死归后土之意。一家,是本原一炁而生,故曰一家。

阴阳反覆章第四十三

刚柔迭兴,更历分部。(分,去声。②)

此章备言丹法逆转互换之妙。刚柔迭兴者,取互藏之精,而阴中用阳,阳中用阴也;更历分部者,谓阴阳各有分部,如龙东虎西、子南午北、三月天罡、九月河魁,皆一定不移之位。丹法逆转互换,则皆更而历之,其义见下。

龙西虎东,建纬卯酉。刑德并会,相见欢喜。刑主杀伏,德主生起。二月榆死,魁临于卯。八月麦生,天罡据酉。

且如震龙居东,兑虎居西,乃阴阳分部之常。丹法更而历之,则东往西邻,西归东舍,而龙西虎东,小往大来矣。天地南北曰经,东西曰纬,卯建于东而主德,酉建于西而主刑,乃阴阳分部之常。丹法更而历之,则德中有刑,刑中有德,而刑德并会,相见欢喜矣。何谓刑德并会?盖刑主杀伏,德主生起,即观造化,二月榆死,此德中之刑也。德中何以

---

① 木火,广陵本作"水火"。
② 此句底本无,据广陵本补。

有刑？盖以卯与戌合，而月将之河魁，此时临于卯位，戌中辛金，杀气尤①存，故榆死于卯，其一征尔；八月麦生，此刑中之德也。刑中何以有德？盖以酉与辰合，而月将之天罡，此时临于酉位，辰中乙木，生气尚存，故麦生于酉，其一征尔。丹法此时立为沐浴，盖亦有见于此。然人身中安得更有榆死麦生，不过欲知刑德相负，此时不宜加火，使有偏重之虞尔。

子南午北，互为纲纪。

其以颠倒坎离而论，则子南午北，皆为更历分部。盖子者，坎水也，坎水居北而翻在南；午者，离火也，离火居南而翻在北。盖柔上而刚下，小往而大来。互为纲纪者，阳为纲，则阴为纪，今皆反之，故曰互为也。

一九之数，终而复始。含元虚危，播精于子。

上论丹法，此重丹母。盖一者水数，九者金数。此金水者，乃先天真一之炁，遍历诸辰，终而复始，其交会之际，则含元于虚危。虚危者，亥子之交、晦朔之间也。至子之半，则忽然夜半一声雷，万户千门次第开矣，故曰播精于子云。

牝牡相须章第四十四

关关雎鸠，在河之洲。窈窕淑女，君子好逑。雄不独处，雌不孤居。玄武龟蛇，蟠虬相扶。以明牝牡，更当相须。假使二女共室，颜色甚姝，苏秦通言，张仪合媒，发辩利舌，奋舒美辞，推心调谐，合为夫妻，弊发腐齿，终不相知。若药物非种，名类不同。分剂参差，失其纲纪。虽黄帝临炉，太乙执火，八公捣炼，淮南调合，立宇崇坛，玉为阶陛，麟脯凤脂，把藉②长跪，祷祝神祇，请哀诸鬼，沐浴斋戒，妄有所冀。亦犹和胶补釜，以硇涂疮，去冷加冰，除热用汤，飞龟舞蛇，愈见乖张。

此章无甚深旨，只是明同类相从之意。若药物非种以下，又是言炉火中事，亦要配对阴阳，准则铢两。若与人元大丹，一有不合，希能有

---

① 尤，广陵本作"犹"。
② 藉，广陵本作"籍"。

成。此章予《测疏》中发明好述之义甚切，观者详之。

《周易参同契口义》下篇

东汉魏伯阳真人 著

淮海陆西星潜虚 口义

新安汪启濩东亭 辑

粤东许启邦杰卿 评点

韩景垚 校刊

自叙启后章第四十五

惟昔圣贤，怀玄抱真。伏炼九鼎，化迹隐沦。

夫金丹之道，古之高真上圣，莫不由之。顾药按三元，仙分九品。伏炼九鼎者，药之上品也，其法则轩辕之《龙虎》，旌阳之《石函》，备矣。其药即服即仙，故能化迹轻举，紫阳所谓刀圭一入口，白昼生羽翰者，比之人元大丹积累长久者不同。今《参同》所言，皆人元也。以其为人所易知而易行，且宇宙在手，非若九鼎神丹，系于天地鬼神而不可必得者，故特详以示人耳①。然神丹化迹，不曰冲举，而曰隐沦者，服丹之后，更当潜伏人间，以修功行，俟其圆满，然后膺箓受图也。

含精养神，通德三元。精溢腠理，筋骨致坚。众邪辟除，正气常存。累积长久，变形而仙。

含精者，含太阳之元精，先天药祖是也；神，谓自己之元神；养神者，绵绵若存，优游厌饫，以俟药之自化也。此则人元之事。而曰通德三元者，三元之道，殊途而同归者也。冲养之盛，则精溢腠理，而筋骨致坚，以至群阴剥尽，体化纯阳，火足胎圆，真人出现，变形而仙，无足异者。然非积累长久，何以能此？然前云化迹，而此曰变形，更当着眼。盖变

---

① 耳，广陵本作"尔"。

者,化之有渐,而化则变之既成者也。如次而易血,次而易筋,次而易骨,皆谓之变,化则无俟于此。

忧悯后生,好道之伦。随傍风采,指画古文。著为图籍,开示后昆。露见枝条,隐藏本根。托号诸名,覆谬众文。学者得之,韫椟终身。

如上圣贤道成之后,不欲独善其身,随傍往哲之风采,指画上古之文字,著为图籍,以开来学。然又不敢成片诀破,露枝藏本,托号龙虎铅汞、流珠金华、黄芽白雪等名,以覆其文,意在使人得意忘象。学者得之,韫椟终身,守而勿替可也。

子继父业,孙踵祖先。传世迷惑,竟无见闻。遂使宦者不仕,农夫失耘,商人弃货,志士家贫。吾甚伤之,定录此文。字约易思,事省不烦。披列其条,核实可观。分两有数,因而相循。故为乱辞,孔窍其门。智者审思,以意参焉。

传世既久,寖以失真,未免以盲引盲,同落坑堑,遂使四民失业,穷乏终身,非道误人,人自误之也。仙翁重伤此辈,乃复定录此文,发明金丹至易至简之道,指示药物,准则铢两。然亦不敢直陈显说,模仿古人,托号覆谬之意,故为乱辞,孔窍其门,以藏真诀。智者审思,以意参之,则可以得之象数之外矣。此章审思二字,最为读《参同契》之肯綮。《管子》曰:思之思之,又重思之,思之不通,神明通之。《契》云:千周灿彬彬兮,万遍将可睹。神明或告人兮,心灵忽自悟。今人不能熟思详味,便谓此书难读,岂不有负仙翁开示后昆之圣心哉!

丹法全旨章第四十六

法象莫大乎天地兮,玄沟数万里。

此章与后《鼎器歌》已见《测疏》,兹不复赘。

《参同》字义分属

外

坤女 坎戊 铅情 牝 偃月炉 元精 真人 真乙 金华 黄芽 有 金水 兑

虎西 雄阳 震符 爻动 君 主 黄土 白 敖枢 上弦 水银 明窗尘 文火 阳禀
刚施 命 阳神日魂 动直 孝子 九还 男白 王者 太白经天 神德 男动外施
神明

内

乾男 离己 汞性 牡 河上姹女 太阳流珠 子珠 朱雀火精 无 水火 震
龙 东雌阴 臣 客 赤色门 下弦 丹砂 太阳气 武火 阴受 柔化 性 阴神月
魄 静翕严父 七返 八归 六居 女赤 皇上 荧惑守西 女静内藏。

中宫

戊己 厚土

上

甑山

下

大渊 深渊 规中

月节气候卦斗律火总纪

冬至十一月中

斗指子，卦为复䷗，律黄钟。五日鹖鴠不鸣，又五日虎始交，又五日荔挺出。

小寒十二月节

斗指癸。五日蚯蚓结，又五日麋角解，又五日水泉动。于时进一符阳火，戊己微调。

大寒十二月中

斗指丑，卦为临䷒，律大吕①。五日雁北乡，又五日鹊始巢，又五日雉雊。

立春正月节

斗指艮，五日鸡乳，又五日征鸟厉疾，又五日水泽腹坚。于时进二符阳火，和平有明。

---

① 律大吕，广陵本缺此三字。

雨水正月中

斗指寅,卦为泰☷☰,律太簇。五日东风解冻,又五日蛰虫始振,又五日鱼陟负冰。

惊蛰二月节

斗指甲,五日獭祭鱼,又五日候雁北,又五日草木萌动。于时进三符阳火。

春分二月中

斗指卯,卦为大壮☳☰,律夹钟。五日桃始华,又五日鸧鹒鸣,又五日鹰化为鸠。

清明三月节

斗指乙,五日玄鸟至,又五日雷乃发声,又五日始电。于时沐浴停火。

谷雨三月中

斗指辰,卦为夬☱☰,律姑洗。五日桐始华,又五日田鼠化为鴽,又五日虹始见。

立夏四月节

斗指巽,五日萍始生,又五日鸣鸠拂其羽,又五日戴胜降于桑。于时进五符阳火,乾健盛明。

小满四月中

斗指己,卦为乾☰☰,律仲吕①。五日蝼蝈鸣,又五日蚯蚓出,又五日王瓜生。

芒种五月节

斗指丙,五日苦菜秀,又五日靡草死,又五日麦秋至。于时进火数足。

夏至五月中

斗指午,卦为姤☰☴②,律蕤宾。五日螳螂生,又五日鵙始鸣,又五日反舌无声。

---

① 律仲吕,广陵本缺此三字。
② 姤,底本作"垢",据广陵本改。

小暑六月节

斗指丁，五日鹿角解，又五日蜩始鸣，又五日半夏生。于时退一符阳火。

大暑六月中

斗指未，卦为遁☶，律林钟。五日温风至，又五日蟋蟀居壁，又五日鹰始挚。

立秋七月节

斗指坤，五日腐草为萤，又五日土润溽暑，又五日大雨时行。于时退二符阳火。

处暑七月中

斗指申，卦为否☶，律夷则。五日凉风至，又五日白露降，又五日寒蝉鸣。

白露八月节

斗指庚，五日鹰乃祭鸟，又五日天地始肃，又五日禾乃登。于时退三符阳火。

秋分八月中

斗指酉，卦为观☶，律南吕。五日鸿雁来，又五日玄鸟归，又五日群鸟养羞。

寒露九月节

斗指辛，五日雷始收声，又五日蛰虫坏户，又五日水始涸。于时沐浴停火。

霜降九月中

斗指戌，卦为剥☶，律无射。五日鸿雁来宾，又五日雀入水为蛤，又五日菊有黄花。

立冬十月节

斗指乾，五日豺乃祭兽，又五日草木黄落，又五日蛰虫咸俯。于时火库归戌。

小雪十月中

斗指亥，卦为坤☶，律应钟。五日水始冰，又五日地始冻，又五日雉入水为蜃。

大雪十一月节

斗指壬,五日虹藏不见,又五日天气上升、地气下降,又五日闭塞而成冬。于时归根复命,不复用火①矣。

按:天地之气候,即人身之火候也。阳长则阴消,阴盛则阳剥,皆自然而然。作丹者,苟能法其自然之运,则所谓进火退符者,其妙用不外是而得之矣。所谓自然,盖亦有说,师语我云:顺自然非听自然也。渊乎微哉!

斗建子午将指天罡图

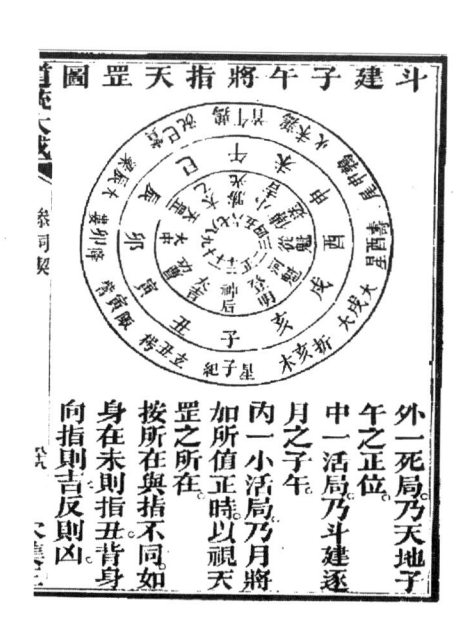

外一死局,乃天地子午正位。

中一活局,乃斗建逐月之子午。

内一小活局,乃月将加所值正时,以视天罡之所在。

按:所在与指不同,如身在未则指丑,背身向指则吉,反则凶。

---

① 火,底本误刻为"大",据广陵本改。

《悟真篇》云：晨昏火候合天枢。天枢者，斗杓所建之极也。天枢一昼夜，凡一周天，而一月一移，如十一月则初昏之夜，斗杓建子。初昏之夜，乃戌时也，便以子加于戌。十二月则以丑加于戌，正月以寅，二月以卯，皆加于戌，故曰月月常加戌。然必视太阳已未①过宫，未过宫者，则加于亥上。以此顺而推之，则知斗建之子午。

天罡亦视太阳过宫，如未过宫，只算前月或以交节气加亥，交中气加戌者，亦是此意。交节气，未必过宫；交中气，或有过宫者矣。然亦有已交中气，而犹未过宫者，亦加亥上。只以太阳过宫为主。

斗建法，且如正月建寅，太阳未过宫，则以寅加亥，至酉建子。正月斗建之子时，乃天地之酉时也。酉为子，则卯为午矣。

已过宫，则以寅加戌，至申建子，至寅建午。推之他月，亦是此例。进火退符，必用午建之子午者，盖以斗之所指则气动，故依斗建运也。《夷门歌》云：十二门中月建移，刻漏依时逐旋布。此其旨也。（斗之所指则气动，罡之所指则神聚。）

日之子午，因日所历；斗之子午，因戌所建。

日有昼夜，数分子昼午夜。月应时加减，分子生午亏。《悟真篇》云：晨昏火候合天枢。盖仙道之晨昏，乃取斗建之子午，非世间日出没之晨昏也。求天罡所在之辰，诀云：月月常加戌，时时见破军。天罡前一位，只此最为真。太阳宫未过，仍于亥上寻。加戌与前不同，今为立例：

假以五月某日午时，太阳已过宫，其月建午，即以戌加午上，顺数亥子丑寅卯辰巳，至午为止，得艮八，便于艮八飞入九宫。以离九为左辅，坎一为右弼，坤二为贪狼，震三为巨门，巽四为禄存，中五为文曲，乾六为廉贞，兑七为武曲，艮八为破军，而天罡却在破军之前一位，故曰时时见破军也。

---

① 未，底本无，据广陵本补。

九宫八卦图①

```
          九
     宫   宫
 图 八  申 二
    未  坤
 卦 午  二
 巳 離
 巽 九
 四

         兑
     中  酉
 震 五  戌
 辰 七
 卯
 三

     乾
 艮 坎  六
 八 一  亥
 寅 丑  子
```

昏见图

昏见图

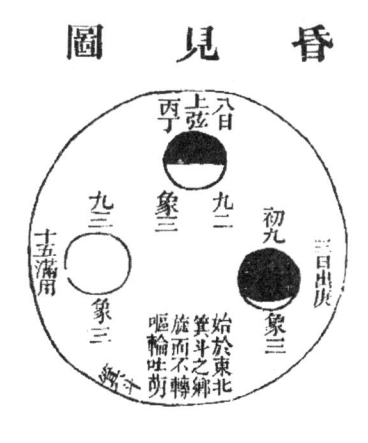

① 按：九宫八卦图，《道藏精华》本与诸本图不同，其图中并入洛书图，不知其据何在？

药火象月之图

一月三象,庚象其嫩,弦象其平,满象其盛。

《契》云:金计有十五,五分水有余,二者以为真。于此可见。

其以象火,则又参以乾之六爻,震则阳气始通,初九潜龙;兑则九二见龙,和平有明;乾则九三夕惕,亏折神符。

晨现图

圖現晨

阳道至此,渐消渐灭,故不以象药,而以象火,然非有二,但有内外之分耳。巽则九四或跃,进退道危;艮主进止,典守弦期,正应九五飞龙,丹道已就;坤应上九亢龙,罢功韫养。

此图亦可象药,亦可象火,要吾人会而通之耳。

八卦纳甲之图

八卦納甲之圖
乾納甲 壬
坤納乙 癸
艮納丙
兌納丁
坎納戊
離納己
震納庚
巽納辛

八卦纳甲之图，纳甲法，是于月生处看出，此在《参同》无甚深旨。

干纳甲 壬

坤纳乙 癸

艮纳丙

兑纳丁

坎纳戊

离纳己

震纳庚

巽纳辛

含元播精三五归一图

圖一歸五三精播元含

參同契口義終

水者五行之初先也，十二辰为子，含元归集，皆于此处，播精则在此时。

附录：

陆西星先生年表

周全彬

明正德十五年（1520）庚辰，一岁。十二月十四日诞生于扬州兴化县。其父精于易学，其弟原博亦有文名。稍长，读四书五经，习举子业，与宗子相（宗臣）为友。

嘉靖二十六年（1547）丁未，二十八岁。陆西星自称于本年秋季，与姚四溟"同被师眷"，于北海草堂遇吕祖（吕洞宾），得授口诀。李春芳（子实）举进士，廷试点为状元。

嘉靖二十七年（1548）戊申，二十九岁。据《三藏真诠》记载，陆西星于本年与太华山人姚更生、遵阳子赵栻（子严）得吕祖及刘海蟾传授。

嘉靖二十八年（1549）己酉，三十岁。好友宗臣、同学赵（方宇），乡试中举人。

嘉靖二十九年（1550）庚戌，三十一岁。为"衣食奔走，与师契阔"数年。宗臣中进士，授刑部主事。

嘉靖三十一年（1552）壬子，三十三岁。宗臣因病回乡，住百花洲，讲求药饵之法。陆西星时相过从，往往言终夜而不罢去。

嘉靖三十三年（1554）甲寅，三十五岁。西星外出归乡。

嘉靖三十四年（1555）乙丑，三十六岁。据《兴化县志》记载："嘉靖三十四年，春蝗，夏大水，秋又蝗，食屋草殆尽。"陆西星困穷，拾取水中穗穞以充饥。好友禹凤河英年早逝，西星有诗哀之。

嘉靖三十五年（1556）丙辰，三十七岁。频得异人传授丹法。

嘉靖三十六年（1557）丁巳，三十八岁。宗臣出任福建参议，过里省亲，陆西星前后五次访宗臣。其时倭寇犯浙江、福建，人皆仓惶而走，独陆西星念老母年迈，不肯远走。宗臣为陆母六十寿作《陆长庚母夫人叙》，历述己与陆西星之友谊及陆母教子之远见。李春芳升太常寺少卿。

嘉靖三十七年（1558）戊午，三十九岁。至三十九年，连续三年，陆西星皆客居金台。时李春芳在京官运亨通，"恩遇日隆"。

嘉靖三十八年（1559）己未，四十岁。赵宋中进士。赵宋累官至宁武兵备副使、山西行太仆寺卿，为官守正不阿，归里后，常与陆西星、伯兄赵遵阳研讨丹法，自号昆丘外史。陆西星著作之梓行，多赖赵宋资助。兴化知县胡顺华主修《兴化县志》，陆西星与其侄陆律皆参与修纂。《扬州府志》谓陆西星编有《兴化县志》，《重修兴化县志》亦云陆西星编有《邑志》，可知本年陆西星参修《兴化县志》出力独多。

嘉靖三十九年（1560）庚申，四十一岁。二月，好友宗臣病死于福建，享年仅三十六岁，西星有诗哀之。李春芳升礼部右侍郎，掌翰林院事。

嘉靖四十年（1561）辛酉，四十二岁。得地于灌河之滨，其东辟为大园，建宅于高树之西，陆西星自认为"适合仙旨，事皆前定。"李春芳回礼部主事，次年升吏部左侍郎。

嘉靖四十三年（1564）甲子，四十五岁。十二月，撰成《金丹就正篇》，序谓："甲子嘉平，予乃遁于荒野，览镜悲生，二毛侵鬓，慨勋业之无成，知时日之不待。复感恩师示梦，去彼挂此，遂大感悟，追忆囊所授语，十得八九。参以契论经歌，反复紬绎，寐寐之间，性灵豁畅，恍若有得，乃作是篇。孔子曰：'温故而知新。'今予所温者故也，而所知则新也。虽一时臆度之言，未敢就正有道，然亦庶几不背吾师之旨乎！"陆律乡试中贡生，为龙游训导，著有《从吾集》，《兴化县志》称陆律"与从父西星齐名。"

嘉靖四十四年（1565）乙丑，四十六岁。居灌河之滨，研读《老子》，叹《老子》一书为"圣人之微言而性命之极致也。"研究人元丹法，多有所得。

嘉靖四十五年（1566）丙寅，四十七岁。陆西星研究《老子》，"参以丹经，质之师授，恍然似有所得其要领者"，历时三月而成《老子玄览》。

十月五日作自序。同门赵遵阳为之作序，姚更生为之作《读〈老子〉宗眼》。十月，初辑《三藏真诠》。所谓"三藏"者，即"一曰《法藏》、二曰《华藏》、三曰《论藏》。法言道，华言词，论言论也。"《三藏真诠》一书，开端于明嘉靖二十六年丁未（1547年），终于明隆庆六年壬申（1572年）。是年，陆西星开始烧炼地元外丹。

隆庆元年（1567）丁卯，四十八岁。因妻儿病，研究医药之学。著成《阴符经测疏》一书，三月望后二日，序于安宜舟中；七月望后五日，作后序。并撰《玄肤论》。九月，序云："《玄肤论》者，陆生所述也。陆生既闻性命之学于圣师，豁然有契于其衷，乃述所传，为论二十篇，总七千余言，名曰《玄肤》。"同门太华山人姚更生赞为"丹经万帙，尽约《玄肤》数语。"赵宋作后序，并出资刻板行世。

隆庆二年（1568）戊辰，四十九岁。研究风律、堪舆地理之术，继续烧炼地元外丹。七月十一日，至拱极楼祝同门赵遵阳五十寿诞。十月二十四日，陆西星五十寿诞，异人为之作寿赞云："知君者君，若何所负，竹底疏云，梅梢清露，是耶非耶？云归何处？"是年，河南延津人进士李戴（仁夫）任兴化知县，闻"兴邑有畸士曰陆长庚氏者，谭性命之学而归极于仙禅。"

隆庆三年（1569）己巳，五十岁。九月，撰《周易参同契测疏》，盖因《参同契》注家虽多，以陈致虚之《参同契分章注》"得夫立言之旨"，但陈注"特其学问渊深，议论闳博，初学之士，骤尔读之，未免厌多而废，苦难而止"，于是陆西星"会文释义，以义从文，剪去枝蔓，直见本根，详略相因，义由一贯。其宗旨则上阳也，其文则己也。"陆西星此注力主人元阴阳丹法，多所发明，仇兆鳌推为"发挥丹诀，疏畅条理，得吕祖亲传。"陶素耜则极赞"暗室之巨灯，迷津之宝筏。"陈撄宁亦谓"古今所有《参同契》注解，余读过四十余种，应推潜虚子陆长庚之《测疏》、《口义》两种为最善。"十月，黄淮水溢，兴化水灾，陆西星借居开元观，继续研究风律、堪舆，烧炼地元外丹，多有所得。友人潘应诏（六冶）中贡生。

隆庆四年（1570）庚午，五十一岁。春，结识东皋严怡（石溪）。八月十九日,自虎墩(今东台县富安镇)省亲归。十二月,于南沙之西禅精舍撰成《金丹大旨图》,盖因"四方闻道之士,谓某可教,各以师授,参互考订,比予所闻,率多枘凿。匪道有异同,户牖自别故也。"陆西星以为"金丹之道,至易至简,有所安排布置,则涉邪伪而非自然。"于是作此《金丹大旨图》,意在"根极化原,直指命术,举纲说约,大义昭然,要在不背于师旨。"又著《七破论》七篇,尽述旁门外道之邪法。

隆庆五年(1571)辛未,五十二岁。五月,撰成《心印经测疏》、吕祖《百字碑测疏》、邱处机《青天歌测疏》。疑《金丹四百字》、《入药镜》、《龙眉子金丹印证诗》及《悟真篇小序》均完成于本年。

隆庆六年(1572)壬申,五十三岁。十月初五日,至赵宅,与赵遵阳研究择吉之术。是年,陆西星于人元丹法所得尤精。

万历元年(1573)癸酉,五十四岁。陆西星之妻久病不愈,"将还造化"。六月,陆西星重读旧著《参同契测疏》,觉《测疏》虽"贯串经旨,断络章句,自谓庶几不悖作者之意",然"大义虽明,而微言未晰,将使后昆一字不逗,衷怀贰疑,纵予不咎,宁无歉乎?于是伸纸濡毫,信手成句,纷解义意,补塞遗漏,不复润色辞藻,名之《口义》。"书中于人元丹法之精义阐发极为显明。

万历二年(1574)甲戌,五十五岁。十二月,严怡卒。怡病中吟诗三百七十九首,名曰《移情杂咏》。陆西星探视之,有《读移情杂咏》诗。

万历四年(1576)丙子,五十七岁。六月六日,陆西星始起草《南华经副墨》。赵宋刻陆西星《方壶外史》。据亶怀逸史王郚《新梓〈方壶外史〉玄肤论序》云:"君(陆西星)注疏甚富,穷于学道,不能自梓。梓其书者,上大夫方宇赵公,余续就事……"可知赵宋之刊刻陆西星文集《方壶外史》当起于是年。

万历五年(1577)丁丑,五十八岁。严怡《严石溪诗稿》刊行,题"楚阳虚仙陆长庚校",卷首有陆西星"跋石溪严公拟古十九首",《诗稿》中有:赠陆虚仙、陆虚仙读移情杂咏、次韵陆虚仙赠田炼师、赠陆潜虚弟子俞文通。

万历六年(1578)戊寅,五十九岁。八月八日,《南华副墨》脱稿,并作序。从侄陆律作序，云："吾叔氏方壶先生，天诞之灵，夙有异骨，才雄学博，洞百氏外家语，童时即志仙游，尝曰：'人世浮华，石火耳！安用名为？'一日，即谢去亲知，长啸入栖霞山，彷徨乎尘垢之外，逍遥乎无为之业，鹑居鷇食，徐徐于于。旧注《阴符》、《道德》、《参同》、《玄肤》等书，顷著《南华》。"又云："自先生注出，而诸家注可尽废矣。"五月，青霞外史李齐芳（李子蕃）为《副墨》作序，云："外史氏，予里闬先生也，闻性命之学于涞滆先生，遂屣弃旧所，栖真乎摄山之阳，注《南华》、《道德》，以适己志，明大道之要，俾后来者知乡方。书成，予为梓之。"

万历七年（1579）己卯，六十岁。昔日学道同门姚更生在陕西中举人。

万历八年（1580）庚辰，六十一岁。二月，有《复张还朴进士书》，与张还朴粗谈丹道性命之学，并述所怀："别后惠我好音，谓仆浮沉倏忽，非仆也故，时值然也。若称怀而论，必使斯世斯人同归觉路，讵不畅然？"于张还朴有所寄望："凡人之情，同声相应，同气相求，足下患感之至，盖昔人有以千金市骏者，未踰年，千里马至者三。此郭隗之事，足下耳目所睹记也，足下盖勉之矣。"八月，赵宋序陆西星旧著《老子玄览》，云："长庚注《老子》二卷，名曰《玄览》，二万余言，贯串一旨。要皆契悟于言语文字之外者，然非长庚之私言也……似当准此梓传"。此可知《玄览》虽作于嘉靖四十五年（1566年），十余年后方才刻板印行于世。十二月，与郑洛（范溪）《遗制府书》，劝以洛不独以学佛修性为重，当兼以修命，若果只是修性，"则他生来劫，当觅公于兜率天中，而阆风玄圃之墟，终不能挽公之逸驾矣。"

本年，识郑材（思成）。郑材，河北安康人，郑洛之子，万历六年（1578）任山东博平县知县，官至山东少参，从陆西星学道。

有诗：《北游杂咏》五十三首。

万历九年（1581）辛巳，六十二岁。北游至京师。六月，在上谷与赵宋别。有诗：《北游杂咏》五首。

万历十年（1582）壬午，六十三岁。北游回乡。有诗：《归田杂咏》十三首。

万历十一年（1583）癸未，六十四岁。与潘六治、陆律多有酬咏。陆律、潘六治本年卒，作《哭亡侄从吾》、《九月二十九日哭六治》二诗以悼之。有《归田杂咏》四十一首、《青山逸思八咏册序》。

万历十二年（1584）甲申，六十五岁。再次北游，至安康县，与郑思成往来颇密，互相酬咏之诗颇多。有《北游续咏》四十首、《卮言》一百首、《平昌杂咏》、《古谚刻小引》。六月，将万历九年至万历十二年四年诗文集结成册，题名《鼛音漫录》，并作"引"以记其事。与郑材共着道服趺坐，请人写影，并记以诗。则西星于道法授受，当独重郑材。

中极殿大学士李春芳病逝，享年七十五岁。陆西星有诗哀之。盖李春芳自致仕归兴化故里，颐养天年数年间，陆西星尝与之有交游。

万历十三年（1585）乙酉，六十六岁。邑人韩贞（乐吾）卒，陆西星有诗悼之，慨叹"伤哉弃我去，何以慰不佞？"太初散人孙大绶重刊《南华副墨》，此刻书法宗颜真卿，颇为庄重古雅，可见其剞劂之不苟。

万历十六年（1588）戊子，六十九岁。焦竑著成《庄子翼》，其中"引西星之说颇多"，可证《副墨》得到当时学术界之认可和推崇。

万历十九年（1591）辛卯，七十二岁。陆西星参与由兴化知县欧阳东凤主修的《兴化县新志》。

万历二十年（1592）壬辰，七十三岁。姚更生任襄城县知县。

万历二十三年（1595）乙未，七十六岁。作蔬菜画卷，款题识：天地闲人、三剑道人、天放翁等。

万历二十四年（1596）丙申，七十七岁。陆西星开始着手为《楞严经》作注，并撰写《〈楞严经说约〉引语》，自谓于《楞严经》之旨"独取衷于环师"，"间尝载之毫楮，以志健忘。"所谓环师，即宋代温陵戒环，著有《楞严经要解》二十卷。

万历二十六年（1598）戊戌，七十九岁。六月，李戴任吏部尚书。

万历二十八年（1600）庚子，八十一岁。冬，陆西星远游京师，会李戴于京师官邸，质以学佛心得。郑洛卒，终年七十一岁。洛官至少保兵部尚书，曾从西星学道，陆西星戒以性命双修为要。

万历二十九年（1601）辛丑，八十二岁。二月，李戴为《楞严述旨》、

《楞伽句义通说》二书作"题辞"于端揆公署。五月，撰成《楞严经述旨题辞》于潞河舟中。本年，陆西星等十二人参与纂修的《兴化县新志》完成。

万历三十年（1602）壬寅，八十三岁。为旧作《楞伽经句义通说要旨》作《〈楞伽经句义通说要旨〉絮言八则》，并刻成《楞伽经句义通说要旨》一书。

万历三十四年（1606）丙午，八十七岁。陆西星卒。春，曾有书画绘白菜《清白传家》之作。据《重修兴化县志》记载："陆山人墓，北郭外十里平望铺葬布衣陆西星。"

康熙三十九年（1700）庚辰，存存子陶素耜著《参同契脉望》，谓《参同契》注"自上阳泄于前，潜虚阐于后，深造实诣，二注并传，庶几暗室之巨灯，迷津之宝筏。"

康熙四十三年（1704）甲申，知几子仇兆鳌著《参同契集注》，谓陆注《参同契》"发挥丹诀，舒畅条理，得之吕祖亲传"，故仇氏"今引各注，惟陆说最多。"

清嘉庆十一年（1806）丙寅，四川乐山李西月（李涵虚）诞生，李涵虚推陆西星为道教"东派祖师"。并谓陆西星尚辑录有吕洞宾《终南山人集》、《宾翁自记》、《道缘汇录》、《淮海杂记》等，并据之编纂《吕祖全书》。

光绪七年（1881）辛巳。广陵集益堂重刻《方壶外史》，惜只刻二卷而止。

光绪十一年（1885）乙酉。兴化传薪书屋据明刻本重刻《南华真经副墨》。

光绪二十六年（1900）庚子。汪东亭刊《道统大成》一书，中收录陆西星《参同契测疏》《参同契口义》两卷。

民国四年（1915）乙卯。黄邃之、郑观应等据明刻本，以铅字重刊《方壶外史丛编》，收陆西星注疏十四种。

民国十三年（1924）甲子，兴化县人任树基、孔宪中、刘圣泉，集资在兴化县方壶岛，兴建向南正殿三间、北向三间、虹桥一座，以祀乡贤陆西星。

第十五卷

参同契疏略

明 海盐沂阳王文禄疏

点校说明

1.《参同契疏略》一卷,明王文禄注。王文禄,海盐人,嘉靖十年辛卯(1531)举人。明朝过庭训所著《本朝京省人物考》谓王氏"博学好名,以天下文章节义自命,居身廉峻,有不廉者,劝驾公宴,文禄拔剑起舞,屡向之曰:此剑能斩贪污。年七十余,应制长安,步履如少壮。"文禄又好藏书,闻异书必购,得到后又必手校。《参同契》异书也,王氏也自校订,但以杜一诚古文本为"臆测"、"附妄",遂"校字句之讹,合分章之陋,使易读而义全"。又云《参同契》"贵熟读也",故其注极简,以心肾相交,还阳补脑为的旨。

2. 本篇《参同契正文》及《参同契疏略》,均以上海涵芬楼影印明刻王文禄编纂《百陵学山》为底本整理,无参校本。王氏《参同契疏略》原无完整正文,盖因王氏于明嘉靖四十三年甲子(1564)已经校正白文本《参同契》,名曰《参同契正文》,而其注则成于明万历十年壬午(1582)。前后相距近二十年,其注时并未再对《参同契》作校订,故知《参同契正文》乃王文禄之定本。此次整理,取王氏《参同契正文》附于《疏略》之上,以成全璧。末附清光绪三年(1877)编纂《海盐县志》卷十七《人物传·文苑》之王文禄传,以备参考。

参同契疏略

东汉 会稽云牙魏伯阳撰
明 海盐沂阳王文禄疏

《参同契正文》序

长生非恋生也,原无死也。何也?一气孔神,性命之根,非二也。太虚一中而已。生生不息,乌有生死也。惟欲重眩迷,始分生死。视静观之,未尝生,未尝死,统然一气流行也。何生死乎?是故,欲重则生重,生重则死重。惟以死重,则凡百资生者,无不为皆利之也。利必争,争必乱作,促生也。非亶世教之能,专乃创教外之诀,将大惺眩迷,以求平治而期同臻于长生,此魏云牙《参同契》之由撰也。

云牙,东汉会稽人,去今千五百余年矣。注凡数十家,杜敬心分经、传各三,陈海峰《经》大书、《传》细书,附妄甚矣。生今遡揣汉人撰某曰《经》、某曰《传》,安从授哉?皆臆测也。癸亥仲春,游武林,遇徐龙阳于昭庆谈玄,曰:《参同契》准《周易》分上下篇,上篇即上篇,下篇即中、下合一篇,末自序也,《志》称三篇殆此。乱辞曰反覆视上下,指二篇也。予细读之,篇法、字数相等,始信龙阳不诬。遂校字句之讹,合分章之陋,使易读而义全。又曰万遍当自悟,贵熟读也。夫《参同契》者,何也?准河图也,非明《易》也。以《易》备河图之道,故托之也。曰辰极、斗枢,天中也;曰明堂、土圭,地中也;曰君臣、牝牡、人物,中也;曰日月、龙虎、卦爻、律历、天地,物类也。无非尽三才之类,取象假名焉,一中尽矣。故曰浮游守规中、曰一者以掩蔽、曰委志归虚无、曰金来归性初、曰寤寐神相抱、曰河鼓临星纪、曰赡理脑。夫长生在全精气神,精耗则脑髓减,神离则中气不存,故老子曰守中抱一,广成子曰守一处和,抱神以静,静则神存,神存则精气逆转夹脊双关,入泥丸补脑,复归气穴,绵绵不息,即火候均,可长生矣。气穴者,何也?中虚也。天地本太虚,人身根中虚,惟虚也,生生不息,故曰炼精化气、炼气化神、炼神还虚。虚者,中也;中者,一也。羲、黄、尧、舜、周、孔,一中也。养德、养生备焉,非歧而二之也。则《参同契》不特参三才,而且契列圣,心一理一也。郑重开示,枝条复苏,令熟读而自悟。不欲秘之,而不容显之,恐忽而不力耳,在心悟焉可也。

若诸家分章,断截零碎,义曷属乎?予定之曰《参同契正文》,以见诸家本未正也。破璧复完,宿霭重霁,茅寒悉通,若云牙之面命,试一读之,心目爽朗,慧光峻发,而直透三界云。愿与好玄君子,同臻长生可也。容暇略疏附后,以请质焉。

嘉靖甲子孟秋嘉郡海盐沂阳生王文禄世廉书于青天白云窝中

《参同契》冠《周易》,拟伏羲画卦也。画卦则河图洛书。中五中圈〇,太极也,故曰易有太极。乾元则河图中圈〇,坤元则洛书中圈〇,两孔穴取此,通篇一中也。注多谬,予幸悟云。

上　篇

乾坤者,易之门户,众卦之父母。坎离匡郭,运毂正轴。牝牡四卦,以为橐籥。覆冒阴阳之道,犹工御者,准绳墨,执衔辔,正规距,随轨辙。处中以制外,数在律历纪。月节有五六,经纬奉日使。兼并为六十,刚柔有表里。朔旦屯直事,至暮蒙当受。昼夜各一卦,用之依次序。即未至昧爽,终则复更始。日辰为期度,动静有早晚。春夏据内体,从子到辰巳。秋冬当外用,自午讫戌亥。赏罚应春秋,昏明顺寒暑。爻辞有仁义,随时发喜怒。如是应四时,五行得其理。

橐籥,本《老子》:天地间犹橐籥,虚而不屈,动而愈出,多言数穷,莫如守中。毂辐本,《老子》三十辐共一毂。〇中虚受轴,外持辐,当其无,有车之用。绳墨、规矩、律历皆中也。乾坤坎离,指东、西、南、北;虚,中央也;屯蒙,上下合虚中也;子、午、辰、戌巳、亥、对冲,取中也。故曰处中制外也。通篇中贯也,发老子养生一端。

天地设位,而易行乎其中矣。天地者,乾坤之象也;设位者,列阴阳配合之位也。易谓坎离,坎离者,乾坤二用。二用无爻位,周流行六虚。

往来既不定，上下亦无常。幽潜沦匿，变化于中。包裹万物，为道纪纲。以无制有，器用者空。故推消息，坎离没亡。言不苟造，论不虚生。引验见效，校度神明。推类结字，原理为征。坎戊月精，离己日光。日月为易，刚柔相当。土王四季，罗络始终，青赤白黑，各居一方。皆禀中宫，戊己之功。

露三中字，戊己土，中央也；神入气中，气随神入脐中，守中也。

易者，象也。悬象著明，莫大乎日月。穷神以知化，阳往则阴来。辐辏而轮转，出入更卷舒。易有三百八十四爻，据爻摘符，符谓六十四卦。晦至朔旦，震来受符。当斯之时，天地构其精，日月相撢持。雄阳播玄施，雌阴化黄包。混沌相交接，权舆树根基。经营养鄞鄂，凝神以成躯。众夫蹈以出，蠕动莫不由。

发人物始生，喻凝神结胎也。

于是仲尼赞鸿濛，乾坤德洞虚。稽古当元皇，关雎建始初。冠婚气相纽，元年乃芽滋。圣人不虚生，上观显天符。天符有进退，诎信以应时。故易统天心，复卦建始初。长子继父体，因母立兆基。消息应钟律，升降据斗枢。三日出为爽，震受庚西方。八日兑受丁，上弦平如绳。十五乾体就，盛满甲东方。蟾蜍与兔魄，日月无双明。蟾蜍视卦节，兔者吐精光。七八道已讫，屈折低下降。十六转受统，巽辛见平明。艮直于丙南，下弦二十三。坤乙三十日，东方丧其明。节尽相禅与，继体复生龙。壬癸配甲乙，乾坤括始终。七八数十五，九六亦相应。四者合三十，易象索灭藏。象彼仲冬节，竹木皆摧伤。佐阳诘商旅，人君深自藏。象时顺节令，闭口不用谈。天道甚浩广，太玄无形容。虚寂不可睹，匡郭以消亡。谬误失事绪，言还自败伤。别序斯四象，以晓后生盲。八卦布列曜，运移不失中。元精眇难睹，推度效符征。居则观其象，准拟其形容。立表以为范，占候定吉凶。发号顺时令，勿失爻动时。上察河图文，下序地形流。中稽于人心，参合考三才。动则依卦变，静则循象辞。乾坤用施行，天地然后治。

天心复卦、钟律斗枢，皆中也。三日月出庚，喻人幼也；十五，中也；十六精通，乾体破也。人食物饭一碗，生精一铢也。继体生龙，积精复乾体也;七八十五、九六十五,图书数也;仲冬,中也;稽人心,中也。故曰运移不失中也。独言河图,不及洛书,殆因班固、孔安国分羲图、禹书也。《易》系图书同出,羲时则之画卦。

可不慎乎,御政之首,管括微密。阊舒布宝,要道魁杓,统化纲纽。爻象内动,吉凶外启。五纬错顺,应时感动。四七乖戾,誃离仰俯。文昌统录,诘责台辅。百官有司,各典所部。日含五行精,月受六律纪。五六三十度,度竟复更始。原始要终,存亡之绪。或君骄溢,亢满违道;或臣邪佞,行不顺轨。弦望盈缩,乖变凶咎。执法刺讥,诘过贻主。辰极处正,优游任下。明堂布政,国无害道。

魁杓、辰极、明堂,取象喻中也;五六共三十,分十五,图书数也。不中则过,灾害至矣,戒之也。

内以养己,安静虚无。原本隐明,内照形躯。闭塞其兑,筑固灵株。三光陆沉,温养子珠。视之不见,近而易求。黄中渐通理,润泽达肌肤。初正则终修,干立末可持。一者以掩蔽,世人莫知之。

一者,即子珠也,黄中也;温养子珠,守中也。老子得一万事毕也。

上德无为,不以察求;下德为之,其用不休。上闭则称有,下闭则称无。无者以奉上,上有神德居。此两孔穴法,金气亦相须。知白守黑,神明自来。白者金精,黑者水基。水者道枢,其数名一。阴阳之始,玄含黄芽。五金之主,北方河车。故铅外黑,内怀金华。被褐怀玉,外为狂夫。金为水母,母隐子胎;水者金子,子藏母胞。真人至妙,若有若无。仿佛大渊,乍沉乍浮。退而分布,各守境隅。采之类白,造之则朱。炼为表卫,白里贞居。方圆径寸,混而相扶。先天地生,巍巍尊高。旁有垣阙,状似蓬壶。环匝关闭,四通踟蹰。守御固密,阏绝奸邪。曲阁相通,以戒不虞。可以无思,难以愁劳。神气满室,莫之能留。守之者昌,失之者亡。动静休息,常与人俱。

上德、下德数句,本《老子》。常无观妙,指心神;常有观,窍指心窍。即两孔穴也。夫两孔穴者,婴儿孕母胎,拳曲一团,神藏中心,心中悬前脐后肾,脐带连胞母,呼吸气通,心肾交,纯阳日长,下一孔穴也。气足出胎,脐断吃乳,满肠抬心,渐高在胸,心肾不交,纯阳日散,上一孔穴也。守中，守下孔穴，使上孔穴心神归下孔穴心窍，故曰两孔穴法也。心有形也，上闭，闭上孔穴也，故曰上闭称有也；神无形也，下闭，闭下孔穴也，故曰下闭称无也。肾属坎水，坎中一画属乾金，上交心，坎变坤卦；心属离火，离中二画属坤土，下交肾，离变乾卦。坤土生乾金，金生水，金气亦相胥。用亦字，心肾原交，今复交也。知金白守水黑，纯阳日长，神明自来，无者奉上，上神德居，纯阳上运补脑，复归心原穴，即金来归性初也。守中即守无，故曰可以无思。虚心实腹，虚上实下也；神气，纯阳气也；留，贵保守也；愁劳，莫留也。

　　是非历藏法，内视有所思。履斗步罡宿，六甲以日辰。阴道厌九一，浊乱弄元胞。食气鸣肠胃，吐正吸外邪。昼夜不卧寐，晦朔未尝休。身体日疲倦，恍惚状若痴。百脉鼎沸驰，不得清澄居。累土立坛宇，朝暮敬祭祀。鬼神见形象，梦寐感慨之。心欢而意悦，自谓必延期。遽以夭命死，腐露其形骸。举措辄有违，悖逆失枢机。诸术甚众多，千条有万余。前却违黄老，曲折戾九都。明者省厥旨，旷然知所由。勤而行之，夙夜不休。服食三载，轻举远游。跨火不焦，入水不濡。能存能亡，长乐无忧。道成德就，潜伏俟时。太乙乃召，移居中洲。功满上升，膺箓受图。

　　戒愚痴外求证，明哲内养也。

　　《火记》不虚作，演《易》以明之。偃月法鼎炉，白虎为熬枢。汞日为流珠，青龙与之俱。举东以合西，魂魄自相拘。上弦兑数八，下弦艮亦八。两弦合其精，乾坤体乃成。二八应一斤，易道正不倾。

　　溢过度节，女拘精耗，脑髓枯也。二十四铢，一两也；二八十六两，一斤也。养精一年，补脑髓，可筑基也。

　　金入于猛火，色不夺精光。自开辟以来，日月不亏明。金不失其重，日月形如常。金本从月生，朔旦受日符。金返归其母，月晦日相包。藏隐其匡郭，沉沦于洞虚。金复其故性，威光鼎乃熺。

　　借坎中乾金，喻肾水真阳也。

　　子午数合三，戊己数称五。三五既和谐，八石正纲纪。呼吸相含育，伫息为夫妇。黄土金之父，流珠水之母。水以土为鬼，土镇水不起。

朱雀为火精，执平调胜负。水盛火消灭，俱死归厚土。三性即合会，本性共宗祖。巨胜尚延年，还丹可入口。金性不败朽，故为万物宝。术士服食之，寿命得长久。土游于四季，守界定规矩。金砂入五内，雾散若风雨。薰蒸达四肢，颜色悦泽好。发白皆变黑，齿落生旧所。老翁复丁壮，耆妪成姹女。改形免世厄，号之曰真人。

子午，复姤也；虚中，合三数也；戊己，土也；五，数也；三五，十五也；⁂五居中央土也；金，坎水中乾金也；土生金，金生水，三性一性也；守中，补脑也；反老还童，真人也。

胡粉投火中，色坏还为铅。冰雪得温汤，解释成太玄。金以砂为主，禀和于水银。变化由其真，终始自相因。欲作服食仙，宜以同类者。植禾当以黍，覆鸡用其卵。以类辅自然，物成易陶冶。鱼目岂为珠，蓬蒿不成槚。类同者相从，事乖不成宝。燕雀不生凤，狐兔不乳马，水流不炎上，火动不润下。世间多学士，高妙负良材。邂逅不遭遇，耗失亡货财。据按依文说，妄以意为之。端绪无因缘，度量失操持。捣治羌石胆，云母及矾磁。硫黄烧豫章，泥汞相炼飞。鼓铸五石铜，以之为辅枢。杂性不同类，安肯合体居。千举必万败，欲黠反成痴。侥幸岂不遇，圣人独知之。稚年至白首，中道生狐疑。背道守迷路，出正入邪蹊。管窥不广见，难以揆方来。

傍门外求，非也；同类内养，是也。

若夫至圣，不过伏羲，始画八卦，效法天地。文王帝之宗，结体演爻辞。夫子庶圣雄，十翼以辅之。三君天所挺，迭兴更御时。优劣有步骤，功德不相殊。制作有所踵，推度审分铢。有形易忖量，无兆难虑谋。作事令可法，为世定此书。素无前识资，因师觉悟之。皓若褰帷帐，瞋目登高台。《火记》六百篇，所趣等不殊。文字郑重说，世人不熟思。寻度其源流，幽明本共居。窃为贤者谈，曷敢轻为书。若遂结舌瘖，绝道获罪诛。写情著竹帛，又恐泄天机。犹豫增叹息，俛仰缀斯愚。陶冶有法度，未忍悉陈敷。略述其纲纪，枝条见扶疏。

三圣首伏羲，指始画卦，本太极一中也。借乾、坤、坎、离四卦，示守中也。熟思，贵悟也；幽明，共生死同也。

以金为隄防，水入乃优游。金计有十五，水数亦如之。临炉定铢两，五分水有余。二者以为真，金重如本初。其三遂不入，火二与之俱。三物相含受，变化状若神。下有太阳气，伏蒸须臾间。先液而后凝，号曰黄舆焉。岁月将欲讫，毁性伤寿年。形体为灰土，状若明窗尘。捣治并合之，驰入赤色门。固塞其际会，务令致完坚。炎火张于下，昼夜声正勤。始文使可修，终竟武乃陈。候视加谨慎，审察调寒温。周旋十二节，节尽更亲观。气索命将绝，休死亡魄魂。色转更为紫，赫然成还丹。粉提以一丸，刀圭最为神。

二三，五也；又二三，五也；又加五，共十五也。图书数，中也；坎水乾金，守中补脑也。

推演五行数，较约而不繁。举水以激火，奄然灭光明。日月相薄蚀，常在晦朔间。水盛坎侵阳，火衰离昼昏。阴阳相饮食，交感道自然。名者以定情，字者缘性言。金来归性初，乃得称还丹。吾不敢虚说，仿效圣人文。古记题龙虎，黄帝美金华。淮南炼秋石，王阳嘉黄芽。贤者能持行，不肖毋与俱。古今道由一，对谈吐所谋。学者加勉力，留念深思惟。至要言甚露，昭昭不我欺。

肾属坎，坎中实一画乾金也；心属离，离中虚二画坤土也。取坎中实，填离中虚，复成乾也。乾阳也，性也，故曰：金来归性初，乃得称还丹。

下　篇

乾刚坤柔，配合相包。阳禀阴受，雄雌相须。偕以造化，精气乃舒。坎离冠首，光耀垂敷。玄冥难测，不可画图。圣人揆度，参序元基。四者浑沌，径入虚无。六十卦用，张布为舆。龙马就驾，明君御时。和则随从，路平不邪。邪道险阻，倾危国家。

下篇首也乾、坤、坎、离，复申上篇也。中则和，不和即不中，倾危必矣，戒之也。

君子居其室，出其言善，则千里之外应之。谓万乘之主，处九重之室。发号施令，顺阴阳节。藏器待时，勿违卦日。屯以子申，蒙用寅戌。

六十卦用,各自有日。聊陈两象,未能究悉。立义设刑,当仁施德。逆之者凶,顺之者吉。按历法令,至诚专密。谨候日辰,审察消息。纤芥不正,悔吝为贼。二至改度,乖错委曲。隆冬大暑,盛夏霜雪。二分纵横,不应漏刻。风雨不节,水旱相伐。蝗虫涌沸,山崩地裂。天见其怪,群异旁出。孝子用心,感动皇极。近出己口,远流殊域。或以招祸,或以致福,或兴太平,或造兵革。四者之来,由乎胸臆。动静有常,奉其绳墨。四时顺宜,与气相得。刚柔断矣,不相涉入。五行守界,不妄盈缩。易行周流,诎信反覆。

屯蒙注见前。万乘主中,天下立也;二至二分,时中也;五行,土中央也;灾变,不中咎也;至诚专密,守中要也。孝子用心,感动皇极,皇极,中也;孝心,至诚也。《商颂》注:赉我思成,孝思极祭,如见也。炼元神,无中生有,犹赉思成也,故曰:寝寐神相抱,心专不纵横。申至诚专密也。

隆庆己巳七夕,梦思成注,思,极也。

晦朔之间,合符行中。混沌鸿濛,牝牡相从。液溢润泽,施化流通。天地神灵,不可度量。利用安身,隐形而藏。始于东北,箕斗之乡。旋而右转,呕轮吐萌。潜潭见景,发散精光。昴毕之上,震为出征。阳气造端,初九潜龙。阳以三立,阴以八通。故三日震动,八日兑行。九二见龙,和平有明。三五德就,乾体乃成。九三夕惕,亏折神符。盛衰渐革,终还其初。巽继其统,固际操持。九四或跃,进退道危。艮主进止,不得踰时。二十三日,典守弦期。九五飞龙,天位加喜。六五坤承,结括终始。韫养众子,世为类母。上九亢龙,战德于野。用九翩翩,为道规矩。阳数已讫,讫则复起。推情合性,转而相与。循据璇玑,升降上下。周流六爻,难以察睹。故无常位,为易宗祖。

三五,图书数也;合符行中,守中也。坎中实,填离中虚,成乾体也;画卦始太极,首乾坤,故曰易宗祖也。

朔旦为复,阳气始通。出入无疾,立表微刚。黄钟建子,兆乃滋彰。播施柔暖,黎烝得常。临炉施条,开路生光。光耀渐进,日以益长。丑之大吕,结正低昂。仰以成泰,刚柔并隆。阴阳交接,小往大来。辐辏于寅,运而趋时。渐历大壮,侠列卯门。榆荚堕落,还归本根。刑德相负,昼夜始分。夬阴以退,阳升而前。洗濯羽翮,振索宿尘。乾健盛明,广被四邻。阳终于巳,中而相干。姤始纪序,履霜最先。井底寒泉,午为蕤宾。宾伏于阴,阴为主人。遁世去位,收敛真精。怀德俟时,栖迟昧冥。否塞不通,萌者不生。阴信阳诎,没阳姓名。观其权量,察仲秋情。任蓄微稚,老枯复荣。荠麦芽蘖,因冒以生。剥烂肢体,消灭其形。化气既竭,亡失至神。道穷则反,归乎坤元。恒顺地理,承天布宣。玄幽远眇,隔阂相连。应度育种,阴阳之元。寥廓恍惚,莫知其端。先迷失轨,后为主君。无平不陂,道之自然。变易更盛,消息相因。终坤始复,如循连环。帝王承御,千载①常存。

黄钟,中也;复阳生子,冬至也;姤阴生午,夏至也;二至,中也;仲秋,中秋也;终坤,坤土,中也;帝王承御,执中也。申守中也。

将欲养性,延命却期。审思后来,当虑其先。人所禀躯,体本一无。元精流布,因气托初。阴阳为度,魂魄所居。类如鸡子,黑白相扶。纵广一寸,以为始初。四肢五脏,筋骨乃俱。弥历十月,脱出其胞。骨弱可卷,肉滑若饴。阳神日魂,阴神月魄。魂之与魄,互为室宅。性主处内,立置鄞鄂;情主营外,恒为城郭。城郭完全,人物乃安。于斯之时,情合乾坤。乾动而直,气布精流;坤静而翕,为道舍庐。刚施而退,柔化以滋。九还七返,八归六居。男白女赤,金火相拘。则水定火,五行之初。上善若水,清而无瑕。道无形象,真一难图。变而分布,各自独居。

命、性、情、精、气、神,阴阳、魂魄,指婴儿孕母胎也;九六十五、七八十五,图书数也。皆五❀居中一〇居❀五中也。原始要终,无中生有,故曰本一无也。

阳燧以取火,非日不生光。方诸非星月,安能得水浆?二气至悬远,感化尚相通。何况近存身,切在于心胸。阴阳配日月,水火为效征。

阳燧,阳也;方诸,阴也;日,阳也;月,阴也。阴阳感应,神速也。喻人身阴阳感应甚易也。心肾交,水火既济,神入气穴,心虚炼精,伏气实

---

① 千载,《参同契正文》作"千秋",此处依《疏略》作"千载"。

腹,成丹也。后详守中。

耳目口三宝,闭塞勿发扬。真人潜深渊,浮游守规中。旋曲以视听,开阖皆合同。为己之枢辖,动静不竭穷。离气内荣卫,坎乃不用聪。兑合不以谈,希言顺鸿濛。三者既关键,缓体处空房。委志归虚无,无念以为常。证难以推移,心专不纵横。寝寐神相抱,觉悟候存亡。颜容浸以润,骨节益坚强。辟却众阴邪,然后立正阳。修之不辍休,庶气云雨行。淫淫若春泽,液液象解冰。从头流达足,究竟复上升。往来洞无极,怫怫被容中。反者道之验,弱者德之柄。芸锄宿污秽,细微得条畅。浊者清之路,昏久则昭明。

耳、目、口,闭外养中也;真人,元神也;规中,心原穴下窍也;委志归虚无,无念以为常,致虚极也;心专不纵横,寝寐神相抱,即浮游守规中也。

世人好小术,不审道浅深。弃正从邪径,欲速阏不通。犹盲不任杖,聋者听宫商。没水捕雉兔,登山索鱼龙。植麦欲获黍,运规以求方。竭力劳精神,终年不见功。欲知服食法,至约而不繁。

戒务旁门无益也。

太阳流珠,常欲去人。卒得金华,转而相因。化为白液,凝而至坚。金华先倡,有顷之间。解化为水,马齿阑干。阳乃往和,情性自然。迫促时阴,拘畜禁门。慈母育养,孝子报恩。严父施令,教敕子孙。五行错王,相据以生。火性销金,金伐木荣。三五与一,天地至精。可以口诀,难以书传。子当右转,午乃东旋。卯酉界隔,主客二名。龙呼于虎,虎吸龙精。两相饮食,俱相贪便。遂相衔咽,咀嚼相吞。荧惑守西,太白经天,杀气所临,何有不倾?狸犬守鼠,鸟雀畏鹯,各得其性,何敢有声?不得其理,难以妄言。竭殚家产,妻子饥贫。自古及今,好者亿人。讫不谐遇,希有能成。广求名药,与道乖殊。

太阳流珠,即元神,心火也,属离,中函坤土,属阴。离火生土,土生金。金华,坎中乾金,属阳,肾属坎水。水火既济,心肾交长也。三五与一,图书中十五也。夫一中五中一圈〇也,即太极中虚也,故曰天地至精。荧惑,离火,守西方金。金,太白也,肾中真阳也;经天,即河鼓临星纪,补脑也,喻守中也。

如审遭逢,睹其端绪。以类相况,揆物终始。五行相克,更为父母。母含滋液,父主禀与。凝精流形,金石不朽。审专不泄,得成正道。立竿见影,呼谷传响。岂不灵哉,天地至象。若以野葛一寸,巴豆一两,入喉辄僵,不得俯仰。当此之时,虽周文揲蓍,孔子占象,扁鹊操针,巫咸扣鼓,安能令苏,复起驰走?

凡有形从虚无中来,贵专而坚,始成丹也。影响,喻感应神速也。反言食毒必殒,见用同类药长生也。

河上姹女,灵而最神。得火则飞,不见埃尘。鬼隐龙匿,莫知所存。将欲制之,黄芽为根。物无阴阳,违天背原。牝鸡自卵,其雏不全。夫何故乎?配合未连。三五不交,刚柔离分。施化之精,天地自然。犹火动炎上,水流而润下。非有师导,使其然者。资始统政,不可复改。观夫雌雄,交媾之时,刚柔相结,而不可解。得其节符,非有工巧,以制御之。若男生而伏,女偃其躯。禀乎胞胎,受气元初。非徒生时,著而见之。及其死也,亦复效之。此非父母,教令其然。本在交媾,定制始先。

姹女喻汞易飞,即太阳流珠,常欲去人也;黄芽喻铅为根,即卒得金华,转而相因也。援男女媾精受胎,喻坎离交姤,始结丹也。

坎男为月,离女为日。日以施德,月以舒光。月受日化,体不亏伤。阳失其契,阴侵其明。晦朔薄蚀,奄冒相包。阳消其形,阴凌灾生。男女相须,含吐以滋。雌雄错杂,以类相求。金化为水,水性周章;火化为土,水不得行。故男动外施,女静内藏。溢度过节,为女所拘。魄以钤魂,不得淫奢。不寒不暑,进退合时。各得其和,俱吐证符。

指男女交媾,喻身中坎离交媾也。过溢节度,为女拘也;抱一处和,贵中也。

丹砂①木精,得金乃并。金水合处,木火为侣。四者浑沌,列为龙虎。龙阳数奇,虎阴数偶。肝青为父,肺白为母。心赤为女,脾黄为祖。肾黑为子,子午行始。三物一家,都归戊己。

① 丹砂,《疏略》作"坎砂",今从《参同契正文》,作"丹砂"。

子五行始,天一生水也;三物一家,木、金、火也。戊己,土也,中央也。应前戊己之功,守中也。

刚柔迭兴,更历分布。龙西虎东,建纬卯酉。刑德并会,相见欢喜。刑主杀伏,德主生起。二月榆落,魁临于卯。八月麦生,天罡据酉。子南午北,互为纲纪。一九之数,终而复始。含元虚危,播精于子。

子,天心冬至子半,中也。卯酉东西,子午南北,戴九履一,河图数也;纵横十五,中五中〇也。子时阳长精生,故曰:含元虚危,播精于子。子属坎,坎中纯阳,上升补脑也。自一而九,九而一,周流不息也。

关关雎鸠,在河之洲。窈窕淑女,君子好逑。雄不独处,雌不孤居。玄武龟蛇,蟠虬相扶。以明牝牡,竟当相须。假使二女共室,颜色甚姝,苏秦通言,张仪结媒,发辫利舌,奋舒美辞,推心调谐,合为夫妻,弊发腐齿,终不相知。若药物非类,名种不同。分剂参差,失其纪纲。虽黄帝临炉,太乙执火,八公捣炼,淮南调合,立宇崇坛,玉为阶陛,麟脯凤腊,把籍长跪,祷祝神祇,请哀诸鬼,沐浴斋戒,妄有所冀。亦犹和胶补釜,以硇涂疮,去冷加冰,除热用汤,飞龟舞蛇,愈见乖张。

男女阴阳感应也,雌雄牝牡配生也,二女孤阴非配也,药物非类难用也,外求旁门无益也。

惟昔圣贤,怀玄抱真。伏炼九鼎,化迹隐沦。含精养神,通德三元。津液腠理,筋骨致坚。众邪辟除,正气常存。累积长久,化形而仙。忧悯后生,好道之伦。随傍风采,指画古文。著为图籍,开示后昆。露见枝条,隐藏本根。托号诸名,覆谬众文。学者得之,韫椟终身。子继父业,孙踵祖先。传世迷惑,竟无见闻。遂使宦者不仕,农夫失耘,商人弃货,志士家贫。吾甚伤之,定录此文。字约易思,事省不繁。披列其条,核实可观。分两有数,因而相循。故为乱辞,孔窍其门。智者审思,以意参焉。

原始要终,精、气、神为宝,故曰含精养神、正气常存,即怀玄抱真也。孔窍,孔穴心窍也;门,玄牝门也;无思,体也;审思,用也;意参,契悟也。

法象莫大乎天地兮,玄沟数万里。河鼓临星纪兮,人民皆惊骇。晷

景妄前却兮，九年被凶咎。皇上览视之兮，王者退自后。关键有低昂兮，周天遂奔走。江淮无枯竭兮，水流注于海。天地之雌雄兮，徘徊子与午。寅申阴阳祖兮，出入终复始。循斗而招摇兮，执衡定元纪。升熬于甑山兮，炎火张设下。白虎唱导前兮，苍龙和于后。朱雀翱翔戏兮，飞扬色五彩。遭遇罗网施兮，压止不得举。嗷嗷声甚悲兮，婴儿之慕母。颠倒就汤镬兮，摧折伤毛羽。刻漏未过半兮，龙鳞狎鬣起。五色象炫耀兮，变化无常主。潝潝鼎沸驰兮，暴涌不休止。接连重叠累兮，犬牙相错拒。形如仲冬冰兮，阑干吐钟乳。崔嵬以杂厕兮，交积相支拄。阴阳得其配兮，淡泊自相守。青龙处房六兮，春华震东卯。白虎在昂七兮，秋芒兑西酉。朱雀在张二兮，正阳离南午。三者俱来朝兮，家属为亲侣。本之但二物兮，末乃为三五。三五并危一兮，都集归一所。治之如上科兮，日数亦取甫。先白而后黄兮，赤色通表里。名曰第一鼎兮，食如大黍米。自然之所为兮，非有邪伪道。若山泽气相烝兮，兴云而为雨。泥竭遂成尘兮，火灭化为土。若蘖染为黄兮，似蓝成绿组。皮革煮为胶兮，曲蘖化为酒。同类易施功兮，非种难为巧。惟斯之妙术兮，审谛不诳语。传于亿世后兮，昭然而可考。焕若星经汉兮，昺如水宗海。思之务令熟兮，反覆视上下。千周灿彬彬兮，万遍将可睹。神明或告人兮，心灵忽自悟。探端索其绪兮，必得其门户。天道无适莫兮，恒传与贤者。

　　玄沟，天河也，喻人脊髓；河鼓，天河中星也；星纪，属丑，脑后玉枕关也。午时阴静，子时阳举，即关键低昂，天地雌雄，徘徊子午也。循斗、执衡，喻守中也。意注两目想中宫，河车转运尾闾，透夹脊双关，入玉枕关，即河鼓临纪，补脑也。三五十五，图书数也。危在子，即前播精于子；危一，即中五中圈〇一中也；神明，心灵也，即神明也，故曰一切心造也。恳引后学，想见至仁，宜垂不朽也。

鼎器歌①

圆三五，寸一分。

三五，十五也；寸，十分又一分也。上下各五成十，一分中五❀中圈〇也。天心太虚、人心中虚，致虚守静中也。

口四八，两寸唇。长二尺，厚薄匀。腹齐正，坐垂温。

三五，十五也；四八，合十二也；加两寸，共十四也。分两七，即两七聚也。长尺二，中宫兼鼎器，胸下肾上，尺二，取中也；厚薄均，腹脐平中也；脐、心、肾，三正也；坐垂，目内照也；守中，温养也。

阴在上，阳下奔。审五行，定铢分。首尾武，中间文。

离中虚，坤也，阴也，在上也；坎中实，乾也，阳也，在下也。以意运转，则阳上奔，水火既济，上阴下阳，地天泰也。首尾，始终也。始勇决，终收成，武火也；中温养，文火也。始固武始，中用文，终固武终，中用文，即首尾武，中间文也。

始七十，终三旬。二百六，善调匀。阴火白，黄芽铅。

三旬，三十也；七十、三十共一百也。又二百六十，三百六十，一年周天数也。始，首也；终，尾也。首一百二十日武火，阳火也；中一百二十日文火，阴火也；尾一百二十日武火，阳火也。间错用之，善调均也。

两七聚，辅翼人。赡理脑，定玄升。子处中，得安存。

十五，图书数也。虚中〇一圈，分两七也。两七合中〇一圈，仍十五也，故曰两七聚也。守中也，阳气升补脑也，故曰辅翼人也。功满定升玄也。

来去游，不出门。渐成大，性情纯。却归一，还本元。善爱敬，如君臣。至一周，甚辛勤。密防护，莫迷昏。途路远，极幽玄。若达此，会乾坤。刀圭霑，净魄魂。得长生，居仙村。乐道者，寻其根。谛思之，不须论。深藏守，莫传文。御白鹤兮驾龙鳞。游太虚兮谒仙君，受箓图兮号真人。

结胎成丹，婴儿渐大，呼吸去来，阴阳气日通神也。门即玄牝门也，

---

① 按："鼎器歌"三字为校者添加，《参同契正文》作"歌曰"，殆指"鼎器歌"而言。《疏略》紧接"恒传与贤者"后。

归一、还元,守中效也,尤戒当谨也。

自序篇

《参同契》者,敷陈梗概。不能纯一,泛滥而说。纤微未备,阔略仿佛。今更撰录,补塞遗脱。润色幽深,钩援相逮。旨意等齐,所趣不悖。故复作此,命《三相类》,则大易之情性尽矣。大易情性,各如其度。黄老用究,较而可御。炉火之事,真有所据。三道由一,俱出径路。枝茎华叶,果实垂布。正在根株,不识其素。诚心所言,审而不误。邻国鄙夫,幽谷朽生。挟怀朴素,不乐权荣。栖迟僻陋,忽略利名。执守恬淡,希时安宁。晏然闲居,乃撰斯文。歌序大易,三圣遗言。察其旨趣,一统共论。务在顺理,宣耀精神。神化流通,四海和平。表以为历,万世可循。序以御政,行之不繁。引内养性,黄老自然。含德之厚,归根返元。近在我心,不离己身。抱一无舍,可以长存。配以服食,雄雌设陈。挺除武都,八石弃捐。审用成物,世俗所珍。罗列三条,枝茎相连。同出异名,皆由一门。非徒累句,谐偶斯文。殆有其真,砾硌可观。使予敷伪,却被赘愆。命《参同契》,微览其端。辞寡意大,后嗣宜遵。委时去害,依托丘山。循游寥廓,与鬼为邻。化形而仙,沦寂无声。百世一下,遨游人间。敷陈羽翮,东西南倾。汤遭厄际,水旱隔并。柯叶萎黄,失其华荣。吉人相乘负,安稳可长生。

约言身心性情、抱一返元归根也。总申叙云,末藏魏姓伯阳名。伯阳,老子字,又拟老子。

跋

曰:魏云牙,神哉!振奇才也,文奇矣。三教统该,曰一者掩蔽,吾道一贯也;曰无念为常,因无住生心也。悯世贪浊引,洗心廉清,超尘出劫,用救重利轻生,酿争循乱,罹刀兵惨屠,惜哉,仁极矣。夫神由善始也,仁元善长也,性一也,玄又玄,奚止仙云。

万历壬午孟秋几望武原沂阳生王文禄世廉跋

附录：

王文禄传

王文禄，字世廉，父佐，诸生。喜声乐，精骑射。文禄少举乡荐，居身廉峻，不以私干人，遇不平事，叱骂不避权贵。佐邑令，成均田法。性嗜书，闻人有异书，辄倾囊购之，得必手校。缥湘万轴，置之一楼。俄失火，大呼曰：但力救书者赏，他不必也。年八十余，犹计偕北上，不屑就乙科秩。所著有《艺草》、《邱陵学山》、《邑文献志》、《卫志》。

——出清光绪间修纂《海盐县志》卷十七

第十六卷

古文参同契玄解

明 彭好古注

点校说明

1.《古文参同契玄解》一卷,明彭好古著。好古辑有《道言内外秘诀全书》,收录内外丹经名篇及己之注解。大旨内外丹法兼行,又以外丹为主。明清两代,能主以外丹注解《参同契》者,惟好古一家而已。而彭氏外丹,乃约题名吴猛《铜符铁券》、许逊《石函记》二书大旨言之,与好古注《金碧古文龙虎上经玄解》同一旨趣。惟后来丹家嫌好古注驳杂,遂遭弃置弗用。

2. 好古《参同契玄解》崇杨慎所序之古文本,间据俞琰注解及诸本考订《参同契》正文,推广古文《参同契》,其功也不可没耳。

3. 本篇据台湾真善美出版社1979年影印明刊《道言内外秘诀全书》本为底本点校整理,以日本庆应义塾大学所藏明刊本为校本。

古文参同契玄解

《古文参同契玄解》序

楚黄西陵一壑居士彭好古撰

今之谭玄修者,曲径旁蹊,千条万绪,亡虑数百家,总之不出三说,则清静、阴阳、服食是也。清静之说,下者见精神而久生,上者忘精神而超生;阴阳之说,下者采后天而延生,上者采先天而长生。二者不离精气以为作用。夫精能留气,气能留神,精可积亦可添,气可累亦可补。修炼得此,比之流浪者,诚悬殊矣。而精终有竭时,气终有散时,精竭气散,神将附焉?《石函记》云:即非身内气和精,精去气消何所入?旌阳之言岂欺我哉!故二者谓之非道不可,谓之仙道不可。夫仙以神名,为其出有入无,变化莫测也。而欲使凡体之精气超然尝存于宇宙之间,谬矣。惟天地有元气、有元精,人禀天地之精气以生,混然中处,时相流贯。以天地之母气,伏吾身之子气,以天地之金精,伏吾身之真精,始为金丹点化,而后形神俱妙,与天地而同寿也。

昔广成子度黄帝,比酌内事,炼金丹以为服食。而其道不始于广成子,自伏羲画卦,以及文王、周公,无非此道,其说在《易》,炳炳可观。考之伏羲之卦象、文王之卦辞、周公之爻辞,何者非性命之理?至孔子读《易》,韦编三绝,深造其理,然以庶圣翼经,多就人事训之。孔子没而其传绝矣。《参同契》准《易》而作,舍人事而归性命,直接羲黄以来相传之统。世以其不列学宫也,而目之为丹书。夫丹何以名哉?《易》列八卦,而大者惟在乾、坤、坎、离四象之间。先天八卦,乾南坤北,离东坎西;后天八卦,离南坎北,震东兑西。盖乾、坤、坎、离,即铅、汞、水、火,移水火于南北,则为铅汞;移铅汞于东西,则为水火。图象错综,其理一也。间尝略而论焉:天地未判,有此乾金,金生水,水居北方为铅,铅色黑,寄体于兑,黑中有白,则曰水银。土为金母,其色黄,水银内藏真土,亦曰黄芽。黄芽初生,遇离宫真火,始成汞体,包含金气,汞被真火煅炼,其色红,则曰朱砂。砂中隐汞,灵液滋生,则曰活水银。煅炼既久,火灭为土,黄芽已老,则曰死水银。水银死,而金复为纯阳之乾金矣。金者,坎中太阴本体,感离中太阳元精,而成一阳穿月,是之谓丹金,为乾金,是之谓金丹。此一金也,在初生则为白金,在结实则为金液,本先天一炁化生而出,取之后天,而复还之先天,恶有不神者哉!故刀圭入口,羽翰自生,必然之理,无足异者。请极言之:人身气聚则生,神聚则灵,而神即魂,魂即性。人禽兽虫皆禀性,性命相连魂系命。魂是金精作命基,命基养性魂相随。《石函》盖详言之。金精受命于太阴,寄命于太阳,本为命基。以此言命,其命始坚;以命养性,其性始妙。性妙者魂妙,魂妙则神妙,真造化至玄至玄之理,俗士之所惊而圣哲之所驰骛以为当然者也。乃世之影响金丹者,溺其旨矣。泥四象,则揣摩于银、铅、砂、汞之中;泥八卦,则效法于坛炉鼎灶之似。而不知八卦不出四象,四象不出坎离。坎离为日月,日月为大象,大象为金火。丹砂著明,莫大乎金火。而金火者,铅也,舍铅而求之非类,丹能成乎?故曰:惟晓大象,必得长生。此魏公所为忧而《参同契》所以作也。

《契》凡三篇,徐景休《笺注》三篇,淳于叔通《补遗》二篇。五代时,为蜀彭真一所乱。余从蜀中得慎庵杨君所叙古文读之,浸浸就绪。顾其书本言神丹,而上阳陈氏注为阴阳,全阳俞氏注为清静,皆不得魏公之意而曲为之解者。辄不自揣,僭为注说,命之曰《玄解》,而为数言,以弁其端。

明万历己亥季夏望前一日,书于会水别墅

《古文参同契》题辞

《神仙传》云:魏伯阳上虞人,号云牙子,师事阴、徐二真人,约《周易》作《参同契》三篇。首篇羲文易卦之理,中篇黄老性命之谈,下篇神仙服食之道。时徐景休亦作《笺注》三篇,淳于叔通亦作《三相类》二篇。五代时,蜀永康道士彭晓,剖割八篇,分为九十章,以应火候之九转,余《鼎器歌》,以应真铅之得一。后之人,不知孰为经、孰为注,亦不知孰为魏、孰为徐与淳于，自彭始矣。致使文义破裂，读者难解。以朱子之旁通百氏，而自谓不得其作料孔穴，仅据彭本作为《考异》，他可知也。

余宦游蜀中，得杨慎庵所序古文，喜不自胜。及翻阅旧简，则已刻之《百家类纂》矣。因积诸家注，以古文为据，叙而读之，始知诸家所解未尽契伯阳之意者，皆起于真一之破裂，而非见之有彻、有不彻也。因直书古文，而故解数言，以便读诵云。

戊戌孟夏廿六日，一壑居士题

《玄解》凡例

一、此书之作，取大易、黄老、服食，参同契合之谓，一名《三相类》，而以服食为主。惟中篇言及黄老，与外丹互发。景休《笺注》，言内养独专，而意亦归重服食，观者审之。

二、《笺注》五言，《经文》俱四言，而惟中篇上闭六句为五言，遂有疑其为《笺注》者。不知丹道惟金火最重，上闭六句，言凡水火而及金，故曰金气亦相须，下知白守黑，即接言金气。语意连络，其理自明。

三、此书相传已久，字多差讹，俞玉吾考据诸本，一一存之，以备参考，最为详明。今以古文为主，间从玉吾，稍改一二，而诸本不同者，仍附小注存之。凡小注中：一本者为诸本，旧本者为古文。

四、此书字字不苟，某为此解，不敢谓尽得古人之意，然亦字字不敢放过，非苟然也。故于此解，字字能透，方于此书，字字可明。如漫然读之，终为无益。敢以是告之同志者。

《参同契经文》叙

东汉会稽真人魏伯阳 著

邻国鄙夫，幽谷朽生。挟怀朴素，不乐权荣。栖迟僻陋，忽略利名。执守恬淡，希时安平。晏然闲居，乃撰斯文。歌序大易，三圣遗言。察其所趣，一统共伦。务在顺理，宣耀精神。施化流通，四海和平。表以为历,万世可循。序以御政,行之不繁。引内养性,黄老①自然。含德之厚,归根返元。近在我心,不离己身。抱一无舍,可以长存。配以服食,雄雌设陈。四物念护,五行旋循。挺除武都,八石弃捐。审用成物,世俗所珍。罗列三条,枝茎相连。同出异名,皆由一门。非徒累句,谐偶斯文。殆有其真,砾硌可观。使予敷伪,却被赘愆。命《参同契》,微览其端。辞寡道大,后嗣宜遵。委时去害,依托丘山。循游寥廓,与鬼为邻(委、鬼乃魏字)。化形而仙,沦寂无声。百世一下(百世一下为白),遨游人间(白加人,乃伯字)。敷陈羽翮,东西南倾,汤遭阨际(汤遭旱无水,乃易字;阨加际,乃阝旁。易、阝乃阳字。)水旱隔并。柯叶萎黄,失其华荣。各相乘负,安稳长生。

---

① 老,原作"者",今改。

古文参同契

东汉会稽真人魏伯阳 著
明西陵一壑居士彭好古 解
明新安亮父黄之寀 校

上 篇

（此准卦爻以运火符，羲文大易之理也。）

乾刚坤柔，配合相包。阳禀阴受，雄雌相须。须（一作偕）以造化，精气乃舒。坎离冠首，光耀垂敷。玄冥难测，不可画图。圣人揆度，参序元（一作玄）基。四者混沌，径入虚无。六十卦周（一作用），张布为舆。龙影（即马字）就驾，明君骰（即御字）时。龢（即和字）则随从，路平不邪（一作陂）。邪道险阻，倾危国家。

此首言乾、坤、坎、离及六十卦。丹法以乾坤为鼎器，以坎离为药物，以六十卦为火候，见丹与《易》合。乾坤刚柔，二者配合，递相包含，自然阳禀与而阴受藏。孤阳不生，孤阴不育，雄雌二者，相须以为造化，精气乃能舒布而成丹。如雌雄相交，方结精气而成胎。有鼎器则有药物，是以坎离继乾坤而冠阴阳之首。离中日光，坎中月耀，垂敷于乾坤二体之间，幽玄杳冥，难可测识。惟圣人为能揆度，而参伍序述其元基，知乾、坤、坎、离四者，混混沌沌，径入虚无，是为元基。遂以乾坤为体，坎离为用，其余六十卦，自屯蒙以至既济未济，张布周天火候，以为传神递气之舆，而六十卦火候，不出乾之六爻。乾为龙为马，明君时乘六龙御天，以行六十卦之火候，一升一降，和气周流，自始至终，稳路平驱，安有倾危之患？苟不达此，妄行邪径，自履险阻，国家岂不倾危哉？

君子居其室，出其言善，则千里之外应之。谓万乘之主，处九重之位。发号出令，顺阴阳节。藏器待时，勿违卦月（一作日）。屯以子申，蒙用寅戌。余六十卦（一作六十卦用），各自有日。聊陈两象，未能究悉。在（一作立）义设刑，当仁施德。逆之者凶，顺之者吉。按立法令，至诚专密。谨候日辰,审察消息。纤芥不正(一作生),悔吝为贼。二至改度,乖错委曲。隆冬大暑,盛夏霜雪。二分纵横,不应漏刻。水旱相伐,风雨不节。蝗虫涌沸,群异旁出。天见其怪,山崩地裂。孝子用心(一作逆贼),感动皇极。近出己口(一作鼎),远流殊域。或以招祸,或以致福,或兴太平,或造兵革。四者之来(一作中),由乎胸臆。

此言六十卦之火候。君子居其室,引《易·系词》以起下文。修丹之士,深处室中,如万乘之君,深居九重,动止语默,关系天和;进火退符,当顺阴阳升降之节,勿违卦月。一卦有六爻,六十卦计三百六十爻,应一月三百六十时之数。一日两卦,朝屯暮蒙,计十二爻,屯下震而上坎,自庚子爻至戊申爻;蒙下坎而上艮,自戊寅爻至丙戌爻。聊陈两象,而六十卦可例推也。自子至巳进火,为息、为仁、为德;自午至亥退符,为消、为义、为刑。攒簇周天,一年止在一月,一月止在一日,一日止在一时。按立法令,至诚专密,谨候日辰,审察消息。使纤芥不正,将夏至、冬至,二至改度;春分、秋分,二分纵横。水旱不调,隆冬易为大暑;风雨不节,盛夏变为严霜。物灾天变,交发并作,而悔吝为贼矣。惟孝子用心,方能感动皇极。而近出己口,远流殊域,招祸致福,致治兴戎,皆由胸臆而来,所谓君子出其言善,而千里之外应之者也。金丹之道,在于得一。一为水,金生水,金为母,水为子。升降有节,为孝子用心;大药自生,为感动皇极。

动静有常,奉其绳墨。四时顺宜,与气相得。刚柔断矣,不相涉入。五行守界,不妄盈缩。

承上祸福而言。凡运水火,须动静依时,如工匠奉绳墨,春夏秋冬,四时各顺其宜,使温凉寒暑之气,各得其所。刚柔断矣,不相涉入者,如《石桥歌》所谓水生火,火生木,水火须分前后队也;五行守界,不妄盈缩者,谓金、木、水、火、土各守其界,无太过、无不及也。不妄盈缩即为守界,非谓五行各守一界。

易行周流,屈伸反覆。幽潜沦匿,彰(即变字)化(二字一作升降)于中。包囊(一作裹)万物,为道纪纲。以无制有,器用者(一作皆)空。故推消息,坎离没亡。

此明坎离之用。合日月而成易，日月即坎离也。日月行于黄道，昼夜往来，周流不息。上半月阳伸阴屈，魂长魄消；下半月阴伸阳屈，魄消魂长。循环反覆，无有穷已，幽潜莫测，沦匿难寻，而变化于中，包括万物化生之机，以为道之纪纲。譬之器然，以无制有，当其无，有器之用，器之所用全者，全在此空。无幽潜沦匿，则无变化矣，何以包囊万物，为道纪纲哉？凡此皆坎离运行，周流反覆之用也。息者，进火之候；消者，退符之候。朔旦震卦用事，历兑至乾；望罢巽卦用事，历艮至坤。周流反覆，而坎离无爻位，故曰没亡。非没亡也，行乎六虚之间，而往来不定耳。易之功用，其神如此。

言不苟造，论不虚生。引验见效，校度神明。推类结字，原理焉（即为字）证（一作征）。坎戊月精，离己日光。日月为易，刚柔相当。土（一作王）四季，罗络始终。青赤白黑，各居一方。皆禀中宫，戊己之功。

此言坎离戊己二土。坎外阴而内阳，月之象也；离外阳而内阴，日之象也。坎纳六戊，戊阳土也，阴中阳也；离纳六己，己阴土也，阳中阴也。二土相交，日月两字合成易字，则阴阳相济，刚柔相当，结成刀圭。青、赤、白、黑，即木、火、金、水也。木、火、金、水，各居一方，惟土居中央，分旺辰、戌、丑、未，而罗络一方之始终。木得之以旺，火得之以息，金得之以生，水得之以止，四者皆禀其功。是土也，本无定位，在坎则为戊土，在离则为己土，在中宫则为戊己土，在四季则为辰、戌、丑、未土。紫阳云：只缘彼此怀真土，遂使金丹有返还。盖土者，金母也。知五行之俱归于土，则知五行之俱变为金，然后土能会造化于中宫，种黄芽于后土而成丹矣。魏公作是书，以发明斯道之秘，无非引验见效，亲到实诣之说。复恐其说未足取信于人，遂校度日月之神明以为法，推原易卦之道理以为证，可谓深切而著明矣。又岂肯苟造无稽之言，虚生无益之论，以诳惑后来者哉！

晦朔之间，合符行中。混沌鸿濛，牝牡相从。滋液润泽，施化流通。天地神明，不可度量。利用安身，隐形而胚（即藏字）。始于东北，箕斗之乡。旋而（一作左旋）右转，呕轮吐萌。潜潭见景，发（即散字）清光。

昴毕之上,震为出征。阳气造端,初九潜龙。阳以三立,阴以八通。三日震动,八日兑行。九二见龙,和(一作初)平有明。三五德就,乾体乃成。九三夕惕,亏折神符。盛衰渐革,终还其初。巽继其(一作阴)统,固际操持。九四或跃,进退道危。艮主进止,不得踰时。二十三日,典守弦期。九五飞龙,天位加喜。六五坤承,结括终始。韬①养众子,世为类母。上九亢龙,战德于野。用九翩翩,为道规矩。阳数已讫,讫则复起。推情合性,转而相与。循据璇玑,升降上下。周流六爻,难可(一作以)察睹。故无常位,为易宗祖。

  此以先天八卦及乾卦六爻,合日月晦朔弦望,又杂以二十八宿,月所临之位,明炼丹之火符。晦朔之间,乃三十日半夜以前,亥子之交也。月至东北艮地,箕斗之乡,渐与日离,晦而复苏,在十二卦为坤之末、复之初,在乾四德为贞元之间。一二日,旋而右转,至三日,日在震,月出庚,载在明,呕轮吐萌于昴毕之上。毕月昴日,月借日光,映以为明。一阳生于二阴之下,应乾之初九;初八日在兑,月至丁为上弦,一阴二阳,应乾之九二;三五十五日,日在乾,月至甲为望,三阳已就,应乾之九三,望罢载生魄。十六日在巽,月至辛,转受阴统,二阳一阴,应乾之九四;二十三日在艮,月至丙为下弦,一阳二阴,应乾之九五;六五三十日,日没艮月至乙,亦没艮,三阴已全,应乾之上九。言炼丹者,亥子之间,阳符既退,金木同宗,此时鼎中混混沌沌,鸿鸿濛濛,一牝一牡,以类相从,流金滋润,施液母胎,化生神灵,不可度量。又能安身利用,藏质隐形,伏体潜潭,精光渐发。始于东北,旋转西位,鼎中金水,将近发生,至月旦子符一阳之火,金遇火重明。自此鼎中渐生阳气,至八日金水受寅卯之符,阴阳各半。阳以三立者,火行三日,阳气初布,故云三日震动;阴以八通者,兑金得用,金水相通,故云八日兑行。行至辰巳,尽为纯阳,此后阴阳界分,周而复始,故谓之盛衰渐革,终还其初。符至午未,阴气旋生,包固阳精,无敢动逸;至申酉,而金水之气复均,是为九四弦期;至戌亥,而乾坤之气俱足,是为九五加喜;至上九亢阳,而龙战于野,又当

---

① 韬,诸本作"韫"。

随月而晦矣。坤始变为一爻为阳成震,以至三爻俱变为纯阳成乾;复于乾体变一爻为阴成巽,以至三爻俱变为纯阴成坤。始终出没,皆由坤体,韬养震、兑、乾、巽、艮、之众子,世为同类之母。而火符消息不出乾之六爻,可见用九翩翩,为丹道之规矩。一爻才过,一爻又来,推金水之情,以合木火之性。转而相与,循环璇玑,随便斗柄以斡运。子上升,午下降,周历六爻,往来无定,难可察睹,岂有常位?然则无常位者,岂非易道之宗祖乎!

朔旦为复,阳炁始通。出入无疾,立表微刚。黄钟建子,兆乃滋彰(一作亨)。播施柔暖,黎蒸得常。临炉施条,开路生(一作正)光。光耀渐(一作寝)进,日以益长。丑之大吕,结正低昂。仰以(一作承)泰,刚柔并隆。阴阳交接,小往大来。辐辏于寅,运(一作移)而趋时。渐历大壮,侠列卯门。榆荚堕落,还归本根。刑德相负,昼夜始分。夬阴以退,阳升而前。洗濯羽翮,振索(一作京,即掠。)宿尘。乾健盛明,广被四邻。阳终于巳,中(一作终)而相干。姤始纪序,履霜最先。井底寒泉,午为(一作主)蕤宾。宾服于阴,阴为主人。遁去世位(一作遁世去位),收敛其(一作贞)精。怀德候时,栖迟昧冥。否塞不通,萌者不生。阴伸阳屈,毁伤(一作阳)姓名。观其权度,察仲秋情。任蓄微稚,老枯复荣。荠麦芽蘖,因冒以生。剥烂支体,消灭其形。化气既竭,亡失至(一作其)神。道穷则反,归乎坤元。恒顺地理,承天布宣。玄幽远渺,隔阂相连。应度育种,阴阳之元。寥廓恍惚,莫知其端。先迷失轨,后为主君。无平不陂,道之自然。彭易衰盛,消息相因。终坤始复,如循连环。

此以十二卦配十二辰、十二律吕,明炼丹之火符。一阳地雷复,于辰为子,于律为黄钟;二阳地泽临,于辰为丑,于吕为大吕;三阳地天泰,于辰为寅,于律为太簇;四阳雷天大壮,于辰为卯,于吕为夹钟;五阳泽天夬,于辰为辰,于律为姑洗;六阳纯乾,于辰为巳,于吕为中吕。一阴天风姤,于辰为午,于律为蕤宾;二阴天山遁,于辰为未,于吕为林钟;三阴天地否,于辰为申,于律为夷则;四阴风地观,于辰为酉,于吕为南吕;五阴山地剥,于辰为戌,于律为亡射;六阴纯坤,于辰为亥,于吕为应钟。

振即辰,昧即未,伸即申,蓄即酉,灭即戌,阂即亥,辐辏即太簇,侠列即夹钟,洗濯即姑洗,中即中吕,栖即林钟,任即南吕,伤即夷则,亡即亡射,应即应钟。朔旦为复云云者,谓火候既动,阳气始通,一出一入,收放无疾,惟以微刚为表,播施和暖,熏蒸鼎器,得其常法也;临炉施条云云者,谓阳火渐进,光耀鼎中,冬至之后,日以益长,金水感气,渐结流珠于正低,过此一爻,渐仰以随化机也;仰以成泰云云者,谓冬至三阳,刚柔平分,阴阳交接,小往大来,造化辐辏于此也;渐历大壮云云者,谓卯为沐浴之候,其时昼夜始分,生杀相半,万物至春敷荣,而榆荚至是独落者,榆荚应星,星至晓隐,象金砂随余阴之气落于胞中也;夬阴以退云云者,谓阳气已盛,而鼎内尚余些小阴气,被辰火荡涤,金砂如禽出水,得以洗涤羽翮,振其宿尘,将奋飞而冲天也;乾健盛明云云者,谓金胎遇正阳之火,金得火而成器,光被四表,克满神室,阳极之中,一阴渐生,将干阳德也;姤始纪序云云者,谓鼎内金母,本是太阴水精,初得阴气,金水少舒,其渐必至坚冰,五阳一阴,阴为井底寒泉,然阴方受事,阴为主而阳为宾也;遁去世位云云者,谓鼎内赤龙之精,阴气浸盛,阳气浸衰,阳道遁其位,收敛真精,以待将来,渐欲阕绝,而栖迟于昧冥也;否塞不通云云者,谓三阳三阴,天地不交,中宫金母,阴伸阳屈,卷舒自然,阳气至此而伤也;观其权度云云者,酉为沐浴之候,谓鼎内金得阴气,随水变化,滋生姹女,水银满于室内,阴气得用,犹余阳和,比于仲秋生荞麦,荞麦应日,日魂胎于酉也;剥烂肢体云云者,谓一阳五阴,阴盛阳衰,柔侵刚尽,金水俱息,肢体消灭,神气竭亡,火生于寅,旺于午,墓于戌,戌者,闭物之时也;道穷则反云云者,坤初变一爻为阳,阳极阴生,以至六变,复归坤体,阴得阳而生,阳得阴而成,而亥子之间,乃阴阳之交,万物归根,闭塞成冬,然一岁发育之功,实胚胎于此。寥廓恍惚,莫知其变化之端,初则玄黄未分,迷失轨辙;后则阴阳剖判,金为药宗。无平不陂,无往不复,阴阳火符,消息盈亏,始复终坤,起朔止晦,如连环之旋转而无穷也。

帝王乘(一作承)御,千载(一作秋)常存。御政之首,鼎新革故。管括微密,开(一作阖)舒布宝。要道魁柄(一作杓),统化纲纽。爻象

内动，吉凶外起。五纬错顺，应时感动。四七乖戾，誃（即移字）离仰俯（一作俯仰）。文昌统录，诘责台辅。百官有司，各典所部。原始要终，存亡之绪。或君骄溢，亢满违道；或臣邪佞，行不顺轨。弦望盈缩，乖变凶咎。执法刺讥，诘（一作结）过贻主（一作土）。辰极处正（一作受政），优游任下。明堂布政，国无害道。

此总结前数段，以终阳火阴符之旨。魏公准《易》作《契》，上经一篇，以八卦、十二卦、六十卦爻配火符。而火符运用，全在乾卦之六龙，有帝王时乘六龙御天之意。六龙运用，全在斗魁，斗魁戴筐六星，是曰文昌宫，一上将、二次将、三贵相、四司命、五司录、六司灾，号南极统星，为人身朱雀之神，录人长生之籍。其下六星，两两而比者，曰三台，虚精之星，乃三台之纪纲，统录之星，为三台之领袖，在人身为明堂之主，开化世人之德。洞微隐光星，紫微辅弼马，即尊、帝二星，在人身为玄武之神，若人见之，寿可千岁。其余百节万神，各典所部。金精土德，即君。神室即辰极。神室内明堂，即周所居明堂；明堂正德，即居明堂以布政。言修丹之士，既造神室，时乘六龙以运火符。起手之初，须固济微密，使金水相依，舒畅滋液，其要在亥子之间，握斗柄以为纲纽。外火动而行，内符静而应。凶则五星错乱，应时感动，四七乖戾，周星移离；吉则文昌统录，诘责①台辅，百官有司，各典所部。吉则存，凶则亡，端绪皆由金精土德。原始要终，可以知存亡之绪矣。故或君骄溢，金水失宜；或臣邪佞，爻铢违则。弦望盈缩，乖变凶咎。执法刺讥，过皆由主。惟金胎神室，如北辰正天之中，进火退符，优游任下，无太过、无不及，而后明堂之中，金水之液，滋生于中。犹人君尊居辰极，端拱无为，明堂之上，布政优游，尚何害道之有乎？是则为政法天，而丹法人君之为政也。

中　篇

（此言养内丹以饵外丹，黄老性命之学也。）

将欲养性，延命却期。审思后来，当虑其先。人所禀躯，体本一无。

---

① 责，原作"贵"，今据上下文义改。

元精云布,因炁托初。阴阳为度,魂魄所居。阳神日魂,阴神月魄。魂之与魄,互为室宅。性主处内,立置鄞鄂(一作釿锷);情主营列①,筑完(一作恒为。完,一作固。)城郭。城郭完全,人物乃安。爰(一作于)斯之时,情合乾坤。乾动而直,气布精流;坤静而翕,为道舍庐。刚施而退,柔化以滋。九还七返,八归六居。男白女赤,金火相拘。则水定火,五行之初(二句,一作:拘则水定,水五行初。)。上善若水,清而无瑕。道之(一作无)形相,真(一作其)一难图。彷而分布,各自独居。类(一作状)如鸡子,黑白相符(一作扶)。纵广一寸,以为始初。四支五藏,筋骨乃俱(一作具)。弥历十月,脱去其胞。骨弱可卷,肉滑若饴(一作铅,非是。)。

  魏公谓世人欲养性延生、命却死期者,须知身之始末。始末者,元气也。神丹因元气而成,是将无涯之元气续有限之形躯。无涯之元气者,天地阴阳长生真精,圣父灵母之气也;有限之形躯者,阴阳短促浊乱,凡父母之气也。故以真父母之气,变化凡父母之身,为纯阳真精之形,自然与天地同寿。性情生于魂魄,魂魄生于日月,日月生于阴阳。凡修金液大丹者,不过以日魂月魄,阴阳之神,相拘于金室之中。魂变魄,魄受魂,互为宅舍,藏神藏精,而性情出矣。离中之火,藏己土为性,性主处内,立置鄞鄂,而为灵汞根苗;坎中之金,藏戊土为情,情主营外,筑完城郭,而为砂汞匡廓。人民即砂汞也。当斯之时,以情营外,上下二釜,乾坤合而动静阖辟,刚柔施化之理得矣。天一生水,地六成铅,以一居六,故曰六居;地二生火,天七成砂,以二返七,故曰七返;天三生木,地八成汞,以三归八,故曰八归;地四生金,天九成银,以四返九,故曰九还。九还七返,八归六居者,谓银、铅、砂、汞之四象,各得其生成之数也。金生水,属阴象坎,为中男,故曰男白;火属阳象离,为中女,故曰女赤。男白女赤,金火相拘者,丹道之用,无过金火。火炼金而金柜水,药即是火,火即是药也。内水火行功,假凡水火烹煎而成丹。则水定火,指凡水火言。水为五行之初,若真水则善利万物而不争,谓之上善。

----

  ① 列,据上下文义及古本,当为"外"字之误。

上善之水，天一所生，清而无暇，潜运鼎中，变化不一，未可画图；及变而分布，则五行各守疆界，自不逾越。凡此，皆承情合乾坤，而情为城郭。城郭为神室，神室之象，如鸡子然，金水相包，符合于外，纵广一寸，以安灵汞。结胎之初，四肢、五脏、筋骨，与人无异；至于十月胎圆，则骨弱可卷而肉滑若饴矣。

坎男为月，离女为日。日以施德，月以舒光。月受日化，体不亏伤。阳失其契，阴侵其明。晦朔薄蚀，掩冒相倾。阳消其形，阴凌灾生。男女相胥，含吐以滋。雌雄错杂，以类相求。金化为水，水性（一作和融）周章；火化为土，水不得行。男动外施，女静内藏。溢度过节，为女所拘。魄以钤魂，不得淫奢。不寒不暑，进退合时。各得其和，俱吐证符。关关雎鸠，在河之洲。窈窕淑女，君子好逑。雄不独处，雌不孤居。玄武龟蛇，蟠纠相扶（一作拘）。以明牝牡，竟当相须。假使二女共室，颜色甚姝，苏秦通言，张仪合媒，发辩利舌，奋舒美辞，推心调谐，合为夫妻，弊发腐齿，终不相知。若药物非种，名类不同。分两参差，失其纲纪。虽黄帝临炉，太乙执火（一作降生），八公捣炼，淮南调合（一作执火），立宇崇坛，玉为阶陛，麟脯凤腊（一作臘），把籍长跪，祷祝神祇，请哀诸鬼，沐浴斋戒，冀有所望（一作妄有所冀）。亦犹和胶补釜，以硇涂疮，去冷加冰，除热用汤，飞龟舞蛇，愈见乖张。

天道左运，一日一周，行五十五万余里，地在其炁之中，如水上之浮板而不动。太阳之神，天地之元炁也，其体全莹，万物资其阳火赫赤之炁，以生长成实。其体之径，阔八百四十五里差余，其行不由黄赤道，乃出入于黄道内外，昼长在赤道北，昼短在黄道南。太阴之神，天地之至精也，其体全黑，万物资其阴水运化之功，以孕产滋育。其体之径，阔六百七十里有奇，其行不由黄赤道。黄道与赤道，如两环相交，相距二十四度，月乃由中而行，距黄道约六度，其体虽黑，映日即明。缘督子以黑漆毬于檐下映日，其毬受日之光，远射暗壁，故尝以边光一边暗，遇望日月相对，夜则月在天上日在地下，所映之光全在人间，一边暗处全向天，世所不见。晦朔日月同度，月在日之下，一边光处全向天，一边暗处全向地。月离日二十五度，人间乃见月吐微光，日渐远，光渐多，月离日九十余度，人见月华一半。月体本无圆缺，在乎受日光之多少。是日主施，月主受，日施月不得不受，受而不还，安能复施？不得不还，故阳施为炼丹，阴受为还丹。如阳失其契，则阴侵其明；阳消其形，则阴凌灾生矣。此以男女雌雄，比坎离日月，无非发明阴阳之义。阴阳即金火。金火者，铅也。真铅为金，金生水为阴，铅中玄元之火为阳。如此药物，方为同类，舍此即非同类矣。同类易施功，非种难为巧，正指此而言。既言以类相求，又引《关雎》发挥，而意归重药物非类，以足以类相求之意。俱吐证符者，谓金鼎之中，滋生灵汞也。

上德无为，不以察求；下德为之，其用不休。

四句解者不一：言外丹者，强附于乾坤；言鼎者，牵合于庚甲。不知魏公此篇，全是要人内养丹而服外丹。故首之养性延命，中之无为有为，终之虚无隐明，皆从身中说起。盖内丹以服吾身之金精，外丹以服太虚中金精之性，俱不可无。此言上德、下德者，乃《道德经》所谓上德无为而无以为，下德为之而有以为；《文始经》所谓忘精神而超生，见精神而久生之谓也。上德者，虚极静笃，精自然化炁，炁自然化神，神自然还虚，虚无大道之学也，故不以察求；下德者，虚静以为本，火符以为用，炼精合炁，炼炁合神，炼神合虚，以神驭气之法也，故其用不休，以起下文之意。

上闭则称有，下闭则称无。无者以奉上，上有神德居。此两孔穴法，金气（一作有无）亦相须。知白守黑，神明自来。白者金精，黑者水基。水者道枢，其数名一。阴阳之始，玄含黄芽。五金之主，北方河车。故铅外黑，内怀金华。被褐怀玉，外为狂夫。金为水母，母隐子胎；水者金子，子藏母胞。真人至妙，若有若无。仿佛大渊，乍沉乍浮。退而（一作进退）分布，各守境隅。采之类白，造之则朱。炼为表卫，白里（一作包里，白，一作日。）贞居。

上闭者，离宫真火，济之以水，火遇水则闭而水有形；下闭者，坎宫真水，济之以火，水遇火则水闭而火无迹。无者以奉上，谓火运四时五行之气，以资奉神胎；上有神德居，谓神胎金汞也。水火阴阳二孔穴，金气与之相须。白者，银也；黑者，铅也。知白守黑，谓炼银于铅也。炼银于铅,则神明自生。银为金之精,铅为水之基,五行之中,惟水数本一,合道之枢,而为阴阳之始。水一加土五,是为水之成数,其玄含黄芽之象乎。玄含黄芽者,水中产真铅也。铅为五金之主,在北方玄冥之内,得土而生黄芽,黄芽即金华也。金华乃铅之精英,故铅体外黑,而金华隐于其中,犹美玉藏于褐夫之怀也。水本居北,遇真人煅炼,自下载宝而上,不敢暂停,如河车之运,故曰北方河车。故金为水母,水者金子。铅藏银,故母隐子胎,子藏母胞。金胎处铅,即真人在深渊。或见或隐,乍沉乍浮,及乎经火煅炼,则金自浮,水自沉而各守境隅,不相逾越矣。采之类白者,先用白金为首也;造之则朱者,次因火功成砂也;炼为表卫,白里贞居者,造为神室,而金汞安处于内也。

方圆径寸,混而相拘(一作扶)。先天地生,巍巍尊高。旁有垣阙,状似蓬壶。环匝关闭,四通踟蹰。守御密固,阏绝奸邪。曲阁相连(一作通),以戒不虞。可以无思,难以愁劳。神气满室,莫之能留。守之者昌,失之者亡。动静休息,常与人俱。内以养己,安静虚无。原本隐明,内照形躯。闭塞其兑,筑固灵株。三光陆沉,温养子珠。视之不见,近而易求。

承上金鼎象混沌,制造分上下两弦,中虚方圆径寸,两弦相合,固济绵密,拘合汞于神室之中。未有天地,先有真铅,铅是天地之父母,阴阳之本原。圣人采天地父母之根以为药苗,采阴阳本原之气以为丹母。制造金鼎,坛炉鼎灶,上下相接,如蓬壶之状。在外则垣阙环匝,关闭有法;在内则四通踟蹰,曲阁相连。而又守御固密,阏绝奸邪,以防真气走失,方免别生思虑愁劳,固密隄防,得神气满于室内。如运火差忒,纵有真精在内,亦复飞走不住,全在调燮水火,守而勿失,则必昌盛。故真气动静休息,常与人俱,一时不可怠缓也。有此外药,然内丹不成,外丹不就,则当内以养己,安静虚无,隐藏其明,回光内照。谓塞兑口,使上不泄;筑固灵株,使下不漏。撮聚三光于洞房室内,温养玄珠于正位中央,无为功里见神功,非有相中生实相。虽视之不可见,听之不可闻,而实则近取诸己,非从外得也。一说兑口为鼎,灵株为金汞,谓修丹者,既安金汞灵根于中宫,则须闭塞鼎口,筑固灵根,役用三光真精而入其内,以温养子珠。子珠即金汞,变化莫测,不可窥视,而运制法象,为之枢辖,自不至于逃亡,故曰近而易求。日、月、星为三光,阳火、阴符、金胎,以象日、月、星,亦为三光。此皆亦善。

下 篇

（此言炼神丹以为服食,神仙飞升之事也。）

惟昔圣贤,怀玄抱真。伏（一作服）炼九鼎,化迹隐沦。含精养神,通德三光（一作元）。津溢（一作液）腠理,筋骨致坚。众邪辟除,正气常存。积累长久,化（一作变）形而仙。忧悯后生,好道之伦。随傍风采,指画古（一作皷）文。著为图籍,开示后昆。露见枝条,隐藏本根。托号诸名（一作石）,覆谬众文。学者得之,韫椟（一作匮）终身。子继父业,孙踵祖先。传（一作举）世迷惑,竟无见闻。遂使宦者不仕（旧作失人）,农夫失耘,商人弃货,志士家贫。吾甚伤之,定录此文。字约易思,事省不繁。披列其条,核实可观。分两有数,因而相循。故为乱辞,孔窍其门。知者审思,用意观焉。

此魏公述己著书,言神丹之意,以起下文。

河上姹女,灵而最神。得火则飞,不见埃尘。鬼隐龙匿,莫知所存。将欲制之,黄芽为根。物无阴阳,违天背元。牝鸡自卵,其雏不全。夫何故乎？配合未连。三五不交,刚柔离分。施化之道（旧作功）,天地自然。犹火动炎上,水流润下。非有师导,使其然也。资始统正,不可复改。观夫雌雄,交媾之时,刚柔相纠,而不可解。得其符节,非有工巧,以制御之。若男生而伏,女偃其躯。禀乎胞胎,受炁元（一作之之）初。非徒生时,著而见之。及其死也,亦复效之。此非父母,教令其然。本在交媾（旧作垢）,定置始先。

真汞产于离,离为中女,居午,以分野言之,午为三河,故称河上姹女。黄芽即真铅也。真汞见火则飞,须得真铅擒制,以沉重而伏轻飞,情来归性,方不飞走。真汞为阳,真铅为阴。物无阴阳,药不正而违天,火不合而背元,三五不连,金木不交,其何以成丹乎？牝鸡水火、雌雄刚柔、男伏女偃,皆发明孤阴不生、寡阳不成之意,见修丹者当配合阴阳,方为道也。

太阳流珠,常欲去人。卒得金华,转而相因。化为白液,凝而至坚。金华先倡,有顷之间。解化为水①,马齿阑玕。阳乃往和,情性自然。迫促时阴,拘畜禁门。慈母育养,孝子报恩。严父施令,教敕子孙。五行错旺,相据以生。火性销金,金伐木荣。三五与一,天地至精。可以口诀,难以书传。子当右转,午乃东（一作左）旋。卯酉界隔,主客（一作定）二名。龙呼于虎,虎吸龙精。两相饮食,俱相贪并（一作便）。遂相衔咽,咀嚼相吞。荧惑守西,太白经天,杀气所临,何有不倾？狸犬守鼠,鸟雀畏鹯,各得（一作有）其性（旧作功）,何敢有声？不得其理,难以妄言。竭殚家产,妻子饥贫。自古及今,好者亿人。讫不谐遇,希有能成。广求名药,与道乖殊。

太阳流珠,真汞也;金华,真铅也。真汞为玄元真火,名太阳流珠,易于飞走,常欲去人,得真铅以制之,则转而相依,自然不致飞走,留恋鼎内而化为金液。凝而至坚,金华发现,只在有顷②之间,皆解化为水之白液。如马齿阑玕之状,以阳和阴,情性自然,迫促时阴,拘畜禁门,阴气继运,资护内宫而成变化,乃五行吞咽之理。先用火销金,次用金伐木,然后化为水,复凝成金。水者,木之母也,故曰慈母养育;水者,金之子也,自子变母,故曰孝子报恩。金水者,药也;药者,火之子孙。火性销金,金伐木,猛烹极炼,故曰严父施令,教敕子孙。金生水,木生火,此常道也。今则木与火为侣,火反生木,金水合处,水反生金,金得火性而销金,木得金伐而荣,可见三五与一,乃天地之至精。木三火二为一五,水一金四为二五,戊己二土为三五,而三五都从真铅之一而生。以真铅金华而制太阳流珠,其妙须是口传心授,岂可以书传哉？子右转至酉,午东旋至卯,卯酉为阴阳界隔。进火阳为主,阴为客;退符阴为主,阳为客。有主客之二名,一升一降,火候合宜,自然青龙吐气,白虎吸精,龙呼于虎,虎吸乎龙,两相吞咽。火逼金气,守西而盛明;金承火气,经天而出现矣。真铅擒真汞,真汞投真铅,杀气所临,何有不倾？如狸

---

① 水,原本作"冰",据上下文及文义改。后同。
② 顷,原本作"项",今据上下文及文义改。

犬之守鼠,鸟雀之畏鹳,而不敢出声也。

丹砂木精,得金乃并。金水合处,木火为侣。四者混沌,列(一作合)为龙虎(一作木)。龙阳数奇,虎阴数偶。肝青为父,肺白为母。肾黑为子,心(旧作离)赤为女。脾黄为祖,子(一作居)午行始。三物一家,都归戊己。

丹砂,离中之木火。汞性飞走,最难降伏,惟投入黄芽金液之内,方能相合。以西四白虎之金,降入水中,虎向水中生,白虎变为黑虎,所以金不在西而与水合处于北;以东三青龙之木,升入火中,龙从火里出,青龙化为赤龙,所以木不在东而与火为侣于南。金、水、木、火,四者混混沌沌,聚而为一。及木精与金液相并,则震龙出自离乡,兑虎生在坎位,列之为二,而奇偶分矣。四象不离二体,信哉!肝青木也,肺白金也,心赤火也,肾黑水也,脾黄土也。木生火而与金母合,故为父;火为离,离为中女,故为女。金生水而与木父配,故为母;水为坎,坎为中男,故为子。木生火女,阳中之阴,是曰己土;金生水子,阴中之阳,是曰戊土。金木二者,俱从土生,故为祖。然天一生水,木、火、土、金,皆由水而生,而子又为五行之始也。金、水、木、火与戊己之土,合而成三,故曰:四象五行全籍土,若无戊己不成丹。

刚柔迭兴,更历分部。龙西虎东,建纬(一作位)卯酉。刑德并会,相见欢喜。刑主伏杀,德主生起。二月榆落,魁临于卯。八月麦生,天罡据酉。子南午北,互为纲纪。一九之数,终而复始。元含虚危(一作抱真),播精于子。

上以药物言,此以火候言。言药物有东、西、南、北之分;言火候,南北为天地之经,东西为天地之纬。鼎中魁罡一转,则龙走西而虎走东,子在南而午在北矣。刚柔迭兴,更历分部者,谓火符并用,遍历经行,分布十二辰中也。龙为阳,宜在东,由一阳以至六阳,阳极生阴,反向西行;虎为阴,宜在西,由一阴以至六阴,阴极生阳,反向东行。东西为纬,而卯酉为建纬之月。二月建卯,子时斗之魁星临于卯位,月将为河魁,河魁属戌,戌中有辛金之杀气为刑,刑主杀而榆落;八月建酉,戌时斗之罡星据于酉地,月将为天罡,天罡属辰,辰中有乙木之生气为德,德主生起而麦生。日行西陆谓之春,而二月卯时,西陆在东,北陆在南;日行东陆谓之秋,而八月酉时,东陆在西,南陆在北。一经一纬,互运并行,总之皆以火而炼金也。火为阳,阳数生于一而成于九,至九则极,极则归复于一,往来上下,周流不息。虚危者,亥子之间,阴极阳生时也;子时者,一阳初动处也。金丹之道,含元于先天,播精于后天。有此火候,当虚危之次,太一所含先天之元炁真精,遇子而播施,其有不成丹者乎?

勤而行之,夙夜不休。服(一作伏)食三载,轻举远游。跨火不焦,入水不濡。能存能亡,长乐无忧。道成德就,潜伏俟时。太乙乃召,移居中洲。功满上升,膺箓受图。

此言饵丹之效。魏公以三年为期,其言必不我欺也。

如审(一作有)遭逢,睹其端绪。以类相况,揆物终始。五行相克,更为父母。母含滋液,父主禀与。凝精流形,金石不朽。审专不泄,得为成道(一作得成正道)。立竿见影,呼谷传声。岂不灵哉,天地至象。

金丹之道,易成而难遇。如审察遭逢,睹其端绪,以药物相况,知何者为同类,何者为非类;揆度药物之始终,始如何生,终如何成。便当速炼金丹之道。五行之理,只在相克。火炼金,金伐木,以水制火,以土制水。金生水,水乃金之子,而铅中生金,水又为金之母;木生火,火乃木之子,而砂中生汞,火又为木之父。母含滋液,父主禀与,凝精流形,结而为丹,与金石同其不朽。审能专一而不泄泄处之,即得成道矣。立竿见影,呼谷传声,天地至象,岂有不灵者哉?

若以野葛一寸,巴豆一两,入喉辄僵,不得俛仰。当此之时,周文揲蓍,孔子占象,扁鹊投针,巫咸扣鼓,安能令苏,复起驰走?

夫人之命既可使之速死,亦可使之长生。毒药入口,虽圣哲不能复苏;刀圭入口,虽鬼神不能强害。魏公以此丁宁终篇,欲人深信而速炼也。

《古文参同契》笺注

《参同契》笺注叙

东汉青州从事徐景休 著

《参同契》者,辞寡而道大,言微而旨深。列五帝以建业,配三皇而立政。若君臣差殊，上下无准；序以为政，不至太平；伏食其法，未能长生；学以养性，又不延年。至于剖析阴阳，合其铢两，日月弦望，八卦成象，男女施化，刚柔动静，米盐分判，以易为证，用意健矣。故为立注，以传后贤。惟晓大象，必得长生，强已益身。为此道者，重加意焉。

《古文参同契》笺注

东汉青州从事徐景休 著
明西陵一壑居士彭好古 解
明新安亮父黄之寀 校

上　篇

乾坤者，易之门户，众卦之父母。坎离匡廓，运毂正轴。牝牡四卦，以（一作互）为橐籥。覆冒阴阳之道，犹御（旧作工御）者之准绳墨，执衔辔，正规距，随轨辙。处中以制外，数在律历纪。月节有五六，经纬奉日使。兼并为六十，刚柔有表里。朔旦屯直事，至暮蒙当受。昼夜各一卦，用之依（一作如）次序。即未至昧（一作晦，非是。）爽，终则复更始。日辰（一作月）为期度，动静有早晚。春夏据内体，从子到辰巳。秋冬当外用，自午讫戌亥。赏罚应春秋，昏明顺寒暑。爻辞有仁义，随时发喜怒。如是应四时，五行得其序（一作理）。

阖户谓之乾，辟户谓之坤，一阖一辟谓之变，故曰门户。合言之，皆谓之户；分言之，乾阖为户，坤辟为门。乾生三男三，坤生女，由此三男三女，迭为夫妻，而六十卦次第而生，故曰众卦之父母。坎离覆冒阴阳，为之匡廓。众卦之变虽不齐，而不出坎离中爻。上下往来六爻之内，犹车辐之运毂，必正其辐轴，故乾坤为天地之体，坎离为天地之用。乾牝坤牡，坎阴中有阳，离阳中有阴，牝牡之交，乾坤阖辟于上下，坎离往来于东西，俨如橐籥之状。无底曰橐。橐者，行气之具；籥，其管也。御者、准绳墨，及处中以制外数句，明运毂正轴意。十二为一纪，律有阴阳，六律六吕十二数；历有阴阳，六阳六阴十二数；一月二节，五日为一候,六候为一月。南北为天地之经,东西为天地之纬,随日以为升沉,俱奉日辰之所使。《易》有六十四卦,除乾、坤、坎、离四卦,一日十二时用两卦直事,每一爻当一时,一月三十日,兼并恰得六十卦。阳刚阴柔,互为表里。则朝当用屯,暮当用蒙,自此朝需蒙暮讼,朝师暮比,以至晦日既济未济,周而复始,方尽六十卦爻之用。朝屯暮蒙者,正看为屯,反看为蒙;顺则为屯,逆则为蒙。六十卦皆然。日出而作,为早为动;日入而息,为晚为静。阳火自子进符,至巳纯阳用事,乃内阴求外阳;阴符自午退火,至亥纯阴用事,乃外阳附内阴。子、丑、寅为春,卯、辰、巳为夏,阳火候;午、未、申为秋,酉、戌、亥为冬,阴符候。永日自寅而东出为明,短日自申而西入为昏。春秋寒暑,应赏罚仁义喜怒如是,则四时五行,各得其序,而鼎内之丹成矣。晦朔为一月之始终,早晚谨一日之动静,四时定一年之赏罚。以一月论:上半月三十卦,下半月三十卦;以一日论:上半日三十卦,下半日三十卦;以一年论:上半年三十卦,下半年三十卦;推而至于一时:则上四刻亦三十卦,下四刻亦三十卦也。

天地设位,而易行乎其中矣。天地者,乾坤之象也;设位者,列阴阳配合之位也。易谓坎离,坎离者,乾坤二用。二用无爻位,周流行六虚。往来既不定,上下亦无常。易者,象也。悬象著明,莫大乎日月。日含(旧作合,非是。)五行精,月受六律纪。五六三十度,度竟复更始。穷神以知化,阳往则阴来。辐辏而轮转,出入更卷舒。

易象日月,日月者,坎离也。先天八卦,乾南坤北,离东坎西,南北列天地配合之位,东西分日月出入之门。乾用九乘坤,阳含其阴,虚而成离;坤用六承乾,阴含其阳,实而成坎。是坎离得专阴阳之体,变易而用。二用无爻位,周流于每卦六爻之内,往来消息不定,上下盈虚无常。故乾初变姤,累变至坤;坤初变复,累变至夬。以至三男三女,互相交变。且六十卦,皆有累变一卦。暨游魂归魄,共变八卦,又有积变一卦,积变至六十四卦;六十四卦,积变至四千九十六卦。初何定在之有哉?日有十干,五干刚而五干柔;月有十二管,六管阴而六管阳。太阳一日行一度,五其六而为三十度。又与太阴交合,周而复始,未尝暂停。太阴真金,太阳真火,合而言之,金为体火为神,火为体金为神;分而言之,太阴金为体火为神，太阳木为体火为神。极而言之，金生水而水反生金，水为体金为神；木生火而火反生木，火为体木为神。金火即日月，日月即坎离，故金精盛则玉兔增辉，火德旺而金乌倍烈。既穷其神，自知其化。太阴纯金而太阳包于其外，金能藏太阳之神，太阳未免有阙，故《石函记》有金阙神室之说。太阳主施，太阴主受，施者主性，受者主情，情能制性。凡一年之中，寒凉温暖，不失其节，皆赖太阴为之调燮。阳往阴来，辐辏轮转，阳出而阴入，阴卷而阳舒，自然之理。学者穷其神而知其化，进火退符，一视日月之昏明以为候，自然夺天地之机，盗造化之妙矣。

此言以乾坤为鼎器，以坎离为药物，金丹体用，具见此章。

易有三百八十四爻，据爻摘符，符谓六十四卦。晦至朔旦，震来受符。当斯之时（一作际），天地媾其精，日月相撢持。雄阳播玄施，雌阴化黄包（一作统黄化）。混沌相交接，权舆树根基。经营养鄞鄂，凝神以成躯。众夫蹈以出，蠕动莫不由。于是仲尼赞鸿濛，乾坤德洞虚。稽古称（旧作当）元皇，关睢建始初。冠婚气（一作炁）相纽，元年（一作炁）乃芽滋（一作芽乃生）。圣人不虚生，上观显天符。天符有进退，诎伸以应时。故易统天心，复卦建始初。长子继父体，因母立兆丌（即基字）。消息应钟律，升降据斗枢。三日出为爽，震庚受西方。八日兑受丁，上弦平如绳。十五乾体就，盛满甲东方。蟾蜍与兔魄，日月无双明。蟾蜍视卦节，兔者（一作魄）吐生光。七八道已讫，屈折低下降。十六转受（一作就）统，巽辛见平明。艮直于丙南，下弦二十三。坤乙三十日，东方（旧作北，非是。）丧其明（旧作朋，非是。）。节尽相禅与，继体复生龙。壬癸配甲乙，乾坤括始终。七八数十五，九六亦相应（一作当）。四者合三十，易象（旧作阳气）合灭藏。象彼仲冬节，草木皆摧伤。佐阳诘商旅，人君深自藏。象时顺节令，闭口不用谈。

此笺注上篇晦朔二段，火符之义，解已见前，兹解其未尽者。一部全《易》，计三百八十四爻；一斤大药，计三百八十四铢。此丹道与易道相通，而《参同契》所以作也。一卦有六爻，一爻有三符，一日两卦三十六符，阴阳相交，不用一时之久，不尽一爻之用。一时三符，止用一符，据爻摘符,而视符行火。符即爻画,非别有符也。自《易》言之谓之爻,自丹言之谓之符。爻当阳生之震,则火进一阳之符。当斯之时,天地媾其精神,日月合其魂魄。龙腾苍冥,播玄施而降液;虎入后土,化黄包而产金;上天下地,混沌交接之象。于是权舆而立其根基,经营而养其鄞鄂,其神既凝,其躯自成。凡大而天地,细而蠢动,有形有气者,莫不由是而出。盖天地产此一点于内,为降本流末,生生化化之原;神室产此一点于中,为返本还源,长生超脱之道。是知《易》首乾坤,《书》称稽古,《诗》以关雎为先,《礼》以冠婚为重,《春秋》以元年为始。仲尼删述六经,古今一人,岂苟作哉!上观天符之显然而笔之于经也。《易》即鸿濛,以乾坤洞虚之德,而蕴鸿濛之《易》,故曰乾坤德洞虚。男冠女婚,乃阴阳二气自然相配之常。《春秋》托始于元年,以为萌芽而滋生。符者,合也。月行于天,一月一度,与日交合为符。自阴阳言,则为火符;自太阳言,则为天符;自太阴言,则为阴符。月自初一以后,其光渐进,魂长魄消,阳伸阴屈,象一日之子至巳;十六以后,其光渐退,魄长魂消,阴伸阳屈,象一日之午至亥。一阴一阳,进退诎伸,皆以冬至子之半为始,故易统天心在复卦月建之始初。人知十月为坤,至十一月,五阴在下,变一阳画为复。不知十月小雪,坤下爻已有阳生其中。但一日之内,一月之间,方长得三十分之一,必积之一月,至十一月冬至,始满一画为复。丹道蹙年成月,蹙月成日,蹙日成时,一时之中,自有一阳来复之机,不在冬至,不在朔旦,亦不在子时也。复卦震下坤上,震为长男,坤为母,乾为父,震下一阳自乾来。具体而微,积渐二阳以至三阳,乾体成矣,故曰长子继父体;一阳伏于五阴之下,故曰因母立兆基。应钟律者,一月一爻也;据斗枢者,一时一爻也。每月初三日,月现微明于西方庚位,应震卦一阳生,而震纳六庚;初八日,月现上弦于南方丁位,应兑卦二阳生,二兑纳六丁;十五日,月满于东方甲位,应乾卦三阳,而乾纳六甲。蟾蜍者,月之精;兔魄者,日之光。日出则月没,月出则日没,无双明之理。当此盛满之时,蟾蜍本金气之精,视卦节而渐旺;玉兔乃卯木之魄,望太阳而吐光。七八者,十五也。三五之道已终,则满者亏而伸者屈,高者低而升者降,阴渐用事。至十六日,月于平旦现西方辛位,应巽纳六辛；至二十三日，月于平旦现南方丙位，应艮六丙；至三十日，月没东方乙位，应坤纳六乙。节尽则又相禅与，阳复用事，继父体而生震龙矣。乾纳甲壬，坤纳乙癸，进火退符，周流六卦，而乾坤包括始终。七八十五，九六亦十五，合七、八、九、六四者，两其十五为三十。日月之象，索然灭藏，有如仲冬之节，草木摧伤，商旅不行，所谓先王至日闭关以养微阳者，此也。其实昼夜有短长，昼短日没于申，则月合于申望于寅；昼长日没于戌，则月合于戌望于辰。十二月间，三日之月，未必尽见庚；十五日之月，未必尽见甲。合朔有先后，上下弦未必尽在八日、二十三日，望朔未必尽在十五日、三十日。《参同》此意，不过以月之盈亏，象火之升降。故以六卦布于一月，而震自象庚，兑自象丁，乾自象甲，巽自象辛，艮自象丙，坤自象乙也。妙悟者，当自得之。

天道甚浩广（一作旷），太玄无形容。虚寂不可睹，匡廓以消亡。谬误失事绪，言还自败伤。别序斯四象，以晓后生盲①。八卦布列曜，运移不失中。元精眇难睹，推度效符证。居则观其象，准拟其形容。立表以为范，占候定吉凶。发号顺时令，勿失爻动时（一作节）。上察天河文，下序地形流。中稽于人心（一作情），参合考三才。动则观（一作依，一作循。）卦变，静则因（一作循）象辞。乾坤用施行，天地（一作下）然后治（一作理）。

此明魏公作《参同契》之意。乾、坤、坎、离，总名四象；六十四卦，总属八卦。天道八句，言乾、坤、坎、离，虚寂难窥，而惟象为可拟；八卦四句，言卦爻直日，眇邈难测，而惟度可推；居则观其象四句，应四象；发号顺时令二句，应八卦。此《参同契》所以准《周易》而作也。谓之《参同契》者，上观天文，下序地理，中稽人心，三者参同契合之谓。或参天文、同地理、契人心为《参同契》，于义亦通。末数句，欲炼丹者，运火符以采鼎器之药物。乾坤者，天地之体；天地者，乾坤之用；而坎离又为乾坤之用。乾、坤、坎、离之用施行，而天地治矣。八卦布列曜云云者，谓八卦排列周回二十八宿，运移不失黄道之中。元精眇难睹而数可推。

---

① 盲，原本作"育"，据诸本改。

推度之效,以日月符合为征也。

若夫至圣,不过伏羲,始画八卦,效法天地。文王帝之宗,循而(一作结体)演爻辞。夫子庶圣雄,十翼以辅之。三君(一作圣)天所挺,迭兴更御时。优劣有步骤,功德不相殊。制作有所踵,推度审分铢。有形易忖量,无兆难虑谋。作事令可法,为世定是书。素无前识资,因师觉悟之。皓若褰帷帐,瞋(一作瞑)目登高台。《火记》六百篇,所趣等不迷(一作殊)。文字郑重说,世人不熟思。寻度其源流,幽明本共居。窃为(一作待)贤者谈,曷敢轻为书。若遂结舌瘖,绝道获罪诛。写情著竹帛,又恐泄天符(一作机)。犹豫增叹息,俛仰缀斯愚(一作辄思虑)。陶冶有法度,未可悉陈敷。略述其纲纪,枝叶见扶疏。

若夫至圣以下,言三圣法天而作《易》;制作有所踵以下,言魏公准《易》而作《契》;素无前识资以下,则徐君自明作笺注之意。上象传、下象传、大象传、小象传、系辞传上、系辞传下、文言传、说卦传上、中、下为《十翼》。秦火之后,亡说卦二篇,汉宣帝时,河上女子掘塚,得《易》全书上之。内说卦中、下二篇,朽坏不可复识,始知《十翼》果亡二翼。后人以序卦、杂卦凑入为《十翼》,非也。《程氏遗书》云:序卦非《易》之蕴,此不合道。二翼之亡,惟程氏知之。古有丹书,述火候功用,谓之《火记》,凡六百篇,金丹之道,圣人传药不传火,人见有所谓六百篇之说,以为火候。如此其繁且难,不知六百篇,亦六十卦尔。六十卦为一月之候,六百篇亦犹六十卦尔。六十卦为一月之候,六百篇为十月之候,一月六十卦,卦卦一般,十月六百篇,篇篇相似,故曰所趣等不殊也。

中　篇

阳燧以取火,非日不生光。方诸非星月,安能得水浆?二气玄且远,感化尚相通。何况近存身,切在于心胸。阴阳配日月,水火为效征。

魏公中篇原以抱一无舍为主,而配以服食外丹,所谓黄老性命之学也。此注亦专言内丹,不必穿凿附会,而内外一理,自可相通。读此篇者,当重内丹,以外丹配之。阳燧者,炼五色石作镜,向日以艾取火,《淮南子》谓之火方诸;又有水方诸,以水晶为珠,向月取水,亦谓之阴燧,又大蛤亦为方诸。言阳燧、方诸感日月之气,犹生水火。何况吾身之阴阳,运吾身之水火,切在心胸,岂有不感化者哉?以外丹论之:坎离即日月也,水火即燧、诸也。以坎离为药物,以水火为火候,一气感通,其丹自结。

耳目口三宝,闭(一作固)塞勿发通(一作扬)。真人潜深渊,浮游守规中。旋曲以视听(一作览);开阖皆合同。为己之枢辖,动静不竭穷。离气内荣卫,坎乃不用聪。兑合不以谈,希言顺鸿濛。三者既关键,缓体处空房。委志归虚无,无念(一作念念)以为常。证难(一作验,一作目。)以推移,心专不纵横。寝寐神相抱,觉寤候存亡。颜色浸以润,骨节益坚强。排(一作辟)却众阴邪,然后立正阳。修之不辍休,庶气云雨行。淫淫若春泽,液液象解冰。从头流达足,究竟复上升。往来洞无极,沸沸①被谷中。

坎为耳,离为目,兑为口,谓之三宝。耳不听则坎水内澄,目不视则离火内营,口不言则釜金不鸣。真人即元神也,深渊即气穴也,规中即玄关也。凝神气穴,一任真息往来升降于黄庭之中。非真不视不听也。旋曲委宛,由心而运,开犹之阖,阖犹之开,以为一己之主宰;一动一静,如门之有枢,如车之有辖,而不竭穷也。目收视,耳返听,口默默无言。既以三者为关键,方可缓体以处圜中。缓体者,毋劳尔形也;处空房者,入静室也。委志虚无,一以无念为常,又不可堕入顽空。修炼有一分工夫,则有一分证验;有十分工夫,则有十分证验。难以推移,而此心惟专一而不纵横。寝寐之际,与神相抱,切不可昏迷而沉于梦境;觉悟之后,惟恐火冷,尝候丹之或存或亡,以为证验。由是至宝蕴中,精华发于外,颜容浸润,骨节坚强,自有证验。得此丹头,昼夜运火,炼去阴气,然后十月胎圆,体变纯阳。从此功夫不辍,惟见和气周匝于一身,溶溶如云,霏霏似雨,淫淫然若春泽之满池,液液然象河冰之释水,自然丹田气海之内,太阴之精渡尾闾,上夹脊双关、风府、泥丸,下明堂,过鹊桥,降玉池化为甘露,咽下重楼,复入丹田,上下往来,周流轮转,怫怫乎充盈四

————————
① 沸沸,注文中又作"怫怫",古文亦作"怫怫"。

大,浇灌五脏六腑,周而复始,无不遍矣。浮游,自气言;守者,勤勤内照之意;真人二句,为一章关键;浮游守三字,又为二句关键。最当玩味。

以外丹言之,坎、离、兑即水、火、金。坎不用聪者,令阴魄合真水,使不流荡也;离内营卫者,令阳魂温养真汞,使汞不逃走也;兑口不谈者,缄闭金胎神室,使不开阖,漏失赤龙精也。有此三者为之关键,婴儿浮游熏蒸于神室之内,金母缓体安处于空器之中。既鼎内阴阳升降调和,则胎中龙虎起伏相抱,元气流行,真精凝固,颜色浸润,骨节坚强。修之不休,抽除阴火,添入阳符,自然和气充满,金液滋生,云行雨施,水融冰释,自头至足,遍匝灵汞之身,往来金母之体,怫怫郁郁,金精布满于空谷矣。丹砂不外金火。此章言金、言火、言水,有此三者,化生木汞,自成真土,故金、水、火为三宝,金、火、土为三物。

反者道之验,弱者德之柄。耘锄宿秽污,细微得调畅。浊者清之路,昏久则昭明。黄中渐通理,润泽达肌肤。初正则终修,干立末可持。一者以掩蔽,世人莫知之。

此承上言,修丹至此,还源返本,六脉俱沉,专气致柔,形气消尽。此乃道之验,德之柄,污秽消除,细微条畅之时也。浊者清之源,昏者明之基,自此以往,清静圆明,虚彻洞照,黄中道①理,正位居体,美在其中而畅于四肢,五脏清凉,六腑调泰,三百六十骨节、八万四千毫窍,无不流通。此乃得一则万事毕,如源洁流清,表端影正,自然相应。而一最难明,举世之人,莫有知者,可易言哉?

以外丹言之,反者,九还七返、八归六居之意。太阴金水,其体本柔,得此柔弱之金水,然后太阳之火,寒凉温暖,有所调燮。乾坤二釜,混沌相交,昏浊难辨。戊己二土,结为刀圭,黄居其中,金砂真汞,自然渐凝渐结,成长肌肤。凡此,皆水之功也。世人不识天一生水,多取凡砂凡汞炼之,岂能成丹乎?

是非历脏法,内观有所思。履斗步罡宿,六甲次日辰。阴道厌九一,浊乱弄元胞。食气鸣肠胃,吐正吸外邪。昼夜不卧寐,晦朔未尝休。

---

① 道,疑为"通"之误。

身体日（旧作且，非是。）疲倦，恍惚状若痴。百脉鼎沸驰，不得清澄居。累土立坛宇，朝暮敬祭祠。鬼物见形象，梦寐感慨之。心欢而意（一作喜）悦，自谓必延期。遽以夭命死，腐露其形骸。举措辄有违，悖道失枢机。诸术甚众多，千条万有余。前却违黄老，曲折戾九都。明者省厥旨，旷然知所由。

此言金丹大道，非旁门小术之比。闭目内视，历五脏以存思；履斗步罡，按日辰而祭甲。行阴者，以九浅一深为厌足，而致元胞之搅乱；食气者，以吐故纳新为神奇，而使肠胃之虚鸣。或夜坐晓参，以至四肢之疲倦；或摇筋摆骨，以至百脉之沸腾；或立坛以祈神；或感梦而祀鬼。诸位此术，皆违黄帝、老君之旨，观其曲折，反获戾于九都之府矣。不有明者，其何以知金液还丹，为形神俱妙之道哉？

下　篇

胡粉投火中，色坏还为铅。冰雪得温汤，解释成太玄。金以砂为主，禀和于水银。变化由其真，终始（旧作始终）自相因。欲作服食仙，宜以同类者。植禾当以谷（一作黍），覆鸡用其卵（一作子）。以类辅自然，物成易陶冶。鱼目岂为珠，蓬蒿不成槚①。水流不炎上，火动不润下。世间多学士，高妙负良材。邂逅不遭遇，耗失亡资财。据按依文说，妄以意为之。端绪无因缘，度量失操持。捣治羌石胆，云母及矾磁，流②黄烧豫章，泥汞（一作澒）相炼治（一作持）。鼓铸（一作下，非是。）五石铜，以之为辅枢。杂性不同类，安肯合体居？千举必万败，欲黠反成痴。侥幸讫不遇，圣人独知之（以上二句旧本无）。稚年至白首，中道生狐疑。背道守迷路，出正入邪蹊。管窥不广见，难以揆方来。

同类之说，解见经文。金砂水银，本同一种，《经》云：白者金精，黑者水基。水色本黑，因感太阳元精，钟灵聚秀，始结成砂，其中已有真

---

① 按：此处古文本尚有："类同者相从，事乖不成宝。燕雀不生凤，狐兔不乳马。"疑彭本脱此四句，盖诸本及古文本皆有此四句。

② 流，当作"硫"。

汞,是为水银。水银在大冶之中,为太阳所炼,岁久凝为白银。白银炼极,变为黄金,名曰水中金,亦名曰真水银。则是金本以砂为主,而禀和于水银。盖真精出乎太阳,与太阴交合而生。金为体,水为用,火为性,故曰同类,非以凡间朱砂水银为同类也。如此同类,方有变化。黠,慧也,谓自处于聪慧,反成愚而可笑。

《火记》不虚作,演《易》以明之。偃(一作铅)月法(一作作)鼎炉,白虎为熬枢。汞日为流珠,青龙与之居(一作俱)。举东以合西,魂魄自相拘。上弦兑数八,下弦艮亦八。两弦合其精,乾坤体乃成。二八应一斤,易道正不倾。

此言鼎炉龙虎弦气。《火记》解见前。《易》六十四卦,除乾、坤、坎、离四卦,六十卦为一月之候,演而伸之,则六百篇为十月之候。偃月炉,太阴金水之铅炉,坎戊月精,其位在西藏魄,白虎居之,坤体也;流珠鼎,太阳木火之汞鼎,离己日光,其位在东藏魄,青龙居之,乾体也。当上鼎下炉,乾坤合体,太阴太阳交光过度之时,白虎青龙,东西相合,魂魄相拘。阳主施,阴主受,故曰举东以合西;魂制魄,魄擒魂,故曰魂魄自相拘。及初八上弦,兑卦用事,月生一半之魂,金数半斤;二十三下弦,艮卦用事,月生一半之魄,水数也半斤。合两弦之精而观之,阴阳之气,二八均停,而乾坤之体乃成矣。

十粉曰丸,一丸如黍,一黍余曰刀圭,六十四黍曰一圭,十黍为絫,十絫为铢,两铢四絫为钱,十钱为两,八铢为锱,三锱为两,一两计二十四铢,十六两为一斤,斤有三百八十四铢,斤四两锊。上弦金半斤,一百九十二铢;下弦水半斤,一百九十二铢。共三百八十四铢。《易》有六十四卦,一百九十二阳爻,一百九十二阴爻,共三百八十四爻。一斤之数,正与易道相合。

金入于猛火,色不夺精光。自开辟以来,日月不亏明(一作伤)。金不失其重,日月(一作日)形如常。金本从月生,朔旦受日(一作日受)符。金返归其母,月晦日相包。隐藏其匡廓,沉沦于洞虚。金复其故性,威光鼎乃熺(一作嬉)。

凡神丹皆曰金丹,而丹砂著明,莫大乎金火。此章言金而及日月,金即金丹，日即火，月即金，最为丹道之关键。首句、次句，自金言；三句、四句，自日月言；五句、六句，总上四句以起下文。金之为宝，镕之得水，击之得火，其柔象木，其色象土，备四时五行之气。故世间凡物，入火皆坏，惟金独不坏，而此金丹非世间之金也。混沌鸿濛之先，太极未判之始，元属于乾，谓之乾金。金生水，水得此金以实其中而成坎，坎之正位，居于北方癸水之地，为水而金藏其中，谓之水中金。水中之金为先天之炁，其金尚少，因占居西方之酉位，则此金日生夜长。酉属兑，谓之兑金，兑上缺象月，与日月同体而生明，月名太阴，兑金名曰少阴，又谓之阴金。太阴之功，受太阳之辉光以成岁时。兑之少阴，神异变化，仙翁参透此理，修炼神丹，必求此金。其求此金，不求于乾，不求于坤，不求于坎，专求于兑，以药苗。有此药物，方行火候。金为月之光，金精盛而月倍明，而月无光，以日之光为光。朔旦之初，与日相离，受日之光而生明，其体渐白，以至晦日，与日相合，为日所包而光泯，其体纯黑。可见金之体从月生，而金之性则从日生也。方其晦也，返归坤母，隐藏其匡廓，沉沦于洞虚，及朔旦受日符之后，必渐而复其故性，何也？此金本乾金，乾寄于坤，坤寄于坎，坎寄于兑，兑金舒情，复其故性。乃以此金还于乾宫，乾之金鼎复得其种，炼成金液大丹，鼎号威光金鼎，是曰威光鼎乃熺。鼎嬉嬉则和怡，和怡则金水凝结而丹道备矣。

世人好小术，不审道浅深。弃正从邪径，欲速阕不通。犹盲不任（一作拄）杖，聋者听宫商。没（一作投）水捕雉兔，登山索鱼龙。植麦欲获（一作穫）黍，运规以求方。竭力劳精神，终年无见功。欲知伏（一作服）食法，事约而不繁。

此举小术无益，以起下文。伏者，以天地之母气伏吾身之子气也，故曰：伏炁不服气，服气须伏炁。服气不长生，长生须伏炁。伏之一字，最宜绅绎，曰伏则义深，曰服则义浅。

以金为隄防，水入乃优游。金计有十五，水数亦如之。临炉定铢两，五分水有余。二者以为真，金重如本初。其三（玉吾作土，非是。）遂不入，火二与之俱。三物既合度（一作相含受），变化状若神。下有太阳气，伏蒸须臾间。先液而后凝，号曰黄舆焉。岁月将欲讫，毁性伤寿年。形体为灰土,状若明窗尘。

此言地元之事。地元起手,全在金、水、火三物。黑中取白,以金为水之隄防,则金水优游,情性相恋。计其轻重,金计十五,合初一至十五,上弦金半斤之数;水亦十五,合十六至三十,下弦水半斤之数。至于采取,则在临炉酌定铢两。二十四铢为一两,一百九十二铢为八两,二铢四累为一钱,一铢二累为五分,水重五分,不过一铢二累,所重无几。然至此即为有余,而兑金始终只是八两,不得为金水相停矣。天一生水,地四生金,修炼金丹,惟此二者为真,而天三生木,不入其中。至于地二之火,乃太阳中玄元之火,与金水尝俱而不可离也。何者? 炼丹只是金火。药者,火之父母;火者,药之子孙。而水在金中,是为三物。金、水、火三物既合法度,则魂神自妙,变化无穷。其初则太阳在下,精气伏蒸,金液渐结;其次则水中火发,阳气方炽,金液渐凝;其后火力既足,金液凝结,尽归中宫,能为神室,传灵生汞,号曰黄舆。至于煅炼功深,岁月将讫,三物俱丧,毁性伤年,则形体化为灰土,煴煴灼灼,如明窗日影飞尘之状,而不可捉摩矣。二者以为真,其三遂不入,古今解者不同:有以二者为二候得药,三者为三候,又在四候别有妙用,不入二候之内者;有以二者为二阳,月出庚方,宜加采取,其三为三阳,金逢望远不堪采药者;有以二者为金半斤、水半斤,铅一两有三分神水,砂一两有三分神火,无形之药,不入兑金重数之内者。细思之,终属未妥,得其理者当自辨之。

捣(一作铸)治并合之,持入赤色门。固塞其际会,务令致(一作緻)完坚。炎火张于下,昼夜(一作龙虎)声正勤。始文使(一作始初文)可修,终竟武乃陈。候视加谨慎,审察调寒温。周旋十二节,节尽更须亲(一作亲观)。气索命将绝,体(一作休)死亡魄魂。色转更为紫,赫然成还丹。粉提(一作服之)以一丸,刀圭最为神。

此言天元之事。以明窗尘捣治并合造为神室,安入鼎内,号曰赤色门。水上流下,火下炎上,二者际会,自有枢辖固塞其际会,务令完坚,然后发火。张者,南方之宿,火属离卦。取义于张,炎火下张,嗷嗷之声,昼夜不绝。文发子初,武随巳止,午退阴符以至于亥,候视必周,毋失升降进退之则，审察必至不违寒凉温暖之期，周旋于十二时中。一日既终，更宜相亲，至于三物俱丧，其气已索，其命已绝，其体已死，其魂魄已亡，改形易色，转为紫金，赫赫金丹一日遂成。以此紫金粉，提出一丸服之，不过刀头圭角些子之间，而展臂万里，出有入无，神化不测矣。

子午数合三，戊己号（一作数）称五。三五既和谐，八石正纲纪。呼吸相含（一作贪）育，伫思（一作息）为夫妇。黄土金之父，流珠水之子。水以土为鬼，土镇（一作项）水不起。朱雀为火精，执（一作气）平调胜负。水盛火消灭，俱死归厚土。三性既合会，本性共宗祖。

此专自水、火、土三性言。子为水，天一生水，其数一；午为火，地二生火，其数三。一与二合而成三。戊己为土，天五生土，其数五。三与五并之则成八。三五既和谐，则金生水，水生木，木生火，火生土，土克水，水克火，火克金，而八者之纲纪正矣。生者为含育，克者为夫妇，故得五行呼吸相含育，伫思为夫妇。八石者外药，姑借石字以见八者之数，而意不重在八石。上言八而不及金克木、木克土者，以金液大丹无此二着功夫耳。土居中央，故称黄土，生金，故曰黄土金之父。流珠，汞也。以其飞走不定，故称流珠。流珠感太阳元精之气，入于水而成金，金生水，故曰流珠水之母。土本生金，金本生水，而土又克水，水为土所制，不能载金而上升，故曰：水以土为鬼，土镇水不起。必得南方朱雀之火，猛烹极炼，则火盛水沸，其金随水而上腾。朱雀为南方火精，执衡司夏，故曰：朱雀为火精，执平调胜负。水沸上腾，入于离宫，则离火反为坎水所克，于是又以土克水，水得土则死，故曰：火盛水消灭，俱死归厚土。以金水论，水为性，金为情；以木火论，火为性，木为情；以戊己论，己为性，戊为情。水、火、己土三性既已会合，则混而为一，俱归坤宫。所以然者，以金水本自一数中产出，乃先天元始祖气，性虽有三而本性皆共一宗祖也。

巨胜尚延年，还丹可入口。金性不败朽，故为万物宝。术士伏（一作服）食之，寿命得长久。土游于四季，完界守规矩。金砂入五内，雾散若风雨。薰蒸达四肢，颜色悦泽好。发白皆变黑，齿落生旧所。老翁复丁壮，耆妪成姹女。改形免世厄，号之曰真人。

此明服丹之效。金丹非土不成,故章内专言金土。巨胜,胡麻也。土无定位,周流于辰、戌、丑、未之间,各旺十八日,谓之游。惟夏季火生土,土德胜旺,故入秋先旺九日而生庚金,至戌止,分旺九日耳。完界守规矩者,东氐土西胃土,南柳土北女土,各有界限也。四土各有定位,五行全而丹成矣。

推演五行数,较(一作简)约而不繁。举水以激火,奄然灭光明(一作荣)。日月相薄蚀(一作激薄),常在晦朔(旧作朔望)间。水盛坎侵阳,火衰离昼昏。阴阳相饮食,交感道自然。名者以定情,字者以性言。金来归性初,乃得称还丹。

此言五行而归重金木。盖金中有水,木中有火,金水太阴有戊,木火太阳有己。太阳在外为炼丹,太阴在内为还丹。总括□□□□,天一地二,天三地四,天五地六,天七地八,天九地十,五行生成之数。五为土数,位居中央,合北方之水一则成六,合南方火二则成七,合东方木三则成八,合西方金四则成九。一者,数之始;九者,数之极。数本无十,所谓土之成数十者,乃北方之一、南方之二、东方之三、西方之四,辏而成十,故以中央之五散于四方而成六、七、八、九,则水、火、木金皆赖土而成。以四方之一、二、三、四,归于中央而成十,则水、火、木、金皆返本,还源而为真土。推演五行数,约而不繁,以水激火,则火为水克,火光奄然而灭。以月掩日,则日为月胜,阳光当昼而昏,阴阳相为饮食,即此可以知交感之理矣。太阴,金为体,水为用;太阳,木为体,火为用。金与木本无二体,以金为名,则以木为字;以木为性,则以金为情。太阴纯是一块真金,金生水故黑,而金不生于太阴,其初乃太阳元精木汞,透露灵光,名曰金华,特寄体于兑位而生耳。所谓金公本是东家子,送在西邻寄体生也。方太阳与太阴交炼之时,太阳主施,玄元真火尽泄之太阴,包括于外,太阴在内,以渐而还,太阳复与青娥相见,长养灵汞,结成金液,所谓认得唤来归舍养,配将姹女作亲情也。离中女为姹女,姹女相配,结成婴儿为丹。以太阴真金之情,归太阳元精之性,可见金液之丹,本是太阳之精复还太阳,故曰:情来归性初,乃得称还丹。

吾不敢虚说,仿效圣人文。古记题(一作显)龙虎,黄帝美金华。

淮南炼秋石，王阳嘉（一作加）黄芽。贤者能持行，不肖毋与俱。古今道由一，对谈吐所谋。学者加勉力，留念深思惟。至要言甚露，昭昭不我欺。

此总结一书之意。引古今圣贤，见此书非凿空浪说，嘱人毋轻传非人而深思自得也。

《参同契·三相类》叙

东汉会稽淳于叔通 著

《参同契》者，敷陈梗概。不能纯一，泛滥而说。纤微未备，阙略仿佛。今更撰录，补塞遗脱。润色幽深，钩援相逮。旨意等齐，所趋不悖。故复作此，命《三相类》。大易情性，各如其度。黄老用究，较而可御。炉火之事，真有所据。三道由一，俱出径路。枝茎花叶，果实垂布。正在根株，不失其素。诚心所言，审而不误。

古文参同契·三相类

东汉会稽淳于叔通补遗
明西陵一壑居士彭好古解
明新安亮父黄之寀校

上　篇

法象莫大乎天地兮，玄沟（一作远）数万里。河鼓临星纪兮，人民皆惊骇。晷影妄前却兮，九年被凶咎。皇上览视之兮，王者退自改（一作后）。关键有低昂兮，害气（一作周天）遂奔走。江河（一作淮，一作之。）无枯竭兮，水流注于海。

道之大无可得而形容，必欲形容此道，惟有天地而已矣。天地，法象之至大者也，喻乾坤二釜。天河名玄沟，自尾箕之间至柳星之分，界断天盘，不知其几万里，喻二釜界限。河鼓，天河边之三星，其位在斗牛之间。或临星纪丑位，以近北斗，主有兵威，是故人民惊骇。兵为金，喻鼎内金气;晷影,喻火候。前即进,却即退。妄前却,喻火符进退失节;九年,喻九转。人身有三一:上一天帝为泥丸太一君,中一丹皇为绛宫天子,下一元王为丹田元阳君。鼎器象人而造,其中亦然。曰皇上、曰王者,喻中宫土德。言鼎器,法天象地,玄沟便同数万里。鼎内真金为火所灼,迸出真气,斩关出路,万象皆生,风雷可惊可骇。既得此药,须得火候温养,如进火退符,刻漏参差,九转之间翻却河车,而凶咎随至矣。所赖中宫土德,止遏金水,烁火自消,改弦易辙,使关键低昂,各得其宜,然后水不至于为害而金液滋生也。

　　天地之雌雄兮,徘徊子与午。寅申阴阳祖兮,出入终复始(旧作复终始)。循斗而招摇兮,执衡定元纪。

　　子者,地之中;午者,天之中。子午二时,阴阳相交,水火相会,日月至此,势必徘徊。斗指寅,阳气发生,鼓万物以出;斗指申,阴气肃杀,敛万物以入。寅申为阴阳之祖,一出一入,终而复始。北斗七星,一天枢、二璇三玑、四权五衡、六开阳七摇光。一至四为魁,五至七为杓,而中独为衡。杓樵龙角,衡殷南斗,魁枕参首。用昏建者杓,夜半建者衡,平旦建者魁。天罡所指,起于夜半子时,而周列十二辰,执其衡,可以定一元之纪。言火符进退,终始于寅申,徘徊于子午,而皆由亥子之间合符行中也。

　　升熬于甑山兮,炎火张于(一作设)下。白虎唱导(一作导唱)前兮,苍龙(一作液,非是。)和于后。朱雀翱翔戏兮,飞扬色五彩。遭遇网罗施兮,压之(一作止)不得举。嗷嗷声甚悲兮,婴儿之慕母。颠倒就汤镬兮,摧折伤毛羽。

　　此言结胎之事。蓬壶为甑山,熬字上从火、下从水,张者南方火宿,白虎指金,苍龙指汞,朱雀指砂,婴儿指丹,母即姹女指汞。蓬壶之顶,水激于上,火烹于下,金母初生,木汞渐长,丹砂舒布,五彩飞扬。四时逐水火之门,五气随乾坤之鼎,罗网一设,汤镬甘投。姹女呼婴儿,嗷嗷声悲;婴儿慕姹女,恋恋不舍。由是结为圣胎,去凡躯不用。

　　刻漏未过半兮,龙(旧作鱼)鳞甲鬣起。五色象炫耀兮,变化无常主。漓漓鼎沸驰兮,瀑涌不休止。接连(一作杂还)重叠累兮,犬羊①相错距。形如仲冬冰兮,瓓玕吐钟乳。崔嵬而杂厕兮,交积相支拄。

上言结胎,此则言金胎变化之象也。进火退符,方经刻漏,则龙鳞甲鬣纷纷而起来,炫耀如五色之象,暴涌如鼎沸之驰,重叠接连,交相积累,或如犬羊,或如冰结,或如瓓玕,或如钟乳,崔嵬杂侧,相支相拄,不可名言其状。

阴阳得其配兮,淡泊自(一作而)相守。青龙处房六兮,春华(一作花)震东卯。白虎在昴七兮,秋芒兑西酉。朱雀在张二兮,正阳离南午。三者俱来朝兮,家属为亲侣。本之但二物兮,末乃(一作而)为三五。三五并危一兮,都集归一所。

此言四象五行会合一家,丹成之事也。阴阳得配则金木淡泊相守,以成其变化。周天三百六十五度,自北方虚危之间,平分天盘为两段,而危为初度,正与南方张二相对。丹道以水为基,青龙、白虎、朱雀三者之正气,皆归于玄武之位。而房六、昴七、应水火之成数,张二、危一、应水火之生数,皆一脉生成,并非异类。本之但金火二物,末则水一、金四一个五,木三、火二一个五,金水中戊土、木火中己土一个五,合为三五,三家相见,并而归于危一,胎成婴儿,而丹道无余事矣。

治之如上科兮,日数亦取甫(一作甫取)。先白而后黄兮,赤黑(一作色)通表里。名曰第一鼎兮,食如大黍米。自然之所为兮,非有邪伪道。山泽气相通兮(一作若山泽气烝兮),兴云而为雨。泥结(一作竭)遂成尘兮,火灭化为土。若蘖染为黄兮,似蓝成绿组。皮革煮成胶兮,曲蘖化为酒。同类易施功兮,非种难为巧。

此承上家属为亲侣言,见金母为同类之药也。治之如上科者,采药结胎之事也;日数亦取甫者,进火退符之事也。甫者,美也,取其美者而行之;先白者,白金也;后黄者,黄金也;赤黑达表里者,水火铅汞,始终只此二端也。太上《函谷歌》云:始青之下,月与日两件同生。何为一,水银一味大丹头,相符红黑是真修。红要取精黑取髓,认得红黑药无

---

① 羊,考古本及通行本,皆作"牙",疑刊误。

比。用红得黑保长生，以黑投红天仙矣。水火铅汞，一黑一红，东西为铅汞，南北为水火，红之精为真汞真火，黑之髓为真铅真水，内水火行功，凡水火烹炼。用红得黑，取药服食，长生之基；以黑投红，炼之不已，天仙之道。其曰第一鼎者，自九鼎之一鼎而言也。《石函》九鼎分前后，前五鼎名曰妙灵砂、广灵砂、紫霞砂、万灵砂、宝灵砂，总名曰紫神砂；后三鼎三名，六年紫灵砂、七年紫寿砂、八年紫金砂，至九年九鼎为白雪，十二年为神符，不可以砂名矣。二十四品大丹，皆由第一鼎妙灵砂而始。日食一粒，大如黍米，乃同类自然之药。其始也，山泽通气；其终也，火灭为土。若蘖之染黄、蓝之成绿、皮之为胶、曲之化酒，皆本类变化而成，非人间五金八石杂类之所为也。

惟斯之妙术兮，审谛不妄语。传于亿世后（一作代）兮，昭然自（一作而）可考。焕若星经汉兮，昺如水宗海。思之务令熟兮，反覆视上下。千周灿彬彬兮，万遍将可睹。神明或（一作忽）告人兮，心灵忽（一作乍）自悟。探端索其绪兮，必得其门户。天道无适莫兮，常传与贤者。

末言此书言精理，则如星在汉，如水朝宗，欲人熟读深思而自得之也。鬼谷子从子华子游者十有二年，业成而辞归。子华子戒之曰：今汝之所治，吾无间然矣，然子志则广取而泛与也。恐汝之后夫择者也，其将有剥汝之外郭而自筑之宫廷者矣，登汝之车而乘之以驰于四郊者矣，取汝之所以为璧者，毁裂而五分之者矣。夫道固恶于不传也，不传则妨道；又恶于不得其所传也，不得其所传则病道。今汝则往矣，而思所以慎厥与也，则于吾无间然矣。天无私亲，惟贤者传，人而违天，自速其咎，慎之慎之。

下　篇

圆三五，寸（一作径）一分。口四八，两寸唇。长尺二，厚薄均。腹齐三（一作正），坐垂温。阴在上，阳下奔。首尾武，中间文。始七十，终三旬。二百六，善调匀。阴火白，黄芽铅。两七聚，辅翼人。赡理脑，定玄升（旧作升玄）。子处中，得安存。来去游，不出门。渐成大，性情纯。却归一，还本原。善爱敬，如君臣。至一周，甚辛勤。密防护，莫迷昏。途路远，复幽玄。若达此，会乾坤。刀圭霑，净魄魂。得长生，居仙村。乐道者，寻其根。审五行，定铢分。谛思之，不须论。深藏守，莫传文。御白鹤，驾龙鳞。游太虚，谒仙君。受图篆（旧作录天图），号真人。

此章专言鼎器法象，以清静、阴阳解之者，终属未当。鼎周围一尺五寸，以象三五；厚则一寸一分；口周围一尺二寸，以象十二时；唇厚二寸，以象乾坤两仪之橐籥；长尺二，以象十二月。自十一月鼎底阳生一寸，至周岁则火候满于一鼎矣。而周身厚薄俱一寸一分，安置鼎器，以鼎腹齐鼎心，以鼎心齐鼎口，上、中、下相等，坐鼎炉内，悬垂不寒冷不热之中，然后水在上，火在下。晦朔首尾乃阴极阳生之时，则用武火；月望中间乃阳极阴生之时，用文火。始七十，终三旬，合之为百日而圣胎就。百日之后，更须谨调二百六十日火候，共成三百六十日，满一周天之数。自子至巳为阳火之候，自午至亥为阴火之候。酉居西方属金，故曰阴火白；土中产铅，铅中产银，银自铅中炼出，结成黄芽，故曰黄芽铅。铅得阴火方变作黄芽，产于阴方。七者，火之成数。真火为一七，凡火为一七，是曰两七；又阴阳两界，阳生阴死，生界用七，死界亦用七，亦曰两七。鼎器象三才，上为天，下为地，中为人。两七之火用之不差，自然辅翼灵汞真人而成丹。婴儿在鼎恋玄而住天，玄在上，婴儿随升而安处鼎内，得以常存。又得金母以为关键，一去一来，上下游泳，不至逃逸。日月既足，情性渐纯，始以水母为丹基，水母复生真水银而归一还原矣。凡此皆一周天之火候也。一周天火候，甚是辛勤，修炼之士，密加防护，不可昏迷。丹道悠远，理趣幽玄，若能达至理于胸中，则乾坤在手，沾刀圭于五内则魂魄同真，虽未遽能冲举，已得长生住世而优游乐道矣。然则乐道者，当何如哉？始则在寻药之根苗，勿致误用杂类；次则审五行之源，而生克制化，一一有法；又次则在定铢分之则，而爻象度数，一一不差。此等至理，可以心受，难以口传，可以深藏，难以文述。炼之三年，以至九年、十二年，自然驾鹤骖龙，膺图受箓，号曰真人也。

附录：

彭好古传

彭好古，号熙阳，麻城人。兄信古，号龙阳，弟遵古，号旦阳，时号三阳。熙阳于弟旦阳皆万历举人，丙戌进士。同师事龙阳。成名后，历官歙县、御史金事、晋尚宝卿。惟龙阳未遇。值倭据朝鲜，熙阳向兄言曰：文武一也。方叔召虎，岂异人任哉！请应试武科，龙阳遂登乙未进士。随刘将军□立功朝鲜，事载《明史》。熙阳为人刚直，风格类古人，与弟终身事兄维谨。潜心理学，问津兴起，熙阳兄弟之力居多。著有《易钥》、《度身筏》、《夕髓》诸书，多发前人所未发。

——出清·王修厘续修《问津书院志》卷五

第十七卷

周易参同契解笺

明 张文龙 解

明 朱长春 笺

点校说明

1.《周易参同契解笺》一卷,明张文龙解,朱长春笺。张文龙,字小乾、凤山,陕西潼关人。《潼关县志》误作张大龙,称文龙为"嘉靖丙子乡试,为韩恭简(邦奇)门人,任四川重庆府推官,有《易笺》、《学庸大旨》行世。"按:《县志》所谓"嘉靖丙子乡试",文龙之子张惟任(维任)《序》称其父张文龙"嘉靖丙午,举于乡"。考嘉靖无丙子年,故《县志》当误,而嘉靖丙午年在嘉靖二十五年(1546)。明朝冯从吾《张御史维任祠记》又称:"公(指张维任)尊甫凤山先生崛起于兹,以乡进士(即举人)试重庆理,未几,投绂归。吊唐虞之遗风,溯伊洛之渊源,仿横渠之精思力践,杜门著述。允矣其身为律度,其教公也又皆穷经致用,尽人尽物之旨。"按:张文龙之去官,据《明实录》记载,因受当时四川大足县白莲教蔡伯贯"聚众千余人,焚劫铜梁、大足县等处,事闻,夺分巡川东佥事乔应光、重庆府知府程学博俸各三月,通判郭云凤、推官张文龙、知县王德立、孙世传等黜罚有差",所以才会"未几,投绂归。"

2. 张文龙之解《参同契》,乃据陈致虚之注本而略作疏通,文从字顺,颇可一读。

3. 朱长春(1620—1553),字太复,号符道人,又号海瀛、五湖道民,浙江乌程县人。长春为明万历十一年癸未(1583)进士,先后多地为官,造福于民。后因事罢官,隐身城南溪湾,闭户著述,潜心修炼。朱长春于道家修炼之道,自谓无师而得神授,其友虞长孺(淳熙)也谓:"符子受熙《阴符》乃无师自悟",而虞长孺《黄帝阴符经演》序称"《演》契紫虚,紫虚之旨契鹤林,鹤林溯平叔而上契钟吕,远矣。"长孺意谓己绍南宗,而朱长春得长孺之《阴符经演》即自悟,似言长春之先有会心于南宗丹法。万历二十四年丙申(1596),朱氏在潞河有所谓得"神诰"云"谓不知道火候,但自炊饭",于是朱氏"依其言行之,得之。下火力愈旺上,水气自升,气升水下便是火回,乃抽薪退火,不开不动,大静片时,鼎内羹饭自熟。此即所谓周天也。初进火,下手莫住手;到退火,放手莫动手。形若槁木,心若死灰,正是此时。"以炊饭而悟火候,陆西星也曾得之神人周立阳,周立阳云:"彼之真铅,譬则水也;我之真汞,譬则米也;神火,譬则火也。火力调停,则水入米中,其水渐干,而米渐成饭。水抽干,抽铅之谓也;米渐大,添汞之谓也。"据此,朱长春以"神诰"悟及清修丹法火候,陆西星得立阳子语而知人元火候秘旨。

4.朱长春下功极深,体悟亦自不少,其"八年而举二子,七年而辟谷,五年而不寒暑,九年而断房而应节,十年而候晦,十二年而行符",然后才集以心得笺注《参同契》,故知《参同契笺注》乃朱氏丹法之核心所在。至其服饵药物,斋戒礼神,也为其常功而乐于授人者。

5.钱谦益《列朝诗集小传》谓朱长春"修真炼形,以为登真度世……累几案数十重,梯而登其上,反手跂足,如鸟之学飞,以求翀举,堕地重伤,懂而不死。苕上人争揶揄之。"朱长春修真而欲冲举,以其修真至极,又常年辟谷,当自觉身轻若翼,遂有学鸟飞之事,时乡人嘲笑揶揄,盖不知修真之羊肠小径,曲折甚多,难为局外人所知也。

6.本篇以上海古籍出版社《续修四库全书》1292册影印上海复旦大学所藏明万历四十年(1612)刻本整理点校,无参校本。原本前有节明杨慎《古文参同契序》一篇,今删未录;末附录关于朱长春生平文字两篇,可作读《解笺》之一助。另朱长春有《朱太复文集》,也多言及修道之说,出世济世,握体言用,皆可于《文集》中会之。

周易参同契解笺

《周易参同契注解》序

尝闻朱晦翁注《参同契》，每苦其难晓，又尝读为纳甲之书，似未深究其旨。丙寅岁，予以地方会审事，久羁成都。因无事，索《参同契》读之，而见陈致虚之注，虽其肯綮瞭然，于大道真一不无牴牾，而辞章文句之间，尚多有未通者，予因而别注之。或曰《古参同契》三篇魏伯阳所作也，又有阴真人《讚》，淳于叔通《解》，后不知何人纂三家之言为一，而分为三十五篇，其间文理多不接绪。予玩其句读果然，姑迂曲其说，以成一家之书，而更录致虚言之近是者于后，以备考订。月余，而稿就。虽则素隐行怪，尼父弗肯为述，而造化机缄之妙，谓彼无窥焉，不可也。析其精微而观其概，尽究其所学而反之经，宁不可为吾儒穷理尽性之一助耶！

明嘉靖四十五年秋七月十二日潼关小乾张文龙序①

《契笺》后叙

吾于伯阳千周万遍，紫阳因书会意，叹古人之衍道卷卷，也有概焉。所以历数月证向，今故直发大指，为印道昭蒙。八音不同比于调，以从律成奏，佐盛心也。每遇一察，述一笺，伦不次而义通，稍稍引合支流，博阐三极。其凡总象罔，一縠于道要，吾力不至。是二十年所得冥唆玄解颇具，伯阳曰神告心悟，有以哉。夫天之神，心之神也。至上宿修利

---

① 按：《千顷堂书目》卷十六于《周易参同契解笺》条下有小注云：" 别本解下有'文龙，嘉靖丙子举人，号觉庵。'"张文龙为嘉靖丙子举人，此也踵《潼关县志》之误。又称张文龙"号觉庵"，也误，盖"觉庵"系文龙子张惟任之号。《书目》所列别本张冠李戴如此，可证《书目》别本《解笺》一书系原刻后之翻刻本。

根，冥神先岸，不假世文，别透灵钥；其次文为车，神为御，心为马；又次效驾服襄御，授绥而升行，小迂晚矣。总归于神心两通，三得一也。又有三本，一行儒书定保大道所基，不道伤生，犯天大德，鬼神将诛，人力不夺焉。二心洁其馆，神入舍虚之中，不容世一自神不许也，谨伺不许，来集为主；三功驾之途，陟阪踰堅，悬石侧蹄，锲辕濒折，绾六尺之辔，调组琴而前必至，而后善御。善御而进不败，故曰：思之思之，鬼神将通。亦曰：进之进之，鬼神将护。三者，性之根天本，天本具而命之根复焉。曰人本人天之因，天人之成。试思夫神告则神秘之矣，必神符斯神，悟悟其神，文不与焉。《易》、《符》、《道德》，神不落象，其象远；而契象之近，近为下学设法耳。溺于为何？有遗象之士，有文无文立证。无遗象之士，千万弥累，不若一求之神。善神存神，人之所以迎神，而待天通者哉！

予入道，一切空世心都尽，一切受世不受之苦不退人所知，一切阴行济世无可不尽，也神所知。故人入道有师，予独无师；人有诀，予独无诀。师，神告耳。通悟开术辟邪鼓，不逮莱其倦慰，其皇皇若父母之翼子。然大半玄诡寓宗，亦人所不解独解。信夫，心之神，天之神耶！两遇则两契，三本则三得。吾惧夫道之人，不善事神，幻而求之天，又求之文，将夫捕影于日，索骥于图。故列三本自证者引人证，或者亦两真绝道布书之意之助。夫庄子曰：志不分凝于神。千周万遍，凝之说也。要必集义，善神第一，神善神自凝，神自告。故曰：立天人之道阴与阳，立人之道仁与义。天人相符，道岂独养生乎哉？善，生实基之。《经》曰：天道无亲，常与善人。《契》曰：天道无适莫，常传与贤者。请以是为同道者勖。无仁无义，无以立人。无人，无以符天；无天，何以成道？凡百道功，道念第一。

万历壬子长至前十日符子朱长春著

《周易参同契解》序

九洞天符道人朱长春著

夫道一而已矣，而言道者大宗三：曰羲文，曰黄，曰老。《易》言天契人，《老》言人契天，《阴符》言天人之契合。自仲尼系生生存存，而《易》未尝非玄。自庄周寓南溟、北溟，而玄未尝不《易》，《易》、玄之交符在焉。古未有演其宗以一，故伯阳真人绍《十翼》七篇而契作其文。著明八卦三才，密藏发机，阴阳相胜，食时合符之自然。微而喻，详而妙。契，一符也；同，两合也；参，三易化也。于经三宗，于造化三极，于身三物。三宝化得合，合得符，符乃一，得一道毕，故谓易有太极契行。而其后方术之家，奉于祢祖大宗师，然而多不得其解，以支傍流遁。何道为天下裂也？夫道一而已。而《易》之宗，儒牵于理，筮人执于数；《符》之宗，诡于兵，淫于房；老之宗，假于术，引于法，衍于符箓。何者？圣人以道之不可言，往往因象传理，迹事章化，寄名弘法，故庄曰吊诡、曰寓言、曰俟其知者旦暮遇之，不知者无蚀吾道而已矣。而后人缘不知以布神，泥事象以证真，执名以习道，不大凿乎！呜呼，安在于名非名，有画而无字乎？自《周易》、《道德》以下，皆寓也，筌筌也。假以入而非其所以入，又况执其入而歧之，鱼将终不可得，河将终不可渡，沉一生于情波欲海，没不出尔矣。而謇然命曰：是道是契是易，将眩之，安息而市之。海梦之化城，果且真乎哉？非耶？夫曰《周易参同契》，同契，《易》也。《易》自宓羲后有三：《连山》、《归藏》、《周易》。寅统人用，其交正作始；丑统地用，其合归育元；子统天用，其复周环而化。三义承循，三才运周，周而易备矣。上古之人朴，用先天无为；中古之人浇，用后天有以。合无为入无为，周于天之元而生于人之复，生生不息，则《参》《符》以契人，何一息不在《易》中哉？故人天地之德，阴阳之交，函一丽两，苞内落外。而方士左道，动援《契》入彼家，又歧外事，至命曰炼己。炼彼、炼外曰参同，呜呼，贼先圣之道，此说也；祸天下万世之为道，此说也。彼索牝牡、汞铅交构烹炼而不得，则假而物于象。然则《易》之男女，《老》之母子，将皆物与。

长春入道二十季，始读《契》，厌其有象，求之无已，证无而知有象一无象也，然后知《契》出于《符》而参于《易》。后世言道，亦用《易》十二卦正尔，攒岁月日时用有而修之。不知四象应四正，八卦从八风，六阴六阳消长为一月先后。天交错为十二令，中而星纪之为二十四气，通八卦之变而为三百六十日，二陆三道，登没绳钩，时而周符自然也。乃《易》未尝不契人，有人不契耳，故曰：动静休息，常与人俱。立天地之道以定人，予十四季辟谷，十二年绝房，十年与天通，则按易定关，按至分候节，晦朔弦望，昼夜晨夕，时符功行以语，人无有信。间为发愿，欲著道演一合易老符契之旨，而各通为一解为证入，岁异未敢下。今从直指郑寰枢公谈道山中，因得盐台张觉庵公所出其尊人小乾先生故行《契解》，殆所谓《符》《易》而得一者，洞达玄夷，尽斥阴道彼我之秽，要复标证净业归一身。夫身一而已矣，道一而已矣，唯一，斯《参同》斯《契》、斯《易》，人自具《易》，《易》何待人，人未有不合一天地以生。

万历壬子上冬朔旦书于碧湖玄栖印玉楼中

《周易参同契解》序

符道人既受命台使君觉庵张公，为其先君子小乾先生叙所著《周易参同契解》，已报命。寻奉书委修讨之任，三读，叹曰：昔人所称旦暮知几乎。既辟由来，傍外湛阴曲传之途引以正；又扫其旧，方外灵箓幻迁入儒家言。故训廓如也。稍订次间，泝然会于中，辄附臆数条扼证。今故又略呈使君，以公大道许我矣。因从容详摭十五年山中特室所悟，诣大易、《阴符》印合之得，质发《契》义真宗，补演注所未备，繁简参差，随手笺录，因命曰《契解笺》，放于康成附《毛诗传》之例，志因也。郡太守张子环公间谈道入山，见曰：道也亡，多为文乎？于天地之秘密藏何应？曰：文文为道，道固以文行，文道符也。文始于神道，次衍道，又次不符于神而不得已阐以证道，证之无所辞烦矣。魏真人大阐黄老，契符于羲文之《易》，已不得避文之烦，况迄二千年，伪流援文别托，隙烦生秽，中天日月之浸于长夜，以晦《契》而并上污三圣人造化元文，是用大惧。往二十年作吏，几为北海之鬼，亦二十年癖于卫生之经，假天冯道灵，得丧坟吾而延人间。夫亦所谓魁柄、革鼎、关键、归复有符，辟阴正阳之易验耶！已亲用之，有生而诡罔。人以隘生生，天何庸吾生，则又大惧。初为道，冥于《契》之象而从《易》，《易》又疏以乘委元化，而人理之矣。理即化而以符化难。有无显藏合发之天人机，辄奉神告，证修诣有象外，微宗七年而通，十年而渐符，以至今时。至时易不知其所以然，盖于《契》十五年而一见，如唐子归里，阜坏门巷故经楼也。始叹《契》之参《易》，直先后天正符法门受化，化而忘本化也，则又大惧。因念古人不作，不可传，不传矣。唯此《契》为万世道者，禀于三篇，又以烦资寇，不得不用烦解烦，证大明以御寇，明《契》以明《易》、明儒也。《易》六艺之首，三圣、群圣之宗，于中藏密，奉天生生之旨，仲尼屡叹假学，而云时义大矣哉，有以也。精一中和、克复定静、慎独养气之微，昭列儒林不胜证。顾儒言理不言度，言功不言候，精修不绪引，所以天道之不可闻，道之余子，何譊譊耶？使孔李一脉，千载列二而不可宗合，而黄冠丹客，坛宫山壑，走于天彝人常之外，悲哉！予儒也，不敢别道其道，则尤大惧，惧多文为多乎？太守曰：意善哉，顾实甚文甚微，不将秘秘为郭之于庄，请从之工，以俟明者。是役也，天或假之，初废不解，因使君以证解，诸解跪于异，小乾先生引于正笺半上。会使君病寻下，府君董锲事正于山中得卒焉。有意乎，天之斯道启一大因缘哉！每笺于定中，官止而神自通，又唎诏曰而心苦间文省可也。要宗勉实为之。

夫道大矣，玄矣。长春犹人耳，独奉天之诰与十年行符之利，发愿津梁，不敢昧一愚，抑为天下凿淤泥之孔，濯清冷之渊岸，晞发于杲日之阳，将无过而问乎。醉之人，途卧以为寝室，及归醒而知昔之卧之迷也。孟子曰：归而求之，有余师。则文诚多乎哉，多乎哉！

万历四十年壬子阳月朔旦五湖道民朱长春太复甫著
吴兴后学毛士来书

《周易参同契解》序

是编也，先大人所为《参同契解》，近大复先生加笺焉者也。先大人少嗜奇书，负尘表之气，耻独以博士业称。嘉靖丙午，举于乡，意即欲超津筏，成一家言。及数战后，洒然悟曰：吾生也而不知所以生，吾日以我役役也而无当于真我。夫羲之《易》、黄之《符》、犹龙氏之《道德经》，其于性命玄微之几若契也，吾安能舍骨髓而掇皮肤、摇三寸枯管与日景竞驰？已得汉真人魏师《参同契》读之，曰：道在是矣。《易》旨主于生生存存,洗心密藏;《符》旨主于生死互根,恩害相生;《老》旨主于专气致柔,虚极静笃,深根复命。其道皆以因为用逆为功,以相时早服而还合天,是魏师所契也。故著八卦三才,发机食时,阴阳相胜之自然。而以其乾、坤、坎、离,行中之妙,潜渊守中,凝神调息,逆练诸身,而无假外媾,吾又安能舍是寻髓也。

  盖虚坐静观者若而年,及司李南平薄案,暇时手是《契》而为之注,间私自喜,谓其平反数牍,何如解是《契》数行。官三载以履。先大父教谕公忧,哀毁过常,先大人亦去世,是注竟为笥中秘。惟任时读,不能成声。已薄游世路,念先大人精绎之,忍糟粕委之耶?醝之役行部吴越间,闻大复先生闭关山中十五年,天下传有道,因奉此《解》印证,乞一言叙。先生既为文,又抒自得,标为《笺注》,并发以行。言详旨微,多旦暮之解,主辟邪显道,契人所未契。时惟任以报疴,栖息毗陵,读《叙》、《笺》而几霍然,昔人所谓发叹凌云,兴言愈病,良非虚。既又慨惟任非闻道先大人,亦不敢自谓得道者。此道非有根器不能承,飞发信心不能入,非坚苦行净业不能证。以白乐天之达也,丹几成而因中州除书至,炉鼎遂败。乃张紫阳因缰锁中独悟金液丹候之诀于海蟾子,苟无仙风道骨,谈何容易?即魏师三弟子入山,度皆高足,间不能无疑信,其信者服匕药,乘云并升,而其二弟子疑者归不能复迹。惟任安敢谬言道,抑先大人之志与大复先生之《笺》,不可无传也。惟任今方请告,倘惠徼先灵,得力疾,将毋暇日,登莲花峰顶,访希夷遗踪,归静室读是《契》与《笺注》时,举先大人微言,侍毋杖舆,此趣何必减露浆云水也。若夫先后天之旨,与羲文黄老之合,则有大复先生《笺叙》在①。

周易参同契解后跋

  《参同契》一篇,后世谈玄家多宗之,然浅者至不知炉鼎、铅汞、龙虎、丹候为何物,而其诡而衺者,复迁术于彼邻,如道光、致虚辈,明犯轻

---

① "叙在"二字原本脱,据明张维枢《澹然斋小草》卷一《周易参同契解序》补。此序原为张维枢代张惟任所作,故《澹然斋小草》中存此原序。

敌伤宝之戒，至于侮圣而诬经，是且不足供祖龙一炬，胡言解也。

自宋儒朱紫阳更为之注，读《契》者始知魏师寓言借事，隐显异文，其说似解《周易》，其实假借爻象论作丹之意，此于解《契》正矣。顾犹以儒家证《契》，非以《契》证《契》也。夫《契》者，虚无安静之功，而宓羲黄老之旨。《易》不言黄中乎，言艮背行庭，密藏逆数乎？《符》不言阴阳相推乎，言至静性廉，天地反覆乎？《老》不言有无窍妙乎，言橐籥守中，深根固蒂乎？是魏师所契，而诸注所未尽发者也。维枢埋迹案牍，何知道？而喜问道，间阅玄门诸家言，有云人身一小天地也，天地从混沌既位，无心无为，一任日月渐营，如钧冶焉。天地冶大，故生万人物；人身冶小，只结一婴。今学丹者，不知吾身中有一种日月火候，即天地日月火候，而妄谓须取彼家成丹，是谓此天不能生物，复藉彼天以生之也，其可乎？维枢读而信之，已蚊负雪上，屡过玄栖山中，访道于朱太复先生，得所谓静有二功。其静功与三宝章合，而有功则在调停文武之火，令精、气、神尽归土府，水土交结，性情还元，无生有，有入无，为大周天，复而又复。维枢心记手录，而益信之，谓以玄契契，以不解解，参证魏师，自当首肯。近西秦鳌台张公，委刻赠侍御西河太翁《契》注，及太复先生《笺》，维枢获卒业，而谬用管窥也。

先生闭关青山十五年，谢浮荣而捐杂艺，于性命双修、《易》、《符》、《老》三宗，从杳冥恍惚昏默中悟透，宜其超超玄屑，乃太翁李南平时簿案之所总集，惊江绝栈之所驱驰，尚能割弃尘累，出度世、维世之见而手为注，非胸具真契不及此。公方奉玺书，按鳌吴越，惩贪植良，清沙饬蠹，为商民请命，尤独发笥中秘，质正先生，而以度世、维世之遗书布之国门，非仁心为质、至孝锡类不及此。因是知太翁贻庆之远，与公昌厥弓冶之未有艾也。昔曹平阳为齐相，闻胶西盖公善黄老言，避正堂以请，得其清净之教，以治齐而宁一；海宇李子坚用忠直显名阳嘉间，而其翁孟节善风星占，二使星向益州分部，知使者入，益隐德不耀，人莫知之者，而报乃在子坚。今太翁度世、维世之德，且弘于孟节，而公之以继志、锡类，一念印证；太复先生也不减于盖公之堂，精治身而绪及天下，悟三宗而补紫阳所未尽。然后叹公家庭间渊源玄远，而益见道光、致虚辈之陋也。

吴兴守清源张维枢顿首谨跋

周易参同契解笺上篇

汉会稽真人魏伯阳 撰
明潼关小乾张文龙 解
九洞天符子朱长春 笺

  乾坤者，易之门户，众卦之父母。坎离匡廓，运毂正辐。牝牡四卦，以为橐籥。覆育阴阳之道，犹工御者，准绳墨，执衔辔，正规距，随轨辙。处中以制外，数在律历纪。月节有五六，经纬奉日使。兼并为六十，刚柔为表里。朔旦屯直事，至暮蒙当受。昼夜各一卦，用之依次序。既未至晦爽，终则复更始。日辰为期度，动静有早晚。春夏据内体，从子到辰巳。秋冬当外用，自午讫戌亥。赏罚应春秋，昏明顺寒暑。爻辞有仁义，随时发喜怒。如是应四时，五行得其理。

  ㊧此章总叙大易之道，周运阴阳，布为历政，符为养仙也。乾坤为众卦之父母，坎离为阴阳之匡廓，乾、坤、坎、离四卦以为用，所谓运毂必先正辐也。辐正而毂运，形正而气运，一也。牝者，阴物；牡者，阳物。故称畜母必曰牝，称畜父必曰牡。橐籥者，鼓气之物；覆育者，阴阳之事。气鼓而阴阳和，阴阳和而覆育成也。中者，车之中央；御者，在中央也。牝牡四卦以下，谓善用乾、坤、坎、离四者牝牡之卦以施造化之妙，犹善御者，准绳墨而执衔辔，正规矩而随轨辙，处中以制外，其余六十卦分布车轮而运行也。律历，纪历书也。历必协律，故称律历。律历纪一年周天卦运之数，故曰数在律历纪也。月节有五六十句，是移一年之气候于一月，以行卦运也；日辰为期度十句，是又移一年之气候于一日，以行卦运也。月节有五六者，五日为一候，六候为一月也；兼并为六十者，每一月有三十日，一日有十二时，每一日用两卦十二爻，则一月六十卦已足也。六十卦者，除乾、坤、坎、离也。动静有早晚，早动而晚静也；据内体，子后午前，炼己也；当外用，午后子前，炼丹也。赏罚应春秋，德赏

刑罚,生杀之用,应春秋也;昏明顺寒暑,阴昏阳明,启闭之时,顺寒暑也。易爻天时相应,仁义喜怒相合,一日二卦,一阳一阴而道在矣。如是应四时,谓一日之间,一月之内,俱准四时而行卦运进退消息之道,则五行自得其理矣。五行既理,覆育自成。五行,金、木、水、火、土,天地与吾身皆有也。

上阳子曰:仲尼云:易有太极,是生两仪,两仪生四象,四象生八卦。是以乾之用九也,初乘坤而成复;复中娠震,复而为师;师中娠坎,师而谦;谦而娠艮,谦而豫。震生于豫,豫而比;坎生于比,比而剥;艮生于剥,则震、坎、艮三男皆娠生于坤矣。坤之用六也,初乘乾而成姤;姤中娠巽,姤而同人;同人娠离,同人而履;履中娠兑,履而小畜;小畜而生巽,小畜而大有;大有生离,大有而夬;夬生兑,则巽、离、兑三女皆娠生于乾矣。雌雄错杂,以类相须。则乾再交坤而成临,临而泰,泰而大壮,大壮而夬,是阳之交乎阴也;坤再感乾而成遁,遁而否,否而观,观而剥,是阴之感乎阳也。斯为乾生三女,坤生三男。由此而往,三男三女,迭为夫妻,而六十卦次第生矣。此之谓乾坤,众卦之父母也。何谓坎离匡廓?盖阳乘阴,则乾中虚而为离;阴承阳,则坤腹实而为坎。故坎离继乾坤之位,而为阴阳之匡廓。朔旦屯直事,至暮蒙当受者,何谓也?盖震下坎上为屯,震为长男,而能复坎中之阳,以施生育之德,故谓屯直事;艮上坎下为蒙,艮为少男,而能聚坎中之阳,以行温养之功,故谓蒙当受。昼夜各一卦,六十卦中皆有阴阳,互施生养也。

紫贤曰:《参同契》立乾坤二卦为炉鼎,分坎离为药物,处于中宫,其余诸卦分在一月三十日内,以运符火。故乾坤者,龙虎也;坎离者,铅汞也。○细详乾、坤、坎、离,自是顺则生人之道,用牝牡橐籥,有逆则生丹之意。易,逆数也,日月坎离,一也。

笺 一阳符子曰:易,易也,生天、生地、生人,无时不易也。人于天地,亦无时不易也。凡生者新,死者故,故中新,死中生。天地之道,日月岁时周行变化,皆易也。不易即故,即死,即不生。子曰:四时行焉,百物生焉,其有不生,其不行时者也。初取后天坎离为时之用,终归先天乾坤立时之体。《记》曰:人者,天地之德,阴阳之端,五行之秀气也。

五行得理而人长生矣。《符》曰：日月有定，大小有数，圣功生焉，神明出焉。

于戏，时云易乎哉！应时，时应者也。范子曰：天时不起勿为客，人事不作勿为始。持盈、节事，人所应以定倾也，非人与也。方其为，我应时；方其成，时应我。若与先，若与后，若与不先后，世且不知时，其真人乎？《经》曰：精甚真，真有信。信，相信也，天人真应也。

气行而我无为，车行而御无为，运毂正辐，执辔随轨，一正一随，而道自行矣。天地之用在阴阳，阴阳之功在覆育，覆育之机在橐籥。动其机，万化安。人心，机也。辟户乾，阖户坤，橐籥效其用，玄牝也；阳南陆，阴北陆，毂辐循其轨，河车也。正在中，运在外，中处而外自制矣。众星拱北辰，阴阳一太极，故曰：日月会于星纪，五行还而相生。○后天屯寅蒙戌，黄帝朝屯暮蒙，一日之候，日日之候也。六十卦序分三十日，出京房占候，以配道功昼夜卦爻。如不合，取阴阳反对，大指可通耳。道用《易》，先后天一正一反，余有交有杂，兼参卦爻象辞，一岁一周，理当别演，附见其绪。

乾坤阴阳之正，对为门户。气禀出入，坎离阴阳之中。交为匡廓，气所运行。以外包而中行，鞸张外，毂运内，先天后天皆此义也。先纬东西而辅南北，有父母率子之道焉；后行二中以成二老，有子孝父母之道焉。四卦牝牡交符，效用成体，天司覆，地司育，天地之间橐籥，橐籥鼓而覆育神，故阴阳之道，不于其分于其合，不于其体于其用，不于其偏于其中。唯中，所以常运而不毁，常正而不偏，常极常复而能常生也。故天地一浑仪也，造化之扶舆也。舆以御而行，则日月水火之象焉。四方曰四，正二绳，绳墨规矩立其体，衔辔轨辙周其用，皆以中而制四隅。然而中者，行而中也。道不得不以中分不中，以不中合入中，则璇玑之历，葭琯之律，造化弗能违，而人何违乎？人之生于天地，即天地也。用天地之阴阳，调吾身之阴阳，理吾身之五行，应天地之五行。月节也，日辰也，四时也，皆刚柔之一反一复也。自屯蒙推之，六十卦周遍于一月，而日可知矣，岁可知矣，更无他道，总之，立天、立地、立人，一阴一阳之谓易。○首叙包括《周易》立言，为一书之纲，其义其功，皆详下文。通于此而三十章，一言蔽之曰《参同契》。○易，逆数也。天行顺，日月行逆；车行顺前，毂行逆后。用逆以行顺，故乾坤门户，坎离毂鞔。

乾坤设位章第一

天地设位，而易行乎其中矣。天地者，乾坤之象也；设位者，列阴阳配合之位也。易谓坎离，坎离者，乾坤二用。二用无爻位，周流行六虚。往来既不定，上下亦无常。幽潜沦匿，变化于中。包囊万物，为道纪纲。以无制有，器用者空。故推消息，坎离没亡。言不苟造，论不虚生。引验见效，校度神明。推类结字，原理为证。坎戊月精，离己日光。日月为易，刚柔相当。土旺四季，罗络始终。青赤黑白，各居一方。皆禀中宫，戊己之功。

⟦解⟧解此章发明坎离之妙也。乾坤为天地之象，坎离为阴阳之象。天地非阴阳无以成造化之功，乾坤非坎离无以施造化之妙，故坎离为乾坤之二用也。二用无爻位四句，言坎离之体无也，故不在月节纪；幽潜沦匿四句，言坎离之用，有出无也，故居中而变化；以无制有四句，言坎离中无成外有之妙，仙家以无为道、有为器，故以无制有，器用者空也。天地四方皆器，而坎离以无用，故六卦消息，坎离独无。老子曰：无名天地之始，有名万物之母。海蟾曰：从无入有皆如是，从有入无能几人？《悟真》曰：可见不可求，可求不可见是也。言不苟造，论不虚生，谓实有此理此事也；引验见效，校度神明，如月出庚方之类，月受日光为明是也；推类结字，原理为证，如丹从月生之类，即日月为易之字是也；坎戊月精，离己日光，言坎离位于中为土，行于天地为日月，具五行二炁之理也；日月为易，刚柔相当，言坎离乘二曜变化相禅而未始相违也，体中之用也；土旺四季，罗络始终，言坎离包五德，循环相生而未始不相合也，用中之体也；青赤黑白，各居一方，皆禀中宫，戊己之功，言四气皆成于土，坎离具戊己，于五行备矣。五行备，二气全，则坎离不有以终乾坤之功耶！

上阳子曰：乾九乘坤，阳为阴含，虚而成离；坤六承乾，阴含其美，实而成坎。是坎离得专阴阳之体，变易而用，包囊生育，愈无停机。坎戊月精者,北之正位为坎,中有真土,是为阳土,女宿主事,幽潜阳精,戊为之门,月彀之地,藏无角兔,内白外黑,是为阴中之阳,外雌而内雄也;离己日光者,南之正位为离,中有真土,是为阴土,柳宿主事,沦匿阴光,己为之户,日轮之所,藏三足乌,内黑外白,是为阳中之阴,内雌而外雄也。〇详往来上下,坎离元有颠倒之意,故坎男月,离女日,幽潜沦匿,合水火之用于中变,及合变既成,更无坎离,一归空无。

㊟符子曰:日月为易,天文也;日上月下,天象也;日满月亏,天行也。一日、一月、一岁、千古,道如是而已。以人还天,以心契易,而变化生焉,成存密焉。亏而满,满而亏,下而上,上而下,从不易生易,从易归不易,三才符合,万化行生。动则效其用,居则存其体,常易也,常不易也。常易也,《经》曰:知常曰容,不知常,妄作凶。何以证之天地?何以契之吾身天地?

易有三道:不易也,变易也,究归于平易。不易,乾坤之体;变易,坎离之用。体用合而平易自然。一反虚无,则道冲象先,太极、无极也,故曰:天地设位,易行乎中。有乾坤之位定,而行者得效其象;有坎离之行中,而位者不毁其常。天地日月,父母子女,相合相用而不相歧也。然而上无为,下有为,体无变,用有变,常有常为常变,而常自然,则行之妙于设,大矣,神矣。大则包物为纪纲,神则空器而没亡,斯其化有无以合不测者哉!故两仪之轨,中环衡其游移;六爻之用,中位交其进退;三极之道,中处调其参赞。

上言月节五六,六卦乘阴阳消息,而坎离无位焉。谓其阴阳之中也,唯无位能周行于六虚之表,唯中能往来于上下之交,以幽沦变化而效包囊纪纲,则有之器、无之用,神哉,可以观矣。此易之行中之道,所以相天地,应日月,该始终,合四气,宣六律而周一岁也。水火与土,并生同行。申,月生也,申水,阴中之阳,坎有戊;寅,日出也,寅火,阳中之阴,离有己。戊己居中而建四方,故坎离行中而奠两仪。然则三物二用也,二用一中也,无也,中无而有也。

㊟真一曰:月阴戊阳,阴中阳,象水中金虎;日阳己阴,阳中阴,象火中汞龙。

㊣全阳子曰：幽潜沦匿者，极入气中，气入脐中，而沉归海底去也；变化于中者，时至气自化，静极机自发，而抱出日头来也。

㊣《关尹子》曰：衣摇空得风，气嘘物得水。陈抱一注云：知摇空得风，则鼓吾橐籥，可以生气；嘘物得水，则胎吾之气，可以化精。昧此而他求所谓鼎器，则非虚无之道矣。

日月悬象章第二

易者，象也。悬象著明，莫大乎日月。穷神以知化，阳往则阴来。辐辏而轮转，出入更卷舒。易有三百八十四爻，据爻摘符，符谓六十四卦。晦至朔旦，震来受符。当斯之际，天地媾其精，日月相撢持。雄阳播玄施，雌阴化黄包。混沌相交接，权舆树根基。经营养鄞鄂，凝神以成躯。众夫蹈以出，蠕动莫不由。

㊣此章明震卦为一阳来复之候。盖每年冬至为复，每月震卦为复，每日子时为复。此以一月言之也。辐辏而轮转，则阴阳往来，遂成乎一月矣。老子曰三十辐共一毂是也。据爻摘符者，符即候意，每卦有六爻，每爻有三符，每日用两卦十二爻，计三十六符也。盖日月之运行于天，虽度数不同，而有会合之时；易卦之分配于月，虽爻符不同，而有来复之期。晦至朔旦，月会乎日也；震来受符，一阳来复也。当斯之时，即天地媾精之时也，即日月撢持之时也，即男女施化之时也。故混沌交接，则根基从此始矣；经营鄞鄂，则形躯从此成矣。虽万民之众，万物之微，莫不由此而生也。学仙者，知此震卦为一阳来复之候焉，则可以知还丹也。盖每月卦运，始于震而终于坤，除坎离二卦，坤终震始，一阳伏于二阴之下，故曰震来受符也。

上阳子曰：天道左运，一日一周遭，行五十五万余里。地在其气之中，如水上之浮板而不动。太阳之神，天地之原气也，其体全莹，万物资其阳火赫赤之气，以生长成实。其体之径阔八百四十五里有余，其行不由黄赤道，乃出入于黄道内外。昼长在赤道北，昼短在黄道南。何云南北内外？盖北有紫微垣帝座居之，故北曰内，而南曰外也。太阴之神，天地之至精也，其体全黑，万物资其阴水运化之功，以孕产滋育。其体之径阔六百七十里又奇，其行不由黄赤道。其黄道与赤道，如两环相交，相距二十四度，月乃由中而行，距黄道约六度。其体虽黑，映日即明，故常一边光，一边暗。遇望日月相对，夜则月在天，日在地下，所映之光全向人间，一边暗处全向天，世所不见；晦朔日月同经，月在日之下，月受日映，一边光处全向天，一边暗处全向地。月离日二十五度，人间乃见月吐微光。逐渐远，光渐多，月离日九十余度，人见月光一半，故谓之弦。既望以后，光渐少矣。故月体本无圆缺，在乎受日光之多少耳。

　　㊟符子曰：道无而有也，以一而生二，合而成分，死而得生，暗而启明。日也，岁也，月也，一也。故先《归藏》，而后《周易》。既魄死而哉明生，何也？阳饶阴乏，阳施阴敛。施者不有敛者，则出而时穷；乏者不资赢者，则奉出亦穷。出穷将不入，奉出穷入又将不出。故《记》曰：阴阳长短，终始相巡，以成天地之和。是以互根代明，道之常体也；躁君潜昭，道之密用也；归根用晦，道之真诠也。广成子曰：至道之精华，杳杳冥冥，至道之极，昏昏默默。非晦胡朔，非晦朔，胡长久天地哉？故混沌交接，权舆根基，经营鄞鄂，凝神成躯，日月象焉，天地易焉，万物产焉，人道生焉。其出也，动也；以其入也，静也。以不神化神化，以不往来往来，道之机，功之宗，莫备于此矣。此之谓媾精，之谓施化，之谓相撢相交，之谓辐轮卷舒，阴阳自然，天人相发耳矣。道果外乎哉？一果二乎哉？故曰：观天道，察天行。君子明于晦朔剥复、昼夜之候，而思过半矣。○混沌，日月之合璧；交接，阴阳之施受；权舆，终始之元；根基，生化之本；鄞鄂，月生西之轮廓；凝神，月合朔之魄体。○三日生明交震，此云朔旦受符，何？朔为坤中，望为乾中，南北二至，中气也。阴中生阳，阳中生阴，故三日为震候，朔为震符，符受母胎也，胎而后生焉。故甲子不起于子起于亥，亥子合而成孩。○乾坤中受符，则后天之用即在先天之体，羲文无二也。○壬癸属坎，坎，月也，壬阳配乾甲，癸阴配坤乙。○雄玄雌黄，坎离即乾坤，日月即天地。

　　总叙乾、坤、坎、离，以配月节日使，三才同一易也。乾坤之用行坎离,故曰易谓坎离;坎离之行象日月,故曰日月为易。然则曷为参而同?契之日月而已矣。往来出入,卦爻之行运,皆阴阳之符而行也。曷为同而契?养之晦朔而已矣。构持施化,雌雄之交凝,皆日月之符而复也。复,即在行符之中,而立行符之基,所谓橐籥覆育、幽沦变化、包囊纪纲、以无制有。是物也,故天地一大混沌,岁月日一小混沌。混沌者,天地阴阳,反于静,合于无,无生之始,静动之出,天地与人,皆此元也。故《经》曰:无名始,有名母。非对待说也。母为始用,有为无生,一符而朔旦为复,天地、日月、坎离之行易毕矣。○坎戊月精,离己日光,言日月,即见坎离。乾望月受日阳,坤晦日包月阴。又言日月,即见乾坤四卦,有位无位,同为日月之易。

圣人上观章第三

于是仲尼讚鸿濛,乾坤德洞虚。稽古当元皇,关雎建始初。冠婚气相纽,元年乃芽滋。圣人不虚生,上观显天符。天符有进退,诎伸以应时。故易统天心,复卦建始萌。长子继父体,因母立兆基。消息应钟律,升降据斗枢。三日出为爽,震庚受西方。八日兑受丁,上弦平如绳。十五乾体就,盛满甲东方(别本作东方甲)。蟾蜍与兔魄,日月气双明。蟾蜍视卦节,兔者吐生光。七八道已讫,屈折低下降。十六转受统,巽辛见平明。艮直于丙南,下弦二十三。坤乙三十日,东北丧其朋。节尽相辉与,继体复生龙。壬癸配甲乙,乾坤括始终。七八数十五,九六亦相应。四者合三十,阳气索灭藏。八卦布列曜,运移不失中。元精眇难视,推度效符证。居则观其象,唯拟其形容。立表以为范,占候定吉凶。发号顺时令,勿失爻动时。上察河图文,下序地形流。中稽于人心,参和考三才。动则循卦节,静则因象辞。乾坤用施行,天地然后治。

解此章指月之生光为一阳之复,而因示人以求其丹。盖承上章震来受符,而归于圣人之显天符也。乾坤,《易》也;稽古,《书》也;关雎,《诗》也;冠婚,《礼》也;元年,《春秋》也。仲尼五经,皆有源头。后圣有作,发明天符,能不重始初乎?是故,易统天心,而复卦为始萌也。复者,一阳来复,十月之卦也。乾阳为父,复之内卦为震,震以一阳生于阳尽之后,故曰长子继父体也;坤阴为母,复之内震外坤,震伏于坤,故曰因母立兆基也。黄钟应子,斗柄建子,是即周正建子为天统,此一年之复也。月之三日,光见于庚方,是即十月一阳来复之候也。三日为震,八日为兑,十五为乾,一阳生而渐至于极也;十六为巽,廿三为艮,三十为坤,一阴生而渐至于极也。蟾蜍、兔魄皆月中之物,有阴阳之分,故曰日月气双明也。七八者,十五也。屈折下降,月光转而为下弦也。故十六更转受统,节尽相辉与,继体复生龙,阳又生也。四者合三十,阳气索灭藏,阴已极也,藏而复生,生出于灭,阴阳始终循环消息之变,所谓自无生有,自有入无也。阴阳往来,不停其机,而乾坤终始,八卦运移,常变化无穷,故盛衰相推,而中气不失。此坎离行易之妙,所以二卦中行无消灭也。元精即金水也,元精藏于人之身,虽曰眇而难视,然每与月气相应,则推度符效可证也。居则观其象,至静则因象辞,皆所以求元精也。元精既得,则取以还丹,阴阳得配而覆育自成,故曰乾坤施而天地治。盖水生精,火生神,故金水以元精言,吾身皆备也。

㊟符子曰:上观天符,斯其天心之见乎?阳,复也,周而复也,一复而进退始终,易而周矣。当其进退,分阴阳之生,然而无分也,一气周而变化,故曰:乾,元亨利贞。吕统于律,阴统于阳,地统于天,以一而生心者也,故复见心。坎维心,见而得维,维而常见,见维合而成符,天符、阴符,一也,上下交合之生云尔。

日行十二月一周天,天之符在复,历十二卦以成春夏秋冬,日之下交乎月也;月行三日一周天,天之符在朔,历六卦以生朏弦望晦,月之上受于日也。日为阳施,月为阴化,其符一也。故生明死魄,月进退有常,南至北至。日升降不定,阳动阴静也。日行二道之表,月行二道之中,阳内阴外也。月之盈阙近,朔有虚;日之进退远,气有盈。阳长阴短也。月以盛衰分动静之用,日以寒暑合动静之体,阴形阳气也,气变化形不变也,然而其符一也。通于一,而年为月,月为日,六节、十二纪不立可也。致虚守静,坐而观其复,则易周焉而已矣。周者,天符一也。

往,顺也;来,逆也。往,失也;来,复也。大还九还,阳变而复也。今夫一日天左一度,日右一度,一顺一逆,一往一来,一岁而大周复始。

往为用,来归体,用利出,体常入,入出体用,天无一息不交而易也。如呼吸然。日阳近天,君也,道静而缓,行与经星齐,岁一周;月阴近地,臣也,道动而疾,行与潮候应,月一周。逆之为用,大矣哉!天无日月,地无潮汐,天地几毁矣,而况于人?

三才,参同之契也;河图,列五行之象;地形,分五方之位;人心,统五官之主。君子修为五德,小人悖为五贼。《符》曰:天有五贼,见之者昌。五贼在心,施行于天。故反天地之时,昧天地之运,不合天地之符,而曰为道,皆溺于人也。溺于人丧天,况其捐天而别求之人乎?道何易,易何周,周何契?

上天设象以显道,此圣人神道以开物,物与道通而天符行,故曰人与天通。然后天地之美生,鸿濛洞虚,反太极混沌之初,而乾坤天地之始位立矣。关雎、冠婚成二中交会之化,而坎离日月之合用行矣。古皇元年,推历象之元,建正朔之始,而岁时、星纪之周天定矣。建之天道,比之人事,合之时候,而乾、坤、坎、离、天、地、日、月,皆以阴阳之用,周流世界之中,反覆循环,相生相化,而符以著矣,道以行矣。故自统天心,复始萌以行,而六卦、六节、六甲、六律,终始出入、升降盈虚、明暗死生、昭昭乎无时,而不符不易,所谓天地密移,人谁得而测之?测之者,圣人也。此《易》所由作,《符》之所由行,而《契》之所由著也。于是八卦布列中运,而气候推移辨矣。元精度象效符,而神用变化行矣;象表占候发号,而时物理哲顺矣。圣人岂以意为之哉?天性,人也;人心,机也。机三发而三盗宜,三才安,圣人所谓知之修之,而又从著之,以为道为天下万世也。故逆顺效于河洛,动静列于卦象,生死纪于日月,反复交于水火,然后周行契于乾坤,而清宁治于天地。○进退诎伸应时,天符行也,符以生复也;子继父因母基,天心复也,复以合符也。天不能违时,而钟律斗枢上下相应,时哉时哉!圣人以赞卦而每日时义大矣哉,可不观符矣,可以观复矣。《符》曰:人以天地文理圣,我以时物文理哲。天地非时,化不可得而见矣,故曰勿失爻动。参和三才,勿失而顺,顺而和,时和也,曰参同。○明生而庚受西方,魄死而东北丧朋,生杀相因,刑德合门,天地之妙可窥矣,故一阴一阳谓道。一,合一也。○丹字从月,月,象也,亦丹象也。双明屈下、丧朋相辉,至于复生而周天复矣。〇七八九六,四气之成数。木火阳,金水阴,合于三十而成坤,地数三十也。后篇九还七返、八归六居,同此。此之谓周易而丹成,阳气藏,成终也,成终即成始。〇元精,坎也,水中一阳之生应复,水行盛衰之候随月,生以子午为符,候以朔为符,水为天一,五生于一,故曰元精。贞下之元,天元也。精化气,气化神,神化虚,亨利贞始元,气神虚始精。动循卦节,静因象辞,此善用《易》之妙。卦分六爻候节,动之用;象总一卦元运,静之体。动静与俱,顺时勿失。

按:别本灭藏以下,又有象彼仲冬十四句,今在补塞遗脱章者,今移此觉合,附于后。

象彼仲冬节,竹木皆摧伤。佐阳诘商旅,人君深自藏。象时顺节令,闭口不用谈。天道甚浩广,太玄无形容。虚寂不可睹,匡廓以消亡。谬误失事绪,言还自败伤。别序斯四象,以晓后生盲。〇附全阳子曰:日月合璧之时,隐藏其匡廓,沉沦于洞虚,则神凝气聚,金液乃结。倘或忘缄嘿,任重楼浩浩而出,则是自取其伤败也。四象,即七、八、九、六也。

君臣御政章第四

御政之首,鼎新革故(他本缺此句)。管括微密,开舒布宝。要道魁柄,统化纲纽。爻象内动,吉凶外起。五纬错顺,应时感动。四七乖戾,誃离俯仰。文昌统录,诘责台辅。百官有司,各典所部。日合五行精,月受六律纪。五六三十度,度竟复更始。原始要终,存亡之绪。或君骄佚,亢满违道;或臣邪佞,行不顺轨。弦望盈缩,乖变凶咎。执法刺讥,诘过贻主。辰极受正,优游任下。明堂布政,国无害道。

(解)此章即君臣御政,与日月星辰相感,以明人身精神与天地相应也。御政之首,在乎鼎新革故。鼎革见用《易》之意,即杀机,即烹炼。管括微密,内固也;开舒布宝,外散也;魁柄纲纽,本要也。所谓把柄河魁,先固济后发生,而用魁柄纲纽之如斗之运。三者,御政之道也。若君臣不能尽道,则应见于天,星辰失度;即如爻象内动,吉凶外起也。是故，五纬错顺，四七乖戾焉。五纬者，五星为纬也；四七者，二十八宿为经也。文昌统录之星，其错乖专责乎台辅大臣，大臣调元赞化，格君以正也。百官有司，各典所部，谓百官各上应列宿，大臣正，君以正，朝廷正。百官也，不特星耳，日月亦然。日合五行之精，月受六律之纪，五日为一候，六候为一月。五六三十度，日月会合之时也；度竟复更始，日往月来之意也；原始要终，则存亡之绪可知。使君臣违道失轨，则日月弦望盈缩之间，必有乖变凶之兆，致使执法之官，讥责主上矣。大臣匡君，执法匡君相，司杀之官也。倘辰极受正，则为优游任下之应；明堂布政，则为国无害道之应。辰极、北极、明堂，帝座前星也。优游任下，谓君不侵臣职也。夫日月之高，星辰之远，与君臣之政，相为感召如此，则人身与天地相应，信然也。学仙者，诚知御政之道，感召之由，则于修养之说思过半矣。

　　笺 符子曰：已言天符，乃言人符天。御政之首，道始功也。治国即治身，不是借解。天通于人，无日不新，人诱化日染日故，故不去，新不生，新不成，故亦不尽，故革鼎，道之始终。《经》曰：蔽不新成，吐故纳新。要以初基最重，功最难，革命立王而国政新，涤垢还初而元神发。《易》曰：始交难生，天造草昧，建侯而不宁。故屯为卦首。屯，春也；长生，长春也。五脏禀五行，合五音，君、臣、民、事、物象焉。思于此，而五纬六律内照而行之，无害道矣。

　　天立极于辰，列宿环焉，无环不成极；地朝宗于海，百谷赴焉，无赴不为宗；君御政于朝，百工辅焉，无辅不立政。故君臣交相正也。失则政乱于下，谪见于上，乖沴于气，咎应于时。《符》曰：祸发必克，时至则溃。《记》曰：动己而天地应焉，四时和焉，星辰理焉，万物育焉。

　　五纬行德以效用，参错不齐；二曜秉精以节序，度数有常。五纬当五官百司，二曜当君臣。五运之顺乖，其祲小，责在相；阴阳之亢逆，其变凶，责在主。主正极正，优游明堂，垂拱太平矣，故曰御首。牧马去害马，为道去害道。○鼎说见此。革鼎，釁人日用之，进火烹炼固济备焉。承神告，试之矣，验之矣。

　　一翕一张，一运一结，《契》之微也。先无以闭宝，冥冥默默，微密也；后有以作复，融融赫赫，舒布也。要则在魁杓，杓运帝车，酌元气以周十二节，天之纲纽以统化也。三垣会，五辰抚，二极宁，而北辰居。《书》曰：璇玑玉衡，以齐七政。此管括微密四言，尽革鼎丹道，玄之又玄。然而戒哉，吉凶在乎动。天下之动，贞夫一，一则正，正则应，君不骄亢，臣不佞违，百官叙事。故日行月生，盈缩始终，五纬四经，宿离次序。有乖，则责辅以诘主焉，主正顺道，孰邪害道？○明堂，心星；文昌，魁上六星。

符子《革鼎说》○御政之首，原始要终，此入手，此了手，道一而万毕矣，有他功乎哉？鼎新革故，道妙尽之。所谓易也，岁月日皆天地之易，天地之鼎革也。道以乾坤为位，坎离为用，故先天从乾坤生，复、姤、否、泰十二卦为体，其行至分之交，当阴阳之尽，尽以生；后天从坎离生，既、未、鼎、革十二卦为用，其行在至分之半，合阴阳之中，中以生生也。革在既济后，鼎在未济前，水火合而后革，革而后鼎，鼎而后分，吐故纳新，易复不易，从阳去阴，又从阴回阳之道。日月也，丹也，天、地、人三而一也，妙矣，神矣，尽矣。其要魁柄，其基管括，其化开舒，其成纲纽，其符日月，其行存凶始终，其验内动外起，其主君道，其佐臣顺。极中不动，而五纬、四宿、庶星环而拱矣；主中不邪，而三公、九卿、百官有司禀而服矣。服也，拱也，三才之经运，元气也；革也，鼎也，二序之迁化，神气也。神气常运而常新，则元气常流而常固，故任下本于受正，国无害出于布明堂。明堂君位上，日象焉；台辅臣位下，月象焉。唐虞不能无四罪，汤武不能无战伐，天地不能无冬杀，日月不能无晦死。革而鼎，可知矣。德以外用刑，刑以成德，文之中武，武之中文，革春而鼎秋，又可知矣。吉者符，凶者不符，观天之道，执天之行，以验人。帝王侧身修行，祈天永命，转移祸福之道，在此乎！故九年、七年不灾，一言三舍立应。

元精为丹基，其作用凝成，神与气也。精附气而运，气依神而合。人生之静，三物交凝于中，动则上上下下，而中亦耗散矣。丹以动而还静者也，然实以静而符动者也。符则还，乖则不还。还则道，以养性延命；不还，则欲弄命宝而伤性元，是促之也。《经》曰：妄作凶。可不慎与？故道先炼心，次炼气，心气不离，而后元精可求。车之毂輹，舟之楫柁，正其为行者而自行矣。我得行乎哉！骄溢亢满，邪佞不顺，岂必桀纣蚩廉之世？然语曰：有天下而不与。与之，皆为道而过之者也。道，无为也，循道无为，可以有为；戾道有为，不如不为。内动外起，慎哉，慎哉！曰：非徒无益又害之。

㊟全阳子曰：丹道之要全在斗，斗以斡运一身之阴阳，统摄一身之万化，犹网之有纲，衣之有纽也。盖人身三田分三处，得斗柄之机斡运，则真气上下循环，若天河流转，此谓要道。《复命篇》云：回北斗，转天罡，握南辰，入洞房。○《悟真篇》云：受气之初容易得，抽添运用切防危。盖一阳生内谓受气之初，得之固易，然于此时下手，则吉凶悔吝生乎动，不可毫发差珠也。○五行要攒簇，金火要同炉，否则鼎中列宿皆差违，而天地悬隔矣。○始朔终晦，存亡之绪，阴将尽犹未尽，阳将生犹未生也。○君，神也；臣，气也。作丹之法，铅汞归土釜，身心寂不动。盖身动则气散，心动则神散，凝神聚气，心息相依，然后灵胎可结。不然，则身中之弦望有盈缩，而乖变凶咎矣。推求其故，由君心放肆而违道，于是气亦邪佞而行，行不顺轨，故曰：执法刺讥，诘过贻主。○《复命篇》云：灰心行水火，定息采真铅。当含光默默之时，要绵绵若存，任其自然，不可劳其神也。

炼己立基章第五

内以养己，安静虚无。原本隐明，内照形躯。闭塞其兑，筑固灵株。三光陆沉，温养子珠。视之不见，近而易求。黄中渐通理，润泽达肌肤。初正则终修，干立末可持。一者以掩蔽，世人莫知之。

㊟此章明炼己之道。内以养己，即引内养性也；安静虚无，即委志归虚无也；原本隐明，内照形躯，谓推原元精为吾生身之本，乃隐神不外耗，而内观以调摄也。闭口以筑固灵株，收视以温养子珠。灵株、子珠，元精、元神之喻。视之不见，近而易求，窈冥中有精，恍惚中有物，可求不可见也。若元精既复，则黄中有通理之妙，肌肤之间，皆润泽矣。养

而至此曰初正,由此还丹曰终修。犹木干既立,而枝叶可持也。一者以掩蔽,世人莫知之,谓此元精为天地真一之气,世人不达其理,故掩蔽而莫知也。《清静经》云:内观其心,外观其形,远观其物。惟见于空,空无所空。所空既无,无无亦无。无无既无,湛然常寂。洞宾云:七返还丹,在人先须炼己待时。紫阳云:若要修成九转,先须炼己持心。

　　笺符子曰:炎上润下,顺也。上不反,火将灭;下不复,水将竭。上下不相救,而中宫成空舍。何支乎?道以逆回其顺者也。道取天一,功始地二,故人法地,地法天。离阴,中虚也,有物则然,无则息,息则反而下降,交于水矣;坎阳,中满也,气寒则冻,温则生,生则蒸而上升,交于火矣。是以基用无,进候有,退有中无,完无复有,由安静虚无至黄中通理,而初终本末具矣。《经》谓:虚静物作,观复芸芸,归根复命,曰常曰明。此也。作于静,归于静,静之变化,妙矣哉。静,地道也;黄中,坤五也。○朔初晦终,符震而归坤,正修也;日干月支,日行而月应,立持也。于人为始文终武,为躯干四末。

　　符子《内一说》○丹云内象,《易》云内行,合云内同,符云内契,还云内景。乾坤云己体,坎离云己用,日月晦朔云己时,时云己候,橐籥云己鼓作,覆育云己生成,魁柄云己宗本,君相云己二火,星纬云己五脏,明堂云己神室,国云己法体,御政云己施功,革鼎云己炼济,故云内以养己。云内无外,无己无人,总上天符、君政而云功,总自心也。道总虚静也,故云集虚生白;不止坐驰,是云持己先致守也。安静虚无之云也。云机在目,用晦明,心善渊,冥有照,是云内养在回光也,隐明照躯之云也。今夫人之如驰,能自见其形云寡矣。照形,云践形之本乎?当是之时,外收内,神守形,心依息。云不言信,云不见章。云不动变无为成,兑塞而开为合,则封天地之房不发,而万物归根,云筑固矣。光沉而三为一,则会日月之行交符,而真火结丹,云温养矣。命云灵株也,性云子珠也,章含而不发,则木落粪本,是以万昌启于春生,即立兆基也。在天冬中,云水腹坚而阳蛰也,光葆而不耀,则珠藏于渊,是以夜光吐于虚白,即云继父体也。在天夏中,云火归釜而阴凝也。云蛰以生,云凝以符也。阳生、阴符交两为一,一中造化,无而不见,有而近求。如闭室而律灰飞,如妊包而婴儿产,人何得而知?人又何容其知?云顺帝则。云多知为败,掩蔽之功也,一之效也。掩云合,蔽云冥冥,合而云一,故两丽为明,两辟为启,合一不测为神。一者,云贯初终,苞干末,通三才,而以不易易者也。以此始,即云炼基,反有于无,形躯原本之云矣;以此终,即云养胎,化无为有,肌肤中达之云矣。一云一云,道一已,已一道,二气玄同,三才合化,清宁灵贞,天符行而中,君极布而正。一在己度内耳,非己曷云一,非一曷云中,非中曷云正,非中正曷云周天而易哉?内业本元,太虚无极,道要莫于此,玄而神,微而减,易简而天下之理毕,其余枝叶也。条理功候、名象效验,皆渐门之设,后天之法,从无而生,而非加于无也。故此云己,云虚无,云一,而下云无为有为,天下安有不一而为道哉?孔子曰:道一以贯之,一言以蔽之。

方士家以炼己为初基,不知成始成终,道无二也。终则有始,功又无二也。同出异名,玄之又玄,众妙归于一门,何所容二。于其曰可,曰非常,曰始,曰母,曰妙,曰徼。此间有无交合反覆,同是玄元,即同是道一。故初终干末,一以贯而人莫知。莫知而傍分外引,强生邪知,贼道而误天下,未明于一中不知之妙也,不知玄也。故曰不见,曰隐明,曰陆沉,曰掩蔽,曰虚无,皆玄中之神也;曰灵株,曰子珠,曰黄中,曰达肌肤,皆玄中之象也。玄,天一也,是曰初;命,元也,是曰干;生之始也,是曰本。《契》此章与《经》首相发合证,《经》曰两同,此曰一。同而一,其妙何居?难言哉,神乎观也,照也,内也。

㊀兑为口,灵株坎宫也,《太玄》曰:藏心于渊,美厥灵根。

明两知窍章第六

上德无为,不以察求;下德为之,其用不休。上闭则称有,下闭则称无。无者以奉上,上有神德居。此两孔穴法,金气亦相胥。知白守黑,神明自来。白者金精,黑者水基。水者道枢,其数名一。阴阳之始,玄含黄芽。五金之王,北方河车。故铅外黑,内怀金华。被褐怀玉,外为狂夫。金为水母,母隐子胎;水为金子,子藏母胞。真人至妙,若有若无。仿佛太渊,乍沉乍浮。退而分布,各守境隅。采之类白,造之则朱。

炼为表卫,白里贞居。方圆径寸,混而相居。先天地生,巍巍尊高。旁有垣阙,状似蓬壶。环匝关闭,四通踟蹰。守御密固,阏绝奸邪。曲阁相通,以戒不虞。可以无思,难以愁劳。神气满室,莫之能留。守之者昌,失之者亡。动静休息,常与人俱。

㊣此章明炼己之道,以元精养元神,斯为丹成也。盖神生于精,元精既固,元神自来。上德主无为,下德主有为。无闭生有,有闭入无,二德相交合也。然下德每奉乎上德,以上之中有神明居也。神明即元神也,故下德能知两窍为金气相胥之地,辨其金白水黑之理,知而守之,则神明可致。两孔穴,两肾之内也;金气,肺金之气也。水者道枢以下至乍沉乍浮,又推言水之妙,与金不相离而神明所由生也。水者道枢,其数名一,即子五行始也;阴阳之始,玄含黄芽,水中有金也;五金之王,北方河车,金旺于水也。铅王母子,皆所以发明金水合处之意。真人即神明也。太渊者,水也。退而分布以下,又言养神之终。合而复分,各守境隅也。采之类白,造之则朱,是即所谓朱里汞也,金丹也。炼为表卫,所以外护;白里贞居,所以正内。方圆径寸,混而相拘,状神之象;先天地生,巍巍尊高,表神之贵。旁有垣阙,状似蓬壶,环匝关闭,四通踟蹰,即炼神为表卫也;守御密固,阏绝奸邪,曲阁相通,以戒不虞,即白里贞居也。可以无思,难以愁劳,神贵不扰也;神气满室,莫之能留,神戒外射也。守之者昌,失之者亡,言不可轻也;动静休息,常与人俱,言不可离也。

此章金水之论,以吾身言,五行皆备、铅汞皆有,先天后天,各有分配。所谓真人者,本真铅真汞而言之也。真汞阴神,真铅阳神也。

㊣符子曰:上德如天,天无为也,于穆不已,炼神以无为体;下德如地,地用不休也,行地无疆,炼精以有为用。其道皆主闭静。静中变化,无生有,上合下矣;有入无,下合上矣。下以有而不自有,故无以奉;上以无而不无无,故有以居。居者,常赖奉以神;上者,常赖下以存。天、地、人之道,一也。

道生一,天一为道枢。水土元包,方折生金。玄含黄芽,体也;虎出水中,上啸山头,北方河车,用也。反用以归体,则气生而丹成。总金之妙用在水。以子反母，易，逆道也。水中金曰黄芽，水载金曰河车。隐子胎，藏母胞，胎动胞生，河车上而下矣。无以有，有以无，当其有而有，未尝不无也。此善有者也。若有若无若之容妙矣哉！七反又九还，沉不得不浮，既济不容不终未也。观之天地云雨象之矣。白而朱曰金丹，白里朱，方寸混，即神德居也，此谓上德；旁壶曲阁，环匝阆通，即以奉上也，此谓下德。无思无为，用之不勤，炼如然，养亦如然，惟炼可养，惟养保炼，道常人俱，人安不道俱，惟无人者能俱。○采白造朱，真铅不用铅，抽而添汞也。径寸，泥丸为祖，窍开者众窍开。○金丹，金中丹也；炼丹，炼于金也；养丹，养于金也。金水精气相生，以奉神丹。故气为卫，血为荣，精为髓，神为液；心主脉，肺主皮毛，肾主骨，五脏主九窍。自采白造朱至戒不虞，正金丹火①候，炼之养之。三物相成相守之理数，以其名象，会而通之内景，丹道可识也。

　　符子《德符演》○道流皆名曰正一。正一矣，说在御政章，立道柄纽，合天之历象而统于正；内养章，反道玄虚，通地之黄中以归于一；鼎新革故，知至知终，道之大宗尽矣。然而皆符也。有无符，上下符，《道德》上下二经首揭之，故曰上德无为，下德有为。上下虽分而同闭，闭同归无，则水火两穴一物也。而金居中，有联分为合之用焉。下之以奉上胥于斯，上之以统下胥于斯，然而下为本矣。天以地合，君以民养。水中之金，所以为道枢，为玄一，生而运，运而升，升降，降而怀，见其金玉还丹之妙，见其母子知守之交，见其潜渊恍惚沉浮之景。此时有无上下，总不可以名之，故曰若曰乍，想象为德之容也。混沌既交，变化既成，功名既遂，进合安得不退分，上下安得不各守乎？故白造朱而金丹成矣。炼为居而形神妙矣，方圆混而天地一矣。如是而后固城关，后时启闭，后严守备，后戒不虞，神居巍巍，守一持正，而百官有司，罔敢害道，太平之象，下德奉上之效也，金水还丹之成也，岂不美哉？于斯言劳心，难乎上矣；言劳力，难乎下矣。抱一而出，无为而成。《诗》言：天保定尔，亦孔之固。留也。《书》曰：慎乃俭德，惟怀永图。守也。《易》

---

① 火，原本作"大"，据文义改。

曰：损益盈虚，与时偕行。俱也。《记》曰：中心无为，以守至正。一也。〇此章详于名物度数，状次金丹，然非其功也。中唯不察，求用不休，作之妙；若有若无，乍沉乍浮，成之妙；可无思，难愁劳，动静休息，常与人俱，养之妙。此外无关玄诣，其功全在御政、内养二章。道者冥合修之至于自然，一而神矣。此等名象不问可也。道不落器，天下之言道者，皆器误也。

明辨邪正章第七

是非历脏法，内观有所思。履行步斗宿，六甲以日辰。阴道厌九一，浊乱弄元胞。食气鸣肠胃，吐正吸外邪。昼夜不寤寐，晦朔未尝休。身体日疲倦，恍惚状若痴。百脉鼎沸驰，不得清澄居。累土立坛宇，朝暮敬祭祀。鬼神见形象，梦寐感慨之。心欢意喜悦，自谓必延期。遽以天命死，腐露其形骸。举措辄有违，悖逆失枢机。诸术甚众多，千条有万余。前却违黄老，曲折戾九都。明者省厥旨，旷然知所由。勤而行之，夙夜不休。伏食三载（作服食，非。），轻举远游。跨火不焦，入水不濡。能存能亡，长乐无忧。道成德就，潜伏俟时。大乙①乃召，移居中洲。功满上升，膺箓受图。

㊣此章言炼己之道，不用乎邪术，盖终前章炼己之说，而起后章还丹之道也。是非历脏法，谓内照形躯，非徒历脏，盖内观有所思也；履行步斗宿，即消息应斗枢之意；六甲以日辰，即日辰为期度之意。炼精炼神，道不过如斯而已。外此而或为采战之术，或习食气之法，或枯坐终日，或祷事神鬼，然卒弄元胞，吸外邪，疲身体，腐形骸，举错有违，悖逆失机，何济于事。凡此皆上违黄老之旨，下戾九都之道者也。九都，大道之意。明者省厥旨，辨其邪正，而行之不倦。以伏食三载，则水火不侵，而仙道成矣。伏食者，伏于下而食之也。

㊟符子曰：伏食，《阴符》之功也。曰：性有巧拙，可以伏藏。食其时，百骸理。伏而食，食以伏。偃仰嘘噏吐纳，从阴阳为出入，如月生为

① 大乙，即"太乙"。

升降。升，出阳吐故；降，入阴纳新。乾午屈折下降，金伏于火烹炼也。故至后三庚三伏，伏与复相成也，合一也。不复，何于为伏？不伏，何以成复？伏食阴符，其丹之成乎，而道尽矣。故复，重复也，归复也。唯伏乃合此二义。○《经》曰：曲则全，贵食母。《素问》：天食人五气，地食人五味。《黄庭》：独食太和阴阳气。○是非直贯下，皆斥傍外之邪，以著真一之正。历脏，搬运也；观思，存想也；履斗，步罡也；六甲日辰，洎日也。日者，书载有入山采药，入室坐圜，五雷又有役召六甲六丁。步罡符术，或是与。总此，似道而非。九一以下，外道非之非也。○上言天地日月周行之复，天符人政参合之化，动静有无造养之候，丹道尽矣。乃明辨邪正，作一总结，如《经》。下详火记、铢两、药物、法度等用，申演本理如《传》。

龙虎两弦章第八

《火记》不虚作，演《易》以明之。偃月法鼎炉，白虎为熬枢。汞日为流珠，青龙与之俱。举东以合西，魂魄自相拘。上弦兑数八，下弦艮亦八。两弦合其精，乾坤体乃成。二八应一斤，易道正不倾。

⟨解⟩此章以下皆论还丹之道，盖本上章伏食而言之。此言其火候也。《火记》，修养家火候书也；演《易》以明之，谓火候用易卦之爻数也；举东以合西，魂魄自相拘，取丹也；两弦合精，阴阳得配，则乾坤之体成矣；二八应一斤，易道正不倾，谓火候二八一斤之数，与易卦三百八十四爻相合也。盖一卦有六爻，六十四卦计三百八十四爻，一斤有十六两，一两有二十四铢，一斤计三百八十四铢也。

紫贤曰：修丹之法，先取上弦西畔半轮月，得阳金八两；次取下弦东畔半轮月，得阴水半斤。两个半轮月，合气而生丹，故得金丹一粒圆如月也。

⟨笺⟩符子曰：火候不传，自古难之，只人一身而易行乎其中矣。易一太极，元无对待，一元之气，升降消息有无，为阴阳，为日月，为上下弦，为龙虎。运周精舍,归于乾坤,而体常不毁矣。从阴出阳,无生有,至乾极;又从阳生阴,有入无,至坤极。中分为两弦,各八两,弦至极亦各八。始之生,中之合,终之成。一月之候,一岁之候,一日之候,一火之候也。故曰:执天之行,天地之道浸。外道误天下,则魂魄相拘,两耶,一耶?

火中虚,运于天地间,日月之明是也。日主火,月受日为光,而进退盈虚明暗,相巡相合以成天地,故火之用大,故曰火记,曰阴符。火记,日之生月也;阴符,月之合日也。总之,节五六,奉日使。

《火记》演《易》,真人不传之秘。观《易》于月,则《火记》了然,参之,体之,符之。天地之候在月,人间之候在火,圣人修火之利,便是传火之记。○坎形如偃月,水中出火,虎向水生;离性如乘日,火中生水,龙从火出。龙虎分东西,形性合魂魄。上弦生满下弦,纯阳成乾;下弦消尽上弦,纯阴成坤。两弦进退升降,有无相易相生,十六而天地之道毕。

兑乾皆金,艮坤皆土。从坤中生明,兑八为初,至乾,兑八为中;从乾中生魄,艮八为初,至坤,艮八为中。两取初气,合成中气。唯正不倾,偏则倾。○弦,中也。艮兑互明,魄上下交易曰合精。修仙,欲其返老还童而长生也。八,少阴也,为兑,阴中生阳,自上弦兑;反之为下弦艮,少阳也,阳中生阴,老不生而少生,老极而少中。故道常持阴阳之中,反阴阳之少,得阴阳之生。○《内经》:岁运,少阴君火,南政为心,北政为肾。八,少阴之数也。两八合配,而坎离戊己三物行符于中矣。

符子《火秘言》○炊之火,进矣,烹饪矣;革而鼎,烹矣;种之火,息矣,温养矣;鼎而革,贞矣;贞之元矣,息之不息矣。用革鼎之内,火之初候作矣;用鼎革之外,火之终候常矣。作,动而静矣;常,静而动矣。以是立鼎,固不覆矣。铉金玉,贞大吉矣。以是改命,孚悔亡矣。变虎豹,革文明矣。此炼鼎熟,温之火道也。若其烹法,说在火记熬枢矣,金入威光矣,陶冶临炉矣,捣治炎下矣。烹之,斯温之矣。不革不鼎,时何食?不鼎不革,食何时矣?饔人作糗糒,炙脯服,缄器而贮,经年不坏,火力存矣。其有不存,一再用时火,革而新矣。故革在既济之后,鼎在未济之先,水火之用,一革鼎,一既未,相终相始,而易常行其中矣。中,平尔,均尔,济尔,两物不济,九候不完,厥鼎败。

金返归性章第九

金入于猛火,色不夺精光。自开辟以来,日月不亏明。金不失其重,日月形如常。金本从月生,朔旦受日符。金返复其母,月晦日相包。隐藏其匡廓,沉沦于洞虚。金复其故性,威光鼎乃熺。

(解)此章论金丹也。金丹非世金也,乃天地间真金之气,旧谓乃天地造化、五行颠倒之妙,自乾坤火化窟中而产者是也。金之在世,入火不损其光,既类乎日月之明,历世不变其体,又同乎日月之象。观世金而真金可知矣。夫真金生于兑,兑金之生不徒生也,从月而生。是故朔旦之日,月受日光,而兑亦受符焉。及其兑变成坤,金返归其母也,又与月晦之时,月包日同焉。月惟晦日相包也,故月之匡廓隐藏而不可见;今惟返归其母,则金亦沉沦洞虚而不可求。由此而观,则金从月生可知也,是之谓天地间真金之气也。若此真金之气复归于乾,谓之金丹入口,是即金复其故性也,由此而威光之鼎内熺熺然矣。世焉能变其形体,而火乌能夺其精光耶?

(笺)符子曰:丹上体日,下体月,日月上下交合为丹,上下交变为易。观夫晦朔之交,月阴上合日以育明,日阳下合月以受魄,是阴阳相包而隐,相沉而无,然后震符复于坤焉。月无日无以生,日无月无以生生。前曰雄阳玄施,雌阴黄包。故月受日符,常也,为丹;日受月符,变也,为易。唯合乃变,变乃常。○入火为兑,不亏乾也。月生日符,月晦日包。五六之节,《火记》之用《易》,昭昭矣。

兑少阴生阳曰阴符,兑入火毁成曰金丹,兑泽天下曰金液、曰金水,自兑还乾曰还丹,兑为口曰金丹入口。金革真,不革则顽,曰金鼎,曰真金。上弦阳,下弦阴,阳统阴,故丹家独言兑;正秋万宝成,故丹功独成于兑;一阖一辟,乾坤之象,塞其兑,说言兑;成始成终,故丹候验于兑。《律历志》:少阴西方,西迁也。阴气迁落物,物成熟而落,故曰落成。金从变易迁也,迁而成,故金丹为兑。

符子《庚生箓》○月生于庚,庚位申酉之中,兑方也。三日出子震而见庚,二十八入母坤而见甲。震正东,坤西南,母子出入相生而东西,金木相易。易之为生为复,阴阳之化无不然。鸟兽革,草木落,皆易也。庚,易之象也;辛,易而生之象也。庚故而万物新,非晦朔之死而生、隐而明乎?辛后,后天为乾,先天为坤。坤复母,乾复性,金之成也。乾坤先后交西北,日月明魄交朔。月功、年功一也。总为晦隐,为包藏,为沉沦洞虚。虚,离象也;鼎,七月之卦也。庚位焉,金之正,火之伏,水之生,月之胐。月为金波,方诸用焉。太白晨启明,夕长庚,出太阳之火,生太阴之金。故庚,日月阴阳水火交之庚也。交而成金丹也。金毁以不毁,故长庚长生,长以庚,庚以后长也。三十日与月一会一生明。

二土全功章第十

子午数合三,戊己号称五。三五既和谐,八石正纲纪。呼吸相含育,伫思为夫妇。黄土金之父,流珠木之子(作孝字,非。)。水以土为鬼,土镇水不起。朱雀为火精,执平调胜负。水盛火消灭,俱死归厚土。三性即合会,本性共宗祖。巨胜尚延年,还丹可入口。金性不败朽,故为万物宝。术士伏食之(伏,作服,非。),寿命得长久。土游于四季,守界定规矩。金砂入五内,雾散若风雨。薰蒸达四肢,颜色悦泽好。发白皆变黑,齿落生旧所。老翁复丁壮,老妪成姹女。改形免世厄,号之曰真人。

㊣此章总承前章而言炼己、还丹之道,皆藉土以成功也。子午数合三,子为水位,其生数一,午为火位,其生数二,一与二共合为三也;戊己号称五,戊己中央土,其生数五也;三性既和谐,即水、土、火调停之意;八石,谓三五为八石也;八石正纲纪,犹言八卦定方位之意;呼吸相含育,调息内养也;呼吸者,水火也;含育者,土也;伫思为夫妇,谓以意念常使水火为夫妇也;黄土金之父,流珠木之子,谓此虽言水、火、土三者,而金木亦在其中。土生金,水生木,父子不相离也。水以土为鬼,土

镇水不起,用土制水也;朱雀为火精,气①平调胜负,火能运用也;水盛火消灭,水克火也;俱死归厚土,谓水火皆息于土也。水火既息于土,是之谓三性合会也。本性共宗祖,谓水、火、土同生于真一之气也。始焉,以土制水,以水制火;终焉,火灭水消,皆归于土。是炼己之功,全藉乎土。巨胜以下,又言炼成归土之效也。金性不败朽,即火不夺精光,金不失其重之意;土游于四季,守界定规矩,即土旺四季,罗络始终,退而分布,各守境隅之意。知土游四季之理,则吾之五内皆土矣。故金砂一入,而雾散若风雨,薰蒸达四肢也。金砂即金丹也。发白变黑以下,皆伏食金丹之效。改形免世厄,形化为气,气化为神,形神俱妙也;号之曰真人,真人即阳神也。○详观此章论土之功,盖欲人知培养,若不得土,则丹在何处安顿?

上阳子曰:子午既欢而谐,戊己又和而合,二五之精,妙合而凝。流戊就己,鼎中得类,两土相结,因名曰圭。伏者,伏先天之气;食者,吞黍米之丹。后人误作服字,是不知伏之为妙也。故先师云:伏气不服气,服气须伏气;服气不长生,长生须伏气。只一伏字,逆用化机。

笺符子曰:《经》曰求食于母,又既得其母,以知其子;既知其子,复守其母。始之;终之,土之于道大矣。乾为父,尊无为也,以母子女合成家。金为天,虚无形也。以水、火、土炼为丹,此所谓《参同契》也。上火记、金入两章言其功,此章言其成。《契》之丹道,尽于此矣,周之易道妙于此矣,水、火、土三物皆有也。天积气耳,故乾为金。不观天象,不知金性,积有好实,幻结成鬼,危哉,危哉!故此曰金砂,曰雾散,乃明金液之还丹,正矣,神矣。○三物炼成金,则三五为八石,石亦金也,斯曰金液、玉液、金丹。惟八舍三五,故艮兑皆八。三物中而平,平而乃成也。呼吸相含,佇思相合,水火同归于土也。初有,水火为功;终无,水火俱销,死归厚土矣。归土,乃三合,乃参契,于是本性归祖性,炼金成金丹。○坎离不死,乾坤不成。水无土,下流泛滥;火无水,上腾焚燎。以土镇水,以水灭火,是土之功,能死水火而归厚土也。以死得生,以地

---

① 气,疑为"执"字之误。

承天，故三性合祖，而乾金不败。惟以克为生，是以《符》曰杀机，曰恩生于害。○《黄庭》：后有密户前生门，出日入月呼吸存。此一气自然，非鼻口也。

伫思，其存想与《易》无思也，固云不以思矣。伫，停也，停思神凝，神凝而精气自交合于中为夫妇也。交合时，不容一物，思即是物，物即间之。如外道以意为媒，宋主曰：此事岂容卿等著力耶？○土德含气育物，脾主思，伫思气含乃能育。呼出心肺，吸入肝肾，会育土中。

《火记》之两弦正，丹之候也；金鼎之全归性，丹之结也；结而子入母胎，丹成矣。丹成，四气攒合于中宫，深根复本，而中元发舒于外卫，条达荣华，君子黄中通理，美在其中，而畅于四支，发于事业，美之至也。何也？土寄四季而成四德也。美不在中，寄者无归；美不畅外，成者不遂。归以死，验丹符利后之贞；遂以生，验丹符贞下之元。故曰：贞元会合，动静互根。动极生静，静极复动；散中求合，合中复散。功成而不居，既济之未济也，男之穷也，物不可穷也。○服、伏相成无误也，功到自然知，不可言。

同类合体章第十一

胡粉投火中，色坏还为铅。冰雪得温汤，解释成太虚。金以砂为主，禀和于水银。变化由其真，始终自相因。欲作伏食仙，宜以同类者。植禾当以谷，覆鸡用其卵。以类辅自然，物成易陶冶。鱼目岂为珠，蓬蒿不成槚。类同者相从，事乖不成宝。燕雀不生凤，狐兔不乳马。水流不炎上，火动不润下。世间名学士，高妙负良材。邂逅不遭遇，耗火亡资财。据按依文说，妄以意为之。端绪无因缘，度量失操持。捣治羌石胆，云母及矾磁。硫黄烧豫章，泥汞相炼冶。鼓下五石铜，以之为辅枢。杂性不同类，安肯合体居。千举必万败，欲黯反成痴。侥幸讫不遇，圣人独知之。稚年至白首，中道生狐疑。背道守迷路，出正入邪蹊。管窥不广见，难以揆方来。

㊣此章明伏食当用同类也。胡粉投火，色还为铅；冰雪得汤，解释太虚；金出于砂，禀和水银。凡此皆为世间真一之物，故虽变化流转，而

真性始终不丧。本上文金性不败朽言之也。禀和于水银,言金出于砂之中,而亦可以和水银也。欲作伏食仙至火动不润下,皆是发明同类易施功,非种难为巧之意。世间名学士以下,又言服炼五金八石之药者,终不能以成道。盖五金八石,非我同类,难以合体。此伏食之仙,所以取必于同类之金丹也。

笺符子曰:伏食同类,归于水流不上,火动不下。然则舍坎离,更何同类乎？水火合戊己为一土,故参同,同类也。如云坎离二家,则世固有不具心肾而为人者乎？将女真何修焉？倚市门者,得药得鼎矣。○前历脏章,辨内养之谬;此章黜外事之邪。学道者不除二误,妄托《参同》,岂先师误人哉？人自不信其戒耳。

符子《象真诠》○投火坏还,金之从革也,金丹耶？温汤成虚,水之还也,金液耶？液以生丹,丹以凝液,金水母子,始终变化,相因不相离也。四气五行,生于天一之水,成于天九之金,而土合之,金砂结土内,水源出土穴,出而结,结而又出,总一坤中变化之妙。故生者流行不息于太虚,成者坚凝不毁于宇宙。水,天之先气,发于无,仍还于无;金,地之形,生于有,仍结于有。天地之间,何物非有非无相合而生、相生而变化哉？以是,水凌阴,金从革,自化也。水之方折,金砂产焉;金之阴鉴,明水取焉。交化也。上弦阳金八两,下弦阴水半斤。阳金,水中铅上鼓于真一之气,有形无形也;阴水,金液下凝于关元之精,无形有形也。合化也,一天首,九天终,自无生一,数之极于九,自九还一,入之归于无,有无易化,首尾连生,周化也。水金两生合五,交生成十。坤土无阳,阳不得不化,故无中有。五加四为金,有极无;十消九为水,消而归藏,真气也。坤乾焉,剥复焉,晦朔焉,易焉,水金始终有无变合还真,易化也。曰粉、曰火、曰铅、曰冰雪、曰汤、曰色、曰虚、曰砂、曰水银,象也;曰投、曰坏、曰还、曰得、曰解释、曰成、曰主、曰和,用也。皆比也,寓言也。曰火中、曰温汤、曰砂主、曰禀和,寓之寓也,金水之不离火土也。以是观化始终,会符成丹,则坎离日交日易,流而能炎矣,动而能润矣。乾金常清,坤土常宁,四气五行常合,常与物而皆春矣。春,木也,庄子曰冥灵、曰大椿。微乎微乎,古圣真宗,罕譬而喻,曰寓言十九,重言十七,十九、十七而旦暮,无不旦暮哉!不解免,不见大全,郢书燕烛,执道为器,无惑乎丹之谬也。曰依文说,妄意为。〇上言金砂入五内,伏食也。故此发明金砂变化之真,而归之伏食,以指点金丹真道。金砂即金液,金水精气相凝而成。此章专明指金丹,以破外丹。

三圣前识章第十二

若夫至圣,不过伏羲,始画八卦,效法天地。文王帝之宗,结体演爻辞。夫子庶圣雄,十翼以辅之。三君天所挺,迭兴更御时。优劣有步骤,功德不相殊。制作有所踵,推度审分铢。有形易忖量,无兆难虑谋。作事令可法,为世定时书。素无前识资,因师觉悟之。皓若褰帷帐,瞋目登高堂。《火记》六百篇,所趣等不殊(作迷,非。)。文字郑重说,世人不熟思。寻度其源流,幽明本共居。窃为贤者谈,曷敢轻为书。若遂结舌瘖,绝道获罪诛。写情著竹帛,又恐泄天符。犹豫增叹息,俛仰缀斯愚。陶冶有法度,未可悉陈敷。略述其纲纪,枝叶见扶疏。

㊢此章明火候不可轻传也。若夫至圣以下至瞋目登高堂,言《易经》三大圣人而成,而分铢为世定时,盖尝得闻其说也;《火记》六百篇至幽明本共居,言《火记》之作,而旨趣不殊于《易》,又尝深思其理也;窃为贤者以下,言火候为天机所在,故虽著书以传道,然终不敢尽露其详也。张紫阳谓不将火候著于文,意盖本此。

㊚符子《时书译》〇神矣哉!《易》曰时书,而《易》之道具尽矣。《道》曰:自古及今,其名不去,以阅众甫。古今,大时也,阅而不去,有时之为时也。时以生,为时以生生。极生两仪,而开辟以时;仪生四象五行,而序布以时;五行生万物,而作长收藏以时。总之,一分二,二合一,而阴阳日月周环易化,共成一宇宙。无月、无日、无时而不时,则已矣。昔三代以正而改建,不能以时而改易。元正变而春王不变也,故《连山》、《归藏》、《周易》,一也。从三统三生,以迭用三才,仲尼定之曰行夏时,而万世不能改矣。非人不能改也,天地必合人以成化,而时不容人改也,故曰敬授人时。子历元,丑腊蜡,寅岁首,三始三易也。

《传》曰：履端于始，举正于中，归奇于闰。《契》曰：初正则终修。故善时者敬始，而时无不正矣。先王至日闭关，腊大傩，元日会朝，夜虚守静，人物则皇。此敬时从易之道也。所以先后天而左右民也。以此易为岁，岁为月，月为日。七日来复，天心无移之时见矣；晦朔天符，日月元包之时见矣；一气孔神，于中夜存之时又见矣。自伏羲、文王、孔子以来，《阴符》、《道德》、《南华》、《文始》、《冲虚》、《黄庭》，皆由此其出也，未有不用时者，故曰：圣人辅时，不能违时。此矣。知时者知天，知天者知人，知人者知《易》，知《易》者知时。《经》曰：动善时，信不足。有不信，潮汐为信，天癸为信，人人有之，曰：其精甚真，其中有信。

金丹刀圭章第十三

以金为隄防，水入乃优游。金计有十五，水数亦如之。临炉定铢两，五分水有余。二者以为真，金重如本初。其三遂不入，火二与之俱。三物相合受，变化壮若神。下有太阳气，伏蒸须臾间。先液而后凝，号曰黄舆焉。岁月将欲讫，毁性伤寿年。形体为灰土，状若明窗尘。捣治升合之，持入赤色门。固塞其际会，务令致完坚。炎火张于下，昼夜声正勤。始文使可修，终竟武乃陈。候视加谨慎，审察调寒温。周旋十二节，节尽更须亲。气索命将绝，休死亡魄魂。色转更为紫，赫然称还丹。粉提以一丸，刀圭最为神。

㊉此章论还丹之法也。以金为隄防，水入乃优游，言先畜养其金，以待其水之生也。金，兑金也；隄防，所以蓄水也。此水火即所谓金华流珠也。三物相合受，变化壮若神，谓金、水、火三物会合而变化若神也；下有太阳气，伏蒸须臾间，进火也；先液而后凝，号曰黄舆焉，结丹也。岁月将欲讫以下，又言丹候丹功。月之晦朔，岁之亥子，从毁性中行功以还性。灰土窗尘，其象也。捣治升合之，持入赤色门，炼丹入口也。赤色门，离宫也。固塞其际会，务令致完坚，包固封闭也；炎火张于下，昼夜声正勤，始文使可修，终竟武乃陈，修炼火候也；候视加谨慎，审察调寒温，周旋十二节，节尽更须亲，温养年复也；气索命将绝，休死亡魄魂，色转更为紫，赫然称还丹，死中得生，无中忽有，采白造朱，丹成景

象也;粉提以一丸,刀圭最为神,金丹不过粉提之少,一丸之小,刀圭之微,而变化莫测,其神不可尽述,此金丹之所以为妙也。观还丹,而火候亦可以类求矣。

紫贤曰:夫运火者,道之用在乎火,火之用存乎人,先定刻漏以分子午,次接阴阳以为化基,搬六十四卦于阴符,鼓二十四气于阳火,天关在手,地轴由心,回七十二候之要津,攒归鼎内,夺三千六百之正气,辐辏胎中,谨戒抽添,精专运用,虑其危防其险,不使顷刻参差、分毫差忒,故得外接阴阳之符,内生真一之体。苟或运心不谨,节候差殊,致使姹女逃亡,灵胎不结,而还丹无价之宝失矣。按:《大丹火记》云:圣人下工之际,造铅之初,盗混元一周天之气,夺三千零七十三万年正气之数,聚于乾坤之鼎,会于生杀之舍,天地之数夺尽,日月之数夺尽,龙虎之数夺尽,阴阳五行之数夺尽,生成之数夺尽,擒在一时辰中,制造圣丹一粒,大如黍米,其重一斤,至灵至圣,至尊至贵,为天地之元精,作一身之主宰。可谓贼天地,盗阴阳,宇宙在乎手,万化生乎身。得成至真仙子,宾于上帝。①○鉴本自明,因尘蒙而遂晦;铅珠独露,缘癸积而渐藏。尘去则鉴体依然,癸尽则铅华仍见。铅当急采,恐癸水渐渐而复生,金亦如之。借鉴尘昏昏而为喻。②○月之圆,存乎口诀;时之子,妙在心传。周天息数微微数,玉漏寒声滴滴符。

笺符子曰:此章金丹一手得手,工夫第一义。金液还丹,金水也。水生虎,其气上,为水中金,虎合龙,其液下,为金中水。水,太乙之精,天一之生,元包天地者也。啸生风,为金气,得月上半十五;吟出云,为水液,成月下半,亦十五。气行于先,液流于后;气包于外,液流于内。是曰固济,则隄防之道与。十五铢两,其平数矣;五分水有余,其中候矣;二真本初,其凝成矣。金生水,水凝金,天地之化,征于丽水方折,不然乎?用虎以擒龙,用气以制神,故金丹独不用木。《符》曰:火生于木必克。是以春温养,防危也。二与俱,炉用火烹也。火合而金从革,水合而火不炎,不炎,故三合变化,伏蒸液凝,而丹结黄舆矣。此大道也,

---

① 按:此节引用紫贤注解出《三注悟真篇》中之薛紫贤注。
② 按:此句据《三注悟真篇》,系陆子野之注。

奈何目彼我、分金水,入之邪淫,求之两物哉！○承三圣,分铢、法度、时书而言,见宗传也。其节次最详,其拟状最精,其指最微最玄,一书中大枢要关钥也。

　　黄舆以上,炉药合烹之法；岁月以下,炼治还丹之候。欲讫,月晦朔,日年亥子。死者生之根,恩生于害也。是时全阴剥落,毁性伤年,因其死而死之,然后乘其生而生之,故曰：天人相发,杀机是也。形槁木,心死灰,和其光,同其尘,于此会之,所谓灰土若窗尘,得之矣。此政①丹功法度,丹状微妙,合得此处静中天机,方可下手。然后捣治,然后升合,然后入赤色门,然后固塞会,然后完坚,然后火张,然后声勤、声动,则有名万物之母。虎啸龙吟,一吐一纳,敝不新成,战胜太平矣。此皆昏默恍惚中,一气一火,自然神化节次,非可作为,非可想拟,才②落有,便都无矣。慎之,慎之。始文终武,视审察调,又言功候也；周旋十二,节尽更亲,又言时候也；将绝转紫,状火齐之度,是金丹也；一丸刀圭,阴符之化,是金丹也。此道造化所忌,鬼神所秘,不可言,不可传,吾以救世觉迷俟之旦暮,罪矣罪矣。

　　符子《炉鼎真丹证》○丹客、炉鼎家,尤傍左云云,误天下乎？道不可言,药不传火,真人曰故为乱其辞。惟是丹中陶冶度数符候难之,非第密之,故寓言象也。而以为象言真也,请证其说。鼎,烹饪也。鼎有实,入水以烹也。金为隄防,水入优游,鼎象非乎？阳,金也；阴,水也。合朔至望十五,既望至晦亦十五,金计十五,水数如之,丹候非乎？两弦合其精,二八重一斤,秤药下鼎,盛水用火之候也。临炉铢两,五分水余,鼎中陶冶,法度非乎？水中产金,上流金液；金中生水,下结金丹。真金化而金原不亏也。二者以为真,金重如初,丹中金液九还,非乎？修火之利,范金合土,以炮以烹,以木巽火也。其三遂不入,火二与之俱,鼎火煅炼之象,非乎？泽火革,火风鼎,而金居水火上下之间,合烹变化,革故鼎新,三物合受,变化若神。金丹周易之符,非乎？离,太阳也；坤,中黄也。火上炎也,伏于下,水下流也。凝于中,不炎之炎,蒸化

---

① 政,即"正"字,下同。
② 才,原本作"财",今改。

为水，流之不流，液反归土。下有太阳伏蒸，先液后凝，黄舆、金鼎、土釜非乎？火中之庚伏乎？伏而入乎？坤厚之载物乎？物含弘乎？吾见鼎器矣，见若烹矣；吾见丹药矣，见若和剂矣；吾见安炉矣，见若欹器，若康圭者矣。见若治者，见若爨者，见鼎若沸者，见方雨终吉，黄耳金铉者。金铉，金丹成矣。有为道容鼎候丹功，如斯之妙明虚微者矣。未之有故，故曰还丹，曰刀圭，炼之道尽此矣。岁月讫毁，炼时之候；灰土窗尘，炼功之状；升合持入，炼治之门；固济完坚，炼成之守。其为气也，火蒸下，乐出虚，故鼓籥而不得已，则炎张声勤乎！为炊累，为渊雷矣。其为候也，少火壮，壮火衰；少火生，壮火食。生食始终，动自然而反易以环中，则文修武陈乎？为亢悔，为战野矣。其为养也，亢则害，承乃制，满不盈，虚不倾，入水不濡，入火不热。刑德合而秋容平，常鼎温温而璇玉衡，则候谨察调乎！为防危，为洗心，为温养矣。此《火记》之妙也，周天之易也。时尔尔，日尔尔，月尔尔，岁尔尔，岁岁复尔尔。夫金，杀气也。其毁也，成也；其更也，新也；其绝也，生也。杀机之反复，孰知阳之阴而阴之复阳耶？孰知火之金而金之复火耶？孰知赤之造白而白之还赤耶？还金性也，还丹为大还，为九转，为紫气，为紫宫，为紫红河车。伏食者，一丸一刀圭，神成于紫虚。○三物土不用土，土寄水火为虚位，须水火合而成。又道静也，曰无成有终，五行木不入，木泄水生。火克土，丹反水火合土，三逆而木三顺也。又性直上，须金制虎擒而后降，故锅底尘曰伏龙肝。然曰震受符，一阳生，巽风吹，非木乎？则木始而土终也，亦炉之象也。○伏蒸、伏食，伏字相关通看，乃知炉中陶冶之妙，故曰鼎食。道家伏虎，虎出而伏也。三伏必入秋，末伏而火金乃成。

㈣全阳子曰：古歌云：既得金华，舍铅不死[①]。作丹不过于子时，发火于其下，以感其气耳。火力既盛，其气溘然上腾，与山川之云起相似，迨夫升入泥丸，然后化为甘雨，下入重楼，盖未常用其质也。炼外丹者，取其飞结于鼎盖之上，号曰明窗尘。○《金丹大成集》：知时下手采将来，固济神庐勿轻泄。又：搬归顶上结三花，牢闭玉关金锁。盖金砂升

[①] 死，据俞全阳《参同契发挥》，当作"使"。

鼎之时，须是固济谨密，然后圣胎完坚也。○丹田之火炽盛，则云蒸雾渝，泥丸风生，而宛有龙吟虎啸声也。彭鹤林《元枢歌》云：得诀归来试炼看，龙争虎斗片时间。九华天上人知得，一夜风雷撼万山。○采药之初，凝神聚气，呼吸应手。迨神气之入，绵绵续续，勿令间断，神久自凝，息久自定，少焉，巽户轰雷，龙腾虎跃，则驱回尾穴，直上奔也。王保义云：文火乃发生之火，武火乃结实之火。○金液凝结之际，璇玑玉衡一时停轮，而日魂月魄皆沉沦于北方海底，索然灭藏，故曰：气索命将绝，休死亡魄魂。所谓死者，非死也，此时归根复命，神凝精结，八脉俱住，呼吸俱无，其气索然如绝也。绝后重苏，则《上清集》所谓这回大死今方活是也。

水火情性章第十四

　　推演五行数，较约而不繁。举水以激火，奄然灭光明。日月相薄蚀，常在晦朔间（一作朔望）。水盛坎侵阳，火衰离昼昏。阴阳相饮食，交感道自然。名者以定情，字者以性言。金来归性初，乃得称还丹。吾不敢虚说，仿效圣人文。古记题龙虎，黄帝美金华。淮南炼秋石，玉阳加黄芽。贤者能持行，不肖毋与俱。古今道犹一，对谈吐所谋。学者加勉力，留念深思惟。至要言甚露，昭昭不我欺。

　　㊟此章论还丹之不难知也。推演五行数，较约而不繁，谓还丹之道，不必多求，但推演五行生克之理，则其事易知简能而即可得也。故用杀机为生，反覆阴阳，交合成丹。观之水能灭火，可见矣。正如日月相食，阴阳交感，精气相通，性情相合，此丹功之最要时也。水能灭火，阴能消阳也。水盛坎侵阳，火衰离昼昏，专言日食也。阴阳相饮食，谓阴阳交感，若相饮食然。世谓日食月食者，意盖本此。金水为情，木火为性，吾身则性情皆具。情复其性，遂称还丹。虽古记所谓龙虎，黄帝所谓金华，淮南所谓秋石，玉阳所谓黄芽，皆此物也。

　　㊟符子曰：杀而后相发，蚀而后相生，交而后相成。日月无晦朔，天地何由生？故明生乎暗。火生于水，二生于一。晦朔，归性复命之大

会也。主在相薄蚀,是阴阳饮食交感之化,即金丹伏食交合之理。五行一阴阳,阴阳合,五气自朝而金归性,土生金。生之谓性,归性;还丹也。晦为坤土,望为乾金,金归土,子归母,曰丹。所以《易》、《契》专主晦朔死生之交也。上云死亡魂魄,转更赫还,孰知不生之以为生乎?不神以为神乎?知之,常死常生,入于不死不生。道何在?曰以其不自生,故能长生。名,金丹之名号,取金火相凝,安炉烹鼎,金从火革,变而不变也。五藏金火位在上,五行火金阳在上,用后天作用而成,所谓情也。字,金丹之字形。金生于土,从土左右,象金在土中形;丹生于月,象月满交日为光。又如从母转形,中含一元,象母胎也。母坤土,土生复归土,合先天祖性之元,所谓性也。情属动,性属静;动属作用,性属本初。性诱而情出,顺人道也;化情以归性,逆丹道也。

符子《道一直指》○金丹,取丹成而言。若论作丹,只是水中出火炎上,火中生水流下,一气周贯于精神之交,生而凝之,便是大丹,便是大道。何等直捷浑沦,一了都了,更不须问五行四气,矧于名数。道无名也,只无字便是抱一,便天下式。式,自然法度也。《参同》以降,种种道书,枝叶烦琐,伎俩傍杂,入道者毫不必究,亦不可究。道不可知多,多知为败。成道之后,色色皆空,色色皆真,方可。旧云得诀回来好看书,吾曰得手回来好看书。此章上篇之终,更无他言,只提一水火,此正是大宗师,大秘诀,一言蔽之,所以曰古今道一,至要言昭也。激是出火,灭是制火,饮食是伏火内火,侵阳昼昏是火死,交感又火生,自然火候之妙也。要功只在激灭昼昏以应晦,自然饮食交感,易符以应朔矣。故曰指穷火传,不知其尽,故丹书只曰《火记》。

符子《伏食约》○云伏食约而不烦,其即不二法门耶。直指水火合归一,一归自然。归一,始水终水也,虚无自然,道之本元也。此言交道自然,末言含元虚危。学者于此可以得本矣。在身,精为本;五行,天一为本;在功,水中金为本;在法,河车为本;在《易》,复为本;在《契》文,此水合火为本。本外皆枝叶也。本立而道生,根深而华茂,自然之化。故培其本,则元基奠而物生壮;挈其本,则元枢环而运会周;反其本,则元舆载而卵伏妪。故伏之言伏也,一言抱也,伏鸡言抱鸡;母壬子之象,子于胞元通母气,接母乳,伏食之道也。水滋而化,水食而生,故终始约于一、抱一、得一、归一,总天一之自然。名义虽烦,本约不烦。奈何哉!离象罔而烦求,盍观古之圣人所以揭无始元宗,不在天地之道乎,可一言而尽也。其为物不贰,其生物不测。

符子《天一成》○西南西北,天地之终方也;成位也,父母之归宅也。五子俱退不用,而兑少女居间。兑,易也,父母之索生尽,尽而易还元也。父母之年老,而从少易也。女善养人也。父母之形枯杀而毁易,含庚易新。秋,刑中德也;少女,阴包阳也。阳上阴下,否而未济,父母之情隔,而兑相通也。兑为口,口,天地之合也,督任之交也。气之所吐内,水之所出入,阴阳之所上下也。夫自水一之阳生于坎,交于离,行施会济,万物于是育成,坤乾自相位配。此时水火不射,风雷不薄,山落木槁,五子之用已极矣,则父母之功亦极。故坤阴下极,乾阳上极,上下之宇,虚无一气,惟泽交通流浃于中,周变化而保太和,所谓天地相合,以降甘露,此功之成也,无之极也。天地之化元,亦水之化元也。六子惟水二位,下江河,上雨露,兼男女,合阴阳。故由乎母,阴升为泽;由乎父,阳降为水。女,母气也;子,父气也。兑调阴阳之成,从坤有终;坎复阴阳之生,从乾资始。故易何为乎?一阴一阳之道,一成一生之用,一上一下之交,而消息变化,神于其中矣。坤乾,天地上下之位也;兑坎,泽水上下之交也。交而后位,故曰人水也,曰:天时雨泽,君子达亹亹焉。亹亹以生生,相易终始也。是故九极还一,金革生水,天地之间,流行上下,混元包周庶气,谁乎?水之具妙乎,是以道一、天一、水一。

符子《大丹统衍》○龙,阳物也,故从火焉。火出而见,内而伏,见则明风春而雷雨行,伏则正秋藏而丛植零。秋,金气也,龙所畏也。龙抱珠于渊,水为居,水为行。方其行,而未尝不居也。应飞天而泽四流,顷焉济雨,则潜反其宅,而天地以平矣。故曰:未济终焉,鱼不脱于渊。今夫观水,生于西,王于北,然其生也,落也,王也,沍而涸也。及夫雷蛰行,春水生,百谷瀑发,淫霖时行,则墓而胎之候位焉,于是识水之为德矣。犹龙也,以潜藏,以下善,以伏沉而结凝存,水与龙相胥也,水与火相反也,而相从也。从其既济,水于火出,若鼎爨之液;从其未济,水与火入，鼎爨成，则薪息而火退也。夫鼎谓何金也？金革水火而分，参水火以成。故夫兑正西之卦也，布泽容平，万宝告成，火死水生，日没月阴，刑德合门。夫人皆知刑德生杀之为分矣，曾亦知其以为合乎？知其合矣。曾亦知生之杀而杀之所以为生乎？尝问以大明生于东，月生于西，胡然而月建左而日将右也？日生月者也。万物待以出，则春秋生杀之运，金木之用，可得而思矣。是故，吉事尚左，凶事尚右；天道尊左，地道尊右。星火中夏，东宿也。星昴中冬，胡星？辰星也，西宿也。昏火而旦则昴，昏昴而旦则火也。皆阴阳之相互而相纬，相反而相合，相克制而后相生也。不反不制，将日月之行不合朔，而山之泉，治之金，汤池、火井，奚以称之？于是明夫顺而生也，常也；逆而成也，易也。易而后常，故曰可道非常道，道非常而后可道也。家有孝子，国有忠臣，天有地复，日有月合，二气之所以符，三才之所以位。其由是，故狸守鼠，鸟畏鹯，马入猴，鱼入神守，蛟湫入铁，物之制然也；鸟鼠同穴，龟蛇同位，龙与马淫，麋与鹿交，物之合然也；鲲鹏之化，鸠鹰之复，雀雉唇蛤之变，兔鸡卯酉之居，鲛人织绡，牛哀易虎，物之相化然也；制而后合，合而后化，化而后复成。制合之所以生，天道、易道、丹道皆生于制也，恩生于害也。故吾见之天矣，日月交食于阴阳之极，金液还丹取之；日月代明，东甲而西庚，龙虎呼吸取之；太阳次舍，太阴行建，子午进退火符取之；日居月诸，居为主，岁一姤复而六子生，取于丹之象；太白行不经天，荧惑以十月入太微受制，金水之交也。太微，天中日垣也，取于丹之候。荧惑辨变，时见时匿，辰星正日时，候晨东方，夕西方，与启明长庚从日为光，取于丹之用。故丹，火也，日也。《枢言》曰：道之在天者，日也；其在人，心也。《记》曰：郊，大报而主日，配以月。配，符也。

《周易参同契解笺》中篇

汉会稽真人魏伯阳 撰
明潼关小乾张文龙 解
九洞天符子朱长春 笺

阴阳精气章第十五

乾坤刚柔，配合相包。阳禀阴受，雄雌相须。须以造化，精气乃舒。

坎离冠首,光耀垂敷。玄冥难测,不可画图。圣人揆度,参序元基。四者混沌,径入虚无。六十卦周,张布为舆。龙马就驾,明君御时。和则随从,路平不邪。邪道险阻,倾危国家。

㊗此章又申明前篇牝牡四卦,以为囊籥,覆育阴阳之道,而又要其基于和也。盖亦天地和而万物生之意。乾坤具阴阳之道为体,而包合之所不能无;坎离舒精气之真为用,而玄妙之不可睹。圣人揆度其理而参序元基,必以乾、坤、坎、离四者处于其中,体用玄同,浑合象罔,则天地水火混沌于一极,而有形有气,入于无形无气,此之谓有入无也。无者,道之元,有之基也。然后分布六十卦,运行于外,张布为舆,龙马就驾,辐辏而轮转也。圣人御时,居中以制外也。和则随从,言能和,则众皆随从而行无不利,是为大道。一有不和,则为邪道险阻,而倾危国家矣。此还丹之所以贵于和也。凡一则和而平,二则杂而险。此守一定和之道也。人皆谓可以内外言,实四者皆备于吾之身也。

紫贤曰:《参同契》演《易》象以明丹道,喻乾坤为鼎器,象己腹中金胎石室,又以坎离为药物,象灵胎中铅汞也。乾坤为众卦之父母,坎离乃乾坤之真精,故以四卦居于中宫,犹灵胎之在丹田。处中以制外,故以四卦不系运毂之数。其六十卦分在一月之中,搬运符火,始自屯蒙,终于既未,周而复始,如车之轮运转不已。此皆比喻设象如此。苟明火候,则卦爻为无用矣。①

㊟符子曰:先天父母生子,后天子孝父母,生元包合造化,精气所出。然而知物构斗,上下不交,几失之矣。故以坎离之有,归乾坤之无。坎离之会合在首,首,顶也,鼎也,乾也。还光内葆,垂敷玄冥,则上而下,合而生,乾归于坤,元基定矣。功成而混沌一太极太虚,四者之名无可也。何也?无在象帝之先,浑成未剖,无名天地之始,而况水火乎?故生于无,炼于有,复于无,包于无有无无,形神俱妙,天地清宁。六十卦布周天之用,龙马运乾坤之体,体立用行,乘龙利牝,御以和平,自然之道静,天地万物浸矣。此金丹正道,外此皆邪也。

① 按:此处所录紫贤注,见《三注悟真篇》薛紫贤注。

包而须,乃化而舒。舒从包出,精气即坎离。冠首垂敷,其交也;径,直也。四正为绳,和从,合符行中也;平不邪,两弦应一斤也。中正和平,皆由虚无来也。邪道彼我,虚无耶?

老子《道经》举大宗入道之元,《德经》列充符葆道之合,《契》上中二篇,略放其指,末篇支绪耳。两首篇相证印,前显天符以修人,此成人符而用天,故曰:撰序元基,混沌虚无,明君御时,舆驾龙马;《易》所谓时乘六龙御天,各正性命,保合太和,首出庶物,万物咸宁,由元亨入利贞,乾道之变而成也。惟变化也,故各正;惟各正,故合。和气交通,天子抱蜀而享太平,恭己而天下宁矣。庄子曰:从容无为而天下炊累焉。《北冥》、《尧让》二篇,此之谓也。造舟已驾,榜人坐而持柁,一视邪正而左右焉,御风而行平平矣。〇和,天下之达道也。守未发之中,以用已发之和,和而道无不达矣。《礼运》曰:和而后月生,三五而盈缺。广成曰:守其一,以处其和。

(附)《上清玉真胎息诀》云:吾以神为车,以气[1]为马,终日御之而不倦。不倦,即绵绵若存,终日用之不勤也。亦非忘,亦非守,似有似无,而不至于勤劳迫切也。〇全阳子曰:人身中造化,与天地造化相应。今曰偕以造化者,其至妙全在天机与人机对举。人能虚心凝神,与天地之机皆作,则造化在掌握中矣。

君子居室章第十六

君子居其室,出其言善,则千里之外应之。谓万乘之主,处九重之室。发号出令,顺阴阳节。藏器俟时,勿违卦月。屯以子申,蒙用寅戌。余六十卦,各自有日。聊陈两象,未能究悉。立义设刑,当仁施德。逆之者凶,顺之者吉。按历法令,至诚专密。谨候日辰,审察消息。纤芥不正,悔吝为贼。二至改度,乖错委曲。隆冬大暑,盛夏霜雪。二分纵横,不应漏刻。水旱相代,风雨不节。蝗虫涌沸,群异旁出。天见其殃,山崩地裂。孝子用心,感动皇极。近出己口,速流殊域。或以招祸,或

① 气,原本作"器",据俞琰《参同契发挥》改。

以致福，或兴太平，或造兵革。四者之来，由乎胸臆。动静有常，奉其绳墨。四时顺宜，与气相得。刚柔断矣，不相涉入。五行守界，不妄盈缩。易行周流，屈伸反复。

㊙此章又申明前篇发号顺时令之意，言必如人君发号出令，顺阴阳节而后可也。藏器俟时，勿违卦月，至聊陈两象，未能究悉，即勿失爻动时也。屯以子申，蒙用寅戌，盖专用阳爻也。屯之初九、九五，当子申之时；蒙之九二、上九，正当乎寅戌之时。立义设刑，当仁施德，即阴阳之生杀以时也。逆之者凶，顺之者吉，春秋生杀之用，顺逆吉凶之叛也。按历法令至审察消息，法令之按在外，日辰之候在内，内诚专密而外察消息，方得顺阴阳勿违卦之妙也。纤芥不正至山崩地裂，皆谓不顺阴阳，有违卦月，则灾变凶咎，层出迭见矣。二至、冬至、夏至也；二分，春分、秋分也。至乖寒暑，一岁之候，分错风雨，一旦之令也。孝子用心，感动皇极，谓积诚以感动天地神明也。近出己口至或造兵革，谓言不可不慎也。若能心诚意正，出其言善，得夫阴阳之候，卦爻之节，而谨其动静之常，守夫绳墨之度，则与四时气合，刚柔应，五行协，是即得乎易道周流，屈伸反覆之妙矣。其于还丹，亦又何难哉？

㊟符子曰：阳事不修，适见于天，日为之食；阴事不修，适见于天，月为之食。春夏秋冬不节，水旱、蝗虫、夭殃、地烈之迭异，皆阴阳不和之咎征也。天事恒象，人安能常保太和哉？一乖而沴气应，说在《洪范·五行志》矣。患有生阴阳，有生人道，而销患惟正人道以回阴阳。何者？明君御时，和则随从，本正也；按历法令，至诚专密，用正也。一失察而不正为贼，是阴阳之患一人道也。以人治人，尽人回天，退舍反风，而况近在身乎！故九年、七年，圣不能无，而玄圭桑林，然后见圣之为圣也。此孝子感动之效也。乾父坤母，人谁无天地？谁非天地之子？以不诚失之，以诚心格之，心之皇极正，而天之皇极亦正矣。出口而速流，其秘天地橐籥，大块噫气，可以玄符，不可法求。故养神在养气，调气在调神。庄子曰：阴阳之气有沴，其心闲而无事。老子曰：不和有孝慈，昏乱出忠臣。诘过诒主，用心感动，忠孝之道也。忠孝斯正，正斯清明，人生之本与，道之本与，故旌阳之法曰忠孝净明。○总发明御政之首，内

动外起以合天符行中，应时得理，皆上篇之疏也。二章相承，一和一乖，抱一守正，则用明君之待时，常也；正复为奇，则用孝子之感极，变复常也。故圣人不病，以其病病，常善救人，故无弃人。居室之功大矣。○二至二分，一岁、一月、一日之候皆有之。先天四卦，天地之正气，从横直行，交会于中，故《天文训》为二绳。绳，正也，直也，一也，中也，故《训》曰：绳居中央，为四时根。《经》首言道、言名，有名、无名，常无、常有，斯其为妙门乎。至矣，神哉！谁得而知之？《齐物》曰：天籁怒者其谁？《阴符》曰：迅雷烈风蠢然。此道也。故先天夬，后天兑，在乾前夬兑而后全乎乾也。前曰昼夜声勤，抑夫居室之发，非耶是耶？所贵节符消息，为逆为顺，为祸为福，为动为静。一顺四时，勿违卦月，《易》所谓奉后以合先。如此周流反复，玄之又玄，易行而天地至分之候应矣，节日之候应矣。宇宙从吾造，阴阳为吾枢也。本在至诚专密，几在藏俟候察，用在心感动极，化在出口祸福，顺在与气相得，归在守界不妄，故曰橐籥，曰数穷，微哉守中！○先义后仁，杀而生也。凡果核有仁，天地生物，常使阴外包，阳内含，故杀中含生，元起冬至。核中仁，石中玉，蚌中珠，卵中黄。无义，仁几不可见矣。仁，生也。资义以生，故《易》归重于剥、坤，曰丧朋得朋，曰先迷后主，《经》曰得母、守母。○以子救母是孝子用心，土居中央，五是皇极。子母交感，动而愈出，是以曰尸居龙见，渊然雷声，无为而炊累焉。观于炊而声之候得矣。声乎，时之为应乎？是以鹦鸣春，虫吟秋，鹳呼风，鸠呼雨，鹤警霜，鹘旦求日。

密哉，温养之符，如是乎？曰火传也，不知其尽也，《火记》之妙也，火之于利，曰鼎，曰烹，曰温，爨也，丹也，一也。烹之用动，动而生；温之用静，静而生生。烹有时，温无时，无时而时至则应矣。葭灰之于琯，融风之于冰，符之征乎？故火，气也，闭伏为默，出畅为声。

二至而二分，既济而未济，晦朔而望，故天地之合，云行雨施，及其各正，上清下宁矣。故不涉不妄，居室之终也。合始分终，其间易行周流，屈伸反复，乃阴阳姤复，应候合天之妙，玄之又玄，可见不可求，有为而无为。

符子《天人候》○符子曰：宁独候天消息哉，一测晷尽之矣。人身小天地,狂者昧之,智者合之,至于道成而自然。不知天合我与,我合天与,一消一息,气至而鸡乳,月足而蟹盈,春生而冰泮,秋熟而稻获,不出户而知天道,则非人而天人矣。是以候人无候,以审察人无审察,但觉元符至而参契同。此天人合发,万化定基之妙也。无基不定矣,无定不化矣,无化不合发矣。虽然定慧相生也,一神相合也。定以生慧,神以证一,月以产珠而珠能照月,物之通天地有时,道何疑?道诚也,信也,时也。始诚而信时,终时而信诚,潮信之说也。故曰:信善时,一不善,诚不至矣。圣人候之此,曰:不远复,惟危惟微,惟精惟一。精斯一,一斯保微,保微斯无危,斯圣人难之。《易》曰:乾夕惕,厉无咎。《老》曰:用于不敢。

㊟全阳子曰:在义设刑,所以凝西方之铅也;当仁施德者,所以炼东方之汞也。铅属金,其性至刚,藏于坎中,非猛烹极煅则不能飞上,故用武火逼之而不能施以文;汞属木,其性至柔,隐于离中,一见真铅,则自然不动,故用文火炼之而不可施以武。《崇正篇》云:守城①须假施文德,野战当先著武功。○高鸿濛《梦仙谣》云:采有时兮,取有日,采兮取兮须谨密。全阳子曰:今之学者,但欲以片饷功夫游戏而得之,不知片饷作丹工夫,而周年火候温养,则一日之内,行坐寝食总如如,惟恐火冷丹力迟,矣可须臾间断哉?○《悟真篇》云:月亏盈应精神之衰盛,日出没合荣卫之寒温。○《素问》云:平旦人气生,日中而阳气降,日西而阳气已虚,气门乃闭。又云:月始生则血气始精,卫气始行;月郭满则血气实,肌肉坚;月郭空则肌肉减,经络虚,卫气去,形独居。○全阳子曰:所以丹法天为鼎,地为炉,月为药,而采取按月之盈亏,日为火,而动静视日之出没,自始至末,无一不与天地合。如《皇极经世书》,以寅为开物,犹岁之惊蛰,数自此始;戌为闭物,犹岁之立冬,数至此止。亥、子、丑三时,则日入于地而不见,有数而不行。○《悟真篇》云:火生于木本藏锋,不会钻研莫强攻。祸发总因斯害己,要能制伏觅金公。盖有药而行火候,则金被火逼,奔腾至于离宫,化而为水,反以克火,故火无炎上

---

① 城,原本作"成",据《参同契发挥》改。

之患；若无药而行火候，则虚阳上攻，适所以自焚其躯，此招祸致福之所由分也。○《指玄》云：人人气血本通流，荣卫阴阳百刻周。岂在闭门学行气，正如头上又安头。

晦朔合符章第十七

　　晦朔之间，合符行中。混沌鸿濛，牝牡相从。滋液润泽，施化流通。天地神明，不可度量。利用安身，隐形而藏。始于东北，箕斗之乡。旋而右转，呕轮吐明。潜潭见象，发散清光。昴毕之上，震为出征。阳气造端，初九潜龙。阳以三立，阴以八道。三日震动，八日兑行。九二见龙，和平有明。三五德就，乾体乃成。九三夕惕，亏折神符。盛衰渐革，终运其初。巽继其统，固际操持。九四或跃，进退道危。艮主止进，不得逾时。二十三日，典守弦期。九五飞龙，天位加喜。六五坤承，结括终始。蕴养众子，世为类母。上九亢龙，战德于野。用九翩翩，为道规矩。阳数已讫，讫则复起。推情合性，转而相与。循环璇玑，升降上下。周流六爻，难可察睹。故无常位，为易宗祖。

　　㊉此章即一月之卦运，而配以乾坤之六爻，又申明前篇晦至朔旦，震来受符之意也。晦朔之间，合符行中，谓晦朔正月与日会之时也；混沌洪濛至箕斗之乡，皆是发明日月会合，与人合符行中之意；牝牡施化，滋润流通，日月阴阳会合，相滋相通之理也；旋而右转至震出为征，即三日出为爽，震庚受西方也。此时阳气造端，正合乎乾卦初九潜龙之象也。阳以三立至八日兑行，即八日兑受丁，上弦平如绳也。此时和平有明，正合乎乾卦九二见龙之象也。三五德就，乾体乃成，即十五乾体就，盛满甲东方。此时亏折神符，盛衰渐革，正合乎乾卦九三夕惕之象也。巽继其统，即十六转受统，巽辛见平明也。此时固济操持，进退道危，正合乎乾卦九四或跃之象也。艮主进止至典守弦期，即艮直于丙南，下弦二十三也。此时乾道已成，堪为世用，正合乎乾卦九五飞龙，天位加喜之象也。六五坤承至世为类母，即坤乙三十日，东北丧其明也。此时坤德已就，与乾交争，正合乎乾卦上九亢龙战德于野之象也。用九翩翩，为道规矩，言用九往来于六爻之中而不定也。用九，即阳也。阳数已

讫,讫则复始,言月运终而复始也。惟月运之终而复始,故推情合性,转而相与,循环璇玑,升降上下焉。日为性,月为情也。惟用九往来不定也,故周流六爻,难可察睹。虽无常位,为易宗祖焉。乾卦冠《易》,故曰宗祖。言月运而配以乾爻,以见阴中有阳,阳能统阴,方合符而契易也。君子于晦朔弦望之间,而深究其消息盈虚之理,则可以知金丹之所在矣。张紫阳谓月盈亏应精神之衰旺者,意盖本此。○详观此章月运之理,移之于年,移之于日,皆可以得丹。潜潭见象,即是真人入深渊之意;推情合性,即是金来归性初之理。

〖笺〗符子《乾一论》○曰无极其象之先乎,无不能不有,先不能不后,道不能不象。于是极凝为一,一于道冲,于混沌,于混成,离而未之离也,有而未之有也。太极无极也,道生一而生万,天得一清,而后地得宁,人得灵,侯王得贞。故乾奇一也,天也,犹极也,数之始也。从一分两而四、而八、而六十四、而三百八十,得一万事毕,抱一天下式矣。天包地,阳包阴,日统月,君统臣,父统子。谓一乾而《易》之道尽是,则坤且其用而他不立可,何也?有与无一,故曰乾元亨利贞,一为四,四为一。一日而乾之道尽,《易》之变尽,则月在律在矣,十二节、二十四气、七十二候在矣。终复始,分复合,易复不易。不易,太极无极也,由其分,不得无节次、象数、度候、升降出入。有无生成变化之用,由其分而合一矣。一,符矣。诸有皆无,可矣。今夫道之行人,皆有一家焉。从家出而四方、五岳、九垓、八纮、六合,靡匪行可至,及而反归,一家也。曰道、曰易、曰周、曰复、曰还,行象也。无有不一而还一者,旅之行,不循地负,历人据,问土方,结客侣,时饮食宿止,慎与接,防危险盗贼。一旦逢祸而不得归,归而故所由,马肆矣,津航矣,关符矣,邮舍矣,傅食矣,犹梦矣,梦之后说梦,真乎大惑乎?《齐物》曰:有大觉而后知其大梦。故凡从二而歧至千万形而万域,皆梦未还而客之未归也。一归,天下犹是,六合一室,万形一身,万径一彀,百虑一致,五官一君,四时一日,两仪一极,一极,太极也,乾也,故曰:乾元亨利贞,易备而天地之行毕矣。盖尝观《易》、《契》,晦朔合符,坤纪也而用乾,乾用九为坤也,六爻六卦,九之布也。一而极九,九而变为六,一加于五,除五复一,除地还天也,亢之无首至于之履霜也,战之玄黄,潜之以藏也。天德位而地直方也,见在田而黄于中也,惕以跃,括以终。终,夕也。惕囊括而含渊跃也。或之相生,或之相应,或之相成,故曰:道无成而代有终,承天而时行。行者易,承者无易,自乾一分,为潜六,又变为霜六,分变相周,一之易备矣。而易未始不一,故著不息天,著不动地。以不动合于不息,而天地之化不可睹矣。其变也,动而分也,不分不变,不动不易。然第曰不变不易,而天之用又几乎息,故从无以易,易以终无易,此之曰易、曰乾。观乾六爻,六律具焉,三分八隔,损益相生,周流六虚之易,神矣乎!以故,《契》曰:故无常位,为易宗祖。变易更盛,消息相因。如循连环,千秋常存。嗟乎,有知无常常存之道乎,常易而常一矣。《经》曰:道可道,非常道。○乾卦之节,朔起初九,五六纪之,望乃惕跃之中交。晦朔,亢潜之终始;两弦,见田飞天之上下;见大人,从阳也。故曰:大明终始,六位时乘。乾道变化,首出庶物。首出,贞下之元,晦朔之初,阳尽复出。要皆从各正保合来也。《契》之合符行中,二八易正,当察于此。一了俱彻,千变万化,易无穷尽,更何火候不传。

符子曰:天地之化,盈则倾,绝则生,平则交衡,六节、四时、十二月,总之初、中、末是矣。一而三,三而一,故守其一以处其和。上篇详于月节五六,举一月之候,例一日一年,总阴阳相易相生、进退消息之道,是易显天符而示人。此二章参互配合印证节度,以明日月岁时之纪,在人进退消息升降以应之。皆易、皆周、皆契是也,是天符而合易。两篇一象一功,原非复说,亦更无别理,一以贯之,天人不分,时至合发。上所谓观天之道,下所谓执天之行也。故曰:天性人,人心机。机入于无机,则一中分造化,一月落万川。○象只是个样子,此配说功。须知中间法度,合行符中,反复应生。种种自然天机,可神可会,不可察求。通言乾六爻皆天符,本言亢、潜为合符,见无首,无首又见。

符子《合符通》○无始生混沌,混沌生元一,无混合有生,故曰合符行中。合朔也,符始合,合又始也。先天浑于鸿濛,二气交而相从,合阴滋阳,化阳出阴。阴符,天符也。天难测,天无量;阴溟溽,阴不可物。故曰:牝牡从滋,施化流通。天地神明,不可度量。度量,有入而间乎?

奚符、奚合、奚行中？中行，虚游也。是以塞兑黜聪，隐明堕肢，从阳伏于阴也。龙蛇存身，龟内息神守。晦，冬象也；冬，中也，藏也。故曰：利用安身，隐形而藏。形藏，神斯中，中藏，中行之符斯合。合而行，从阴生阳，地道也。地右为尊，右而旋，亦日月之运，逆而符天也。星纪摄提，穷更且始，天行也。所以曰日月东西相从而不已，以其从斗柄之回，故曰：始于东北，箕斗之乡。艮也，天地之成终而成始。《象》曰：动静不失其时，其道光明。故曰呕轮吐明。轮，廓也，魄也。呕吐而受符，震明之始也。明不生于昭而发于潜，潜潭深渊，水土之窟，天一之始。今夫日必登于海桑、浴咸池，非夫阳出于阴、火出于水之象是乎？故曰：潜潭见象，发散清光。浊者清之路，昏久则昭明，天符显焉。符之显，晦之明，阴之阳，乾道之贞而元也。元起，四德用序；震符，四卦用列。一气之明以进退上下有无，成乾以至符坤，斯其为统天变化乎！坤变化之极而又始也，极而又始，乃成天统，故用九则六在矣。自初每用每变而六矣，六爻六变而即坤，又反六用而变即乾矣。乾动而行，积气焉；坤静而守，积形焉。形为匡，以包气而气运中，故曰：用九翮翮，为道规矩。规矩，匡廓也，运正也，日月之象，天地之位也。天圆而地方，天地阴阳，合之而分行，分之未尝亡合。卦自初之上，节自胎之死，气自朔之晦，相进退而不相离，相推合而复相与，相讫起周流而不可测，相易而不可常。不可常而为常祖，则有无合行之道，玄之又玄，备矣，故曰：讫则复起，循环周流，六爻无常，为易宗祖。情，动也；性，静也。推动合静，此之谓易符，天符也。六爻之动，三极之道，参同之契也。其下天用，潜以见明，阳升阴消，泰进盛乾；其中人用，惕夕持跃，功成阳退，固济交姤；其上地用，阳飞不亢，中守下承，否止凝坤，坤道代有。用九反复，胎养含弘，天心周祖，战于无阳。地用出龙，玄黄鸿濛，一气规中，故曰：晦朔之间，合符行中。乾，符也。三五交，卦节相望之中；天中，两弦会明魄相半之中；人中，符行之中。晦朔，混终始相交之中；地中，符合之中。元亨曰行施，利贞曰保合。行之中合，合之中行，以是大明终始，六位时乘哉！用《契》之行中，体《老》之守中，是故曰合符行中。

符子曰：合符行中，人符合天符之功，混沌相从，液润施化。其天地一大交复之候与。人知月阴合日符以生,不知日阳亦藉合月符以能生,故曰晦。时晦遵养也,冥冥见晓,不神之所以为神也。天道也,人道也,曰和光,曰隐明,曰杳冥陆沉,曰一女视,开而二,合则一也。神明不可度量,合璧中符,未离未行,无明亦无度,天地日月以此为藏身之舍,人而不藏,安所取符？○月符六节之运,分六爻细次其候,前略后详,只此便知进火易,退符难,故曰：靡不初,鲜克终。内卦下而上,内出外；外卦上而下,外反内。反之难于上,亢哉,危哉。故治君难于臣兵,客难于主人,老难于少。○三立八道,阴阳之始候也；震兑从乾,阳先动而阴始行,故曰上弦,阳进与阴平也。震为初阳,交兑少阴,阴中阳,两阳合而再进成乾矣。阴符,巽之交艮反之；兑艮,少男少女。阴阳中合相包,故两弦两中也。○三奇八偶,两弦之日辰也。阳进数偶,阳生于阴；阴退数奇,阴成于阳。阴阳生成,为中为符。不然,为孤为独。《天文训》曰：阴阳相得,刑德合门。又曰：用太阴,左前刑,右背德。故生中杀,杀中生。兵符、易符、养生符。

附 全阳子曰：以六卦论火候,又配以乾之六爻,何也？丹乃纯阳之宝,乾乃纯阳之卦也。六卦之中,乾称九三夕惕,亏折神符；坤称上九亢龙,战德于野。又何也？守城于乾而用文,野战于坤而用武,此当防危虑险也。

爻象功用章第十八

朔旦为复,阳气始通。出入无疾,立表微刚。黄钟建子,兆乃滋彰。播施柔暖,黎烝得常。临炉施条,开路正光。光耀渐进,日以益长。丑之大吕,结正低昂。仰以成泰,刚柔并隆。阴阳交接,小往大来。辐辏于寅,运而趋时。渐历大壮,侠列卯门。榆荚堕落,还归本根。刑德相负,昼夜始分。夬阴以退,阳升而前。洗濯羽翮,振索宿尘。乾健盛明,广被四邻。阳终于巳,中而相干。姤始纪序,履霜最先。井底寒泉,午为蕤宾。宾服于阴,阴为主人。遁去世位,收敛其精。怀德俟时,栖迟昧冥。否塞不通,萌者不生。阴伸阳屈,没阳姓名（一作毁伤）。观其权量,察仲秋情。任蓄微稚,老枯复荣。荠麦芽蘖,因冒以生。剥烂肢体,消灭其形。化气既竭,亡失至神。道穷则反,归乎坤元。恒顺地理,承天布宣。玄幽远眇,隔阂相连。应度育种,阴阳之元。寥廓恍惚,莫知其端。先迷失轨,后为主君。无平不陂,道之自然。变易更盛,消息相因。终坤复始,如循连环。帝王承御,千载常存。

㊟此章即一年之卦运而明其阴阳消长之机、进退火符之候,盖本前篇复卦为始萌而言之也。朔旦为复,阳气始通,即周正建子月,正冬至之日也。冬至一阳生为复,每三十日增一阳爻,为临、为泰、为大壮、为夬,至四月六阳纯乾,乃阳火之候也,阳极则阴生。夏至一阴生为姤卦,每三十日增一阴爻,为遁、为否、为观、为剥,至十月六阴纯坤,乃阴符之候也,阴极则阳生。周而复始,此一年之火候也。言黄钟蕤宾者,消息应该钟律也;言建子建午者,升降据斗枢也。自出入无疾,立表微刚,至洗濯羽翮,振索宿尘;自宾服于阴,阴为主人,至恒顺地理,承天布宣。符火还丹之节度也。玄幽远眇,隔阂相连,坤纯阴属水,亥子之交,天地远隔而复连,故应度育种为阴阳之元,而寥廓恍惚,莫知其端也。先迷失轨,后为主君,坤先迷后得之义。盖以无平不陂,乃道之自然,而变易更盛,消息相因也。此坤德之妙,政合晦朔之符,故循连环,道无穷也。帝王承御,千载常存,道有常也。从坤生复以至乾,又从乾生姤以还坤,阴阳有无变化,周易循环符契之道,天地长久之不毁,帝王立极之常存,此也。

紫贤曰:冬至之日,地下有一阳之气上升,为复卦,人之元气亦如之,故进阳火。至正月阴阳之气相平,自然相交,为泰卦,人之元气亦然。故曰否泰交则阴阳或升或降也。圣人移此一年气候于一月三十日中,以两日半计三十辰,以当一月,故自月之一日以后,太阴之光初萌,为复卦用事;至上弦初八日,月明一半,金水平分,为泰卦用事;至十六日以后,月渐亏为姤卦用事;至下弦二十三日,月亏一半,金水平分,为否卦用事,故曰月亏盈应精神之盛衰也。又移此一月气候,归一日十二辰中,子时一阳生,故人之肾中有一阳纯精之气上升,进阳火,为复卦;午时一阴生,故人之心中有一阴至神之气下降,退阴符,为姤卦。故曰复姤昭二气之归奔也。①

㊟符子《圣功符叙》○吾请言天地之大密符乎,年从日行,月从月行,十二、三十,数不同而候同。六卦之气即六律之应,晦朔弦望之纪即至、分平极之时。然阳主变化,而阴为消息。阳迟阴疾。变化,故春秋寒暑相反相生而成岁;消息,则盈虚进退。自以生死为周,而生长收藏、寒暑温凉,一随日之行以布气,此阴从阳、妇从夫之道也。要以岁有大生杀,月有小生杀,一生一杀,符,则复姤十二卦备焉,故曰:朔旦为复,黄钟建子。朔与子同为生气之初,运育万物,观于蟇蚌潮汐而知月阴之小应,启蛰荣凋而知日之大候。故岁之功,阳运而阴符;月之功,阴行而阳又符。慎于朔子之复,而月与日相序而和生。其交异,其功同也。不同,不符矣。是以符日者,在八节、二十四气,以至为元;符月者,在五日、六卦,以朔为元。符子为道十年而定立关,符如此,予为符天乎?天自符也。《经》曰:日月有定,大小有数,圣功生焉,神明出焉。失其功,必有大凶,数失必病,试之矣。夫形太劳则蔽,神太用则竭。自有人来,孰非役役狗生,行尽如驰而不之息?夫尽者,天地之大忌也;息者,天地之大反也;反者,天地之大候也。寒暑昼夜,长短盈亏,日月不能违,故大有时,小有候,中有节,离有晷刻,宿有次纪。次纪者,天地之归舍也,密藏也。所以节息阴阳之度,以反复周合而行不尽。人居三光之下,但见野马缊缊,明晦燠寒,万古日日如斯,而不知所以,亦未尝问之。元仪壶虚入水置筹于中,水运而上下,时至筹易,一退则一,浮而升矣。女捧刻,神鸣县,师凤应舞,子午仙人耦进而复退,非其虚之机为发而气为之射乎?是知时刻,天地之小,游移也;节候之大,交易也。上下进退,天地之迁次变化也。魁杓缠合,天地之方域宿舍也。将者进之,则成者退之;退者死之,则进者生之;死者静之,则生者动之。动静生死往复之关,天地之息符莫大焉。故人气一呼一吸,日月之行一前一却,不须臾而且符且息,则已易矣。易之时,天地阴阳,且如更代迁次,云云绝续,以有薄蚀穷纪反陆回柄之变,而万物莫以应之。是以牛马夭于服驾,人

---

① 此段紫贤注见《三注悟真篇》。

夭于作驰。天地之息不应则气不续，气不续则元不归，而时不符。故寒暑相毒，水火阴阳相贼而不得御，以隤然而驰尽，悲哉！天自迩，人自远，非天之不符，人不符其符也。是以圣功，符功也，非人之功，天之功也。龙龟图畴，八卦甲子，历元律吕，小正五行，岁时风俗，皆天之符显德。而圣人承符以前民用，保其生者也。《易》曰：六爻之义象以贡，圣人洗心退藏于密。退藏，鬼藏也。鬼藏而神乃机，阴阳相胜而乃相生，进乎象矣。故象密移，功密符，安静虚无，关键三宝，非早服深根复命长生之藏乎？可以行功而常复矣。日月皆复于坤，人安得不用阴？吾以知阴符之为阴也乎哉！阴行而符也，以阴召阴，阴复阳生。

符子《周天卦统》

㊀复，天行也；黄钟，地毓也。始通之微阳欲出，而贞固之至阴方凝。凝而水滋于下，育阳之根；出而日进于上，伸阳之表。所以出入无疾，反复其道。阴阳之合符，动静之互根，于斯乎，斯其见天地之心乎。行外而心内，习坎有孚，维心亨，行有尚，见于维之合，而后行于上之分。天未有离乎地者也，况其初复乎？阳缓阴疾，无疾以从阳之根，而防阴之凌；阳表阴里，立微以申阳之初萌，纾阴之久抑，阴阳合符行中，是以滋彰柔暖，合而为兆得常，非朔子何以与于此哉？朋来，占合也；来复，占兆也；利往，占常也；不远，占得也。一复而天行直上，九五飞龙，乾道变化，终一阳气之周通流贯，有次第，无积累，所谓其静也专，其动也直。如是夫，专而复，直而夬矣。天上之泽，又下地而姤矣；子之兆滋，播极而蒸溽暑矣；直而还专，又周坤矣。用变极而道一常，故复得常；坤常存，存得常一。

㊀临，岁之交也。星纪终而更始，人元也。复，天元也。天与人相待而发，相侣而进，大吕之应乎？在大寒立春，阳凝寒而蠢动以生。河冰坚腹，忽开泮矣；玄冥凌阴，忽昭苏矣；梅始华，杨柳芽，枯木忽施条矣。条风之候，亦曰融风。《象》曰：刚浸以长，大亨以正。气之结正低昂也，阳刚长则昂。四阴厌之，进行且止，艮背行庭之时乎？路开未直

上,光生未宣发,扶桑启明,厥为寅宾。寅,火生也。生而临炉,木施其条,鼎用薪之象焉。薪指不穷,火传不尽,就燥炎上,光照月盈矣。故生寅、旺午、暮戌、死酉,生死隔八而相反,故曰八月有凶。阳尽而登上,天昊日皜,月华光用盛极,盛极为死矣。《老》曰用之不盈,戒哉于其初。故阳一昂,阴一低;阳一提,阴一格。白黑雄雌之守,溪谷析津之用也。临,大寒之纪乎,故曰如临深渊。临炉者,慎宝之。此直指金丹作用初功,初正则终修矣,故曰元亨利贞。

㊀泰卯酉,金木胎旺之地,水火死败之乡也。故于时中平,于功温养。功者,损益进退,以不合不中,用使常合常中,而道在矣。已矣不已,中合邪歧,水泛火越,必大凶,故时为停功。因亭而停之,水火息而平也。生而隆交,阳忌其浮,利防危;死而屈信,阴恶其溷,利洗涤。夫泰曰保泰,圣人之乾惕渊冰,危之哉!包荒所以冯河,守中也;平陂所以艰贞,持盈也;翩翩所以去富,和通也;城复所以勿师,保大也。进不忘下,行不失初,曰往复,曰复隍,在内外之上,危之哉!《记》曰:明大于顺,然后持情而合危也。以之辐辏运毂,至壮而轮不蹶,功在斯乎,功在斯乎!时曰惊蛰,震而惊,震无咎存乎悔,危之能泰也。泰未散曰太簇,簇,冒而生也。故易,逆也,反也。冬夏春秋,进退温养,无不用反者。

㊀大壮泰交已通,阳历上升,壮出万物,外交而出之分也,曰单阏,阏之穷也。机向荣而势未振,阴犹遏之,曰乙,乙,乾也,物乾乾然乘阳气。乾屈句萌而出,故曰侠列,夹钟也。德中之刑合门以分,德侠而升,则刑钟而降矣。为其升于阴而未及天,故曰相负,负,背也。榆荚生于阴,阴在下,堕还根,其应也。爰稽其位,象其爻,内触而羸以应卯,外壮于舆以应辰火之初出。少之气壮,出而丧易,壮而艰不遂,执徐之义也。阳方上分,阴犹下合,趾之征凶,贞之用罔,单阏之义也。阏而执,单而徐,君子乘阳处壮之道,所以利贞乎!贞出元而保元,以故归根之复常矣。亦犹行符之要也,符以退火,符不戢初,治飞自焚,用火慎壮,危夫!

㊀夬人负阴抱阳,冲气以为和也。阳生九地之阴,升上九天之阳,是离后负而出临前,为扬于王庭。王庭,前明堂也;九五飞龙,君位也;孚号,声应气求,君发令也。君臣咈俞,风云吟啸,孚从也;号厉自邑,虎唱

龙和,止武以文也。不利则戎,利则往矣。决阴而出阳,决不肖而登贤,明王御而泽下施矣,时在清明,天光上布。济后雨泽通流,故中姑洗。洗,濯也。上巳,洁东流,饮水上,曰祓禊,禊除不祥也,亦革道也。清明出火曰新火,一以涤浊阴而生清阳,一以遏初然,止燎焚。所谓巳日乃革也,革阴而阳纯,大亨以贞矣。故夬,元亨之交,夬而姤,上下进退之交,六爻皆危辞。危,交也。方雨牵羊,和则随从;龙马就驾,明君御时。慎辞哉,曰大哉王言,一哉王心。

㋿阳日中天,丰亨大明,胜光朱夏,八表昭被,阳巳终矣。终巳曰巳,大荒而落,亢龙无首,知进而退。进退之交,中天之候也。中候而阳之盛时,阴已干矣。凡天地之道,起衰于盛,用晦于明,明晦盛衰之相干皆于中,故火中寒暑乃退,中于而退也。故午,赶也,干也。坎中之阳极而已,离中之阴上而干,干而相姤。阴符阳,阳领阴而下矣。此用九之变,是以曰九天、九重、九转、九还、九鼎。顶也,鼎败,必火极而汞飞,故曰流珠去人,金华转因。是月也,梅雨澍,山洪涌,鱼逆腾。洪出遇水而止,鱼入神守而后不飞,故《令》曰:阴阳争,死生分。争于其极哉!道用制争而回其极者,请亦试纵观化于天地之间,物禁太盛,道积早服,阳极北陆而巳落,阴极南陆而亥献,退气之先竭也;亢无阴而已双女,战无阳而亥双鱼,来气之先干也。干之不已,客为主,天未中而地户闭,地未中而天门开矣。竭之不终,绝复生,益仲吕而得黄钟,损应钟而得蕤宾矣。一以见天地交生之未尝孤,一以见水火自生之未尝灭。是故,父母之纯气,男女之生气也。养纯母极,毓生不息。《经》曰:重积德,与天无极。

㋿世统之系曰绪,阳既姤阴,母当生子。传绪在阴之终,而纪绪则阴之始。阴凝之为霜为冰,化于乾生之为雨为露也。上天之泽,为井底之泉也。何也?阳上阴下,阳有阴无,上进难而下退易,有中之上上迟,无中之下下疾也。阳盛于尾,阴壮于首,故一姤坤而履霜至冰,其生也沛,其降也骤,其至也结。有积无次,一往空洞,则虚无之妙门也。母一交而妊,十月而娩,其象乎?不如是不育,为童土、燥土、瘠土、沙土,淳卤不毛。凡一主二宾,先主后宾。正,顺也,上宾下主,外宾内主;从,反也,乡饮宾位北,主位南。礼妻曰亲主,谚壻曰娇客;亲迎宾服之义也。男先乎女,天先乎地。

㊄幽阴之义,隐象焉;日眩流火,晦遵养焉;退诎之候,避象焉;阳折下就,去位逸焉;伏秋之交,收象焉;阴挚时察,俭德怀焉。林钟,所栖迟矣;柳鬼,入昧冥矣;东井,下敛精矣。东为苍龙,龙降吟而雨下泉矣。是为协洽,土润溽暑,大雨时行也。精收而水生,则君滩矣。夫阴阳治乱,君子小人,天迭而行,必然亢而争,速毒矣。正治从治,善治用善息,或处或行,或进或退,旅而遁始,小亨我贞。既则我亨而小贞矣,静无刑以定阴亨之贞也。天地始肃不可嬴,利之贞也。贞,土德也,中央之王位。上调火威,下育金刑,火金交杀以和从,则土之柔伏大矣。人曰金见火伏,予曰火见金伏。火用克,金受克,重伤不如从神,得克而伏,火土和而金鼎成矣。《悟真》亦云制伏觅金公。

㊅既遇矣,既退矣,退之后,且通,气且大,且萌,神宜绝,且生精,且深。是以事天莫若啬,塞也兑塞门闭,而乃和同。天位上而地承事也。挚守招拒,鼎有实沉,安得通,安不否?于卦匪人,天地混,人不得与也;于爻含章,美中函,贞以一也。大往小来,信诎反复,大国事小国,君下臣也。无成有终,阴无阳有,消极终生,有无不相离也。是伏而顺命,从王之象;是以不利成利,君子贞之象。万物夷伤,其亡倾否,否倾曰利。夫华之谢计日,叶之零计时,果实之落计月。责天地以生不毁,司命巫咸立败。以塞之道养通,以消之道养息,天地亦养生以生,无生而长生矣。秋令杀,秋德利,利和义,分容平天地隔,水火退,汔济而亨,各归其分。白露寒而夜濡,月离毕而秋霖,阴信浸凝矣。阳方诎而争乎哉。诎因诎用,曳轮系桑,以曲杀而保其亡。故云曲则全,岂虚言哉?诚全而归之。

㊆泰、否、壮、观,两持刑德之分合者也。通之极,复以实;塞之极,倾以虚。虚而观也。浊除清,昏久昭明也。大观在上,阳以下烛,阴以内照,阴阳中平,水反火下,滋命摇作。曰作噩,刑中德施,老中稚荣。故万物出于卯,蓄于酉,蓄而茅,阳作之化也,生稚而蒙养之矣。曰盥而不荐,曰洗心涤虑,水生沐浴之象焉。阴符阳,水合火,符之有助曰南

吕,合之以包曰括囊,乃以司销而有蓄也。阳俛任也,乃以丁老而有荣也;阴上吕也,其位金木相易而胎旺,则生杀亦相应而落荣矣。故于历于列,于权于量,发陈容平之分官署;不易之易,于侠于堕,于枯于蘖,轧冒摇落之俌官联。易之不易,吾观于二符而得中焉,可以识统矣。绳之合时大矣哉,先后天四气之参交符,水、火、土三物之代生死。《易》曰:一阴一阳之谓道。中之谓也。反不中以合行中也,是故候有防危洗心,时有被水登高。

㉑所谓合符,出太渊,复入太渊。渊居九洛之黄泉,化气自天而下,稍阂其中,雨不入于渊底矣。剥之为落也,销灭无也,霜既降,水始冰,坤气之至尽。或曰剥换也,乾战之胜,金华成而化也。月直戌亥,火灭水垓,剥而虚,二物俱死。廓然已解,如土委地矣。始正鞔运毂,安形以卫神。此说鞔止毂,空神而化形。《契》剥烂竭亡,《易》在中畅支,形神俱无而后形神俱妙也。剥,易之尽也。天地之易尽阴而阳纯,尽阳而阴纯。然有陷地,无倾天;有死月,无亏日;有丧朋涣群之小人,无回面濡首之君子。夬苋陆号终,剥则鱼贯不食。是阴旅承而阳自硕,小人弱丧外比,而君子乘之行也。乘而还下,复矣。坤者,虚中受阳之消息上下,反复回环变易,疑无阳而实凝阳,庐舍也,冶釜也,母妊也。亥子合为孩而产矣,故亥为天门,为畅月、阳月,为渊献,为营室,为娵訾,取子午也。为定中,定而中,从河魁阁茂而献天,降娄入火而畅中,斯入室定焉。娶而育矣,故天门,周天之门也。阳未复而甲子起,日入止而数不行,然则易之尽,易之始乎?符之亡,符之合乎?律曰无射,无而射,万物皆入于无,生于无。

㉒虚极静笃,归根曰复,坤之道乎?阳根于阴,天根于地,地之生物,皆天气也。归根,天气入地孕育,浸而成阳复生也。《周易》自地归地为一周天,唯是一升一降,皆元气自为出入。出而有,命为阳;入而消无,即命为阴。地,元气之堪舆妪结所耳。故一元、一气、一乾、一道,道穷则反于元。坤元承乾而为元也,混沌之居,无始之宗,无阴无阳。阴阳,分名以效能者也,其原一也。一之中,合而浑,上归反下,下顺承上。未反未承,则有龙战之象。战,杀也,武也。反而合承,乃有玄黄之血,

先迷后得,丧朋得朋,坤之无成,有以终也。丧之时,始纯阴,当晦从剥,得之时,终消阳。当朔,又基复晦而玄。明于受焉,耦而分,奇将连焉。所谓应度育种,阴阳之原,无始混沌之元,然乎?其时寥而虚,恍而希,莫知而冥,如母任身,浑浑元包,忽而冥有精矣,恍有象矣。迷失之中,主君出矣。故应钟,应阳而育种也。大渊献,极潜而危上也。十月应春,桃李时华,甲子元于亥壬,流水贮而不腐。故小雪、大雪,玄黄之血,合符而坤精结,金象出焉。后天纯乾之气也,先后天父母合凝而长子生,故坤震反复也。反无复有,反下复上,复之道于坤已成矣。虚渊应天中黄钟元,周月产男,是以坤之母,妙万物而承天。亥曰天门,子曰天开,天地之相通,阴阳之相育不相违。神哉,以成变化而周天易。为颂曰:虚无自然,平陂环循。终始天造,消息变因。媪育下土,奠寓奉君。帝王临御,千秋常存。谷神不死,玄牝之门。为天地根,绵绵若存。

㊣复全阳子曰:初爻之运,一阳始通,止可轻轻地默默举,未堪用力,故曰出入无疾。然又不可太柔,要当拨动顶门关捩,微微挈之,故曰立表微刚。须臾火力炽盛,逼出真铅,至于箕斗之乡,则河车不敢暂留停,运入昆仑峰顶。㊣临此时阳气渐进,身中阳火渐渐条畅,而黄道渐渐开明。㊣泰此时阳气出地,喻身中三阳上升,渐渐起,渐渐仰,当急驾河车搬归鼎内,火候之运,至此不可留停也。㊣大壮此时阴佐阳气,聚物而出,身中阳火方半,气候停匀。然春发生,而榆荚落,阳中有阴也。㊣夬此时阳气既盛,逼近天除①,身中阳火升上而前,大鹏将徙天池,水击而上。㊣乾此时阳气盛极,身中阳火圆满,而丹光发现,山头神濆,四注于下,无不周遍。㊣姤此时阴气方生,喻身中阴符起绪,灵丹既入口中,回来却入寒泉,当驯致其道,自归丹田,不可荒忙急速。故言井底寒泉,又言宾服于阴,一阴用,众阳为宾也。㊣遁此时阴气渐长,身中阴符离去,午位收敛而降下,如贤者退隐。㊣否此时阳气渐衰,身中阴符愈降愈下,犹三阴肃杀时,草本黄落。㊣观此时阴佐阳功,物皆缩小而成,身中阴符过半,降而入于丹田。如木之敛花就实,故言任蓄微稚。然秋枯老,而荞麦

---

① 除,俞全阳《参同契发挥》作"际"。

芽,阴中有阳也。㊞剥此时阳气衰灭,身中阴符将尽,神功无所施。夫火生于寅,旺于午,墓于戌。戌者,闭物之时也。一刻之火候,至此而毕;一日之火候,亦至此而休功。㊞坤此时纯阴用事,万物归根,身中阴符穷极,寂然不动,反本复静。人身法天象地,其间阴阳感合,无以异。亥、子之间,乃阴阳交界之时,如天地未判,幽幽冥冥;次则神与气合,隔阂潜通。盖小雪,阳气已生于六阴之下,积至冬至,遂满一画之阳为复卦。阳不生于复,而生于坤,坤虽至阴,为产药之川源也。恍惚中有物,窈冥中有精,乃修炼之要枢。当知窈冥者,寂然不动,吾身天地未判之时;恍惚者,感而遂通,吾身天地将判之时也。作丹之法,莫妙于此。

养性立命章第十九

将欲养性,延命却期。审思后末,当虑其先。人所禀躯,体本一无。元精云布,因气托初。阴阳为度,魂魄所居。阳神日魂,阴神月魄。魂之与魄,互为室宅。性主处内,立置鄞鄂;情主营外,筑垣城郭。城郭完全,人物乃安。爰斯之时,情合乾坤。乾动而直,气布精流;坤静而翕,为道舍庐。刚施而退,柔化以滋。九还七返,八归六居。男白女赤,金火相拘。则水定火,五行之初。上善若水,清而无瑕。道之形象,真一难图。变而分布,各自独居。类如鸡子,白黑相符。纵广一寸,以为始初。四肢五脏,筋骨乃俱。弥历十月,脱出其胞。骨弱可卷,肉滑若铅。

㊞解此章言养性延命之道,盖本前篇寿命得长久而言之也。修养家以炼己为修性,以炼丹为修命。将欲养性延命,审思后末之事,当虑吾所身之初而可知也。人所禀躯,体本一无,谓吾身之生本于无也。自元精云布,因气托初,而吾身以生,是无为性本,而气为命元也;阴阳为度至于人物乃安,皆养性延命之事也。阴阳魂魄,性情内外,互为室宅,相为交感。木火为性,立置鄞鄂,所以养性;金水为情,筑垣城郭,欲以延命。城郭完全,人物乃安,立命而后凝性也。爰斯之时,情合乾坤以下,又言还丹之妙与生身受气之初相同也;乾动而直至柔化以滋,即吾身之男女构精,万物化生也。阳进之后,天地相合,阴符施化之妙也。九还

七返，八归六居，谓男女构精之后，金、火、木、水各居元位。九、六、七、八，以成数言也；男白女赤，以精气言也。则水定火，即临炉定铢两者，二者以为真，火二与之俱也；五行之初，即子五行始也；上善若水，清而无暇，谓必用先天之水也；道之形象，真一难图，谓先天之水为天地真一之气，不可形状其妙也；变而分布，各自独居，谓还丹之后，既济归未济，有入无也；类如鸡子，白黑相符，盖金丹之精，元包之形也；弥历十月，脱出其胞，则阳神出现矣，张紫阳所谓十月胎圆入圣基者，盖本此。

笺 符子曰：后天还先天，故曰思后虑先。然则先之体无，后安得有乎？有者无之有，有亦无耳。无乃合先天，坎离归乾坤是也。人之一身惟精、气、神，神，性也；精气，情也。性情合而魂魄阴符阳符，故生而静谓之性，性之动谓之情。道者用动以归静，反情以还性。筑城郭以立鄞鄂者也，自静生动，有鄞鄂之萌；由动归静，有城郭之固。固而安，则功完矣。乾布流，坤舍庐，乾坤之未常非坎离也；施退化滋，阴阳进退，符火之候也；返还归居，阴阳老生少化之候也；白赤相拘，金丹之道也；则水定火，烹炼之功也。五行先生于水，丹功必始于水。水，天一也，而五行布焉。及其还，则仍一矣。鸡子，丹之形；一寸，丹之位；四支五脏，丹之效；十月，丹之化。此皆一身之妙用。而幻者必曰彼我、曰交感，试问天地生人有阴阳偏受而水火畸藏者乎？得为人乎？《契》之真在此，而邪之傍亦在此。为道、为天地、为人，不敢不辨。○脱出其包，自有入无也。无之神何所不化，非出非入，非阳非阴，妄慕出神而入鬼者多矣。何也？阴阳合之谓道，故曰：神长守形，形乃长生。

符子《元初大谛》○何谓先后？后天、先天也。人，天命之性也。天顺浸而人逆受之，无始函元，元函神，神函气，气函滋，滋凝精化，结通育生。人，精育之至灵也。三月胚胚，五月蠢蠢，脐茹母气，七月贩躯，九月精府，出元包而生，吸受天于鼻，乳内地于口，天门通虚，地户闭宝。天地之五气、五味，虚实相函。一岁而瞳始神，二岁始言，三岁亍亍。由于人之始，虑于天之先，而魄魂性命情形之孰源孰委，孰为原委合化生成之因，居可次矣。由其生之为养之，顺之为逆之，而精、气、神之反复变化，交合魂魄，归一性情，游始于天人逆顺先后之元，居可得矣。故大道无形产有，神精包元，混真一气，迎先无首，引后不末。何谓阴阳为度，魂魄所拘？阳魂阴魄，阳饶阴乏，阳缓阴疾，朔虚气盈，一度十三度也。阳动宜燥反缓，阴静宜迟反疾，居其不足，制其有余，居而后行，日月自为根，亦互为根也。何谓魂魄互宅？魄得魂灵，魂的魄凝，即月之明魄也。月合日而分，分三十日而反于缠，缠为次、为密、为宫、为舍。月从舍受日阳，日以舍合月阴，阴阳互合宅而后移宅也。何谓鄞鄂、城郭？静生动，动归静也。鄞鄂，生之兆也；城郭，守之基也。何谓内外？性处内，静极而动生焉；情处外？动极而凝焉。道持情以存性也，常情持，即常性定，水不流止，火不扬息，息止归性。而不扬不流，所以归性，城郭固而民安居也。何谓合乾坤？阳进阴符，天地相合也。天行周而地势载，阳施退而阴化滋，反情归性之妙也。何谓还反归居？四气同归土也。太极生两仪，两仪生五行，阴阳合，五行无不合。何谓九、七、八、六？九还逆成也，还而返，返而归，归而居。阳上始，阴下终。阳还于少，阴归于老；少静交中，老动相函；乾坤元包，父母孚胎也；往顺来逆，先天之数；降天入地，四序之还也。九而六，金生于水，复归水。水，一也，常居也，常居常拘，常拘，常定而复，复初常一，一则常分布。何谓分独居？既济仍未济也；何谓一变？水一妙用也。水形而无形，妙于死生。虚出盈，盈复入虚，可象而不可象，曰象之始，万物之象禀变焉。何谓则水定火，五行之初？初，一也。一能分二，二安能不定于一，一无不一矣。水地曰水，具材也。五量之宗，五色之质，五味之中也。故五气定于一水，七情定于一性，生之初，元精因气而托诸者也。何谓金火相拘？水定之功也。定善凝善合，合而一产一制，生杀自相拘，水一不容二也。火金阴居上，水阳居下，一阳进领二阴，上之离兑顺而归坎子，白赤相符，合于玄一。故何谓鸡子？丹象也，水中黄也；何谓一寸？丹元也，水填火也；何谓四肢五藏？水一之分散也，丹内景也；何谓十月出包？水一之神化也，丹外景也；何谓弱、谓滑？水一之凝结也，丹内外之验也。曰柔弱生之徒，婴儿骨弱筋柔，是为先之托初。〇按：全阳本类如鸡子至肉滑若饴十句，在因气托初之下，于先天之禀似顺。然丹功圣胎，用后天还先天，返老还婴儿，十月政其胎候也。

二气感化章第二十

阳燧以取火,非日不生光。方诸非星月,安能得水浆?二气玄且远,感化尚相通。何况近存身,切在于心胸。阴阳配日月,水火为效征。

㊣此章即阳燧、方诸二物,以明阴阳感通之道,亦本前篇阴阳相饮食,交感道自然而言之也。

上阳子曰:阳燧者,阳之物也,其中有气,故感日而能生火;方诸者,阴之物也,其中有精,故感月而能生水。日月在天之高远,阳燧、方诸之至微,阴阳二气尚相感化。况乎人身真阴真阳,切在心胸,可亲可密,近而易求,安有相通而不感化哉?人身之阴阳,即天上之日月;诸燧之水火,即人身之精气。无情之物,尚尔相通;有情有灵,自然交感。故炼精伏气,自可成丹也。

㊣符子曰:近在我身,切心胸,阴阳配,水火效,丹在彼在我,于内于外,为一为二,显示一宗大印证,祛魔醒迷。以此律民,民犹有洒房中而入水者。尝遇一方士,期齐宿授术,夜坐神告曰:求道不得真,妄意说邪淫。既云是两物,安能成一身。一身,存身之谓乎?大可思也。世人只为淫魔作弄,尽好富贵泥水,堕入地狱种子,目见败者多矣,而猪狗不已,悲哉!

关键三宝章第二十一

耳目口三宝,闭塞勿发通。真人潜深渊,浮游守规中。旋曲以视听,开阖皆合同。为己之枢辖,动静不竭穷。离炁内营卫,坎乃不用聪。兑合不以谈,希言顺鸿濛。三者既关键,缓体处空房。委志归虚无,无念以为常。证验以推移,心专不纵横。寝寐神相抱,觉寤候存亡。颜色浸以润,骨节益坚强。排却众阴邪,然后立正阳。修之不辍休,庶气云雨行。淫淫若春泽,液液象解冰。从头流达足,究竟复上升。往来洞无极,沸沸彼谷①中。反者道之验,弱者德之柄。耕耘宿污秽,细微得调畅。浊者清之路,昏久则昭明。

㊙️解 此章又申言炼己立基之功,承上文还丹而言,谓还丹必在炼己也。耳目口三宝,闭塞勿发通,谓以三者为至宝,深藏而不外见也;真人潜深渊,浮游守规中,即真人至妙,若有若无,仿佛太渊,乍沉乍浮也。真人即阴神,盖真汞之气也;潜深渊者,以其生于水,又凝于水,与土共居中也;规中,犹所谓造化窟,即两孔穴之中,金气之胥,土釜之位也。旋曲以视听,开阖皆合同,即内照形躯也。为内照旋曲以视听,而耳、目、口开阖皆与真相合,是为己之枢辖。而动静不竭穷,谓旋曲之功不已也。离为目,旋曲以视,则离气内营卫矣;坎为耳,旋曲以听,则坎乃不用聪矣;兑为口,兑合中不以谈,希言顺鸿濛,则闭塞其兑矣。此三者,乃吾身之关键也。三者既关键,缓体处空房,委志归虚无,无念以为常,即安静虚无也。证难以推移,心专不纵横,谓每以旋曲视听为证,令真气自然推移不已,心专而不纵横也。寝寐神相抱,觉寤候存亡,谓常与真相存存,即动静休息,常与人俱也。此炼神之功。颜色浸以润,骨节益坚强,又言其验也。排却众阴邪,然后立正阳,众阴邪,即耳、目、口之私欲,交结于坎、离、兑之正藏,为宿垢阴邪也。外之私欲不行,则内之阴垢渐消,众邪散却,正气自固矣。修之不辍休至沸沸彼容中,又言旋曲视听之功不已,则精神日盛,而其气生生不穷也;反者道之验,即反复其道,谓七反九还、八归六居也;弱者德之柄,即柔弱者生之徒,谓养生家专尚柔退也;耕耘宿污秽四句,又言其众阴退而阳气畅,即革故鼎新也。

上阳子曰:人生于世,淫朋妄友,牵诱于外,声色嗜欲,迷惑于内,六根门头,色色皆爱,日用夜作,件件戕贼。最苦毒者,耳、目、口也。耳听乎声,目视乎色,口嗜乎味。由此之故,福从色败,害随声至,病因口入。仙翁以耳、目、口为三宝者,尊重而不敢轻也。离气内营卫,目光内照也;坎乃不用聪,耳内听也;兑合不以谈,希言而调息,以顺鸿濛之施化。

---

① 谷,张文龙注内作"容"字。

唯此三者,善为关键也。无念以为常,无念二字最为受用。○详观真人潜深渊,真人,神也,在魂曰阳,在魄曰阴,总一阴神也。潜深渊,则阳潜于阴,故曰阴神,即阴符也;无念以为常,心不外役也;心专不纵横,心惟内用也。未还丹之先,此可以炼己;既还丹之后,此亦可以炼丹。功夫全在旋曲以视听一句,即内照形躯也。此语较密。

  笺符子《三宝箴》○大道泛兮,守中玄嘿。九邪三要,动静惟式。爰塞乃通,欲辟固禽。真人息踵,潜渊游极。洞门天开,转轴不穷。恬神机目,匪我则同。旒鼃双县,金人三缄。土木尸居,生白含玄。集虚止吉,孰委孰归。常常如如,移者曰谁。永失勿谖,瘖瘵啸歌。木鸡抱卵,龙雷见声。噫作和闻,风济天清。阴辟阴符,阳复阳蒸。沂合流行,涣若春冰。无除蔽庐,维网蠛蛸。无田爰田,维莠骄骄。弱生之徒,反道之容。浑浑澄澄,泯泯融融。不盈用冲,有物其中。

  符子《吉祥藏》○有作丹之候符,有养丹之关符。养,温养也,密藏也。凡物直则仰,曲则偃。偃而下潜,散则耗,合则密,密而中守。三宝闭塞,旋曲合同。游精不驰,中息常温,是以神内凝而精气流通。却邪而立正,吐故而纳新。浊以静徐清,安以久徐生,换骨脱胎而金丹固矣。此大还之成,葆真之要,常无之妙也。《老》曰不居不有,《庄》曰无用之用是也。曰空房虚无,又曰心专神抱,觉候存亡,恬与知交相养也,神也;曰庶气云雨,曰流足上升,往来沸沸,鼎常温而传无尽也,精气也。三宝只精、气、神耳。始之作,精化气,气化神,神化虚;终之养,虚化神,神化气,气化精。有无旋生,天地通化,道尽此矣。何以效之?反之验,弱之柄;何以用之? 耕宿污,细微畅;何以成之? 浊者清,昏则昭。《黄庭》曰:闲暇无事修太平,五味皆至善气还。还,反之成也。其上为颠出,为金铉;其中为亨实,为光熺;其下为汤泉,为火井。总一气之温,修火之养。三反相因,真种不熄,终身如斯,而真人潜见,天地合通矣。吁,关符要哉! 唯旋曲乃合同,唯合同乃守中;唯守中乃虚无,惟虚无乃正阳;唯正阳乃云雨,惟云雨乃反弱,乃耕耘,乃浊昏而清明。○无念以为常以上言道要,无功中有功以下言道验。有象无象,总只养气之善。有事勿正,勿忘勿助,定性之效,根心生色,晬面盎背,自精一以来一脉,别无道理。○敬庵许先生春，二十年前，海上病时，诒书曰：虚其心，则实其腹；弱其志，则强其骨。但加一则字，直捷洞了，颇觉契言为类。

符子《妙门宗》○《符》曰：九窍之邪，在乎三要，可以动静。凡窍皆宣发天地之英华，流通五行之菀结。何故曰邪？自开辟以来，而天之阳常不能胜地之阴，日之阳明常不能消昼昏曀霾雾之阴。故地秉阴，窍山川，阴之所窦，即阴之所舍也。舍污，扫而除之；蔽，撤而修之。田秽则耘之，水浊则澄之，淤者流之，故曰：大块噫气，其名为风。众窍是也。不作则阴不消，不消而阳不明，故风水曰天地之神气。阳之动候，周而易者也。风厉于广莫，融于条；冰坚于腊，泮于春。日下极于室，复上出于虚。则九三之窍，辟邪之符，说可知矣。非通于《易》之化，审于内外宾主先后之要，孰能与于斯乎？是以震无咎者存乎动，根动者静也；善补过者存乎有，出有者无也；物并作者存乎升，允升者潜也；上若水者存乎清，徐清者浊也；继离照者存乎明，明者晦也。闭三于希夷昏默之渊，而函一于安静虚无之常，守之浮游旋曲之中，同之阖辟寤寐之候，顺之鸿濛营卫，专之枢辖推移之证。坤德之章已含，天心之复随见。将一身五内九窍之邪，敝不新成，而安有乎故吾乎哉？善还胜肥，美畅生色，云行雨施，冰解动释，天流其膏，地报其德。反根弱生，母胎婴赤。江海晏波，咸池浴日。此却阴立阳之政，革鼎之说也。将欲翕，必固张，静之根于斯；知其雄，守其雌，动之根于斯。三要之为宝也，岂不神乎！百骸九窍贱而生。郛也，而耳、目、口，主精、气、神，人所由以生，葆之则性，纵之则情。性则阳，情则阴；阳则正，阴则邪；邪欲出，正欲入。污清晦朔往来之关，关乎用与不用耳。故道常以不用得大用，不神得大神，关斋之说也，故曰：治莫若啬，几丧吾宝。○此章是内以养己章之注疏，特揭闭三宝以守一中，形神俱无俱妙之功用效验，极为详密。静修温养不辍休，熟之便是至诚无息。不明天符行中，要知中符更无他道，上德下德，合一皆无。

符子《作凶戒》○三物作丹，内炼有以畅外；三宝养丹，外闭无以充内。藏，内也；窍，外也。道取其反，藏斯通之，窍斯塞之，互根动静，总是归根。但用不用分功耳。虽然用为难哉。天时不起，勿用为主，用主非常主也。故知静复常，虚室吉祥，吉祥为宝。凡动所以归静乎，静则静之矣。不知常，妄作凶；既知常，妄作凶。

符子《关充符》○三宝同关不同法。口闭耳不闭，目不可长闭，故有旋曲之辄。旋曲，开而不为开，不任开者也。乃以视听而同，则形无其形矣，开亦合矣，故老子曰：塞兑闭门，和光同尘。和而同之，希夷神气之守夫。总来无念常虚，其心斋，形无不斋矣。仲尼曰：若一志，无听以耳听以心，无听以心听以气，听止于耳，心止于符。独为耳宫设一虚符法门，斯其得于不关之关乎？《楞严》所以首证耳根也。耳止无出入，目则有昏昭，口则有浊清矣。是为启闭吐纳之候，排众宿阴而立畅正阳也。反之验也，夫人也，亦知排阴反阳之为大充符乎。婴而乾，纯阳也。龆龀而浸毁，牝牡交而阴阳易矣。水谷漏，地房倾，而天阳日孤浮，又内焦之斲之，百虑、五欲、七情之梦，而外乘淫中于六气、四时、三候之毒，下无一孔、六根、九还、三要之养而上，永违于周天、中夜、五纪、六律之符。虽见人哉，年运，五内五浊矣，四大四钩矣，三田三秽矣。百节结百邪，而九窍菀九渊，神游而鬼匿矣。绝人天通，死矣。庄子曰：天之穿，日夜无降，人自塞其窦。又曰：日凿一窍，七日而混沌死。彼也安知夫终身强行贸贸之凿得塞乎？而又安得知夫养生之回塞以通乎？是以道证用反，德操还弱，三宝之为可宝也。唯是其能塞通通塞，能合散散合，能息消消息。犹龙焉，出入潜升，冯化于虚；犹龟伏游，而盘虵上腾；水之淬剑，而火之浣布也。夫日月不两居，祲祥不合作。一进一退之代陵而相王，如暑寒之候气则已矣。方故吾之久越阳而锢于阴，岂不知病一正治之快俞哉？然圣人熟虑之，以越不塞，则锢不启，正不充，则邪不荡。故伤寒之阳症用正，阴症用反，汗吐下三法疗之通邪必不已也。然而先补塞之为劫，阳劫而入阴，阴劫而出矣。阴出而空，阳入而充矣。是以得排众立正之胜，得耕宿畅微之美；得推移流升之气，得淫液洞沸之精；得浮游抱存之神，得反还柔弱之生。巧性伏而杀机发，一源绝而三反神。于兹之时，天门辟矣，逍遥游哉，故足宝也。故辄以封而为钥者，关以闭而为通者，丹以汞死而为生，鼎以趾颠而为铉者，此其为阴阳出入之众妙门。是乎传之口，回之目。然而符之曰耳，寿者龟息，仙人出顶，太上之为聃也，生之灵符哉！耳，坎也，精气上下，天一通焉。

傍门无功章第二十二

世人好小术，不审道浅深。弃正从邪径，欲速阏不通。犹盲不任杖，聋者听宫商。没水捕雉兔，登山索鱼龙。植麦欲获黍，运规以求方。竭力劳精神，终年无见功。欲知伏食法，事约而不繁。

㊟此章言傍门邪术不足以成功，而唯伏食为还丹至要。盖又申前篇阴道厌九一以下，诸事不可为也。伏食说见前篇。

流珠金华章第二十三

太阳流珠，常欲去人。卒得金华，转而相因。化为白液，凝而至坚。金华先唱，有顷之间。解化为水，马齿阑干。阳乃往和，情性自然。迫促时阴，拘畜禁门。慈母育养，孝子报恩。严父施令，教敕子孙。五行错王，相据以生。火性销金，金伐木荣。三五与一，天地至精。可以口诀，难以书传。子当右转，午乃东旋。卯酉界隔，主客二名。龙呼于虎，虎吸龙精。两相饮食，俱相贪便。遂相衔咽，咀嚼相吞。荧惑守西，太白经天，杀气所临，何有不倾？狸犬守鼠，鸟雀畏鹯，各得其功，何敢有声？不得其理，难以妄言。竭殚家产，妻子饥贫。自古及今，好者亿人。讫不谐遇，希有能成。广求名药，与道乖殊。

㊟此章推明还丹之法象，盖本前篇金来归性初，乃得称还丹而言之也。太阳流珠，常欲去人，汞也；卒得金华，转而相因，铅也。化为白液，凝而至坚，汞得铅制而成宝，所谓金砂入五内，先液而后凝也；金华先唱，有顷之间，解化为水，马齿阑干，是乃虎啸生风，龙吟降雨也；阳乃往和，性情自然，即举东合西，两弦合精也。汞为阳为性，铅为阴为情，迫促时阴，拘畜禁门，铅汞一合而不相离，即魂魄关闭，守御固密也。慈母畜育，孝子报恩，严父施令，教敕子孙，旧以金为母，水为子，木为父，不知铅为先天之母气，汞为后天之子气，以母气伏子气，子母相恋，故

曰:慈母育养,孝子报恩。严父施令,教敕子孙。进火煅炼也,火克金亦可称父,故曰:五行相克,更为父母。若以为木,何以施令?五行错王,相据以生,谓五行更王而相生也。火性销金,言火能克金也;金伐木荣,言金能克木也。三五与一,天地至精,子午为三,戊己为五,天地真一之气为一也。此为天地至精,故可以口诀,难以书传也。子当右转,则水从乎金而居西,为酉、为主、为虎也,即铅也;午乃东旋,则火从乎木而居东,为卯、为客、为龙也,即汞也。龙呼于虎,虎吸龙精,金木相会,铅汞相合也,即所谓呼吸相含育,阴阳相饮食也。妙至于此,情性自然,交结不解,故俱相贪便,遂相衔咽,所谓伏食也。荧惑,火星;太白,金星。荧惑守西,火克乎金也;太白经天,金克乎木也。是谓杀气所临,何有不倾?狸犬守鼠,杀气所临也;鸟雀畏鹯,何有不倾也。是谓各得其功,何敢有声?盖五行之理,生中有杀,杀中有生也。竭殚家产,烧炼五金八石也;广求名药,服食草木也。

笺符子曰:流珠,火中汞也;金华,水中铅也。火一炼,金液□生,液凝而坚,真金成矣。先倡解化,马齿阑干,金华化液之所之象;往和自然,促时拘畜,□符凝阳之候之功;右转左还,地形山水,自西而趋东;界隔主客,月节升降,先阳而入阴;呼吸之交,龙虎精气之符,饮食吞并之合也;火金之克,守西经天之会,杀上生下之化也。至此相倾、相衔、相咽咀。母育而子报,慈乌之反哺也;父令而子敕,螺蠃之式谷也。妙矣哉,五行之倒颠,七政之逆用乎?故曰:移星易宿,龙蛇起陆,阴阳反复。审于三杀之机,则明于三盗之安。三物之丹矣,何也?相守而相成,相畏而不相陵,土、水、金、火之制,鼠也、犬也、雀也、鹯也,降伏之道也。战而未制,天籁而雷声;制而寝兵,天载而无声。载,始也。入于天之始,清宁各奠,性命保合矣。此时无去无住,一得永得。

符子《一炁通》有颂○阴阳一气尔,气生于精,还生为精,化之凝之,倡之和之,往之拘之,阴阳自然交媾,乘一气以相克生。人而天也,以迫以促,以时以畜,以禁以门,阴阳符济功候,葆一气以相固成;天而人也,阴阳一五行也,错而交,制而王,合而应,父母子孙上下慈孝,教养之象,则一家和气,天人应假也。神精一无一有,而气妙有无之间,连有无之合;一水一火,而气超水火之外,鼓水火之媾。故精神,人也,天与人之交,人者受之天,一成形而天不得主,所谓日夜无降,息息相通,一气乎?气通而精神生,人乃生,故曰生物之以息相吹也。嘘以人出,吸以天入;出人之阴,入天之阳。天人往来,浮湛易化。凡有血气,无不风乎。故八风端履,八卦中輥,八方正荒,八节应吹,八道司契。圣王作中声以宣八风之气,宣其通于人,以生人而已矣。是以天符之用八也。中也,精神符于气中,水火符于金中。金华之成金丹也,宜吾征《内业》矣。曰:不可止以力,而可安以德;不可呼以声,而可以音迎。迎音,通也,华也;德安,止也,丹也。通而止,相克生,相固成,相吹息之符也。因系曰:玄乎哉,抟之瀸瀸,迎之延延;茹之溶溶,滔之颠颠。俄沉之濛泉,俄寥之登天;俄翔徉戏人间,俄咆哮踞巅;俄嘹兮写竹,吟而蜿蜒。惚兮俄刁刁斯和弦,攸兮俄容裔以回长川;阗以俄复武而讯雅,汩汩以遂土委而归田。眇莫能容孔神之妙符,爰穆颂于此篇。证之云风目相怜,存胸中而圣人,塞天地以浩然。

人身中元曰关格,为上下阴阳界限,其中脘曰胃,会也,五行会也,神明思虑饮食之所经。凡人初生,虚无交通,后天七情六欲一起,皆从此关界缠著,故水火两分,天地不交。道功只一周流,欲去其格,通其界,合水火而定乾坤者也。□卯酉,功子午,转右左归一中,乃还赤子之初,反先天之元,于是龙虎降伏,为我用而不为我贼矣。故始功消有,曰卯酉界格则主客二;成功还无,曰卯酉温养,二合为一,主客不分矣。天地之私也,冲门也,亦合门也。〇子、午、卯、酉,气之中绳;左右,气之逆顺;往来主客,气之出入;先后龙虎,气之升降;交合呼吸,气之吹息吐内;饮食咽吞,气之媾合精液。伏食也,守西经天;气之鼎革制化,成丹也;杀气,金气也;金行,方形皆肃,火伏水凝;犬鼠雀鹑,纯气之守也。气化无凝有,复归于无。〇全阳子曰:金生水,木生火,此常道之顺五行也。丹法则木与火为侣,火反生木;金与水合处,水反生金。故曰:五行错王,相据以生也。火性销金者,运南方离宫之火,以炼北方水中之金也;金伐木荣者,运北方水中之金,以制南方火中之木也。

如审遭逢章第二十四

　　如审遭逢，睹其端绪。以类相况，揆物终始。五行相克，更为父母。母含滋液，父主禀与。凝精流形，金石不朽。审专不泄，得为成道。立竿见影，呼谷传响。岂不灵哉，天地至象。若以野葛一寸，巴豆一两，入喉辄僵，不得俯仰。当此之时，周文揲蓍，孔子占象，扁鹊操针，巫咸扣鼓，安能令苏，复起驰走？

　　㊣此章本前篇邂逅不遭遇而言之也。盖修养之说，不出五行。若知其相克相生之理，即为正道。更为父母者，相生也。母含滋液，父主禀与，阴阳相合，方能凝精流形，金石不朽也。审专乎此而又不轻泄焉，则成道必矣。信如立竿见形，呼谷传响。倘不辨邪正，或遇盲徒，教义服食非类无情之物，其毒一入于口，不可救疗矣，可不慎哉！

　　㊣符子曰：无群不相御，无接不相制；无御不相成，无制不相生。错而综之，参而伍之，五音、无色、五味之宫质，还而不可胜推也。故五行处乃五德，斡效五运，运迭相胜，次帝代之世元，德循相育，序人时之宫令，胜与育错王而承生，二仪三才之起化所不竭乎？天道、君道、家道也。故家有严君，父母之谓也。克而生者也，克之行梦何穷？日者家生我为母，克生为父，我生为子，而克我生又母，我克为妇，而妇又克母，克我者又为子，而克克者亦子。五行克化，一家合生，终则复始，故曰：认得五行颠倒颠，方是大罗仙。

　　金华之制流珠，唯入口一液结为金丹。所为凝精流形，金石不朽，全在阴阳姤、天地合之时，故曰审遭逢之绪，以其取入口之丹。是以有野葛之比，二章相承一意。

姹女黄芽章第二十五

　　河上姹女，灵而最神。得火则飞，不见埃尘。鬼隐龙匿，莫知所存。将欲制之，黄芽为根。物无阴阳，违天背元。牝鸡自卵，其雏不全。夫何故乎？配合未连。三五不交，刚柔离分。施化之精，天地自然。火动炎上,水流润下。非有师道,使其然也。资使统正,不可复改。观夫雌雄,交媾之,刚柔相结,而不可解。得其节桨,非有工巧,以制御之。男生而伏,女偃其躯。禀乎胞胎,受气元初。非徒生时,著而见之。及其死也,亦复效之。此非父母,教令其然。本在交媾,定置始先。

㊣ 此章言修养之道,独阴不成,本前篇欲作伏食仙,宜以同类者而言之也。河上姹女至莫知所存,言阴汞也,即太阳流珠,常欲去人也;将欲制之,黄芽为根,言阳铅也,即卒得金华,转而相因也。前章以流珠为阳,金华为阴;此章又以姹女为阴,黄芽为阳者,盖阴阳互为用也。若以独阴而无阳,是谓违天背元,即如牝鸡自卵,其雏不全也。配合未连,谓阴阳配合不相离也,三五不交,刚柔离分,孤阴寡阳,不足以成功也。施化之精,天地自然,阳施阴化,造化自然之理也。观之水火,火动炎上,水流润下,非师道之使然也。盖得于资始统正之初,而不可复改也。观之男女,伏偃异状,生死如一,非父母之教令也。盖得于雌雄交媾之时,而定置始先也。夫知水火男女之理,身中二物交合原成一物,道有外乎哉?生时偃伏受形之象,即炼时屈伸合符之用。彼各成其体为二,而吾身中交化其元则一也。故曰:顺为人,逆为仙。此亦曰:分为人,合为仙也。

紫阳云:姹女游行自有方,前行须短后行长。归来却入黄婆舍,嫁个金公作老郎。姹女是己之精。游行有方者,精有所行之熟路,常人精每亏少,但凡交感,激挠一身之骨格,搅动一身之精髓,情欲才动,心君亦淫,三尸搬于上,七魄摧于下,方得精自两颈而上,由五脏升泥丸,与髓同下,自夹脊双关至外肾交姤,此谓五浊世间法,此谓游行自有方,此谓常道之顺也。金丹则不然,行颠倒之法,持逆修之道。大修行人炼己纯熟,身心不动,魂魄受制,情欲不干,精气满盈如骤富之家,何处不有金玉?待彼一阳初动之时,先天真铅将至,则我一身之精气不动,只于内肾之下就近便处,运一点真汞以迎之,此谓前行短也。真铅既渡鹊桥之东,汞与铅混合,却随真铅升辘轳车,由双关夹脊上入泥丸,遍九宫,注双目,降金桥,下重楼,入绛宫治炼。此为游行自有方,此为后须长也。然后还归黄庭神室,交结成丹,此谓归来却入黄婆舍而嫁金公也,此为颠倒五行而逆修也。及温养十月,以成真人,与天齐寿,是谓老郎也。① ○河上姹女谓精,前行谓运一点汞,汞铅合谓在河车前,多与丹功舛迕。又多入名象支节误人,取其言交感五浊,足醒世迷可耳。

㊟符子《交真义》○天先地,男先女,刚柔之义也;男率女,女从男,夫妇之义也;男女构精,万物化生,配合之道也;妇人从人,从其制而后伏也,坎离之用也。故曰:水火既济,禽制在气。制而后济,济而后生。生用地,施用天;生用女,构用男也。无雄之卵伏不翼,无阳之阴腹不胎。阴符先阳后阴,先进水之火上,而后符火之水下也。是配合也,施化也,交媾也。男女之咸,阴阳之孚。阴阳之孚,天地之化也,象有形化无形也。有形二,无形一也;二可解,一不可解也。一者何?气也。爰通精神,交二而归一也。究其一归,刚柔包元,眆其二交,雌雄判象。从男生伏,观进之成,阳下济阴也;从女生偃,观退之成,阴上应阳也。来而伸,往而屈,阴阳之对体;来往往来,伸屈屈伸,阴阳之纬用也。推于此此身孕胎之始,得于此身结丹之元。此谓象。尚象,器也;罔象,道也。执器为道,终解无不解,终不一而无一也。谚曰剜人肉补已创,故土鳖碎截,旦而复续,形一气通也。螟蛉者,可似我而终不为我者也。○牝鸡自卵,其雏不全,此病修性之纯用阴也。姹女火飞,欲制黄芽,非吾身中物,何虑其飞?何欲制之?鼎家以女制男,以牡求牝,矛盾相反。○炎火润下,常人之顺而不交也;水上火下,道者之逆而交也。即此便是配合,故曰相结不可解。房中浊邪,合则有之,安在结而不解乎?曰非有工巧,曰定置始先,先天自然,后天复其先耳,故曰还童、曰能婴、曰伏卵。

符子《归一契》○《契》至三宝章炼神还之后,加以温养,时得、时合、时符,而道毕矣。炼还用有,温养归无,无以凝有,纯亦不已。元运之一中,造化之太和,不在天地而在吾身,不濡不热,不寒不暑,不进不退,但觉时至事起,密移密藏。天显符而身有报合,则易之太极,道之元始,息息皆春,处处皆圆,此谓一阴一阳之谓道,非一阴一阳之为道也。

---

① 此注系录《三注悟真篇》之陈上阳注文。

为道入于道之无可道,乃常道。《经》曰可道非常,两言之也。从有而母,为功、为易;从无而始,为元,为不易。易必不易而周易参同契矣。太阳流珠以下,是《契》之疏义,更无别功,亦无别旨。水火、男女一也,金华、黄芽一也,取其作丹有之易。分而为合,则以云阳往阴畜,倡化呼吸之用,所谓金液之还,日月之周天晦朔也,可道而非常者也。杀以为生,用机一得之时,故曰转因。转,移易变化也,取其结丹无之不易。合而不分,则以云炎润不改,交媾不解之符,所谓金丹之成,日月之丽天,常晦常朔也,有可道非常者也。终以自始,反本永得之时,故曰为根。根,深根固蒂也。唯言有,故须金之一气,制合水火,以攒五行而归伏食;至言无,则水火阴阳,自合一气为交媾。此时男女归父母之元,金且不用,尚何五行克生之问,何也？天无为而地代终,坤道也,母道也。坎离一气,生于戊己,复合于戊己,非男女水火能一,而土母本不容不一也。是以坤者,《周易》之成,《归藏》之首。天归于地而易乃周,阳乃长生,故父倡母终,乾始坤生。金华,乾气也;黄芽,坤精也。奇合耦分,奇有耦无。○配合雌雄,应刚柔相包,禀受相须;雌雄交媾,应符行中。

符子《河上跋》○龙虎、金华、黄芽,三圣古记皆不传,真人以标合证符,列木、金、土参象用效,而水火运轂具于中,多有本之言,亦是通义故解,倘亦后来津梁之思乎？其文不显,娓娓连袄丑类,乃至为邪途凿孔,隙其卵雏雌雄偃仰配合,曰兹《易》之媾精,生道固元始尔。则天地之元会何媾焉？两仪一极,政如一身。吾亦怪夫象旨不直命坎离而男女,男女又及好述冠昏,其远于庄生寓言河汉矣。必广成、《道德》、《阴符》、《南华》常行于世,世何从引桑间于河上,惜《契》为道宗,流竟以贼为道,悲哉！

㈨全阳子曰:金丹之交媾,乃阴阳内感,神气交结。曰雌雄、曰夫妇,皆喻也。当其神入气中,气与神合,得其节符,真有刚柔相结而不可解之状,又岂有工巧以制御之？但见其然而然,吾亦不知其所以然而然,妙哉妙哉！○阳气聚面,故男子面重,生时必伏;阴气聚背,故女子背重,生时必仰。

男女相胥章第二十六

　　坎男为月,离女为日。日以耀德,月以智光。月受日化,体不亏伤。阳失其契,阴侵其明。晦朔薄蚀,掩冒相倾。阳消其形,阴凌灾生。男女相胥,含吐以滋。雌雄错杂,以类相求。金化为水,水性周章。火化为土,水不得行。男动外施,女静内藏。溢度过节,为女所拘。魄以钤魂,不得淫奢。不寒不暑,进退合时。各得其和,俱吐证符。

㊣此章即日月薄蚀而论男女相胥之理。盖申明前篇取水盛坎侵阳,火衰独昼昏之意也。坎男为月,离女为日,谓男女即日月也;日以耀德,月以智光,悬象著明也;月受日光,体不亏伤,月借日为光也。使阳失其契,则阴侵其明也。晦朔薄蚀,掩冒相倾,月掩日为食也。是阳消其形,而阴凌灾生也。夫日月之相交,即男女之相胥。含吐以滋,即金化为水,液相流通也;雌雄错杂,即天地相合,混沌鸿濛也。阴阳同类而气相求,水火会于土也。金化为水,水性周章,即有灭火之势;火化为土,水不得行,自是制水之方;男动外施,女静内藏,阴阳升降之象也;溢度过节,为女所拘,阴符阳合之功也;魄以钤魂,不得淫奢,则阳不失契矣;各得其和,俱吐证符,则阴阳不侵明矣。阳不失契,阴不侵明,又何阳消其形、阴凌灾生之有?钤即拘也。

㊣符子曰:阴阳相资而相生,相乖而相陵,故月受日化,阴侵其阳。合而饮食,符之受也;侵而掩冒,灾之生也。是以知坎离相须,谓之既济,一含一吐,自为雌雄。水火错杂而相求,以二同功而类一也。金、水、火、土,错克而承生,政其合类施功之次也。男阳倡,动外施;女阴和,静内藏。动而外,势必溢过,一姤而内静,则拘而不淫。此进火退符之所以钤,而春秋夏冬之所以复也。常钤常复,宇宙太和,生身合时,而天人符矣。符者,阴阳为资而不为凌,天为调而不为裼,时为应而不为侵。故独往来,入火入水,乘六气之正,以御天地之变,尚何寒暑之有。何也?阴阳合得俱吐,吐阳胜寒,吐阴销暑,功至此而符,道至此而证。证果也,始之证推移,此而证和。〇首揭男月女日,凡言男女,即日月

也。混沌鸿濛,牝牡相从,即男女相须,动施静藏,魄以铃魂,一身自然作用,总指坎离。文义自了,勿泥男女,以辞而已。

符子《发药辨》一曰《证证符》〇坎为月、为水、为戊、为铅、为肾、为耳、为骨、为精、为阴中阳、为中男,离为日、为火、为己、为汞、为心、为目、为脉、为神、为阳中阴、为中女。中,天地之元符也。今夫浑天濛頇,地函浮沙,两位设而中鸿包,天不分于地矣。况日月丽天也,一气著明;水火效天也,虚精无形。曾见夫日月之行交媾乎?望食东西,朔食上下,庶星三道亘中矣;曾见水火之相为入乎?炎炎沃息,津津炽竭,鬲之用金而利始和矣。光映气通,形何合焉?若夫土,高下方舆也;物,铅汞相死也。五脏五官百俞百会,人胲以生,精神出焉,无判而受也。此皆易之符,坎离之象。独至于男女而疑之,精元清宁,神元净冲,水德静贞,火德虚明,形器一交,浮张悯荡,不涓之气横,而莫之知持。苟莫持而神精水火,淆泛其性而散矣。散之强合,胶之附木也。几何而不解,合符也。以之解乎,反逆也,以之从乎?又且制禽,气也;杀机,死也;河车,上行也;龙雷,尸居也;伏食,伏火也;金液,天水也;观复,内照也;大还,周天也。曾是以伐性而为制乎?稿灰而湎淫乎?没入水而渐车乎?泽云不族而天鼓乎?方冶飞何伏?方羹沸何凝?方且火驰燎原作何观乎?天机张,天倪□,天津逝而不复还矣。周云乎哉?符合云乎哉?夫竹使符,行人剖半以出,归而合半复符。一竹也,男女之形,为半乎。合而有间无间乎?一乎,二乎?所不得证符,明甚。又且坎男也,何故属女,位谬?坎填气制,阴化于阳也。何谓阴补阳用螯?静复命而动媾,功倒也。黄芽制,三性死,而谓黄姑媒合,无终也。牝卵女拘,明著进退,而先交女,非逆也。母胎何所?圣胎何所?明言体本无元布气,而认男精为女癸,一无为两器,产门为生路,背本也。玄精谓红铅,革囊谓鼎器,符行中谓药外来,房中谓河上。河上,天河也、天池也。阴符而以阴道。《契》曰:恩元包也,不除也。神不受,根不归,火焚克,水溦烂,祸札奇作,道安云符。即倖者,野狐之怪景,猘狗之狂行,冥而生耳。曰然则习道必先净而闭乎?曰:渐,性日全,情日损,又损以至无而自净矣。不者,重伤无寿,唯婴儿未牝牡而峻作,唯婴儿作而不牝牡。能为婴儿乎？其易乎？曲之隉,厝之薪,旦而谓安,夕不救矣。卯酉咸池,方家之所谓沐浴也。《周官》男女之会,苟未忘情,谁能免此？盖入道八年而举二子,七年而辟谷,五年而不寒暑,九年而断房而应节,十年而候晦,十二年而行符,而后天合符,以今至不得为吾主。时与行,物与春,成然瘝而作不知,且以吾为能婴乎也哉？昔者虞长孺兄弟言《易》于大石,曰:泰胜否？予曰:未既济,既济不可终。相视而笑曰:唯至人能忘情。曰:然则叨叨何辨？曰:期夫渐之而损也,而渐之益乎哉？情不无不符,道不无不生,不生入死。

附 全阳子曰:乾之中爻交坤而成坎,于是坎为中男;坤之中爻交乾而成离,于是离为中女。然则离本乾体,其中爻坤画,阳中有阴,故有日之象;坎本坤体,其中爻乾画,阴中有阳,故有月之象。

四者混沌第二十七

丹砂木精,得金乃并。金水合处,木火为侣。四者混沌,则为龙虎。龙阳数奇,虎阴数偶。肝青为父,肺白为母。肾黑为子,离赤为女。脾黄为祖,子午行始。三物一家,都归戊己。

解 此章论金木之所以为龙虎,而又推其成于土。盖申明前篇子午数合三,戊己号称五之意也。丹砂木精,得金乃并,即太阳流珠,常欲去人,卒得金华,转而相因也。前篇言子午而此又言金木者,盖以子当右转,金水合处也;午乃东旋,木火为侣也。言金木而水火亦在其中也。以南北言,则曰子午;以东西言,则曰金木。其实一理。四者混沌,则为龙虎。龙虽为木而居东,实从火里出也;虎虽为金而居西,实向水边生也。谓龙为阳,以其东方之木,生数三而奇也;谓虎为阴,以其西方之金,生数四而偶也。金木间隔,非土不合,观之吾身可见矣。是以木火为侣,肝青为父,离赤为女也;金水合处,肺白为母,肾黑为子也。非土不成,脾黄为祖也。子五行始,言天一生水,水居五行之先,即天地真一之气也。三物者,金也,木也,土也。以其为父、为母、为祖,故曰一家,都归戊己,言总归于土也。知吾身之土,则可以知道金木之土矣。

上阳子曰：丹砂木精，即离中之汞火。汞火之父为东方甲乙之木，以生其精，而为中女。是以东方甲乙之木与南方丙丁之火，一父一女也。父与其女为阳中之阴，则震木离火为之侣也。黄芽金液为坎中之铅水，铅水之母乃西方庚辛之金，以孕其液，而为中男。是以西方庚辛之金，与北方壬癸之水，一母一子也。母与其子，为阴中之阳，则兑金坎水以合处也。木、火、金、水，四者混沌，列为龙虎，一东一西。龙居东，其数三，故云龙阳数奇；虎属西，其数四，故云虎阴数偶。木火为侣者，龙从火里出也；金水合处者，虎向水中生也。肝青属木，为火之父；肺白属金，为水之母；肾黑属水，为金之子；离赤属火，为木之女；脾黄属土，四者之祖。子居五行之始，故为一阳之首。金与水，木与火，龙与虎，是谓三物。若此三物交会而作一家，则必藉戊己二土之力，能成其功用也。

笺符子《混沌符》○符之行交在坎离，坎离气中，而位当子午之经，则阴阳之极，非阴阳之平也；符之进退在震兑，震兑气偏，而位当卯酉之纬，是以阴阳之平，合阴阳之极也。极之时以中者，而居生，乃姤、乃复；平之时以偏者，合而成，乃泰、乃否。天地阴阳行符交易之妙，未有不参调而中和者也。故初功水火为元，而金木逆行其中；及成功，金木制化，而水火顺归于虚，则四象总二用也。二气交会，刑德合门，春秋之仲，当两弦之中，非太极之象乎？太极混沌，而南之倏、北之忽，相会于中宫，时则水火炎润相和，而坎离之奇耦各效，逆生分为顺生，言木而火在矣，言金而水在矣。龙虎列而坎离退矣，无事也。丹家卯酉停功温养，退之候也。故二至言合，二分言散，自合而散，天地之气，一而无已矣。常无、常一、常混沌，是为道妙。故凡入道者，皆从极来求平，从乖求和，从偏求中，从两求一，以入于混沌。混沌以虚无，虚无以凝成，凝成以还结而金丹。金，西成也。春生而至于成，火力乃足，阴符乃终，魄钤魂，虎擒龙，丹凝砂，以生入无生，金丹之妙。○首篇四者混沌，径入虚无，无，天地之始也；此曰四者混沌，列为龙虎，有，万物之母也。有无无有，相生终始，一合混沌，混沌自虚无，虚无却尽不得混沌。混沌是太极之元，立有无之先，合有无之用。不入虚无，便凿混沌之死；不列龙虎，亦何完混沌之生？混沌无不在处，却混沌竟在何处？

　　符子《龙虎纪》〇坎离交成，龙虎自行于天地间，更无水火位次，故推消息，坎离没亡是也。五行水火原无，金木原有，无为用以消有，有消安得有？有为器以运无，无运岂得终无？故道之始，坎离行符，龙虎初兴交战，听其用为变化。是以主降伏，有中之无，道之终，乾坤定位，龙虎养成训熟，自合其气以成功。是以列奇耦，无中之有。然而争斗止，吟啸未即无也；风雷歇，云雨未尝屯也；升降参，呼吸不为断也；交媾微，施化不终息也。则有无中合，自然之符也，成也。是以二至极，而二分行其中；朔望食，而两弦合其半。水火消，随用随无，而金木永其质，寒暑流金石，凝水雪，相毁也，而春秋之雨露和。凤凰时见，神龟伏息，而龙虎常行天地之间，效风云之化。夫龙东虎西也，后之震兑，先之坎离也。作丹由后还先，杀后入先，则先退于无，而后效其用。故龙虎即坎离也，代其用以成其体，先天乃还。古记曰《龙虎经》，题，丹成也。生于金华，结于秋石，归于黄芽，其成爰曰龙虎。〇上篇章末推演五行数，较约而不烦，此祖父母子女五德错生互用，相克相生之道具矣，政推演之疏也。归宅于子五行始，便是含元虚危，播精于子。要约而不烦也。水为天一，子为天统，冬至天元故也。坎离即是戊己，故三物一家，都归戊己。归即晦朔也。所以坎离无位，同在一坤。〇五脏五行五属，唯子女本位，其三皆不合天行生克五气，与日者分配六亲，又不合乾坤父母祖性。此只顺四序之运，皆成于土，故以祖尊之，而以三物归之。水子始至土祖终，亦是顺五行生数之次。其意主列龙虎。故子女分为父母，老阴老阳之成也；主四混沌，故三五都归戊己，阴阳老少之合也。自为一篇，以成功言，不可例论。

卯酉刑德章第二十八

　　刚柔迭具，更历分布。龙西虎东，建纬卯酉。刑德并会，相见欢喜。刑主伏杀，德主生起。二月榆落，魁临于卯。八月麦生，天罡据酉。子南午北，互为纲纪。一九之数，终而复始。含元虚危，播精于子。

　　㊣此章又承上章而论金木会合之妙，亦还丹之法象也。卯酉即金

木也,龙虎也,犹子午所谓水火也,铅汞也。刚柔迭具,阴阳互藏其宅也。惟阴阳互藏其宅,故可更历分部焉。龙居东,虎居西,东为卯,西为酉,卯主德,酉主刑,此分部也。惟龙西而建酉,是谓德会乎刑;惟虎东而建卯,是谓刑会乎德。刑德并会,故相见欢喜也。此更历分部也,即金木会合之意。刑主伏杀,言西方之酉为金为虎,专主伏杀也;德主生起,言东方之卯为木为龙,专主生起也。二月榆落,魁临于卯,生中有杀也;八月麦生,天罡据酉,杀中有生也。金木会合,生以为杀,杀以为生,相生相克,自然成道。子南午北,互为纲纪,水火相交也;一九之数,终而复始,火候之数也。又四九之数,合乎三百六十之期,合乎乾坤之策,合乎六十四卦之爻,即二八之数也。含元虚危,虚危者,北方二星,谓先天真一之元气,藏于北方也。播精于子,则金丹还矣。后人以卯酉为沐浴之月,盖见于此也。

上阳子曰:阳生于一,成于九,阳数至九则极,极则复于一,此谓一九之数,终而复始,含元虚危,播精于子者。丹之神功在此两句。盖虚危之次,日月合璧之地;一阳初生之方,龟蛇蟠结之所。故太乙所含先天之元气,其真精遇子则播施。此复应前章子五行始之义也。

㊋符子《合门纬》○武勘文绥,逆取顺守,汤武之用师,所以顺乎天而应乎人也。此革之道也。泰济之后,大小之来往分,初终之吉乱关,物已洁齐,阳将荒落,则武逆之刻已克,文顺之德将亨,此革命之所以四时行而四德备也,所以虎变,巳日而孚也。虎变而龙承之,日巳而阴退之矣。是以春分之后,阳清而雨;秋分之后,阴寒而霜。阴阳霜雨之交,天道圣功易焉。易,交易而变易者也。水火之行专,则子、丑、午、未本气之自为合;金木之行,则卯、戌、酉、辰二气之通为合。专者经,交者纬;经当轴,纬当杼。杼行周还往来密藏于经之布,而后织成。故心也,毕也,天罡也,河魁也,首尾也,宾主也,对待也。当其二分,则随日月之次建而合,是非坎离之中交乎?是以伏食杀机,退符于前;阳生起陆,进火于后。后直阴肃之位而始文,前丁阳和之辰而终武。君子察于此,而春秋、旦昏、上下弦之候符可行矣。行者,机之纬,而经何尝行乎?系本于轴,还卷而终始毕矣。龙虎为纬,坎离为经;子午纲纪为终始,虚危含

元为系本。天机者,顺天者出于机,入于机。

符子《天元包》○契矣,功完矣,义尽矣。诸名诸象,诸作用消息,诸变易功候,其究皆虚也,皆一也。在鱼兔而忘筌蹄也,赴百川而归一壑也。坎离男女,日月阴阳,晦朔弦望,浑成一气。天人符发,当是之时,常得弗失矣,得无所得矣。一慎其阴之凌,保其阳之消;用其阴之晦,育其阳之明。自然相包含,相吐滋,相制伏,相拘育。我常定其和,证其符,时其符以券其和,木祸之克不发,金光之鼎常熺,妙矣,神哉!道之成,阴阳司分,而浑沌常一矣。道一常混,则天一常生,五行反始于坎子,三物归始于坤土,而龙虎东西,卯酉刑德,刚柔杀生,自然交效二气之能,以会葆二气之中。相有无,相变化,夫何为哉?恭己正南面而天下治矣。明君御时,极化也;乾元用九,天德也;太乙周天,浑仪也;斗柄运移,纵始也;日月天心,来复也。复生岁,晦朔生月,子生日,总之天一曰元基,为贞元、历元、易元,从虚危而播精生也。故精首三物,水五首五行,朔首一月,子首十二时,元首四德。周易之契,契元也,故终之曰含元子午。天元、人元也,世世统绪,生生不死,子乎于是乎?前言肾黑为子,子五行始,两子符元。微哉,有始必有母,同出而异名,然则虚危乎?午女乎?北宿之经天,玄之又玄乎!晦朔之象符,亥子之连,子女之次,所以五行始,一家归,微哉,所以子虚中,午星中。星,日生也。微哉,所以日月合朔,既望生魄,合于无,生于有,昏为女,产为母,微哉,所以曰含元播精。配合禀象,生生之谓易,微哉,夫微之显,《周易》、《契》在。

君子好逑章第二十九

关关雎鸠,在河之洲。窈窕淑女,君子好逑。雄不独处,雌不孤居。玄武龟蛇,蟠斜相扶。以明牝牡,意当相须。假使二女共室,颜色甚姝,苏秦通言,张仪合媒,发辩利舌,奋舒美辞,推心调谐,合为夫妻,弊发腐齿,终不相知。若药物非种,名类不同。分刻参差,失其纲纪。虽黄帝临炉,太乙执火,八公捣炼,淮南调合,立宇崇坛,玉为阶陛,麟脯凤脂,把籍长跪,祷祝神祇,请哀诸鬼,沐浴斋戒,冀有所望。亦犹和胶补金,以硇涂疮,去冷加冰,除热用汤,飞龟舞蛇,愈见乖张。

㊣此章又言还丹之道必资阴阳,盖又申明前篇类同者相从,事乖不成宝之意也。粉提以一丸,药物也;二八重一斤,分剂也。

上阳子曰:夫人之身最灵而至宝者,精与气也。《心印经》以为上药,张紫阳以为命宝。仙翁所撰之书,有同而有异,等等名色,如是一一,皆身中之宝。或喻门户,或言神室,或云鼎器,或譬体用,或论形象,或比进退。故《易》乾直坤辟为生死之门,丹以青赤黄道为往来之路,不离己身之精气耳。此假名而异字也。

㊣符子曰:前篇终言伏食入水火交感,此篇终言含元引男女好逑,总之一坎离为是。阳统阴附,男制女从,通制必求,附从必顺,人道、天道、仙道要枢不出于是,作化反耳。天地阴阳,一元所分只形气,气神下注曰魄,形精上耀曰明,故月最近地,日最近天。天虚日月丽而行焉,其周通于地以产万物。万物,气施下之顺生也,象人道;二曜,精凝升之逆运也,象仙道。坎离之所为配合符行,取逆于此,谓生物不藉日月不可。指日月以生物,月阴亦未尝生,要以代明合纪,周六虚,变不居,总只天道元运,故曰道行不悖。人何日不在日月中,不明日月之运,何问坎离之符?符龟蛇纠缠是龙虎可假,龟蛇不分,同具一身,又曰同位一藏。

《周易参同契解笺》下篇

  汉会稽真人魏伯阳 撰
  明潼关小乾张文龙 解
  九洞天符子朱长春 笺

圣贤伏炼章第三十

惟昔圣贤,怀玄抱真。伏炼九鼎,化迹隐沦。含精养神,通德三光。津液腠理,筋骨致坚。众邪辟除,正气长存。累积长久,变形而仙。忧悯后生,好道之伦。随傍风采,指画古文。著为图籍,开示后昆。露见枝条,隐藏本根。托号诸名,覆谬众文。学者得之,蕴匮终身。子继父业，孙绍祖先。传世迷惑，竟无见闻。遂使宦者不仕，农夫失耘，商人弃货，志士家贫。吾甚伤之，定录此文。字约易思，事省不繁。披列其条，核实可观。分两有数，因而相循。故为乱辞，孔窍其门。智者审思，用意参焉。

⟨解⟩此《参同契》之前序也。伏炼九鼎，所以还丹也；含精养神，所以炼己也。盖欲还丹者，必先炼己。伏炼者，即伏虎之伏，为伏先天之气以成丹也。非烧炼金石草木之谓，故云伏炼，非服炼也。津液者，津乃玉液，即白雪也；液乃金液，即黄芽也。学者得之，谓得其图籍也。分两有数，如二八应一斤、金计十有五之类。此言古仙人得道之后，又忧后人，乃著书以开示人。然不尽言其术，后之学者得其遗书，虽珍藏世袭，无能得其真传，讹以传讹，遂使傍门邪术，惑世误人。故因著《参同》之书，备言其法象也。然又乱辞孔窍者，又恐尽泄天符，惟在善学者自得云耳。

⟨笺⟩符子《长生钤》一曰《丹简》○道恶往而不存，言恶存而不可，允哉，旨哉！如之何读书者之茅心草草，必三篇而歌《参同》乎？只此一序，要以备矣。始之内养，专气致守，则有怀玄抱真，处女也；在坤之含复，中之升合，以烹炼伏食，则有伏炼九鼎，字女也；在乾之交姤，终之易周，以化虚归元，则有化迹隐沦，姹女也；在剥之还坤，坤道承天化光，阴阳合符于虚，水火交凝于气，则有含精养神，鼎炼之成为鼎养，子胎也。在坤复之交，当晦朔之间，结丹固济，三日生明之象，于是则有通德三光，畜极而通，昏久昭明，母产也；则有津液筋骨，先液后凝，刀圭八石，母乳也；则有邪除正存，革故鼎新，阴尽阳纯，子成也。既成矣，已乎哉，九年而蒸，又九而变，三年而免怀，七年、八年而龀齠，十年而曰幼，十四癸至，十六精通，始传丁焉。二十字，三十室，父母之生育完，而男女之媾化出，人成之变也，即仙成之变也。变而不变，长累久积，曰长生久视矣。天德监明，地德包生，监下临，生上奉，生而视，视而生。天地之所以长且久也，以其不自生而长生。人乎，不自生而长生。道矣，天地矣。天地之位，坎离之符之成也，后而先也，后有息，先不息，不息则久。

⟨附⟩全阳子曰：无视无听，抱神以静，广成子之怀玄抱真也；专气致柔,能如婴儿,老子之怀玄抱真也;娲氏炼五色石以补天,冉相氏得其环中以随成,又列御寇、漆园史之丹法也。圣贤何人哉?予何人哉?有为者亦若是。志道之士,诚能发勇猛心,办精进力,勤而行之,夙夜不休,则时至而气自化,水到而渠自成,又何煮顽石之不烂、磨铁杵之不为针哉?但恐学而不遇,遇而不得,得不能守。朝为而夕欲其成,坐修而立望其效;升勺之利未坚,而钟石之费相寻;根荄之据未极,而冰霜之毒交攻。如是虽有广成、老子为之师,列子、庄子为之友,亦未如之何也已矣。马丹阳《金玉集》云:炼气作生涯,怡神为日用。常教龙虎调,不使马猿弄。又云:观天行大道,默然得交泰。本师传口诀,无为功最大。盖古之修丹者,一念不生,万法俱忘,澄澄湛湛,惟道是从,于静定之中抱冲和之气,出息微微,入息绵绵,上至泥丸,下至命门,周流不已,神气无一刻之不相聚。及其内丹将成,则元气兀然自住于丹田中,与天地分一气而治。昔者黄帝闲居大庭之馆,三月内视,盖用此道也。此道至简至易,于一日十二时中,但使心长驭气,气与神合,形乃长存,与日月而周回,同天河而轮转,轮转无穷,寿命无极。《灵源大道歌》云:神是性兮气是命,神不外驰气自定。《仙药集》云:气神相见,性住命定。盖不可斯须少离也。常人则不然,气虽呼吸于内,神常萦役于外。自幼而趋壮,壮趋老,未尝有一息驻于形中,遂使神与气各行而不相守,卒之宅舍空虚,墙壁颓毁,而主人不能以自存,此岂天地杀之、鬼神害之哉?失道而自逝也。施栖真《钟吕传道集》云:呼者,自己之元气从中而出;吸者,天地之正气自外而入。若根源牢固,元气不损,则呼吸之间,可夺天地之正气。苟或根源不固,精竭气弱,上则元气已泄,下则本宫无补,所吸天地之正气随呼而出,身中之元气不为己之所有,而反为天地之所夺,是故仙人多云采炼贵及时。苏子由晚年问养生之说于郑仙姑,仙姑曰:君器败矣,难以成道。盖药材贵乎早年修炼,老来精亏气耗,铅枯汞少,纵能用力,惟住世安乐尔。《翠虚篇》云:分明只在片言间,老少殊途有易难。盖谓此也。或曰:吕纯阳五十岁而始闻道,马自然、刘朗然皆得道于六十四岁之后,何也?曰:屋破修容易,药枯生不难。但知归复法,金宝积如山。顾吾平日所养何如耳?○三元,上中下之三田也。

含养之久，力到功深，则精神内藏，和气充周于一身，而百骸万窍无不贯通，自然如天河之流转。《混元宝章》云：岁久不劳施运用，火轮水轴自回环。○修炼至精溢腠理，则血皆化为膏矣。《翠虚篇》云：如今通身是白血，已觉四季无寒热。盖修炼之功，莫大乎填脑。脑者，髓之海，脑髓满，则纯阳流溢。诸髓皆满，然后骨实筋坚，永无寒暑之忧。○人之所以能修炼而长生者，由其能盗天地之正气也；人之所以能盗天地之正气者，由其有呼吸也。呼至于根，吸至于蒂，是以能盗天地之正气，归于丹田也。人之呼吸，犹天地之呼吸也。《皇极经世书》云：冬至之后为呼，夏至之后为吸，此天地一岁之呼吸也。若自日言，则子以后为呼，午以后为吸。天之一年一日，仅如人之一息。是以一元之数十二万九千六百年，在大化中为一年而已；今以丹道言之，一日有一万三千五百呼，一万三千五百吸。一日之间，潜夺天运，一年潜夺天运四百八十六万年之数。于是换尽秽浊之躯，变成纯阳之体，始易气，次易血，次易脉，次易肉，次易髓，次易筋，次易骨，次易发，次易形。积九年而阅九变，然后阴尽阳纯，而与天地齐年，兹其为长生超脱之道也。今魏公谓众邪辟除，正气常存者，昼夜运火，炼尽阴气，变为纯阳，而正气常存，乃能长生也。○大矣哉，丹道之法天；难矣哉，丹功之不息。《阴符经》云：观天之道，执天之行，尽矣。夫天之所以长且久者，以其昼夜之运也。人能观天之道，反而求之吾身，亦如天道昼夜之运，则长生久视，实在于此，舍此更无他道也。《易》曰：天行健，君子以自疆不息。天之所以常行而不已者，以其健。惟其健，则能行之无已。君子欲其行之不息，当法乾健以自疆其志，斯可矣。盖不息者，人之所难也。圣人图难于其易，为大于其细，亦在夫积久之功耳。《黄庭经》云：仙人道士非有神，积精累气乃成真。故自片饷结胎之后，百日而功灵，十月而胎圆，一年而小成，三年而大成，以至九年功满。盖未有不自积累长久而得之者。故夫人之学道，不患不成，惟患不勤；不患不勤，惟患无久远之心。吴宗玄《玄纲论》云：知道者千，而志道者一；志道者千，而专精者一；专精者千，而勤久者一。是以学者众，而成者寡。人徒见《悟真篇》云：赫赤金丹一日成，古仙实语信堪听。若言九载三年者，尽是推延款日程。遂执此以讪笑累积长久之说，殊不究紫阳此诗，盖引用韩逍遥之语，以晓世之不知有一日见效之妙，而徒事三年九载之勤者。非曰一日便可登仙，更不用积累长久之功。《上清集》云：纵使工夫汞见铅，十月圣胎方始圆。虽结丹头终耗失，要知火候始凝坚。如此，则金丹之小效，固可以片饷见之，而大功盖不止于一日矣。考之王易玄云：九转一年功，寿可同天地。吕纯阳云：千日功夫不暂闲，河车搬载上昆山。又云：才得天符下玉都，三千日里积工夫。陈朝元云：九年还返无差错，炼取纯阳作至真。刘虚谷云：大功欲就三千日，妙用无亏十二时。丘长春《磻溪集》云：假使福轻魔障重，挨排功到必周全。吾党其勉诸。○丹书所谓铅汞，皆比喻也，在学者触类而长。殆不可执文泥象，舍吾身而求之外也。载惟古之圣贤，著书立言，往往隐藏本根，不肯明言其事，托五金八石为号，以露见枝条而已。后之得其书，不究其旨，至世世迷惑。魏公伤其如是，遂定录此《参同契》传于世。或者见三篇之多，疑其太赘，不知三篇即一篇也，一篇即一句也。以一句口诀，散布三篇之内，所以错乱其辞，孔窍其门者，不敢成片漏泄也。智者审而思之，以意参之，必当自悟。

〖笺〗符子曰：《契》古注出伯阳亲授弟子，不知湮自何代？今所传数家，予所见又厪半。本以玄文奥衍，又在谬覆乱辞，政面印言提，犹有不可语上，况百世而洞一垣乎？全阳俞氏所著正而详，最为善本。顾于精义多未窥奥，而断析章句，蔓引歌诀，时时支芜，犹在门之诣，倚墙之见耶？去戾删繁，存所合，用所明，略点定附行。稽古之核，扶经之翼，补《解》之未逮，显《笺》之难通，颇得十二。加于上阳，河汉矣。此序注最详，意其所注心，为觉照津梁，多取焉。一曰速助之戒，二曰周息之密，三曰气住之一，则水火归天地矣；一曰及时正气之夺，二曰填脑寒暑之却，三曰辟邪存正之易，则周天满九鼎矣。至于一时积久，亶亶难证，比于孟氏廓如之辟，弘道利人，其文显易通，于中人又善入也。然择而未精，合中之累，不敢不辩，列条于后。出微微，入绵绵，文也，当武然乎？正也，和也，辟邪定倾然乎？初功我也，至动静休息，俱而我乎？不还入初乎？予尝曰：有意不如无意，调息不如自息。气之初也，吐故纳新。

新，天地之正气；而故，五脏之浊气也。《内业》曰：理烝屯浊，匈中不败。《经》曰：浊以静徐清。谓呼出人身之元气，几出而不毙。元，正气也。本受于天之先，而今续于天之后，正纳而续，则邪驱而出，邪常出而正常存，故曰绵绵若存。存而若，非我存之也；用不勤，又非息息存也。不曰休息乎，消息之说也。故谓食其时，天通于人，息息相吹，野马尘埃之游于空，日月之经于道，江河之流于波，一往一来，一前一却，一浮一沉，皆天地之呼吸也。人游其中，云云而不察觉，为气冥耳。谓气常进之饶于退，乃有星纪，有归虚，有积气，曰半日而半年，则天无次，水无委，而飞尘如鸟一逝而已。其尽矣，天人虚实、清浊正邪之辨。是以天同人息，人不同天寿，必以一年当一息，岂独歧人哉？亦诬天不得为寿矣。历之元又何纪？此迂怪方士神之为荒唐谬幻，而不自知惑心之愚也。一时一周，千日九年，此辨最为真实。然试问九年后作何功候？芒然曰化，曰登仙，长守形，尽天年，非耶？而促化耶？化羽凌云，黄老未尝谭，见于《南华》，千岁厌世，则亦非九转之飞矣。如曰顶出鹤，身骑龙，或亦天游神通之象言乎？鼎湖之书，其为牛腹甚明。子不语怪，《老》寿不亡，《庄》可尽年。吾上不敢信九年之登，下亦不敢为九年之毕。天行健，君子自疆不息。此为累积长久之大道乎？忘年忘义，振于无竟而游焉矣。若夫变形毕法，却老还童，是有为入无为，是人而天，是《诗》有之：维天于穆不已。

法象成功章第三十一

法象莫大乎天地兮，玄沟数万里。河鼓临星纪兮，人民皆惊骇。晷影妄前却兮，九年被凶咎。皇上览视之兮，王者退自改（一作后）。关楗有低昂兮，云气遂奔走。江淮之枯竭兮，水流注于海。天地之雌雄兮，徘徊子与午。寅申阴阳祖兮，出入复终始。循斗而招摇兮，执衡定元纪。化（一作升）熬于甑山兮，炎火张设下。白虎导唱前兮，苍液（一作龙）和于后。朱雀翱翔戏兮，飞扬色五彩。遭遇罗网施兮，压之（一作止）不得举。嗷嗷声甚悲兮，婴儿之慕母。颠倒就汤镬兮，摧折伤毛羽。漏刻未过半兮，鱼鳞狎鬣起。五色象炫耀兮，变化无常主。㵤㵤鼎沸驰兮，暴涌不休止。接连重叠累兮，犬牙相错距。形如仲冬冰兮，阑干吐钟乳。崔嵬而杂厕兮，交积相支柱。阴阳得其配兮，淡薄而（一作泊自）相守。青龙处房六兮，春华震东卯。白虎在昴七兮，秋芒兑西酉。朱雀在张二兮，正阳离南午。三者俱来朝兮，家属为亲侣。本之但二物兮，末而为三五。三五并与一（一作危一）兮，都集归一所。治之如上科兮，日数亦取哺（一作甫）。先白而后黄兮，赤黑达表里。名曰第一等（一作第一鼎）兮，食如大黍米。自然之所为兮，非有邪伪道。山泽气相（一作若山泽气）蒸兮，兴云而为雨。泥竭遂成尘兮，火灭化为土。若蘖染为黄兮，似蓝成绿组。皮革煮成胶兮，曲蘖化为酒。同类易施工兮，非种难为巧。惟斯之妙术兮，审谛不诳语。传于亿世后兮，昭然自可考。焕若星经汉兮，昺如水宗海。思之务令熟兮，反复视上下。千周灿彬彬兮，万遍将可睹。神明或告人兮，心灵本自悟。探端索其绪兮，必得其门户。天道无适莫兮，常传于贤者。

㊟此赋乃明还丹之法象也。其字句大率皆托号诸名耳。玄沟万里，即天河上下，喻坎水也；河鼓星纪，一岁周天，喻会合也；人民惊骇，终而复始，喻震来虩也；晷影前却，太阳中天，喻溢度也；皇上览退，光明不屈，喻阴符也；关楗低昂，诎伸反复，喻斗转落也；云气奔走，云行雨下，喻金液还也。江淮枯，上泽穷也；流注海，下归壑也。子午者坎离，即天地之雌雄；寅申者，日月出入之乡，故为阴阳之祖。招摇即北斗七星，衡其中也。斗建周天，于岁为星纪，于人即元纪。柄移而衡，中定而移者也。甑山者，土釜之意；熬而化，鼎烹之象也。白虎导前，即金华先唱也；苍液和后，即化为金液也。朱雀翱翔至摧折毛羽，出火候也，退符之象。火压于金而降，子慕母而悲，火入水中，颠倒之就，剥阴伏阳，摧折之消也。漏刻未半，为还丹不用半时也。五色炫耀至暴涌不休，皆气交密之状；接连叠累至交积支柱，皆丹凝结之象；阴阳得位至阳离南午，乃得丹之后，退而分布，各守境隅也。此白虎乃吾身之白虎也。三者来朝至集归一所，即三家相见结婴儿也。二物即水火也。治如上科，日数亦取哺者，温养之功，昼夜声正勤也；先白后黄，赤黑达表里者，丹成景象也。山泽为雨，泥竭成尘，火灭化土，皆所以喻自然之所为也。若蘖

染黄蓝成绿组,皮革煮胶,曲蘖为酒,皆所以喻同类易施工也。

㊟符子《玄沟歌译》○玄沟,一曰玄津,即天河,直终寅申之首尾,贯流天地之上下,通合日月之出,母育水火之生,故曰昭回。其傍牛斗之间,星有河鼓,土牛出,寒气毕,招摇转,苍历更,星穷纪而周始,河鼓临焉,位即易之临也。除岁献岁,除旧更新为孟春,玄谷之阳,奋震而通析于津,冰解水动,下摄而上行,其势必鼓。鼓为怒,庄子曰怒生,又曰怒而飞,海运搏摇九万里,风斯在下矣。箕好风,风逆尾而上耶？时鸡三噪,人气提,太阳登于桑枝,万物作出,蛰动惊,旭暑隆隆,上历直禺中,水且济火,后起御时,可正不可妄,可进不可却,然亦可飞而不可亢。亢极曰阳九,天地之厄数在焉,未有极而不反省者,不反之凶,九年之洪水,失水之道。○一曰一九之数,终而复始,不反则暑前□,□凶咎。金九水一,土十居中,成终而成始,故人年以十纪,每十一易,百年强衰交于中艾,知晦朔之交,可知盛落之纪。其一。昊天玉皇,太乙东皇,明堂天王,天日揽昭,光被下土。王者危明持盈,天高而抑,日中而忧,知进而退,故曰其视,下亦若是则已矣。已者,退而改也。阳变阴,刚浸柔,上反下,所谓屈折下降,则偃伏低昂之改易也。观之山,登难而降易；水,溯难而沿易。故曰遂也,易也。《经》曰：难易相成,前后相倾。斯时也,云奔雨集,江湖满盈,赴流归壑,放乎大海。海,水之注也。注焉而不满,终酌焉而不涸。其二。

徘徊有止息,有回旋,止而回以流,渊九之三也。复姤徘徊,交雌雄,交生育。子水而火胎,午火而水胎。子午母之娠,及寅申而子之生焉。火生炎上,水从乘而俱上；水生润下,火从流而俱下。上而出极于午,下而入极于子。子为终始之纪,易之元；寅申为出入之户,易之始。祖,始也。孟春始阳,孟秋始阴,阳始日生生火,阴始月生生水,人见其生也,命曰木生金生,不知水火实自相生,于胎具之。坎己离戊,含土上下,阴上生阳,阳下生阴,故斗摄于寅,沉于申。杓下倾午,上挹子,其衡常建之夜半。冬至元历,孟春元旦,夜半元纪。其三。

雌雄徘徊,阴阳交媾之象。徘徊而交,径捷则分矣。作丹唯挽其分,而使之交也。交则两物相一,交而一。又物与我两相一,动静休息,常与人俱,徘徊而一之妙乎?我徘徊而物以徘徊我也,无处不在,无时不然,一失其徘徊,车东马西,逸矣。然而难之,持于静,动或失矣;持于独,众或失矣;持于安,遽或失矣;持于得,而失又失矣。夫何以故?以其摄失之骤,一日之驾,半而往,亦半而反,不然,将弃员于道。《经》曰:得同于得,失同于失。至于失同失,而徘徊之义纯,常一矣。子午言其始交乎?始然而交,终然而交,无始无终而交。交为周天,有不交,有不周。其四。

火下张而水上升,鼎熬象焉。水火相煎,其沸有声。始之武,虎之倡;既之文,龙之和。虎,金之炽于火也;龙,木之回于水也。水回薪退,金华火伏,镬上闭而汤中温。熬之声,嗷嗷连连,渭渭云云,如啼悲而咽下,如恋母而屈就。夫子之恋母,而忍一息去来乎哉?网于襁褓,束于怀,止于抱,伏而受乳,委而体摧。非摧也,其从育于母之象也。朱雀之退,翱翔而下止摧,亦是而已矣。《诗》云:绵蛮黄鸟,止于丘阿。言其极飞于天,而未尝不止于土也。鼎必土为炉,譬火之下复于炉。若鸟就汤,伤毛羽焉。非其真也,鸟真入汤,死矣。所云退符,死而非真也。○玄沟,玄武居之。如兵后距,龙虎两翼,朱鸟前行,招摇急缮之怒,前矛进敌,左右列交。余鼓齐鸣,兵之声也;知难而退,穷寇弗追,军之制也;献俘询首,军之克也;入而后刃,凯而还,军之成也。其五。

人喜属阳,散而上;悲属阴,敛而下。上逆而来,下顺而往。逆以喜引之,通其阻也;顺以悲抑之,禁其逸也。故曰:乐以迎来,哀以送往。一迎一送,皆在其初。祭法祖迎于坎坛,寒暑也。往之哀极,必乐迎始跃出;来之乐极,必哀送始屈入。子午长短之交,哀乐之所终始而相生也。在坎之四曰:尊酒,簋二用缶。离曰:死如、弃如,沱若、嗟若。因其约之脯而酒食乐之,因其来之焚而死丧泣之。凡以调往来升降之中,一反一复,节阴阳,合天地耳已。乐有母生子而抱乳之象,悲有子恋母而伏啼之象。然而悲为要,故曰:伏炼九鼎,含精养神。非悲,何伏含?又何炼养?《经》曰:战胜,以丧礼处之。又曰:大者宜为下。颠倒之道也。下所以守上也,悲所以定和也。终日嗥而不嗄,和之至也。其六。

日月无沦,阳无死魄,则坎离无沉,水无入火。从复至复为一周,复临之间,星纪之次也。然则斗牛河鼓,始而终,终而复始者也。鳞甲起,静复动也;五色耀,昏久昭也;潚潚鼎涌,沸谷中也。吐,故也。连叠牙错,鸣天鼓也,纳新也;冬冰钟乳,水凝石也。阑干,十二律之应。周生子,求食母也。崔嵬杂厕,高下散殊也,即蓬阙城郭;交积支柱,畅支立阳也,即布守竟①隅。杂而交,分之未尝不中合;嵬而支,上之未尝不下散也。岁毕春前曰腊,曰蜡,曰嘉平,曰除夕。其七。

得配则交而合,自守则静而分。合而分,百司四岳之职焉;分又必合,四朝群后之象焉。春王以建,五位御元,五瑞辑正,天子南乡答阳之义也。臣之北面,答君也。故三神总集于一,大海朝宗,北辰星共矣。一气分二象,二象交三才,三才合五行,五行元会一气,一气聚成一鼎。○一、六、二、七,两卦周生成之纪;东、西、南、北,四正会经纬之绳。此鼎成建极,明堂布政之太平,所谓淡泊自守,则安静复常,恬知交养,休休焉生而天游矣。以上鼎之治科也。日数,鼎之成候。晡在申酉,子至酉为十月,子出胎之期。水生浴之地,其宿昴毕主水。玄沟通天地法象,上为经汉,下为宗海。其八。

符子《一鼎题》○法象歌,后世群真纷纷歌诀之祖。其言丹鼎治炼科候之玄玄,清静家第一法门,此外都是第二义矣,故曰第一鼎。一为至极,一为不二,独此玄沟河鼓,终始上下,自然种种变现易化,成一大周天。虽有依托,然而不涉男女昏媾,色相影似,启后邪门之孔。如所指关楗低昂、斗衡循执、江河注海,昭然发秘宗幽钥,示真一命宝神符,何切核耶?谓子午雌雄徘徊,寅申出入终始,直显胎生合一之元所不测。未曾有《易》、《符》、《老》、《庄》以来,第一经义,《契》两篇中亦未泄,故宜曰第一鼎。《周易参同契》,道一、天一、水一,三契同符,始终终始,三反周易,三而重之,九鼎九还矣。得此一,入九天之玄;失此一,遭九年之凶。道者慎用此九哉。名曰丹宝,若夫先后炼己、温养之虚无,天人时符进退之合行,大易周天序化之度数。于二篇中绎思,则见鼎之元基妙门,合契大全,不可废其余。真人曰故乱其词,象罔可也。

---

① 竟,疑为"境"字之误。

㊟全阳子曰:河鼓,天河边之星也,其位在斗、牛之间。星纪,天盘之丑位也。河鼓临星纪,则驱回尾穴连空焰,赶入天衢直上奔。正当其斩关出路之时,一身之人民,岂不竦然惊骇?《翠虚篇》云:山河大地发猛火,于中万象生风雷。○曇影,即火候也。皇上览视之者,运神火照入坎中,以驱逐坎中之真阳也;王者退自后者,真阳因火逼而出位于坎也。于此驾动河车,则真阳飞腾而起,以点化离宫之真阴矣。○天形如弹丸,昼夜运转,周匝无休。其南北两端,一高一下,乃关棙也。人身亦然,天关在上,地轴在下,若能回天关,转地轴,上下相应,则一息一周天也。○午者,天之中也;子者,地之中也。子午为阴阳相交、水火相会之地,日月至此,势必徘徊。今人以太阳当天谓之停午,即徘徊之义也。以丹道言之,上升下降,一起一伏,亦徘徊于子午。○斗指寅而天下春,阳气自此而发生,畅万物以出;斗指申而天下秋,阴气自此而肃杀,敛万物以入。则知寅申者,阴阳之祖,万物出入之门也。以丹道言之,自寅而出,自申而入,周而复始。○《史记·天官书》云:北斗七星,杓携龙角,衡殷南斗,魁枕参首;用昏建者杓,夜半建者衡,平旦建者魁。又云:斗为帝车,运于中央,临制四乡。分阴阳,建四时,均五行,移节度,定诸纪,皆系乎斗。今谓循斗而招摇兮,执衡定元纪者,吾身之天光[①]所指起于子,而周历十二辰也。○甑山,即昆仑山也。虎先啸,龙后吟,犹夫倡而妇随也。○澔澔鼎沸驰兮,暴涌不休止者,丹田火炽,泥丸风生,而三宫气满,有如饭甑蒸透之时,热汤沸涌于釜中也。接连重迭累兮,犬牙相错距,形如仲冬冰兮,阑干吐钟乳,崔嵬以杂厕兮,交积相支柱者,一抽一添,渐凝渐聚,浇灌黄芽出土,而自然结蕊复生英也。学者诚能潜心内炼,昼夜无倦,则丹体逐时时不定,火功一夜夜无差,如上景象,当一一自见之也。○大火居东方三次之中,在辰属卯,在卦属震,在四时属春,在五行属木,而房六度又居大火之中,故曰:青龙处房六兮,春华震东卯也。大梁居西方三次之中,在辰属酉,在卦属兑,在四时属秋,在五行属金,而昴七度又居大梁之中,故曰:白虎在昴七兮,秋芒兑西酉

[①] 光,据俞全阳注当作"罡"。

也。朱雀在张二分,正阳离南午者,周天三百六十五度,自北方虚、危之间,平分天盘为两段,而危初度正与南方张二度相对。三者俱来朝夕,家属为亲侣者,青龙、白虎、朱雀三方之正气,皆归于玄武之位,而房六、昴七应水火之成数,张二、危一又应水、火之生数,犹家属之相亲也。本之乃二物,末乃为三五,三五并危一,都集归一所者,推原其本,即是水火二物而已。二物运于鼎中,遂列为三五。三五即房六、昴七、张二也。三家相见,并而归于危一,则结成婴儿也。治之如上科,日数亦取甫者,修炼大丹,当依上法度而行,迎一阳之候以进火,而妙用始于虚危也。〇金丹大道,古仙往往以为自然。夫既曰自然,则有何法度,有何口诀?安用师授为哉?曰:非然也。大丹之法,至简至易,其神机妙用,不假作为,不因思想,是故谓之自然。然必收视返听,潜神于内,一呼一吸,悠悠绵绵,不疾不缓,勿令间断,然后神归气中,气与神合,交结成胎。《金碧龙虎经》云:自然之要,先存后亡。先存神入于气穴,而后与之相忘也。如是为之,则神自凝,气自聚,息自定,是为自然。故非澄心入寂,如槁木死灰者。乃若时至而气化,机动而籁鸣,则于自然之中,又有烹炼进火之诀存焉。《悟真篇》云:无为为妙要,有作是根基。学者苟未知丹法之有作,而便求无为自然,是何异于不耕不耘,而坐待丰稔者哉?〇天降时雨,山川出云,人皆知其然矣。不知在天之雨,即山川之气所化。盖山泽之气蒸而上升于天,于是化而为云,由其阴阳和洽,所以成雨,及其成雨,则又还降于地。吾身之金丹作用,与此更无少异。〇泥乃近水之土,性本重滞而居下,及曝而干,则土性竭而燥裂,化为埃尘矣;火乃虚明之物,因丽于木而有烟焰,及烟消焰冷,则火性灭而煨烬,化为灰土矣。知乎此,然后可以论阴阳反复之道。〇读书百遍,其义自见,况千遍万遍哉?纵未得师授口诀,久亦亦当自悟。其悟在夜深,或静坐得之。盖精思熟味,反覆玩诵,蓄积者多,忽然自通。此之谓神明或告人,心灵忽自悟也。近张紫阳以《悟真篇》授扶风马处厚侍郎,且嘱之曰:愿公流布此书,当有因书而会意者,故其自序有云,此《悟真篇》中所歌咏大丹药物火候细微之旨,无不备悉。倘好事者凤有仙骨,睹之智虑自明,可以寻文悟解。其谆谆勉后学,与魏公同一意。

盖所谓神告心悟，毕竟有此理也。不然，二公何苦立此空言，以厚诬天下后世哉？

鼎器妙用章第三十二

圆三五，寸一分。口四八，两寸唇。长尺二，厚薄均。腹齐三（一作正），坐垂温。阴在上，阳下奔。首尾武，中间文。始七十，终三旬。二百六，善调匀。阴火白，黄芽银（一作铅）。两七窍（一作聚），辅翼人。赡理脑，定升玄。子处中，得安存。来去游，不出门。渐成大，情性纯。却归一，还本元。善爱敬，如君臣。至一周，甚辛勤。密防护，莫迷昏。途路远，复幽玄。若达此，会乾坤。刀圭霑，净魄魂。得长生，居仙村。乐道者，寻其根。审五行，定铢分。谛思之，不须论。深藏守，莫传文。御白鹤，驾龙鳞。游太虚，谒仙君。箓天图，号真人。

㊣此歌又明还丹之度数也。圆三五，寸一分，三、五、一，皆阳数也；口四八，两寸唇，四、八、二，皆阴数也。长尺二，厚薄均，谓以每年十二月之数，定其金水相生，一周天而鼎成也；腹齐三，坐垂温，谓以每月初三之候，俟其阳气之来也。三，阳数也。盖天上月号太阴，每月初三之晡，生一阳之光于庚申之上，以象震卦。震者，微阳乘二阴也。人间兑号少阴，亦于每月初三之夕，生一阳之气于壬癸之乡，以象复卦。复者，一阳复五阴也。阴在上，阳下奔，逆用阴阳也。即水上火下为既济，地上天下为泰之意。首尾武，始七十，终三旬也；中间文，二百六，善调匀也。皆火候也。阴火白，火候足也；黄芽银，大丹凝也；两七者，九也；翼人者，羽化之人也。赡理脑，定升玄，脑为泥丸，丹成而定，水自周天上升，常聚泥丸，为髓海也。如是丹成，子处胎安存，而浮游规中不出门矣。学仙者，能明其度数，循而用之，渐大而纯，常归而还。爱护辛勤，防莫迷昏。天地合，魂魄静，一周至九转，行满功成，准箓天图矣。须知本在寻根，功在定分，前所谓握元基，正不倾，合符行中之道也。

《契》云：子午数合三，戊己号称五。盖谓水居北，其数一；火居南，其数二。一与二共为三，是单言之三五也。《悟真篇》云：三五一都三个字，古今明者实然稀。东三南二同成五，北一西方四共之。戊己自居生数五,三家相见结婴儿。婴儿是一含真气,达者方能入圣机。盖谓木数三居东,火数二居南,木能生火,二物同宫,故二与三合而成一五也;金数四居西,水数一居北,金能生水,二物同宫,故四与一合而成二五也;戊己本生数五,是三五也。是合言之三五也。其义皆同。

详观三五一之论,精矣,大率皆是。准诸月数,圆三五,月望也;四八两,月几望也;长尺二,十二月玉液;腹齐三,月之三日生光也。

㊎符子《鼎器诂》一曰《真鼎器》○月生于庚,鼎用金而庚。鼎器,月之象也。望而满,圆三五也;朔而符,径一分也。阴阳两合为一,朔至上弦八,上弦至望八,望至下弦八,下弦至晦八。口四八也,又曰二八重一斤,四八三十二而月朒,则死又生焉。月三十日,又二日而生明如唇,两寸唇也。十二月一周天,长尺二也。厚为重浊,为阴为魄;薄为轻清,为阳为明。各三五相生,厚薄匀也,又曰上弦下弦平匀也。丹取两弦二八,平之象。以上鼎器象也。下鼎候,功也。腹齐三,上、中、下三齐,水、火、土三齐,正女形也。一曰腹齐正。少腹为气海,水土之宅,元基在焉。三齐则三垂,气下注于海,坐进之道也。坐垂温,离为目,火之所出,内照以温养,鼎之始也。火位上,水位下,上炎而垂下,则火伏于土。土釜常温,水斯有气,故曰汤池温泉,火伏下也。水至冬而温,朝暮之气,缊缊如蒸,阳伏而复也。阳火伏下而复,故月之太阴从水而生虎,而上升为啸;阴水交而姤,故日之太阳从火出龙,而下奔为吟。齐三,象安炉;垂温,象种火;阴阳上下,象水火济;鼎,烹成也;首尾武,中间文,火候也。未济求济,既济复归未济。火在水上则武,在水下则文也。爨鼎者,始进火而沸,沸而火退,退而平,复进,则爨熟鼎成矣。首尾上下,始终之象;一九之数,终而复始也。始七十,终三旬,武之候;二百六,善调匀,文之候。革故鼎新,甲至庚七,辛至壬三,革鼎之数也。革火进由后,下而上则难而长;鼎火退由前,上而下则易而短。《经》所云相成相形,相倾相随,此候也。《悟真》亦云:前行短,后行长。长短,日之数。至后复交泰七十,至前坤三十,四卦终始在地之下,非武下不能上。是以震惊龙战,首尾象之;中间乃阴符伏食,大静之候。以文调匀而后符,丹鼎九还当九月,得二百六,余连始终,成一周天。盖鼎火也,开出寅,

闭入戌、亥、子、丑水方,阴极数止之位。武以回极而行止,所以救水中之火,如日食伐鼓之道。调文,则温养而守中矣。丹道以合符而行中也,鼎之候莫玄于此,功莫妙于此。从来不传之火,真人阐其数,吾不得不详衍其义,泄道卫道,罪我知我,其天乎?先白后黄,火制金而子归母,故曰阴火白。黄芽银,银在土中,丹结土釜,俱死归土也。土合阴阳之中,是为丹。丹母象芽,母生之象也。五行归土,则九窍朝元,上下之气,一时俱闭合凝真,会结中宫,若辅若翼,协成中田,人元也。阴窍两,阳数七,两七,天地之经,气之行所泄所会,开阖与俱,反复相应,以交环中,是为玄沟河车。车之上下往反,轮而还也;河之首尾昭回,朝而潮也。经汉注海,数万里一周天,其大纪可象者,至于象无象而玄又玄。何一周数万之有?一气之应如一息,自然冥而噏为聚焉。伯阳之三关,旌阳之二忍,道之应也。庄子曰况愈下。故曰两七。两上而七下,反道也,是为九鼎。终始九一之数。鼎,顶也。九窍总于天门一窍,一闭则九开,九闭则一开。聚下以瞻上,女娲之炼石补天也。故一曰:两七聚,瞻理脑。兑泽降于天,金液流于脑,脑、髓海也。精上居而制神,神常定而玄常升也。惟其常定常升,故子处中而常安存。众星拱,北辰居,百谷朝,大海归,周天易而不易之道也。乾金,母也;坎水,子也。既知子,复守母,母食子而子常安。谷神、玄牝,绵绵若存,存而往来,不离天地之根,真人潜深渊,浮游守规中矣。此鼎之一成也。方未成,子受气于母;及既成,母归气于子。长大纯一,先天之元,还结后天之元,在乎养之耳。爱敬君臣,养之功也;一周辛勤,养之候也;防护莫迷,养之纯也;昏昏惺惺,交相成而相守也;玄之又玄,途极幽也;天地之始,达会乾坤也。有还无,动归静,皆金丹入口,镇土之力;魂魄归根,静曰复命,自然之道。道必自然而后成,九鼎大还合于九天。夫形而上为道,形而下为器,道以器为凝,上以下为根。圣人所以取坤乾,老子所以人法地也。鼎器效于此,故一曰奇器生万象,二曰利器不以示,三曰神器不可为也。不可为,天符矣。朴散为器,圣人止之以符。

㊉全阳子曰:圆三径一,此吾身中之宝鼎也。三才位其中,五行运其中,铅、汞、土居其中。《阴符经》谓:爰有其器,是生万物。即此物

也。金丹种种玄妙，皆不出乎此。曰不在吾身，而在他人，则非清静之道矣。○口四八者，四象八卦皆在其中也；两寸唇者，具两仪上下之界分也。鼎长一尺二寸，应一年十二月周天火候。鼎身腹令上、中、下等均匀，不可使之一偏。○坐之时，以眼对鼻，以鼻对脐，身要平正，不可欹侧。眼须要半垂帘，不可全蔽，气从鼻里通关窍，不可息粗，息粗则火炽，火炽则药飞。○首尾，晦朔也；中间，月望也。晦朔乃阴极阳生之时，故用武火；月望乃阳极阴生之时，故用文火。然所谓晦朔月望，亦譬喻耳。却不可只就纸上推究。○七十、三十与二百六十合之，应一年周天数也。修炼至百日数足，则圣胎方灵。圣胎既灵，此后二百六十日，善能调匀气候，常使暖气不绝。《翠虚篇》云：温养切须常固济，巽风常向坎中吹。行坐寝食总如如，惟恐火冷丹力迟。○自子至巳为阳火之候，自午至亥为阴火之候。酉居西方属金，故曰阴火白。○脑为上田，乃元神所居之宫。人能握元神，栖于本宫，则真气自升，真息自定，所谓一窍开而百窍齐开，大关通而百关尽通也。○来去游者，呼吸之往来也。往来不出乎玄牝之门，则阴阳气足，自通神也。○行、住、坐、卧，绵绵若存，则日复一日，渐凝渐聚。胎气既凝，婴儿显相，而情性愈纯熟也。○一年处室，夙夜匪懈，爱之敬之，如臣子之事上。《灵源大道歌》云：他年功满乃逍遥，初时修炼须勤苦。勤苦之中又不勤，闲闲只要养元神。○《翠虚篇》云：抽添运用切防危，时恐炉中火候非。盖道高一寸，魔高一尺，百刻之中，切忌昏迷，在修炼之士常惺惺耳。○刀圭，丹头也；魂魄，龙虎也。运入昆仑峰顶，而化为玉浆流入口，则风恬浪静，虎伏龙降。○根者，天地之根也，金丹之基也。《翠虚篇》云：一才识破丹基处，放去收来总是伊。○五行顺则生人，逆为丹用，法度不可不审。火数盛则燥，水铢多则滥，斤两不可不定。○凡所有相，皆是虚妄，何白鹤、龙鳞之有？若言他是佛，自己却成魔，又奚仙君之有哉？当知白鹤、龙鳞，皆自我神通变化，而仙君亦是自己三清。或者不达此理，昼夜妄想，以待天诏，至有为黑虎所衔、巨蟒所吞者，岂不痛哉？宋人凿井，得一人之力，相传以为人自土中出；许旌阳举家成道，后人以为拔宅入于云中。甚矣，世之好谲怪也。此可为智者道，难与俗人言。

补塞遗脱章第三十三

《参同契》者,敷陈梗概。不能纯一,泛滥而说。纤微未备,阙略仿佛。今更撰录,补塞遗脱。润色幽深,钩援相逮。旨意等齐,所趋不悖。故复作此,命《三相类》,则大易之情自此尽矣。

㊣此小序也。疑是《鼎器歌》后序。

乙(浮石)丁(文火)己(物)辛(世银)癸(真铅)

木　火　土　金　水　五位相得而各有合

甲(沉石)丙(武火)戊(药)庚(世金)壬(真汞)

太易情性,各如其度。黄老用究,较而可御。炉火之事,真有所据。三道由一,俱出迳路。枝茎花叶,果实垂布。正在根株,不失其素。诚心所言,审而不误。象彼仲冬节,竹木皆摧伤。左阳诘贾旅,人君深自藏。象时顺节令,闭口不用谈。天道甚浩广,太玄无形容。虚寂不可睹,匡廓以消亡。谬误失事绪,言还自败伤。别序斯四象,以晓后生盲。

㊣此言易道情性度数,本黄老用之修丹,而炉火亦盗为烧炼。烧炼乃作丹之象,可据比拟而非其正也。枝茎花叶,果实垂布,正在根株,不失其素,根株即人之生理,可知非在外也。象彼仲冬节以下,又所以发明炼己之意。四象者,谓乾、坤、坎、离为四象也。盖知炼己,则可以知还丹;知还丹,则可以知炉火矣。

㊣符子曰:大易黄老,所谓三道由一,故曰俱出径路。同出异名,夫《经》以有无徼妙之不可二,则以同出之异,归之玄玄,此道之本祖一元哉!《契》文三篇,叙始终合符,政合于此。是以曰同、曰俱、曰三相类,则《参同》之大宗。奈何以炉火当之,外事,内事之象也。本拟于内之药物火候,即可为内之鼎符丹证。伯阳取其象而象焉耳。故不曰非类难施,安肯合体乎?而妄曰三类参契,又安在不离己身,八石弃捐哉?请试观根株,非命之归复乎?不失其素,非无名之朴乎?情性如度,非审末虑先乎?此之误独道哉,杀人多矣。又不如彼家,食色性也,因性而复性,损之至无,吾未见金石之出于性也。

㈣全阳子曰:参,三也;同,相也;契,类也。谓此书借大易以言黄老之学,而又与炉火之事相类,三者之阴阳造化,殆无异也。魏公悯后学之不悟,作此一书,敷陈大道之梗概。然恐漏泄玄机,未免傍引曲喻,泛滥而说。又恐阔略仿佛,不能备悉纤微,复述《鼎器歌》于后。凡篇中文辞之遗脱者,皆于此《歌》补塞之;义理之幽深者,皆于此《歌》润色之。使三篇之言,钩援相逮,旨意等齐,庶几后之览者,便得径路,不悖其所趣也。○道无不在,头头俱是。三圣如其度以作圣,黄老究其妙以作丹,炉火盗其机而为烧炼之术。或著于言,或修于身,或寓于物,此皆仰观俯察,明阴阳配合之法,远取近用,得造化变通之理。○魏公生于东汉,名伯阳,号云牙子,会稽上虞人也。本高门之子,世袭簪裾,惟公不仕,修真潜默,养志虚无,博赡文词,通诸纬候,恬然守素,惟道是从,每视轩裳,为糠秕焉。不知师授谁氏,而得大丹之诀,乃约《周易》,撰此《参同契》三篇。又恐言之参差,复作《鼎器歌》,以补塞三篇之遗脱,润色三篇之幽深。密示青州徐景休从事,徐乃隐名而注之。至桓帝时,复以授同郡淳于叙通,遂行于世。

自做①启后章第三十四

会稽鄙夫,幽谷朽生。挟怀朴素,不乐权荣。栖迟僻陋,忽略利名。执守恬淡,希时安宁。晏然闲居,乃撰斯文。歌叙大易,三圣遗言。察其旨趣,一统共伦。务在顺理,宣耀精神。神化流通,四海和平。表以为历,万世可循。序以御政,行之不烦。引内养性,黄老自然。含德之厚,归根返元。近在我心,不离己身。抱一毋舍,可以长存。配以伏食,雄雌设陈。挺除武都,八石弃捐。审类成物,世俗所珍。罗列三条,枝茎相连。同出异名,皆由一门。非徒累句,谐偶斯文。殆有其真,砾硌可观。使予敷伪,却被赘愆。命《参同契》,微览其端。辞寡意大,后嗣宜遵。委时去害,依托丘山。循游寥廓,与鬼为邻。化形而仙,沦寂无声。百世一下,遨游人间。敷陈羽翮,东西南倾。汤遭厄际,水旱隔并。

---

① 做,上阳子注本作"序"字。

柯叶萎黄，失其华荣。吉人相乘负，安稳可长生。

㊣此《参同契》之后序也。至后嗣宜遵而止，委时去害以下，文不相联，疑他章之脱误也。歌叙大易，三圣遗言，则《参同契》之作有自来矣。可以为历，可以御政，可以养仙，此所以为《参同契》也。引内养性至可以长存，炼己也；配以伏食至世俗所珍，还丹也。二者备，则性命双修，形神俱化，可为仙也。

上阳子偈曰：安稳可长生，长生无劫年。大道难思议，还丹奚变迁？火炼金为体，土克水为圆。初伏十六两，咽吞上下弦。常配以伏食，归根而返元。草木非同类，金石皆弃捐。审用窥造物，世俗珍此铅。清净得真修，愁惭斫自然。上圣宝金经，积功善结缘。气炼玄元始，太上命精延。泥丸耀神光，赫赤覆八蛮。大罗齐玉京，丹凤舞蹁跹。神霄九阳会，洞妙高上仙。

㊚符子《了义赞》○尧有九年之水，汤有七年之旱，病于水火之不既济也。《法象歌》与《后序》两指被凶遭厄。天时有不符，圣人能回天，足以见矣。此《易》所以范天地而不过，而道所以尽性命而长生也。大指皆归重于水一为元，火二为配。故玄沟鼎器，水旱隔并，皆相提而论。一奇一偶，合下便是《参同契》。《周易》所以上坎离而下既未，究竟皆归此道。道本一阴一阳，而居中得位，具乾坤之真精，合化行符，完乾坤之大用。《契》之所以全重坎离，乃其得一之元，而统归太极者也。但观先坎后离，先既后未，而进退之配符，交合之归宿，丹道全功，了然具足。卦六十，《契》三篇，尽为赘喙耳。即此序中一统共纶，便是奇偶；宣耀精神，流通和平，便是会符；为历御政，引内自然，便是合阴阳；合德厚，归根元，便是统太极；我心己身，便是性命坎离；抱一毋舍①，便是混沌乾坤；配以伏食，雌雄设陈，便是既济未济。为道不用多言，顾力行何如耳。故曰：吉人相乘负，安稳可长生。乘负，行道之用也；吉人，载道之器也；与善人，传贤者之谓也。有器而后有用，器用合而后安稳。慎哉，重哉！养生，人也；长生，天也。

---

① 舍，原本作"含"，据上下文义改。

附：

讚　序

《参同契》者，辞陋而道大，言微而旨深。列五帝以建业，配三王而立政。若君臣差殊，上下无准；序以为政，不至太平；服食其法，未能长生；学以养性，又不延年。至于剖析阴阳，合其铢两，日月弦望，八卦成象，男女施化，刚柔动静，米盐分判，以易为证，用意健矣。故为立注，以传后贤。惟晓大象，必得长生，强己益身。为此道者，重加意焉。

㊣全阳子曰：此篇以《讚序》名，乃后人讚序魏公此书之辞。又曰：故为立注，以传后贤。其非魏公本文，审矣。

㊣符子《答方难》○壬子仲冬，符子笺《契》已竣。出游于虎林，夜过新关，关尹王如惕计部邀而谈道。举方士之说以难曰：人生初受之形，从父精母血以生，是以求食于母为还元。曰：然则父精何在？淫佚之水非真水也。上为甘露，下为元精，取其凝者耳。水之淫败，且非血矣。十月育形于胎宫乎？产门乎？淫水之渐，令人淋溃烂死。曰：固犯之矣，以肘后法，得回垂毙而生。然则存想何如？曰：固言若存非我存矣，无所住而生其心，是以何思何虑，周流六虚，结想于一，而周何有。规中可守而不可想也，无想而自存，不想而自周。河车何谓乎？曰：犹帝车也，远而成岁，孰推之哉？旦暮一周，人从之运尔。不又曰蛇怜风，蓬蓬然起于北海，入于南海。有而运，其不至是。有运得不运，意者调息乎？可呼吸含育，伫思夫妇？曰：伫之为说辨之矣。调息者，调其不调以息其不息也。时而补息，时而消息，时而将息，时而安息，时而休息、止息，以至于调无调，息无息，而吾得常乎哉！必曰出微微，入绵绵。未知夫粗之与微，相循也，相代也，相易、相化也。首尾中间之调匀，则日之行、爨之候，象之矣。夫不见日有入，而爨有止乎？止之为真息，故曰深深，曰以踵。下之存，非其上之调也。调不已，将无又著，一息障

乎？古仙有云：精非交感之精，神非思想之神，气非呼吸之气。曰：然然，三术者，又皆吾试其方而三病者也。然则道何在？曰：无方无在，在《契》在《符》在《易》。何以易？曰：虚无自然。

符子《契后跋》○昔人尝读《契》，谓多舛误傅会。盖历二千年，古本散乱，古注不传。诞迂方士，谬以臆见幻术，借名神其说以行，曰古之有耳。如《小序》言大易情性，漫无宗本。又引入炉火，明其非真人之书，但曰相类有据。据者，据易为象；类者，相似而非《契》也。《契》故在易、黄老，而用烧炼以比烹炼，则天、地、人物三盗之一。真人曰何况在心胸，斯足验矣。抱朴子去汉未远，其书盛称外事服食，必信不可废。何怪唐之君臣，毒中金丹，冢累累相望耶？狃于相类而不察于非类，读书之弊多如是。此与房中二家，本自起贪财好色两欲之障，以误圣贤遗文，惑杀万世生灵。庄子曰：予虽有祈向，庸可得耶？

虞长孺尝为予道：《契》有古注本，国初宋景濂于秘书中检出布行，必淳于叔通所作，至武宗，世有百余年耳。杨用修博揽群书，为序古本《参同》，不言及。岂又为方术左道所毒，正灭其籍耶？即云古本，江南亦绝不行。此解据致虚分章，于彭氏、俞氏旨义近合，而黜去阴道污秽。故仍其文，不敢窜正，因刻用修序于后，以著《契》文源委，俟天下后世服古藏书之士考焉。故注古本，或有出者，则吾等之药镜在。

《契解》后跋

修养家每有传受，必先戒云：毋轻语人，不则必有天遣。谓其泄天机也。然古今发天地之秘藏，而泄造化之机缄者，孰有过于孔子？或曰孔子之言皆造化之顺也，仙家逆而用之，故造化忌焉。予曰：信如子言，则神仙又为天所忌矣，不可省也。因记此以释惑云。七月十一日小乾子书。

附录：

一、访玄栖山房记

明 张维枢

余阅赵子昂所记《山水清远图》，大略谓：天目之水至城南三里，而近汇为玉湖，汪汪且百顷。车盖道场，毘岘诸山，奔腾相属，列峰环周，如翠玉琢削，空浮水上，中湖巨石磊硊类浮玉，此其最清远处耶？余到郡，刺船往杭，见峰峦起伏，苍翠欲滴，微风吹波，玉纹可爱。近石顶竖一小浮屠，象玉印，意必有颐真握玄、拔迹风尘之士，枕平皋而构道室，虞神其间。以不虚此清远景况，舟子为指山间数楹，是符道人玄栖山房也。问道人为谁？即太复先生也。余舞象时，诵先生制义，知其用志专；及通藉，薄游中外，睹所结撰，知其储才博而经济宏。近与沈叔敷、唐美承谈《易》，得先生之修教吸灵，益悉。是役也，不喜拜吴兴符，喜获拜先生山房，庶几聆众妙之绪耶？遂移舟往谒，睹先生骨奇神清，角巾布袍，萧然也。入门数株扶疏，随风动籁，簌簌如也；陟木桥十许步，见湖水内注数十头莲荷，离披水上也；从桥横进十许步，结茅屋三间，虚室生白，友生所从，参玄问奇也；再进十许步，列东西二楼，其一祀犹龙老子，其一则先生修教吸灵处也。旁或构小亭，或翼数椽，幽然野意，真可与风行而可与水浮也。余时徙倚数刻，已有仰白云、汰尘土之想。是后每春朝秋夕，风轻雨余，便掉轻刀①，径通同先生蹑履，纵目楼中，觉风奔泉响，云罩舟飞，游翔相忘，镗答互应，而印玉对立中央。余笑谓：山川赠此一片玉，为先生道符，五湖长不足挂也。先生为颐解。已访所谓静有二功，其静功要在闭三于希夷昏默之渊，函一于安静虚无之常，守之浮游旋曲之中，同之阖辟痏痳之候，坤德之章已含，天地之复

---

① 便掉轻刀，《四库全书》作"便棹轻舠"。

随见。与《三宝》篇合而有功,则在调停文武之火,令精气神尽归土府,水土交结,情性还元,无生有,有入无,为大周天。间先生尝对余言:道人之学,全发于《参同契笺》矣。道人用功,八年而举二子,七年而辟谷,五年而不寒暑,九年而断房而应节,十年而候晦,十二年而行符,而今乃笺是《契》。余私叹先生岩栖川观若许年,始证函三为一,与道合真,其苦乐相循如此,余辈欲以尘劫息余,片念回光,拘拘于糟粕筌蹄间,而寻逆法,去玄不益远耶?且世亦安能尽知先生?昔茗诸高士,若陆鸿渐、张玄真,俱以一茗一钓,混光尘于缁素烟波之徒,韵致诚超矣。然识者微窥其有体而无用,未有若先生内行淳、内观朗、内心热,虚极而静笃,致远而匡危,于收敛寂寞中,卓然具经世出世之局者,列之李长源、陈希夷二公,可谓具体而微。盖余于《契笺》得其体,于《管権》得其用,于玄栖山房得其平生。而世徒以先生因病习生,托意问玄,等之于一茗一钓之侣,亦浅之乎知先生矣。王右丞曰:非子天机清妙,安能以此不急之务相邀?赵子昂曰:非夫悠然独往,有会于心,不以为知言。是玄栖也,请与清妙会心者共赏也,遂援笔而记之。

——出明·张维枢《澹然斋小草》卷四

二、朱长春传

朱长春,字太复,号海瀛(一作瀛海,伪。),万历癸未进士。知舒城县,重修学宫,筑隄防水,百姓利之。调常熟,又调阳信,均赋役,置社仓。召为刑部主事,会东事急,力诋枢臣石星。廷诤忤旨,削籍为民,归隐城南溪湾,闭户著述,只字不入长安。邑遭大水,陈救荒议,知府陈幼学采用其言。光宗朝,诏起直言,擢兵部郎中。卒,天启改元赠光禄寺少卿,祀乡贤。

——出清·光绪七年《乌程县志》

第十八卷

周易参同契注解

朝鲜 权克中 注解

点 校 说 明

1.《周易参同契注解》五卷,朝鲜权克中注。权克中,朝鲜安东人,号青霞子,生于明万历十三年乙酉(1585)三月十三日,卒于清顺治十六年己亥(1659)四月。权克中少即有神童之誉,先后从学于崔命龙、金长生、金士刚父子,养成浩然之气,成一粹然之鸿儒。权克中于万历四十年壬子(1612)中进士,时逢昏朝,遂绝意仕途,杜门静室,专心穷格之学。权氏早年常在病中,自言:"某不幸身早婴病,三十余年,消遣废疾中,二先生易簀,皆不得进与加麻之列。"这或即是其研究实践《参同契》原因之一。权克中友人郑斗卿《青霞诗集序》谓克中:"逍遥林下,读书养性,其学贯三教,尤邃于修炼家。注《参同契》,发前人所未道,非得伯阳翁妙旨,能乎哉!"朝鲜成海应《研经斋全集·草榭谈献》谓权氏"隐居古阜之天台山,炼丹不出,其后坐化,有虹自其屋发,上烛于天。"可见权克中于丹道研修颇俱造诣。权克中注《参同契》乃在崇祯十二年己卯(1639),时正当五十余岁,时当身强学富,履证深入,故以仙禅合一之道注解《参同契》,发性命双修之旨。复作《疏论》一卷,条列修炼之次第,末则以金丹图说终之。后附其所作"金丹吟"二十首,以补其注未尽之意。

2.本篇以韩国成均馆大学校尊经阁所藏之自然经室藏本为底本,

以钤有"李氏匡师"、"道甫"印章的朝鲜抄本为校本,简称"抄本"①。朝鲜赵文命撰写的《青霞子权公墓碣铭》,介绍权氏生平颇详,故据《青霞集》录之,附于卷后。

---

① 按:此抄本为哈尔滨闫晓飞先生所藏。据闫先生告知,抄本系用高丽绵纸所抄,故定之为朝鲜抄本。抄本所钤印章李匡师(1705—1777),字道甫,号圆峤,世称圆峤先生,为朝鲜著名书法家,有《圆峤真本》、《圆峤真诀》、《圆峤文集》十卷传世。匡师弟子李匡吕称其"少好丹家之说,兼究释典"(《李参奉集》),故知李匡师确曾涉猎丹家之说也。

周易参同契注解

海东青霞子 注解

魏真人传

魏伯阳,吴人,性好道,不乐仕宦。乃入山作神丹,时三弟子。知两弟子心不尽诚,丹成试之曰:金丹虽成,当先试之犬,犬无患方可服,若犬死不可服也。伯阳入山时,曾携一白犬自随,凡丹数转未足,和合未至者,稍有毒,服之则暂死。伯阳即以丹与犬食之,犬即死。伯阳曰:作丹未成,今犬死,无乃未得神明之意耶?服之恐复如犬,奈何?弟子曰:先生服之不?伯阳曰:吾背违世路,委家于此,不得仙,吾亦耻归,死与生同,吾当服之。伯阳服丹入口即死。一弟子曰:师非凡人也,服丹而死,得无有意乎?亦服之,亦死。二弟子相谓曰:作丹求长生尔,今服丹即死,不如不服,尚得数十年活。遂不服。乃共出山,欲为伯阳及死弟子求殡具。二人去后,伯阳即起,将炼成妙丹纳死弟子及犬口中,须臾皆活。于是将服丹弟子姓虞者同犬仙去。逢入山伐薪人,作手书寄谢二弟子。弟子见书,始大懊恼。伯阳尝作《参同契》、《五相类》,凡二卷。其说似解《周易》,其实假借爻象以寓作丹之旨。

周易参同契注解序[①]

朝鲜 青霞子

《参同契》者,何谓也?以易卦参同丹法契合之之谓也。如云以乾坤为鼎炉,坎离为药物,六十卦为火候之类是已。乾坤纯体也,故有鼎炉之象焉;坎离阴阳相含,故为药物之义。而六十卦爻刚柔相错,有似

---

① 此序底本无,据抄本补。

火候之文武也,故喻之为火候也。皆自然孚合,非牵强也。予尝读《易》而察之,丹、易参同,非特别卦爻然也。至于系辞亦多相合,如坤之卦辞曰:西南得朋,东北丧朋。孔子曰:西南得朋,乃与类行;东北丧朋,乃终有庆。复之卦辞曰:履虎尾,不咥人,亨。孔子曰:说而应乎乾。盖《说卦》乾为头而坤为腹,而医书丹田在于腹中,则坤为丹田也。又后天方位,坤为西南,艮为东北。又丹法,丹药乃日月精华也。而月生明于坤位,而丧明于艮方。其曰西南得明,东北丧明者,指坤炉中丹药隐现也;其曰终有庆者,指晦朔既终,则震符生明之义也。又兑为白虎之位,故乾兑相遇曰履,说而应乎乾,故失度过节,则为汝所拘,虎之咥人,凶也。若得其机而用之,则兑中至药,益人无量,虎不咥人,亨也。又如泽山为咸,火泽为暌,同类曰咸,非种曰暌也。又易逆数也,合于逆则成丹之语,又显诸仁藏诸用者,实丹、易之通例也。圣人作《易》,未必为丹家设,而自然悬合。大哉,《易》也,无所不包矣。且独阳不生,独阴不成,阴阳参同,乃成化工。金丹之法,虽是出造化法象,亦不离于造化中。龙虎参同,然后生铅汞;铅汞参同,然后成至药,是亦《参同》之象也。若夫书中所言之旨,撮合略言之:则无始之前有道曰太极,窈窈冥冥,恍恍惚惚,其中有物,曰先天一气。神神帝帝,灵灵圣圣,以空含有,以气合道,混沦无间,是为洪钧生物之本。降本流末,则为人物一生一死之道;逆流还源,则为仙佛不生不死之道。何谓降流也?在天为统体理气,在人为各正性命。一气动而分焉,则为阴阳五行,而为后天。后天者,有形有质也。列子曰无动不生无成有者此也。阴阳成人形质,先天一气无不离阴阳,故同赋而为人正命。太极不离一气,故同禀而为人真性。有形之后,积而无变,则宇宙亦溢矣。故又化而归于无,然后可施生生之道,此造化之常也。有形者必变,天地虽大,亦形也,未免成住坏空于劫运中,况于物乎?物在化中,不能不生,不能不死,此乃降本流末,一生一死之道也。何谓逆还也?先天性命,无形可生,无质可灭,真常不变,通贯有无。离形则超然独立,遇形则寄寓形中。形溃返源,随化更生,轮轮回回。及夫色身未败之前,修炼则可作仙佛。修性为佛,炼命为仙,变化生死之身,回复理气之源,造化在我,我还生杀我耶?

此乃逆流还源、不死不生之道也。虽然逆还之际，机关妙用，有未易言者。盖阳之机在阴，阴之机在阳，此法以乾为鼎，以坤为炉，用离火而烹坎水，则阴中阳气出而唱之，阳中阴精和而应之，瞥然之顷，二物合而为药，曰金丹。至矣哉，坎离中爻也，此非凡阴阳也，乃先天精气也。藏于阴阳中者，即先天寓于后天之象也。凡物理在外者为粗，而居中者为精，此二爻居坎离之中，为乾坤之用，其名曰九六。古诗云：如何九与六，能尽人间事。此之谓也。此所谓乾坤为鼎炉，坎离为药物者也。此乾坤、此坎离，人人所有而不自受用者，何也？不知阴阳互用之机故也。至人口诀传与有缘，一朝依其方便，乾坤相遇，坎离互用，则药物生于其中。盖乾、坤、坎、离乃《易》之四正卦也，而丹家借象通喻也。乾坤上喻天地，下喻男女；坎离外喻日月，内喻心肾也。人身，少天地也，天地日月之道具于身中，所采丹药即天地神精，日月魂魄也。是以金丹一粒，衰者服之，集其精神；死者吞之，还其魂魄。《石函记》曰：太阳离火精，晃朗生灵质，试将些子望空掷，高奔走入金乌窟，华射阳光光射药，相辉相烁混其光。又曰：返魂须是天魂魄，此是人魂正祖宗。浩浩生生万种魂，或人或兽或禽虫，乌精兔髓相连属，摄召魂灵能返还是也。且覆载间，有情无情，群品无非天地日月之精也。是以，此药亦能资始万物。《石函记》曰：至神至圣药，号紫金膏。若点他物，上则瞽者明□明，枯体复生肉，朽木发春华，凡铁化良金，顽石成美玉是也。药物生于人身，而具有造化之力如者，三才一道故也。合而观之，乾坤鼎炉，后天色身也；坎离药物，先天法身也。药物不离于鼎炉，先天不离于后天，法身不离于色身。欲求药物，先修鼎炉；欲求先天，先修后天；欲求法身，先修色身。理然也。经曰：佛法在世间，不离世间觉。离世觅菩提，恰似求兔角。金丹之法亦复如是。是以炼丹者，一身所具之物，无一可弃。培养心、肝、脾、肺、肾为炉灶之需用，储蓄精、神、魂、魄、意为药材之佐使，然后进火退符，而真丹为我采矣。或有奉道之人，鼎器如法，火候依方，而药物不应者，无他，先养之工不足耳。此书凡上、中、下三篇，而今分为六十四章者，元是演《易》之书，故分章亦应六十四卦之数也。

皇明崇祯己卯五月日长至，青霞子谨序

魏伯阳《周易参同契》上篇一卷

海东 青霞子注解

第一章

乾坤者，易之门户，众卦之父母。

金丹之法，鼎炉居先，故此章首论鼎炉。乾坤者，鼎炉也。乾坤本易卦之象，天地者也。乾卦三奇而连，象天之周围无缺也；坤卦三遇而坼，象地之疏虚通气也。借而通喻，则以人言之，为男女；以器言之，为鼎炉也。《易》者，本书名也。以卦爻之交易、变易，故名之以易也。借而通喻，则在天地，日月阴阳也；在人身，精、神、药物也。合而言之，乾坤具而后六十四卦生，天地位而后阴阳日月行，鼎炉设而后金丹药物成。

第二章

坎离匡郭，运毂正轴。

有鼎炉，然后药物次之。故此章首论药物。坎离者，药物也。坎离本易卦之象日月者也。日阳中有阴，离之象也；月阴中有阳，坎之象也。借而通喻，则为龙汞、虎铅、肾气、心精，实金丹大药也。又离中虚理也，理主无也；坎中实气也，气主有也。理气，不离之物也。若主于虚而合之实，则无中妙有也；主于实而归于虚，则有理真空也。老释宗要不过坎离之旨耳，故曰离宫求无者禅也，坎府索有者丹也。匡郭，犹言形体也，言药物之成也；运正毂轴，言其关捩也。

第三章

牝牡四卦，以为橐籥。覆冒阴阳之道，犹工御者，准绳墨，执衔辔，正规矩，随轨辙，处中以制外。

牝牡，阴阳也；四卦，乾、坤、坎、离也；橐籥，炉冶之器。鼎炉具而药物备,则将进火候,故言橐籥也。绳墨、规矩、轨辙等,言四卦之紧要也。修丹关键,全在四卦。他卦为四卦之用也。四卦以体言之,亦反覆不变,故曰四正卦,此真天地日月之象也。天地日月不变,故能主变化也。

第四章

数在律历纪,月节有五六。经纬奉日使,兼并为六十。刚柔有表里,朔朝屯直事。至暮蒙当受,昼夜各一卦。用之依次序,既未至晦爽,终则复更始。日辰为期度,动静有早晚。

此言火候也。除上四卦,则只余六十卦,为一月昼夜火候也。五日为一候,六候为一月,七十二候为一年。六十者,一月兼昼夜则为六十也。刚柔表里,以阴阳爻言也。一日两卦,朔直屯蒙,晦终既未,此为凡例也。爽,月生明也。以卦爻配火候者,只取奇遇进退,以比火候文武而已,别无深义。或者以此为闭目数息之法,则误矣。

春夏据内体,从子至辰巳。秋冬当外用,自午讫戌亥。赏罚应春秋,昏明顺寒暑。爻辞有仁义,随时发喜怒。如是应四时,五行得其理。

春夏谓子后巳前,秋冬谓午后亥前;内体谓前卦,外用谓后卦也;自子至巳,阳火候也;自午至亥,阴符候也。阳火发生,阴符收敛。丹士亦知此义,内外两卦之候,一文一武,各随其时也。《金碧经》曰:文以怀柔,武以伐叛。亦此意也。曰春、曰夏、曰赏、曰明、曰仁、曰喜等,阳时文火候也;曰秋、曰冬、曰罚、曰昏、曰义、曰怒等,阴符武火候也。虽然司火之权,实在主人之心意。火非自火也,火依于息,息依于心。止念为文火,动念为武火,心如斗极运平身中之四候。意为真土,和匀身内之五行。下章累言斗极与戊己者,皆喻丹士之心意也。

第五章

天地设位,而易行乎其中矣。天地者,乾坤之象也;设位者,列阴阳配合之位也。易谓坎离,坎离者,乾坤二用。二用无爻位,周流行六虚。往来既不定,上下亦无常。幽潜沦匿,变化于中。包囊万物,为道纪纲。

此章借天地间二气流行,喻丹鼎中药物变化。丹法不出造化之道,请先言阴阳升降之机而归之于人也。盖闻天地相去八万四千里,冬至之日,阳自地升,阴自天降。升与降,一日各四百六十里二百四十步,至九十日,阴阳相遇于天地之正中,而为春分;又九十日,阳到天,阴入地,而为夏至。气极则还变,故阴生矣。夏至之日,阴自地升,阳自天降,如前法。为秋分,为冬至,如是循环无穷。人身即小天地也,心肾相去八寸四分,乃天地相去之比也。子时肾中气升,心中液降,即身中冬至也;卯时气液停匀于心肾之中,即身中春分也;午时气到心,液到肾,即身中夏至也;又自午时气还下,液复升,酉时气液停匀于心肾之中,即身中秋分也;子时气到肾,液到心,极则还复升降,如前法无已时。然则天、地、人之气皆极于子午,而交于卯酉修丹者,以身中造化,参天地造化,则药物可采,而火候可愆矣。易者,阴阳而已矣。坎离中爻即易也。在天地则阴阳,在人则气液也,周流无定位也。

　　以无制有,器用者空。故推消息,坎离没亡。

　　无,火也;有,水也。以离无参坎有,结成至药于空器之中,以火符消之、息之。没亡者,极言其出没神化之道也。

第六章

　　言不苟造,论不虚生。引验见效,校度神明。推类结字,原理为证。坎戊月精,离己日光。日月为易,刚柔相当。土旺四季,罗络始终。青赤白黑,各居一方。皆禀中宫,戊己之功。

　　古人造字,不无义理。如易字,上日下月,日月阴阳之至也。易以道阴阳,故以易名之也。推类征之,则此例甚多。如丹字亦日月象也,金丹出于日精月华,故以丹名之也。坎戊离己,以纳甲法言之也。坎,水也;离,火也。水火相克甚,故坎离皆配土,要制水也。造化中,亦有扶阳抑阴之道,自然之理,非人意造也。金丹五行与凡五行异,而取用则同耳。金丹五行即精、神、魂、魄、意也,一名铅、银、砂、汞、土也。意在中宫,为迎接之具,故属于土也。窃观河图之数,三八木居东,四九金居西,二七火居南,一六水居北,五土居中,五行生数皆得土而为成数。

如三得五而为木之成数,四得五而为金之成数。是成,余仿此。所以水、火、金、木皆戊己之功也。

第七章

易者,象也。悬象著明,莫大乎日月。穷神以知死,阳往则阴来。辐辏而轮转,出入更卷舒。

此以下更言火候,而此极赞日月之时义。火候无他,乃日月之往来圆缺也。盖闻日月成形,周围各八百四十里。日莹如火珠,月黑似漆镜。月无别体,受日为光,晦朔之间,日月交会,上下合璧,同行同没,故全不见光。至初三日,月始离日受光,而光小者,去日不远,侧受日光故也。去日渐远,则受光益广。盖受光盈缩以七为度,初三日八百四十里,中七十里受光而生明,自此日加七十里,至初八日四百二十里,受光于全体居半,而为上弦;至十五日,日月相对,全体受日恰尽,则与日俱圆,而为望。自此后,与日还近,受光渐窄,初缩七十里为始缺。日缩七十至四百二十里,则为下弦,至晦与日合体。如前法,循环不息。夫日月者,阴阳夫妻生育根本也。一年十二次交会,男女构精之象也。升天入地,昼夜互换,卷舒二气,生成万类。虽然,此造化之常道也。若夫金丹取象,则奈何?日为阳,阳属木火;月为阴,阴属金水。木浮金沉,火燥水静,其性相反相制,在弦望离而相反,在晦朔合而相制,故日月能终古不忒。若日与日相合,月与月相遇,安能交相为赐哉?金丹即身内日月也。心,日也;肾,月也。心为阳,阳属神魂;肾为阴,阴属精魄。神扬精拘,魂散魄收,其性相反相制。在人身离而相反,在金丹合而相制,故金丹能万劫不变。若心与心相合,肾与肾相遇,安能交相资益哉?《易》曰:二女同居,其志不相得。斯之谓也。且金丹日生而月成,何以言之?上弦取日精,木火神魂也;下弦取月华,水金精魄也。两弦合后,水禁火,金制木,精束神、魄摄魂。此乃成之之义也。凡生之属阳,而成之属阴也。余释详于下章。

易有三百八十四爻,据爻摘符,符谓六十四卦。晦至朔旦,震来受符。当斯之时,天地媾其精,日月相撢持。雄阳播玄施,雌阴化黄包。

混沌相交接,权舆树根基。经营养鄞鄂,凝神而成躯。象天蹈以出,蠕动莫不由。

　　三百八十四爻,乃六十四卦之奇耦爻也,与丹药一斤十六两,三百八十四铢相符也。据爻摘符者,摘卦为符,视符行火也。上阳子曰:一卦有六爻,一爻有三符,一日两卦有三十六符,阴阳相交,不尽一爻之用。一爻三符,止用一符,故采得丹头,亦止一符之顷。盖佛性、仙丹,俱是得之以顿而成之。以渐此义云何?有先后天之异故也。先天攒促,后天舒长,得道于先天,而成道于后天,故有迟速之异也。所谓舒之弥宇宙,卷之不盈分是也。又按邵子《经世书》论天地劫数,极其延促。延之则为一元十二万九千六百年,促之则为一时十二万九千六百丝。以此论之,久速虽殊,钩连无断。半符得药之顷,有可以窃取一元之寿之道矣。虽然此指色身而言之也,法身理气也安有限量也哉!震来受符者,八卦除坎离二卦,以卦分配六月六候,以表月光之圆缺。月以望前光圆为阳生,望后光暗为阴生。震阳生卦也,兑阳长卦也,乾阳纯卦也。故望前三候震、兑、乾主之,初候五日震来受符,再候五日兑来受符,三候五日乾来受符也;巽阴生卦也,艮阴长卦也,坤阴纯卦也。故望后三候巽、艮、坤主之,初候五日巽来受符,再候五日艮来受符,三候五日坤来受符也。此只言震符者,举一而例其余也。且人间少阴,天上太阴同类也。故月中阳生,则兑宫药发,要令丹士当知产药之时节,不愆来丹之火候也。至矣哉,丹药也,天地神精,日月魂魄,雌雄施受,交姤为胎,元神投焉,遂成真躯。脱质升化,名曰神仙。顺而播之,则为降本流末之道,而蠕动皆由之;逆而行之,则为返本还源之理,而一切天仙无非炼丹而出也。

第八章

　　于是仲尼赞鸿濛,乾坤德洞虚。稽古当元皇,关雎迷始初。冠婚气相纽,元年乃芽滋。

　　此言仲尼赞《易》之事。易道明而丹法反隅而推也。元皇,上古始造丹法者也。《金碧经》曰:元君始炼汞,神室含洞虚者是也。《关雎》

之诗,言之夫妇之礼,取二气相姤也。冠婚云者,男子冠婚之年,三元不败,下手采药,易于反掌。《石函记》曰:男冠女笄失时年,气不交兮体不合是也。元年,采药之初也;芽滋,药苗生也。

　　圣人不虚生,上观显天符。天符有进退,屈伸以应时,故易统天心。

　　此深叹圣人肇造丹易利益后人。古诀亦云:一朝得到长生路,深感当初指教人。天符,日月也;天心,初阳也。复卦《彖》曰:复其见天地之心是也。一阳初生,于天地为建始之道,于金丹为起火之首也。

第九章

　　复卦建始萌,长子继父体,因母立兆基。消息应钟律,升降据斗枢。三日出为爽,震受庚西方。八日兑受丁,上弦平如绳。十五乾体就,盛满甲东方。蟾蜍与兔魄,日月气双明。蟾蜍视卦节,兔魄吐精光。七八道已讫,屈折低下降。十六转受统,巽辛见平明。艮直于丙南,下弦二十三。坤乙三十日,东北丧其明。节尽相禅与,继体复生明。

　　复,朔日也。一月之朔,如一年之冬至,故曰复也。前章只论震符,此备陈六卦,兼说纳甲法,大明火候之终始。《金碧经》曰:坤生震、兑、乾,乾生巽、艮、坤,六卦相生,继为终始也。按易卦纳甲:震纳庚,兑纳丁,乾纳甲,坎纳戊,离纳己,巽纳辛,艮纳丙,坤纳乙。初三日夕月生明于西方庚位,谓之震符,而应震之纳庚;初八日夕月上弦于南方丁位,谓之兑符,而应兑之纳丁;十五日夕月满轮于东方甲位,谓之乾符,而应乾之纳甲;十六日朝月生暗于西方辛位,谓之巽符,而应巽之纳辛;二十三日朝月下弦于南方丙位,谓之艮符,而应艮之纳丙;三十日朝月灭光于东方乙位,谓之坤符,而应坤之纳乙。愚初不知纳甲法有何义理,到今始知以表月现之方位也。卦象天干,自然与日月孚合,非人智力所造也。坎离戊己不入者,何也?坎离即日月也。戊己者,日月中所藏真土也。戊为阳土,己为阴土,晦朔夜半,日月相媾,流戊就己,两土合而成圭,故不可以方位言也。金丹之道,全象于日月。阳火生丹,以外阳消剥内阴,象日魂之照耀月魄也;阴符成丹,以外阴包固内阳,象月魄之钤束日魂也。日月离合,丹火首尾也。一人炉鼎符候已毕,天下药物生出无穷,故云节尽禅与,继体生龙也。或问曰:金丹有十月之工,一月而毕,何也? 曰:火候有延促之殊,而取象则同一年火候三百日而周,一月火候三十日而周,一日火候十二时而周,一时火候八刻而周,一刻火候半饷而周。今举一月,以例其余也。时刻谓之小周,日月谓之中周,岁年谓之大周。火候在阳时,丹气敷舒;火候在阴时,丹气敛结;阴阳夹持,而长养丹体也。

第十章

壬癸配甲乙,乾坤括始终。七八数十五,九六亦相应。四者合三十,阳气索灭藏。八卦布列曜,运移不失中。

此承上章八卦纳甲法,论乾坤二卦,独纳二干之义。纳甲法,乾卦兼纳甲壬,坤卦兼纳乙癸。甲,阳干之始;壬,阳干之终;乙,阴干之始;癸,阴干之终。此乾坤能括始终也。又壬癸皆水也,乾坤鼎炉之卦能生药物,可见真水为丹头也。又七、八、九、六四象老少,五行生成之数也。合之为三十,为一月①丹火之首尾;分之为十五,即丹药鼎器之斤两也。阳气灭藏,喻月合于日而光灭也。月受日成光,故以光为阳,月既晦则又震生兑长,乾满既望,则又巽消艮灭坤藏,如是相寻于无穷。

第十一章

元精渺难睹,推度效符证。居则观其象,准拟其形容。立表以为范,占候定吉凶。发号顺时令,勿失爻动时。上察河图文,下序地形流。中稽于人心,参合考三才。动则循卦节,静以因象辞。乾坤用施行,天地然后治。可以不慎乎。

元精即药物也,所谓坎离铅汞者也。铅汞皆先天物也,无形象可睹,必也以同类有情之物,立为炉鼎,又侧符候,然后可以下手也。形容,喻炉鼎也;爻动,喻符候也。符候在一年则冬至,在一月则初三或十五,在

---

① "一月",底本作"一一月",多衍一"一"字,据抄本删。

一日则子时也。虽然奉道之者,一时为可惜,何待年月之久哉?每日夜半亥末子初,一阳萌动,即可进火采药也。盖一日乃一年之象也。子时,子月也;丑时,即丑月也;寅时,即寅月也。余仿此。太阳子时到子位,则一阳生;丑时到丑位,则二阳生;寅时到寅位,则三阳生。卯辰以下及午后阴生,仿此。人身即天地也,心中离火之精即太阳也。二六时中,周流上下。子时到肾位,日入地中,夜半之象也。阴极阳生,还复上升。卯时到肝位,为平明。午时到心位,日到天中正昼之象也。阳极则阴生,还复向下。酉时到肺位,为初昏,子时又到肾位,周而不止。然则子时者,为一日之冬至,身中之震生也。天人太阳交会于此时,进火采药莫良于子时,而余时皆不堪用也。《复命篇》曰:炼丹不用寻冬至,身中自有一阳生。谓此也。虽然造化亦有延促之道,故时中之刻刻中之分,自有阴阳相应之候。丹士一心行火,惺惺不昧,则大药之来,且有不拘时分者矣。故《入药镜》曰:一日十二时,意所到,皆可为。谓此也。

第十二章

御政之首,管括微密。开舒布宝,要道魁柄,统化纲纽。爻象内动,吉凶外起。五纬错顺,应时感动。四七乖戾,誃离俯仰。

此章言下手之初,先要节嗜欲,固本元。犹人君出治之道,端本澄源,不然则有乖错之患也。

文昌统录,诘责台辅。百官有司,各有所部。

文昌,六官之长;台辅,三公之位。喻丹士之心意

日合五行精,月受六律纪。五六三十度,度竟复更始。原始要终,存亡之绪。或君骄溢,充①满违道;或臣邪佞,作不顺轨。弦望盈缩,乖变凶咎。执法刺讥,诘过贻主。

日有五刚五柔,合为十干。十干为五行之精,如甲乙为木,丙丁为火之类。月有六律六吕,合为十二律。十二律为十二月之律,如黄钟子、大吕丑之类。五六合为三十,一月之终始也。前章以五行四象之数

---

① 充,抄本作"亢",注中作"亢急"解,考诸本,当从抄本作"亢"字。

合为三十,此章以五行六律合为三十,取义不一,而皆孚造化之嘿契如此。日为君象,月为臣象。君道亢急,则灾为日薄;月臣道不轨,则谪见月蚀。日君,日心王也;臣月,情意也。凡炉火凶咎,责之心意而已矣。

辰极受正,优游任下。明堂布政,国无害道。

北斗运枢天中,而众星环拱;王者布政明堂,而万国朝宗;丹士一心临炉,而药火调和。其理一也。自章首至此,极论炼形持心,为修丹之第一要也。《心印经》曰:上药三品,精气神。先天三元也。其在后天身中,元精为真阴,能滋润一身,感则为淫泆之精;元气为真阳,能温暖一身,嘘则为呼吸之气;元神为真性,能君主一身,发则为思虑之神。精与精一类,故淫精不泄,则元精自足;气与气一类,故呼吸不放,则元气自裕;神与神一类,故思虑省少,则元神自安。精气,丹材也;心神,禅本也。精足者,形貌泽如婴儿;气裕者,吹呵热如真火;神安者,心情寂如镜水。如是之人临炉,即得铅汞,坐禅即见心性。为仙为佛,到处皆成。如今之人:丹者,龙虎猖獗,药物不应;禅客,猿马躁扰,凝定无期者。无他,精气损泄,神不守宅故也。分之三元,合为一物,神依于气,气依于精,精足则气全,气全则神定,精其本也。又闻男子身中之精通有一升六合,一斤之数也;呼吸之八十一丈,九九之数也。男女一次相交,精泄一合,气缩一丈。泄之不已,则精气尽而神去矣。补泻随人老少。二十许时,泄后五日还本;三十许时,十日还本;四十许时,一月还本;五十许时,一年还本。精气满于本数者,呼则接天,吸则引地,八十一丈间清淑之气,与吾气相交出入于肠胃间者,一日之内未知几百遭也。若是者,采先天之气甚易也。人有气,方壮者,去八十丈之远而吹烛即灭,是气盈之验也;又有数泄、津渴、呼吸短促者,气缩之效也。是以识者爱含精气如金玉,愚人费之如水火,可胜叹哉!或者以为丁壮人不泄则郁结致病,此则责之心念而已。凡人欲念炽然,强畜不泄则容有此患;若念头清净者,精液虽盈,自不欲泄也。古德云:精满不思色,气满不思食。此之谓也。然则炼养之方,专在储精固气,而其本又在于心念也。

第十三章

内以养己,安静虚无。原本隐明,内照形躯。闭塞其兑,筑固灵株。

三光陆沉,温养子珠。视之不见,近而易求。

前章言外炼,此章言内炼。兑,口也;灵株,根蒂也;三光,耳、目、口也;子珠,身内药物也。

黄中渐通理,润泽达肌肤。初正则终修,干立末可持。

精裕气充,而符于外也;初正干立,原始也;终修末持,要终也。

一者以掩蔽,世人莫知之。

一者,无对之称,金丹也。凡人有生老病死之苦者,皆出于二也。其一在造化中,而我甘处于二也。修炼之士,混三元而为一,初窃机关时,已得其一,我与造化侔矣。得一之后,权柄在我,谁能二之？欲一则一,欲二则二,自立造化而造化不能役我矣。故曰:得其一,万事毕矣。儒谓之太极,佛谓之真如,道谓之金丹,皆此一字也。虽然最初一着,幽深不可见,故云世人莫能窥也。

第十四章

上德无为,不以察求;下德为之,其用不休。上闭则称有,下闭则称无。无者以奉上,上有神德居。此两孔穴法,金气亦相须。

此段极论橐籥吹嘘之事。以上下文义观之,前段属叙分,自此以下为一篇之正宗也。上德,坤火也;下德,乾火也。天气下行,地气上行,是为地天泰。天道动而不息,地道无为,统于天也。有者,水也;无者,火也。地气上行闭之则为水,天气下行闭之则为火。无者以奉上,上有神德居,以无索有也。上有下无,是为水火既济。乾坤两窍,水火互用,则金气须之以生。气生时急要采取,采取之候,一时之中分六候,二候用于采取,四候用之合丹。合丹者,铅汞相投之际,一心照顾,传精送神,则真息周流身中,逆上天谷,瑞露蒸成,落入黄庭,则谓之采药合丹也。黄庭者,脾胃之下,膀胱之上,心之北而肾之南,肝之西而肺之东,一身之正中也。所得药在其中,不进火则还为耗散,故得药之后,火符炼育,凡用十个月,而方成大丹。若也不采药而进火,则亦能温暖下府,而补益形躯也。

第十五章

知白守黑，神明自来。白者金精。黑者水基。水者道枢，其数名一。阴阳之始，玄含黄芽。五金之主，北方河车。故铅外黑，内怀金华。被褐怀玉，外为狂夫。

铅质虽矿中藏白金，肾水虽黑中含真气，其理相似。一心守之，则神明自应，诞信相半，则道无终成。五行之首，天一生水，故为道枢，为阴阳之始也。今夫水，人物之生气也。天一未生前，为湛一清虚之气，周流往来，为滋润之精，是为真水。在天地为沉潆之气，在人身为液津之根。天一既生，地六摄之，则为有形之水，淡泊无味，在天地为井泉之水，在人身为华池之水，能为汤剂之用，吞咽之药。成水之后，久于地中，与身中者为醎味之死水，在天地为海水盐井，在人身为汗后痰饮也。若夫真一之气，未尝休息，通贯三才，产出无形之水，长为生物之元，是为金丹大药也。欲采此气，当于形质中求之也。无形不外于有形也，今夫井泉之良者，夜半子时，天一之精游于水面，是名井花水。金丹之头，亦用子时，出现于人身之肾中，是名水中金，是无形寓于有形之验也。鼎炉相烹，心肾交媾，则一气出而应之，谓之采丹得药也。初采为水火符炼之，则凝成紫金，是为金液大还丹。此金来自造化窟中，非凡金之可比，故为五金之主也。河车，直气升降之名，得之于水中，故曰河车。丹田有药，河车搬运于四体中。古云：北方正气，日月为轮，输水转火，入于泥丸。河车之谓也。黑铅产金，褐夫怀璧，以贱蕴贵，以晦养明，造化之道也。丹士知此义理，能守雌待雄，守黑待白也。

第十六章

金为水母，母隐子胎；水者金子，子藏母胞。真人至妙，若有若无。仿佛大渊，乍沉乍浮。进退分布，各守境隅。

此言金水结成神室，而元神依之之事也。子母相投，精气交媾，神室基于大渊之内，复以铅中火气筑而固之。当此际也，元神在于仿佛之中，若存若亡，乍沉乍浮；及乎火辍室固，元神出现，则铅沉银浮，各守境隅矣。真人，元神也。

第十七章

采之类白，造之则朱。炼为表卫，白里真居。方圆径寸，混而相拘。先天地生，巍巍尊高。

此言神室法象也。采白金于兑户，成玄胎于离宫，外白内黄，方圆径寸，先于象帝，首出庶物也。盖此生成日月，须用十月三百日工夫。三百日停匀分半，则上一百五十日阳火生丹之候也，下一百五十日阴符成丹之候也。又一百五十日分三关，初五十日丹生之始，中五十日丹生之中，后五十日丹生之终。初关之生如黍米大，此名金丹；中关之生如雀卵，此名金液还丹；后关之生如鸡子，此名金液大还丹。至此生之极，即向乎成矣。一百五十日又分三关，初五十日成之始，中五十成之中，后五十日成之终。其为物也，生活不括，自下向上，自上向下，如此一月一次，九个月九次返还，则谓之九转金液大还丹者，太阳之数也。一月金液返还谓之大河车，其余二六时中，真气升降，遍布身内，谓之小河车。所谓河车九万匝，搬运入①泥丸是也。是以得丹之士肉身，不期炼而亦炼。太丹运在上田时，上焦阴气尽运在中田，时中焦阴气尽运在下田，时下焦阴气尽。阴尽阳纯，则光明无碍，故能见自己藏府及通他人心曲。此道也，水铅、火砂、木汞，过三百日变成纯金。三百者，六五之积也，始终土数摄之也。金丹真五行也，取象则与凡五行同也。

第十八章

旁有垣阙，状似蓬壶。环匝关闭，四通踟蹰。守御固密，阏绝奸邪。曲阁相通，以戒不虞。可以无思，难以愁劳。神气满室，莫之能留。守

---

① 入，底本作"八"字，从抄本改。《金丹四百字内外注解》云："日采一粒，重一铢二八。着行十个月火候，采九百粒，重三百八十四铢，入于中宫，而成丹也，故曰：'河车九万匝，搬运入泥丸'。"

之者昌,失之者亡。动静休息,常与人俱。

此章继神室象法而力陈儆戒,盖防魔也。魔者,外道天神,其力亦高,学人道盛,则现恼害多般,若道力已胜,不可侵犯。则过为神异之应,而悦之引诱道者,径捷出神,遂致失舍迷归,堕落魔军,可不惧哉?此章戒云不忧不喜,无思无虑,守御固密,遏绝奸邪者,为此也。然则此际宜如何用功?曰:丹道已了,当行禅定工夫矣。修证大法,无出丹、禅二门。而丹炼之,炼之从无而入于有;禅损之,损之从有而入于无。观其龙虎、鼎炉、火符、吹嘘,则有为之至也;离形祛智,嗒然坐忘,则无为之极也。是以成功之后,未免有偏全之异。丹有拘有之患,禅有滞空之弊,若医其病,则不可以病治病,当须改宗换法。拘有者,须空宗而超脱;滞空者,参有门而点化。然后工行归全,性命双修也。

第十九章

是非历藏法,内视有所思。履斗步纲宿,六甲以日辰。阴道厌九一,浊乱弄元胞。食气鸣肠胃,吐正吸外邪。昼夜不卧寐,晦朔未尝休。身体日疲倦,恍惚状若痴。百脉鼎沸驰,不得清澄居。累土立坛宇,朝暮敬祭祠。鬼①物见形像,梦寐感慨之。心欢而意悦,自谓必延期。遽以夭命死,腐露其形骸。举措辄有违,悖逆失枢机。诸术甚众多,千条有万余。前却违黄老,曲折戾九都。

此言旁门小法,不须详解。

第二十章

明者省厥旨,旷然知所由。勤而行之,夙夜不休。伏食三载,轻举远游。跨火不焦,入水不濡。能存能亡,长乐无忧。道成德就,潜伏俟时。太乙乃召,移居中洲。功满上升,膺箓受图。

此一节,即禅定之事也。智者灼见丹禅之旨,兼修齐进,门亭旷远,

---

① 鬼,底本作"要",据抄本改。

不侠劣也。伏食者伏气而食之也。《经》曰：服气不长生，长生须伏气是也。丹成之后，精与之浆，故不渴；气与之粮，故不饥。又内夫妇交，故外无男女之欲；内坎离交，故外无水火之害。降伏龙虎，故猛兽不敢近；交并金木，故刀兵不能贼。此身不衣不食，无伤无损，于人间世也，缘业省小，然后得静僻之处，坐禅入定，破心裂念，昏昏嘿嘿，宫宫冥冥。如是或三年，或六年，或九年，久近随其机品也。习性消落，真常独存，通玄造微，以仙证佛，则太乙元君摽名赐号曰无上极品天仙，金粟如来抚顶受记曰丈夫天人师佛。蓬莱上上颠除道，清宫阳天九九位。膺箓受图矣。或问曰：夫道一而已矣，何以为仙佛异名，丹禅分门也。曰：尝试论之，太极配合先天一气，为万化之枢纽，空中含有，似一非一，似二非二。禀于人，则太极为真性，一气为正命，真性配合正命，为一人之大本。寂中有照，亦似一非一，似二非二，若发于用，则性如如不变，命为迁流无定。本原中有一而二，二而一，故修证亦然。上上赖机，性命仙佛一时俱证，无有欠余，应本源之二而一也；其次渐门，或丹或禅，修命为丹，悟性为禅，分门对治，而亦有遗漏，应本源之一而二也。此所以修有分门，号有仙佛者也。又分门者，毕竟互修而圆通，则岂非应本源之一而二，二而一者也耶。静观物理，有对待，然后生中道义。如丹为有门，禅是空宗。以言乎有，则丹药有一斤十六两三百八十四铢，析为黍累，则至千万亿分身应化当副此数也。又丹是一气之所成也，天地间色色形形皆一气之分也。此气所摄者，我能为之为风、为雨、为人、为物，凝则为金刚不坏之物，散则为神通不测之用者，皆气之妙有也。以言乎空，则证性悟空之后，山河粉碎，世界①消殒，窒处通，填处开，坚融固释，执解拘袪，无人无我、无方无位、无古无今、无远无近，真如自在处，万象莫能干者，乃理之真空也。理气空有，自相对待也。而又理气不离空有相含，不可分，不可析处，是中道义也。顿宗从其中道义也，渐门从其对待也。对待本无生处，终必归宿于中道义，则顿渐圆②融之道也。

---

① 世界，底本作"也界"，据抄本改。
② 圆，底本作"图"，据抄本改。

第二十一章

《火记》不虚作,演《易》以明之。偃月法鼎炉,白虎为熬枢。汞日为流珠,青龙与之俱。举东以合西,魂魄自相拘。上弦兑数八,下弦艮亦八。两弦合其精,乾坤体乃成。二八应一斤,易道正不倾(铢有① 三百八十四,亦应卦爻之数。)。

此极言炉鼎火炼之事。前章只言其义,而此以下通言名号形模,象物斤两也。《火记》,古丹书名。炼丹炉鼎,丹田为鼎,气海为炉。或曰泥丸为鼎,气海为炉。二说俱通。盖火候发于气海,而蒸于泥丸。真水落于丹田,烹炼成坚。以此推之,则炉鼎之义可知之矣。又鼎之名曰悬胎、炉之名曰偃月,悬胎鼎中,圣胎所悬也;偃月炉之口,如初弦之月也。人若见此炉口,则丹道过半矣。古丹诀云:为君指出神仙窟,一窍湾湾似月眉。噫,漏之尽矣。青龙白虎本震木兑金之神,以况人之长男少女也。有内外龙虎,震木兑金,外龙虎也;心火肾水,内龙虎也。古云龙从火里出,虎向水中生,指内事而言也。汞,龙之精也,火性木精;铅,虎之气也,水性金气。木火善动,故龙汞极难停畜,忽被虎气煎熬,则金制木,水伏火,东西相合,魂魄相拘,而丹药成矣。其斤两则兑艮合数,乾坤成体,停匀不倾也。丹药斤两取数有二:以五行生数,则为十五两;以两弦二八,则为十六两。

第二十二章

金入于猛火,色不夺精光。自开辟以来,日月不亏明。金不失其重,日月形如常。金本从月生,朔旦受日符。金返归其母,月晦日相包。隐藏其匡郭,沉沦于洞虚。金复其故性,威光鼎乃熺。

火虽克金,金亦由火而成。《经》云:虽复本来金,终以消成就。此之谓也。凡金、真金皆然。日,火也;月,金也。日月合体而不失明者,

---

① "铢有"二字底本无,据抄本补。

此义也。金火相遇,火烁金融,隐藏沉沦,混为一色,须臾火辍,金复本性。此言火符之成就金丹也。

第二十三章

子午数合三,戊己数称五。三五既和谐,八石正纲纪。呼吸相含育,停息为夫妇。黄土金之父,流珠水之母。水以土为鬼,土镇水不起。朱雀为火精,执平调胜负。水盛火消灭,俱死归厚土。三性既会合,本性共宗祖。

子午,水火也;戊己,土也。水一火二合为三,并土数之五,则为三五也。八石,三五之积也;流珠,汞也。终变成金,故为水母也。金丹之法,以火烹水变成金,则火辍不用,故曰俱死归土。土者,真土也,即意也,朱雀又喻心也;执平调胜负者,意土调白水火,而心又为意之主也;三性,水、火、土也;宗祖,即药母,先天一气也。

第二十四章

巨胜尚延年,还丹可入口。金性不败朽,故为万物宝。术士服食之,寿命得长久。土游于四季,守界定规矩。金砂入五内,雾散若风雨。薰蒸达四肢,颜色悦泽好。发白皆变黑,齿落生旧所。老翁复丁壮,耆妪成姹女。改形免世厄,号之曰真人。

夫先天一气在天为气母,在人为丹头,播之草木为胡麻、蓡术之类,寓于金石为丹砂、雄黄之类。草木金石之剂,疗病延年;丹头气母之药,羽化登仙。以彼证此,则其理不爽。复讚土功者,讚金丹也。土为金父也。又金丹告成于一年四季,真土之力也。金砂,初采黍米丹也,离砂感坎气而成故金砂。人之躯壳,后天败器也。精挠气夺,魄弱魂游,无术蓄止,忽得先天气镇之,聚精集灵,召魂返魄,瞬目之顷,化作别人。初采尚如此,炼养工就,则其胜不可言也。盖禅、丹主性命之分,而性命有心身之殊。丹者于身内采丹固命,则其验,身先受之,所谓金砂入五内,薰蒸达四肢是也;禅人于心中悟理见性,则其证,心先知之,所谓恍然惊悟通身汗出是也。

第二十五章

胡粉投火中,色坏还为铅。冰雪得温汤,解释成太玄。金以砂为主,禀和于水银。变化由其真,终始自相因。欲作服食仙,宜以同类者。植禾当以黍,覆鸡用其子。以类辅自然,物成易陶冶。鱼目岂为珠,蓬蒿不成槚。类同者相从,事乖不成宝。是以燕雀不生凤,狐兔不乳马,水流不炎上,火动不润下。

此以同类相感,喻铅汞相投也。汞内药也,铅外药也。内药不得外药,则不成神化。必也以铅点汞,而为初生之丹;以铅炼汞,而为大成之丹。汞性善摇,得铅则凝,汞凝之后,铅无所用,故曰:既得金华,舍铅不使。此之谓也。铅或谓之黑铅,或谓之白金;汞或谓之朱砂,或谓之水银。二药相资,汞为本也,故曰砂为主,又曰禀和于水银也。又外药能导内药,故有时归重于外药。如以外药为君、为男、为主,内药为臣、为女、为宾之类是已。所谓颠倒者此也。

第二十六章

世间多学士,高妙负良才。邂逅不遭遇,耗火亡货财。据按依文说,妄以意为之。端绪无因缘,度量失操持。捣治姜①石胆,云母及矾磁。硫②黄烧豫章,泥鸿相炼持。鼓下五石铜,以之为辅枢。杂性不同种,安肯合体居。千举必万败,欲点反成痴。侥幸迄不遇,圣人独知之。稚年至白首,中道生狐疑。背道守迷路,出正入邪歧。管窥不广见,难以揆方来。

极论异类不能相成,反覆明之。盖金丹无出肾气心液妙合而凝,但以此书好讳,故全以譬喻为文。所谓黑铅,指肾水也,水中真一之气,乃

---

① 姜,诸本作"羌"。
② 硫,底本作"流",据抄本改。

铅中银也；朱砂指心液也，液中正阳之精，乃砂中汞也。夫采精气之法，恰似朱砂中汞，黑铅中取银，借而喻之，曰铅、银、砂、汞。后之学者，不遇真师口诀，错用文字，以为真说烧炼金石，耗散货财，至于发毒致死，良可悲矣。

第二十七章

若夫至圣，不过伏羲，始画八卦，效法天地。文王帝之宗，结体演爻辞。夫子庶圣雄，十翼以辅之。三君天所挺，迭兴更御时。优劣有步骤，功德不相殊。制作有所种①，推度审分铢。有形易忖量，无兆难与谋。作事令可法，为世定诗书。素无前识资，因师觉悟之。皓若褰②帷帐，瞑目登高台。

此言金丹之旨必因师传也。

第二十八章

《火记》六百篇，所趣等不殊。文字郑重说，世人不熟思。寻度其源流，幽明本共居。切为贤者谈，曷敢轻为书。若遂结舌瘖，绝道获罪诛。写情著竹帛，又恐泄天符。犹豫增叹息，俛仰缀斯愚。陶冶有法度，未忍悉陈敷。略述其纲纪，枝条见扶疏。

《火记》③，明火候之书；六百篇，一月用六十卦，十月乃六百篇也。《太上玄科》有云：遇人不传，有悭法之罪；妄传非人，有泄漏之罚。传得其人身有功，妄传七祖受冥考。

第二十九章

以金为隄防，水入乃优游。金计有十五，水数亦如之。临炉定铢

---

① 种，诸本作"踵"。
② 褰，疑为"褰"字之误。
③ 记，原本作"纪"，据抄本及前后文改。

两，五分水有余。二者以为真，金重如本初。其三遂不入，火二与之俱。三物相含受，变化状若神。下有太阳气，伏蒸须臾间。先液而后凝，号曰黄舆焉。岁月将欲讫，毁性伤寿年。形体为灰土，状若明窗尘。

　　此章论金水斤两也。丹材只取金、水、木、火，烹之炼之，土和之匀之耳。金铅，中气也。点汞即成金，金产神水，火炼不已，则金水合而成坚固之胎。十五者，金水铢两也，合五行生数也。临炉定用之铢两，则金用本数，水则于十五五分之，而取其二分，舍其三分也。丹头之水，贵其至清，故取铢两少也。水铢清浊轻重，辨之有术，炉鼎相蒸，神水初出，忘情绝虑，自然相应者。先天水也，清而轻堪用，欲念摄之而生，则为后天水，浊重不堪用也。火二当作水二，三物当作二物，疑字之误也。不然，则上云火二，下又有太阳气，其文重叠也。金水只是二物，若加一物，则又何物也？太阳气，火候也。凡作丹之法，初从坤位发火候，照入坎中，驱出阴内之阳，与阳中之阴相遇，飞腾而上至于乾宫交姤，复还坤位，所谓乾宫交姤罢，一点落黄庭是也。当斯际也，气液合形，欲凝未凝，急嘘巽风，助此离火，极烹猛炼，结成金丹。从此火工相续，变作金玉之液，还返三田中。其名曰黄舆，又名河车，取其运转之义也。夫人身中气液经脉，二六时中，周流不辍，此凡阴凡阳，一升一降，人人皆然如是，行持不能变化。若夫得丹之后，真阳为主，凡阴被斥聚于气歇处，河车乘载阳火，轮巡攻击，则阴不能支，终当沦化于阳矣。古诀云：丹田直指泥丸顶，身在河车几百遭。斯之谓也。岁月欲讫，阴尽阳纯，将欲脱胎也。毁性云云，骨脉变易，真凡递故之谓也。下文气索命绝等，亦此义也。形如灰土，《南华经》所谓视之以地文之类是也。状若窗尘，气息飞浮之状也。凡人气息为依，道人得丹后，凡息化为胎息，丹熟后，胎息变为无息。胎息者，息从一身毛孔中微微宣泄，不以口鼻出也。如儿处胎时，随母呼吸而不自息，故谓之胎息也。能胎息者，口鼻塞之不死，亦能处水中也。然则胎息亦不易也，世人或有无药而强行胎息者，多致气滞成疾也。无息者，圣胎大成，身中又有一身元神与此打合为一，自造自化，全不赖血肉身，遗蜕近之矣。息之出入，生死之象也。息定则已脱于生死外，凡一身滓秽之气，片片浮去，闪闪烁烁，如射日之窗尘也。壁观抱一,三年九年,无尘可浮,神化虚,虚化无,步日无影,入火不焦,真仙真佛也。

第三十章

捣治并合之,驰入赤色门。固塞其际会,务令致完坚。炎火张于下,昼夜声正勤。始文使可修,终更武乃陈。候视加谨慎,审察调寒温。周旋十二节,节尽更相亲。气索命将绝,体死亡魂魄。色转更为紫,赫然成还丹。粉提以一丸,刀圭最为神。

自前章末至此章,论还丹变化之状。按诸丹书,初采曰黍米丹,以火符炼之,则渐渐成大,化为金液之质,周流身中。初自尾闾穴冲上夹脊双关,到泥丸宫,还下穿上腭,降入口中,状如雀卵,甘如水酥,此名金液还丹,亦名玉液还丹。徐徐咽下丹田,结成圣胎。如是轮转,铅为七返,汞是九还,方成大药,形如朱橘,此名九转金液大还丹。捣治云云,盖指此事也;赤色门,口也;十二节,十二月也。气塞①以下,魄灭心死,脱胎还体也。火工既毕,丹体坚完,自下丹田移寓上丹田,自是不复还下,直候时上升也。人身夹脊骨二十四节,名曰下关,又名尾闾穴,十八节为中关,泥丸宫为上关,脊骨两傍有径路,上冲泥丸,下连尾闾,此三关即身中三关,非工法之三关也。

第三十一章

推演五行数,较约而不烦。举水以激火,奄然灭光明。日月相激薄,常在晦朔间。水盛坎侵阳,火衰离昼昏。阴阳相饮食,交感道自然。

此论五行交感之理,相克之中,又有相与之道。古云:水火相憎,鼎在其间,成烹饪之功夫。水火以相克为夫妻,以相与成子育之功,此天机也。人能盗而用之,则成金丹。或曰水火恶见,其相与也。曰水克火,又生木而资火,此相与也。金木土仿此。

---

① 塞,抄本作"索",据文意,当从抄本。

第三十二章

名者以定情,字者缘性言。金来归性初,乃复称还丹

名者常号,字者贵称。坤,情也;乾,性也。人之丁壮时,三元未败,如纯乾体也。及乎男女一交,精气泄走,乾中虚而为离,坤腹实而为坎。还丹之法,复抽坎中之实,填我离腹之虚,乾之金爻自坤还乾,此谓之金来归性初也。还者,金复之称还;名也,丹字也。

吾不敢虚说,仿效圣人文。古记题龙虎,黄帝美金华。淮南炼秋石,王阳加黄芽。贤者能持行,不肖无与俱。古今道由一,对谈吐所谋。学者加勉力,留念深思惟。至要言甚露,昭昭不我欺。

此承上文言金丹名字之殊。黄帝曰金华,淮南曰秋石,王阳曰黄芽,皆金丹之美称也。

魏伯阳《周易参同契》中篇二卷

海东 青霞子注解

第三十三章

乾刚坤柔,配合相包。阳禀阴受,雄雌相须。须以造化,精气乃舒。坎离冠首,光耀垂敷。玄冥难测,不可画图。圣人揆度,参序元基。四者混沌,径①入虚无。六十卦周,张布为舆。龙马就驾,明君御时。和则随从,路平不邪。邪道险阻,倾危国家。

此复言鼎器药物,与上篇首章同义。中篇盖演上篇之义,下篇演中篇之义也。

第三十四章

君子居其室,出其言善,则千里之外应之。谓万乘之主,处九重之

---

① 径,底本作"经",据抄本改。

室。发号出令,顺阴阳节。藏气候时,勿违卦月。屯以子申,蒙用寅戌。余六十卦,各自有日。聊陈两象,未能究悉。

卦月,火候也。子申者,以纳甲言之,屯初九爻为庚子,直子时;六四爻戊申,直卯时也。两象,屯蒙也。余卦以此推之耳。潜看卦体,则六十四卦之序也,或以反对,或以倒体,刚柔翻,爻复相对。真火候,文武之义也。自然之象如此也。

第三十五章

立义设刑①,当仁施德。逆之者凶,顺之者吉。按历法令,至诚专密。谨候日夜,审察消息。纤介不正,悔吝②为贼。二至改度,乖错委曲。隆冬大暑,盛夏霜雪。二分纵横,不应漏刻。风雨不节,水旱相伐。蝗虫涌沸,群异傍出。天见其怪,山崩地裂。孝子用心,感动皇极。近出己口,远流殊域。或以招祸,或以致福,或兴太平,或造兵革。四者之中,由乎胸臆。

刑德、仁义,如首章仁义赏罚之义。二至以下,极言丹炉家咎征,宣由丹士平日阙却持养工夫而致。此转移之机,亦只在胸襟耳。

第三十六章

动静有常,奉其绳墨。四时顺宜,与气相得。刚柔断矣,不相涉入。五行守界,不妄盈缩。易行周流,屈伸反覆。

此言丹士心意不差,火候顺轨。此易,指画前之易,金丹也。

第三十七章

晦朔之间,合符行中。混沌鸿濛,牝牡相从。滋液润泽,施化流通。天地神灵,不可度量。利用安身,隐形而藏。始于东北,箕斗之乡。旋

---

① 刑,底本作"形",据抄本改,后同。
② 吝,底本作"含",据抄本改。

而右转,呕轮吐萌。潜潭见象,发散精光。

此更言日月合璧①,火药更始之道。每朔日月相交,金火相姤,产成药物,开辟以来,循环不息。古诀曰:水火相交济,萌药从此芳。金华施毕昴,玉兔现心房。魄盛从辛地,魂藏入艮乡。道终归五六,复卦又重张。金华施毕昴,震生于庚位也。毕昴,西方也。玉兔现心房,乾圆于甲地也。心房,东方也。艮为箕斗,巽为角轸,按《明镜图》可知之矣。

第三十八章

昴毕之上,震出为征。阳气造端,初九潜龙。阳以三立,阴以八通。故三日震动,八日兑行。九二见龙,和平有明。三五德就,乾体乃成。九三夕惕,亏折神符。盛衰渐革,终还其初。巽继其统,固济操持。九四或跃,进退道危。艮主进止,不得踰时。二十三日,典守弦期。九五飞龙,天位加喜。六五坤承,结括终始。韫养众子,世为类母。上九亢龙,战德于野。用九翩翩,为道规矩。阳数已讫,讫则复起。推情合性,转而相与。循据璇玑,升降上下。周流六爻,难人②察睹。故无常位,为易宗祖。

此更以纳甲法,又参乾六爻,论金丹大药,随月消息,周以复始,无有已时也。此易字指卦③爻之易。金丹为卦爻之易宗祖也,是无形之易,寓于有形之易。金丹人不可见,以卦爻之易准之,而可知之。夫坎离二爻,为九六二用,在乾坤周流六爻,在八卦周流三十六爻在,六十四卦周流三百八十四爻。如金丹药物,流行天地间,体物而不遗也。

第三十九章

朔旦为复,阳气始通。出入无疾,立表微刚。黄钟建子,兆④乃滋

---

① 璧,原本作"壁",据抄本改。
② 人,诸本作"以"字,抄本作"难为人察睹"。
③ 卦,底本作"挂",据抄本改。
④ 兆,底本作"北",据抄本改。

彰。播施柔暖①,黎蒸得常。

此以十二卦论一岁火工,金丹之始终也。月之圆缺,一周为一月。以单六卦配之,震、兑、乾、巽、艮、坤是也。半月进阳爻,半月进阴爻。气之升降,一周为一岁。以重卦十二配之,复、临、泰、壮、夬、乾、姤、遯、否、观、剥、坤是也。半年进阳爻,半年进阴爻。卦爻之合于造化,如是妙矣哉。复为一阳生,阳火起首,金丹初兆之象,火候宜细,故曰播施柔暖也。

临炉施条,开路正光。光耀渐进,日以益长。丑之大吕,佶②正低仰③。

临为二阳生,丹生益著,火候宜一文一武,故曰低昂④。

仰以成泰,刚柔并隆。阴阳交接,小往大来。辐辏于寅,运而趋时。

泰为三阳生,丹生之中,阴阳停匀,刚柔并立。火候初武后文,自此月半,始入沐浴之候。辐辏即太簇也,此下律名,取义言之也。

渐历大壮,侠列卯门。榆荚堕落,还归本根。刑德相负,昼夜始分。

壮为四阳生,自寅月半至此月半,并为沐浴之候。阳中有阴,德中有刑,木气旺而欲泄,故榆荚应之而落。息念养火,为益汞精也。侠即夹钟也。

夬阴以退,阳升而前。洗濯羽翮,振索⑤宿尘。

夬为五阳生,丹生过半,阳火纵旺,丹益敷舒。洗濯羽翮,冲天之兆也。火候新经文后,更加一武。洗即姑洗也。

乾健盛明,广被四邻。阳终于巳,中而相干。

乾以六阳生,丹生之终,如日月正对,光华成圆,火候亦宜武。中即中吕也

姤始纪绪,履霜最先。井底寒泉,午为蕤宾。宾伏于阴,阴为主人。

---

① 暖,底本作"暖",据抄本改,下同。
② 佶,抄本作"结"。
③ 仰,抄本作"昂"。
④ 昂,底本作"昂",据抄本改。
⑤ 索,底本作"素",据抄本改。

一阴始生,阴符起首,金丹自此向乎成矣。以阴抱阳,故阴为主人。切宜防危虑险,微微养火。蕤宾取阴主阳宾之义。

遁世去位,收敛其精。怀德俟时,栖迟昧冥。

遁为二阴生,丹气收敛,武火临终用一文。昧冥即林字之义,此月律林钟也。

否塞不通,萌者不生。阴伸阳屈,没阳姓名。

否为三阴生,丹成之中,阴进阳退,火宜初武后文,自此月半,始入沐浴之候。此而不取律又取月名言之,伸即申也,下文阋即亥也。

观其权量,察仲秋情。任畜微稚,老枯①后荣。荠麦芽蘖②,因冒以生。

观为四阴生,自申月半至此月半,并为沐浴之候。阴中有阳,刑中有德,金精旺而生水,荠麦应之而生。息念退火,恐损铅气也。

剥烂肢体,消灭其形。化气既竭,亡失至神(一作坤)。

剥为五阴生,丹成过半,阴气刻轹,丹益坚固,汞金满鼎,铅华消竭,火库干戍。

道穷则返,归乎坤元。恒顺地理,承天布宣。

坤为六阴生,丹成之终,为日月合一,戊己成圭。坤虽阴道,亦能匹配于乾,以覆载生成辟阖。施爱之义,观之坤之德,常亚于乾也。

玄幽远渺,隔阂相连。应度育种,阴阳之源。寥廓恍惚,莫知其端。先迷失轨,后为主君。无平不陂,道之自然。变易更盛,消息相应。终坤始复,如循连环。帝王乘御,千载常存。

此段犹在坤卦候也。阴阳、节候、进退、消息之理,现于各卦之下。寰中节气,鼎里丹药与之相应也。窃观造化之道,无偏阴偏阳,折半中分,阴阳互用。如以一年观之,则十二月中,上六月阳进阴退,下六月阴进阳退;三百六十日,中上一百五十五日阳进阴退,下一百五十五日阴进阳退。又如八节、二十四气、七十二候之类,排列于其间,或延或促,均其气化大小节候,回环一周,则岁功成。盖大化始于坤复之间,而终

---

① 枯,底本作"姑",据抄本改。
② 蘖,底本作"孽",据抄本改。

于坤复之间。坤,静也;复,动也。邵子曰:一动一静之间者,天、地、人之至妙至妙者欤。又曰:无极在于坤复之间,是天地之化,始于太极而终于太极也。是以金丹始于复而终于坤也。坤道于阴阳之分虽贱,于归复之义甚大也。呜呼,姑借肉身为煮炼丹药之鼎器,姑借阴阳为生成丹药之节候,十月功讫,制命在我,掀翻鼎炉,跳出阴阳,如帝王之尊贵无上也。

第四十章

将欲养性,延命却期。审思后末,当虑其先。人所禀躯,体本一无。元精云布,因气托初。

世间凡修养性命者,总是旁门假法,从事于支末。欲学金丹大道,当思原本,无极之真为我性先天之气,我命穷源彻底,一得永得也。

第四十一章

阴阳为度,魂魄所居。阳神日魂,阴神月魄。魂之与魄,互为宅舍。性主处内,立置鄞鄂;情主营外,筑垣城郭。城郭完全,人物乃安。爰斯之时,情合乾坤。乾动而直,气布精流;坤静而翕,为道舍庐。刚施而退,柔化以滋。九还七返,八归六居。男白女赤,金火相拘。则水定火,五行之初。上善若水,清而无瑕。道之形像,真一难图。变而分布,各自独居。

此段极论金丹法术。篇中散出,而于此总而言之也。此法无出阴阳二字,凡人身中曰性、曰神、曰魂、曰气、曰乾、曰男、曰鄞鄂,阳物也;曰命、曰情、曰魄、曰坤、曰女、曰舍庐,阴物也。阳物轻而明,阴物重而浊;轻明者善散,重浊者善凝重。浊虽贱,而轻明者借而为室庐,如天依于地,日附于月,性配于命,魂寓于魄,神藏于精,男偶于女,鄞鄂因于舍庐。金丹之法无出于此,所谓独阳不生,独阴不成者也。乾以施之,坤以翕之,施者先天一气也,翕者后天火符也。先天攒促,后天舒张,施在半符之顷,翕有岁月之工,故曰:刚施以退,柔化以滋也。曰:此是施翕而成，则亦有形质，难乎免于生生灭矣。不闻乎无质成质是还丹，夫金丹者，先天一气，太阳元精结成者。初时散寓于凡质中，丹士以法收集，如凿石得玉，淘沙得金，锻炼成纯，永劫不变，虽欲变坏无所坏。故金丹一粒，向日举视，交光合彩，彻视无间，此真空无碍之验也。又先天一气，众气之父也；太阳元精，众精之母也。父母天精气在此，故身中诸精诸气悉归向之，九金、七火、八木、六水，皆会于中土而成丹。内白外赤，形如鸡子，无位真人，劫劫受用。物也推求原本，一味真一之水，变而分布，五行相次而生，此亦言降本流末之事也。

第四十二章

类如鸡子，黑白相扶。纵广一寸，以为始初。四肢五脏，筋骨乃俱。弥历十月，脱出其胞。骨弱可卷，肉滑若铅。

此言圣胎婴儿之状，造化与凡胎相类。男壬女癸，合之为凡胎；虎铅龙汞，合之成圣胎。月数满足亦同，但有仙凡净秽之异耳。纵广一寸，能容大千沙界。斤两三百八十四铢，分为累黍，则或三千八百四十或三万八千四百，法身处其中，分身合形行神通。

第四十三章

阳燧以取火，非日不生光。方诸非星月，安能得水浆？二气玄且远，感化尚相通。何况近存身，切在于心胸。阴阳配日月，水火为效征。

五行中，水火最为精英，在天地曰日月，水火在人身曰心肾。铅汞融通互用，故日中之火犹心中之汞也，月中之水犹肾中之铅也。虽然又须知感应之理，始得日月中水火不自出，须待阳燧方诸感之而应焉；心肾中铅汞不自生，须待青龙白虎感之而应焉。先儒曰：天地间更有甚事，一个感与应而已。斯之谓也。又水火在于身中，善用之者几希。水火不善用之，则生人之物又能杀人。外水火、内水火皆然也。至人藏水于金，罗火于木，用时，须用之水不可漏也，火不可钻也。淫者无孔而漏水，嗔者非钻而炽火，三毒去而水火得其用也。

第四十四章

耳目口三宝,固塞勿发通。真人潜深渊,浮游守规中。旋曲以视听,开阖皆合同。为己之枢辖,动静不竭穷。离气内营卫,坎乃不用聪。兑合不以谈,希言顺鸿濛。三者既关键,缓体处空房。委志归虚无,无念以为常。证难以推移,心专不纵横。寝寐神相抱,觉寤候存亡。颜容浸以润,骨节益坚强。排却众阴邪,然后立正阳。修之不辍休,庶气云雨行。淫淫如春泽,液液众解冰。从头流达足,究竟复上升。往来洞①无极,怫怫被容中。返者道之验,弱者德之柄。耘锄宿污秽,细微得调畅。浊者清之路,昏久则昭明。

此章亦丹成后禅定之事。上章言其道,此章言其法。收视返听,嘿坐养神,即其法也。真人,元性也;规中,一身正中也。委志云云,无心合道也;证难云云,证道后心志静一也;寝寐云云,神凝者梦寐如一也。颜容以下,极言证验之异前者。神丹入腹,十月火工,渐次成就。丹就之时,身亦受炼,河车运载真阳,搬布四体,有金液炼形,有玉液炼形。金液者,心液也,心皆皆为金乌,故曰金液;玉液,肾液也,肾皆皆为玉兔,故曰玉液。五脏各有液,而心肾为主也。金液流行,以相克被炼,始炼肺而肺无阴,次炼肝而肝无阴,次炼脾而脾无阴,次炼肾而肾无阴,次炼心而心无阴;玉液流行,以相生变化,始肝无阴则目能视暗,次心无阴则口有灵味,次脾无阴则肌肤润泽,次肺无阴则鼻彻善嗅,次肾无阴则耳聪善听。火符既足,婴儿上居泥丸,凡身内阴中阳、阳中阴,皆化纯阳,上朝泥丸,是谓三花聚顶也。五脏之气皆化为纯阳,上朝泥丸,是谓五气乾元也。如此者,可以出神升化,而尚此留丹身内,又行禅定工夫三年、六年或九年,是圣而益神,锦上添花也。金丹久久在身,其气壮烈,猛火一阵熏烁,经脉从头达足,百匝千周,益炼益化,肌为凝酥,血为白膏,骨变青金,平日营卫间未尽余阴,消融躯遣。凡人身中业障无他,只五阴遮盖耳。阴尽阳纯,则光明通达,应用无碍,视不用目,听不用

---

① 洞,抄本作"洞"字。

耳,不鼻而嗅,不舌而尝,过现①未三世洞然,无延无促,是谓天仙大觉也。欲住世,则不弃本身,神与形合,与天齐年;欲离世,则脱质出神,逍遥物表,且炼形既至者,亦能以肉身升举矣。反者,回光返照也。坐禅之人,心死形忘,实似弱似浊似昏矣,及其工夫造极,把柄在手,清明在躬也。

第四十五章

世人好小术,不审道浅深。弃正从邪径,欲速阙不通。犹盲不任杖,聋者听宫商。没水捕雉兔,登山索鱼龙。植麦欲获黍,运规以求方。竭力劳精神,终年不见功。欲知服食法,事约而不繁。

此章又刺旁门小法之非。

第四十六章

太阳流珠,常欲去人。卒得金华,转而相因。化为白液,凝而至坚。金华先唱,有顷之间。解化为水,马齿琅玕。阳乃往和,情性自然。迫促时阴,拘畜禁门。慈母养育,孝子报恩。严父施令,教勑子孙。五行错王,相据以生。火性销金,金伐木荣。三五与一,天地至精。可以口诀,难以书传。

太阳流珠,汞也,火性木情,故燥烈易化。曹仙姑《大道歌》曰:此物何曾有定位,随时变化因心意。在体感热则为汗,在眼感悲则为泪。在肾感合则为精,在鼻感风则为涕。此常欲去人之谓也。去之尽,则死矣。此生人日就死灭之道也,人皆知之,无奈之何,甘则就死而已。圣人闷之,肇开丹道,指陈坎宫金水之气,可擒离位木火之精,其理端的不诞。如法试之,坎离相遇,金华先唱,木汞和之,二气蒸于泥丸,一颗瑞露落于黄庭。武火烹炼,凝为玄珠。自此之后,精凝气拘,神亦安定。精气也者,神之车舆也。车舆止,则乘之者亦静。异日者躁,扰散泄底,

---

① 现,底本作"视",据抄本及文义改。

收敛向内,坐忘遗照,易于反掌。故得药之后,运火行工,则日进灵圣之域,而不用吾力也。丹在鼎中,逐时变化。马齿琅玕,言其变化之状也;禁门,两肾中间也。气传父母,液行夫妇。气传父母者,肾传肝,肝传心,心传脾,脾传肺,肺传肾;行夫妇者,心克肺,肺克肝,肝克脾,脾克肾,肾克心也。一以和同,一以禁制,金丹成。三五一者,五气合于一也。木三火二为一五,金四水一为二五,戊己为三五也。取五行生数,合之以土,土又合于一,一者金丹也。

第四十七章

象彼仲冬节,草木皆摧伤。佐阳诘贾旅,人君深自藏。象时顺节令,闭口不用谈。天道甚浩广,太元无形容。虚寂不可睹,匡郭以消亡。谬误失事绪,无还自败伤。别序斯四①象,以晓后生盲②。(玄、元通)

此章言仲冬至月,人君慎静,以待阳生身中。冬至日,自家天君亦宜虚默,以候气应也。又天道诘远,药物无象,故须以同类有情者立,立炉鼎以采弦气也。四象,即龙、虎、铅、汞也。

第四十八章

子当右转,午乃东旋。卯酉界隔,主客二名。龙呼于虎,虎吸龙精。两相饮食,俱相贪荣。遂相衔咽,咀嚼相吞。荧惑守西,太白经天,杀气所临,何有不倾?狸犬守鼠,鸟雀畏鹯,各得其功,何敢有声?

子午南北也,南北虽隔,坎离相遇,左右旋转,流戊就己也;卯酉东西也,东西虽阻,龙虎相交,颠倒会合,以宾为主也。荧惑以下,极言制伏之义。

第四十九章

不得其理,难以妄言。竭殚家产,妻子饥贫。自古及今,好者亿人。

---

① 四,底本作"回",抄本改。
② 盲,底本脱此字,据抄本补。

讫不谐遇,希有能成。广求名药,与道乖殊。如审遭逢,睹其端绪。以类相况,揆物终始。

又言非类不能成药。

第五十章

五行相克,更为父母。母含滋液,父主禀与。凝精流形,金石不朽。审专不泄,得为成道。立竿见影,呼谷传响。岂不灵哉,天地舒象。若以野葛一寸,巴豆①一两,入喉辄僵,不得俛仰。当此之时,虽周文撰著,孔子占象,扁鹊操针,巫咸扣鼓,安能令②苏,复起驰走?

此言同类合药,其理不爽,如形之呈影,谷之应声。且物有至毒,如野葛、巴豆,则应有至圣,如金丹而对之亦其理也。

第五十一章

河上姹女,灵而最神。得火则飞,不见埃尘。鬼隐龙匿,莫测所存。欲将制之,黄芽为根。

河上,人身腹中皆水,故以河为喻;姹女,离精,内药也;黄芽,坎气也,又名婴儿,外药也。内药须待外药拘禁,坎离相交之道也。尝作诗诀曰:神火躁而扬,精水润而止。躁阳畏润水,制伏不散施。会极为一时,还丹即便是。

第五十二章

物无阴阳,违天背元。牝鸡自卵,其雏不全。夫何故乎?配合未连。三五不交,刚柔离分。施火之精,天地自然。犹火动而炎上,水流而润下。非有师导,使其然也。资始统政,不可复改③。观夫雌雄,交

---

① 巴豆,底本作"巴头",据抄本及上下文义改。
② 令,底本作"今",据抄本改。
③ 不可复改,底本作"不可后"三字,据抄本改。

姤之时，刚柔相结，而不可解。得其节符，非有工巧，以制御之。若男生而伏，女偃其躯。禀乎胞胎，受气元初。非徒生时，著而见之。及其死也，亦复效之。此非父母，教令其然。本在交媾，定置始先。

极言阴阳谐遇之义。

第五十三章

坎男为月，离女为日。日以施德，月以舒光。月受日化，体不亏伤。阳失其契，阴侵其明。晦朔薄蚀，掩冒相倾。阳消其形，阴凌灾①生。男女相须，含吐以滋。雌雄错杂，以类相求。

日内阴外阳，月内阳外阴。隔凝潜通者，内外皆感故也。魂魄吞吐，雌雄施爱，二气相媾者，莫如日月也。推类征之，则在物水火，在人男女，皆有此象也。虽然其气相交，其形相斗，日对月生光，火得油发明，男须女补益，气交也；月薄日为蚀，水克火为灭，女惑男为蛊，形斗也。借其鬭而固其交者，金丹制伏之术也；耽其交而助其斗者，世人生死之道也。夫人生由男女，死由男女也。

第五十四章

金化为水，水性周章；火化为土，水不得行。故男动外施，女静内藏。溢度过节，为女所拘。魄以钤②魂，不得淫奢。不寒不暑，进退合时。各得其和，俱吐征符。

五行之德，一生一克。出于中正，则生为和同，克为制伏；出于过溢，则生为淫奢，克为戕贼。魂，阳物也，轻明而散；魄，阴物也，重暗而聚。重能镇轻，暗能资明，聚能集散，中正制伏之义也；轻明相背，明暗相夷，聚散相戾，过溢戕贼之道也。今夫病人善惊，魄不能摄魂也；壮士无惧，魄能摄魂也。若夫魂弱魄壮者，虽寿而多愚，死后或作鬼妖也。

---

① 灾，底本作"哭"，据抄本改。
② 钤，原本作"铃"，今改。

金丹之法,初则炼魄检魂,终则炼神消魄,化为纯阳之后,阳能使阴,而无复借助于阴也。

第五十五章

丹砂木精,得金乃并。金水合处,木火为侣。四者混沌,列为龙虎。龙阳数奇,虎阴数偶。肝青为父,肺白为母。肾黑为子,脾黄为祖,子五行始。三物一家,都归戊己。

人身中五气各处于五质,如神处于心,精处于肾,魂处于肝,魄处于肺,意处于脾。神火善扬,精水善泄,魂木善浮,魄金善沉,意土善散。五气稍稍叛去,性在其中,与后天形气臭味不合,故听其变化,不能检束,此生人日就死灭之道也。若夫丹法,则采取先天一气。一气者,即性之妙用也。理气混融而成丹,丹在身中,攒捉归一。一者,即丹也。凡物理有数,然后生死来。于丹者,极于一,故如如不变也。此性寓于肉身中,一理分五气也;此性舍于金丹中,五行一太极也。

第五十六章

刚柔迭兴,更历分部。龙西虎东,建纬卯酉。刑德并会,相见欢喜。刑主伏杀,德主生起。二月榆落,魁临于卯。八月麦生,天罡据酉。子南午北,互为①纲纪。一九之数,终而复始。含元虚危,播精于子。

阴阳刚柔定位,中又有互用定位者,一生一杀也。互用者,反杀为生,反生为杀也。卯月,青龙主之,而德中有刑,故榆落;酉月,白虎临之,而刑中有德,故麦生。午,阳旺方也,而杀气始;子,阴旺方也,而生理萌。反反覆覆,无非成变化而行鬼神。人能知此机,则金丹之事思过半矣。九,数之极也,十则变矣。此于算位可见,此言极则还变也。

第五十七章

关关雎鸠,在河之洲。窈窕淑女,君子好逑。雄不独处,雌不孤居。

---

① 为,底本脱此字,据抄本补。

玄武龟蛇,蟠虬相扶。以明牝牡,意当相须。假使二女共室,颜光甚姝,令苏秦通言,张仪结媒,发辩利舌,奋舒美辞,推心调谐,合为夫妻,敝发腐齿,终不相知。若药物非种,名类不同。分刻参差,失其纲纪。虽黄帝临炉,太乙执火,八公捣炼,淮南调合,立宇崇坛,玉为阶陛,麟①脯凤腊,把籍长跪,祷祝神祇,请哀诸鬼,沐浴斋戒,冀有所望。亦犹如和胶补釜,以硇涂疮,去冷加水,除热用汤,飞龟舞蛇,愈见乖张。

此又言阴阳相合,偏阴偏阳不能成功也。

魏伯阳《周易参同契》下篇三卷

海东 青霞子 注解

第五十八章

惟昔圣贤,怀玄抱真。服炼九鼎,化迹隐沦。含精养神,通德三光。津液腠理,筋骨緻②坚。众邪辟除,正气常存。累积长久,变形而仙。忧悯后生,好道之伦。随傍风采,指画古文。著为图籍,开示后昆。露见枝条,隐藏本根。托号诸石,覆谬众文。学者得之,韫椟终身。子继父业,孙踵祖先。举世迷惑,竟无见闻。遂使宦者不仕,农夫失耘,商人弃货,志士家贫。吾甚伤之,定录此文。字约易思,事省不繁。披列其条,核实可观。分两有数,因而相循。故为乱辞,孔窍其门。知者审思,用意参焉。

九鼎,九转也。古来几圣自己成功后,制造丹书,以惠后人。然而传留于后世者,惟《金碧经》与此篇也。《金碧经》,未知何代书,而文太简略。此篇述而演之,辞极详备,实为丹家之宗祖也。故为乱辞,孔窍其门者,故为谬乱之辞,以秘机关,时有孔窍而通之也。此盖丹书之通例也。

---

① 麟,底本作"獜",据抄本改。
② 緻,底本作"?",据抄本改。

第五十九章

　　法象莫大乎天地兮,玄沟数万里。河鼓临星纪兮,人民皆惊骇。晷影妄前却兮,九年被凶咎。皇上览视之兮,王者退自改。关键①有低昂兮,周天遂奔走。江淮之枯竭兮;水流注于海。天地之雌雄兮,徘徊子与午。寅申阴阳祖兮,出入复终始。循斗而招摇兮,执衡定元纪。

　　此章多未详,盖指丹炉咎征尔。彭真人曰:鼓鼙临星纪,主有兵革,喻鼎内金水作渗也。王者勤灾,丹人虑险②,当法天行之健也。子午阴阳之所起,故为天地之雌雄;寅申水火之长生,故为阴阳之祖宗也。或云夏至日出寅入戌,冬至日出辰入申。似指此也。

第六十章

　　升熬于甑山兮,炎火张设下。白虎唱导前兮,苍③液和于后。朱雀翱翔戏兮,飞扬色五彩。遭遇罗网施兮,压之不得举。嗷嗷声甚悲兮,婴儿之慕母。颠倒就汤镬兮,摧折伤毛羽。漏刻未过半兮,鱼鳞狎鬣起。五色象炫耀兮,变化无常主。潏潏鼎沸驰兮,暴涌不休止。接连重迭累兮,犬牙相错距。形如仲冬冰兮,阑玕吐钟乳。崔嵬而杂厕兮,交积相支柱。

　　此段亦极言五行制伏,成丹之状。甑山,喻丹鼎也;苍液,青龙之液也;朱雀,喻离精也。离精善摇,今被铅水所扼,凝定成丹。罗网、嗷嗷、摧折等,喻被制之义也;鱼鳞以下,变化之状也。

第六十一章

　　阴阳得其配兮,淡泊而相守。青龙处房六兮,春华震东卯。白虎在

---

① 关键,底本作"阕健",据抄本改。
② 险,底本作"验",据抄本改。
③ 苍,底本、抄本作"沧",据上下文及诸本改。

昴七兮，秋芒兑西酉。朱雀在张二兮，正阳离南午。三者俱来兮①，家属为亲侣。本之但二物兮，末而为三五。三五之与一兮，都集归二所。治之如上科兮，日②数亦取甫

　　东方氐房七宿，青龙之位也；西方胃昴七宿，白虎之位也；南方张翼七宿，朱雀之位也；北方虚危七宿，玄武之位也。六、七，言其度数也。此章言龙虎为鼎炉，朱雀进火，东三南二之五，北一西四之五，中央戊己之五，合之为一，集于鼎炉二物之中，火候就足，金丹甫成。

第六十二章

　　先白而后黄兮，赤黑达表里。名曰第一鼎兮，食如大黍米。自然之所为兮，非有邪伪道。若山泽气相蒸兮，兴云而为雨。泥竭遂成尘兮，火灭化为土。若檗染为黄兮，似蓝成绿组③。皮革煮成胶兮，曲蘖化为酒。同类易施功兮，非种难为巧。惟斯之妙术兮，审谛不诳语。传于亿世后兮，昭然自可考。焕若星经汉兮，昺如水宗海。思之务令熟④兮，返覆视上下。千周灿彬彬兮，百遍将可睹。神明若告人兮，心灵乍自悟。探端索其绪兮，必得其门户。天道无适莫兮，常传与贤者。

　　此章居一篇之终，总论神丹变化成就、终始法象。《翠虚篇》云：水火相交递虎龙，金公姹女两争雄。青去白来然后黑，到红方且入黄宫。即此先白后黄之义也。旌阳亦云：气一变为水，二变为砂，三变为汞，四变为黄金，五变为丹。黍米，丹之初状也；第一鼎，第一转也。初采丹头，火候发自坤位，逆上乾宫，交姤后，还坤位，成一粒黍珠。此乃第一转。此后铅火七返，汞金九转，方成金液大还丹也。七、九，火金之成数也。铅火逼逐汞金，还返三田，至于七次，铅尽汞坚。此后汞不待铅，而自转至九，汞亦大成，自此无复返还，永住上田，候时上升也。上泽相蒸，喻鼎炉通气也；泥竭以下，言丹之化成也；焕炳等句，言丹书虽秘，若

---

① 三者俱来兮，抄本作"三者俱来朝兮"，底本疑脱一"朝"字。
② 日，底本作"曰"，据抄本改。
③ 组，底本作"？"，据抄本改。
④ 思之务令熟兮，底本作"思之无令孰兮"，据抄本改。

得其旨要,则亦甚彰灼易见也。末又言至诚感神之道也。

第六十三章

《参同契》者,敷陈梗概。不能纯一,泛滥而说。纤微未备,阙略仿佛。今更缮①录,补塞遗脱。润色幽深,钩援相逮。旨意等齐,所趋不背。故复作此,命五相类,则大易情性明之尽。

一篇正宗既周,此章以下,特结语耳。犹佛典之流通分也。五相类者,五行以类相得,而各有合也。如甲乙属木,丙丁属火,庚辛属金,戊己属土,壬癸属水,而甲与己合,乙与庚合,丙与辛合,丁与壬合,戊与癸合之类是也。易道莫出阴阳五行,而丹道与易相参,则无非五行相类也。

大易情性,各如其度。黄老用究,较而可御。炉火之事,真有所据。三道由一,俱出径路。

三道,儒、释、仙三教也。三道皆出大易,而炉火之事,尤有所据也。

枝茎华叶,果实垂布。正在根株,不失其素。诚心所言,审而不误②。

枝茎华叶,喻文字;果实根株,喻义理。

会稽鄙夫,幽谷朽生。挟怀朴素,不乐权荣。栖迟僻陋,忽略利名。执守恬淡,希时安平。晏然闲居,乃撰斯文。歌叙大易,三圣遗言。察其旨趣,一统共论。

魏公自叙作书之义。

务在顺理,宣耀精神。神化流通,四海和平。表以为历,万世可循。序以御政,行之不繁。引内养性,黄老自然。含德之厚,归根返元。近在我心,不离己身。抱一毋舍,可以长存。配以服食,雄雌设陈③。挺除武都,八石弃捐。审用成物,世俗所珍。

---

① 缮,抄本作"撰"字。
② 误,底本作"谟",据抄本改。
③ 陈,底本作"阵",据抄本改。

是书正宗，含德抱一，黄老养性之方；雄雌设阵，金丹服食之法也。其绪余如明符候可以治历，推修身可以施政，又成丹一粒，点铁成金，可济贫乏，则乃审用成物，世俗所珍者也。

罗列三条，枝叶相连。同①出异名，皆由一门。非徒累句，谐偶斯文。殆有其真，砾硌可观。使予敷伪，却被替②愆。命《参同契》，微觉其端。辞寡意大，后嗣宜遵。委时去害，依托丘山。循游寥廓，与鬼为邻。化形而仙，沦寂无声。百世而下，遨游人间。敷陈③羽翮，东西南倾。尧汤厄际，水旱隔并。柯叶萎黄，失其华荣。吉人相胜负，安稳可长生。

三条，上、中、下三篇也；砾硌，明灿之义也。首赞是书，诚信非伪；委时以下，抱道自珍也；化形以下，冲举自在也；尧汤厄际，喻世界之末，当有水、火、风三灾之患，而惟仙道超然独免耳。

第六十四章　鼎器歌④

此歌总括一篇大旨，实金丹要法也。炼丹之书，先办鼎器，鼎器多而益善，多则换鼎分烹，少则用一通炼。《敲爻歌》曰：七七白虎双双养。此多畜鼎器之谓也⑤。

圆三五，寸一分。

圆，周围也。鼎居一身，停半五藏中央，其间虚旷可容。三五一之数，乃一尺五寸一分也。三五一者，取义多端。以五行生数合之，则为五者，三如木三火二为一五也，水一金四二五也，中土之五三五也。五行合于一则成丹。一者，丹也。又法三者，身、心、意三要也；五者，精、神、魂、魄、意五气也；一者，金丹也。水、火、神、魂属乎心，水、金、精、魄

---

① 同，底本作"回"，据抄本改。
② 替，据诸本，当作"赘"字。
③ 陈，底本作"阵"，据抄本改。
④ 按：章名"鼎器歌"三字底本无，据抄本补。
⑤ "此歌括"至"鼎器之谓"一段，底本置于第六十三章"罗列三条"注下，于体例不符，今据抄本移置于"鼎器歌"下。

属乎身,二、三、一、四属乎意,身为炉鼎,心意为君臣,体炼取五物成一颗神丹,曰三五一也。丹心无出三五一,故鼎器周围象焉,斤两亦此数也。

口四八,两寸唇。

口,偃月炉口也;四八者,口之上下唇各有八字之形,两炉相接,则为四八也。四八、两寸,取四象、八卦两仪之数也。

长尺二,厚薄匀。

鼎一尺二寸,象一年十二月也。上下厚薄均齐方正,安置妥帖,使无偏颇。

腹齐三,坐垂温。

齐三者,鼎口、鼎腹、鼎心齐正相对也;坐垂温者,鼎中常用之火,绵绵不绝,用之不勤也。夫内炼之法,跏趺正坐,目视鼻端,鼻对脐腹,寂然不动,少顷心火降于气海,觉有温温然也。上阳老仙又以此二句为卜候采气之法,曰三,初三夕也。月中震生,兑宫丹应,故生而候之,鼎中觉有温温之气,急可行火采丹。文义未必如此,而其法则亦通。

阴在上,阳下奔。

水火既济,地天为泰也。

首尾武,中间文。

阳火则子时为首,而巳为尾;阴符则午时为首,而亥为尾。首尾俱行武火,至中宫沐浴,则用文火也。

始七十,终三旬。

始终百日之功,圣胎已就也。

二百六,善调匀。

除百日则余二百六十日,七十三旬合二百六十日,则为三百六十日,应一年之数也。善调匀者,谓火候文武也。按金丹古论曰:修丹者,静守药室,专听龙虎吟啸之声,若雄声稍武,乍开午门,微通火气,俄而速掩,又恐歇气多时,神丹变化如是节度,所谓善调匀也。余口诀可详。

阴火白,黄芽铅。

古诀云:药物阳内阴,火候阴内阳。会得阴阳旨,火药一处详。火药一也。采则为药,炼则为火,成则为丹,其实一也。阴火白,汞火也;黄芽铅,铅火也。汞火遇铅火,则黄芽之药生于其中。

两七聚,辅翼人。

七,火之成数;两七,铅汞二火也。夫火者,阴中阳气也。一身都是阴气,而惟此火气为阳也。以此炼之,已得药者成丹,未得药者壮暖下元,为固形之道。千万医方,莫能尚此,故曰:虽然未到蓬莱路,也得人间死较迟。况乎依方进火,虚己待时,万无不得药之理。

胆理脑,定升玄。子虚中,得安存。

脑,头脑也,指泥丸宫也。河车搬运气液,下自尾闾,上至泥丸,周匝无穷,婴儿已现相于其中。

来去游,不出门。渐成大,情性纯。

未脱胎前,游处不出色身躯壳内,所谓真人潜深渊,浮游守规中是也。

却归一,还本源。至一周,甚辛勤。

归一还源在火候一周后也。

密防护,莫迷昏。道路远,复幽玄。

此言丹成后,抱一晦养,勿轻出神。蓬莱云路,幽幽玄玄,须待工行之既满也。

若达此,会乾坤。刀圭沾,净魄魂。

世人若达此理者,安坤炉,入乾鼎,行火候,成刀圭,魂灵魄圣,炼质化神。

乐道者,寻其根。审五行,定铢分。

根源远自无始祖气来,法象还在后天五行中。

谛思之,不须论。深藏守,莫传文。

此道秘重,毋形竹素,口授单传。

御白鹤兮驾龙鳞,游太虚兮谒元君,受天道兮号真人。

药物皆备于我,道成者须意受用。行宫易室,唤鹤呼鸾,三岛十洲,遨游往来,一夕青童捧玉诏,白日飞云軿,大丈夫能事毕矣。

魏伯阳《周易参同契》疏论四卷

海东 青霞子 疏论

原 本

原夫在天曰理气,在人曰性命,理气性命,人天大本也。观其空而有,有而空;一而二,二而一;寂而照,照而寂。空而有,故非顽空;有而空,故非粗有。一而二,故能待对;二而一,故能统宗。寂而照,故非死物;照而寂,故无分别。此乃未发前理气,性命混融无间,不可析二底样者也。抑又空固自如也,而空中有底萌动而成色相质状形也;一固自如也,而一中二底迁变而成三四千万数也;寂固自如也,而寂中照底兆朕而成思念喜怒情也。此乃已发后理气,性命体用动静分歧底法则也。混融无间时,可见其为一物体用;分歧处,亦可见其为二物也。又形数情既立,与空一寂相对,有二照在乎中间,空一寂无。形无气,形数情有;形有气,有二照。有气无形,无形无气,故无变无为;有形有气,故有变有为;有气无形,故有变无为。无形无为,体也;有形有为,用也。有气无形者,无形上徇于体,有气下循于用,是为体用一贯之义也。又空一寂,寓于有二照,有二照寓于形数情。形数情,有成有坏。成则受因于有二照,坏则还元于空一寂,是亦本末钩连之道也。又一切善恶业报,皆从形数情起。形数情不离于有二照,有二照不离于空一寂,是以形情造业,数来束之,则善恶真妄同缠共受,故现在寿夭祸福,末后天狱升沈,一听于定分。圣人每于人事不如意处,必曰命矣。天者,此正命迁化因成分命,故曰谓之命也。此乃大化推体达用,人物生死因果之大略也。若夫仙佛法门人根修证,亦不外此而求之也。法门有上乘圆顿教,中乘性命教,下乘谛缘教,应于本源也。人根有顿机、渐机、下机应于法门也。上乘圆顿教,顿机人所修也,于理气性命、体用本末、合一不二处顿吾,修一得永得也;中乘性命教,渐机人所修也,于理气性命、体用本末、歧二处分门渐修,或禅或丹,随其机宜也;下乘谛缘教,下机人所修也,于性命业感、不染而染处,信解受持,取舍用工,虽未彻悟,不失人天稚子也。呜呼，既非顿机，则当事分门；既事分门，则不无偏全；既有偏全，则当事互修。偏全者，禅宗多滞于空，丹法例拘于有也；互修者，滞空者当以有门而点化，拘有者当以空宗而超脱。是谓互修也。是则三昧六通，性命空有兼全者能之也。上乘高不可尚，下乘卑不可说，惟分门互修，此书之所尚也。或门互修一派，晚出丹书中，而修多罗不言者，何也？曰：法有时缘，言有早晚，所谓书不尽言，言不尽意者也。

炼 己

炼己者，炼治己身之谓也。已得丹后，谓之真炼；未得丹前，谓之散炼。散炼工至，然后可以即真。愈①山人曰：十年之败，一年用工积之。上阳子曰：一年温养，先三年炼己，所炼者，何无出一身之三要也。何谓三要也？丹书以身、心、意为三要也。身者，该内外百体，而所重在肾；肾者，水也；心者，火也；意者，土也。水德暗匿，故肾主邪，虽上智，肾则必邪；火德光明，故心主正，虽下愚心，则必正土德和匀。故意为使令其间，肾起房帏之欲，心君知非，而不能禁。火不克水也。然而心生意土，故亦能过水。盖一身之中，用事者，三物也。是以五藏之中，心肾为主；五气之中，意土为要。名之曰三要也。或问曰：肾性必邪，则害身之物也，何谓要也？曰：肾兼生杀之机，故五藏各一，而肾则两也。善用之，则生精产气为金丹之药也；不善用之，则伐性消元为鬼录之路引。昔玉蟾仙师持戒小忽，临炉致败，作诗解愠云：八两日月精，半斤云雾屑。收入玉葫芦，秘②之不敢泄。夜半忽风雷，烟气满寥穴。捧腹付一笑，无使心恼热。重整钓鱼竿，再斫秋筠节。上圣分位，容有此患，矧其下者乎？或又问：照则蓄固元精，制节邪欲，其道何由？曰：重燃心火，培起意土，土能克水，其职又思。思之如何？人生断灭，仙佛长存；清虚上升，浊欲沉坠。断灭之于常存，沉坠之于上升。孰③为苦乐、孰可取舍？

---

① 愈，抄本作"俞"字。
② 秘，底本作"秋"，据抄本及白玉蟾文集改。
③ 孰，底本作"熟"，据抄本改，后同。

思而又思，忽审真凡之分，而决其欣厌之志，则自然这边轻，那边重。视人富贵之乐如土梗弁髦，视人男女之欲如鸟兽孳尾。六门虚闲无所染，挠者其身，由于意土之善思而防欲也。然则心如君主，肾如敌国，意如谋臣。心则本正，忽被欲诱者，如为敌之所啗也；赖有意土，思而防之，如谋臣之善筹也。信乎，三物之为要也，善为国者，四边还为四守；善为心者，五欲还为五用。国安则谋臣无事，心静则意土不思，身无发泄，药物坚完，金丹之本立矣。故炼己持心，为丹法之初关也。又炼养之功，当随年纪、早晚，精气完全者，事半功倍；根元已败者，十分用力可也。但年少者欲火炽盛，不肯回头；年衰者志意劣弱，自画无成。此道之所以常不行焉者也。昔吕纯阳六十四成道，张紫阳九十六成道，《黄庭经》曰：百二十年犹可还。凡人无分，老矣何及之。说一出口中，三户喜抃，九灵失色，后生勉之哉。

制　度

制度者，凡丹房需用也。炼养既至，丹材有余，丹具不备，亦不成事。盖古仙传授，丹房制度，地用名山，别区向阳背阴，山回水绕，不近伏尸丘冢、沙场战所。前择潇洒净散之处，筑三级坛，起三间室，四面卓剑，一面悬镜，中安炉鼎，外列更漏。主者禹步登坛，奉炉入室。当知炼此大丹，结胎于一时二候之速，温养有九转十月之工。一月三十日，一日十二时，昼夜一百刻，十月总纪三千六百时，昼夜三万刻，时时刻刻，行道用工。若是繁浩，故必须同心一志之友三人，轮更直待，互相规觉，然后驱袪昏昧，刻漏无差，火候不忒，丹药得成。如是之流，皆赖世财，方克就绪。奉道之者，云游求士，或求同志，或求有财，彼出财力，我施术法，次第成道。昔萧梁时邓郁之与徐灵期为友求道，丹具不足二人为用，郁之推与，灵期先登于道，郁之独留，诚感上穹少微星，现南楚分野，武帝使使采访，得郁之，问有何所蕴，答曰：贫道只有金液仙方，已受至人口诀，无财下手。帝令于南岳筑坛建宫，充以子女玉帛，郁之亦升去。是其财法相资之法则也。或问曰：财法相须则然矣，炼丹之所，若必择名山福地，则《悟真篇》何以曰：志士若能修炼，何妨在市居朝云云也？

曰：工行为上，土地次之，古贤亦曰但得清净之地，即可行之。昔道光禅师焚僧伽梨，混于常俗中了事，亦其法则也。

采 取

采取者，身中药物也；平日炼养者，养此药物也。药物既足，当行采取，此仙凡界别之会，丹法成败之机。此时行工甚难未采前，既采后，则工夫皆易矣。何者？药未得前，一凡夫也。工夫惟在办立大志，遏欲进道而已，故易药既得矣。先天气在腹，圣位已证，仙道过半，自然默会，不费吾力，故亦易也。惟此霎时之工，不可太紧，不可太缓，吾心与天心相会，然后至药可得，岂不难哉？古贤诗诀曰：当此龙虎交际此，时如过小桥危。诚哉是言也。如是持戒，勿正勿忘，虚而待之，则少焉先天气欲见，应验先萌，或夹脊关脉通开，支体和畅，或毛窍微痒，或膀胱如燃，两肾如汤，或脐上一气醺然者，药生之候也。于时急行采取，缓则后天气杂矣。上阳子曰：年中用月，月中用日，日中用时，时中用候，一时分六候，二候采取，四候合丹也。采之奈何？阳生气穴，以意升之，则铅引汞矣；合之奈何？丹到黄庭，以意因之，则水交火矣。玉蟾曰：静定之中以行火候，则金木交并，水土融和，姹女升龙，金公跨虎，逆透三关，上升内院，化为玉汞，降入重楼，中有一穴，名曰丹台。铅汞相投，水火相合，才若意到，即如契约也。铅气引汞，二候间事；三关往来，四候工夫也。

火 候

夫火者，人之呼吸之息也。心息相依，故心平则息调，心乱则息乱，老子曰：绵绵若存，用之不勤者，此息调之谓也。凡人之心，不昏沉则掉举，昏沈时，此息昧昧；掉举时，此息勃勃。如是火候，安能采药、安能炼药哉？是以真人静坐之际，先定心神息，亦从顺念，不可起念，起则火炽；心不可昏，心昏则火冷。操舍得中，紧缓合宜，丹鼎絪缊，药物出游。未采药者易于采，已采药者易于炼，此即所谓真火候也。抑又闻：目者，神游之宅也。目上视则神散，垂观则神止，以目视心，以心运息，此火候之真节度也。气盛则以意止之,气弱则以意助之。自余机关,主者知之,不可尽泄也。

　　已上概论火候准则,若就阴符阳火论之,则作用亦别。阳火生丹,阴符成丹,生成有施禽之异,故火符亦有动静之别。盖阳火注意流行,阴符冥心寂静,一年分至,一月朔望,一日子午,阴阳火符,皆可以此象之也。又参之分刻,则火有升降之节。呼而升也,火中行水;吸而降也,水中行火。水火无过一气耳。降时以心接之,则火也降时,以静融之则水也。此乃阴阳无偏,水火互用之道。古云:水里藏灯焰焰光,将心挑动更荧煌者是也。又采药者,只用阳火而无阴符;炼药者,火符兼之。采时如蜂祝子,传精送神;炼时如鸡覆卵,守和抱一。如是旨趣,修行者并宜审之耳。至于沐浴二候,金木旺盛,铅汞停匀,自如常时。异也此时进火,木汞受泄,金铅受损。故二时火候不用心意,但任天然,鼎中金液得歇化,而为水沐浴婴儿,此其沐浴之义也。或者问曰:所谓卯酉者,当取其天时卯酉乎?曰:否,自鼎中得药之日计之,初得药进火之日为子月之初,自此分配天时,当有卯酉月者矣。其它节气仿此。盖身中之时,与天时异,只用其名,不用其时,所谓不刻时中分子午,无爻卦内别乾坤是也。

互　修

　　互修者,性命互修也。悟性者,次当修命;炼命者,次当证性。是为互修也。虽然性为第一义谛,故见性时或有一超直入如来位者,此则性命一时同证,无事互修。其曰互修者,为中品根机、四果位人言之也。命为第二机关,故修命时只证阳神,性宗究竟层尚有未透,此则勿论高下,皆事互修也。何谓四果也?曰投胎夺舍移居旧住是也。投胎者,阴灵生识,投母胎以出世也;夺舍者,他识已入胎,我夺有之而出世也;移居者,借他人之生身而投识于中也;旧住者,久守阴灵之识,以存身形,不入寂灭也。此皆见性未至者,滞于偏空,能为无形,不能为有形,故舍身之后,必须他身以作用也。此等若借阳丹点化,则能无能有矣。昔张紫阳、薛道光、郝大通,皆吕纯阳丹派中人也。紫阳、道光皆先习禅家公案，已证性空，然未能发用，后得丹法，然后能变化。紫阳同时有僧悟禅，能入定出神，与紫阳较，能同处室中，俱出神看花，各折花为信。既窘，紫阳拈花在手，僧则无有。紫阳曰：我性命双修，阳神能入无出有，彼单修性宗，故阴神虽灵，能无以不能有也。郝大通先修丹，已证阳神，后习禅定，坐于桥下，水至不死，小儿累石作塔于顶头，竟不侧，如是六年。紫阳、道光先证四果，后修金丹；大通先成金丹，后入性空。此其互修法则也。紫阳著书名以《悟真篇》，力言互修之道，永为丹家楷式，即下三关法是也。

魏伯阳《周易参同契》图说五卷

海东 青霞子 图说

金丹炉鼎图

> 金丹炉鼎图
> 炉坤兑扉北女偃月
> 中深规丹黄芽
> 宫渊中田庭鄂
> 男乾震龙牡男甑山

说曰:炉鼎有内外之名,黄庭气穴,内炉鼎也;乾、坤、震、兑,外炉鼎也。气穴者,两肾中间一穴,缕脉连于黄庭,精气就此而生,故曰气穴。采丹之际,以意斡归气穴,真精随火自夹脊透泥丸,遇众阳融之,然后至于心,取汞流下黄庭,一意固济,以火符炼之,则自相吞啗而丹成。黄庭,心肾停半,一身正中也。丹在其中,受火烹炼,故曰鼎也。又说:黄庭为炉,泥丸为鼎,火起自腹府,蒸于头宫故也。虽然内炉必须外炉作用,然后药物应于鼎内,是以此法外炉鼎为大,而内炉鼎次之,诗曰:有美神仙器,雌雄制度完。西边金虎踞,东畔木龙蟠。自我新成置,抛他旧用残。周天进火候,中满紫金丹。

金丹药物图

金丹藥物圖	內藥				外藥	
	日光 丹砂 蒼液 無硯 勳	朱汞 姹女 水銀 玄施 牲 婦	偶己 木精 流珠 浮 臣 添	元神 真人 聖胎 真土 金液大還丹	月精 白金 黃芽 黃包 情 靜	外黃鉛 嬰兒 金砂 道樞 沉 君 抽	藥坎戊 金華

说曰:内药是离火之精,摇动虽安,状似流珠,故以汞名之,自余皆汞之异名也;外药是坎水之气,粗黑无色,中藏白金,故以铅名之,自余皆铅之异名也。离汞坎铅,相姤成丹,犹男壬女癸,相交为胎。虽然后天精血是纯阴也,坏而为偶,故为男为女。若男壬先至,女癸后参,以癸包壬,则为男胎;女癸先至,男壬后参,以壬裹癸,则为女胎也。先天精

气是纯阳也,奇而为一,故铅唱汞应,无有先后,而即成阳丹也。内药无外药,则不能发起;外药无内药,则无所因由。观其内外排列,则可见交相为赐也。内日外月相合,故能阴能阳;内姹外婴相合,故能雌能雄;内银外金相合,故能珍能宝;内无外有相合,故能隐能现;内浮外沉相合,故能升能降;内性外情相合,故能体能用;内臣外君相合,故能尊能卑;内妇外夫相合,故能男能女;内魂外魄相合,故能神能鬼;内动外静相合,故能行能止。以此论之,丹药灵验从可知矣。初借外药助籍,既成之后,造化由我,我自能内外,故外药无所用矣,故曰:既得金华,舍铅不使。此之谓也。内药元精也,外药元气也。元神在于中宫,出入无时,莫知其乡。精气也者,神之宅舍也。神依于气,气依于精,二药初交,元神以是为鄞鄂,乍托乍离,药物渐坚,元神入多出少,药物成完,元神与之打合为一,精乾气结,凝成大丹,一灵灵圣圣物也。神乘精气,出入与俱,行宫易室,空马虚车,须意为之,脱质超升,谓之神仙也。诗曰:身内小蓬壶,长生药物敷。神农遗本草,黄老著方书。分别阴阳品,同煎内外炉。刀圭一入口,白日上清都。

金丹坎离交媾图

说曰：离中阴，己土也；坎中阳①，戊土也。二土合于中宫则成圭，所谓刀圭也。又坎中阳本乾中阳也，离中阴本坤中阴也。男女一交，女夺男精，则坤得乾爻而返为男，乾得坤爻而返为女也。今者坎离交姤，而各还旧物，则离为乾而坎为坤，所谓金来归性初是也。又六十四卦之髓在坎离二卦，三百八十四爻之精在九六二爻，二爻合则成丹。诗曰：九六周流象，玄微不可摹。谁知一定体，内秘变通枢。有岂寻常有，无非断灭无。参同成至药，跳出五阴区。

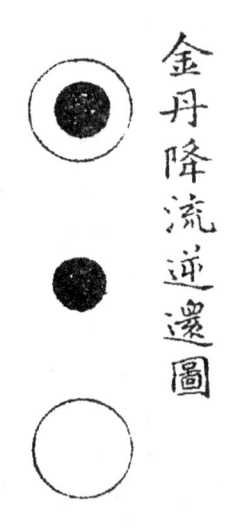

金丹逆流还丹图

说曰：⊙外一圈乃鄞鄂也，中一点乃丹头也。此一点产于外而流行则为●，为后天，降本流末。而凡人一生一死之道，逆而还之于无始圈中则为⊙，为先天逆流还源，而神仙不生不灭之道也。毕竟为〇，乃一味真空也。诗曰：先天无始气，元在理圈中。出外为流末，还源是本宫。繁兴成义用，损减入虚空。此意谁知者，吾将问谷翁。

————————

① 阳，底本作"阴"，误，据抄本改。

金丹五行三要图

金丹五行三要圖	木三魂 木火魂神屬之心	五火二五神三 土五氣意 行水一精 三二一四屬之意	金四魄 水金精魄屬之身

说曰：窃观凡夫修证仙佛，因果无出五行三要。何以言之？神魂、佛性之类，而属于木火；精魄、仙命之类，而属于金水。而身、心、意三要修炼，五行证成仙佛之具也。金丹从身中采取，佛性从心法觉悟，意在中宫，思量可否之物也。身修然后丹材足，心正然后佛因成，意诚然后工夫确。身也，心也，意也，信乎为三要也。至人有三要之工，故精水、神火、魂木、魄金会于中意之土则终，禅者见性时也，炼丹者得药日也。凡人无三要之工，故精泄神扬，魂浮魄沉意散，则徒坐禅床而佛性难悟，漫临丹炉而仙药不应。不特此也，生造五欲之累，则死被五业之牵。《经》曰：天有五贼，见之者昌。五行于凡夫为贼，于神仙为昌也。凡人身形，五物假合而生，散泄而死。罪人为金木所讯，罪鬼为汤火所厄，是五行为贼也。仙佛水观火定，五行尸解，三昧化大九转金丹，丈六金身，返五贼而为昌也。诗曰：圆明三五一，已是地中仙。意土当中立，身心分两边。二三相会合，一四共钩连。攒促成真药，终归戊己权。

金丹八卦图

说曰：窃观八卦之象，旁通曲畅，包物无遗，不可尽举。只以属于丹、禅二法者言之，则坎离，日月也；六卦，月之六候也。震巽生明生暗，兑艮上弦下弦，乾则月正对日而成望，坤则月合于日而成晦。日月，金丹铅汞也；震、兑、乾三候，阳火也；巽、艮、坤三候，阴符也。阳火以外阳削剥内阴，震明阳火起首，阳长一分则阴消一分；兑弦阳火之中，阳长二分则阴消二分；乾望阳火之终，阳长三分则阴消三分。阳气盛长则阴气不能敌，阳还助而成之也。是以，此后阴符以外阴包固内阳，巽暗阴符起首，阴包一分则阳坚一分；艮弦阴符之中，阴包二分则阳坚二分；坤晦阴符之终，阴包三分则阳坚三分。所谓铅尽汞坚者也。坤后乾前，日抽月添；乾后坤前，月抽日添。夫坤者，日月合辟，性命交融，仙佛混同之位也。日为性，月为命，性是佛，命是仙，日月会于坤而胎丹，日月会于坤而成丹。光灭向暗，于时为晦，而归根复命，于义为大也。

又以八卦配之，禅宗则坎离无中含有，佛性之空不空也。震、兑、乾生起之卦也，震生相也，兑现相也，乾转相也，乾卦连实，情念填塞之象也;巽、艮、坤,修断之卦也,巽断转相也,艮断现相也,坤断生相也,坤卦坼虚,万缘不挂之象也。生起从细至粗,修断从粗至细也。又以八卦分配丹、禅,则坎,丹药也。震下品,人仙也;兑中品,地仙也;乾上品,天仙也。离,佛性也;巽,人空罗汉也;艮,我空菩萨也;坤,俱空大觉也。又以配之凡夫,则震,小儿也;兑,成童也;乾,丁壮也。男子既长,阳精通,有一升六合,随乾数也。知慕少艾,男女相交,阳损阴生,巽为始衰也;阴多阳少,艮为老病也;阳尽阴纯,坤为死没也。八卦为德,随处能为紧歇。以阴阳之分,则乾吉坤凶;以坼实之义,则坤明乾暗。凡夫死于坤,佛涅槃于坤。涅槃者,摄散归寂也。《经》曰:无上大槃盘,圆明常寂照。外道执谓凡夫目,谓死此之谓也。又坎离,寂中有照也;乾,圆满报身也;坤,寂灭法身也。诗曰:至矣先天卦,多含未究寻。显仁明且现,葴用奥而深。谁识羲文旨,兼包释老心。卜家添纳甲,彰往于知今。

丹法三关图

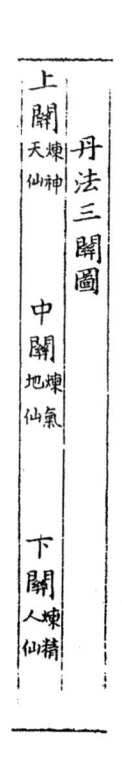

上关 炼神 天仙
丹法三关图
中关 炼气 地仙
下关 炼精 人仙

说曰:《心印经》曰:药有三品,神气精。《传道集》曰:仙有三等,天地人。此三品药,人人①皆有之。精能滋润一身,气能温暖一身,神能主宰一身。三物混融无间,精其本也,精在身中,如木之有脂,神气依精,如火之附脂,故此三关,炼精居初也。

炼精者,祛房室欲,咽津固液,内精充足,外貌光泽,齿发不衰,疾病自消,安乐在世,号曰人中仙也。

炼气者,元精既足,元气自生,龟蛇乌兔,互相吞吐,则丹田中浑元一气出现,为我命根。一气无涯,故我命亦无量。从此火符烹煮,成就大丹。血肉诸气化为纯阳,口中呼吸熟于真火,嘘之疗病,炊之熟物。脱胎神化,游处清都福地,号曰地上仙也。

炼神者,神为性之妙用,疾速快活,极难凝定。眼有视物则神从眼出,耳有听音则神从耳出。强自捕握,愈致奔腾。一自还丹在腹,凝神甚易,以先天母气擒伏子气故也。眼如镜照而不视,耳如谷受而不闻,自然能入大寂灭海去。于是块坐抱一,精能使我不暑不渴,气能使我不寒不饥,神能使我内观返照,四大相忘,六用不起,昧昧晦晦,与死人相似。良久,然后可以入不生不死根本,所谓静极光通达也。到此丹转为禅,仙化作佛,工行愈高,去处益贵,号曰天仙也。

初、中二关修命,上一关悟性。命为有门,性是空空,故修行亦然。修命者,双修两物,火符吞唱,有为工夫也;悟性者,独修一物,虚中丧我,无为工夫也。上上顿机,无仙佛、无丹禅,一时顿毕。其次渐门,分宗序进,或禅或丹,不无病痛。禅病无字有余而有字不足,丹病有字有余而无字不足,故有此互修法也。丹后修禅,即此三关次第是也;禅后修丹,禅家所谓先顿悟后渐修是也。又有三句旨诀:无句、有句、中间句也。无句,禅也;有句,丹也;中间句,互修也。上古禅、丹不受和合,各守一宗,逮夫末法,人根愈下,法门益巧,即此互修法,随机立法,应病与药也。自有互修法,禅、丹表里,性命同源。丹门诸仙与禅宗诸佛,同一体用,返于性空,则从无入灭,神鬼莫测。行其气有,则随缘现像,应化

① 人,底本作"入",据抄本改。

无穷,未知孰为仙、孰为佛,理气、空有兼全故也。三关诗曰:炼已持心后,安炉立鼎须。玄天漏元气,罔象得玄珠。欲证神仙位,先修血肉躯。初关下手日,已免堕三涂。初地工夫熟,中关道路平。等分乌兔液,文武丙丁烹。黍米从微著,金丹告大成。我非前日我,万化手中生。非昔之隐几,愧然而嗒然。未生文字始,不画卦爻前。一上还无一,玄中更有玄。秋江星斗定,人在钓鱼铅。

八卦纳甲图

八卦纳甲图	乾 甲 壬	乾	坎	艮	震	巽	离
	坎戊 艮丙 震庚 巽辛 离己 坤癸 兑丁						
上爻		壬戌	戊子	丙寅	庚戌	辛卯	己巳
五爻		壬申	戊戌	丙子	庚申	辛巳	己未
四爻		壬午	戊申	丙戌	庚午	辛未	己酉
三爻		甲辰	戊午	丙申	庚辰	辛酉	己亥
二爻		甲寅	戊辰	丙午	庚寅	辛亥	己丑
初爻		甲子	戊寅	丙辰	庚子	辛丑	己卯

说曰:卦象天干自与月魄明暗融通符合,自然之道,非人意造也。若夫一日火候,两卦直之,如初一屯蒙,朝屯则下卦,庚子、庚寅、庚辰三爻当子、丑、寅三时,上卦戊申、戊戌、戊子三爻当卯、辰、巳三时;暮蒙则下卦,戊寅、戊辰、戊午三爻当午、未、申三时,上卦丙戌、丙子、丙寅三爻当酉、戌、亥三时也。余仿此。诗曰:单卦与重卦,纳干还纳支。炉中火文武,天上月盈亏。谁识阴阳旨,兼为服食规。羲经广且大,万理可旁推。

周天火候之图

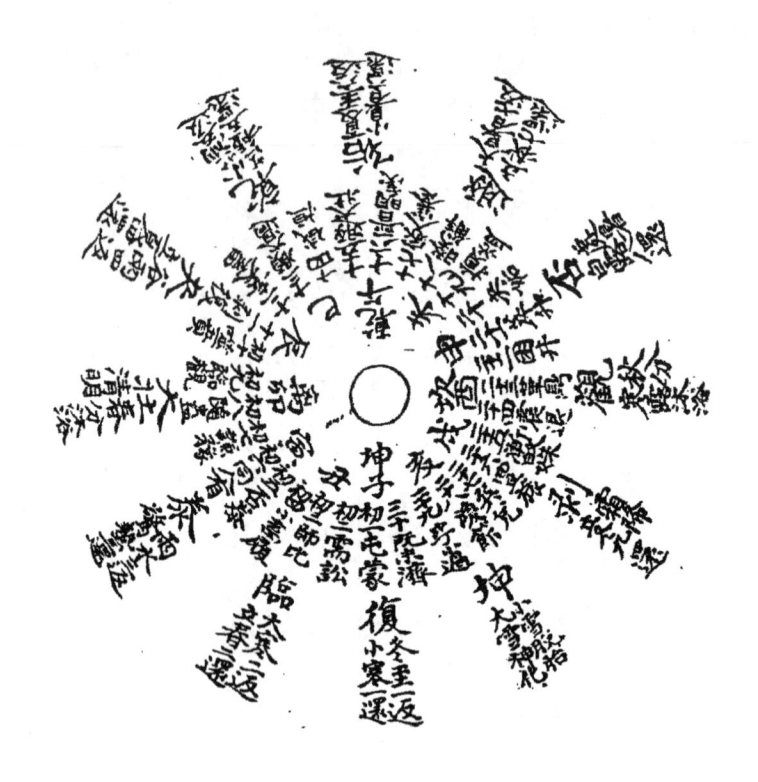

圖之候火天周

说曰：卦有六十四，止用六十，何耶？乾坤坎离不入故也。乾坤为鼎器，坎离为药物，六十卦为火候。鼎器、药物在中，火候环周于外，十个月二十四气，三百六十日告遍，而火辍药熟。星谓周天六候也。一日子后午前，一月朔后望前，一年复后乾前，阳火候也；一日午后亥前，一月望后晦前，一年姤后坤前，阴符候也。一日十二时，用二卦十二爻；一月三十日三百六十时，用六十卦三百六十爻；则一年十月三千六百时，用六百卦三千六百爻也。以攒促法言之，则年促于月，月促于日。其法二日半三十时，为一月三十日三百六十时，恰为十个月三百六十日。而一时直二日半,则一日十二时恰为一月三十日也。诗曰:离坎为铅汞,乾坤作鼎炉。天根进阳火,月窟退阴符。意是搬匀土,心为斡转枢。烹煎三百日,结取夜明珠。

金丹明镜之图

圖之鏡明丹金

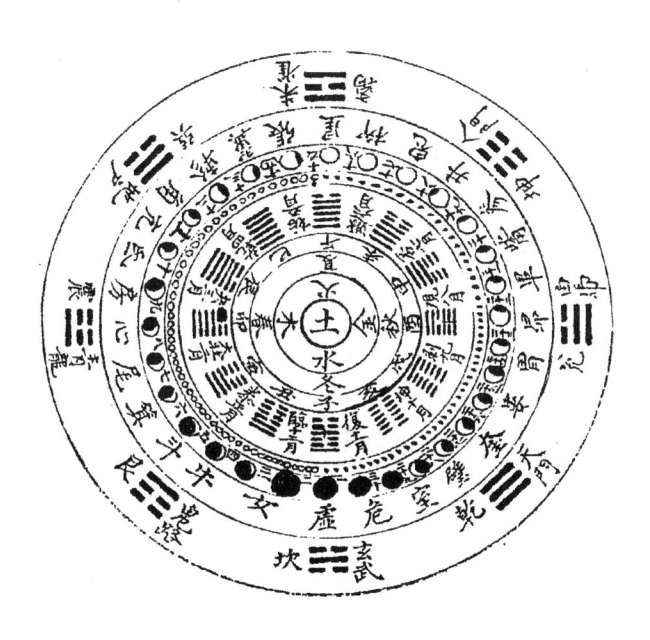

说曰:第一环,四象八卦,天门地户,八门鬼路,列八维而互用也;第二环,二十八宿,明周天行度,火数起天元也;第三环,三十圆缺之象者,合一月火数,应六十卦互用也;第四环,五十点白,五十点黑,乃阴符阳火,百刻之数,应天符动静也;第五环,十二卦者,明逐月爻象进退,龙虎起伏也;第六环,十二辰者,火候升降,攒合运天符也;第七环,显周天之火数,簇合四时,应内象也;第八环,列阴阳五行万象,八鼎中辅助金水,龙虎、离女、坎男交姤,共生真砂真汞,而成还丹也。诗曰:可爱丹房镜,令人意不迷。八环回转处,万象著明时。恍若心灵悟,详于口诀知。先师惠后学,冒罪泄天机。

日月晦朔弦望之图

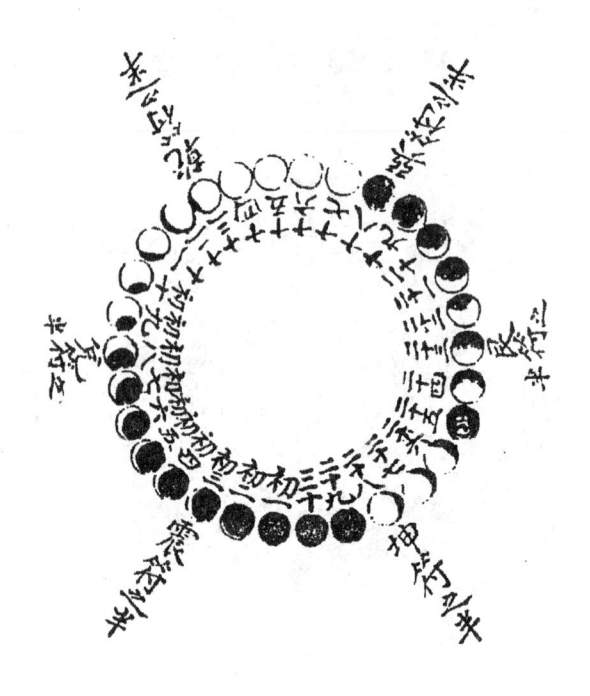

说曰：盖闻日月成形，周围各八百四十里。日莹如火珠，月黑似漆镜。月本无色，受日成光，日月离合有六候，候凡五日，五六乃一月三十日也。六候乃生明上弦望、生暗下弦交会也。初三至初七，五日皆生明也，而初三为生明之名；初八至十二，五日皆上弦也，而初八为上弦之名；十三至十七，五日皆望也，而十五为正望；十八至二十二，五日皆生暗也，而十八为生暗之名；二十三至二十七，五日皆下弦也，而二十三为下弦之名；二十八至初二，五日皆交会也，而晦朔为正会。望与交会，居五日之中，余四候居初也。交会时，日月相贴，故不见光，离开后始见光。而光小者，日光旁射月之西边一隅，人在地上，只见受光之隅耳；离远则受日渐大,故光亦大,望则对照,故光圆望后向日还近,故光渐小。月离日十三度始吐光,生明生暗,以七为度。初三生明时,月受日光,七十里而白处见蛾眉之形,自此日广七十里,至初八四百二十里受光,则于全体居半而见弓弦之形;十三后八百四十里,恰受日光,则见满轮之形;十八生暗时,初缩日光七十里,而黑处见蛾眉之形。自此日缩七十里至二十三,缩光于全体居半,而见弓弦之形。二十八,八百四十里,皆缩日光,则黯黯无光矣。月为地魄,日为天魂,聚而能灵者魄也,？而能神者魂也。魂无魄则无所附,魄无魂则无所生。日抽魂而附月,月抽魂而捡日。交会时水火制伏,离开后魂魄照顾。故阴阳不忒,天地悠久矣。若以八卦配之,坎为月,离为日,震为生明,兑为上弦,乾为望,巽为生暗,艮为下弦,坤为交会。自初一至初五,五日震符也;初六至初十,五日兑符也;十一至十五,五日乾符也;十六至二十五日,巽符也;二十一至二十五,五日艮符也;二十六至三十,五日坤符也。夫月以生明为阳,生暗为阴也。初三夕月生明于西方庚位,应震之初阳,与纳庚也;初八日夕上弦于南方丁位,应兑之二阳,与纳丁也;十五日夕满轮于东方甲位,应乾之三阳,与纳甲也;十八日朝生暗于西方辛位,应巽之初阴,与纳辛也;二十三日朝下弦于南方丙位,应艮之二阴,与纳丙也;二十八日朝光灭于东方乙位,应坤之三阴,与纳乙也。壬癸不入者,即日月交会之乡也。月之六候,各值于卦之六符半,初三生明,震符之半;初八上弦,兑符之半;十三始望,乾符之半;十八生暗,巽符之半;二十三下弦,艮符之半;二十八光灭,坤符之半也。细测天符,发明丹火之法象居多,而无如日月弦望晦朔之著明矣。何者丹药之材?无他,乃日魂月魄也。火候之法无他,乃弦望晦朔也。夫坤为炉,乾为鼎,进退弦望之火,烹炼日月之丹法象,岂不昭昭然哉。然则玄妙机关,天自泄之,世间饶舌人不与也。诗曰:乾鼎坤炉内,元君日炼丹。金乌八两髓,玉兔半斤肝。火候庚昏始,工夫乙夜阑。吾将传此法,救却老容残。

一年阴阳升降节候进退图

圖退進候節降升陽陰年一

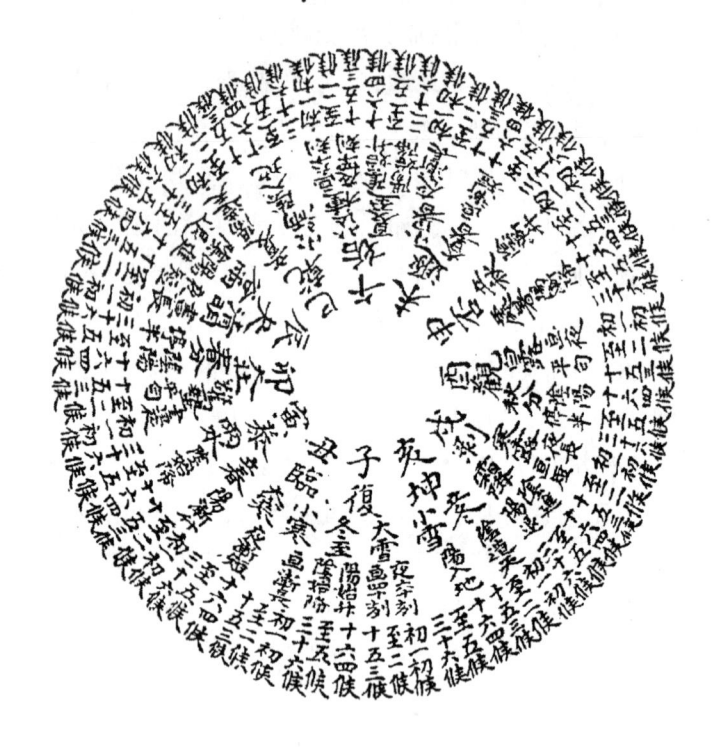

说曰：盖闻天地相去八万四千里，冬至阳自地升，阴自天降；夏至阴自地升，阳自天降。凡升降一日，各四百六十里二百四十步。九十日阴阳相遇于天地之正中，则炎凉均而为春秋二分；又九十日升者造天，降者到地，则寒暑极而为冬夏二至。如是升降循环无穷。又昼夜之刻，极长六十，极短四十。冬至后九个日昼进一刻，夜退一刻；至夏至昼六十刻，夜四十刻；夏至后九个日夜进一刻，昼退一刻；至冬至夜六十刻，昼四十刻。如是进退循环无穷。又五日为一候，三候为一气，一月凡六候二气，十二月七十二候二十四气也。五日六十时，甲子一终时，物未有不变。如荔挺出、水泉动之类是也。况一气一节乎寰中节气，鼎内丹药,与之相应。智者观此图,则符候法象,昭昭于指掌中矣。诗曰:宇宙炎凉候,周围成一图。阴阳气升降,昼夜刻乘除。圆象同天体,虚中见道枢。金丹诸法术,与此暗相符。

六十四卦方圆之图

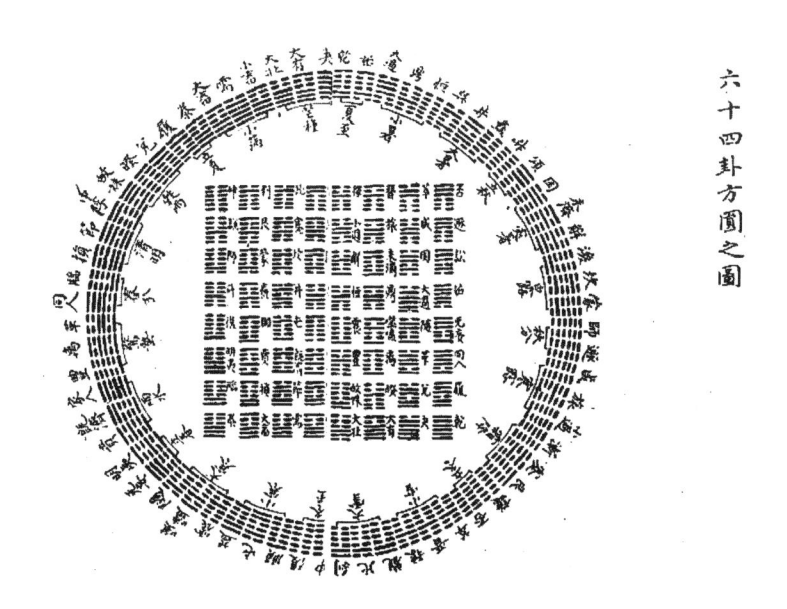

说曰:尝闻天形至圆如虚球,地形正方如博局。天虽太虚,其气紧劲旋转,无少停息,故地能浮在天中,不然则陷坠矣。歧伯所谓大气举之者是也。且地虽窒质,亦能疏虚通气。夏则阴在地中,故井泉冷;冬则阳在地中,故井泉温。此其天地之大略也。今观六十四卦方圆图,真天地之画也。圆之象天,方之象地,圆图中黑白奇偶之爻,即炎凉雨旸,节气代序之象也。方图中黑白奇偶之爻,即水、火、土、石,大地疏通之象也。又圆图卦卦相次,运行之序也;方图卦卦相仍,积累之形也。又圆图,复开天也,临辟地也,泰生人也,壮有人文宣朗乎,夬①乾时运方亨乎,姤遁世道始衰,否观一治一乱,剥坤消物闭物,赖有硕果生生不

---

① 夬,底本作"夫",据抄本及前后文义改。

息。前乎天,地后乎,天地现在,当令一稽之于卦,无逃焉者也。又方图,西北多阳,东南多阴者。今夫地亦西北多山,东南多水,西北高而东南下,西北人材与东南不同,地气自北而南则治,自南而北则乱者,此道也。又方图,少含圆图,多蕴阴统于阳,地道无成,而代有终也。又圆图,乾、坤、姤、复、剥、夬、观、壮、否、泰、临、遁十二月之卦也,行位相对者,亦十二辰相对之道也。又冬至起于复,而芒种终于夬;夏至起于姤,而大雪终于坤。每节二卦,每气三卦,直之者,节候之上卦也。复朔震生兑弦,乾望巽缺艮弦,坤晦者,月候之配卦也。又智者观乾坤而立龙虎,排鼎器观卦气,而运火候采阳丹,毕竟成就九转金液大还丹。形如鸡子,黑白相扶,并不出此方圆图之法象也。天道超乎象器,而亦未离于象器中。诗曰:幻化成天地,其形尚肖焉。炎凉时变化,黑白月亏圆。产药为仙佛,宣文作圣贤。无穷神化理,都只在兹圈。

太极之图

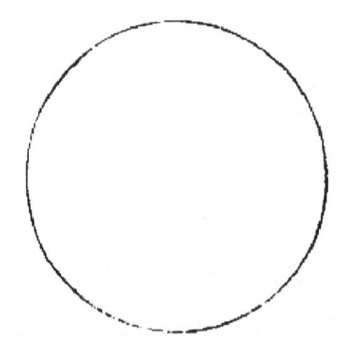

图 之 极 太

说曰:右为无极太极之图也。此不可以采色而施,故围之以一圆象,斯乃不形容之善形容也。外之黑圈,先天一气也;内之白地,无极真空也。一气无始,故黑圈无起处,真空无象,故白地不受物。至圆无滞者,气也;至虚无极者,理也。理乘在气机上,动静无穷,此圆象是也。愚尝谓理气不离,动时理在气中,静时气在理中,此圆象即动时也,外黑内白,理在气中也;若夫静时,气在理中,不可画也。若画则已会动了,即此圆象也。若于不可画处顿悟顿修者,经截门最上机也。若于圆象中,从空入有,或知白守黑者,第二筹渐修人也。诗曰:有个没头尾,三家共此宗。思之大是错,画乃强形容。往往无心得,时时罔象逢。虽然未离物,翠竹与寒松。

《参同》后序[①]

或问于青霞子曰:《参同契》,丹书也,子释之,并言禅旨,何也?况魏君时,佛法初入中国,禅、丹不受和合矣。曰:性命大道,达人未有不知之理,列、庄在佛法前,而其书所言者,皆禅也。吾夫子罕言性命,其意亦可想矣。魏君此书,言简义丰,未有遗阙。其曰伏食三载、其曰抱一毋舍云者,早已言禅宗工夫也。圣人不先天而开人务,因时而立教,或言或不言,或详言或略言,皆随时应缘也。凡注疏贵乎微显,阐幽则于详言者,晦之略言处当明之耳。

---

① 后序底本无,据抄本补。

附录：

青霞子金丹吟

《道德》五千言，善言柔制刚。吾观其宗旨，水火妙合方。偏阳苦燥烈，无术可周防。至人用柔克，气定神自康。窃观人之死，神火苦燥扬。不知制伏术，任之日消亡。指言坎宫气，可擒离火狂。旨自玄元诀，语详魏伯阳。丹非句漏①出，坎宫金水气。制伏木中汞，湛然成止水。知白守黑来，欲死亦不死。诗中论大要，口诀当详是。乾坤知人身，坤离神与气。神火燥而扬，精水润而止。制伏不散施，燥阳畏润水。会极为一时，还丹即便是。童时如纯乾，神气完无缺。及长乾成离，一分阳气夺。渐渐艮而坤，纯阴则死灭。易卦配人身，《参同》成妙诀。在艮未至坤，宜急讨还丹。取坎填夫离，离实为纯乾。生人顺造化，自乾甘至坤。仙子逆阴阳，变坤还成乾。坤炉接乾鼎，离火烹坎水。六十奇偶爻，文武火候比。大哉包羲经，中含无边义。初不为丹设，自然孚妙旨。五气在身中，其德好叛去。精水好泄漏，神火好扬举。魂木善漂浮，魄金善沉坠。意土又能散，散尽当归死。神仙有妙方，制伏合五行。采他坎宫气，补我离中精。水火既配耦，金木自交并。意土召和气，金丹顷刻成。先天金液丹，潜在躯壳里。凡夫昧受用，至人发其秘。水火为夫妻，呼吸通精气。其药从中生，忽然为我饵。真阳入我腹，腹中回太初。一身阴邪气，顿然被驱除。头轻目忽朗，心志洞而虚。是乃先天气，变化血肉躯。真火潜亦中，钻之始能起。真丹在身中，采之为我饵。乌来吞兔脂，龙就吸虎髓。当待时节来，忽得一黍米。丹星神灵物，天地至阳精。一粒向空掷，日月交光晶。点物金变铁，点目盲为明。蛇吞为虬龙，鸡食化鸾鹏。坎离乾坤用，六卦直三旬。望前三五日，主之震兑乾。望后三五日，主之巽艮坤。将卦爻阴阳，象月光亏圆。月中阳魂

---

① 句漏，即"勾漏"。

生,兑宫丹药发。结字当类推,丹字象夫月。女为男之偶,月为日之匹。待得交姤时,定他采药节。离精何名汞,流动如水银。坎气何名铅,白金藏黑铅。龙虎亦为假,炉鼎乌有真?就中论真旨,男女精气神。金铅制木汞,敛一不发宣。神水初凝质,薰以太素烟。火候既告足,铅浮汞就坚。抽铅为干汞,汞干不用铅。元气初浮去,如尘隙中游。抱一九载后,亦无尘可浮。惟有干水银,飞腾得自由。既无气可见,刬向形质求。此神寓血气,全赖出入息。此神寓纯气,定息至无息。无息无死生,死生缘有息。纯气是还丹,还丹即无极。毁之不甚惜,痛之何与予。若人知此义,到处契如如①。

---

① "毁之不甚惜"至"到处契如如"底本、抄本均无,此据《青霞集》卷一"金丹吟"补。

青霞子权公墓碣铭

朝鲜 赵文命

　　青霞子,大儒也。而人或有疑之以丹学,浅之知公也哉。公于晚年,尝注《参同契》一卷。此实取朱夫子遗意,而人或不知而因此疑之欤。公讳克中,字正之,姓权,青霞其号也。公之将降,有梦以珠玉缀文字于儿衣。俄而公生,生而气清秀异凡儿,才学语便学书。绝不嬉戏,手书册不舍。六、七岁已以神童称。壬辰,丁母夫人忧,虽在仓卒奔迸,秉丧礼俨若成人,人皆异之。年十三,隐然名动湖南。权石洲鞸见其诗,至曰:非吾可及也。又尝诣赵玄洲缵韩,略论文章得失,玄洲公叹曰:东方文宗,在此矣。先是受性理诸书于石溪崔公,仍石溪公谒沙溪先生于溪上。先生大奇之,劝留数月,有经旨疑难处,必招公论辨。至孟子犬之性犹牛之性,先生曰:犬牛之性,固有异同乎? 公即对曰:天命之性,凡有血气者,莫不同然。亚圣此言,盖以气质之性而发也,又至中庸戒慎乎其所不睹,恐惧乎其所不闻。先生曰:尔知此章文义兼包未发已发之二义乎? 公曰:不睹不闻,此是未发前事;而戒慎恐惧,实兼未发已发也。又论《近思录》反鉴索照之义,公曰:当以磨镜却不照五字替反鉴索照四字,则其义似滢,敢质焉。先生曰:横渠复起,不易尔言矣。壬子中进士,值昏朝,及闻废母后,即北望痛哭。已而曰:无母之国,立身何为? 遂不赴举。而语及时事,辄慷慨垂涕不能已。自此杜门静室,专心穷格之学,左右图史,有以自乐其乐,若将终其身。故虽癸亥诸公屡致辟书,而终不能起公。于是湖之人士,争愿抠衣,爱敬公不啻若洛人之于康节。公当其病革之日,家人问家事,则曰:非吾所知也。侍疾者有涕泣,则开眼视之曰:吾年七十有五,死生理也,吾达已久矣。略无悲苦容,精神不少错。命取盥水来洗手足,即正衣冠就新簀,晏然而逝,实己亥四月初一日也。

　　公之学,始问于石溪公,终就正于沙溪、慎斋两先生父子间,得尽闻性理之说。磨砻于金凤谷东淮,柳白石楫。其师友渊源之正既如是。气性冲泰,平居端默,未尝有疾遽声色。而至见人不是处,绝之甚严。平生重气节,信义著于人。事伯仲两兄如事严父,侍坐终日,至鸡鸣不言退不敢退。奉祭祀一遵家礼,每晨谒庙,不以风雨寒暑而废一日。及老,道益高而理益明。一日语家人曰:明年某月日,必有来访我者,而其人似是位高而能祸国祸人,甚阴凶者也,吾不欲见,家人毋指余所往。及其日,金自点果以按事南来,要与公一面,公避之终不见。其前知高识,有未易窥测者。诗甚沉实雅健,绝不作轻浮语。时逢韵士骚人,酒微醺,辄高吟朗咏,飘然有出尘意。一时词翰诸公如李泽堂植、郑东溟斗卿,多寄诗以致意焉。郑畸翁弘溟,湖人也,与之还往唱酬,篇什尤多。其见重于名辈巨公如此。尝抄集《宋明我朝儒贤事迹》,以便后学。著《读书录》、《理气辨》、《中兴十条》、《万世事业说》、《经筵拟对八条》等书,并藏于家。诗文若干首,刊行于世。

公娶昌宁曹汉良女,有一男相信,早卒。相信娶海州吴景福女,生一男一女。男德寿,女适天安全益明。德寿娶江华鲁友曾女,生四男:长㮨,次桓,櫹,槲。㮨、櫹、槲并早卒。内外曾玄总若干人。初葬于所居古阜郡北,后移窆于先茔侧外炭洞干坐之原,与夫人同圹。

公生以万历乙酉三月十三日,考讳俊,妣咸悦南宫氏,司赡寺正憘之女也。祖讳万英,成均生员;曾祖讳士衡,成均进士;高祖讳宽义,禁府经历。权本安东大姓,在丽朝有讳汉功,官至都金议政醴泉府院君,号一斋,谥文坦,即公十一代祖也。公玄孙应锤既辱征史要序于余,又复求余铭甚挚,不敢以无文辞,谨为铭曰:

矫矫青霞,高揭南峤。呼尔文章,粤自童少。而视余事,耻为窃剽。归依大老,力探道妙。性理渊奥,靡不闻晓。噫彼昏朝,伦纲废剿。公时家居,北望痛叫。遂抛公车,婆娑世表。兀对贤圣,年德高邵。生居师道,没为世标。有俨堂斧,葬从先兆。贤七攸藏,不埋蓬莴。岂我作铭,为后来诏。

前行艺文馆检阅兼春秋馆记事官赵文命撰
——出权克中(朝鲜)《青霞集》

第十九卷

参同契阐幽

清 朱元育 注

点 校 说 明

1.《参同契阐幽》七卷,清朱元育注。《阐幽》系朱元育修证有得后,与门弟子讲习时所作,故注中多口诀之旨,宜在读者沉潜探索,并结合题名尹真人传出的《性命圭旨》一书研究,则可于朱氏丹法瞭然于心。盖《性命圭旨》一书,为丘祖龙门派下之丹书,合三教之精粹,详丹功之次第,无论初学丹道或深入丹道者,《圭旨》乃是不能不读之书。而朱元育之注解《参同契》虽祖述《圭旨》,但因其无次第,往往东鳞西爪,不能成篇抉出,且仙禅并谈,时有迷离恍惚之病。故读《参同契阐幽》七卷,《性命圭旨》四集亦当为案头常阅之书。

2. 本篇以清汪东亭校刊《道统大成》本为底本,校本有四:①康熙六十年新镌,贵文堂梓行本,简称贵文堂本。②周士一主编,湘潭师院中国科技史研究室出版的《周易参同契集注》点校本,其所据本为康熙八年本,简称"康熙本"。③北市师范大学影印本抄本《参同契批注》,简称"抄本"。④《道藏辑要》本,简称"辑要本"。

3. 底本、辑要本原不分卷,康熙本作两卷,贵文堂本、抄本分作七卷,题名康熙六十年天德堂本也分作七卷。考朱氏《阐幽》自序,有"七卷中,倏分倏合,倏放倏收"、"七卷次第告成"等语,故知原本当厘为七卷,今依贵文堂本、抄本所分,还原为七卷。贵文堂本、抄本,每章《参同契》原文皆计有字数,今不录。又,贵文堂本与天德堂本均有相同顶批,但大抵是"著眼"、"引而不发"等提示语,也未录入。

参同契阐幽

东汉 魏伯阳真人 著
清 云阳道人朱元育 阐幽
清 新安汪启濩东亭 辑
京江 韩景垚仲万 评点
许启邦 校刊

序

　　大道〇本无言说，本无名相，混混沌沌，莫知其端。然非假言说名相以表之，则道终不显。昔者，羲皇作《易》，直指乾坤；老子著《经》，全提道德。赖此两圣，凿破混沌面目，人人分上底性命根源，才知着落处，大道从此开明矣。二书同出一源，其后不幸而分为儒、玄两家。宗《易》者流，为象数之小儒；宗玄者流，为延年之方士。而归根复命之学，或几乎息矣。孰能会而通之，其惟《参同契》乎？此书出自汉代，伯阳魏祖假卦爻法象，以显性命根源。性乃万劫不坏之元神，命则虚无祖炁，元始至精也。拈一即两，举两即三，会三即一。㊉故言神而精气在，精气非粗；言精气而神在，神非精也；言性而命存，命非滞于有；言命而性存，性非沦于无也。只此两字真诠，可分可合，可放可收。在羲《易》则以乾坤为众卦之父母，在《老子》则以道德为万象之总持。后来诸子百家，横说竖说，总不出这两字范围。顺而达之，则曰天命之谓性；逆而还之，则曰穷理尽性以至于命。堂堂大道，三教合辙，千圣同归。外此，悉属旁蹊曲径矣。夫此逆还之法，本自无多，作者慈悲，岂不欲当头直指，但恐知音者希，未堪明破，不得不从无言说中强生言说，从无名相中强立名相，惨淡经营，秘母言子，遂以两字真诠，叠成七卷。于是分御政、养性、伏食为三门，又分药物、炉鼎、火候为三家。一门中各具三门，一家中各具三家，三而参之，九转之功于是乎毕，此其所以为《参同契》也。惟参也,乃见性命之各正;惟同也,乃见性命之不二;惟契也,乃见穷理尽性至命之要归。七卷中,倏分倏合,倏放倏收。大约前主分,后主合;前主放,后主收。错综变化,自然成文。此《参同契》之所以未易知,未易言也。

元育髫年慕道,最初拜北宗张碧虚师,指示玄关,便于此书得个入门,而尚未窥其堂奥。从此足穷五岳,遍参诸方,鲜有豁我积疑者。最后入终南深处,幸遇灵宝老人,点开心易,表里洞然,方知一粟可藏世界,微尘堪转法轮,是真实语。然此向上机关,讵堪饶舌。犹忆告别老人时,临歧丁宁,嘱以广度后人,无令断绝,且机缘多在大江以南。既而束装南旋,入闗办道,赖毘陵诸法侣,竭力护持,粗了一大事。丁酉岁,挈门下潘子静观习静华阳,兼览《道藏》。信手抽出《参同契》一函,快读数过,如贫子得宝藏,不胜庆快平生。窃念此书源流最远,实为丹经鼻祖、诸真命脉。魏祖曾将此书亲授青州从事徐公,徐遂隐名注之,今已失传。后来注者纷纷,错会不少,甚至流入彼家、炉火诸旁门,而祖意益晦塞矣。育甚悯之,思发其覆,遂禁足结冬,日诵正文一两章,与潘子究其大义,令笔录焉。深山静夜,秉烛围炉,两人细谈堂奥中事,思之不得,鬼神来告,久而豁然贯彻矣。更八十晨昏,草本乃就,题曰《阐幽》。谓此书向来埋藏九地,而今始升九天之上也;此书向来沉沦幽谷,而今始浴咸池之光也。既脱稿,复与潘子改正数番,剥尽皮肤,独留真实,私作枕中鸿宝。岁在丁未,许子静笃启请流通,公诸同志,张子静鉴实佐焉。于是鸠工募刻,同志翕然响应。而七卷次第告成,请余作序,因略述其所得于师者,以就正有道焉。并愿读是书者,勿滞言说,勿胶名相,只从此中〇讨消息。始而范围造化,既而粉碎虚空,有何御政、养性、伏食之可析?有何药物、炉鼎、火候之可分?并性命两字,亦可不必建立矣。如是会去,差足报魏祖、徐祖及从上诸祖之恩,差足报羲皇、老子及从上诸圣之恩,而世出世间、情与无情,一切山河大地,蠢动含灵之恩,亦无不报矣。一道平等,头头各现,将见情与无情,悉发大光明藏,破暗烛幽,余亦从此兀然忘言矣。

康熙己酉仲春朔旦北宗龙门派下弟子朱元育稽首敬撰

《参同契阐幽》卷之一

《参同契》者,东汉魏真人伯阳所作,盖以易道明乎丹道也。易道之要,不外一阴一阳;丹道之用,亦不外一阴一阳。一阴一阳,合而成易,大道在其中矣。参者,参伍之参;同者,合同之同;契者,相契之契。书中分上、中、下三篇,篇中分御政、养性、伏食三家。必参乎三家,使大易性情、黄老养性、炉火之事合同为一,方与尽性至命之大道相契。举一端,则三者全具其中。以末卷《三相类》宗旨校勘,即了然矣。

上　篇

（上卷言御政,共计五章,乃上篇之上也。）

此卷专言御政,而养性、伏食已寓其中。盖所谓御政者,陈乾、坤、坎、离之法象,隐然具君臣上下之规模。君主无为,臣主有为,即养性、伏食两道之所取则也,故末篇又称大易情性。

乾坤门户章第一

乾坤者,易之门户,众卦之父母。坎离匡廓,运毂正轴。牝牡四卦,以为橐籥。覆冒阴阳之道,犹工御者,准绳墨,执衔辔,正规距,随轨辙。处中以制外,数在律历纪。月节有五六,经纬奉日使。兼并为六十,刚柔有表里。朔旦屯直事,至暮蒙当受。昼夜各一卦,用之依次序。既未至晦爽,终则复更始。日月为期度,动静有早晚。春夏据内体,从子到辰巳。秋冬当外用,自午讫戌亥。赏罚应春秋,昏明顺寒暑。爻辞有仁义,随时发喜怒。如是应四时,五行得其理。

此章首揭乾坤门户,包括万化,乃全书之纲领也。

乾坤者,易之门户,众卦之父母。坎离匡廓,运毂正轴。

此节言一阴一阳之道,不出乾坤范围也。盖天地间只此一阴一阳,其本体则谓之道,其化机则谓之易,其神用则谓之丹。易道之阴阳,不外乾坤；丹道之阴阳，不出性命。乾坤即性命也。然必穷取未生以前消息，方知天地于此造端，人身于此托始，丹道即于此立基。原夫鸿濛之先，一炁未兆，不可道亦不可名，廓然太虚，无方无体，是谓真空。真空不空，是谓妙有。惟即有而空，故无始之始，强名曰天地之始；惟即空而有，故有始之始，强名曰万物之母。即有而空，便是太极本无极；即空而有，便是无极而太极。太极之体，本来无动无静。动而无动，乾之所以为天也而轻清者，有其根矣；静而无静，坤之所以为地也而坚凝者，有其基矣。一动一静之间，人之所以为天地心也，而易之生生不息者，在其中矣。胚胎虽具，混沌未分，故曰太极函三。迨其静极而动，乾之一阳直彻于九地之下，而坤承之，阴中包阳，实而成坎，是谓天一生水，在地中为水，在天上为月；及其动极复静，坤之一阴直达于九天之上，而乾统之，阳中含阴，破而成离，是谓地二生火，在世间为火，在天上为日。此由太极而生两仪，由两仪而生四象也。天地非日月不显，乾坤非坎离不运，故在易道，必以乾坤为体，坎离为用，何以言之？乾之为物，静专而动直，六十四卦之阳，皆出入于乾户，究竟只是最初一阳；坤之为物，静翕而动辟，六十四卦之阴，皆阖辟于坤门，究竟只是最初一阴。一阴一阳，是谓真易。乾知大始，实为众阳之父，故乾道成男，曰震、曰坎、曰艮；坤作成物，实为众阴之母，故坤道成女，曰巽、曰离、曰兑。从此交易、变易，生生不穷，重之为六十四卦，衍之为四千九十六卦，岂非乾坤者易之门户，众卦之父母乎？六子皆出于乾坤，而独用坎离者，何也？盖震、巽、艮、兑，各得乾坤之偏体，坎离独得乾坤之正体。先天定位，本乾南坤北，惟以中爻相易，而成坎离，后天翻卦，遂转作离南坎北。其实乾坤包罗在外，天地之匡廓，依然不动，而坎离之一日一月，自然运旋其中。小之为昼夜晦朔，大之为春秋寒暑，又大之为元会运世。譬若御车然，中心虚者为毂，两头转动者为轴，车本不能自运，惟赖两头之轴，两头之轴又赖中心之毂以运之。车待轴而转动，轴又待毂而旋，其用方全。坎离之于乾坤亦然，岂非坎离匡廓，运毂正轴乎？老子云：三十幅，共一毂，当其无，有车之用。此之谓也。

此章为全书纲领，此节又是通章纲领。乾坤门户，在丹道为炉鼎；

坎离匡廓，在丹道为药物。火候出其中矣。

牝牡四卦，以为橐籥。覆冒阴阳之道，犹工御者，准绳墨，执衔辔，正规距，随轨辙。处中以制外，数在律历纪。

此节言乾坤化出坎离，能覆冒阴阳之道也。乾本老阳，牡也，迨中爻变出离之少阴，则牡转为牝矣；坤本老阴，牝也，迨中爻变出坎之少阳，则牝转为牡矣。坤转为坎，九地之下，渊乎莫测，气机动而愈出，是为无底之橐；乾转为离，九天之上，一线潜通，本体虚而不屈，是为有孔之籥。老子云：天地之间，其犹橐籥乎？指此而言。故曰：牝牡四卦，以为橐籥。坎离二气，一往一来，出入于天地之间，而昼夜晦朔，春秋寒暑，纤毫不爽。名曰四卦，其实只是一坎一离；名曰两卦，其实只是坎离。中间一阴一阳，乃六十卦之全体，三百六十爻之全用，无不覆冒其中。岂不犹善御者之准绳墨，以执御辔，正规矩，以随轨辙乎？夫马之有御辔，车之有轨辙，法则现前，一一可以遵守。外也，准而执之，正而随之，其间必有御车之人，处中以制之，即上文所谓运毂而正轴者也；制之之法，不疾不徐，方合节有数，存乎其间，即下文火候之节度也。律有十二管，历有十二辰，无非六阴六阳，循环运转，一刻不差。而火候之调御，得其准矣。此便是周天之纲纪，故曰：处中以制外，数在律历纪。

月节有五六，经纬奉日使。兼并为六十，刚柔有表里。朔旦屯直事，至暮蒙当受。昼夜各一卦，用之依次序。既未至晦爽，终则复更始。

此节言弦望晦朔，数准一月，小周天之火候也。易有六十四卦，除却乾、坤、坎、离四卦，应炉鼎药物；余六十卦，三百六十爻，正应周天度数。坎离中爻，一日一月，把握乾坤，出入于三百六十五度四分度之一之中，周天纲纪，总不出其范围。日为太阳，月为太阴。阳数以五为中，阴数以六为中。两其六为十二，律历之所取则也。以五乘六，共得三十，是为一月之数。日月自相经纬，遂成弦望晦朔。月之消息盈虚，每随日转，有禀命于日之象，故曰：月节有五六，经纬奉日使。日月经纬，而分昼夜，即此三十日中，兼并为六十卦，自屯蒙讫既济未济卦象，全具其中。卦之内外两体，无不反、对。反体，如屯、蒙☶需、讼☵之类；对体，如中孚☱、小过☳之类。或表刚而里柔，或表柔而里刚，即屯蒙二卦，可以例举：如屯之一阳动于下，有朝之象；蒙之一阳止于上，有暮之象。昼夜反覆，两卦只是一卦。朔旦从屯蒙起，直至晦日，恰好轮到既济未济，六十卦周，而一月之候始完。完则终而复始，循环无端矣。

日月为期度，动静有早晚。春夏据内体，从子到辰巳。秋冬当外用，自午讫戌亥。赏罚应春秋，昏明顺寒暑。爻辞有仁义，随时发喜怒。如是应四时，五行得其理。

此节言二至二分，数准一年，大周天之火候也。日月为期度者，日主乎昼，位当正午，自一阳动处，以至六阳，即属日之气候；月主乎夜，位当正子，自一阳①静处，以至六阴，即属月之气候。动静有早晚者，一阳动而进火，应屯卦而为早；一阴静而退火，应蒙卦而为晚。要知一日之期度，即一月之期度；一月之期度，即一年之期度。又要知一年之动静，不出一月之动静；一月之动静，不出一日之动静。此两句承上启下，为通节之纲领。下文遂推详一年之候。卦之内外二体，包举四时。假如屯卦自初爻进火，为子时一阳初动，直到上爻，便是纯阳之巳，从内体达外用，故应乎春夏；蒙卦自上爻退火，为午时一阴初静，直到初爻，便是纯阴之亥，从外用返内体，故应乎秋冬。此言冬夏二至，交媾之候也。太阳在卯，应在春分，德中有刑，罚之象也；太阴在酉，应在秋分，刑中有德，赏之象也。故曰赏罚应春秋。日出乎寅，没乎申，火生在寅，暑之象也；月出乎申，没乎寅，水生在申，寒之象也。故曰昏明顺寒暑。仁主发，义主收，爻辞所陈，各有所主，仍是顺寒暑之象；喜近赏，怒近罚，随时而发，不过其节，仍是应春秋之象。此言春秋二分，沐浴之候也。如是而水、火、木、金，各秉一时气候，其中有真土调燮，全备造化，冲和之气，结而成丹，故曰：如是应四时，五行得其理。

上节言小周天火候，应乎一月；此节言大周天火候，应乎一年。须知此中作用，俱是攒簇之法：簇年归月，簇月归日，簇日归时，止在一刻中分动静，其中消息，全赖坎离橐籥，所谓覆冒阴阳之道者也。

此章皆以造化法象，明乾、坤、坎、离之功用。人身具一小天地，其

---

① 阳，据康熙本、辑要本作"阴"，贵文堂本、抄本与底本同。

法象亦然。乾为首,父天之象也;坤为腹,母地之象也。震为足,巽为股,近乎地,分长男、长女之象也;艮为手,兑为口,近乎天,分少男、少女之象也;坎为耳,离为目,运乎天地之中,独当人位,中男、中女之象也。其余四肢百骸、三百六十骨节、八万四千毛孔,即众卦、众爻之散布也。然此有形有名者,人皆知之,孰知其无形无名者乎?父母未生以前,圆成周遍,廓彻灵通,本无污染,不假修证,空中不空,为虚空之真宰,所谓统体一太极也;既而一点灵光,从太虚中来,倐然感附,直入中宫神室,作一身主人,所谓各具一太极也。主人既居神室,上通天谷,下通炁海,性命未分,尚是囫囫囵囵本来面目。迨中宫消息略萌,摄召太虚之气,从两孔而入,直贯天谷,而下达于气海,乾下交坤,坤中一爻,遂实而成坎,是为命蒂。坤既成坎,其中一阴,即随天气而上达于天谷,坤上交乾,乾中一爻,遂破而成离,是为性根。于是囝地一声,脐蒂剪断,而性命遂分上下两弦矣。吕祖所云:穷取生身受气初,莫怪天机都泄尽者,此也。从此后天用事,有门有户,不出乾坤橐籥,运用全在坎离。坎沉炁海,元精深藏太渊九地之下,莫测其底,橐之用也;离升天谷,灵光洞彻太虚九天之上,直贯其巅,籥之用也。出日入月,呼吸往来,正当天地八万四千里之中,一阖一辟而分昼夜,一消一息而定晦朔,一惨一舒而别寒暑,一喜一怒而应春秋,四时五行,无不毕具,而造化在吾一身矣。故学道之士,苟能启吾之门户,而乾坤炉鼎,可得而识矣;能运吾之毂轴,而坎离药物,可得而采矣;能鼓吾之橐籥,而六十卦之阳火阴符,可得而行持矣。所谓顺之生人者,逆之则成丹也。陈希夷曰:日为天炁,自西而下,以交于地;月为地炁,自东而上,以交于天。男女媾精之象也。天地不能寒暑也,以日月远近而为寒暑;天地不能四时也,以日月南北而为四时;天地不能昼夜也,以日月出没而为昼夜;天地不能晦朔也,以日月交会而为晦朔。阴阳虽妙,不外乎日月;造化虽大,不外乎坎离。故众卦之变虽不齐,而不出乎坎离之中爻。犹车之三十辐,而共一毂者也。

坎离二用章第二

天地设位,而易行乎其中。天地者,乾坤之象;设位者,列阴阳配合之位。易谓坎离,坎离者,乾坤二用。二用无爻位,周流行六虚。往来既不定,上下亦无常。幽潜沦匿,变化于中。包囊万物,为道纪纲。以无制有,器用者空。故推消息,坎离没亡。言不苟造,论不虚生。引验见效,校度神明。推类结字,原理为征。坎戊月精,离己日光。日月为易,刚柔相当。土王四季,罗络始终。青赤黑白,各居一方。皆秉中宫,戊己之功。

此章揭言坎离二用,不出一中,了首章运毂正轴之旨也。

天地设位,而易行乎其中。天地者,乾坤之象;设位者,列阴阳配合之位。易谓坎离,坎离者,乾坤二用。二用无爻位,周流行六虚。往来既不定,上下亦无常。幽潜沦匿,变化于中。包囊万物,为道纪纲。

此节言坎离之妙用,即在乾坤定位之中也。在易为乾坤,其法象为天地;在易为坎离,其法象为日月。此后天有形有名之乾、坤、坎、离也。未有天地以前,浑然只一太虚,此太虚中本无一物,圆明廓彻,是为先天之乾;即此太虚中,有物浑成,絪缊遍满,是为先天之坤。虚中生炁,为至阳之炁,至阳中间藏肃肃之至阴,此从坤而上升者也,无中含有,是为乾中之离;炁中凝精,为至阴之精,至阴中间藏赫赫之至阳,此从乾而下降者也,有中含无,是为坤中之坎。一升一降,枢机全在中间。枢机一动,天地即分,天地即分,其位乃定。自然天位乎上,地位乎下,日出乎东,月生乎西。所以伏羲先天圆图,乾卦居南,坤卦居北,天上地下,包罗万象,天地定位也;离卦居东,坎卦居西,日月相对,横贯天地之中,水火不相射也。然必天地之体立,而后日月之用行,故《系辞传》曰:天地设位,而易行乎其中矣。此直指之辞也。魏公恐世人不知何者为天地?何者为易?特下注脚,谓天地非外象之天地,乃是一乾一坤,神室自然之象,即上章所谓门户也;设位非有形之位,乃是一阴一阳,自然配合之位,即上章所谓匡廓也;易非卦爻之易,乃是一坎一离,真息往来,自然运行之易,即上章所谓橐籥也。天地之造化,非即吾身之造化乎?何谓坎离者,乾坤二用?乾本老阳,中变少阴,离中一阴,实坤元真精,故离自东转南,先天乾位,翻为后天之离,转一成九,以首作尾,故爻辞有无首之象,乾之用九,即用离也;坤本老阴,中变少阳,坎中一阳,实乾元祖忝,故坎自西转北,先天坤位,翻为后天之坎,转六成一,即终为始,故爻辞有永贞之吉,坤之用六,即用坎也。此日月互藏,所以为易宗祖,而真水真火,交相为用之妙也。一日一月,终古出没于太虚,上下四旁,无所不运。犹之一卦六爻,各有定位,而坎离二用,周流六位,无所不在,其用神矣,故曰:二用无爻位,周流行六虚。日往则月来,月往则日来,往来岂有定乎？离为天中之阴,恒欲亲下,故曰自东徂西,而下交乎地;坎为地中之阳,恒欲亲上,故月自西徂东,而上交乎天。上下岂有常乎？离中有真水,重阳为之包罗,水藏火中,内暗外明,有幽潜之象;坎中有真火,重阴为之囊括,火藏水中,内朗外暗,有沦匿之象。水火互藏,千变万化,只在中间一点空洞处,有变化于中之象。从此提挈天地,把握乾坤,大道不出其范围,故曰:包囊万物,为道纪纲。

以上俱发明坎离二用,正见易行乎其中之意。

以无制有,器用者空。故推消息,坎离没亡。

此节专言坎离之妙用也。坎离二用,本无爻位,周流六虚,无也。既而包囊万物,为道纪纲,可见无之足以制有矣。世间有形之器,体无不实,究竟实而有者,不能自用,惟赖虚而无者,有以制之。老子云:埏埴以为器,当其无,有器之用是也。坎离以无制有,其妙用全在中间空处,故曰:以无制有,器用者空。

从无入有谓之息,息者,进火之候,坤三变而成乾也;从有入无谓之消,消者,退符之候,乾三变而成坤也。自朔旦震卦用事之后,历兑至乾;自月望巽卦用事之后,历艮至坤。其间不见坎离爻位,是谓坎离没亡。非没亡也,行乎六虚之间而周流不定耳。五天一候,三候一气,六候一节。一月之中,共有六候,每候一卦。用之次序,仿月之圆缺。上半月自坤卦之后,初爻变阳,为震卦,次二爻复为阳,为兑卦,再次三爻复为阳,为乾卦,此为上半月之进阳火;下半月自乾之后,初爻变阴,为巽卦,次二爻复为阴,为艮卦,再次三爻复为阴,为坤卦,此为下半月之退阴符。

言不苟造,论不虚生。引验见效,校度神明。推类结字,原理为征。

知日月之为易,即推类结字也。此校度神明之象,确有征验,可原理为征,而非苟造言论者矣。此节只是引起下文。

　　坎戊月精,离己日光。日月为易,刚柔相当。土王四季,罗络始终。青赤黑白,各居一方。皆秉中宫,戊己之功。

　　此节言二物配合,不离中宫真土也。坎为月,中纳戊土,戊土原从乾来,阳陷阴中,其精内藏,所谓杳杳冥冥,其中有精也;离为日,中纳己土,己土原从坤出,阴丽阳中,其光外用,所谓恍恍惚惚,其中有物也。日光月精,交会于黄道中间,合成先天太易。正以其中一戊一己,刚柔本来匹偶,足相当也,故曰:日月为易,刚柔相当。戊己之土,可分可合。以四时言之:木旺于春,中寄辰土;火旺于夏,中寄未土;金旺于秋,中寄戌土;水旺于冬,中寄丑土。木、火、金、水,彻始彻终,无不包络于中央真土,故曰:土旺四季,罗络始终。以四方言之:青龙秉木德居东,朱雀秉火德居南,白虎秉金精居西,元武秉水精居北,故曰:青赤白黑,各居一方。北一西四,合而成五,是为戊土,杳冥之精,在其中矣;东三南二,合而成五,是为己土,恍惚之物,在其中矣。赖此戊己真土,调和水火,融会金木,使五行四象俱攒于中黄,而大丹结矣,故曰:皆秉中宫,戊己之功。夫日刚月柔,相当而为太易,故称易为坎离,言岂苟造者乎?乃推类结字者也。五行四时,皆秉中宫之土,故称易行乎其中。论岂虚生者乎?乃原理为征者也。

　　此节总缴通章大意。章首曰易行乎其中,既曰变化于中,正指中宫真土说。盖坎离二物,不离真土,乃成三家。举二物,则四象在其中;举三家,则五行在其中。一切药物火候,无不在其中矣。乾坤之大用,尽于坎离,坎离之妙用,归于戊己。一部《参同契》,关键全在此处。

　　附录:

　　谭子曰:抟空为块,见块而不见空,土在天地开辟后也;粉块为空,见空而不见块,土在天地混沌时也。神矣哉!

日月含符章第三

（日含五行精四句,世本误入君臣御政章中,今校藏本正之。）

　　易者,象也。悬象著明,莫大乎日月。日含五行精,月受六律纪。

五六三十度，度竟复更始。穷神以知化，阳往则阴来。辐辏而轮转，出入更卷舒。《易》有三百八十四爻，据爻摘符，符谓六十四卦。晦至朔旦，震来受符。当斯之际，天地媾其精，日月相撢持。雄阳播元施，雌阴化黄包。混沌相交接，权舆树根基。经营养鄞鄂，凝神以成躯。众夫蹈以出，蠕动莫不由。

此章特著日月之功用，究药物之所从出也。

易者，象也。悬象著明，莫大乎日月。日含五行精，月受六律纪。五六三十度，度竟复更始。穷神以知化，阳往则阴来。辐辏而轮转，出入更卷舒。

此节言日月之交会，其神化出乎自然也。上章既明坎离二用，露出日光、月精两物矣，尚未悉交会之理。魏公遂重举易辞，以申明之。盖日月为易，乃一部《参同契》关键所在。此易是太易之易，此象是无象之象，天下莫能见，莫能知者。欲知无象之易，只消近取诸身；欲知有象之易，必须仰观俯察而得之。在天成象者，惟日月为最著，故《系辞传》曰：易者，象也。又曰：悬象著明，莫大乎日月。夫日月何以独称大也？日秉太阳火精，本体光明洞达，中间一点黑处，即是太阴真水，阳中藏阴，外白内黑，故取离象；月象太阴水精，本体纯黑无光，中间一点白处，即是太阳真火，阴中藏阳，外黑内白，故取坎象。阳精为火，火则有光；阴精为水，水唯会影。故月本无光，受日映处则有光。光生于日之所照，魄生于日之所不照。晦朔之交，日月同宫，月在日下，日居月上，月体为日所包，其半边之光，全向于天，半边之黑，全向于地，故谓之晦。月去日二十五度，人间乃见微光，谓之哉生明；月去日九十余度，人间乃见光一半，谓之上弦。及至日月躔度相对，月在天上，日在地下，对照发光，半边之黑，全向天上，半边之光，全向人间，其光相望，而圆满遍照，故谓之望。望后相对渐侧，月距日二十五度，人间始见微黑，谓之哉生魄；月距日九十余度，人间只见光一半，谓之下弦。从此其光渐敛渐微，至于体伏光尽，而称晦矣。可见月体本无圆缺，惟受日光之所映以为圆缺。究竟月有圆缺，而日无盈虚。正犹世人后天之命，生老病死，倏忽无常，只有先天一点性光，圆明莹彻，万劫长存耳。周天三百六十五度四分度之一，太阳日行一度，一昼夜一周天，故昼夜一周，谓之一日；行及三十度，方与太阴相会。太阴一日行十三度奇，行及廿九日有奇，才与太阳相会，故晦朔弦望一周，谓之一月。日含五行精者，日本太阳，得火之精，其中藏乌，得水之精，得木精以滋其炁，得金精以耀其光，中纳己土之精，以包络终始，其光明之体用方全。月受六律纪者，朔日一阳建子，律应黄钟；至望而三阳始盈，乃应仲吕，阳极而阴生矣；望日一阴建午，律应蕤宾；至晦而三阴始纯，乃为应钟，阴极而阳又生矣。举六律，则六吕在其中。五为阳数之中，两其五为十干；六为阴数之中，两其六为十二支。五日为一候，六候为一气，以五乘六，恰成三十，适合日月相交之度。晦朔弦望，如环无端，度既终则更始矣。何谓穷神以知化，阳往则阴来？张子曰：一故神，两故化。据悬象著明之日月而论，似分两物。不知太阳中一点阴魄，即是真水；太阴中一点阳魂，即是真火。体则日月为易，用则水火互藏，是为阴阳不测之神。故必穷神所自来，乃知化所从出。盖日往则月来，月往则日来，往来不穷者，一而未尝不两。究竟太阳之炁，即藏月中；太阴之精，即藏日中。名为往来，而实无往来者，两而未尝不一也。凡阴阳对待，一往一来，俱谓之化。神则浑然在中，寂然不动，无往无来矣。知化便是数往者顺，穷神便是知来者逆。日月往来，终古不息。若辐之辏毂，轮之转车，一出一人，而分昼夜，一卷一舒，而定晦朔。四时之寒暑推迁，一元之运会升降，总在其中。惟其神不可测，所以化不可穷耳。吾身日光月精，互相滋化，而总归于中宫，不动元神，一能兼两，悉与造化同其功用。

《易》有三百八十四爻，据爻摘符，符谓六十四卦。晦至朔旦，震来受符。当斯之际，天地媾其精，日月相撢持。雄阳播元施，雌阴化黄包。混沌相交接，权舆树根基。经营养鄞鄂，凝神以成躯。众夫蹈以出，蠕动莫不由。

此节言日月交会而产生一阳也。日月为易，乃造化之本；三百八十四爻，乃周天之用。盖《易》有六十四卦，除却乾、坤、坎、离四正卦，应炉鼎药物，其余六十卦，得三百六十爻，正应周天度数。不多不少，若合符节。据爻摘符者，六十卦中，每卦必有一主爻值符，如屯卦主爻在初，蒙卦主爻在上之类。据易言之为卦，据丹言①之谓之符。一月之有晦朔，犹一日之有亥子也。晦朔中间，日月并会北方虚危之地，阴极阳生，一阳来复，正应震之初爻，故曰：晦至朔旦，震来受符。当其交会之时，天入地中，月包日内。天入地中，有媾精之象；月包日内，有撢持之象。乾主施精，以元中真阳下播于地；坤主受化，即以黄中真土顺承而包络之。故曰：雄阳播元施，雌阴化黄包。一元一黄，相为包络，形如鸡子。斯时日月停轮，复返混沌，就此混沌中，自相交媾，产出一点真种，丹基从此始立矣，故曰：混沌相交接，权舆树根基。坤中既得此一点真种，是为鄞鄂，须要经营保养，不可令其散失，久之渐渐凝聚，元神始成胚胎，震之一阳乃出而受符矣，故曰：经营养鄞鄂，凝神以成躯。夫此一点真种，乃大地众生命根，不特为吾人生身受炁之本，下至蠕动含灵之物，莫不由此一点以生以育，故曰：众夫蹈以出，蠕动莫不由。是道也，造化顺之以生物者，吾人当逆之以自生。所谓顺则成人，逆则成丹也。晦朔之交，即是活子时。元施、黄包，即是药产处，经营即是翕聚，鄞鄂即是元神。日月往来，莫非真火符候，要觅先天真种子，须从混沌立根基。

抱一子曰：雄阳，龙也；雌阴，虎也。播元施者，龙腾元天而降雨也；化黄包者，虎入后土而产金也。上天入地，混沌交接之象也。于是权舆而立其根基，经营而养其鄞鄂，其神既凝，其躯自成。凡大而天地，细而蠕动含灵之物，莫不由是而出。惟产此一点于外，乃降本流末，为生生无穷之道；产此一点于内，乃返本还原、长生超脱之道也。

天符进退章第四

于是仲尼赞鸿濛，乾坤德洞虚。稽古当元皇，关雎建始初。冠婚炁相纽，元年乃芽滋。圣人不虚生，上观显天符。天符有进退，屈伸以应时。故易统天心，复卦建始萌。长子继父体，因母立兆基。消息应钟律，升降据斗枢。三日出为爽，震庚受西方。八日兑受丁，上弦平如绳。十五乾体就，盛满甲东方。蟾蜍与兔魄，日月炁双明。蟾蜍视卦节，兔

---

① 言，底本作"主"，据校本改。

者吐生光。七八道已讫，屈折低下降。十六转受统，巽辛见平明。艮直于丙南，下弦二十三。坤乙三十日，阳路丧其朋。节尽相禅与，继体复生龙。壬癸配甲乙，乾坤括始终。七八数十五，九六亦相当。四者合三十，阳炁索灭藏。八卦布列曜，运移不失中。元精眇难睹，推度效符征。居则观其象，准拟其形容。立表以为范，占候定吉凶。发号顺节令，勿失爻动时。上观河图文，下察地形流。中稽于人心，参合考三才。动则循卦节，静则因象辞。乾坤用施行，天下然后治。

此章言天符进退，乃金丹火候之所取则也。

于是仲尼赞鸿濛，乾坤德洞虚。稽古当元皇，关雎建始初。冠婚炁相纽，元年乃芽滋。

此节特为火候发端也。上章言晦朔之间，一阳受符，特标药产时节。而金丹之火候消息，未举其全，到此乃尽泄之。天道之大者，莫如五行；人道之大者，莫如五经。可以互相发明，而各有其原始焉。《易》为五经之元首，乾坤两卦为《易》之元首，乾坤两卦又从太极中剖出。即此太极本体，合之即鸿濛一炁，分之即乾坤两卦。乾坤合德，体函万化，用彻太虚。于是仲尼讚之曰：大哉乾元，至哉坤元。岂非阴阳之始乎？仲尼删《书》，断自二典，首著稽古之文，稽古当元皇，《书》之始也；删《诗》肇自二南，首列关雎之章，关雎建始初，《诗》之始也。《礼》贵成人冠婚，为生育之始，故曰炁相纽；《春秋》纪年元年，为岁序之始，故曰乃芽滋。此仙翁借世典以喻道法也。鸿濛即虚无一炁，乾为鼎中藏性根，坤为炉中藏命蒂，其间日月往来，洞虚之象。元皇喻元始祖炁，关雎喻两物相感，相纽喻二气交并。元年芽滋，则一阳初动而真种生矣。

圣人不虚生，上观显天符。天符有进退，屈伸以应时。故易统天心，复卦建始萌。长子继父体，因母立兆基。消息应钟律，升降据斗枢。

此节正指一阳来复，为作丹之基也。圣人，即作《易》之圣人；不虚生，即论不虚生之意。天符者，日月交会，乃天道自然之符，即上章所云据爻摘符是也。在丹道为一进一退之节候。盖自朔而望，为进阳火，阳伸阴屈，应从子到巳六时；自望而晦，为退阴符，阴伸阳屈，应从午到亥六时。丹道之动静，一屈一伸，亦各有其时。圣人默观元化，知时不可失,每委志虚无以应之。《阴符经》云:观天之道,执天之行是也。天道以日月交会,故有进退屈伸;丹道亦取日月交会,其进退屈伸,莫非易也。而日月为易,实统之于天心。天心,是造化中间主宰,即太极也。先天之太极,造天地于无形;后天之太极,运天地于有形。在天正当南北二极之中,在人则当坎离二用之中。一坎一离,合而为易,统于天地正中之心,故曰易统天心。天心无所不统,而见之必于复卦,何也?盖天心之体,本来无动无静;天心之用,却正当一动一静,亥子中间。方其静翕之余,日月合璧,璇玑停轮,此心浑然在中,毫无端倪可见。至于虚极静笃,万化归根,忽然无中生有,静极生动,从穷阴中迸出一点真阳,逼露乾元面目,而丹基从此建立矣。所以孔子赞《易》曰:复其见天地之心乎?邵子诗曰:冬至子之半,天心无改移。即所谓复卦建始萌也。复卦内震外坤,震之一阳,得乾初体,虽受真种于乾父,实赖滋育于坤母。如婴儿始媾成胎,具体而微,尚未出母腹中,故曰:长子继父体,因母立兆基。一阳既复,自消而息,于六律初应黄钟。一阳初动,自降而升,时斗柄正建元枵。丹士得之,吹吾身之律吕,水火自然调和;斡吾身之斗杓,金木自然归并。岂非消息应钟律,升降据斗枢乎?此即上章震来受符之时也。

三日出为爽,震庚受西方。八日兑受丁,上弦平如绳。十五乾体就,盛满甲东方。蟾蜍与兔魄,日月炁双明。蟾蜍视卦节,兔者吐生光。七八道已讫,屈折低下降。十六转受统,巽辛见平明。艮直于丙南,下弦二十三。坤乙三十日,阳路丧其朋。节尽相禅与,继体复生龙。

此节推八卦纳甲,以验金丹火候之进退也。上文所谓一阳之复,在一日为亥子,在一岁为冬至,在一月即为晦朔。欲知一月小周天火候,当取先天八卦纳甲细参之。晦朔之交,日月合符,乾坤未剖,元黄未分,阳光为阴魄所包,隐藏不见,此吾身归根复命时也。交会既毕,月与日渐渐相离,魄中生魂。至初三日,庚方之上,始露微光,震卦纳庚,进而得一阳。此元性初现,而铅鼎温温矣,故曰:三日出为爽,震庚受西方。至初八日,阳魂渐长,阴魄渐消,魄中魂半,昏见南方,是为上弦,兑卦纳丁,进而得二阳。此时元性又少现,而光透簾帏矣,故曰:八日兑受丁,上弦平如绳。至十五日，日月相望，阴魄全消，阳魂盛长，其光圆满，昏见东方，乾纳六甲，进而为纯阳。此时元性透露，而鼎中一点灵光，昼夜长明矣，故曰：十五乾体就，盛满甲东方。然此月魄，必与日魂合而成其明，实应蟾蜍、兔魄两象。蟾蜍以象太阳之精，兔魄以象太阴之光。盖蟾蜍潜伏水底，瞻视非常，时时嘘吸太阳金精，入于腹中，喻日魂施精于月，自外而吸入也。凡世间之兔，皆雌而无雄，遥望月中玉兔，即感而有孕，及其产也，又从口吐而生。喻月魄受日之光，自内而吐出也。离己日光，本来主施，坎戊月精，本来主化，日以施德，月以舒光。所以从下弦至朔旦，月出于西方酉位，全体吸取太阳精炁；从上弦到望日，月盈于东方卯位，乃全体发露太阳光明。故曰：蟾蜍与兔魄，日月炁双明。其所以取象蟾蜍与兔魄者，于蟾蜍正取其瞻视，于兔正取其能吐而生也。盖月光之圆缺，全在视日光以为进退。一阴生于巽，其光渐敛渐退，以至于晦，是为造化入机；一阳生于震，其光渐舒渐进，以至于望，是为造化出机。晦朔之交，日光吸入月魄中，相吞相啖，感而成孕，直待三日出庚，其光吞而复吐，自西转东，自庚转甲，至望日而光明圆满矣，故曰：蟾蜍视卦节，兔者吐生光。十五既望，阳极于上，盈不可久，息者不得不消，升者不得不降，阳火转为阴符，故曰：七八道已讫，屈折低下降。十六以后，阳反为宾，阴反为主，阳魂转受统摄于阴魄，魂中生魄，晨见辛方，巽卦纳辛，退而为一阴，此性归于命之始也，故曰：十六转受统，巽辛见平明。至二十三日，阴魄渐长，阳魂渐消，魂中魄半，是谓下弦，晨见丙方，艮卦纳丙，退而为二阴，此性归于命之半也，故曰：艮直于丙南，下弦二十三。至三十日，艮之一阳，自东北丧在乙方坤地，有东北丧朋之象，一点阳魂，全体敛入阴魄中，是为性返为命，而元阳复归于混沌矣，故曰：坤乙三十日，阳路丧其朋。然阳无剥尽之理，卦节既尽，消者不得不息，降者不得不升，剥之终即复之始，晦之终即朔之始。震之一阳，继体于乾父者，还复兆基于坤母，庚方之上，依然吐而生明，故曰：节尽相禅与，继体复生龙。

　　壬癸配甲乙，乾坤括始终。七八数十五，九六亦相当。四者合三十，阳炁索灭藏。八卦布列曜，运移不失中。

此节结言纳甲之始终也。八卦纳甲，原本先天圆图，最为元奥。坎以中男纳戊，阴中包阳，月之体也；离以中女纳己，阳中包阴，日之体也。震长男，巽长女，纳庚与辛；艮少男，兑少女，纳丙与丁。其间一阴一阳，各各相匹。乾父独纳甲壬，坤母独纳乙癸。原始要终，首尾关键，包括六子在内，故曰：壬癸配甲乙，乾坤括始终。六子为少阴、少阳也。少阳数七，少阴数八，共得十五数；乾坤为老阴、老阳，老阳数九，老阴数六，亦得十五数。恰应上下两弦，合成月圆之象，故曰：七八数十五，九六亦相当。二少、二老，应乎两弦之气，互为消长。所以自朔讫望，阳长而阴自消；自望讫晦，阴长而阳消。当其晦也，阳炁消索，若灭若没，几无余矣。孰知一点元精，深藏洞虚之中，终而复始，循环无端，故曰：四者合三十，阳气索灭藏。八卦环布，日月合璧而生明。三阳三阴，互为消长，似乎独无坎离爻位。不知周流六虚，升降上下，莫非坎离中炁运移其间。此日月为易，所以统乎天心而为三阴三阳，进退之准则也，故曰：八卦布列曜，运移不失中。

元精眇难睹，推度效符征。居则观其象，准拟其形容。立表以为范，占候定吉凶。发号顺节令，勿失爻动时。

此节言一动一静之候，应乎天符也。卦爻有动有静，金丹之火候亦然。其时候未到，则当虚以待之。盖坎离会合，中间自有一点元精，即是先天真种，所谓杳兮冥兮，其中有精者也。此物至灵至妙，不可睹闻，难以臆度。惟推纳甲消长之度，以为天符进退之征验而已，故曰：元精眇难睹，推度效符征。天符进退，本无其形，虚无罔象之中，若存若亡，但当虚心体验，拟诸其形容，而谨候其消息，故曰：居则观其象，准拟其形容。其时候将到，又当动以应之。盖晦朔中间，阳欲生而未离乎阴，机已动而未离乎静，从静定中候视，须加十分谨密，如历家立表，以测日晷，术家占候，以定吉凶，不可一毫差错，故曰：立表以为范，占候定吉凶。此言将动之时也。及乎枢机一发，天人交应，便当加采取之功。若朝廷之大号，以时而发，造化之节令，及时而布，不得一刻迟误，故曰：发号施节令，勿失爻动时。时即《阴符经》食其时之时，盖指晦朔中间活子时也。若冬至一阳初动，则又属正子时矣。

上观河图文，下察地形流。中稽于人心，参合考三才。动则循卦节，静则因象辞。乾坤用施行，天下然后治。

此节言一动一静之理，贯乎三才也。上乾下坤，结括终始，乃上天下地之位也；坎离之中炁，运移其中，乃中间人位也。即此已全具三才法象。即此一动一静之理，便通彻天地，包括河、洛。河图文，即指龙图而言。河图之数，五十有五，循环无端，圆以象天之动。上观河图文，即仰以观于天文也。地形流，即指洛书而言。洛书之位，四正四隅，统于中五，方以象地之静。下察地形流，即俯以察于地理也。人者，天地之心也。天地中间，是为人心，即邵子所谓一动一静之间，天、地、人之至妙至妙者也。盖此心非动非静，而又能动能静，参天两地，为造化之枢机，故曰：中稽于人心，参合考三才。动以应天，阴阳有进退，必循乎卦爻之节，故曰动则循卦节，此即《系辞传》所谓动则观其变，而玩其占也，亦即上文发号顺时之意；静以应地，刚柔有表里，不越乎卦爻之辞，故曰静则因象辞，此即《系辞传》所谓居则观其象，而玩其辞也，亦即上文准拟形容之意。静极而动，真阳动于九天之上，是谓乾元用九，而元神升乎乾鼎矣；动极复静，真阴潜于九地之下，是谓坤元用六，而元炁归乎坤炉矣。元神为性，元炁为命，性成命立，天心端拱于中极，百节万神无不辐辏皈命，岂非乾坤用施行，天下然后治乎？首章云：乾坤者，易之门户。次章云天地设位。此章首揭乾坤德洞虚，中言乾坤括始终，终之曰乾坤用施行。可见彻始彻终，只是乾坤为体，则门户之说，益了然矣。首章云：坎离匡廓，运毂正轴。次章云：坎离者，乾坤二用。此章先言日月炁双明，继言运移不失中，末乃揭出二用。可见彻首彻尾，只是坎离为用，则匡廓之义益洞然矣。

抱一子曰：蟾蜍乃金炁之精，故视卦节而渐旺；玉兔乃卯木之魄，故望太阳而吐光。

此章极其奥衍。纳甲妙义，从古河图并先天圆图中来，不特为全部《参同契》大关键，亦即羲《易》之精髓也。中间蟾蜍、兔魄两象，尤称奇险绝世。魏公于此，几欲呕出心肝，今而后注者与作者，可相视而笑矣。

君臣御政章第五

（章名从旧）①

可不慎乎，御政之首。管括微密，开舒布宝。要道魁柄，统化纲纽。爻象内动，吉凶外起。五纬错顺，应时感动。四七乖戾，誃离俯仰。文昌统录，诘责台辅。百官有司，各典所部。原始要终，存亡之绪。或君骄佚，亢满违道；或臣邪佞，行不顺轨。弦望盈缩，乖变凶咎。执法刺讥，诘过贻主。辰极处正，优游任下。明堂布政，国无害道。

此章以君臣御政之得失，喻金丹火候之得失也。

可不慎乎，御政之首。管括微密，开舒布宝。要道魁柄，统化纲纽。爻象内动，吉凶外起。五纬错顺，应时感动。四七乖戾，誃离俯仰。文昌统录，诘责台辅。百官有司，各典所部。

此节以御政喻火候，当戒慎其初基也。火候之要，彻首彻尾，防危虑险，无一刻不宜慎，若人君御政然，而尤当致谨其初基。盖金丹大道，以天心为主，精气为用，正犹人主之统御其臣下也，故曰御政。学人入室之始，一阳初动谓之首经，譬若人君即位之初，更改正朔，谓之元年，上章元年乃芽滋，即其义也。故仙翁喟然发端曰：可不慎乎，御政之首。管括微密者，即静而内守，环匝关闭之意；开舒布宝，即动而应机，发号顺应之意。魁柄即是斗杓，斗为天之喉舌，斟酌元化，统摄周天，若网有纲，衣之有纽，是为要道。喻吾身天心，实为万化之纲领。丹道作用，全仗天心斡运，斗柄推迁，故曰：要道魁柄，统化纲纽。天心既为万化纲纽，动而正则罔不吉，动而邪则罔不凶。《系辞传》曰：爻象动乎内，吉凶见乎外。即其义也。在易为爻象，在天即为星象。天有三垣：紫微垣为北极之所居，最处乎内，太微垣次之，天市垣又次之。由是金、木、水、火、土之五纬，并二十八宿之经星，环布于垣外。垣中主星，全系斗杓。凡经纬诸星，或顺或逆，无不听命斗杓。斗杓顺动，则五经纬罔不循其常度；斗柄一有不顺，则环布之五纬，一切逆而不顺。应时感动，立见咎

---

① 此校语底本无，据贵文堂本补。

征，周天经星，亦皆一切乖戾，失其常度，而至于誃离俯仰矣。此喻人之天君妄动，则五官错谬，百脉沸驰，所谓毫发差殊不作丹者也。天象乖变失常，不可责之众星；人君御政失宜，亦不可责之百官。有司各有主者，孰为主者？在天则文昌、台辅。文昌即紫微垣中戴筐六星，号南极统星，录人长生之籍；台辅即垣中三台四辅尊星，三台以应三才，四辅以应四象，各居其方，环拱北极。天之有文昌，犹人君之有六部也；天之有台辅，犹人君之有相臣也。相臣夹辅帝主，燮理阴阳，六部从而奉行之，则百官有司，不待诘责，自然各典所部矣。譬若作丹之时，心君处中以制外，魁罡坐镇，斗杓斡旋，一水一火，调燮得宜，自然六根大定，百脉冲和，而无奔蹶放驰之失矣。

　　原始要终，存亡之绪。或君骄佚，亢满违道；或臣邪佞，行不顺轨。弦望盈缩，乖变凶咎。执法刺讥，诘过贻主。辰极处正，优游任下。明堂布政，国无害道。

　　此节言火候之要，存乎君主，当慎终如始也。火候之一动一静，彻始彻终，宜乎无所不慎。亦犹人君御政，一动一静，自始至终，宜无所不慎。慎则转亡为存，不慎则转存为亡。存亡之绪，从此分矣。此一大事，君臣各有其责，而主之者惟君。盖臣之听命于君，犹气之听命于志也。心君翼翼，能持其志，则奸声邪色，自不得而干之；若心君骄亢自用，违其常道，则耳目之官，亦以邪佞应之，行事不循轨则矣。天心之与人心，同出一原。天心稍或不顺，则天行立刻反常，不特五纬错谬、经星乖戾已也。即如太阴之晦朔弦望，本有常度，今者当盈反缩，当缩反盈，薄蚀掩冒，凶咎不可胜言矣。天有执法之星，主刺讥过失，即太微垣中左执法、右执法是也。朝廷象之，故立为左右执法之臣，亦主刺讥过失。然违道之过，不在百官有司，而在台辅，并不在台辅，而在君主自身。此万化从心，反本穷源之论也，故曰：执法刺讥，诘过贻主。主心得失，只在一反覆间。盖惟皇建极，惟民归极，心君能寂然不动，无为以守至正，百体自然从令，有如北辰居所而众星自然拱之，故曰：辰极处正，优游任下。心君既端拱神室，百节万神莫不肃然，犹王者坐明堂以朝诸侯，四海九州莫不率服，宁复有出而梗化害道者，故曰：明堂布政，国无害道。

辰极,在天象为紫微垣,即北极所居;在人君为深宫内寝,晏息之所也。明堂,在天象为天市垣,乃帝星所临;在人君为朝会之所,通道于九夷八蛮者也。心君所处,内有洞房,外有明堂,上应天垣,下同朝宁,故取御政之象。

　　此章即治道以明丹道,最为了然。丹道彻始彻终,不出天心运用。故君喻天心,臣喻药物,文昌、台辅喻三田、四象,执法之臣喻耳目之官,百官有司喻周身精气。吉者,受炁吉也;凶者,防炁凶也。存喻片时得药,亡喻顷刻丧失。所贵乎御政者,必须外却群邪,内辅真主,心君端拱于辰极,万化归命于明堂,岂非还真之要道乎?

　　此篇首章言乾坤门户,明乾坤之为体;次章言坎离二用,明坎离之为用;三章言晦朔合符,而产药物;四章言天符进退,而行火候。皆御政之象也。然而御政之义,不可不明,在天象,以辰极统御周天列宿;在朝廷,以人主统御百官有司;在丹道,则以心君统御周身精炁。乃御政之义也,故以此篇总结之。

《参同契阐幽》卷之二

上　篇

（中卷言养性,共计三章,乃上篇之中也。）

　　此卷专言养性,而御政、伏食已寓其中。盖先天祖性,寂然不动,感而遂通,不出中黄,为万化之主宰。举性则命在其中,举养性则元精元气并归元神之中矣。知而养之,方契黄帝、老子虚无自然大道。故末篇又称黄老养性。

炼己立基章第六

（章名从旧）①

　　内以养己,安静虚无。原本隐明,内照形躯。闭塞其兑,筑固灵株。

---

①　此校语底本无,据贵文堂本补。

三光陆沉,温养子珠。视之不见,近而易求。黄中渐通理,润泽达肌肤。初正则终修,干立未可持。一者以掩蔽,世人莫知之。

此章言炼己立基,在乎得一,乃养性之初功也。

内以养己,安静虚无。原本隐明,内照形躯。闭塞其兑,筑固灵株。三光陆沉,温养子珠。视之不见,近而易求。

此节言炼己之初基也。首卷御政诸章,但敷陈、乾、坤、坎、离、造化法象,到此方直指炼己工夫,示人以入手处。吕祖云:七返还丹,在人先须炼己待时。张紫阳云:若要修成九转,先须炼己持心。炼己即养己也,即离中己土,为性根之所寄。只因先天底乾性转作后天之离,元神翻作识神,心中阴气刻刻流转,易失而难持,不得坎中先天至阳之炁,无以制之。然先天一炁,从虚无中来,若非致虚守静之功,安得穷源返本哉?故曰:内以养己,安静虚无。生身受炁之初,本来一点灵明,人人具足,只因后天用事,根寄于尘,尘转为识,日逐向外驰求,未免背觉合尘,认奴作主,故必须时刻收视返听,一点灵明自然隐而不露,深藏若虚。从此默默内照,方知四大假合之躯,总归幻泡,当下便得解脱矣,故曰:原本隐明,内照形躯。兑为口,系一身出入之门户,凡元气漏泄处,悉谓之兑,而总持于方寸之窍。《黄庭经》云:方寸之中谨盖藏。即闭塞之意也。即此方寸中间,有一点至灵之物,为生生化化之根株,故曰灵株筑固者,不漏不摇也。三光,在天为日、月、斗,在人,离以应日,坎以应月,天心在中,以应斗枢,一坎一离,南北会合。反闻内照,真人潜于深渊;塞兑固守,元珠得于罔象。如此则天心寂然不动,而炼己之功就矣,故曰:三光陆沉,温养子珠。然本来一点灵光,倏有倏无,非近非远,只在目前,人却不识,索之身内不得,索之身外又不得,故曰:视之不见,近而易求。

黄中渐通理,润泽达肌肤。初正则终修,干立末①可持。一者以掩蔽,世人莫知之。

此节言炼己之功,在乎得一也。《度人经》云:中理五炁,混合百

---

① 末,底本作"未",据上下文义及贵文堂本、抄本作改。

神。可见中黄丹扃，为万化统会之地，譬若北辰居所，众星自拱。学道之士，从此温养子珠，勿忘勿助，久之神明自生，渐渐四通八达，身中九窍百脉、三百六十骨节、八万四千毛孔，一齐穿透，自然光润和泽，感而毕通，即《易》所云：美在其中，而畅于四肢也。故曰：黄中渐通理，润泽达肌肤。丹道有初有终，有本有末。初者炼己，下手之功；终者入室，了手之事。初如木之有干，本也；终如木之有标，末也。然须知最初下手一步，便是末后了手一步，所谓但得本，莫愁末也。初基一步，便踏着正路，从此循序渐进，修持之功，自然节节相应。原始可以要终，即本可以该末矣，故曰：初正则终修，干立末可持。然则，孰为初、孰为本？要在一者而已。未生以前，惟得一则成人；有生以后，能抱一即成丹。盖一生二，二生三，三生万物，顺去生人生物者，此一也；而三返二、二返一、一返虚无，逆来成圣成仙者，亦此一也。太上云：得其一，万事毕。又曰：谷神不死，是谓元牝。谷神至虚而至灵，其妙生生不已。从生生不已处，分出元牝。其体则一，其用则两。秘在掩蔽二字，掩者，掩其元门；蔽者，蔽其牝户。若非一者在中，岂能掩蔽？然非掩蔽于外，亦不成其为一。此中窍妙，非得真师指授，纵饶慧过颜闵，莫能强猜，况世间凡夫乎？故曰：一者以掩蔽，世人莫知之。所云黄中，是指出祖窍之中；所云一者，是指出祖窍之一。知中则知窍，知一则知窍中之妙；知窍中之妙，便知本来祖性。便知守中抱一是养性第一步工夫。

两窍互用章第七

上德无为，不以察求；下德为之，其用不休。上闭则称有，下闭则称无。无者以奉上，上有神明居。此两孔穴法，金炁亦相胥。知白守黑，神明自来。白者金精，黑者水基。水者道枢，其数名一。阴阳之始，元含黄芽。五金之主，北方河车。故铅外黑，内怀金华。被褐怀玉，外为狂夫。金为水母，母隐子胎；水为金子，子藏母胞。真人至妙，若有若无。仿佛太渊，乍沉乍浮。退而分布，各守境隅。采之类白，造之则朱。炼为表卫，白里真居。方圆径寸，混而相拘。先天地生，巍巍尊高。旁有垣阙，状似蓬壶。环匝关闭，四通踟蹰。守御密固，遏绝奸邪。曲阁相连，以戒不虞。可以无思，难以愁劳。神氖满室，莫之能留。守之者昌，失之者亡。动静休息，常与人俱。

此章直指坎离两窍之用，为金丹关键也。

上德无为，不以察求；下德为之，其用不休。上闭则称有，下闭则称无。无者以奉上，上有神明居。此两孔穴法，金氖亦相胥。

此节指两窍之妙用也。大道非一不神，非两不化。上章云一者以掩闭，即明示人以得一矣。然而掩蔽之妙，其体则存乎一，其用不离乎两。盖金丹妙用，只在后天坎离；坎离妙用，不出先天乾坤。究竟只是性命二字。性者，先天一点灵光，真空之体也。其体圆成周遍，不减不增，在天为资始之乾元，在人便是父母未生前本来面目，故名上德。此中本无一物，灵光独耀，迥脱根尘。若从意根下卜度推求，便失之万里。盖性本天然，莫容拟议，直是觅即不得，故曰：上德无为，不以察求。命者，先天一点祖氖，妙有之用也。其用枢纽三才，括囊万化，在天为资生之坤元，在人便是囤地一声时立命之根，故名下德。其中元氖周流，潜天潜地，变现无方。若向一色边沉空守寂，便堕在毒海。盖命属有作，不落顽空，一息不运即死，故曰：下德为之，其用不休。上闭则称有者，坤入乾而成离也。先天之乾，本是上德，只因坤中一阴上升乾家，阳氖从外而闭之，所谓至阴肃肃，出乎天者也。乾中得此一阴，性转为命，感而遂通，遂成有为之下德矣。人但知离体中虚，便认做真空，不知这一点虚处，正是真空中妙有，唤作无中有。下闭则称无者，乾入坤而成坎也。先天之坤，本是下德，只因乾中一阳下降坤家，阴氖亦从外而闭之，所谓至阳赫赫，发乎地者也。坤中得此一阳，命转为性，寂然不动，依然无为之上德矣。人但知坎体中实，便认作妙有，不知这一点实处，正是妙有中真空，唤作有中无。坤中既受乾氖，还以此点真阳，上归于乾，是谓反本还原，归根复命。自是先天神室中，产出一点鄞鄂，是为万劫不坏之元神，故曰：无者以奉上，上有神明居。神明之妙，固全在中黄正位，然非坎中真金之精上升，离中真水之氖下降，有无互入，两者交通成和，神明亦何自而生耶？故曰：此两孔穴法，金氖亦相胥。两孔穴，即坎离两用之窍妙，所谓元牝之门，世莫知者也。

知白守黑，神明自来。白者金精，黑者水基。水者道枢，其数名一。阴阳之始，元含黄芽。五金之主，北方河车。故铅外黑，内怀金华。被褐怀玉，外为狂夫。

此章直指水中之金，为先天丹母也。承上言所谓神明者，亦非自然而来，须有一段作用，其作用全在知白守黑。知白守黑者，白即坎中真金，黑即离中真水。人能洞彻真空，静存妙有，一点神明自然从虚无中生出。《心印经》所谓：存无守有，顷刻而成也。魏公又恐人不识金丹原本，故重提之曰：白者金精，黑者水基。言此白者，非有形之金，乃空劫中虚无元性也。元性本纯白无染，便是未生以前乾元面目，即所云上德也。白者，岂非金之精乎？黑者，非行地之水，乃虚无中所生之一炁也。一炁本鸿濛未分，便是团地一声以后坤元根基，即所云下德也。黑者，岂非水之基乎？先天金性，即浑成大道，尚无一之可名。及乎道既生一，露出端倪，便称天一之水，是为道之枢机，而金性藏于其中矣，故曰：水者道枢，其数名一。最初一点真水，中藏真金，为元炁生生之根本，故曰：阴阳之始，元含黄芽。黄芽者，取水中藏金之象，指先天一炁而言也。先天一炁，正是乾家金精，能总持万化，为后天五行生成之真宰，而深藏北极太渊之中，故曰：五金之主，北方河车。五金者，借外炼银、铅、砂、汞、土，以喻身中五行之精。即此一物，以其外之纯黑也，故象铅；以其黑中含白也，故又有金华之象。譬若有人，外被褐而内怀玉，外若狂夫，中藏圣哲，岂非神明不测者乎？此言真铅之别于凡铅也。苟能知白守黑，则神明自来矣。金丹妙用，只在水中之金。此段特显其法象。《入药镜》云：水乡铅，只一味。《悟真篇》云：黑中有白为丹母。此之谓也。

金为水母，母隐子胎；水为金子，子藏母胞。真人至妙，若有若无。仿佛太渊，乍沉乍浮。退而分布，各守境隅。采之类白，造之则朱。炼为表卫，白里真居。

此节重指金水两窍之用，并两而归一也。上节合言水中金，此又分言金水两体。金精本能生水，水之母也，乾中真金，隐在坤水包络中，故曰母隐子胎，即上文所云下闭则称无也；水本金之所生，金之子也，坤中真水,藏在乾金匡廓内,故曰子藏母胞,即上文所云上闭则称有也。金水互用,便是两弦之炁,两畔同升合为一,而真人出其中矣。真人存于中宫,非有非无,灵妙不测,故曰:真人至妙,若有若无。仿佛太渊者,真人潜深渊也;乍沉乍浮者,浮游守规中也。金水交会之际,同在中央,及既交而退,真人处中,两者依旧分布上下,一南一北,各守境隅矣。其初采取北方坎中之金,本来一片纯白,及至煅以南方离中真火,然后赫然发光,岂非采之类白,造之则朱乎?然此一点真种,非有非无,本质极其微妙,须赖中黄坤母,环卫而乳哺之,方得安居神室,不动不摇,故曰:炼为表卫,白里真居。

此段言并两归一,乃药物入炉之象,即上所云:无者以奉上,上有神明居也。

方圆径寸,混而相拘。先天地生,巍巍尊高。旁有垣阙,状似蓬壶。环匝关闭,四通踟蹰。守御密固,遏绝奸邪。曲阁相连,以戒不虞。可以无思,难以愁劳。神炁满室,莫之能留。守之者昌,失之者亡。动静休息,常与人俱。

此节特显炉鼎法象,而火候即在其中。中黄神室之中,不过径寸,圆以象天,方以象地,中有真人居之,混混沌沌如鸡子。《黄庭经》云:方圆一寸处此中是也,故曰:方圆径寸,混而相拘。径寸之地,即元关也。元关一窍,大包六合,细入微尘,未有天地,先有此窍,号为天中之天,内藏元始祖炁,岂非先天地生,巍巍尊高者乎?此窍当天地正中,左右分两仪,上下定三才,左通元门,右达牝户,上透天关,下透地轴,八面玲珑,有如蓬岛之壶,岂非旁有垣阙,状似蓬壶者乎?环匝关闭,四通踟蹰者,深根固蒂,牢镇八门,令内者不出也;守御密固,遏绝奸邪者,收视返听,屏除一切,令外者不入也。灵窍相通,本无障碍,然必防危虑险,故曰:曲阁相连,以戒不虞。定中回光,本无间断,又必优游自然,故曰:可以无思,难以愁劳。神室中元始祖炁,人人具足,本来洋溢充满,但人自不能久留耳,故曰:神炁满室,莫之能留。真人既安处神室,必须时时相顾、刻刻相守,若一刻不守,便恐致亡失之患,故曰:守之者昌,失之者亡。惟是一动一静,不敢自由,直与神室中真人,呼吸相应,彼动则与之俱动,彼静则与之俱静,彼休息则与之俱休息,勿助勿忘,绵绵若存,火候才得圆足,故曰:动静休息,常与人俱。

此段言炉鼎之象,而兼温养之功,即上文所云金炁相胥之作用也。

此章首揭出有无两用之窍是真炉鼎,次别金水二炁之用是真药物,末了更示人以温养防护之功是真火候。金丹关键,已全具此中,不可忽过。

明辨邪正章第八

（章名从旧）①

是非历脏法,内观有所思。履罡步斗宿,六甲次日辰。阴道厌九一,浊乱弄元胞。食气鸣肠胃,吐正吸外邪。昼夜不卧寐,晦朔未尝休。身体日疲倦,恍惚状若痴。百脉鼎沸驰,不得清澄居。累土立坛宇,朝暮敬祭祀。鬼物见形象,梦寐感慨之。心欢意喜悦,自谓必延期。遽以夭命死,腐露其形骸。举措辄有违,悖逆失枢机。诸术甚众多,千条有万余。前却违黄老,曲折戾九都。明者省厥旨,旷然知所由。

此章历指旁门之谬,以分别邪正也。欲知大道之是,当先究旁门之非。旁门种种邪谬,不可枚举,姑约略而计之。

是非历脏法,内观有所思。

此内观五脏,着于存想之旁门。

履罡步斗宿,六甲次日辰。

此履罡步斗,泥于符术之旁门。

阴道厌九一,浊乱弄元胞。

此九浅一深,采阴补阳之旁门。

食气鸣肠胃,吐正吸外邪。

此吞服外气,吐故纳新之旁门。

昼夜不卧寐,晦朔未尝休。

此搬精运气,长坐不卧之旁门。

---

① 此校语底本无,据贵文堂本补。

身体日疲倦，恍惚状若痴。百脉鼎沸驰，不得清澄居。

以上五种旁门，俱是求之身内者。种种捏怪，勉强行持，究其流弊，至于身体疲倦，精神恍惚，周身之百脉，势必奔逸散驰，而无一刻清宁澄湛之时。求之身内者，其恶验如此。

累土立坛宇，朝暮敬祭祀。鬼物见形象，梦寐感慨之。

此祭炼鬼物、入梦现形之旁门。

心欢意喜悦，自谓必延期。遽以夭命死，腐露其形骸。

以上一种旁门，是求之身外者。初时朝暮祭祀，妄冀鬼物救助，益算延年，不知反为鬼物所凭，流入阴魔邪术，既而或遭魔难，或遘奇疾。本欲长生，反夭厥命，腐露形骸，为世俗之所耻笑矣。求之身外者，其恶验又如此。

章首是非二字，直贯到底，言金丹大道，全在养性，非是此等旁门可得而混入也。养性工夫，即在前两章中，旁门反之，故招种种恶验。

举措辄有违，悖逆失枢机。诸术甚众多，千条有万余。前却违黄老，曲折戾九都。明者省厥旨，旷然知所由。

此段结言旁门之背道也。金丹大道，莫过养性，原本黄帝、老子虚无自然宗旨。故《阴符》、《道德》两经，直指尽性、尽命最上一乘法门，与三圣作《易》同一枢机。世人不悟，往往流入旁门，动辄千差万别，悖逆之极，全失其枢机矣。

以上所列五、六种，或求之身内，或求之身外，只是略举一隅。引而伸之，千条万绪，可以类推。大约非黄老复命归根之功，即非黄老九宫洞房之奥。此辈甘堕旁蹊，如却行求前，徒费曲折耳。明眼之士，亟发信心，参礼真师，穷取性命根源，本来面目，倘能于片言之下洞彻宗旨，方知本来一条平坦道路，人人可得，而由再加向上工夫，勤行伏炼，庶乎脱旁蹊，而超彼岸矣。

《参同契阐幽》卷之三

上 篇

（下篇言伏食，共计七章，乃上篇之下也。）

此章专言伏食，而御政养性，已寓其中。前面御政诸章，但陈一阴一阳法象;养性诸章,但指一性一命本体。至于阴阳之配合,性命之交并,别有妙用存焉。此伏食之功,所以为金丹最要关键也。伏者,取两物相制为用;食者,取两物相并为一。盖假铅汞凡药,巧喻性命真种;借鼎炉外象,旁通身心化机。以有形显无形,乃是伏食宗旨,究非烧茅弄火、一切旁门可得而假借也。药在炉中,须用真火煅炼,故末篇又云炉火之事。

两弦合体章第九

《火记》不虚作,演《易》以明之。偃月法炉鼎,白虎为熬枢。汞日为流珠,青龙与之俱。举东以合西,魂魄自相拘。上弦兑数八,下弦艮亦八。两弦合其精,乾坤体乃成。二八应一斤,易道正不倾。

此章直指金水两弦之炁,先分后合,示人以真药物也。

《火记》不虚作,演《易》以明之。偃月法炉鼎,白虎为熬枢。汞日为流珠,青龙与之俱。举东以合西,魂魄自相拘。

此节指两弦真炁,为金丹之用也。前养性章中,俱说虚无自然大道,尚不及龙虎铅汞诸异名,到此方说临炉作用,要紧全在金水两物。曰炉鼎,曰铅汞,曰龙虎,曰上下两弦,种种曲譬,皆是物也。世传古丹经有《火记》六百篇,魏公仿之作《参同契》,其实非也。《火记》本无其文,即在先天羲《易》中。盖日月为易,不过一阴一阳,体属乾坤,用寄坎离,一切异名,皆从此演出。于乾坤寓炉鼎法象,于坎离寓药物法象,其余六十卦、三百六十爻即寓火候法象。一日两卦,一月之候,正应周天三百六十度数。又以一月配一年,便成《火记》六百篇。究竟只是日月为易,一阴一阳而已,故曰:《火记》不虚作,演《易》以明之。坎为太阴真水,本是月精,然必受符于日。晦朔交会之间,阴极转阳,魄中生魂,一阳实生于朔,火力尚微。到初三日没时,庚方之上,一阳初动而为震,一钩偃仰,成偃月之象,坎水中产出金精,所谓虎向水中生也。金伏炉中,必须煅之乃出,是为上弦兑体,故曰:偃月法炉鼎,白虎为熬枢。此举炉鼎以包药物也。离为太阳真火,本是日光,然必合体于月。日月对望之际,阳极转阴,魂中生魄,一阴实生于望,水炁尚藏。到明时,辛方之上,一阴初降而为巽,盛满欲流,有流珠之象,离火中生出木液,所谓龙从火里出也。木性顺金,恒欲流而就下,是谓下弦艮体,故曰:汞日为流珠,青龙与之俱。此举药物以该炉鼎也。于是驱东方之龙,以就西方之虎,流珠与金华,情性既已相投,地魄与天魂,金木自然相制,故曰:举东以合西,魂魄自相拘。此言两窍互用,金炁相胥之妙,假两弦法象,以发明之也。

上弦兑数八,下弦艮亦八。两弦合其精,乾坤体乃成。二八应一斤,易道正不倾。

此节言两弦之炁,合而成丹也。自震庚一点偃月,进至一阳①,便属上弦之兑,其卦气纳丁,此时水中胎金,魄中魂半,所谓上弦金半斤也,如颠倒取之,亦可云水半斤,故曰上弘兑数八;自巽辛一点流珠,退到二阴,便属下弦之艮,其卦气纳丙,此时金中胎水,魂中魄半,所谓下弦水半斤也,如颠倒取之,亦可云金半斤,故曰下弦艮亦八。前取两物相制,故云金木;此又取一体相生,故云金水。其用一也。兑体本属纯乾,因上爻易坤一阴,遂成少女;艮体本属纯坤,因上爻易乾一阳,遂成少男。今者两畔同升,合而为一。纯金还乾,性处内而立鄞鄂;纯水还坤,命处外而作胞胎。一粒金丹,产在中黄土釜,岂非两弦合其精,乾坤体乃成乎?须知两弦之时,即具全体,到得全体之时,却不见有两弦。全体之合,得诸自然,两弦之分,别有妙用,所谓月之圆存乎口诀也。夫两弦既合,铅止半斤,汞惟八两,正应金丹一斤之数。乾坤之全体,从艮兑之分体而成也;艮兑之分体,又从坎离之中体而出也。坎离之体,不过一日一月,前所云日月为易者,到此适得其平,而无倾仄之患矣,故曰:二八应一斤,易道正不倾。即后天两弦之用,以还先天乾金之体,方是金丹作用,正所云演《易》以明之者。

此伏食之第一义也。

---

① 一阳,辑要本、抄本作"二阳",康熙本同底本作"一阳"。但据文义,震卦二阴[一]阳二阳,故作"二阳"为妥。

金返归性章第十

(章名从旧)①

金入于猛火,色不夺精光。自开辟以来,日月不亏明。金不失其重,日月形如常。金本从月生,朔旦受日符。金返归其母,月晦日相包。隐藏其匡廓,沉沦于洞虚。金复其故性,威光鼎乃熺。

此章直指先天金性,为丹道之基也。上章并举金水两弦,犹属对法;此则并两归一,直提金性根源,令学道者知有归宿处。且如世间真金,入猛火中煅炼一番,精光自然倍增,罔有夺其色者。凡金尚然,矧此本来金性,原属乾元,先天地生,万劫不坏,有能夺其精光者乎？故曰:金入于猛火,色不夺精光。当其混濛初剖,地辟天开,乾中一阳既破而为离,坤中一阴遂实而为坎。坎属太阴,其精为金,离属太阳,其光为火。坎中真金煅以离中真火,精光自然团结不散,所以日月合体,而亘古亘今,光明不息,故曰:自开辟以来,日月不亏明。世间真金,入猛火中煅炼数过,分量终不增减纤毫,况本来金性,无欠无余,由他在乾坤大冶中,千变万化,分量断然不增不减矣。所以自有日月以来,升沉出没,不知几经薄蚀,而圆明之体,万古常存者,唯金性不毁故也,故曰:金不失其重,日月形如常。金之精光本一,而日月分受之,日得其光,常主外施,月得其精,常主内藏。究竟日月原非二体,精光亦非二物。坎中金精虽若寄体于月,实则受胎于日。人但见初三之夕,一点阳光倏从庚方出现,似乎金从月生。不知这点光明,元从太阳中来,只因晦朔之交,日月合璧,日魂返照月魄,感而有孕。至于朔旦,一阳初动,月魄乃遡日魂而生明,震来受符矣,故曰:金本从月生,朔旦受日符。盖坎中金精,原从乾金中分来,故以乾为父,又从坤土中产出,故以坤为母。月当晦时,与日媾精,两相撑持,日在上,月居下,日精入在月中,尽为太阴所收,月光包在日内,尽为太阳所摄,光尽体伏,纯黑无光,乃坎金返归坤土之象,故曰:金返归其母,月晦日相包。当金返归母之时,月既为日所包,

---

① 此校语底本无,据贵文堂本补。

阳光遂隐匿潜伏,深藏于北方虚危之地,一点金精,沉在北极太渊,空洞虚无之中。在造化为日月合璧,璇玑停轮;在吾身为神归炁穴,大药入炉之时也。故曰:隐藏其匡廓,沉沦于洞虚。未几而阴极阳生,金性来复,庚方之上,一阳复萌。在造化为哉生明,在吾身为大药将产,出坤炉而上升乾鼎,坎中真金到此才得返本还源,复其乾父之性,赫然成丹,而光明洞彻太虚矣。岂非金复其故性,威光鼎乃熺乎?

此章直指金性为造化之根、生身之本。造化之奥,全在河图。水为五行开先,故天一即生水。沿而下之,水生木,木生火,火生土,到土方才生金。金独处其最后,而全五行之气,是造化以金为要终也。土为五行殿后,故天五才生土,遡而上之,生土者火,生火者木,生木者水,水却从金而生,金复处其最先,而辟五行之源,是造化又以金为原始也。此终则有、始之妙也。金在吾身,即属先天祖性,父母未生以前,此性圆同太虚。迨媾精以后,地、水、火、风,四大假合而成幻躯,太虚中一点真性落于其中,方能立命,是吾身以金为原始也;及乎四大假合之躯,终归变灭,而此金性独不与之俱变,万劫长存,是吾身又以金为要终也。此无终无始之妙也。昔羲皇作《易》,剖开太极,劈破天心,最初落下一点,便成乾卦。乾为天,而孔子《翼》之曰万物资始;乾为金,而孔子《翼》之曰纯粹以精。此万世尽性至命之准则也。释迦得此以证丈六之身,故尊之曰金仙;元始得此以结一黍之珠,故宝之曰金丹。三教根源,同一金性,外此即堕旁蹊曲径矣。此学道者所当细参也。从金性二字,参出三教圣人立地处,可谓泄尽天机。即此见《参同》一书,无人不当读,无时不当读矣。

真土造化章第十一

子午数合三,戊己号称五。三五既和谐,八石正纲纪。呼吸相含育,伫息为夫妇。黄土金之父,流珠水之子。水以土为鬼,土镇水不起。朱雀为火精,执平调胜负。水盛火消灭,俱死归厚土。三性既合会,本性共宗祖。巨胜尚延年,还丹可入口。金性不败朽,故为万物宝。术士伏食之,寿命得长久。土游于四季,守界定规矩。金砂入五内,雾散若风雨。薰蒸达四肢，颜色悦泽好。发白皆变黑，齿落生旧所。老翁复壮丁，耆妪成姹女。改形免世厄，号之曰真人。

此章专揭二土之用，造化成丹，示人以归根之要也。

子午数合三，戊己号称五。三五既和谐，八石正纲纪。呼吸相含育，伫息为夫妇。

此节言水火二用，必归于中土也。盖丹道妙用，无过水火；水火妙用，不离戊己。大约举一即兼两，举两即兼三，会三乃归一。故水火既济，其功用全赖中央真土。水属北方正子，在吾身为坎戊月精，天一所生，其数得一；火属南方正午，在吾身为离己日光，地二所生，其数得二。两者一合，便成三数。坎中有戊，是为阳土；离中有己，是为阴土。在吾身为中黄真意。土本天五所生，独得五数，故曰：子午数合三，戊己号称五。合之而三性具矣。水火异性，各不相入，惟赖中央土德，多方调燮，方得相济为用。由是水一火二，得中央之土，列为四象，重为八卦，四正四隅，分布环拱，便成八石之象，岂非三五既和谐，八石正纲纪乎？外炼之术，以五金配五行，以八石配八卦，丹头一到，五金八石皆点化而成真金。故仙翁假外象以喻内功，切不可泥相执文。水火既已相济，其中一阖一辟，便有呼吸往来，呼至于根，吸至于蒂，总赖中宫真土，含藏而停育之。此呼吸非口鼻之气，乃真息也。真息往来，初无间断，自相阖辟于中土，不啻夫妇之相配偶，乃真胎也。中宫之真胎不动，而一水一火自然呼吸其中，犹太虚之真胎不动，而一日一月自然呼吸其中，岂非呼吸相含育，伫息为夫妇乎？

此段直指真意①为金丹之母。《南华经》云：真人之息以踵。《心印经》云：呼吸育清。《黄庭经》云：后有密户前生门，出日入月呼吸存。皆言真息也。此处指北方正子为水，南方正午为火，以本体而言；后面指离中流珠为水，坎中金精为火，又以颠倒互用而言矣。

黄土金之父，流珠水之子。水以土为鬼，土镇水不起。朱雀为火精，执平调胜负。水盛火消灭，俱死归厚土。三性既合会，本性共宗祖。

---

① 意，抄本作"息"。据上下文义，作"息"字颇佳。

此节言真土妙用，能使三家归一也。戊己二土，分属水火。水火之中，便藏金木，而终始不离于土。盖生身受炁之初，即有中黄真土，为金精之所自出。此金本是乾家祖性，中宫不动元神，只因乾金一破，流入坤中，实而为坎，坎中金精，便属戊土，即所谓金华也。惟坎中真金，从乾父而生，故曰黄土金之父。

乾之一阳，既入坎中，中间换入一阴，破而为离，正是坤宫真水，化出离中木液，便属己土，即所谓太阳流珠也。惟离中流珠，从坤母而出，故曰流珠水之子。此言三性之顺而相生者也。坎中金精，是为太阳真火；离中木液，是为太阴真水。离中阴水，易至泛滥，来克坎中阳火。坎中之火，乃生中央真土以制之，故曰：水以土为鬼，土镇水不起。离中之水，能克坎中真火；中央之土，能制离中真水。而坎中之火，又能生中央真土。所以水火相克，两下交战，全赖中央真土，调停火候，不使两家偏胜，庶几各得其平，故曰：朱雀为火精，执平调胜负。朱雀是火候之火，不可偏属两家，所以特称火精。火盛而有炎上之患，赖真水以消灭之；水盛而有泛滥之虞，又赖真土以镇伏之。火性一死，永不复燃，水性一死，永不复流，俱销归于真土之中，故曰：水盛火销灭，俱死归厚土。此言三家之逆而相克者也。三家顺而相生，须从中宫之土生起；三家逆而相克，亦从中宫之土克起。所以丹道作用，全在真意。念头起处，系人生死之根，顺之则流转不穷，逆之则轮回顿息。于此起手，即于此归根，不可不知。离中真水称一性，坎中真火称一性，中央真土独称一性。方其未归之前，强分三性；既归之后，方知三性本来只是一性。最初太极函三，浑然天地之心，不可剖析。因混沌一剖，水火遂分，上下两弦并中土而成三家，此由合而分也。后来两弦之炁，由分而合，戊己二土销归中央，依然一个宗祖。张紫阳所谓追二炁于黄道，会三姓①于元宫是也，故曰：三性既会合，本性共宗祖。初云夫妇，以两性相配而言也；继云父子，言两性之所自出也；究云宗祖，乃并为一性矣。夫妇喻坎离，父母喻乾坤，是为两仪四象。宗祖喻中央祖土，便是返太极处。归根复命

---

① 姓，康熙本、抄本作"性"。

之妙,于此可见。

巨胜尚延年,还丹可入口。金性不败朽,故为万物宝。术士伏食之,寿命得长久。土游于四季,守界定规矩。金砂入五内,雾散若风雨。薰蒸达四肢,颜色悦泽好。发白皆变黑,齿落生旧所。老翁复壮丁,耆妪成姹女。改形免世厄,号之曰真人。

此节言伏食之神验也。三性会合,便成金丹,吞入口中,便称伏食,迥非旁门服食之术也。世间药草,如巨胜之类,尚可延年益算,况金性坚刚,万劫不朽,岂不为万物中至宝?道术之士,倘能伏此先天一炁,寿命有不长久者乎?戊己二土,本无定位,周流四季。在东则为辰土,在南则为未土,在西则为戌土,在北则为丑土。木、火、金、水,无非土之疆界。作丹之时,赖此土以立中宫之基;伏丹之时,仍赖此土以定四方之界。故曰:土游于四季,守界定规矩。金砂,即还丹也,盖两物所结就者;入五内,即是入口,盖指方寸而言,非服食之邪说也。雾散若风雨以下,俱是伏丹后自然之验。丹既吞入口中,灵变不测,周身八万四千毛孔,若云腾雾散,风雨暴至之状,四肢自然薰蒸,颜色自然悦泽,发白还黑,齿落转生,老翁复成壮男,老妪变成姹女,劫运所不能制,造物所不能厄,任他沧海成田,由我逍遥自在,号之曰真人,不亦宜乎。

同类相从章第十二

胡粉投火中,色坏还为铅。冰雪得温汤,解释成太玄。金以砂为主,禀和于水银。变化由其真,终始自相因。欲作伏食仙,宜以同类者。植禾当以谷,覆鸡用其卵。以类辅自然,物成易陶冶。鱼目岂为珠,蓬蒿不成槚。类同者相从,事乖不成宝。燕雀不生凤,狐兔不乳马,水流不炎上,火动不润下。世间多学士,高妙负良材。邂逅不遭遇①,耗火亡资财。据按依文说,□□□□。端绪无因缘,度量失操持。捣治羌石胆,云母及矾磁。□□□□□□□□□□□枢。杂性不同类,安肯合体居。

---

① 遇,校本作"值"。

首,中道生狐疑。背道守迷路,出正入邪蹊。管窥不广见,难以揆方来。侥幸讫不遇,圣人独知之。

此章言同类相从,方称伏食。而外炼者,失其真也。

胡粉投火中,色坏还为铅。冰雪得温汤,解释成太玄。金以砂为主,禀和于水银。变化由其真,终始自相因。

此节正言水火同类,相变化而成丹也。何为同类?人但知坎为水,不知坎中一阳,本从乾家来,正是太阳真火,阳与阳为同类,故坎中真火,恒欲炎上以还乾;人但知离为火,不知离中一阴,本从坤宫来,正是太阴真水,阴与阴同类,故离中真水,恒欲就下以还坤。此即大易水流湿,火就燥,本乎天者亲上,本乎地者亲下,各从其类之义也。魏公先以世间法喻之:如胡粉本是黑铅烧就,一见火则当下还复为铅;冰雪本是寒水结成,一见汤则立刻解释成水。可见火还归火,水还归水,本性断不可违矣。炼金丹者,只取一味水中之金。水中之金即命蒂也,本来原出于乾性,自乾破为离,离为性根,中有真阴,得南方火炁,砂之象也。学人欲了命宗,必须以性为主,故曰金以砂为主。而此离中砂性,得火则飞,未易降伏,仍赖北方水中之金以制之。学人欲了性宗,必须以命为基,故曰禀和于水银。要知砂与水银,原是一体同出而异名者也。其初原从一体变化而成两物,其究还须从两物变化而归一体。只此真阴真阳,同类交感,相因为用而已,故曰:变化由其真,终始自相因。变化之法,不过流戊就己,颠倒主宾,使后天坎离,还复先天乾坤耳。张紫阳云:阴阳得类方交感,二八相当自合亲。此之谓也。

欲作伏食仙,宜以同类者。植禾当以谷,覆鸡用其卵。以类辅自然,物成易陶冶。鱼目岂为珠,蓬蒿不成槚。类同者相从,事乖不成宝。燕雀不生凤,狐兔不乳马,水流不炎上,火动不润下。

此节旁证同类之义也。伏食之法,只取砂与水银二物,变化成丹。金以制砂,其义为⋯⋯⋯⋯⋯⋯⋯⋯⋯⋯伏食无由作仙,非同类之⋯⋯⋯⋯⋯⋯⋯⋯⋯⋯食仙,宜以同类者。此二句为通章要⋯⋯⋯⋯⋯⋯⋯明同类二字。世间一切有情、无情之物,莫不⋯⋯⋯⋯⋯矣。若同类相从,有如植禾之必以谷,覆鸡之必用卵,其气自然相辅，庶几物得化生，而易于陶冶矣。若非类强合，则如鱼目之不可为珠，蓬蒿之不得成梫，燕雀之决不生凤，狐兔之决不产马，其性迥然各别，必至事情乖违，而难以成宝矣。何况水本流湿，其润下之性也，一流即不能强之使上；火本就燥，其炎上之性也，一动即不能强之使下。此一坎一离，所以各从其类，砂与水银之所以变化而成丹也，即伏食之义也。

世间多学士，高妙负良材。邂逅不遭遇，耗火亡资财。据按依文说，妄以意为之。端绪无因缘，度量失操持。捣治羌石胆，云母及矾磁。硫磺烧豫章，泥汞相炼飞。鼓铸五石铜，以之为辅枢。杂性不同类，安肯合体居。千举必万败，欲黠反成痴。稚年至白首，中道生狐疑。背道守迷路，出正入邪蹊。管窥不广见，难以揆方来。侥幸讫不遇，圣人独知之。

此节专破炉火之谬，言一切有形有质者，皆非同类之真也。欲炼还丹，必须采取药物。一性一命，本先天无形之妙，喻为铅汞，迥非凡砂水银。欲炼还丹，必是安炉立鼎。药物入炉，用先天真火煅炼，喻为炉火，迥非烧茅弄火。还丹工用，全资火候，始而烹炼，既而温养，终而变化。一粒圆成，脱胎入口，喻为伏食，迥非服饵金石。然而金丹大道，万劫一传，兼且世人福薄，难逢真师，往往多流于伪术。有等狂夫，自负高材博学，不求真师指授，妄认己意，傅会丹经，遂以凡药为铅汞，以烧炼为炉火，以服饵为伏食。既不识端绪，又不知度量，于是广求五金八石，杂用三黄四神，既非本来同类之物，安肯合体成丹？是犹认鱼目以为珠，望狐兔以生马也。此等伪术，势必万举万败，白首无成，小则耗损资财，大则丧身失命，似黠而实痴，当疑而反信。此为守迷背道，出正入邪，不肯自己认错，转将错路指人。遂以管窥蠡测之见，著书立言，贻误方来，塞却后来途径，瞎却后人眼目。以至人法眼观之，无半点是处。此辈尚不觉悟，方且欲侥幸于万一，岂不谬哉！

首章指出两弦真气，次章独揭先天金性，三章才说三性会合。直到还丹入口，位证真人，伏食之旨，已无余蕴矣。但世人惑于旁门烧炼之术，往往假托伏食，而实非同类之真。故此章重言以破其迷。吕公警世诗云：不思还丹本无质，翻饵金石何太愚？引而不发，其即仙翁破迷之意乎？

祖述三圣章第十三

若夫至圣，不过伏羲，始画八卦，效法天地。文王帝之宗，结体演爻辞。夫子庶圣雄，十翼以辅之。三君天所挺，迭兴更御时。优劣有步骤，功德不相殊。制作有所踵，推度审分铢。有形易忖量，无兆难虑谋。作事令可法，为世定此书。素无前识资，因师觉悟之。皓若褰帷帐，瞋目登高台。《火记》六百篇，所趣等不殊。文字郑重说，世人不熟思。寻度其源流，幽明本共居。窃为贤者谈，曷敢轻为书。若遂结舌瘖，绝道获罪诛。写情著竹帛，又恐泄天符。犹豫增叹息，俛仰缀斯愚。陶冶有法度，安能悉陈敷。略述其纲纪，枝条见扶疏。

此章言祖述三圣之易，以阐明大道也。

若夫至圣，不过伏羲，始画八卦，效法天地。文王帝之宗，结体演爻辞。夫子庶圣雄，十翼以辅之。三君天所挺，迭兴更御时。优劣有步骤，功德不相殊。制作有所踵，推度审分铢。有形易忖量，无兆难虑谋。作事令可法，为世定此书。

此节言三圣作《易》，为大道之渊源也。道体同于太虚，本无名象，邃古以前，混混沌沌，忘乎道，无非道也。自圣人作《易》，方才凿破混沌，一切天机乃尽泄矣。《易》之为书，画卦始于伏羲，系辞演于文王，十翼成于孔子，更三圣而易道始备。羲皇为开天之圣，宇宙在手，万化生心，当时仰观俯察，穷取造化根源，天不爱道，于是河出图，洛出书，为之印证，从此灼见造化根源，只一太极。太极之精蕴，不出河图、洛书。河、洛之中，五即太极也。由此分出一阴一阳，而为两仪，由两仪而生四象，由四象而生八卦。八卦既画，其序则乾一、兑二、离三、震四、巽五、坎六、艮七、坤八。乾以原始，坤以要终，两头包括阴阳；震为天根，巽为月窟，一中分出造化。其位则乾南坤北，离东坎西，兑东南，艮西北，巽西南，震东北，阴阳之纯且中者居四正，杂且偏者居四隅。天位乎上，地位乎下，乾坤定子午之位；日生于东，月生于西，坎离列卯酉之门。以至山镇西北，泽注东南，风起西南，雷动东北，悉合造化自然法象。重之为六十四卦，其序其位，大略相同。盖卦未画时，易在天地；既画时，天地在易。是谓效法天地，此先天之义《易》也。先天之易，但立其体，未究其用。厥后《连山》首艮，《归藏》首坤。夏商之《易》，虽各有其用，而精义未彰。至商周之际，文王蒙难羑里，身经忧患，大用现前，乃翻转羲皇局面，颠倒乾坤化机。其位则离火自东而南代乾之位，乾之大用在离，向明之象也；坎水自西而北代坤之位，坤之大用在坎，藏用之地也。震木本在东北，进而居东以代离，木与火为侣也；兑金本在东南，退而居西以代坎，金与水为朋也。退乾父于西北，实居坎之前，取乾知大始之义；置坤母于西南，实居离火之后，取坤作成物之义。艮来东北，处先天震位，长男返为少男，阳以进极而退也；巽往东南，处先天兑位，少女转为长女，阴以退极而进也。阴阳之少而交者居四正，老而不交者居四隅，义取交易为用。其八卦之序，则自帝出乎震，以至成言乎艮，循环无端，终始万物，义取变易为用。其六十四卦之序，则始于乾坤，中于坎离，终于既济未济，义取反对为用。位置既易，因象系辞。系在卦下者，谓之彖辞，如元亨利贞之类；系在逐爻者，谓之爻辞，如潜龙勿用之类。象辞占变，粲然大备，是谓结体演爻辞。此则后天之《周易》也。孔子生诸圣之后，晚而好《易》，韦编三绝，其义益精，作十传以羽翼圣经，谓之《十翼》。《象》、《彖》、《文言》，专发文王后天之辞；《系辞》、《说卦》，兼明伏羲先天之象；《序卦》、《杂卦》，旁通流行之妙，反对之机。大约尽性至命之微言，穷神知化之奥义，无不悉备其中，是谓《十翼》以辅之，使人从后天以返先天，而易道集其大成矣。三圣皆天挺之资，迭兴间出，倡明大道，作述虽分先后，功德实无优劣。伏羲之《易》，取诸造化；文王之《易》，取诸伏羲；孔子之《易》，兼取诸羲、文。或作或述，同出一源。其间分数铢两，毫发不差。无兆者，形而上之道，太极是也；有形者，形而下之器，卦爻象数是也。形上之道，难以揣摹，形下之器，易为忖度。所以画卦系辞作翼，而一阴一阳之道，遂冒乎其中。三圣定为此《易》书，正欲万世学道之士，则而象之耳。

素无前识资，因师觉悟之。皓若褰帷帐，瞋目登高台。《火记》六百篇，所趣等不殊。文字郑重说，世人不熟思。寻度其源流，幽明本共居。窃为贤者谈，曷敢轻为书。若遂结舌瘖，绝道获罪诛。写情著竹帛，又恐泄天符。犹豫增叹息，俛仰缀斯愚。陶冶有法度，安能悉陈敷。略述其纲纪，枝条见扶疏。

　　此节言准《易》以作《参同契》，直叙其源流也。魏公自言大道非真师不传，天纵如三圣，制作且有所踵，况我素无先知之资，岂能坐进大道？幸遇真师先觉，而始得开悟耳。因师觉悟之后，凤障尽空，疑团冰解，双目洞明，有若褰帷帐而登高台，岂不快哉！《易》有六十四卦，除去乾、坤、坎、离四卦，应炉鼎药物，其余一日两卦，朝屯暮蒙，一月三十日，准六十卦，十月三百日，便准六百卦。究竟簇年归月，簇月归日，簇日归时，火候工夫只在一刻。文虽郑重，旨趣不殊，非果有六百篇《火记》也。奈世人不能好学深思，究其源流之所在。倘能究之，只此一坎一离。月幽日明，同类共居。日月为易，通乎昼夜，便是无上至真妙道。我今因师觉悟，灼见道在目前，只可与一二贤者共谈，不敢轻易笔之于书也。然遂闭口结舌，诚恐逆天道而获谴；若尽情著之竹帛，又恐泄天宝而罹愆。进退两难，犹豫俛仰，只得假大易有象之文，寓大丹无形之用，费尽陶冶，约略敷陈，鼎器药物，粗述纲纪，采取烹炼，微露枝条，冀后学之得意而忘言耳。盖书不尽言，言不尽意，仙翁《参同契》一书，实与三圣作《易》，尽性至命、穷神知化之宗旨，若合符节。世之有缘遇师者，得此一印证而了然矣。

还丹法象章第十四

　　以金为隄防，水入乃优游。金数十有五，水数亦如之。临炉定铢两，五分水有余。二者以为真，金重如本初。其土遂不离，二者与之俱。三物相含受，变化状若神。下有太阳炁，伏蒸须臾间。先液而后凝，号曰黄舆焉。岁月将欲讫，毁性伤寿年。形体为灰土，状若明窗尘。捣治并合之，持入赤色门。固塞其际会，务令致完坚。炎火张于下，龙虎声正勤。始文使可修，终竟武乃成。候视加谨密，审察调寒温。周旋十二节，节尽更须亲。气索命将绝，体死亡魄魂。色转更为紫，赫然称还丹。

粉提以一丸，刀圭最为神。

此章全举还丹法象，以为入室之准则也。

以金为隄防，水入乃优游。金数十有五，水数亦如之。临炉定铢两，五分水有余。二者以为真，金重如本初。其土遂不离，二者与之俱。

此节言金水二炁，为金丹之真种也。盖还丹妙用，彻始彻终，只此金水二物。建之即为炉鼎，采之即为药物，烹之即为火候，乃至抽添运用，脱胎神化，无不在此。然学道之士，当知所先后，未有隄防不立而得金水之用者也。坎中之金，本伏处而在内，然内者不可不出。金丹作用，必须先立隄防，牢镇六门，元气方不外泄。离中之水，易泛滥而在外，然外者不可不入。况隄防既立，不许泛滥，真精无复走漏，自然优游入炉，故曰：以金为隄防，水入乃优游。金水两物之中，本藏戊己二土。土之生数得五，成数得十。坎中之金纳戊，是得其十数之五也；离中之水纳己，是亦得其十数之五也。二土合而成圭，两弦之炁恰好圆足，故曰：金数十有五，水数亦如之。隄防既立，方及临炉之用。临炉配合，仍旧是金水二物，但铢两分数，纤毫不可差错。真水真金，二者须要适均，不可太过，亦不可不及。故水止于五分，当防其有余而泛滥，不可太过也；金亦须五分，当重如原初之铢两，不可不及也。金水二者，既得其真，自有真土调和其间。盖离中纳己，其五分之水，即己土也；坎中纳戊，其五分之金，即戊土也。举金水二物，而真土在其中矣。及至戊己二土，会入中央，亦适得五分本数，三家相会，恰圆三五之数，故曰：其土遂不离，二者与之俱。三五之义，出于河图，东三南二，木火为侣，北一西四，金水为朋。此处但举金水，而不及木火者，盖以金水为精魄，如人之形；木火为神魂，如人之影。形动则影随，寸步不离，木火之于金水亦然。精魄既合同而化，神魂亦与之俱，妙矣，此金丹造化之妙也。

三物相含受，变化状若神。下有太阳炁，伏蒸须臾间。先液而后凝，号曰黄舆焉。岁月将欲讫，毁性伤寿年。形体为灰土，状若明窗尘。

此节言坎离交会，金丹之法象也。金水两弦之炁，得真土以含育之，是为三物一家，其中自生变化之状而神明不测矣。盖前后隄防既已完固，不容丝毫走漏，炉中真炁，自然发生。然后抽坎中之阳，填离中之阴,北海中太阳真火,熏蒸上腾,须臾之间,离宫真水应之。先时化为白液,后乃凝而至坚,两者交会于黄房,运旋不停,有黄舆之象,所谓婴儿姹女齐齐出,却被黄婆引入室也。然此两物未交之前,当以真意合之;两物既交之后,又当以真意守之。一点阳炁,敛入厚土中,生机转为杀机,譬若穷冬之际,万物剥落而归根,故曰:岁月将欲讫,毁性伤寿年。初时神入炁中,寂然不动,似乎槁木死灰,久之生机复转,一点真炁,希微隐约,瀹然上升,有如野马尘埃之状,故曰:形体为灰土,状若明窗尘。此为坎离始媾,大药将产之法象。

　　捣治并合之,持入赤色门。固塞其际会,务令致完坚。炎火张于下,龙虎声正勤。始文使可修,终竟武乃成。候视加谨密,审察调寒温。周旋十二节,节尽更须亲。气索命将绝,体死亡魄魂。色转更为紫,赫然称还丹。粉提以一丸,刀圭最为神。

　　此节言乾坤交媾,还丹之法象也。坎离既交会于黄房,抟炼两物,并合为一,养在坤炉之中,时节一到,大药便产,所谓水乡铅,只一味是也。大药既产,即忙采取,当以真意为媒,回风混合,徐徐从坤炉升入乾鼎,方得凝而成丹,故曰:捣治并合之,持入赤色门。此二句有吸、舐、撮、闭无数作用在内。赤色门,即绛宫乾鼎是也。药既升鼎,渐凝渐结,又徐徐从乾鼎引下,送归黄庭。此时当用固济之法,深之又深,密之又密,直到虚极静笃,一点真阳之炁,方不泄漏,故曰:固塞其际会,务令致完坚。固塞之极,一阳动于九地之下,形如烈火,斩关而出,正子时一到,亟当发真火以应之,霎时乾坤阖辟,龙虎交争,便有龙吟虎啸之声,故曰:炎火张于下,龙虎声正勤。大药初生,用文火以含育之,方得升腾而出炉;大药既生,用武火以煅炼之,方得结实而归鼎。故曰:始文使可修,终竟武乃成。此中火候,不可毫发差殊。当用文而失之于猛,则火太炎矣;当用武而失之于弱,则火太冷矣。必相其宽猛之宜,调其寒温之节,方能得中,故曰:视候加谨密,审察调寒温。子时从尾闾起火,应复卦,一阳初动,是为天根,直至六阳纯乎乾,动极而复静矣;午时从泥丸退火,应姤卦,一阴初静,是为月窟,直至六阴纯乎坤,静极而复动矣。故曰:周旋十二节,节尽更须亲。此乾坤大交之法象也。动静相生,循环不息,炼之又炼,日逐抽铅添汞,久之铅尽汞干,阴消阳长,方得变种性为真性,化识神为元神,阴滓尽除,则尸气灭而命根萃断,阳神成象,则凡体死而魂魄俱空,故曰:气索命将绝,体死亡魂魄。关尹子所谓:一息不存,道将来契。正此时也。至于伏炼久久,绝后再苏,心死神活,而鼎中之丹圆满光明,塞乎太虚矣,岂非色转更为紫,赫然称还丹乎？金丹本乾家所出,还归于乾,故称还丹。色转紫者,取水火二炁,煅炼而成也。还丹有气无质,不啻一丸之粉,一匕之刀圭,而其变化若神已如此。从此脱胎换鼎,再造乾坤,子又生孙,神化不测,过此以往,未之或知矣,岂非粉提以一丸,刀圭最为神乎？刀者,水中金也；圭者,戊己二土也。可见彻始彻终,只取金、水、土三物变化而成还丹耳。崔公《入药镜》云:饮刀圭,窥天巧。吕祖《沁园春》云:当时自饮刀圭,又谁信,无中产就儿。其旨略同。

此章全露还丹法象,系伏食卷中大关键处。初言两物相交,则伏炁于坤炉而产药；继言一阳初动,则凝神于乾鼎而成丹。前两节总是金丹作用,后一节方是还丹作用。《入药镜》云:产在坤,种在乾。《悟真篇》云:依他坤位生成体,种在乾家交感宫。皆本诸此章。

还丹名义章第十五

推演五行数,较约而不繁。举水以激火,奄然灭光明。日月相薄蚀,常在朔望间。水盛坎侵阳,火衰离昼昏。阴阳相饮食,交感道自然。名者以定情,字者缘性言。金来归性初,乃得称还丹。吾不敢虚说,仿效圣人文。古记显龙虎,黄帝美金华。淮南炼秋石,玉阳加黄芽。贤者能持行,不肖毋与俱。古今道由一,对谈吐所谋。学者加勉力,留念深思维。至要言甚露,昭昭不我欺。

此章结言还丹名义,不外水火之性情也。

推演五行数,较约而不繁。举水以激火,奄然灭光明。日月相薄蚀,常在朔望间。水盛坎侵阳,火衰离昼昏。阴阳相饮食,交感道自然。

此节言水火交感,虽变而不失其常也。盖丹道之要,不外一水一火,水火本出一原,后分两物。乾中一阳走入坤宫成坎,坎中有太阳真火；坤中一阴转入乾宫成离，离中有太阴之真水。水火二炁，互藏其根，化化不穷，五行全具其中。盖水能生木，木能生火，火能生土，土能生金，金转生水，左旋一周而相生，便是河图顺数；火能克金，金能克木，木能克土，土能克水，水转克火，右旋一周而相克，便是洛书逆数。一顺一逆，一生一克，而五行之千变万化，总不出其范围，故曰：推演五行数，较约而不烦。天一生水，水本真阳，落在北方太阴之中，所以水反属阴；地二生火，火本真阴，升在南方太阳之位，所以火反属阳。阴盛便来侵阳，水盛便能灭火。盖先天无形之水火，主相济为用；后天有形之水火，便主相激为仇。故曰：举水以激火，奄然灭光明。天上之日月，即是世间之水火，日属太阳火精，其光无盈无亏，月属太阴水精，借太阳以为光。晦朔之交，日与月并会于黄道，谓之合朔。然但同经而不同纬，故虽合朔而日不食。若同经而又同纬，月不避日，阳光便为阴魄所掩。所以太阳薄蚀，长在朔日，故曰：日月相薄蚀，常在晦朔间。

　　人身与造化若合符节，世人但知坎水为月，不知离中一点真水，正是月精；但知离火为日，不知坎中一点真火，正是日光。晦朔之交，日月合璧，水火互藏，一点太阳真火沉在北海极底，邵子所谓日入地中，媾精之象也。在丹道，为坎离会合，一阳初动之时。此时当温养潜龙，勿可轻用，直到阳光透出地上，方才大明中天。若真阳不能作主，陷在阴中，无由出炉，即是北方寒水过盛，浸灭太阳之象。真火既为寒水所浸，日光便受重阴掩即①，正当中天阳盛之时，奄奄衰弱，昏然而无光矣，故曰：水盛坎侵阳，火衰离昼昏。坎居北方幽阙之中，正子位上，月当朔之象也；离居南方向明之地，正午位上，日当昼之象也。水火均平，方得交济为用，一或偏胜，便致薄蚀为灾。日月之相薄蚀，则举水以激火，奄然灭光明之义也。当与中篇晦朔薄蚀、掩冒相倾参看。虽然此特言其变耳。若水不过盛，火不过衰，日以施德，月以舒光，水火自然之性情，即阴阳交感之常道，薄蚀灾变何自而生？故云：阴阳相饮食，交感道自然。日月反其常道，故云薄蚀；阴阳循其自然，故云饮食。盖以造化日月之

---

① 即，抄本、辑要本作"抑"，康熙本与底本同。

合,有常有变,喻身中坎离之交,有得有失,不可不慎密也。

名者以定情,字者缘性言。金来归性初,乃得称还丹。

此节言金返归性,乃还丹之了义也。离中元精,本太阴真水,又称木液;坎中元炁,本太阳真火,又称金精。丹道以水火为体,金木为用。关尹子曰:金木者,水火之交是也。金木虽分两物,究其根源,只一金性。金性本出先天之乾,未生以前,纯粹以精,万劫不坏,只因有生以后,混沌一破,走入坤宫,是为坎中金精,乾家之性,转而称情。乾之一阳既变为坎,其中换入坤之一阴,是为离中木液,坤家之情,转而称性。盖木主宁静,字之曰性,所谓人生而静,天之性也;金主流动,名之曰情,所谓感于物而动,性之欲也。两者同出而异名,譬如一个人,既有名,复有字,名字虽分两样,性情原是一个,故曰:名者以定情,字者缘性言。其初乾中之金,变而成坎,便是性转为情,一转则无所不转,轮回颠倒,只在目前,所谓顺去生人、生物者也;今者仍取坎中真金,还而归乾,便是情返为性,一返则无所不返,坚固圆常,顿超无漏,所谓逆来成圣、成仙也。学道之士,若能于感而遂通之后,弗失其寂然不动之初,而丹乃可还矣,故曰:金来归性初,乃得称还丹。此两句不特为一部《参同契》关键,且能贯穿万典千经。《楞严经》云:如金矿杂于金精,其金一纯,更不成杂。《圆觉经》云:如销金矿,金非销有,既已成金,不重为矿。经无穷时,金性不坏。是此义也。吕纯阳云:金为浮来方见性,木因沉后始知心。张紫阳云:金鼎欲留朱里汞,玉池先下水中银。亦此义也。可见三藏梵典,只发挥得金性二字;万卷丹经,只证明得还丹二字。且更兼质之羲《易》,若合符节,可以豁然矣。

还丹法象,备见上章,此特结言其名义耳。

吾不敢虚说,仿效圣人文。古记显龙虎,黄帝美金华。淮南炼秋石,玉阳加黄芽。贤者能持行,不肖毋与俱。古今道由一,对谈吐所谋。学者加勉力,留念深思维。至要言甚露,昭昭不我欺。

此节言还丹宗旨,实祖述从上先圣也。自开辟以来,只有此一点金性,得此以自度,超凡入圣固是这个;得此以度世,著书立言也是这个。所谓千百世之上、千百世之下,有圣人出焉,此心此理,无不同也,迥非一切虚词曲说可得而拟，故曰：吾不敢虚说，仿效圣人文。本来金性，无名无字，古圣因觉悟末学，强为安名立字，种种不一。还丹之道，取龙虎两弦之炁，相配而成，古丹经中显出龙虎两物，故曰古记显龙虎。不特此也，昔黄帝炼成还丹，美其名曰金华；淮南丹成，又名秋石；玉阳丹成，又名黄芽。龙虎象一金一木，金华象水中之金，秋石色本黑而转白，亦象水中之金，黄芽象土中之金，究竟名字虽殊，性情则一，所谓较约而不烦者也。即如篇中言龙虎、言金华、言黄芽，不一而足，或喻两物，或喻真种，要皆本黄帝以来之遗文，岂故为虚词曲说以误后学哉？然此事只可与贤者行持，断断不可与不肖者同事。何以故？贤者性慧而能通，得真师一言开悟，便知专求先天金炁，炼成还丹，不受群惑；不肖者性钝而易惑，闻说龙虎，便疑是炉火外道，闻说金华、黄芽，便猜做五金八石，闻说秋石，便思炼食溲溺，错认先圣大道，流入旁门。此辈讵可与共事哉？岂知一切异名，总不出先天金性。只此一事实，余二即非真。先圣先贤，得之应手之后，著书立说，虽各出手眼，然到宗旨合同处，恍如对面而谈，无不吐露至切至要，更无一字自欺欺人。学者倘能参礼真师，研穷元奥，勉力而深思之，悉与此书印证，毫发不差，方知还丹大道，只在目前，仙翁真不我欺也。何不直下承当，而转转赚误乎？此系上篇伏食末章，专为还丹二字结尾，故魏公自发其作书之原委，特丁宁之。抑有疑焉，魏公既言《参同》一书，祖述三圣之《易》而作矣，此处仿效圣人，又别指黄帝以下，一可疑也；世俗相沿又云：魏公不知师授谁氏，得《古文龙虎经》，仿之作《参同契》，二可疑也。愚常窃取近代所传《龙虎经》，反覆玩之，不特义蕴浅薄，视《参同》有霄壤之别，即其章章相效，句句相摹，声口逼肖，蹈袭之蹊径显然。盖世间好事者，见此章有古记显龙虎句，求其说而不得，遂造作伪书，以欺世而惑众耳。后来彭晓、王道辈，读书无眼，甘为所欺，反以此书为依傍《龙虎经》而作，岂不误哉！自王、彭作俑以来，近代炉火家，无不奉《龙虎经》为指南，并将此书牵入炉火，牢不可破，遂使金丹大道，流为道门烧炼之术，良可悲也。然则仿效圣人句，究竟何居？曰：此圣人，泛指黄帝以来诸祖；仿效者，言金华、黄芽诸异名所自出也，非专指《龙虎经》也。若专指《龙虎经》，则金华、黄芽等又出何经耶？即使果有《龙虎经》，必系上古之文，在魏公时，尚仿佛相传，今则久已亡矣，决非近代所传之伪《龙虎经》也。然则仿效圣人，祖述三圣，两说究竟何居？曰：两者各不相悖。篇中龙虎、金华诸异名相，沿于黄帝以来所传之文，而药物、炉鼎、火候三种法象，则断断出乎三圣之《易》，不可诬也，此御政、伏食之所以相为表里也。其参考丹经，则中篇结尾维昔圣贤，伏炼九鼎等句，印证甚明。其原本《周易》，则下篇结尾歌叙大易，三圣遗言等句，印证尤明。后两篇结尾，实与此章首尾相应。彼两章内，并不提《龙虎经》一字，可见此处仿效圣人，其为泛指之辞无疑矣。非愚辄敢为臆说，皆据仙翁所自道也，此系千古一大疑案，管窥之见，聊为指破，知我罪我，其何敢辞。

伏食诸章，尤奥于前两卷，得此阐发，不啻皎日之中天矣。至如《龙虎经》一案，以伪杂真，千数百年来，无人敢开口，并为道破，快绝，快绝！

《参同契阐幽》卷之四

中　篇

（上卷御政计四章，此乃中之上也。）

上卷①十五章，分御政、养性、伏食三卷，应药物、炉鼎、火候三要，金丹大道，已无余蕴。然但举其体统该括处，尚有细微作用未及细究，恐学者不察，流入差别门庭，故此篇仍分三卷，将差别处，逐段剖析，与上篇处处表里相应。近代诸家，有分上篇为经、此篇为注者，又有分四言为经、五言为注者，不知彻首彻尾，贯通三篇，始成一部《参同契》，千载之下，孰从定其为经为注，而徒破碎章句乎？俱系臆说，概所不取。此卷专言御政，而养性、伏食已寓其中。义同上篇。

---

①　上卷，校本作"上篇"。

四象环中章第十六

　　乾刚坤柔,配合相包。阳禀阴受,雌雄相须。须以造化,精炁乃舒。坎离冠首,光曜垂敷。玄冥难测,不可画图。圣人揆度,参序元基。四者混沌,径入虚无。六十卦周,张布为舆。龙马就驾,明君御时。和则随从,路平不邪。邪道险阻,倾危国家。

　　此章言乾、坤、坎、离,自相造化,明先天环中之妙也。

　　乾刚坤柔,配合相包。阳禀阴受,雌雄相须。须以造化,精炁乃舒。

　　此节言乾坤为坎离之体也。盖乾坤者,易之门户,坎离之所自出。乾元为天地之始,坤元为万物之母。乾动而直,其体本刚,故资始而有父道;坤静而翕,其体本柔,故资生而有母道。两者自相配合,包含万化,故曰:乾刚坤柔,配合相包。父主秉与,能知大始,所谓雄阳播元施也;母主含受,能作成物,所谓雌阴化黄包也。故曰:阳禀阴受,雌雄相须。两者相须,始成造化。造者,自无而之有;化者,自有而之无。自无而之有,则真空形为妙有,乾中藏坤;自有而之无,则妙有返为真空,坤中藏乾。乾中藏坤,是为太乙元精;坤中藏乾,是为元始祖炁。主宾颠倒,造化之妙见矣,故曰:须以造化,精炁乃舒。

　　此言乾坤交而生坎离药物,即《易》所谓:天地絪缊,万物化醇也。

　　坎离冠首,光曜垂敷。玄冥难测,不可画图。圣人揆度,参序元基。四者混沌,径入虚无。

　　此节言坎离为乾坤之用也。乾坤一媾,中间便成坎离。离为至阴之精,坎乃至阳之炁,杳冥恍惚,虽后天地而用,实先天地而生。造化得之,而为日魂月魄,光明普照,能生万物;吾身得之,而为日精月华,光明摄聚,能产大药。岂非坎离冠首,光曜垂敷乎?夫此元精、元炁,恍惚杳冥之物,非有非无,可用而不可见,尚且难于测识,岂能传之画图?全赖作《易》之圣,多方揆度,象以乾父坤母,坎男离女。故篇中得以配之为炉鼎药物,无非参序元化之基,使内观者知有不手处耳。学道之士,倘能法乾坤以立炉鼎,攒坎离以会药物,日精月光,两者自然凝聚,盘旋于祖窍之中,混混沌沌,复返先天一炁,大药在其中矣,故曰:四者混沌,径入虚无。

此言坎离交而归乾坤祖窍,即《易》所谓:男女媾精,万物化生也。

六十卦周,张布为舆。龙马就驾,明君御时。和则随从,路平不邪。邪道险阻,倾危国家。

此节言火候之节度也。除却乾、坤、坎、离四卦应炉鼎药物,余六十卦,循环布列,配乎周天。在一日为子、午、卯、酉,在一月为晦、朔、弦、望,在一年为春、夏、秋、冬,周流反覆,循环不息,有张布为舆之象。既有舆,不可无马以驾之。何谓龙马?龙以御天,主于飞腾;马以行地,主于调服。作丹之时,神炁相守,不敢飞腾,御天之乾龙,化为行地之坤马,步步循规蹈矩,有若人君统御臣下,立纲陈纪,一毫不敢懈弛,故曰:龙马就驾,明君御时。夫御车之法,与御政大段相同,须得六辔在手,调和合节,舆从马,马从人,稳步康庄大路,宜端平而不宜欹斜,若一欹斜,则险阻在前,覆辙立至。亦犹御政者之失其常道,危及国家矣。丹道以身为舆,以意为马,御之者心君也。当采取交媾之时,仗心君之主持,防意马之颠劣,稍一不谨,未免毁性伤丹,可不戒哉?总是一介①主宰,在车则为御者,在政则为明君,在天则为斗柄,在丹道则为天心,皆言把柄在手也。上篇御政章中,要道魁柄等句,即是此意。

此章大指,正与上篇首章相应。乾刚坤柔一段,即乾坤门户之说也;坎离冠首一段,即坎离匡廓之说也;六十卦周一段,即运毂正轴,处中制外之说也。余可类推,然亦仿佛其大略而已。

动静应时章第十七

君子居其室,出其言善,则千里之外应之。谓万乘之主,处九重之室。发号出令,顺阴阳节。藏器俟时,勿违卦月。屯以子申,蒙用寅戌。余六十卦,各自有日。聊陈两象,未能究悉。立意设刑,当仁施德。逆之者凶,顺之者吉。按历法令,至诚专密。谨候日辰,审察消息。纤芥不正,悔吝为贼。二至改度,乖错委曲。隆冬大暑,盛夏霜雪。二分纵

---

① 介,贵文堂本、抄本、辑要本作"个",康熙本与底本同。

横，不应漏刻。水旱相伐，风雨不节。蝗虫涌沸，群异旁出。天见其怪，山崩地裂。孝子用心，感动皇极。近出己口，远流殊域。或以招祸，或以至福，或兴太平，或造兵革。四者之来，由乎胸臆。动静有常，奉其绳墨。四时顺宜，与炁相得。刚柔断矣，不相涉入。五行守界，不妄盈缩。易行周流，屈伸反覆。

此章言火候之一动一静，不可失其时节也。

君子居其室，出其言善，则千里之外应之。谓万乘之主，处九重之室。发号出令，顺阴阳节。藏器俟时，勿违卦月。屯以子申，蒙用寅戌。余六十卦，各自有日。聊陈两象，未能究悉。立意设刑，当仁施德。逆之者凶，顺之者吉。

此节言动静不失其时，为火候之准则也。盖作丹之要，全在周天火候；火候之要，全在一动一静。上章言六十卦周，张布为舆，已见火候之节度，与人君御政同一枢机矣。枢机之发，纤毫不可苟且，故复譬之以居室。君子居其室，出其言善，则千里之外应之。此《易·大传》原文也。魏公因而诠释之，谓万乘之主，即本来天君，九重之室，即中宫神室。天君既处密室之中，静则寂然不动，洗心退藏，动则感而遂通，发号出令，无非顺一阴一阳之节，观天道而执天行耳。当其阳极阴生，是为月窟，其卦属姤，其月在午；及其阴极阳生，是为天根，其卦属复，其月在子。时不可先，则当静以待之；时不可失，则当动以迎之。故曰：藏器俟时，勿违卦月。静极而动，万化萌生，屯之象也。屯卦内体纳子，外体纳申，水生在申，取萌生之义，故曰屯以子申，即上篇所谓：春夏居内体，从子到辰巳也。动极而静，万化敛藏，蒙之象也。蒙卦内体纳寅，外体纳戌，火库在戌，取敛藏之义，故曰蒙用寅戌，即上篇所谓秋冬当外用，自午讫戌亥也。两卦反覆，一昼一夜，便分冬夏二至。其余六十卦，各有昼夜反对，在人引而伸之耳，故曰：聊陈两象，未能究悉。二至既定，中分两弦，上弦用春分，本属卯木，然德中有刑，反为肃杀之义，故曰立义设刑；下弦应秋分，本属酉金，然刑中有德，反为温和之仁，故曰当仁施德。即上篇所谓赏罚应春秋，当沐浴之时也。夫子午之一寒一暑，卯酉之一杀一生，阴阳大分，纤毫不可差错，苟合其节，则外火内符，自然相应。如人主端拱九重，一出令而千里之外皆应，否则千里之外皆违矣，故曰：逆之者凶，顺之者吉。

按历法令，至诚专密。谨候日辰，审察消息。纤芥不正，悔吝为贼。二至改度，乖错委曲。隆冬大暑，盛夏霜雪。二分纵横，不应漏刻。水旱相伐，风雨不节。蝗虫涌沸，群异旁出。天见其怪，山崩地裂。孝子用心，感动皇极。近出己口，远流殊域。或以招祸，或以至福，或兴太平，或造兵革。四者之来，由乎胸臆。

此节正言火候之节度，逆则凶而顺则吉也。火候之一静一动，如法令之不可违，学道者，但当按行而涉历之。凡进退往来，于二至二分界限处，立心务要至诚，用意务要专密，谨候其升降之日辰，审察其寒温之消息。《入药镜》所谓：但至诚，法自然是也。若于法令稍违，仅仅纤芥不正，便悔吝交至，贼害丹鼎矣。何以征之？假如冬至一阳初生，法当进火，然须养潜龙之萌，火不可过炎；夏至一阴初降，法当退火，然须防履霜之渐，火不可过冷。倘或乖庚委曲，改其常度，不当炎而过炎，则隆冬返为大暑；不当冷而过冷，则盛夏返为霜雪矣。至于春秋二分，阴阳各半，水火均平，到此便当沐浴，洗心涤虑，调燮中和，鼎中真炁，方得凝聚。若用意不专，纵横四驰，便于漏刻不应。水若过盛，则为水灾，火若过盛，则为旱灾，而盲风怪雨，不中其节矣。不特此也，倘漏刻不应，小则螟蝗立起，玉炉与金鼎沸腾，大则山川崩裂，所以虎共木龙驰走。以上皆所谓逆之者凶也。皆因心君放驰，神室无主，遂感召灾变。若修道之士，倘能回光内守，须臾不离方寸，若孝子之事父母，视无形而听无声，如此用心，自然感动皇极。皇极者，天中之真宰，即吾身天谷元神也。先无元神，寂然不动，本无去来向背，但后天一念才动，吉凶祸福旋即感通。譬孝子之事父母，形骸虽隔，方寸潜通，虽在千里之外，疴痒疾痛，无不相关，岂非近出己口，远流殊域乎？此则漏刻皆应，灾变不干，即所谓顺之者吉也。可见只是一感通之机，或逆之而召祸，或顺之而致福，或端拱而获太平之庆，或躁动而酿兵革之灾，吉凶悔吝之端，岂不由居室者之胸臆耶？盖逆则凶，顺则吉，吉凶相对，悔吝介乎其中。虽然吉一而已，凶、悔、吝居其三，可不慎乎？

动静有常,奉其绳墨。四时顺宜,与炁相得。刚柔断矣,不相涉入。五行守界,不妄盈缩。易行周流,屈伸反覆。

此节结言动静有一定之时,不可失其准也。盖丹道之动静,与造化同。动极而静,入于杳冥,则当虚己以待时;静极而动,出于恍惚,则当用意以采取。若当静而参之以动,或当动而参之以静,即属矫揉造作,失其常道矣,故曰:动静有常,奉其绳墨。既知动静之常,时当二至,便该进火退符;时当二分,便该温养沐浴。各得其宜,方与四时之正气相应,故曰:四时顺宜,与炁相得。刚属武火,柔属文火。身心未合之际,当用武火以煅炼之,不可稍涉于柔;神炁既调之时,当用文火以固济之,不可稍涉于刚。故曰:刚柔断矣,不相涉入。金丹之要,全在和合四象,攒簇五行。四象环布,土德居中,东西南北,各有疆界,不可过,不可不及,故曰:五行守界,不妄盈缩。有阴阳之炁,即有刚柔之质;有刚柔之质,即有动静之时。此吾身中真《易》也。真《易》周流一身,屈伸反覆,无不合宜。即如人君,一发号令,而千里之外皆应者矣。

此章详言火候节度,与上篇首章屯蒙早晚,春秋寒暑等句互相发明。上篇举其大概,故有得而无失;此处详其纤微,故得失并列,俾学道者知所法戒耳。

坎离交媾章第十八

晦朔之间,合符行中。混沌鸿濛,牝牡相从。滋液润泽,施化流通。天地神明,不可度量。利用安身,隐形而藏。始于东北,箕斗之乡。旋而右转,呕轮吐萌。潜潭见象,发散精光。昴毕之上,震出为征。阳炁造端,初九潜龙。阳以三立,阴以八通。三日震动,八日兑行。九二见龙,和平有明。三五德就,乾体乃成。九三夕惕,亏折神符。盛衰渐革,终还其初。巽继其统,固际操持。九四或跃,进退道危。艮主进止,不得踰时。二十三日,典守弦期。九五飞龙,天位加喜。六五坤承,结括终始。韫养众子,世为类母。上九亢龙,战德于野。用九翩翩,为道规矩。阳数已讫,讫则复起。推情合性,转而相与。循环璇玑,升降上下。周流六爻,难可察睹。故无常位,为易宗祖。

此章言坎离交而产药,应一月之晦朔弦望,乃小周天之火候也。

晦朔之间,合符行中。混沌鸿濛,牝牡相从。滋液润泽,施化流通。天地神明,不可度量。利用安身,隐形而藏。

此节言晦朔之交,日月会合,为大药之根本也。造化之妙,动静相生,循环无端,然不翕聚则不能发散,不蛰藏则不能生育。故以元会计之,有贞而后有元;以一岁计之,有冬而后有春;以一日计之,有亥而后有子;以一月计之,必有晦而后有朔。此终则有始之象也。何以谓之晦朔?月本无光,受日魂以为光,至三十之夕,光尽体伏,故谓之晦。此时日与月并行于黄道,日月合符,正在晦朔中间。吾身日精月光,一南一北,赖真意以追摄之,方交会于黄中神室,水火既济,正在虚危中间,虚极静笃,神明自生。即一刻中真晦朔也,故曰:晦朔之间,合符行中。造化之日月,以魂魄相包;吾身之日月,以精光相感。当神归炁穴之时,不睹不闻,无天无地,璇玑一时停轮,复返混沌,再入鸿濛。即此混混沌沌之中,真阴真阳自相配合,故曰:混沌鸿濛,牝牡相从。元牝相交,中有真种,元炁缊缊,杳冥恍惚,正犹日魂施精,月魄受化,自然精炁潜通,故曰:滋液润泽,施化流通。方其日月合符之际,天气降入地中,神风静默,山海藏云,一点神明,包在混沌窍内,无可觅处。此即一念不起、鬼神莫知境界,故曰:天地神明,不可度量。天入地中,阳包阴内,归根复命,深藏若虚,不啻龙蛇之蛰九渊,珠玉之隐川泽。谭景升曰:得灏炁之门,所以归其根;知元神之囊,所以韬其光。此之谓也。故曰:利用安身,隐形而藏。

始于东北,箕斗之乡。旋而右转,呕轮吐萌。潜潭见象,发散精光。昴毕之上,震出为征。阳炁造端,初九潜龙。

此节言艮之一阳,反而为震也。人知月至晦日,乃失其明,不知实始于下弦。下弦为艮,后天艮位居东北,于十二辰,当丑寅之间,于二十八宿,当箕斗之度。盖天道左旋,主顺行,顺起于子中;地炁右转,主逆行,逆起于丑寅之间。欲知天道主顺,当以一岁次序观之。一岁之序,自北而东,以讫于南,自南而西,以讫于北,从子到丑,从丑到寅,出乎震而成乎艮,后天顺行之五行也。欲知地炁主逆,当以一月纳甲征之。纳甲之运，子当右转，却行以至于未申，自北转西，自西转南，是为上弦之炁，其象为得朋；午乃东旋，逆行以至于寅丑，自南转东，自东转北，是为下弦之炁，其象为丧朋。两弦交会，正当晦朔中间，剥在艮，而复在震，先天逆用之五行也。金丹之道，全用先天纳甲，与天上太阴同体。太阴真水生于午，自十六一阴之巽，至廿三二阴之艮，阴来剥阳，仅存硕果。又自东转北，正值丑寅之交，箕水斗木二宿度上，旋入乙癸，艮之一阳尽丧而为坤。在吾身为神入炁中，万化归根，即所云：午乃东旋，东北丧朋之象也。此时阴极阳生，太阳真火即生于子。盖阳无剥尽之理，日月撑持，正在北方虚危之地。交会既毕，渐渐自北转西，月魄到此微露阳光，谓之：旋而右转，呕轮吐萌。一点真火，隐然沉在北海中，谓之：潜潭见象，发散精光。迨精光渐渐逼露，一日、二日，以至三日，正值未申之交，昴日毕月二宿度上，庚方之上，昏见一钩，如仰盂之状，坤中一阳，才出而为震。在身中为铅鼎初温，药苗新嫩，即所云子当右转，西南得朋之象也。阳炁虽然发生，但造端托始，火力尚微，正应乾卦初九潜龙之象。到此只宜温养子珠，不得遽用猛火。

此节言日月合璧，产出金丹大药，即系活子时作用。尹真人云：欲求大药为丹本，须认身中活子时。正此义也。晦朔之间，坎离交而成乾，乾为真金，故称金丹。所以金丹火候，专应乾卦六阳。

阳以三立，阴以八通。三日震动，八日兑行。九二见龙，和平有明。

此言二阳之进，而为兑也。三为少阳之位属震，八为少阴之数属兑。震卦阴中含阳，故曰阳以三立；兑卦阳中带阴，故曰阴以八通。初三月出庚方，有震动之象；初八上弦月见丁方，有兑行之象。月到上弦，鼎中金精始旺，龙德正中，故又为九二见龙，和平有明之象。然震之一阳，才动于二阴之下，兑之一阴，已行于二阳之上，德中有刑，生中带杀，此沐浴之时也。

三五德就，乾体乃成。九三夕惕，亏折神符。盛衰渐革，终还其初。

此言三阳到乾，阳极而阴生也。月至望日，三五之德始圆，乃成乾体。此时药已升鼎，金精盛满，光彻太虚。然盛极而衰，当防亏折，故有九三夕惕之象。正当终日乾乾之时，乾道渐渐变革，巽之一阴，已来受符,阳之终即阴之初。此守城之时也。

巽继其统,固际操持。九四或跃,进退道危。

此言一阴之退,而为巽也。乾体既纯,阳火过盛,当继之以阴符。全赖巽体一阴,为之固济操持,收敛阳炁。此时乾四之或跃,已变为坤四之括囊。盖金丹火候,只取乾中三阳,三阳退处便是三阴,进极而退,当防其道途之危。此虑险之时也。

艮主进止,不得踰时。二十三日,典守弦期。九五飞龙,天位加喜。

此言二阴之退而为艮也。一阳在上,硕果独存,阳之向进者,到此截然而止。此时水火均平,鼎中阳炁渐渐凝聚,渐渐归藏,时不可踰,恰当二十三日,典守下弦之期。乾五之飞龙在天,变为坤五之黄裳元吉,刑中有德,杀中带生,故有天位加喜之象。此亦沐浴之时也。

六五坤承,结括终始。韫养众子,世为类母。上九亢龙,战德于野。

此言纯阴返坤,阴极而阳生也。六五二字,虽似专指坤卦第五爻,实则一月弦望晦朔之统会也。盖八卦纳甲,乾坤括始终,包罗六子在内,六子皆赖乾父以资始,赖坤母以代终。一月之造化,统体三阴三阳。月为太阴水体,纯黑无光,特感受太阳金精,寄体生光,一阳生于震,自朔到望,乃是乾之寄体;一阴生于巽,自望到晦,方是坤之本体。究竟彻始彻终,一点阳光,总属太阳乾精,特借坤中阴魄为之承载摄受耳。乾父之精,全赖坤母之体包承而结括之。自坤之初爻到五爻,一月之候,恰好完足,故曰:六五坤承,结括始终。六子总不出乾坤范围,但三男三女,各从其类。阳魂总是日光,属之乎乾;阴魄总是月精,属之乎坤。然三阴皆统体于乾者,乾元统天之旨也,父道也;三阳皆寄体于坤者,坤元承天之旨也,母道也。所以乾之世,在上九称宗庙爻,实为六子之父;坤之世,在上六称宗庙爻,实为六子之母。此以坤之承顺乎乾者言之,故曰:韫养众子,世为类母。金丹大药,其初原从坤炉中产出,方得上升乾鼎,升而复降,落在黄庭,养火之功,仍在坤炉,以静待一阳之复,彻始彻终,俱有母道。然则乾之上九变尽,则为坤之上六矣。不知①阳无剥尽

---

① 不知,康熙本作"不然"。

之理,硕果在上,巍然不动,此则京氏《火珠林易》,取上爻为宗庙不变之义也。所以坤上六爻辞曰:龙战于野,其血元黄。战野之龙,即乾上九之亢龙也。阴极而阳与之战,一战后方得和合,坤为无极之乡,故称于野。后天乾居西北,至阴之地,故又曰战于乾。元属乾,黄属坤,得此一战,元黄始交,中孕阳精,便成震体。所以震为元黄,地中有雷,一阳初动,劈破鸿濛,转为朔旦之复矣。

　　用九翩翩,为道规矩。阳数已讫,讫则复起。推情合性,转而相与。循环璇玑,升降上下。周流六爻,难可察睹。故无常位,为易宗祖。

　　此节言坎离二用,循环不穷,为通章结尾。乾三坤六,合而成九。乾之用九,得以兼坤,坤之用六,不行兼乾。观上文三阳三阴皆统于乾,而坤特包承其间,可见举乾九则坤六在其中矣。况金丹大道,本诸乾性,乾乃纯阳,必炼以九转而始就,故曰:用九翩翩,为道规矩。乾属太阳,阳穷于九,化为少阴,先天之乾一,转作后天之离九。一既为九,九复为一,本来无首无尾,故曰:阳数已讫,讫则复起。即后面所谓:一九之数,终而复始也。坎中有金情,情在于西,离中有木性,性在于东,东西间隔,相会无因,全赖斗柄斡旋其间,金情自来归性,故曰:推情合性,转而相与。古人设璇玑玉衡,所以象周天之运旋,只此性情二物,出日入月,一上一下,一升一降,经之为南北,纬之为东西。南北以子午为经,东西以卯酉为纬,若璇玑之循环运旋,莫测其端,此即卯酉周天之作用也,故曰:循环璇玑,升降上下。自震到乾,自巽到坤,三阳三阴,自相消息,中间不见坎离爻位。然日往月来,月往日来,其间进退消息,莫非坎离妙用,实无可见者,故曰:周流六爻,难以察睹。一日一月,把握乾坤,周流六虚,是谓无体之易。即此无体之易,统乎天心,为六十四卦、三百八十四爻之所从出,岂非无常位而为易之宗祖者乎?乾元统天,配成九转,故用九为道之规矩;日月为易,本无方体,故金丹为易之宗祖。互言之也。

　　此章专言金丹作用。其初晦朔交会,取坎填离,情来归性,乃产一阳,是为金丹之基;既而庚方药生,从坤到乾,上升下降,配成三阳,是为金丹之用。所谓小周天火候是也。此系《参同契》中要紧关键,然必合下章观之,方尽其妙。

乾坤交媾章第十九

　　朔旦为复,阳气始通。出入无疾,立表微刚。黄钟建子,兆乃滋彰。播施柔暖,黎蒸得常。临炉施条,开路生光。光耀渐进,日以益长。丑之大吕,结正低昂。仰以成泰,刚柔并隆。阴阳交接,小往大来。辐辏于寅,进而趋时。渐历大壮,侠列卯门。榆荚堕落,还归本根。刑德相负,昼夜始分。夬阴以退,阳升而前。洗濯羽翮,振索宿尘。乾健盛明,广被四邻。阳终于巳,中而相干。姤始纪序,履霜最先。井底寒泉,午为蕤宾。宾伏于阴,阴为主人。遁世去位,收敛其精。怀德俟时,栖迟昧冥。否塞不通,萌者不生。阴伸阳屈,毁伤姓名。观其权量,察仲秋情。任畜微稚,老枯复荣。荠麦萌蘖,因冒以生。剥烂肢体,消灭其形。化炁既竭,亡失至神。道穷则返,归乎坤元。恒顺地理,承天布宣。元幽远渺,隔阂相连。应度育种,阴阳之元。寥廓恍惚,莫知其端。先迷失轨,后为主君。无平不陂,道之自然。变易更盛,消息相因。终坤始复,如循连环。帝王承御,千载常存。

　　此章言乾坤交而结丹,应一岁之六阳、六阴,乃大周天之火候也。

　　朔旦为复,阳气始通。出入无疾,立表微刚。黄钟建子,兆乃滋彰。播施柔暖,黎蒸得常。

　　此节言一阳之动而为复,乃还丹之初基也。前章言坎离会合,方产大药,是活子时作用,所谓一日内,十二时,意所到,皆可为者也。大药一产,即用先天纳甲,阳升阴降火候,谓之小周天。直待一周既毕,正子时到,方用大周天火候。何谓正子时?自震到乾,动极而静,自巽到坤,静极复动,致虚而至于极,守静而致于笃,一点真阳,深藏九地,是为亥子之交。迨时至机动,无中生有,忽然夜半雷声,震开地户,从混沌中剖出天地之心,方应冬至朔旦,故曰:朔旦为复,阳炁始通。所谓一阳初动处,万物未生时。此吾身中正子时也。一阳初复,其气尚微,此时当温养潜龙,不可遽然进火。先王以至日闭关,内不放出,外不放入,皆所以炼为表卫,护此微阳,故曰:出入无疾,立表微刚。阳炁虽微,其机已不可遏,于十二律,正应黄钟,于十二辰,正应斗柄建子,皆萌动孽长,从微至著之象,故曰:黄钟建子,兆乃滋彰。阳火在下,铅鼎温温,自然冲融柔暖,群阴之中,全赖此一点阳精为之主宰,故曰:播施柔暖,黎蒸得常。黎蒸,在卦为五阴,在人为周身精炁;得常者,在卦为一阳,在人为一点阳精,主持万化之象。此言一阳来复,立大丹之基也。

　　临炉施条,开路生光。光耀渐进,日以益长。丑之大吕,结正低昂。

　　此言二阳之进而为临也。进到二阳,炉中火炁渐渐条畅,从此开通道路,生发光明,光耀渐渐向进,而日晷益以长矣。维时斗柄建丑,律应大吕,先低后昂,亦进火之象。

　　仰以成泰,刚柔并隆。阴阳交接,小往大来。辐辏于寅,进而趋时。

　　此言三阳之进而为泰也。三阳仰而向上,正当人生于寅,开物之会,木德方旺,火生在寅,阴阳均平,故曰刚柔并隆。此时天炁下降,地炁上升,小往大来,阴阳交接,亟当发火以应之。且正月律应太簇,故有辐辏趋时之象。

　　渐历大壮,侠列卯门。榆荚堕落,还归本根。刑德相负,昼夜始分。

　　此言四阳之进而为大壮也。日出东方卯位,卯为太阳之门,在一岁为春分。二月建卯,律应夹钟,故曰侠列卯门。进火到四阳,生炁方盛,然木中胎金,生中带杀,故榆荚堕落归根,有德返为刑之象。春分昼夜始平,水火各半,是为上弦沐浴之时。

　　夬阴以退,阳升而前。洗濯羽翮,振索宿尘。

　　此言五阳之进而为夬也。五阳上升,一阴将尽,势必决而去之。三月建辰,律应姑洗,有洗濯羽翮,振索宿尘之象。如大鹏将徙南溟,则振翮激水,扶摇而上。河车到此,不敢停留,过此则进入昆仑峰顶矣。

　　乾健盛明,广被四邻。阳终于巳,中而相干。

　　此言六阳之纯而为乾也。四月建巳,律应仲吕。此时阳升到顶,九天之上,火光遍彻,金液滂流,故有乾健盛明,广被四邻之象。然阳极于巳,一阴旋生,阴来干阳,故曰中而相干。就六阳而论,则以巳为终局;就终坤始复而论,则又以乾为中天。各取其义也。

　　姤始纪序,履霜最先。井底寒泉,午为蕤宾。宾伏于阴,阴为主人。

此言一阴之退而为姤也。六阳到乾,阳极阴生,便当退火进水,巽之一阴,却入而为主,阳火极盛之时,鼎中已伏阴水。正犹盛夏建午之月,井底反生寒泉。履霜之戒,所以系坤初爻也。阴入为主,阳返为宾,姤之月窟,正与复之天根相对。午月律应蕤宾,亦主宾互换之象。

遁世去位,收敛其精。怀德俟时,栖迟昧冥。

此言二阴之退而为遁也。六月建未,律应林钟。二阴浸长,阳气渐渐收敛入鼎,如贤者之遁世,潜处山林,故曰:怀德俟时,栖迟昧冥。

否塞不通,萌者不生。阴伸阳屈,毁伤姓名。

此言三阴之退而为否也。此时阳归于天,阴归于地,二气不交,万物不生,七月建申,律中夷则。夷者,伤也。水生在申,能侵灭阳火,故有阴伸阳屈,毁伤姓名之象。

观其权量,察仲秋情。任畜微稚,老枯复荣。荠麦萌蘖,因冒以生。

此言四阴之退而为观也。月出西方酉位,在一岁为秋分,律应南吕。金炁肃杀,草木尽凋,然金中胎木,杀中带生。所以物之老者转稚,枯者复荣,荠麦之萌蘖,遂因之以生,有刑返为德之象。秋分昼夜始平,水火各平①,是为下弦沐浴之时。月令仲秋,同度量,平权衡,故开首曰观其权量。

剥烂肢体,消灭其形。化炁既竭,亡失至神。

此言五阴之退而为剥也。九月建戌,律应无射,阴来剥阳,阳炁消灭无余。如草木之肢体,剥烂无余,惟有顶上硕果巍然独存,故曰:剥烂肢体,消灭其形。戌为闭物之会,由变而化,神炁内守,若存若亡,故曰:化炁既竭,亡失至神。要知形非真灭也,以剥落之极而若消灭耳;神非真亡也,以归藏之极而若亡失耳。即是六阴返坤之象。

道穷则返,归乎坤元。恒顺地理,承天布宣。元幽远渺,隔阂相连。应度育种,阴阳之元。寥廓恍惚,莫知其端。先迷失轨,后为主君。

此言六阴之返而为坤,终则复始也。十月纯阴建亥,律应应钟,乃造化闭塞之候,吾身归根复命之时也。盖人以乾元为性,坤元为命,有

---

① 平,抄本作"半"。

生以后，一身内外皆阴，故以坤元为立命之基。起初一阳之复，原从纯坤中透出乾元，积至六阳之乾，命乃全归乎性矣；既而一阴之姤，又从纯乾中返到坤元，积至六阴之坤，性又全归乎命矣。故曰：道穷则返，归乎坤元。性既归命，元神潜归炁中，寂然不动，内孕大药。正犹时至穷冬，万物无不蛰藏，天炁降入地中，地炁从而顺承之。藏用之终，既是显仁之始，一点天机，生生不穷，故曰：恒顺地理，承天布宣。天之极上处，距地之极下处，八万四千里，上极元穹，下极幽冥，似乎远眇而不相接，然日光月精，同类相亲，如磁石吸铁，一毫不相隔阂，故曰：元幽远眇，隔阂相连。天中日光，与地中月精，一阴一阳，及时交会，呼吸含育，滋生真种，便是先天乾元祖炁，故曰：应度育种，阴阳之元。元牝初交，大药将产，正当亥子中间、一动一静之间，为天地人至妙之机关，虽有圣哲，莫能窥测，所谓：恍惚阴阳生变化，缊缊天地乍回旋。中间些子好光景，安得工夫着语言是也。故曰：寥廓恍惚，莫知其端。其初混沌未分，天心在中，元黄莫辨，故曰先迷失轨；既而鸿濛初剖，天根一动，万化自归，故曰后为主君。即《坤·象辞》先迷后得主之义也。此时一阳复生，又转为初九之震矣。

  无平不陂，道之自然。变易更盛，消息相因。终坤始复，如循连环。帝王承御，千载常存。

  此节言动静相生，循环无端，为通章结尾。六阴升而进火，六阴降而退符，动极生静，静极生动，皆天道自然之运，故曰：无平不陂，道之自然。阴阳反复，见交易、变易之理，阳盛则阴必衰，阴消则阳必息，故曰：变易更盛，消息相因。动静无端，终始无极，晦之终即朔之始，亥之终即子之始，坤之终即复之始，迎之不见其首，随之不见其尾，故曰：终坤复始，如循连环。火候之妙，上准造化，下准人身，内可治心，外可治世。帝王乘此道以御世，则历数千年可永；丹士得此道以炼心，则法身千劫长存。故曰：帝王乘御，千载长存。此系中篇御政末章，故结到帝王御世，正与上篇末章明堂布政相应。

  此章详言大周天火候，与上章首尾相足。盖坎离一交，方产大药；大药既产，方可采取；采取入炉，方可煅炼。上章说采取之候，此章才说煅炼之候。其采取也，须识活子时作用，直待晦朔之交，两弦合精，庚方月现，水中生金，恍惚杳冥，然后觅元珠于罔象之中，运真火于无为之内，至于月圆丹结，是谓金丹。其煅炼也，须识正子时作用，直待亥子中间，一阳初动，水中起火，方用闭任开督之法，吹之以巽风，鼓之以橐籥，趁此火力壮盛，驾动河车，满载金液，自太元关逆流上天谷穴，交会之际，百脉归元，九关彻底，金精贯顶，银浪滔天，景象不可殚述。交会既毕，阳极阴生，既忙开关退火，徐徐降下重楼，此时正要防危虑险，涤虑洗心，直到送归土釜而止，谓之乾坤交姤罢，一点落黄庭。丹既入鼎，须用卯酉周天火候，才得凝聚。圣胎已结，更须温养，再加乳哺之功。及乎胎完炁足，婴儿移居上田，先天元神变化而出，自然形神俱妙，与道合真，是谓九转金液还丹。然此两般作用，一内一外，有天渊之别，从上圣师，口口相传，不著于文，魏公亦不敢尽泄天机，姑以一月之弦望晦朔喻金丹一刻之用，以一岁之六阴六阳喻还丹九转之功，自有真正火候秘在其中。学道遇师之士，自当得意而忘象矣。

《参同契阐幽》卷之五

中　篇

（中卷养性，共计四章，此乃中之中也。）

此卷专言养性，而御政、伏食已寓其中。义同上篇。

性命归元章第二十

将欲养性，延命却期。审思后末，当虑其先。人所禀躯，体本一无。元精云布，因炁托初。阴阳为度，魂魄所居。阳神日魂，阴神月魄。魂之与魄，互为室宅。性主处内，立置鄞鄂；情主处①外，筑为城郭。城郭完全，人民乃安。爰斯之时，情合乾坤。乾动而直，炁布精流；坤静而

---

① 处，校本作"营"。

禽,为道舍庐。刚施而退,柔化以滋。九还七返,八归六居。男白女赤,金火相拘。则水定火,五行之初。上善若水,清而无瑕。道之形象,真一难图。变而分布,各自独居。类如鸡子,白黑相符。纵横一寸,以为始初。四肢五脏,筋骨乃俱。弥历十月,脱出其胞。骨弱可卷,肉滑若饴。

此章言性命同出一源,立命正所以养性也。

将欲养性,延命却期。审思后末,当虑其先。人所禀躯,体本一无。元精云布,因炁托初。阴阳为度,魂魄所居。

此节言养性之功,当彻究性命根源也。何谓性?一灵廓彻,圆同太虚,即资始之乾元也;何谓命?一炁絪缊,主持万化,即资生之坤元也。此是先天性命,在父母未生以前,原是浑成一物,本无污染,不假修证,一落有生以后,太极中分,性成命立,两者便当兼修。然性本无去无来,命却有修有短,若接命不住,则一灵倐然长往矣。修道之士,要做养性工夫,必须从命宗下手,故曰:将欲养性,延命却期。何谓却期?凡人之命,各有定期,其来不能却,其去亦不能却。惟大修行人,主张由我,不受造化陶冶,命既立住,真性在其中矣。人若不知本来真性,末后何归?了性是末后大事。不知欲要反终,先当原始,必须反覆穷究,思我这点真性,未生以前从何而来,既生以后凭何而立?便知了命之不可缓矣,故曰:审思后末,当虑其先。最后受胎之时,不过秉父母精血,包罗凝聚,结成幻躯,此乃有形之体,非真体也。我之真体,本同太虚,光光净净,本来原无一物,故曰:人所禀躯,体本一无。及至十月胎圆,太虚中一点元精,如云行雨施,倐然依附,直入中宫神室,作我主人,于是劈开祖窍,囤地一声,天命之性,遂分为一阴一阳矣。盖后天造化之气,若非先天元精,则无主而不能灵;先天元精,若非后天造化之气,则无所依而不能立。可见性命两者,本不相离,故曰:元精云布,因气讬初。后天之造化,既分一阴一阳,阳之神为魂,魂主轻清,属东方木液;阴之神为魄,魄主重滞,属西方金精①。两者分居坎离匡廓之内,故曰:阴阳为度,魂

---

① 金精,康熙本作"金液"。

魄所居。盖命之在人,既属后天造化,便夹带情识在内,只因本来真性,掺入无始以来业根,生灭与不生灭,和合而成八识。识之幽微者为想,想之流浪者为情,情生智隔,想变体殊,颠倒真性,枉入轮回矣。所以学人欲了性者,当先了命。

阳神日魂,阴神月魄。魂之与魄,互为室宅。性主处内,立置鄞鄂;情主处外,筑为城郭。城郭完全,人民乃安。

此节正言后天立命之功。后天一魂一魄,分属坎离。盖以太阳在卯,故离中日魂为阳之神;太阴在酉,故坎中月魄为阴之神。两者体虽各居,然离己日光,正是月中玉兔,日魂返作阳神矣;坎戊月精,正是日中金乌,月魄返为阴神矣。故曰:魂之与魄,互为宅室。后天两物虽分性命,其实祖性全寄于命,盖一落阴阳,莫非命也。且命元更转为情,盖阴阳之变合,莫非情也。惟其性寄于命,故离中元精、坎中元炁,总谓之命;惟其命转为情,故日中木魂、月中金魄,总谓之情。只有祖窍中一点元神,方是本来真性。元神为君,安一点于窍内,来去总不出门,岂非性主处内,立置鄞鄂乎?精气为臣,严立隄防,前后左右,遏绝奸邪,岂非情主处外,筑城为郭乎?隄防既固,主人优游于密室之中,不动不摇,不惊不怖,故曰:城郭完全,人民乃安。始而处内之性,已足制情;既而营外之情,自来归性。宾主互参,君臣道合,此为坎离交会,金丹初基,立命正所以养性也。

爰斯之时,情合乾坤。乾动而直,炁布精流;坤静而翕,为道舍庐。刚施而退,柔化以滋。

此节言后天返为先天也。后天坎离,即是先天乾坤,只因乾坤一破,性转为情,从此情上用事,随声逐色,不能还元。至于两物会合,城郭完而鄞鄂立,则情来归性,离中之阴复还于坤,坎中之阳复还于乾矣,故曰:爰斯之时,情合乾坤。乾性至健,静则专而动则直,一点元神,为精气之主宰,至刚至直,而不可御,故曰:乾动而直,炁布精流。此言元神之立为鄞鄂,即所谓乾元资始者也。坤性至顺,动则辟而静则翕。乾中真炁流布,坤乃顺而承之,一点元神,絪缊化醇,韫养在中黄土釜,故曰:坤静而翕,为道舍庐。此言元神之本来胞胎,即所谓坤元资生者也。

乾父刚而主施，不过施得一点真气；坤母柔而主化，须在中宫时时滋育，方得成胎。故曰：刚施而退，柔化以滋。此言坎离会合，产出先天元神，即金丹妙用也。

九还七返，八归六居。男白女赤，金火相拘。则水定火，五行之初。

此节言四象五行，混而为一炁也。坎离既复为乾坤，则后天之四象五行，无不返本还原矣。何以言之？天一生水，地六成之，北方之精也；地二生火，天七成之，南方之神也；天三生木，地八成之，东方之魂也；地四生金，天九成之，西方之魄也。水、火、木、金为四象，并中央戊己土为五行，究竟所谓四象五行，只是坎离两物。坎卦从坤而出，北方之水属阴，本数得六，加以天一之阳，便合成七数；离卦从乾而出，南方之火属阳，本数得七，加以地二之阴，便合成九数。今者北方之坎返而归乾，南方之离还而归坤，岂非九还七返之象乎？北方之一，归于南方之七，共得八数；南方之二，归于北方之六，亦得八数。而独云居者，盖北方之一，既归于南，止存水之成数，居其所而不迁，恰好六数矣，岂非八还六居之象乎？又须知四象，原是两物，既然九还七返，自然八归六居矣。故《悟真篇》单言还返，益见造化之妙。二与七并，配成西方之金，色转为白；一与六并，配成南方之火，色转为赤。白属金，赤属火，取西方之金，炼以南方之火，故曰：男白女赤，金火相拘。天一之水，从乾宫而出，原是太阳真火；地二之火，从坤宫而出，原是太阴真水。直到一返一还，方得以水归水，以火归火，复其原初本体，故曰：则水定火，五行之初。前云金火，此又何以云水火？盖后天造化之妙，只是一坎一离，而千变万化，各异其名。以言乎坎离本位，则曰水火；以言乎两弦之炁，则曰金水；以言乎甲庚之用，则曰金木；以言乎伏炼之功，则曰金火。颠倒取用，不可穷诘，究只是水火二物。后天水火，虽分二物，究只是先天一炁。坎离既已复为乾坤，即此便是九还七返，八归六居，而化作先天一炁矣。

上善若水，清而无瑕。道之形象，真一难图。变而分布，各自独居。

此节言先天一炁，为大丹之基也。盖道本虚无，始生一炁，只此一炁，鸿濛未分，便是先天真一之水，非后天有形之水也。学道之士，若能摄情归性,并两归一,才复得先天真水。水源至清至洁,此时身心打成一片,不染不杂,自然表里洞澈①,有如万顷冰壶,故曰:上善若水,清而无瑕。大道离相离名,本无形象,及其生出一炁,似乎可得而形容矣。然此真一之炁,杳冥恍惚,形于无形,象于无象,非一切意识可以卜度揣摩而得,故曰:道之形象,真一难图。真一之水,便是中宫一点鄞鄂,所谓太乙含真炁也。合之为一炁,分之则为两物,又分之则为四象五行,交会之时,五行变化,全在中央。既而木仍在东,金仍在西,火仍在南,水仍在北,各居其所矣,故曰:变而分布,各自独居。

此段言真一之水,实为丹基。《入药镜》所云:水乡铅,只一味是也。学者若知攒五合四、会两归一之旨,鄞鄂成而圣胎结矣。

类如鸡子,白黑相符。纵横一寸,以为始初。四肢五脏,筋骨乃俱。弥历十月,脱出其胞。骨弱可卷,肉滑若饴。

此节特显法身之形象也。圣胎初凝,一点元神,潜藏神室,混混沌沌,元黄未剖,黑白未分,有如鸡子之状,故曰:类如鸡子,白黑相符。神室中间,方圆恰好径寸,法身隐于其中,优游充长,与赤子原初在母腹中一点②造化,故曰:纵横一寸,以为始初。温养真胎,必须从微至著,始而成象,继而成形,四肢五脏,并筋络骨节之类,件件完备,具体而行③,故曰:四肢五脏,筋骨乃俱。须知四象五行,包络法身,便如四肢五脏,法身渐渐坚凝,便如筋骨,非真有形象也。温养既足,至于十月胎完,赤子从坤炉中跃然而出,上升乾鼎,从此重安炉鼎,再造乾坤,别有一番造化。我之法身才得通天彻地,混合太虚,故曰:弥历十月,脱出其胞。而有骨弱可卷,肉滑如饴之象矣。此段言法身形象,与母胎中生身受炁之初同一造化,但顺则生人,逆则成丹,有圣与凡之别耳。

此章是养性第一关键,与上篇两窍互用章相应。

---

① 澈,校本作"彻"。
② 一点,贵文堂本、抄本、辑要本作"一般",康熙本与底本同。
③ 行,贵文堂本、抄本、辑要本作"微",康熙本与底本同。

二炁感化章第二十一

（章名从旧）①

阳燧以取火，非日不生光。方诸非星月，安能得水浆？二炁玄且远，感化尚相通。何况近存身，切在于心胸。阴阳配日月，水火为效征。

此章言水火两弦之炁，以同类相感也。上章言魂之与魄，互为室宅，即水火两物也。金丹之道，以日月为体，以水火为用，体则互藏，用则交入。日月非水火，体无所施；水火非日月，用无所出。近取诸身，远取诸物，莫不皆然。阳燧是火珠，形如铜镜，其体中实，象坎中一阳，此物秉太阳火精，故世人用以取火，然必向日中取之，才能得火。只因这点真阳，原是日魂之光，日为光之所聚，阳燧为光之所招，以火取火，安得不灵？故曰：阳燧以取火，非日不生光。方诸是蚌珠，其体中虚，象离中一阴，此物秉太阴水精，故世人用以取水，然必向月下取之，才能得水。只因这点真阴，原是月魄之精，月为精之所藏，方诸为精之所摄，以水取水，安得不应？故曰：方诸非星月，安能得水浆？此即坎离互用之旨也。天上之日月，与世间之水火，相去不知几万里，可谓元且远矣。然而隔阂潜通，如磁吸铁，正以同类易亲，故二炁自为感化而相通也。远取诸物，无情者尚且相感如此，矧近取诸身，有情之真水真火，切在方寸之间，至虚至灵，一呼即应，两弦真炁，有不相感化者乎？所以离中真水，往而流戊；坎中真火，来而就己。假法象而采太阴之精，立鼎器以聚太阳之炁，自然同类相从，结成鄞鄂。盖真阴真阳，互藏其宅，便是吾身之日月；日光月精，相胥为用，便是吾身之水火。其间采取感召，全仗中黄真意，即吾身阳燧、方诸之妙用也，故曰：阴阳配日月，水火为效征。

此章专言二物相感，同气相求，发明大易性情宗旨。盖寂然不动，性之体也；感而遂通，情之用也。离之情常在于北，坎之情常在于南，此日月之所以合璧，而水火之所以交也。离中真水，复归于北，坎中真火，复归于南，此乾坤之所以还元，而鄞鄂之所以立也。《周易·上经》首

---

① 此校语底本无，据贵文堂本补。

乾坤，取其定位以立体也；《下经》首咸恒，取其交感以致用也。泽上山下，其卦为咸，孔子《翼》之曰：二气感应以相与，又曰：天地感而万物化生。可见天地间，只此二气，顺而相感则生物，逆而相感则成丹。况兑艮二体，正应上下两弦，即兑艮交感之用，以还乾坤不易之体，岂不犹阳燧、方诸之相①取者乎？噫，此人人具足之真《易》也。

关键三宝章第二十二

（章名从旧）

耳目口三宝，闭塞勿发通。真人潜深渊，浮游守规中。旋曲以视听，开阖皆合同。为己之枢辖，动静不竭穷。离气纳荣卫，坎乃不用聪，兑合不以谈，希言顺鸿濛。三者既关键，缓体处空房。委志归虚无，无念以为常。证难以推移，心专不纵横。寝寐神相抱，觉悟候存亡。颜色浸以润，骨节益坚强。辟却众阴邪，然后立正阳。修之不辍休，庶气云雨行。淫淫若春泽，液液象解冰。从头流达足，究竟复上升。往来洞无极，怫怫被谷中。反者道之验，弱者德之柄。耘锄宿污秽，细微得调畅。浊者清之路，昏久则昭明。

此章言关键三宝，内真外应，乃养性之要功也。

耳目口三宝，闭塞勿发通。真人潜深渊，浮游守规中。

此节统言关键三宝之要道也。修道之士，有内三宝，有外三宝。元精、元气、元神，内三宝也；耳、目、口，外三宝也。欲得内三宝还真，全在外三宝不漏，《阴符经》所谓：九窍之邪，在乎三要是也。下手之初，必须屏聪黜明，谨闭兑口，真元方不外漏，故曰：耳目口三宝，闭塞勿发通。外窍不漏，元神内存，前后会合，中间有一无位真人，潜藏深渊之中。深渊乃北极太渊，天心之所居，即元关一窍也。元关在天地之间，上下四方之正中，虚悬一穴，其大无外，其小无内，谓之规中，中有主宰，谓之真人，守而勿失，谓之抱一。然其妙诀，全在不勤不怠，勿助勿忘，有浮游之象，故曰：真人潜深渊，浮游守规中。

---

① 相，底本作"根"，据校本及上下文义改。

此四句乃养性之要功，一章之纲领也。

旋曲以视听，开阖皆合同。为己之枢辖，动静不竭穷。离炁纳荣卫，坎乃不用聪，兑合不以谈，希言顺鸿濛。

此节详言三宝关键工夫。坎属水，是为元门；离属火，是为牝户；兑为口，内应方寸。学人入室之时，当收视返听，转顺为逆也。其门户之一开一阖，皆与元牝内窍相应，故曰：旋曲以视听，开阖皆合同。坎中纳戊，离中纳己，戊土属阳主动，己土属阴主静，然离中一阴，体虽静而实则易动，憧憧往来，不可禁止，惟赖坎中真阳出而钤制之。若门之有枢，车之有辖，庶乎一开一阖，动静各有其时，而元炁不致耗竭矣，故曰：为己之枢辖，动静不竭穷。元窍中先天祖炁，本来鸿濛未剖，惜乎前发乎离，以泄其明；后发乎坎，以泄其聪；中发乎兑，以开其门。三者俱散而不收，先天之炁，所存者几何哉？必也默默垂簾，频频逆听，则坎离之炁不泄矣，故曰：离炁纳荣卫，坎乃不用聪。括囊内守，混沌忘言，则兑口之炁不泄矣，故曰：兑合不以谈，希言顺鸿濛。即所谓耳目口三宝，闭塞勿发通者也。此中秘密，全在口字，此口是元关一窍，吞吐乾坤，因天机不可尽泄，姑取兑象，非世人饭食之口也，必须真师指示，方知其妙。

三者既关键，缓体处空房。委志归虚无，无念以为常。证难以推移，心专不纵横。寝寐神相抱，觉悟候存亡。

此节详言潜渊守中工夫。耳、目、口三者，既已关键严密，一毫不泄，则我之真人，自然不扰不杂，优游于深渊之中，此中空空洞洞，别无一物，有若空房然，故曰：三者既关键，缓体处空房。先天一炁，原从虚无中来，必委致其志，虚以待之，至于六根大定，一念不生，方得相应。然所谓无念，只是常应常静，不出规中，非同木石之蠢然也。无念之念，是为正念，正念时时现前，方可致先天一炁，而有得药之时，故曰：委志归虚无，无念以为常。此事人人具足，本不难取证，有如立竿见影，世人取证之难，正以心志不专，时刻推移，纵横百出，遂望洋而返耳。倘入室之时，心志专一，推移不动，绝无纵横之病，则可以得之于一息矣，有何难证之道乎？故曰：证难以推移，心专不纵横。此心既不动移，十二时中，行住坐卧，不离规中，即到寝寐之时，向晦晏息，一点元神，自然与元炁相抱，如炉中种火相似。犹恐或致昏沉，必须常觉常悟，冥心内炤，察规中之消息，候真种之存亡，故曰：寝寐神相抱，觉悟候存亡。如此用心，何虑金丹不结，真人不现，此即真人潜深渊，浮游守规中之节度也。

颜色浸以润，骨节益坚强。辟却众阴邪，然后立正阳。修之不辍休，庶炁云雨行。淫淫若春泽，液液象解冰。从头流达足，究竟复上升。往来洞无极，怫怫被谷中。

此节言结丹之证验也。凡人之形神本不相离，真种一得，表里俱应，自然颜色润泽，骨节坚强，辟除后天阴邪之物，建立先天正阳之炁。盖一身内外，莫非阴邪，先天阳炁一到，阴邪自然存留不住。更能行之不辍，其效如神，周身九窍八脉、三百六十骨节、八万四千毛孔，总是太和元炁流转。但见如云之行，如雨之施，如泽之润，如冰之解，从昆仑顶上，降而到足，复从涌泉穴底，升而到头，彻头彻尾，往来于空洞无涯之中，不相隔碍。盖天地间，山川土石，俱窒塞而不通，惟有洞天虚谷，窍窍相通。人身亦然，肌肉、骨节，俱窒碍而不通，惟有元窍虚谷，脉脉相通，与造化之洞天相似。元炁往来，洞然无极，正往来于虚谷之中也，故曰：往来洞无极，怫怫被谷中。

此与上篇黄中渐通理，润泽达肌肤相似，俱金丹自然之验。

反者道之验，弱者德之柄。耘锄宿污秽，细微得调畅。浊者清之路，昏久则昭明。

此结言金丹之超出常情也。何谓反？常道用顺，丹道用逆，颠倒元牝，抱一无离，方得归根复命，岂非反者道之验乎？何谓弱？坚强者死之徒，柔弱者生之徒，专炁致柔，能如婴儿，自然把柄在手，岂非弱者德之柄乎？且辟却阴邪，则身中一切宿秽，悉耘锄而去尽矣。正阳既立，则元炁透入，细微悉调畅而无间矣。至于金丹始结，脉住炁停，复返混沌，重入胞胎，似乎昏而且浊，此吾身大死之时也。久之，绝后再苏，亲证本来面目，自然纯清绝点，慧性圆通，大地乾坤，俱作水晶宫阙矣，故曰：浊者清之路，昏久则昭明。前段言形之妙，此段言神之妙，形神俱妙，方能与道合真。

此章专言关键三宝，乃是守中抱一养性第一步工夫，与上篇炼己立基章相应。

附录：

抱一子曰：耳不听，则坎水内澄；目不睹，则离火内营；口不言，则兑金不鸣。三者既闭，则真人优游于其中。又曰：七门既返，殆若忘生，百脉俱沉，形气消尽，力弱不支，昏浊如醉。此乃道之验、德之柄也。昏者明之基，浊者清之源，自兹以往，圆明洞照，虚彻灵通，莫不自昏浊始矣。

俞玉吾曰：反者，反复也，修丹效验，在乎虚极静笃，与天地冥合，然后元炁从一阳而来复。弱者，柔弱也。修丹把柄，在乎持其志，无暴其气，如婴儿之柔弱，庶几可以返本还原。

旁门无功章第二十三

（章名从旧）

世人好小术，不审道深浅。弃正从邪径，欲速阏不通。犹盲不任杖，聋者听宫商。没水捕雉兔，登山索鱼龙。植麦欲获黍，运规以求方。竭力劳精神，终年不见功。欲知伏食法，至约而不繁。

此章决言旁门之无功也。学道者，先要知道之与术，天渊迥别。性命全修，复归无极，谓之大道。一机一诀，自救不了，谓之小术。金丹大道，难遇易成，一切旁门小术，易遇难成。奈何世间愚民，胸中茅塞，既不辨浅深，眼孔糢糊，又不识邪正，往往背明投暗，弃正从邪，本求欲速见功，反致阏绝不通，永断入道之路，岂不哀哉？不知先天性命，超出形器之表，却妄认后天精炁，身中摸索，茫无影响，随人颠倒，毫无决择，此犹盲者之无拄杖，聋者之听宫商也；不悟先天阴阳，自家同类之物，却猜做世间男女，向外采取，流于淫邪，伤生败德，莫此为甚，此犹入水而捕雉兔，登山而索鱼龙也；不思先天铅汞，本来无质无形，却去烧茅弄火，干汞点铜，诳惑凡愚，败身亡家，此犹种麦而转思获稻，运规而妄意求方也。此等旁门，费尽一生精力，穷年卒岁，到老无成，却谤祖师妄语。不知金丹伏食之法，至简至要，有作以原其始，无为以要其终，与天地造化同一功用，虽愚昧小人得之，立跻圣位，岂可与旁门小术同日而论哉！

以上举旁门之非，特识其大略耳。究而论之，禅家有九十六种外道,元教有三千六百旁门,千差万别,不可殚述。所以正阳祖师有《正道歌》、翠虚真人有《罗浮吟》,以至李清庵之《九品说》,陈观吾之《判惑歌》,皆历数旁门外道之差,以觉悟世人聋瞽。惜乎世人不悟,仍旧谬种传流,有增无减,良可悲也。

以上仅标大略,要当摘取诸真言句,另为《指述》①一书,与同志共参之。

《参同契阐幽》卷之六

中　篇

（下卷伏食,共计八章。此乃中之下也。）

此卷专言伏食,而御政、养性已寓其中,义同上篇。

性情交会章第二十四

太阳流珠,常欲去人。卒得金华,转而相因。化为白液,凝而至坚。金华先倡,有顷之间。解化为水,马齿阑玕。阳乃往和,情性自然。迫促时阴,拘畜禁门。慈母养育,孝子报恩。严父施令,教敕子孙。五行错王,相据以生。火性销金,金伐木荣。三五为一,天地至精。可以口诀,难以书传。子当右转,午乃东旋。卯酉界隔,主客二名。龙呼于虎,虎吸龙精。两相饮食,俱使合并。遂相衔咽,咀嚼相吞。荧惑守西,太白经天,杀气所临,何有不倾？狸犬守鼠,鸟雀畏鹯,各有其性,何敢有声？

此章言木性金情自相交会,以成伏食之功也。

太阳流珠,常欲去人。卒得金华,转而相因。化为白液,凝而至坚。

此节言两物之性情合而成金丹也。先天之体为性命,乾坤是也；后天之用为性情,坎离是也。自乾坤破为坎离,性情之用著,而性命之体

---

① 指述,抄本、辑要本作"指迷",康熙本、贵文堂本与底本同。

隐,顺之则为凡矣;惟坎离复交为乾坤,因性情之用,以还性命之体,逆之则成圣矣。至于后天坎离中,又分体用,以真阴真阳为体,体属水火;以两弦之气为用,用属金木。不可不辨。乾属太阳真性,本来寂然不动,只因交入坤中一阴,性转为情,遂成离中木汞,自此阴精用事,离光顺流向外,恍惚不定,有流珠之象。乾既成离,其中一阳走入坤宫,坤属太阴元命,既得乾中一阳,命转作性,遂成坎中金铅。此点金炁精华,只在坎水中潜藏,杳冥不测,有金华之象。离中灵物,刻刻流转,本易走而难捉,捉之愈急,去之愈速,赖得坎中一点真铅,逆转以制之。真汞一见真铅,才不飞走,故曰:太阳流珠,常欲去人。卒得金华,转而相因。铅入汞中,汞赖铅之拘钤,铅亦得汞之变化,两物会入黄房,合成一炁,其炁先液而后凝,故曰:化为白液,凝而至坚。白者,金色;至坚者,金性也。盖金来归性,已结而成丹矣。此通章之纲领也。

　　金华先倡,有顷之间。解化为水,马齿阑玕。阳乃往和,情性自然。

　　此节言两物交并,自相倡和也。坎男主倡,离女主和,坎中一阳,本自难于出炉,及其时至而出也,只在一弹指间,故曰:金华先倡,有顷之间。水中生金,金中复能化水,盖金华之液,即真一之水也。纲缊活动,无质生质,渐渐坚凝,有若马齿阑玕之状,故曰:解化为水,马齿阑玕。坎中之金液既升,离中之木液乃从而和之,一东一西,间隔已久,幸得真意勾引,相会黄房,木性爱金,金性恋木,一倡一和,出于性情之自然,非人力可强而致,故曰:阳乃往和,情性自然。阳即上文太阳流珠,以其外阳内阴,易于逐物流走,主和而不主倡,惟与金华之真阳相匹为夫妇,方不流走。此时已转为真阴,故有妇道颠倒之妙,不可不知。

　　迫促时阴,拘畜禁门。慈母养育,孝子报恩。严父施令,教敕子孙。

　　此节言拘制①两物,会中宫而产真种也。坎中之金华既升,离中之流珠即降,两弦之炁相交,只在一时,时不可失,当以真意迫促之,两物相交,正当虚危中间,此时宜禁闭地户,禽聚真炁,不可一毫泄漏,故曰:迫促时阴,拘畜禁门。真种既归土釜,全赖中宫坤母为之温养哺育。始

---

① 制,底本作"历",据校本改。

而母去顾子,如雌鸡之伏卵,时时相抱;既而子来恋母,若慈鸟之反哺,刻刻不离。故曰:慈母养育,孝子报恩。真种既存中宫,外面最要严谨隄防,牢镇八门,环匝关闭,不可一毫放松。譬如子当幼小之时,养育固愿慈母,教勅全仗严父,故曰:严父施令,教勅子孙。慈母喻文火,在神室中温养;严父喻武火,在门户间隄防;孝子喻真种,即金华流珠两物所结成者。自迫促时阴至此,俱属金丹作用,只在一刻中。

五行错王,相据以生。火性销金,金伐木荣。三五为一,天地至精,可以口诀,难以书传。

此节言作丹之时,五行颠倒之妙也。常道之五行,俱从顺生,如金生水、木生火之类。顺流无制,必至精炁耗散,去死不远,生机转作杀机,所谓生者死之根也。丹道之五行,全用逆转,如流珠本是木龙,却从离火中取出,金华本是金虎,却从坎水中取出,水火互藏,金木颠倒,方得归根复命,劫外①长存,杀机转作生机,所谓死者生之根也,故曰:五行错王,相据以生。错王者,即子南午北,互为纲纪之意;相据者,即龙西虎东,建纬卯酉之意。以常道言之,金在矿中,无由自出,木带阴气,岂能滋生?必先用南方木中之火,去煅北方水中之金,销矿存金,金华始得发露;旋用西方水中之金,来制东方火中之木,伐去阴气,木液方得滋荣。故曰:火性销金,金伐木荣。此即五行错王,相据以生之旨也。东三南二,合成一五;北一西四,合成一五;中央戊己真土,自成一五。是谓三五混南北、并东西,攒簇于中土之内,是之谓一。三五合而为一,乃造化至精至妙之理,把握乾坤,包括河洛,其间作用,必须真师口曰相授,岂能笔之于书哉?故曰:三五为一,天地至精。可以口诀,难以书传。

此段言颠倒二物,则五行复归于一。末篇法象章云:本之但二物兮,末乃为三五。三五并为一兮,都集归一所。印证甚明。

子当右转,午乃东旋。卯酉界隔,主客二名。

此节言金木间隔,当加沐浴之功也。以常道五行言之,木生在亥,

---

① 劫外,辑要本作"劫劫"。

震木生于坎水,是谓龙从水里出;金生在巳,兑金产自离火,是为虎向火中生。丹道逆用则不然,从子右转到未,自北而西,以讫于南,中藏酉金,则金华产于坎中,而为上弦之气,所谓虎向水中生也;从午逆旋到丑,自南而东,以至于北,中藏卯木,则流珠取之离内,而为下弦之气,所谓龙从火里出也。但当子南午北,水火交入之时,一金一木,界限其中,木性在东为主,金情在西为客,未免性情间隔,宾主乖违,此时须用沐浴之法,万缘尽空,一丝不挂,存真意于规中,和合金情木性。至于金返在东,转而为主,木返在西,转而为客,主客互易其名,两弦之气始合而为一矣。只此性情二物,自其相倡和而言,则为夫妇;自其相生而言,则为母子;自其相制而言,则为父子;自其互换而言,又为主客。颠倒莫测,正见天地至精之理。

　　龙呼于虎,虎吸龙精。两相饮食,俱使合并。遂相衔咽,咀嚼相吞。

　　此节言两物之相并也。五行相据,主客既已互换,则木龙反据酉位,而呼黑虎之气;金虎反据卯位,而吸赤龙之精。故曰:龙呼于虎,虎吸龙精。于是两者性情系恋,恣意交欢,相与饮食,合并为一,且其合并之时,遂相衔相咽,吞入口中,而结一黍之丹矣。

　　此段说两物之相交并,从上文相据以生透出,专发食字之义。

　　荧惑守西,太白经天,杀气所临,何有不倾?狸犬守鼠,鸟雀畏鹯,各有其性,何敢有声?

　　此节言两物之相制也。五行错王,火性既能销金,则火入西方金乡,而为荧惑守西之象;金性既能伐木,则金乘东方木位,而为太白经天之象。火克金,金转克木,右旋一周,无所不克,但取逆制,全用杀机,故曰:杀气所临,何有不倾?木见金,金见火,其情性自然降伏,譬若狸犬之捕鼠,鸟雀之畏鹯,一见即便擒住,两下寂然无声,非强之使无声也,其性然也。业已各得其相制之性,而何敢有声哉?

　　此段言两物之相钤制,从上文五行错王透出,专发伏字之义。盖惟相并而不碍其相制,此生机之即寓于杀机也;惟相制而始得以相并,此杀机之逆转为生机也。一伏一食,方成还丹。篇中伏食大义,昭昭如是,迥非旁门所谓服食之术也。

附录：

抱一子曰：人命在卯，日出于卯，而万物仰之以生，是则万物皆借太阳之精以立命矣。太阳流珠者，命宝也。奈此命宝寓神则营营而乱思，寓精则持盈而难保，故曰常欲去人，须得金华而制伏之。

审察真伪章第二十五

不得其理，难以妄言。竭殚家产，妻子饥贫。自古及今，好者亿人。讫不谐遇，希有能成。广求名药，与道乖殊。如审遭逢，睹其端绪。以类相况，揆物终始。五行相克，更为父母。母含滋液，父主秉与。凝精流形，金石不朽。审专①不泄，得成正道。立竿见影，呼谷传响。岂不灵哉，天地至象。若以野葛一寸，巴豆一两，入喉辄僵，不得俛仰。当此之时，周文揲蓍，孔子占象，扁鹊操针，巫咸叩鼓，安能令苏，复起驰走？（不得其理十句，世本误连上章，今校古本正之。）②

此章言道有真伪，当辨伪而存真也。

不得其理，难以妄言。竭殚家产，妻子饥贫。自古及今，好者亿人。讫不谐遇，希有能成。广求名药，与道乖殊。如审遭逢，睹其端绪。以类相况，揆物终始。

此节言伏食有真伪，学道者所当早辨也。金丹大道，范围天地，包括易象，其理最为广大精微，必须洞晓阴阳，深达造化，方知其奥，岂不得其理者，可率意而妄谈哉？不得其理而妄谈妄作，往往流于炉火之术，至于家财竭殚，妻子饥贫，尚不觉悟，良可悯也。自古到今，好道者不啻千亿，但好者未必遇，遇者未必成。学道者如牛毛，成道者如兔角，良以抛却自家性命，却去入山觅汞，掘地寻铅，广求五金八石，认作不死之药，所以与大道一切乖殊耳。学人参师访道，当先具一只眼，倘有所遇，必察其端绪之所在，是真是伪，若是真师，决定洞晓阴阳，深达造化，只消叩以性命根源，并同类相亲、五行逆用之旨，彻始彻终，不得一毫模

---

① 审专，贵文堂本、抄本、辑要作"审真"，据上下文义，底本"审专"为确，下同。
② 此段校语底本无，据贵文堂本补。

糊,则药物之真伪可得而揆,师承之真伪,亦可得而决矣,故曰:以类相况,揆物终始。

五行相克,更为父母。母含滋液,父主禀与。凝精流形,金石不朽。审专不泄,得成正道。立竿见影,呼谷传响。岂不灵哉,天地至象。

此节言五行逆克,以结大丹,正端绪之可睹者也。常道之五行,以相生为父母;丹道之五行,转以相克为父母。盖不克则不能生,杀机正生机之所在也。如金克木者也,然金才一动,便生出水来,木炁贪水之生,忘金之克,克者为父,克而能生者,即为母矣,推之五行,莫不皆然,故曰:五行相克,更为父母。

母道属坤,主于资生,以静翕为德,交媾之时,既受真种于乾父,只在中宫滋育,渐成婴儿,故曰母含滋液。盖母取贪生忘克之义,即上章所云慈母养育也。父道属乾,主于资始,以动直为德,交姤之初,业已气布精流,生炁施之于坤母,即是真种,故曰父主禀与。盖父取以克为生之义,既上章所云严父施令也。一生一克,禀与者,凝聚资始之精;滋液者,流布资生之形。两者妙合,结成真胎,即上章所云五行错王,相据以生也。工夫到此,进进不已,法身便得长存,同金石之不朽。惟赖审固专一,而无一毫泄漏,方得成其至道耳。彻始彻终,只是以克为生,方见五行颠倒之妙。若知其妙,大丹立就,譬之立竿而影即见,呼谷而响即传,造化自然之法象,岂不至灵且验哉?此皆真道之验,其端绪可得而睹者,岂旁门伪术所得而混入也。

若以野葛一寸,巴豆一两,入喉辄僵,不得俯仰。当此之时,周文揲蓍,孔子占象,扁鹊操针,巫咸叩鼓,安能令苏,复起驰走?

此节更端设喻,以见伏食之灵验也。世人但知毒药入口,死者不可复生,岂知金丹入口,生者不可复死。毒药入口,虽神圣不能令其复苏,金丹入口,虽造物能令其复死乎?惜乎世人明于彼而独暗于此也。且金丹即已入口,纵使哄以野葛,投以巴豆,亦不得而杀之矣。可见五行相克,凝精流形,金丹伏食之妙,洵若立竿而影即见,呼谷而响即传,讵可与非种之伪道同日而论哉?

此章专辨伏食之真伪,为万世学道人开一只眼,庶不被盲师瞒过耳。

铅汞相投章第二十六

河上姹女,灵而最神。得火则飞,不见埃尘。鬼隐龙匿,莫知所存。将欲制之,黄芽为根。物无阴阳,违天背元。牝鸡自卵,其雏不全。夫何故乎?配合未连。三五不交,刚柔离分。施化之道,天地自然。火动炎上,水流润下。非有师导,使之然也。资使统正,不可复改。观夫雌雄,交媾之时,刚柔相结,而不可解。得其节符,非有工巧,以制御之。男生而伏,女偃其躯。秉乎胞胎,受炁之初。非徒生时,著而见之。及其死也,亦复效之。此非父母,教令使然。本在交媾,定置始先①。

此章言真铅真汞,两物相制而为用也。

河上姹女,灵而最神。得火则飞,不见埃尘。鬼隐龙匿,莫知所存。将欲制之,黄芽为根。

此节言以铅制汞,乃金丹之作用也。离本太阳乾体,性之元也,中藏一阴,系坤中真水,即是真汞,以其雄里包雌,又名姹女;坎本太阴坤体,命之元也,中藏一阳,系乾中真金,即是真铅,以其水中生金,又名黄芽。姹女喻后天之心,先天之性,本来寂然不动,转作后天之心,有感即通,潜天潜地,至灵至神,一刹那间,上下四方,往古来今,无所不遍,故曰:河上姹女,灵而最神。以分野而言,午属三河之分,离火所居,兼取情欲顺流之义。人心本来至灵,只因夹杂后天情识,未免易于逐物,所以触境便动,遇缘即生,刻刻流转,一息不停。正类世间凡汞,见火即便飞走,无影无踪,不可捉摸,故曰:得火则飞,不见埃尘。当其飞走之时,若鬼之隐藏、龙之伏匿,虽有圣者,莫测其去来所在,即孔子所谓出入无时,莫知其乡也,故曰:鬼隐龙匿,莫知所存。姹女本离中之阴,故取鬼象,离中之阴本属木汞,又取龙象,灵汞之易失,而难持若此。要觅制伏之法,须得坎中真铅。盖坎中一阳,本出乾金,原是我家同类之物,顺之则流而为情,逆之则转而为性,金来归性,返本还原,黄芽得与姹女配

---

① 始先,贵文堂本、抄本、辑要本作"如先"。

合，若君之制臣，夫之制妇，自然不动，张平叔所谓要须制伏觅金公是也，故曰：将欲制之，黄芽为根。

此专言两物相制，与前流珠金华同旨。

物无阴阳，违天背元。牝鸡自卵，其雏不全。夫何故乎？配合未连。三五不交，刚柔离分。施化之道，天地自然。

此节言独修一物之非道也。一阴一阳之谓道，凡物偏阴无阳，偏阳无阴，俱非乾元资始、坤元资生之理，故曰：物无阴阳，违天背元。鸡之伏卵，先入一点真阳在内，渐渐伏之，方得成雏。但有雌而无雄，其雏必不成矣。此何以故？以其孤阴乏阳，配合未连也。丹道亦然，必须东三南二、北一西四，四象并为两物，会到中央真土，同类相求，合成三五，方结圣胎。若三五之炁不交，总是孤阴寡阳，一刚一柔，各自离群分散，真胎何由结乎？盖阳主施精，阴主受化，乃一阴一阳，天地自然之道。无论凡胎圣胎，同一造化，不得独修一物明矣。然此一阴一阳，便是乾元坤元本来真性真命，兼修并证，方称金丹大道。修命不修性，修性不修命，总谓之违天背元。旁门不悟，往往流入于采补，何异避溺而投火，哀哉！

火动炎上，水流润下。非有师导，使之然也。资使统正，不可复改。

此节言两物相交，各返其元性也。真阴真阳之用，莫若水火。火性阳而主动，动必炎上；水性阴而主流，流必润下。岂若有情之物，从师训导而使然哉？特以资始之初，水润火炎之性，本自确然各正，后来岂能改易。观造化即知吾身矣。吾身坎中之火，恒欲就燥而炎上，秉乾父之性也；离中之水，恒欲流湿而润下，秉坤母之性也。如是秉受，亦当如是归元，此坎男离女之所以各返其本，而乾父坤母之所以各复其初也。《入药镜》云：水能流，火能焰。在身中，自可验。此之谓也。

观夫雌雄，交媾之时，刚柔相结，而不可解。得其节符，非有工巧，以制御之。男生而伏，女偃其躯。秉乎胞胎，受炁之初。非徒生时，着而见之。及其死也，亦复效之。此非父母，教令使然。本在交媾，定置始先。

此节以男女交姤，喻坎离之返本也。欲知水流火动之理，当即世间法观之。世间一男一女，交姤之时，自然刚者在上，柔者在下，若物之固结而不可解，又若合符节而一定不可移，此岂有良工巧术以制之使然？自其初生之时，而已然矣。盖男子之生，其躯必伏，伏者，性情一定向内；女子之生，其躯必偃，偃者，性情一定向外。从父母胞胎中，生身受炁之初，一刚一柔，体质已定，特著见于有生之后耳，且不徒著见于生时也，死时亦然。人有溺死水中者，依旧男伏女偃，此非父母谆谆诲之，令其如此。但当初父母交姤之时，刚者据上，即乾道成男之象；柔者据下，即坤道成女之象。男女之位置，已先确定于腹中。既生之后，男女之一偃一伏，确有定置，得不如其交姤之初乎？既识世法，便知道用先天乾上坤下，即吾身之父母也；后天离上坎下，即吾身之男女也。火之炎上，坎男之性情也；水之润下，离女之性情也。坎男离女之性情，即乾父坤母之性情也。乾本定位居上，坤本定位居下，迨乾父坤母交媾而成坎离，位置虽更，性情不易，所以坎中之火仍欲炎上，离中之水仍欲润下，各思返本还原，归其同类。至于坎男离女，再一交媾，适还天上地下之常，而先天之性命复矣。乾坤交而为坎离，犹男女之初生，而一偃一伏也，秉受固如是也；坎离复交，而为乾坤，犹男女之既死，而仍一偃一伏也，归元亦如是也。所谓资始统正，不可复改者也。

制炼魂魄章第二十七

坎男为月，离女为日。日以施德，月以舒光。月受日化，体不亏伤。阳失其契，阴侵其明。晦朔薄蚀，掩冒相倾。阳消其形，阴凌灾生。男女相须，含吐以滋。雌雄错杂，以类相求。金化为水，水性周章；火化为土，水不得行。男动外施，女静内藏。溢度过节，为女所拘。魄以钤魂，不得淫奢。不寒不暑，进退合时。各得其和，俱吐证符。

此章言日魂月魄，两者相制而成金丹也。

坎男为月，离女为日。日以施德，月以舒光。月受日化，体不亏伤。

此节言日月交并，颠倒互用之奥也。丹道以坎离为药物，即是日之魂、月之魄；在造化以日月返炤，互藏天魂地魄；在人身以水火既济，互取日光月精。其相制之理，一也。上章以男生而伏，女偃其躯，寓言坎离两物。盖男处外而向内,女处内而向外,两象颠倒之妙,已在其中。坎属北方真水,应天上之月,月是太阴水精,坤象也,本当称女,奈中藏乾家太阳真火,魄中有魂,取象玉兔,所以反是男;离属南方真火,应天上之日,日是太阳火精,乾象也,本当称男,奈中藏坤宫太阴真水,魂中有魄,取象金乌,所以反是女。即《悟真篇》所谓:日居离位反为女,坎配蟾宫却是男。颠倒之妙也。离体本来是乾,乾父动而处外,惟转作离女,其性情全向乎内,所以日光虽主外用,却时时与太阴返照,一点阳光敛在阴魄之中,离体以出为入,故曰日以施德;坎体本来是坤,坤母静而处内,唯转作坎男,其性情全向乎外,所以月精虽主内藏,却时时感召太阳之炁,全体阴魄借阳魂以为光,坎体以入为出,故曰月以舒光。以颠倒言之,入内者为女,出外者为男;以本体言之,则施精者又为男,受化者又为女。坎离二物虽颠倒,而不失其本体。所以晦朔之交,日月并会黄道,混沌相接,元黄成团,日魂入在月魄中,月魄受之而成胚胎。日光月精,交媾及时,合其符节,于光明之本体并无所损,故曰:月受日化,体不亏伤。此日月交感之常道也。丹道亦然,吾身日光月精,刻刻回照,日月合璧,产出蟾光,作金丹之根本矣。

阳失其契,阴侵其明。晦朔薄蚀,掩冒相倾。阳消其形,阴凌灾生。

此节言交感之失其常也。与上篇水盛坎侵阳,火衰离昼昏相似。晦朔之间,日月交并,阳魂能制阴魄,虽寄体阴中,光明之体常在。若阳光不能作主,陷在北海,无由自出,便失其交合之符节,未免反为阴所侵夺,而亏损光明矣,故曰:阳失其契,阴侵其明。阳既为阴所倨,遂致薄蚀之变。盖时当晦朔,一点阳精沉沦洞虚之中,火力尚微,水势转盛,阴盛便来掩阳,水盛转来冒火,相倾相夺,太阳当昼而昏,故曰:晦朔薄蚀,掩冒相倾。太阳之光,本出金性,圆明普照,万古不亏,但①一受阴气相侵,其形未免暂消,而生薄蚀之灾矣,故曰:阳消其形,阴凌灾生。此言日月交感失道,立召灾变。在人为坎离初交,一阳沉在海底,动静之间,稍失其节,以至真火陷入水中,不能出炉,便应薄蚀之象。详见上篇第

---

① 但,底本作"佃",据校本改。

十五章。

　　男女相须，含吐以滋。雌雄错杂，以类相求。金化为水，水性周章；火化为土，水不得行。男动外施，女静内藏。溢度过节，为女所拘。魄以钤魂，不得淫奢。不寒不暑，进退合时。各得其和，俱吐证符。

　　此节言交感得其道也。与上篇阴阳相饮食，交感道自然相似。坎男离女二物，相须为用。月魄吸金乌之精，自外而入；日魂呼玉兔之髓，自内而出。颠倒主宾，一含一吐，真种于是滋生，故曰：男女相须，含吐以滋。乾本老阳，转作离中元女；坤本老阴，转作坎内黄男。乾坤破体，有阴阳错杂之象，然而坎中真火，仍欲上归于乾，离中真水，仍欲下归于坤，由破体炼之，纯体乃成，此即水流湿，火就燥，各从其类之旨也，故曰：雌雄错杂，以类相求。在吾身为流戊就己、同类得朋工夫。离本太阳乾金，中间转出一阴，阳金便化为阴水，即所谓太阳流珠也。其性流走，不受控制，未免泛滥而周流，故曰：金化为水，水性周章。离中之水，既至泛滥，便来克坎中真火。所赖坎中真火，化出戊土，转能制水，即所谓黄芽为根也。坎中戊土，与离中己土，两下配合，镇在中宫，周章之水，才得所隄防，而不敢妄行四出，故曰：火化为土，水不得行。坎戊月精，本杳冥而内藏，然其中太阳真火，秉乾父之性，火性主动，动者当出而施用，故曰男动外施；离己日光，本恍惚而外用，然其中太阴真水，秉坤母之性，水性主静，静者当入而伏藏，故曰女静内藏。即上文：日以施德，月以舒光。颠倒逆用之妙也。然两者交会之时，当动而动，当静而静，各有其节度。若阳动而交阴，过于沉溺，能入而不能出，太阳真火便受泛滥之水气所侵，譬之男女交媾，若贪恋过度，男子便受女子拘困，故曰：溢度过节，为女所拘。即上文：阳失其契，阴侵其明。薄蚀之征验也。离中之阴属魄，以其为太阳之体，故反称阳神日魂；坎中之阳属魂，以其为太阴之精，故反称阴神月魄。所谓魂之与魄，互为室宅也。今者火化为土，转制周章之水，则是魄能钤魂，而不至溢度过节矣，故曰：魄以钤魂，不得淫奢。魂魄互制，水火均平。一阳动而进火退水，不失之于太寒；一阴静而进水退火，不失之大暑。故曰：不寒不暑，进退合时。水盛而不过于寒，火盛而不过于热，冲炁为和，永无薄蚀掩冒之灾，于是日光月精而相交并，至于庚方之上，金精吐光，一阳受符，而金丹大药产矣，故曰：各得其和，俱吐证符。证者，证验也；符者，符合也。正应上文契字之义。

此章言制炼魂魄，调和水火，颠倒逆用之窍妙，乃是金丹临炉作用。当与上篇第十一、第十五两章参看。

三家相见章第二十八

丹砂木精，得金乃并。金水合处，木火为侣。四者混沌，列为龙虎。龙阳数奇，虎阴数偶。肝青为父，肺白为母。心赤为女，肾黑为子。子五行始，脾黄为祖。三物一家，都归戊己。

子午①行始一句，世本误在脾黄为祖之下，今校古本正之。

此章言身、心、意三家归一而成丹也。人为天地之心，故能鼎立三才，参天两地。当生身受炁之初，元始祖炁，先入中宫，囫囵囫囵，混然太极，所谓天地之心也，囝地一声以后，太极从此分胎。上立天关，内藏乾性；下立地轴，内藏坤命；虚谷在天地之中，内藏元神。从一中而分造化，遂定为三才，三才既定，四象即分。盖乾为先天祖性，破而成离，转作后天之心；坤为先天元命，实而成坎，转作后天之身。至于先天之离，又转而成震，火中有木，魂寄于心之象；先天之坎，又转而为兑，水中有金，魄藏于身之象。从一炁而分二体，又从二体而分四象矣。四象既立，东南之木火同处阳方，西北之水金并居阴位。南方离火赤色，有丹砂之象，中藏真汞，即是木精，犹之北方坎水黑铅，中藏金精也。人但知火中有木，不识木中有金，盖木旺在卯，金炁即胎于卯，阳魂必得阴魄，其魂方有所归，金不离木也；人但知水中有金，不知金中有木，盖金旺在酉，木炁即胎于酉，阴魄不得阳魂，其魄将何所附，木不离金也。金木虽分为两弦，魂魄实并为一体，故曰：丹砂木金，得金乃并。天一生水，其象为元武，在人属肾中精，发窍于耳；地四生金，其象为白虎，在人属肺中魄，发窍于鼻。精与魄，同系乎身，故曰金水合处。地二生火，其象为

---

① 午，抄本、辑要本作"五"，贵文堂本与底本同。

朱雀，在人属心中神，发窍于舌；天三生木，其象为青龙，在人属肝中魂，发窍于目。魂与神，同系乎心，故曰木火为侣。凡人之身心，心自为心，身自为身，水火不交，金木间隔，所以去道日远。学道之士，若能于二六时中，含眼光，凝耳韵，调鼻息，缄舌气，四大不动，使精、神、魂、魄俱聚于中宫，水、火、木、金，并交于黄道，此四者混沌之象也。就此混沌之中，能使四象合而为一体，又能使一体分为四象。原是木火为侣，离中生出木液，是为龙从火里出；原是金水合处，坎中产出金精，是为虎向水中生。故有列为龙虎之象，张平叔所谓四象不离二体也。龙生于天三之木，其数非奇乎？奇者为阳，故称阳龙；虎生于地四之金，其数非偶乎？偶者属阴，故称阴虎。此言龙虎之本体也。若五行颠倒，则龙转作阴，虎转作阳矣。丹道之五行，原不系于五脏，魏公恐泄天机，秘母言子，姑借身中五脏，分配五行。常道之五行，木能生火，金能生水，能生者为父母，故有肝青为父，肺白为母之象；木三金四，一阴一阳也，所生者为子女，故有心赤为女，肾黑为子之象。水一火二，亦一阴一阳也。其曰子五行始者何？盖天一生水，得之最先，天开于子，所以居北方正子之位，实为五行之源，然后木、火、土、金，次第而生，故曰子五行始。坤土中藏祖炁，为金、木、水、火之所自出，故有脾黄为祖之象。盖水为五行之源，故取始义，即吾身祖窍之一也。土为五行之母，故取祖象，即吾身祖窍之中也。万化归一，一又归之于中，于此可悟归根复命之功矣。肝木之魂，心火之神，两者同出离中之心，为本来妙有中之真空，是一物也，所谓东三南二同成五也；肺金之魄，肾水之精，两者同出坎中之身，为本来真空中之妙有，是一物也，所谓北一西方四共之也。坎中有戊，离中有己，合为中土，独而无偶，是为真意，真意为本来乾元祖炁，是又一物也，所谓戊己还从生数五也。身心两家，本自难合，幸得真意勾引，遂混南北、并东西，相会于中黄土釜，结成一粒金丹，所谓三家相见结婴儿也。盖三物会归为一，而一又归之于中，是谓归根复命、返本还原之道。故总括之曰：三物一家，都归戊己。夫后天之身、心，即先天之性、命也，两仪之象也；后天之身、心、意，即先天之元精、元炁、元神也，三才之象也；后天之真土，即先天之浮黎祖土也，太极之象也。三物归于一家,即太极函三为一之象也。体道至此,信乎参天两地,混然天地之心矣。若能于百尺竿头,更进一步,向未生身处,彻证本来面目,方知天地有坏,这个不坏,虚空有尽,这个无尽。噫,其孰能知之哉?

此章作者已略露天机,注者遂尽开生面,读者幸具只眼,莫入宝山而空回,可惜也①。

刑德反复章第二十九

刚柔迭兴,更历分布。龙西虎东,建纬卯酉。刑德并会,相见欢喜。刑主伏杀,德主生起。二月榆落,魁临于卯。八月麦生,天罡据酉。子南午北,互为纲纪。一九之数,终而复始。含元虚危,播精于子。

此章言龙虎两弦,刑德互用之奥也。丹道以水火为体,金木为用,子午定南北之经,卯酉运东西之纬,参伍错综,方应周天璇玑之度。以造化之常道而言,天道有一阴一阳,地道有一柔一刚,两仪既立,错为四象,子水居北,午火居南,卯木居东,酉金居西。从子到巳为阳刚,行乎东南;从午到亥为阴柔,行乎西北。分之为十二辰,又分为二十八宿,周天三百六十五度,各有一定之部位。惟天中斗柄一移,则子右转、午东旋,刚反为柔,柔反为刚,一切倒行逆施,一定之部位,到此乃无定矣,故曰:刚柔迭兴,更历分部。震木为龙,本居东方卯位;兑金为虎,本居西方酉位。惟更历分部,则龙反在酉,虎反在卯矣,东西为南北之纬,故曰:龙西虎东,建纬卯酉。龙秉东方生气,德之象也,惟龙转为西,则木气化而从金,德反为刑矣;虎秉西方杀气,刑之象也,惟虎转为东,则金气化而木,刑反为德矣。金木交并,只在一刻中,若明反覆之机,自然害里生恩,宾主欢会,故曰:刑德并会,相见欢喜。人但知刑主于杀,殊不知杀机正伏在生机中;人但知德主于生,殊不知生机正藏在杀机内。故曰:刑主伏杀,德主生起。时当二月,卯木正旺,万卉敷荣,何以榆荚忽堕?盖卯与戌合,戌将为西方河魁,河魁正临卯位,生中带杀,故有榆荚之应,此正杀机潜伏,德返为刑之象也;时当八月,酉金正旺,百草凋

---

① 可惜也,贵文堂本、抄本、辑要本作"可也",康熙本与底本同。

谢,何以荞麦忽生?盖辰与酉合,辰将为东方天罡,正据酉位,杀中带生,故有麦生之象,此正生机隐藏,刑返为德之象也。既洞明造化之机,即知吾身之造化矣。修道者当两弦合体之时,必须斡运天罡,逆旋魁柄,外镇六门,内闭丹扃,洗心沐浴,只在片时,自然刑转为德,杀转为生,两物之性情,合并为一矣。卯东西西,午南子北,周天之纲纪也。丹道用斗柄逆旋,东西之纬,既已反常,南北之经,亦必易位。何以明之?一阳生于子,所以火胎在子,然坎中太阳真火,原从南方而出,今者子右转而复归于南;一阴生于午,所以木胎在午,然离中太阴真水,原从北方而来,今者午东旋而复归于北。一水一火,有无交入,虽云①相济,实及②其所由生也。南北互易,则周天法象,无不随之翻转,故曰:子南午北,互为纲纪。后天五行逆用,全本洛书,洛书之数始于一,终于九。北方坎位居一,乾当西北,实开其先,所以乾之一阳,寄在坎中,坎之一即乾之始也;南方离位居九,坤位西南,实承之后,所以坤之一阴,寄在离内,离之九即坤之终也。今也子南午北,互易其位,则是坎更为终,转而成坤;离更为始,转而成乾。一既为九,九复为一,循环无端。在《易》为乾元用九,群龙无首之象,在丹道为九转之功,故曰:一九之数,终而复始。天一生水,北方坎位,正值虚危之度,为造化之根源。虚危二宿,在天当亥子中间,日月合璧之地;在人当任督之交,水火合发之处。盖虚属日、危属月,即是真水真火互藏其精,白紫清云:造化无声,水中火起,妙在虚危穴是也。学道之士,若能致虚守静,回南方离光,照入北方坎地,离中元精与坎中元炁,自相含育,至于虚极静笃,天人交应,一点真阳生在北海中,便可采作大丹之基矣,故曰:含元虚危,播精于子。

此言水火既济,以产大药,与前金木交并,原是一段工夫。盖子南午北,互为纲纪,日月之体也;龙西虎东,建纬卯酉,两弦之用也。乃其合并之妙,全在互藏生杀之机,只凭反覆一时沐浴,顿圆和合四象之功。当与上三家相见章参看。

---

① 云,底本作"公",据校本改。

② 及,校本作"反",据文义,作"反"字为宜。

阴阳交感章第三十

关关雎鸠,在河之洲。窈窕淑女,君子好逑。雄不独处,雌不孤居。玄武龟蛇,蟠虬相扶。以明牝牡,意当相须。假使二女共室,颜色甚姝,苏秦通言,张仪结媒,发辨利舌,奋舒美辞,推心调谐,合为夫妻,弊发腐齿,终不相知。若药物非种,名类不同。分剂参差,失其纲纪。虽黄帝临炉,太乙执火,八公捣炼,淮南调合,立宇崇坛,玉为阶陛,麟脯凤腊,把籍长跪,祷祝神祇,请哀诸鬼,沐浴斋戒,妄有所冀。亦犹和胶补釜,以硇涂疮,去冷加冰,除热用汤,飞龟舞蛇,愈见乖张。

此章言真阴真阳同类相感,方成金丹大道也。

关关雎鸠,在河之洲。窈窕淑女,君子好逑。雄不独处,雌不孤居。玄武龟蛇,蟠虬相扶。以明牝牡,意当相须。

此节言阴阳之相感,各以其类也。一阴一阳之谓道,孔子著之《系辞》;偏阴偏阳之谓疾,岐伯著之《素问》。盖从上圣师,俱用真阴真阳同类之物,以超凡而入圣。所以《易》首乾坤,明阴阳不易之体;《诗》首关雎,喻阴阳交易之用。即世法而论,雎鸠匹偶,发好逑之章,一雌一雄之相应;龟蛇蟠虬,成玄武之象,一牝一牡之相须也。龟蛇配北方玄武,固属坎象;雎鸠配南方朱雀,确有离象。吾身中天元地牝之所以交,坎男离女之所以合,亦何以异于是哉？若洞明世间之法,即知出世法矣。

假使二女共室,颜色甚姝,苏秦通言,张仪结媒,发辨利舌,奋舒美辞,推心调谐,合为夫妻,弊发腐齿,终不相知。

此节喻言独修一物之非道也。在易道,坤与乾匹,离与坎匹,巽与震匹,兑与艮匹,皆是一阴一阳,各得其偶,方成交感之功。至于上火不泽,以兑遇离,两阴相从,便名睽卦。夫子《翼》之曰:二女同居,其志不同行。可见二女共室,以阴求阴,即逞苏、张之舌媒,合为夫妇,亦必终身不能相谐矣。独修一物是孤阴,此之谓也。

若药物非种,名类不同。分剂参差,失其纲纪。虽黄帝临炉,太乙执火,八公捣炼,淮南调合,立宇崇坛,玉为阶陛,麟脯凤腊,把籍长跪,祷祝神祇,请哀诸鬼,沐浴斋戒,妄有所冀。亦犹和胶补釜,以硇涂疮,

去冷加冰，除热用汤，飞龟舞蛇，愈见乖张。

此节正言非同类之物，必不能和合成丹也。何谓同类？离中命蒂，坎中性根，一阴一阳，方是真铅真汞。世人不悟真铅真汞，产在先天，无有形质，却去觅后天渣滓之物，三黄四神，五金八石，无所不至，是谓药物非种，名类不同。即使知有药物矣，不能知采取烹炼之法，是谓分剂参差，失其纲纪。此等愚盲小人，不求真师指授，不明伏食大道，妄意炉火伪术，可以侥幸成丹，终年役役，耗损家财，兼之结坛祭鬼，祷祀求神，冀获冥助。不知此即神圣为之临炉，仙真代之捣炼，亦必万举而万败矣。彼外炼之术，药物既非真种，配合必非同类，譬之以胶补釜，以硇涂疮，无一毫相似处。且天下冷莫如冰，热莫如汤，龟不能飞，蛇不能舞，人所共晓也。今去冷而反加冰，除热而转用汤，执龟而责之飞，执蛇而强之舞，其于水火互藏之性，龟蛇相制之机，乖张愈甚，背戾可胜道哉。非种之谬，何以异此？盖大道不离阴阳，阴阳只是性命，性命两者，同出而异名，本无二道。在羲皇之《易》为一坎一离，老子之《经》即一无一有，向上直截根源，片言可了。只因后来丹经子书，多方曲喻，转启滥觞之端，以致流入旁门外道。丹道，有时喻之以男女，盖言乾道成男，坤道成女，自家灵父圣母，非世间有相之男女也；有时喻之为铅汞，盖言离中元精，坎中元炁，自家真铅真汞，非世间有质之铅汞也。奈世间贪财好色之徒，非惑于采补，即惑于烧炼，更兼所遇方士，种种捏怪，妄引丹经，欺诳末学。惑于采补者，其邪谬不可枚举，大约认男女为阴阳，以遂其好色之私耳；惑于烧炼者，其差别不可殚述，大约认凡砂水银为药物，以遂其贪财之私耳。此等邪术异端，谤先圣之大道，断后贤之真修，名为学道，实则造业，其为地狱种子无疑矣。又有见理稍明，立志稍正者，幸不堕两种邪术，转而求之身心。却不知身非四大之身，乃真空中妙有也；心非肉团之心，乃妙有中真空也。身心一如，浑合无间，强名曰丹。奈学人不遇真师，昧于大道，未免妄认四大假合为身，肉团缘影为心。著妄身者，往往守定，搬精运气，偏于有作，病在心外觅身，而不知真空之即身，并其所守之身亦非矣；着幻心者，往往坚执坐禅入定，偏于无为，病在身外觅心，而不知妙有之即心，并其所执之心亦伪矣。殊不知修命而不了性，寿同天地，只一愚夫；修性而不了命，万劫阴灵，终难入圣。矧妄身、幻心，并其一物，而亦非者乎。大抵各执一家，不参同类，皆所谓偏阴偏阳之疾，非一阴一阳之大道也。

魏公作《参同契》一书，究大易之性情，假炉火之法象，印黄老之宗旨，无非吐露同出异名之两物，使大地众生皆得以尽性致命，直超彼岸耳。但恐邪术乱正，不可不辨析；小乘失真，不可不针砭。并于养性末章，已谆谆言之，犹恐世人之不悟也，故于此复发明真种，破尽旁蹊曲径，使万世学道者，皆舍邪而归正，去伪而即真，上与三圣演易、黄老著经，同其功用矣。

伏食成功章第三十一

维昔圣贤，怀玄抱真。伏炼九鼎，化迹隐沦。含精养神，通德三光。精溢腠理，筋骨致坚。众邪辟除，正炁常存。积累长久，变形而仙。忧悯后生，好道之伦。随旁风采，指画古文。著为图籍，开示后昆。露见枝条，隐藏本根。托号诸名，覆谬众文。学者得之，韫柜终身。子继父业，孙踵祖先。传世迷惑，竟无见闻。遂使宦者不仕，农夫失耘，贾人弃货，志士家贫。吾甚伤之，定录此文。字约易思，事省不繁。披列其条，核实可观。分量有数，因而相循。故为乱辞，孔窍其门。智者审思，用意参焉。勤而行之，夙夜不休。伏食三载，轻举远游。跨火不焦，入水不濡。能存能亡，长乐无忧。道成德就，潜伏俟时。太乙乃召，移居中洲①。功满上升，膺箓受符。

此章备举伏食成功，乃《参同契》中篇之总结也。

维昔圣贤，怀玄抱真。伏炼九鼎，化迹隐沦。含精养神，通德三光。精溢腠理，筋骨致坚。众邪辟除，正炁常存。积累长久，变形而仙。

此言古圣自度，皆由伏食而证大道也。维昔圣贤，盖指黄帝、老子及古来上升诸真；怀玄抱真，即守中抱一、归根复命工夫，盖养性之事也。既有养性之事，不可无伏炼之功。丹道以九转为全功，故曰伏炼九

---

① 中洲，底本作"中州"，据校本改。

鼎。化迹隐沦者,如黄帝丹已成而鼎湖上升,老子关既出而西竺化现是也。人之元精、元炁、元神,上应天之日月斗极,二者既全,便与三光合其德矣,故曰:含精养神,通德三光。黄中通理,润达肌肤,故曰:精溢腠理,筋骨致坚,此形之妙也。保合太和,性命各正,故曰:众邪辟除,正气常存。此神之妙也。九年面壁,行满功圆,忽然超出形气之表,号为真人,故曰:积累长久,变形而仙。此之谓形神俱妙,与道合真也。

忧悯后生,好道之伦。随旁风采,指画古文。著为图籍,开示后昆。露见枝条,隐藏本根。托号诸名,覆谬众文。学者得之,韫柜终身。子继父业,孙踵祖先。传世迷惑,竟无见闻。遂使宦者不仕,农夫失耘,贾人弃货,志士家贫。

此节言古圣著书觉世,而后世失其意也。古圣立心广大,不肯作自了汉,既已自度,必思度人,不得已而著书立言。若黄帝之《阴符》三百字,老子《道德》五千言,并诸真所传一切丹经子书,皆因忧悯后世好道之士,不得其门而入,特为指点性命根源,各有所依傍,指画著为图籍,所以开示后人而导之入门也。但恐泄露天机,秘母言子,露其枝条,藏其本根,若三盗五贼、元牝橐籥之类,并龙虎、黄芽、金华,种种异名,是谓托号诸名,覆谬众文。正欲使后之学者,反覆研穷,得意而忘象耳。惜学人迷惑者多,了悟者少,又不肯虚心求师指授真诠,譬若明珠大贝,深藏柜中,无由见面,不免贫困终身。从父到子,从祖到孙,尘尘劫劫,迷惑相因,迷而又迷,惑而又惑,竟无觉悟之期。既不识自己家珍,贫困何时得了?是犹宦者不仕,农夫失耘,商贾之人自弃其货,而有志之士长苦于家贫矣。此如《楞严》衣中系宝珠,不自知觉,求乞他方之喻也。然此非先圣之过也。先圣著书觉世,本欲人人了悟,岂知其若此迷惑乎?所谓江湖无碍人之心,只为人过不得,反觉江湖为碍;祖师无谩人之心,只为人透不得,反怨祖师相谩是也。若要不受谩,须求大导师。

吾甚伤之,定录此文。字约易思,事省不繁。披列其条,核实可观。分量有数,因而相循。故为乱辞,孔窍其门。智者审思,用意参焉。

此节自言其祖述古圣,著书觉世之意也。后学不悟先圣大道,只因不得其门而入耳。仙翁悲悯后学,慨然著《参同契》一书,衍大易乾、坤、坎、离之象，假丹家龙虎铅汞之名，而归本于黄帝、老子尽性至命之旨。文取简要，故字约而易思；旨本同归，故事省而不繁。披列其条者，一道分为三家，即露见枝条之意也；核实可观者，三家本来一道，既隐藏本根之意也。然其立言之妙，露而不尽露，藏而不尽藏，铢两分数，各有权衡，皆因古圣之文，而斟酌拟大道，后学人便于探讨耳①。太露则恐泄天机，故必多为乱辞；为②藏则恐闭天道，又必孔窍其门。世有明眼之士，能于三篇中反复参究，得其孔窍之所在，方知大道只在眼前，柜中之藏，人人具足，无有富者，亦无有贫者。仙翁悲悯后学之意，洵与黄帝、老子诸上圣，异世同揆，而《参同契》一书，较之《阴符》三百字，《道德》五千言，尤为踵事而加详矣。

勤而行之，夙夜不休。伏食三载，轻举远游。跨火不焦，入水不濡。能存能亡，长乐无忧。道成德就，潜伏俟时。太乙乃召，移居中洲。功满上升，膺箓受符。

勤而行之十四句，世本误入上篇养性明辨邪正章，今正之。

此节言学者究《参同》之奥，伏食而证仙也。大道知行并进，才得足目双全。始患冥然无知，既知矣，又患不行，既行矣，又患不勤。学人既得真师指授，洞明伏食宗旨，便当结侣入圜，死心煅炼。老子云：上士闻道，勤而行之。马丹阳云：师恩深重终难报，誓死阛墙炼至真。故夙夜不休，方称勤行。伏食之功，得丹只在一时，然立基大约须百日，结胎大约须十月，至于乳哺温养，大约必须三载。陈翠虚云：片饷工夫修便得，老成须要过三年是也。然亦不可限定三年，视工夫之勤惰何如耳。温养既足，圣胎始圆，可以轻举而远游矣。从此法身解脱，纵横自如，火不能焚，水不能溺，或隐或现，忽去忽来。来则有相故能存，去则无形故能亡，去来无碍，岂不长乐无忧乎？怀元抱真之谓道，积功累行之谓德，两者全具，方可游戏人间，待时升举，故曰：道成德就，潜伏俟时。风尘之外有四海，四海之中有三岛，三岛之中有十洲。上岛曰蓬莱、方丈、瀛

---

① "而斟酌拟大道，后学人便于探讨耳。"一句，贵文堂本、抄本、辑要本作"而斟酌损益之，使学人便于探讨耳。"康熙本与底本同。

② 为，康熙本作"深"，贵文堂本、抄本、辑要本作"太"。

洲,中岛曰芙蓉、阆苑、瑶池,下岛曰赤城、元关、桃源。中有一洲曰紫府,乃太乙元君所居,勾管神仙功行之地。若弃壳升仙,先见太乙元君,契勘功行,方得次第上升,故曰:太乙乃召,移居中洲。至于功满三千,大罗为仙,行满八百,大罗为客,遂飘然上征,膺箓受符,而证无上真人之位矣,故曰:功满上升,膺箓受符。虽然此姑假法象而言,以接引中下之流,使不落断见耳。究而言之,中洲即是自己丹扃,太乙即是自己元神,上升即是自己天堂,膺箓受符即是复还自己乾元面目,而不随劫火飘沉者也。若洞明炼神合虚,炼虚合道宗旨,一切上升受符,直可等之于浮云,付之于太空矣。此魏公不尽言之意乎?

此章虽结伏食成功,实为中篇全文总括。盖御政诸章,但陈造化法象,未及性命窍妙也;养性诸章,方指性命关窍,未悉作丹功用也。自太阳流珠以下七章,才备举伏食之功。或言采取,或言配合,或言烹炼,上篇之所未悉者,到此无复余蕴矣。篇终矣,遂自述作书之意,上印古圣,下启后贤,依而行之,立地成仙作祖,岂不确然可信哉!此处文义,与上篇末章吾不敢虚说,仿效圣人文,隐然相应,其为中篇总结无疑。世本乃移入下篇之首,误矣。至于勤而行之一段,确是此章结尾,世本误入上篇明辨邪正之末,尤觉不伦,今特依古本正之。

《参同契阐幽》卷之七

下　篇

(一名《三相类》,又名《补塞遗脱》,此一卷计五章。)

上篇、中篇,各分御政、养性、伏食三段,条贯虽具,犹似散而无统。此篇特为通其条贯,使三者类而为一。首章陈鼎炉之妙用,次章揭火候之全功,三章明说三道由一,方识殊途同归源流,四章直指四象还虚,才契先天无极宗旨。末章乃自叙其作书之意,而隐名以终焉。五章首尾相足,三相类之大义,始觉了然。前两篇中,阙略遗脱者,得此始无余憾。读者合前两篇参观之,庶得其条贯之所在,而不病于无统矣。

鼎炉妙用章第三十二

（章名从旧）①

圆三五,寸一分。口四八,两寸唇。长尺二②,厚薄均。腹齐三,坐垂温。阴在上,阳下奔。首尾武,中间文。始七十,终三旬。二百六,善调匀。阴火白,黄芽铅。两七聚,辅翼人。瞻理脑,定升玄。子处中,得安存。来去游,不出门。渐成大,情性纯。却归一,还本原。善爱敬,如君臣。至一周,甚辛勤。密防护,莫迷昏。途路远,复幽玄。若达此,会乾坤。刀圭沾,净魄魂。得长生,居仙村。乐道者,寻其根。审五行,定铢分。谛思之,不须论。深藏守,莫传文。御白鹤,驾龙鳞。游太虚,谒仙君。录天图,号真人。

此章虽言鼎炉妙用,而药物火候已在其中,乃《参同契》全文之总结也。盖金丹妙用,全在炉鼎;识得炉鼎,方可采取药物;识得药物,方可用火烹炼。三者本同条而共贯。前两篇中,各分御政、养性、伏食,隐藏三者在内,然文义散布,尚未归一,故魏公特作此歌以补③之。

圆三五,寸一分。口四八,两寸唇。长尺二,厚薄均。

此节显鼎炉之法象也。鼎炉之用有二:以金丹言之,离之匡廓为悬胎鼎,坎之匡廓为偃月炉,中宫神室乃是人位,此小鼎炉之法象也;以还丹言之,乾位居上为鼎,所以结丹,坤位居下为炉,所以产药,中宫黄庭乃是人位,此大鼎炉之法象也。大约各有上、中、下三层,以应天、地、人三才。鼎炉既立,两仪、四象、五行、八卦,以至十二辰、二十八宿,周天三百六十五度,无不出其中矣。炉鼎既取法乾坤,圆以象天,方以象地。圆以象天,圆陀之义也。圆者,径一而围三,本之河图,河图周围无四隅,东三南二合成一五,北一西四合成一五,中央戊己自成一五,合之而三五始圆,三五环绕,同归中央。中央虚位,不过径寸,是天心所居之

---

① 此校语底本无,据贵文堂本补。
② 二,底本作"一",据校本及上下文改。
③ 补,贵文堂本、抄本、辑要本作"束",以文义衡之,校本作"束"为当。

室,即在此径寸中,分出一乾一坤,邵子所谓天向一中分造化也,故曰:圆三五,寸一分。方以象地,方寸之义也。方者,径一而围四,本之洛书,洛书有四正四隅,东、南、西、北为四正,东南、西南、东北、西北为四隅。四正,即四象也。四正兼四隅,即八卦也;子午中分南北,即两仪也。方寸中开窍处,有口之象;上下两釜分界处,有唇之象。四象八卦,环布四周,应造化之四时八节;乾上坤下,平分两仪,应造化之南北二极,即一中之所分出也。故曰:口四八,两寸唇。两仪既分,从子到巳为六阳,应造化之春夏,是为进火之候;从午讫亥为六阴,应造化之秋冬,是为退火之候。一岁之候,即一月之候,一月之候,即一日之候,刚柔不偏,寒暑合节。上篇所云:周旋二十节,节尽更须亲也。故曰:长尺二,厚薄均。炉鼎之用,远取诸造化,近取诸吾身,俱属自然法象。一切旁门,不知窍妙,妄想于身外觅取炉鼎,不啻万里崖山矣。

腹齐三,坐垂温。阴在上,阳下奔。首尾武,中间文。始七十,终三旬。二百六,善调匀。

此节言炉中药生之时,当调停火候也。方寸中间一窍,空洞无涯,有腹之象。水火二炁,一齐会到中宫,便是三家相见。当其交会之时,但坐守中黄,勿忘勿助,俟神明之自来,直待水火二炁调燮得中,方觉温然,真种自然生育矣,故曰:腹齐三,坐垂温。离火本在上,然离中真水恒欲流下而归戊;坎水本在下,然坎中真火恒欲奔上而就己。全赖中间真土为之调停,故曰:阴在上,阳下奔。此言水火既济,大药将产之候。药在炉中,全仗火煅,然火候有武有文,武火主烹炼,文火主沐浴,二用天渊迥别。子时为阴之尾、阳之首,宜进火而退水;午时为阳之尾、阴之首,宜进水而退火,俱用武火。惟中间卯酉二时,当沐浴之会,独用文火。一首一尾,平分坎离,调和两家,不离中间真土,故曰:首尾武,中间文。冬至一阳初动,实为六阳之始,静极生动,有七日来复之象,故曰始七十;夏至一阴初静,驯致六阴之终,动极归静,有自朔讫晦一周之象,故曰终三旬。始须野战,终则守城,俱是武火用事,即所谓首尾武也。三百六十日,实应周天之度。七十三旬,首尾除去百日,其余二百六十日,以二百日中分阴阳,一子一午,应冬夏二至,并一首一尾,合成三百日,恰当十月胎圆之期,中间尚余六十日,恰当卯酉两月,一卯一酉,应春秋二分,是为沐浴之候,故曰:二百六,善调匀。调匀者,不寒不暑,温温然,调和得中,即所谓中间文也。要知武火烹炼,在一南一北之交入;文火沐浴,全在中宫内守,念不可起,意不可散,火候妙诀,只在片刻中。紫阳真人云:火候不用时,冬至不在子。及其沐浴法,卯酉特虚比。此之谓也。

阴火白,黄芽铅。两七聚,辅翼人。瞻理脑,定升玄。子处中,得安存。来去游,不出门。渐成大,情性纯。却归一,还本原。

此节言金丹初结,炉中温养之功也。离中真汞,是为阴火,却从乾金匡廓中化出,白中有黑之象也,故曰阴火白;坎中真铅,是为黄芽,却从坤土胞胎中迸出,铅中产金之象也,故曰黄芽铅。七者,火之成数,离中流珠,即称阴火,坎中黄芽,便称阳火。两火会聚,含育神室中真人,若辅弼羽翼然,故曰:两七聚,辅翼人。大药初生,产在坤炉,及其时至机动,却须上升乾鼎。乾鼎在天谷脑户中,为百脉总会之窍,丹经所谓若要不老,还精补脑是也。药生之时,须用真意以采之,徘徊上视,送之以神,令其直升天谷,故曰:瞻理脑,定升玄。真种既升天谷,旋降黄庭,具体而微,状若赤子,安处黄庭之中,优游自在,一得永得,故曰:子处中,得安存。赤子安处鼎中,环匝关闭,本无去来,亦无出入,即使出入,亦不离玄牝之门,故曰:来去游,不出门。其初只一黍之珠,温养既足,渐渐从微至著,充满长大,情返为性,纯粹以精,故曰:渐成大,情性纯。此点真种,原从太极中来,自一分为二,遂成两物,二分为三,遂成三家,又分而为四象、五行、八卦、九宫之类,此降本流末,顺而生物之道也;今者两物交并,会三为一,以至四象、五行、八卦、九宫之类,无不复归于一,此反本还原,逆则成丹之道也。故曰:却归一,还本原。此一字可以贯通三教:太上云:得其一,万事毕。《黄庭经》云:五行相推返归一。以至孔子所谓一以贯之,释迦所谓万法归一,总是这个。

此段俱是守中抱一,深根固蒂宗旨。盖谓鼎中有宝,便不可阙此一段温养工夫。

善爱敬,如君臣。至一周,甚辛勤。密防护,莫迷昏。途路远,复幽

玄。若达此,会乾坤。刀圭沾,净魄魂。得长生,居仙村。

此节言防危虑险之功也。先天祖炁为君,后天精炁为臣。鼎中既得先天一炁,却藉后天精炁乳哺而环卫之,譬之臣既敬君,君亦爱臣,君臣之间,相得无间,故曰:善爱敬,如君臣。丹道以九转功完为一周,十月结胎,三年乳哺,其间运用抽添,纤毫不可怠玩,故曰:至一周,甚辛勤。元神既存丹扃,当以真意守之,密密隄防护持,须臾不可离,若真意一离本也①,恐有昏迷走失之患,故曰:密防护,莫迷昏。元神不疾而速,不行而至,上天入地,只在顷刻间,却又杳冥恍惚,无迹可求,故曰:途路远,复幽玄。丹道有两般作用:以金丹而言,坎离一交,真种便得;若以还丹而言,必须炼精化炁,炼炁化神,重安炉鼎,再造乾坤,向上更有事在。故曰:若达此,会乾坤。一黍之药,号为刀圭,刀圭才沾入口,阴魄尽消,阳魂亦冥,故曰:刀圭沾,净魄魂。即上篇所谓:体死忘魂魄,刀圭最为神也。魂魄既净,我之元性,卓然独存,不随劫火飘荡,形寄尘埃之中,神居太虚之境矣,故曰:得长生,居仙村。

此段俱言防护慎密之意,与前段温养工夫联如贯珠。

乐道者,寻其根。审五行,定铢分。谛思之,不须论。深藏守,莫传文。御白鹤,驾龙鳞。游太虚,谒仙君。录天图,号真人。

此节言脱胎神化之验也。道有其根,只在抱一,老子所谓归根复命是也。世人一切在枝叶上搜求,离根愈甚,去道转遥,故曰:乐道者,寻其根。造化之妙,不出五行。五行有顺有逆:顺则成凡,世间之造化也;逆则成圣,出世之造化也。然五行颠倒之旨,最为玄奥,若铢两分数一错,定不结丹,故曰:审五行,定铢分。丹道之秘,全在火候,从上圣师,必须心心密印。学道之士,但可心存,不得形之于口;但可默契,不得著之于文。故曰:谛思之,不须论。深藏守,莫传文。火候已足,圣胎已圆,脱胎弃壳之时,或驾白鹤,或乘火龙,翱翔太虚之表,觐礼三境至尊,从此膺箓受图,位证大罗天仙,而有真人之号矣。

虽然此非外象,实内景也。龙鹤即自己元炁,太虚即自己元窍,仙

---

① 也,贵文堂本、抄本、辑要本作"地",康熙本与底本同。

君即自己元神,天图即浩劫以来混洞赤文,真人即未生以前本来面目。《金刚经》云:凡所有相,皆是虚妄。若见诸相非相,即见如来。释教所谓如来,即吾道所谓真人也。学道之士,但识取真人面目,一切名象,俱可存而不论矣。然真人之义有二:在凡夫分上,谓之法身,人人具足;在圣人分上,谓之报身,惟证乃知。究竟圣人所证之报身,即凡夫具足之法身也。虽则人人具足,只因不肯直下承当,遂致浪死虚生,轮转六道,岂得委咎于造物乎?

此章虽陈鼎炉妙用,而药物火候,全具其中,乃金丹三要总结也。然必合下章观之,方尽《三相类》之妙。

火候全功分章第三十三

(此章世本误在圆三五之前,失其次序。今特正之。此节乃通章之结尾也。①)

法象莫大乎天地兮,玄沟数万里。河鼓临星纪兮,人民皆惊骇。晷影妄前却兮,九年被凶咎。皇上览视之兮,王者退自改。关键有低昂兮,害气遂奔走。江淮之枯竭兮,水流注于海。天地之雌雄兮,徘徊子与午。寅申阴阳祖兮,出入复终始。循斗而招摇兮,执衡定元纪。升熬于甑山兮,炎火张设下。白虎倡导前兮,苍液和于后。朱雀翱翔戏兮,飞扬色五彩。遭遇罗网施兮,压之不得举。嗷嗷声甚悲兮,婴儿之慕母。颠倒就汤镬兮,摧折伤毛羽。漏刻未过半兮,龙鳞狎鬣起。五色象炫耀兮,变化无常主。潏潏鼎沸驰兮,暴涌不休止。接连重叠累兮,犬牙相错距。形似仲冬冰兮,阑干吐钟乳。崔巍而杂厕兮,交积相支拄。阴阳得其配兮,淡泊而相守。青龙处房六兮,春华震东卯。白虎在昴七兮,秋芒兑西酉。朱雀在张二兮,正阳离南午。三者具来朝兮,家属为亲侣。本之但二物兮,末乃为三五。三五并为一兮,都集归一所。治之如上科兮,日数亦取甫。先白而后黄兮,赤色达表里。名曰第一鼎兮,

---

① 按:此段朱氏之校正说明原在章末"常传与贤者"之后,今移置于章目之下,方为醒目。

食如大黍米。自然之所为兮，非有邪伪道。山泽气相蒸兮，兴云而为雨。泥竭遂成尘兮，火灭化为土。若蘖染为黄兮，似蓝成绿组。皮革煮成胶兮，曲糵化为酒。同类易施工兮，非种难为巧。惟斯之妙术兮，审谛不诳语。传与亿世后兮，昭然自可考。焕若星经汉兮，昺如水宗海。思之务令熟兮，反覆视上下。千周灿彬彬兮，万遍将可睹。神明忽告人兮，心灵乍可悟①。探端索其绪兮，必得其门户。天道无适莫兮，常传于贤者。

此章以周天法象，喻火候之全功。虽云火候，而炉鼎药物，悉具其中，乃《参同契》全书之乱辞也。盖此书前二篇中御政、养性、伏食，各分三段，寓炉鼎、药物、火候在内。但恐文义散见迭出，终病于未圆，故魏公作圆三五章以束之。然圆三五章中，多说金丹作用、温养保聚之功，其于还丹作用，交姤煅炼之象，尚未悉备，故紧接此章，以足其意。

法象莫大乎天地兮，玄沟数万里。河鼓临星纪兮，人民皆惊骇。晷影妄前却兮，九年被凶咎。皇上览视之兮，王者退自改。关键有低昂兮，害气遂奔走。江淮之枯竭兮，水流注于海。

此节言火候之功，效法天地，不可不戒慎也。前章敷陈炉鼎法象，既以乾鼎法天，坤炉象地，可见人身全具一天地。天地即我一大炉鼎也，其中造化之妙，无不合同。天之极上处，距地之极下处，八万四千里，天中河汉为玄沟，起自丑寅尾箕之间，直到午未星柳之分，界断天盘，不知其几万里。以吾身拟之，天关地轴，相去亦八万四千里，中间即是玄沟，界断上下，有金木间隔之象，故曰：法象莫大乎天地兮，玄沟数万里。河鼓共三星，中为大将军，左为左将军，右为右将军，有芒角主军，鼓声音在牛宿之北，正枕天河，星纪是十二辰中丑位，即河汉所经也。河鼓本非丑分之星，今越次临于星纪，则是河汉之内，星宿错乱，水害将兴，未免可惊可骇。吾身子丑正交，正当阳火发生之地，若时未到而妄动，则周身精气奔骇②，百脉俱乱，岂非人民惊骇之象乎？故曰：河鼓临星纪兮，人民皆惊骇。晷影本属日影，此借言天星进退之度。在身

---

① 可悟，贵文堂本、抄本、辑要本作"自悟"，康熙本与底本同。
② 奔骇，贵文堂本、抄本、辑要本作"奔驰"，康熙本与底本同。

中,则进火、退火漏刻也。进火为前,退火为却,不当前而妄前,不当却而妄却,非太过即不及,即如二至二分,不应漏刻而召水旱之灾矣。据上文,河鼓临星纪是进火失度,以致水灾,尧有九年之水,故曰:晷影妄前却兮,九年被凶咎。九年正应九转法象。进火失度,一转既差,九转俱失,岂非莫大凶咎乎?皇上指上帝,王者指人主,览视之者,昭视其戒于人主。盖以天变相儆①,即上文所谓凶咎也。退自改者,改其前却之失,而进退合度也。盖皇上喻先天之性,王者喻后天之心,其体则一,其用则二。盖性主无为,寂然不动,安处神室;心主有作,感而即通,斡运天经。如此则火候之进退,罔不中节矣,故曰:皇上览视之兮,王者退自改。天道关键,全在南北二极,北极出地三十六度,南极入地三十六度,一低一昂之象,周天璇玑,昼夜不停,南北二极,虽主运旋,而常不离其所,是以经纬顺序,害气不生。吾身天关地轴,一低一昂,正应南北二极,运火之时,须要关键牢密,是为天关在手,地轴由②心,到此周身阴气自然剥落无余矣,故曰:关键有低昂兮,害气遂奔走。天一生水,弥漫大地,赖有巨海,为之归宿,方免泛滥之灾。凡人一身内外,莫非阴泽,即众水所流注也。昆仑之巅,有玄海焉,为众水之所朝宗。惟南北二极,关键既密,促百脉以归元,自然尽归玄海,若河淮之朝宗于海,而不至泛滥矣,故曰:河淮之枯竭兮,水流注于海。

此段首以天上元沟喻炉鼎之法象,继以天星行度喻火候之准则,失度则召洪水之灾,得宜则获归元之庆,一得一失,火候于是可准,乃通章挈领处。

天地之雌雄兮,徘徊子与午。寅申阴阳祖兮,出入复终始。循斗而招摇兮,执衡定元纪。

此节言坎离交姤,配合之法象也。子为六阳之首,应乎冬至,午为六阴之首,应乎夏至,子午二候,一阴一阳,南北互为纲纪,正水火交会之地,日月到此,必徘徊而不遽进退。所以太阳当中天,古人谓之停午,即徘徊之意也。丹道水火升降,只在子午二候。坎中真火上升,一阳初

---

① 儆,底本作"敞",据校本改。
② 由,贵文堂本、抄本、辑要本作"形",康熙本也作"由"字。

复，阳炁尚微，宜闭关以养潜龙之萌；离中真水下降，一阴来姤，阴炁初萌，宜系柅以防履霜之渐。造化之妙，全在午后子前，亦当以真意徘徊其间，故曰：天地之雌雄兮，徘徊子与午。阳火虽胎在子，到寅方生；阴水虽胎在午，到申方生。太阳得火之精，故出于寅，而没于申。太阴得水之精，故出于申，而没于寅。可见寅申是阴阳之祖乡，造化出入之门户也。丹道亦然，坎中一阳，虽复于子，直到寅位，真火才得出地；离中一阴，虽姤于午，直到申位，真水才得长生。一出一入，终而复始，方见真阴真阳，同出异名之宗祖，故曰：寅申阴阳祖兮，出入复终始。招摇一星，在梗河之北，有芒角，芒角一动，便主兵革。北斗第五星，名衡，即斗柄也，主布政天中，临制四方，或指子午，或指寅申，以定木、金、水、火之位，以分春、秋、冬、夏之时。招摇本不妄动，惟循斗杓而动，则动必应时，不失其纪。丹道法天，全仗天心斡运，斗柄推迁，天心居北极之中，兀然不动，惟视斗杓所指。斗杓指于子午，则水火为之徘徊；指于寅申，则金木于是交并。亦犹招摇之循斗而动，以定周天之纲纪也，故曰：循斗而招摇兮，执衡定元纪。

此段言水火之所以交，金木之所以并，全仗斗柄斡旋。盖坎离交姤之初功也，坎离配合，真种乃生，至一阳初动，斗柄建子，然后可加烹炼之功矣。

升熬于甑山兮，炎火张设下。白虎倡导前兮，苍液和于后。朱雀翱翔戏兮，飞扬色五彩。遭遇罗网施兮，压之不得举。嗷嗷声甚悲兮，婴儿之慕母。颠倒就汤镬兮，摧折伤毛羽。漏刻未过半兮，龙鳞狎鬣起。五色象炫耀兮，变化无常主。澘澘鼎沸驰兮，暴涌不休止。接连重叠累兮，犬牙相错距。形似仲冬冰兮，阑干吐钟乳。崔巍而杂厕兮，交积相支拄。阴阳得其配兮，淡泊而相守。

此节言乾坤交姤，煅炼之法象也。前面坎离交姤，真种已生，再加配合之功，金丹大药，养在坤炉中，故谓之熬，即上篇所谓熬枢也。炉中温养已足，一阳初动，正子时到，急发火以应之，必须猛烹极炼，加以吸、舐、撮、闭之功，逼出炉中金液，令之上升，趁此火力，驾动河车，自尾闾穴逆流上昆仑顶，有升熬甑山之象。《翠虚篇》云：子时气到尾闾关，夹脊河车透甑山。此之谓也。故曰：升熬于甑山兮，炎火张设下。西方金精为白虎，东方木液为苍龙，龙阳主倡，虎阴主和，今者虎转在前作倡，龙转在后作和，此皆五行逆旋，阴阳颠倒之象，故曰：白虎倡导前兮，苍液和于后。此乃大交时，塞兑闭户，吹音吸神作用，与前面坎离交姤迥别，细辨之。朱雀是南方火精，位镇离宫，即上文所云炎火也，其性飞扬不定，一遇前尘幻色相感，即翱翔而去，不可控制，故曰：朱雀翱翔戏兮，飞扬色五彩。朱雀本性极其飞扬飘举，一切不能制之，惟一见北方玄武，方才束手受制。乾坤交姤之时，火从下升，水从上降，玄武擒定朱雀，互相钤束，抵死不放，如遭罗网压住，不能举翼矣，故曰：遭遇罗网施兮，压之不得举。火本炎上之物，一时被水压住，其性情急欲升腾，有如失母婴儿，悲鸣哀慕，其声嗷嗷，故曰：嗷嗷声甚悲兮，婴儿之慕母。火腾水降，主宾颠倒，朱雀之与玄武相吞相啗，一时闭在鼎中，无由复出，譬若毛羽摧折，永不复飞扬矣，故曰：颠倒就汤镬兮，摧折伤毛羽。水火既相擒制，龙虎亦必降伏，金木水火四象，攒聚鼎中，固济不泄，只消片刻之间，结而成丹。鼎中既备五行之气，变化自生，如神龙行空，鳞动鬣扬，五色炫耀，变化之象，不可名状，故曰：漏刻未过半兮，龙鳞狎鬣起。五色象炫耀兮，变化无常主。当其升熬于鼎之际，龙争虎斗，撼动乾坤，霎时金晶贯顶，银浪滔天，若甑中蒸饭将熟，鼎内之水百沸不休，滂沱四涌，故曰：潏潏鼎沸驰兮，暴涌不休止。正当沸驰不止，再加火力以足之，接连重叠，相继薰蒸，直到火足气圆，鼎中真炁，自然絪缊充满，若犬牙之相错矣，故曰：接连重叠累兮，犬牙相错距。交姤既毕，金鼎汤温，玉炉火散，一点落于黄庭，先液而后凝，渐凝渐结，凝而至坚，有如仲冬之冰，又如阑干石中迸出钟乳，故曰：形似仲冬冰兮，阑干吐钟乳。鼎中真液，一炁循环，轻清者凝于泥丸，重浊者归于炁穴，有崔巍杂厕之象，真种既凝，无质生质，有交积支拄之象，故曰：崔巍而杂厕兮，交积相支拄。以上俱一时得药成丹法象。盖因乾坤大交之时，真阴真阳，匹配无差，故有如上之证验也。从此罢战守城，全用文火，勿忘勿助，静守中黄，所谓送归土釜牢封固是也，故曰：阴阳得其配兮，淡泊而相守。

此段是乾坤交姤一时事，前面言煅炼之法，中间言结聚之象，末了言温养之功，乃是通章关键处。

　　青龙处房六兮，春华震东卯。白虎在昴七兮，秋芒兑西酉。朱雀在张二兮，正阳离南午。三者俱来朝兮，家属为亲侣。本之但二物兮，末乃为三五。三五并为一兮，都集归一所。治之如上科兮，日数亦取甫。先白而后黄兮，赤色达表里。名曰第一鼎兮，食如大黍米。

　　此节言四象五行并而归一，乃结丹之法象也。前面大交之时，青龙、白虎、朱雀三家，俱颠倒逆旋，此则复还其本位矣。青龙本位在东，东方房宿属木，数应八，而云房六者，盖六为水之成数，木生在亥，木液原从坎水中流出，即《入药镜》所云铅龙也。东方之龙，于时为春，于卦为震，于辰为卯，木旺在卯，草木发而为华，故曰：青龙处房六兮，春华震东卯。白虎本位在西，西方昴宿属金，数应九，而云昴七者，盖七为火之成数，金生在巳，金精原从离火中煅出，即《入药镜》所谓汞虎也。西方之虎，于时为秋，于卦为兑，于辰为酉，金旺在酉，谷实结而生芒，故曰：白虎在昴七兮，秋芒兑西酉。朱雀正位在南，南方张宿属火，二即火之生数也。南方朱雀，于时为夏，于卦为离，于辰为午，火旺在午，能燔木而镕金，故曰：朱雀在张二兮，正阳离南午。交会之时，一东、一西、一南，俱来朝拱天心北极，三家会成一家，异骨成亲，忻乐太平，故曰：三者俱来朝兮，家属为亲侣。此处木、金、火三象，正与前段相应。前后俱不及玄武者，盖玄武本位在北，上直斗枢，三者既朝拱北极，则玄武在其中矣。即中篇九还七返、八归六居之意也。本是真阴真阳相配，然一龙一虎并南方之火，便成三家，木与火为侣，金与水为朋，并中央之土，便成五行。究其根株，只是两物，化出枝条，乃为三家，为五行，合成三五十五之数，故曰：本之但二物兮，末乃为三五。其初自本而之末，原从一个根株上化出，一分为二，二分为三，三分为五，是谓常道之顺；其究自末而返本，还从一个根株收来，五返为三，三返为二，二返为一，是为丹道之逆。故曰：三五并为一兮，都集归一所。并为一者，一是先天一炁，指真种也。归一所者，所是中央正位，指黄庭也。三五为一，乃是从上圣师，心心相印，如科条之不可违，依此修治，决定成丹。但非一日之功，日积月累，方得成就，仍取第一转时，最初一点真种为根基，故曰：治之如上科兮，日数亦取甫。日数者，三载伏食之功；甫者，始也，指第一转起手处。丹之初结，本是乾金，更加种在乾宫，其色纯白，及至落到黄庭，送归土釜，以坤母之气含育之，渐渐变成黄色，彻始彻终，取南方离火煅炼而成，其色赫然而赤，乃称还丹，故曰：先白而后黄兮，赤色达表里。丹以一转应一鼎，九鼎应九转，然一转之中即具九转，故九鼎之功，全在第一鼎。乾坤交姤之后，加以沐浴温养，鼎中黍珠自结矣。《度人经》云：元始悬一宝珠，大如黍米，在空元之中，天人仰看，惟见勃勃从珠口中入。即此旨也。故曰：名曰第一鼎兮，食如大黍米。

此段言四象五行，并而归一，乃结丹之证验。

自然之所为兮，非有邪伪道。山泽气相蒸兮，兴云而为雨。泥竭遂成尘兮，火灭化为土。若蘖染为黄兮，似蓝成绿组。皮革煮成胶兮，曲蘖化为酒。同类易施工兮，非种难为巧。

此节言还丹成功，本出自然之道也。如上交姤结丹，一切作用，总是真阴真阳自相匹配，以返我先天虚无一炁耳。虽云有作，实则无为，俱出天机自然。非若旁门小术，搬运采补，种种捏怪，以欺世而惑众，即太上所谓道法自然也，故曰：自然之所为兮，非有邪伪道。丹道自然之妙，与造化人事无不合符。二气交感薰蒸，化成真液，犹之山泽通气，自然蒸而为云，洽而为雨，故曰：山泽气相蒸兮，兴云而为雨。泥性重滞，似与尘非类，及乎暴干枯竭，自然化而为尘矣；火性飞杨，似与土非类，及乎烟消焰冷，自然化而为土矣。至如蘖色本黄，染采自然成黄；蓝色本绿，染组自然成绿。皮革者，胶之所自出，自然煮而成胶；曲蘖者，酒之所藏，自然酿而成酒。此皆系同类之物，各归其元，故功化自然，不犯纤毫造作。还丹亦然，坎中真火，本出于乾，其性恒欲上归于乾；离中真水，本出于坤，其性恒欲下归于坤。且龙吟则云自起，虎啸则风自生，二气相感，各从其类，安得不灵？所谓欲作伏食仙，宜以同类者，岂孤阴寡阳一切非类者可比哉？故曰：同类易施工兮，非种难为巧。

此段言丹道成功之由，只在自然二字，其自然之妙，又只在同类二字。惟真种本来同类，故交感出于自然，不可不知。

惟斯之妙术兮，审谛不诳语。传与亿世后兮，昭然自可考。焕若星经汉兮,昴如水宗海。思之务令熟兮,反覆视上下。千周灿彬彬兮,万遍将可睹。神明或告人兮,心灵乍可悟。探端索其绪兮,必得其门户。天道无适莫兮,常传于贤者。

此节乃通章之结尾也。言此同类相求,自然交感之妙道,系从上圣师心印,潜行密证,并无一字虚设,故曰:惟斯之妙术兮,审谛不诳语。大道无古今,无前后,千百世以上,千百世以下,此心此理,无不合同,读其书即如亲见其人,故曰:传与亿世后兮,昭然自可考。火候之秘,备载此书,在天应星,如众星之经历河汉;在地应潮,如众水之朝宗大海。毫发不差,涓滴无漏,故曰:焕若星经汉兮,昴如水宗海。此两句又与上文河鼓星纪、河淮注海等句遥应。篇中火候,学者不但口诵,须要心惟;不但心惟,须要身体。身中阳火阴符,时时周流反覆,刻刻升降上下,惟不视以目而视以神,斯得之矣,故曰:思之务令熟兮,反覆视上下。上下反覆,循环不停,始于一周,究竟直到千周;始于一遍,究竟直到万遍。所谓常转如是,经千百亿卷,非但一卷、两卷是也,故曰:千周灿彬彬兮,万遍将可睹。管子曰:思之思之,又重思之;思之不得,鬼神将通之。寻常参究之功,皆当如是,矧此火记灵文,不视以目而视以神乎？千周万遍之余,心灵忽尔开悟,慧性自然朗彻,世出、世间之事,无不洞明,若鬼神之来告矣,故曰:神明或告人兮,心灵乍可悟。金丹大道,有端有绪,有门有户,真阴真阳,同类相感,此其端绪也;坎离会而产药,乾坤交而结丹,一内一外,两般作用,此其门户也。后学能探之索之,端绪既得,庶可以窥大道之门户矣,故曰:探端索其绪兮,必得其门户。此处门户二字,正与第一章乾坤者,易之门户,首尾相应。此事本人人俱足,个个圆成。然大道万劫一传,必须择人而授。遇人不传,有闭天道之愆;传非其人,又有泄天宝之谴。必也忠孝净明,仁慈刚直之士,更能割舍世间恩爱,摆脱一切尘劳,才承当得此道起。所谓有圣贤之心,方可行神仙之事也,故曰:天道无适莫兮,常传于贤者。仙翁既备述火候之要,篇中丁宁反覆,惓惓于择人而授,乃见至广至慎之心矣。

此章虽述火候法象,实所以结括全书。盖前章是全书总结,此则其乱辞也。二章首尾相足,御政、养性、伏食三家要旨,悉在其中,段段可以印证，正所谓三相类也，明眼者自当知之。

三道由一章第三十四

《参同契》者，敷陈梗概。不能纯一，泛滥而说。纤微未备，阙略仿佛。今更撰录，补塞遗脱。润色幽深，钩援相逮。旨意等齐，所趋不悖。故复作此，命《三相类》，则大易之情性尽矣。大易情性，各如其度。黄老用究，较而可御。炉火之事，真有所据。三道由一，俱出径路。枝茎华叶，果实垂布。正在根株，不失其素。诚心所言，审而不误。

此章言御政、养性、伏食，三者殊途同归，本出一道也。

《参同契》者，敷陈梗概。不能纯一，泛滥而说。纤微未备，阙略仿佛。今更撰录，补塞遗脱。润色幽深，钩援相逮。旨意等齐，所趋不悖。故复作此，命《三相类》，则大易之情性尽矣。

此言三道由一之原委也。《参同契》一书，原本河洛，敷陈义象。盖示人以先天心易也，然必本黄老宗旨，假炉火法象，三家相参，同归于一，方契尽性至命之大道。但前两篇于一道中，凿然分出三家，未免文义参差，纲宗隐覆。所以复作下篇，特发相类之意，即炉鼎妙用、火候全功两章，已通其条贯矣。三道由一之旨，尚未剖露，魏公复言《参同契》中，前两篇正文，不过敷陈梗概，未能纯一，且多泛滥之辞，而纤微旨趣，往往阙略未备，此补塞遗脱之章，所以不能已于撰录也。故于前面正文中，幽深者，润色之，散布者，钩援之，庶乎三家宗旨归于一，而趋向不至于悖谬耳。然则御政也、养性也、伏食也，总括之，则曰三相类；一言以蔽之，则曰大易性情而已。盖日月为易，只是坎离二物，一阴一阳，一性一情，究不过身心两字。更能以中黄真意，和合身心，两者归中，便足冒天下之道。黄老之所养，养此而已；炉火之所炼，炼此而已。此其所以为《三相类》也，此《三相类》之所以为《参同契》也。观炉鼎章中，但言炉鼎，而药物、火候已自毕举；火候章中，但言火候，而药物、炉鼎亦复全该。即知《三相类》之大旨矣。

大易情性，各如其度。黄老用究，较而可御。炉火之事，真有所据。三道由一，俱出径路。枝茎华叶，果实垂布。正在根株，不失其素。诚心所言,审而不误。

此节正言三道归于一也。人但见《参同契》中篇分三段,界开御政、养性、伏食,便以为真有此三家。说到大易,便认作常道阴阳,流入采补;说到养性,却认做肉团身心,泥定存守;说到炉火,又认做伏砂干汞,流入烧炼。三家相执,各不相通,真是万古长夜,一部《参同契》,沉埋九地,不见天日者,千四五百年矣。天不爱道,今为剖而明之,所谓大易性情,正指坎离二物也。日月为易,真精互藏,情性二字,即一金一木也,一水一火也,一魂一魄也,一龙一虎也,一男一女,其实则一身一心也。身心两者,天然配合,打成一片,岂非金丹之药物乎?故曰:大易情性,各如其度。所云黄老养性,似言黄帝、老子清净无为之旨。不知头有九宫,黄庭在中,为中央黄老君之所居,《黄庭经》云中部老君治明堂是也。黄庭即系中黄正位,或名神德居,或名道舍庐,或名大渊,或名规中,大约是先天祖窍。识得祖窍,元神方有所归,便知养性之用,其用全赖真意,得此真意,和合身心,把柄在手,岂非金丹之炉鼎乎?故曰:黄老用究,较而可御。至于炉火之事,假外象以喻内功也。药物既入炉中,即当用火煅炼,或配之为龙虎,或配之为汞铅,或配之为流珠、金华、黄芽、姹女,种种异名,仍是身心两物。以两物相制而言,谓之伏;以两物交并而言,谓之食。仍是以真意和合身心耳,一伏一食,乃成金丹。炉火之事,其理确然可据,岂非金丹之火候乎?故曰:炉火之事,真有所据。有药物不可无鼎炉,有鼎炉不可无火候,三者本同条共贯,举其一即三者全具,虽分三段,其用未尝不合。要知篇中所举药物,种种异名,即一物也;炉鼎种种异名,即一处也,火候种种异名,即一时也。若明此一物,方知蠢却含灵,总是一物;若明此一处,方知山河大地,总在一处;若明此一时,方知元会运世,只此一时。盖一物即一处,一处即一时,一时即一物也,此之谓会三归一,此之谓得其一,万事毕。故曰:三道由一,俱出径路。本来原是一道,析之却成三条,譬如草木之类,至春而抽茎发枝,至夏而开花布叶,至秋而结果成实,究其发生之源,只在一点根株,直到穷冬之际,剥落归根,方显硕果生生之妙,故曰:枝茎华叶,果实垂布。正在根株,不失其素。素即太素之素,返本还原之意也。夫由一道,发为三条,有枝、茎、花、果之象,即所谓露见枝条也;由三条复归一道,有正在根株之象,即所谓隐藏本根也。前两篇各分三段,虽似枝条,然根株之一,未尝不贯其中。但言者即出一片诚心,读者必须再三详审,直到万遍千周,神明忽告,方知三道之果出于一,庶不为旁门所赚误耳,故曰:诚心所言,审而不误。此章是《三相类》之关键处,魏公恐人错认一道为三条,又恐人错认三条不是一道,特为指出,直截根源,归重正在根株二句。究竟根株是何物?一阳初动,见天地心,造化之妙,具在其中。此三道之所以殊途同归,而《参同契》之一言可蔽者也。故紧接象彼仲冬节章。

按:世本此章有《五相类图》,牵合河图,五位相得,而各有合,起于彭晓,诸家因之,牢不可破。细推魏公此章本旨,明明说御政、养性、伏食,三道由一,乃三相类,非五相类也。盖东三南二合成一家,北一西四合成一家,中央五十自成一家。举三相类,则五位相得有合之妙,已在其中矣,何必添蛇足乎?矧三道由一,不但贯彻前后数章,实系全书关键所在,岂更有别义可搀入乎?且其所谓浮左沉右,世金世银等说,一切傅会,流入炉火旁门,与全书大义相背之极。其于前后血脉,尤为不贯,参校古本,并无此图,乃知是彭晓杜撰添入,非魏公本文也,特削之。

四象归根章第三十五

象彼仲冬节,草木皆摧伤。佐阳诘商旅,人君深自藏。象时顺节令,闭口不用谈。天道甚浩荡,太元无形容。虚寂不可睹,匡廓以消亡。谬误失事绪,言还自败伤。别序斯四象,以晓后生盲。

此节言四象混合,复归无极,直示人以无上至真之道也。世人但知后天四象,不知有先天四象。乾、坤、坎、离,便是后天四象;四者混沌,复返虚无,方是先天四象。后天四象,有形有名,言之可得而尽也,正所谓枝茎华叶也;先天四象,无形无名,言之所不得而尽也,正所谓根株也。一部《参同契》,处处发挥乾、坤、坎、离,几于尽言尽意矣。魏公恐人登枝亡本,故于篇末,特示人以无文之言,无象之意,从上章正在根株,不失其素来。盖世间一切草木,枝茎长于初春,花叶敷于盛夏,果实结于正秋，三者虽具，尚未归根。直到仲冬之时，天地闭塞，重阴冱寒，所有枝茎花果之类，剥落无余，但剩一根株耳。在造化为藏用之会，在吾身即归根复命之时也，故曰：象彼仲冬节，草木皆摧伤。一阳初动，万物未生，虽动而未离乎静，邵子所谓一动一静之间，天地人之至妙至妙者也。此时一点天地之心，深藏九渊，关键牢密，内者不出，外者不入，即至日闭关，商旅不行，后不省方之象，故曰：佐阳诘商旅，人君深自藏。商旅驰逐喜动，喻耳目之发用；人君端拱无为，喻真人之退藏。真人潜处深渊，不出不入，一切驰求之念，永息而不复起，若商旅之被诘，而不敢行矣。闭关之象，所以应冬至之时，虽动而不离乎静，顺其节令之自然也。此时但当闭塞其兑，抱一守中，岂可犯多言数穷之戒乎？故曰：象时顺节令，闭口不用谈。金丹大道，与天道同其造化，天道有元亨利贞，循环无端，浩浩渊渊，莫可穷究。元亨主发育，为造化之出机，所谓显诸仁者也；利贞主归藏，为造化之入机，所谓藏诸用也。当其归藏之时，上无复色，下无复渊，迎之无首，随之无尾，所谓玄冥难测，不可画图者也，故曰：天道甚浩荡，太玄无形容。天地为太虚之真胎，日月为太虚之真息，时当仲冬亥子之交，天地媾精，日月撢持，日月之真息，藏于天地真胎中，不可见，不可闻，璇玑停轮，复返混沌。此时，也无天，也无地，也无日，也无月，也无乾坤门户，也无坎离匡廓，消归一片太虚，是为真空，是为妙有，是为羲皇未画之《易》，是为老子无名之道，是为天之载无声无臭，是为威音以前本来面目，故曰：虚寂不可睹，匡廓以消亡。夫混沌中之天地，即一乾一坤也；混沌中之日月，即一坎一离也。无象之象，乃是真象；无言之言，乃是至言。明眼者，从此参取先天心易，直可不设一象，不烦一言矣。然此道惟上根利器，触着便会，其余中下之流，但知有象之《易》，岂知无象之《易》乎？但知有形有名之乾、坤、坎、离，岂知无形无名之乾、坤、坎、离乎？若闭口不谈，诚恐笼统颟顸，以致差别未明，作用未究，令后学一切谬误，何所证据？若妄生支节，又恐头上安头，骑驴觅驴，令后学一切穿凿，未免反伤其根本，故曰：谬误失事绪，言还自败伤。于此反覆思维，不得已而篇分三段，段分各章，分别而次序之曰：此乾坤门户也，此坎离匡廓也，此乾坤炉鼎也，此坎离药物也,此所谓大易性情也。会而通之,则黄老之所养,亦此乾、坤、坎、离也;炉火之所炼,亦此乾、坤、坎、离也。无非为盲夫指路,费尽周折,若为明眼者说,不烦种种分别矣,故曰:别序斯四象,以晓后生盲。然既云四象,即非根株矣;既云别序,即是根株之破而为枝茎花叶矣。岂若混沌忘言之为?至妙至妙哉。

　　此章是《参同契》中最后丁宁之辞,极为吃紧。但从来谬误颇多,不可不辨。陈显微注本,移此一节在太阳流珠章,子当右转,午乃东旋之前,以下文子午卯酉应四象。俞玉吾注本,又移在仲尼讃鸿濛章、阳气索灭藏之下,以下文七八九六应四象。殊不知子午卯酉、七八九六,俱属后天有形有名之四象,与深藏闭口、匡廓消亡之义有何干涉乎?陈观吾注本,序次庶不大差,却又连上大易性情为一章,不知上章明说三道,此章明说四象,文虽相承,义则迥别,岂可混而为一?诸公于文义章句,尚未融会,敢云得作者之意乎?盖《参同契》全文,无处不发明四象,然四象既有形有名,已落第二义。恐后学采其枝叶,忘其根本,先天心易,几乎息矣。魏公故于绝笔之余,直指混沌归根,最上一乘之道,盖遡四象而归两仪,遡两仪而归太极,即太极而返无极也。或云太玄,或云虚寂,或云深藏,或云匡廓消亡,层见叠出,总是发明返本还原,未生以前消息。得此消息,方知笔未下时,原有一部《参同契》在天地间。乾、坤、坎、离触处,昭布森列,开眼即见,闭眼亦未尝不见,倾耳即闻,塞耳亦未尝不闻。《道德经》所谓有物混成,先天地生者此也;《系辞传》所谓神无方而易无体者此也;邵子所谓画前原有易者此也;周子所谓太极本无极者此也。不特此也,仲尼一生删定赞修,不遗余力,却云:予欲无言,天何言哉?岂非言还自败伤之旨乎?释迦说法四十九年,却云并未曾说一字,末了传衣,只传得一个拈花公案,岂非闭口不用谈之意乎?又何疑于《参同契》乎?祖师著书立象,本欲晓后生之盲,无奈千四五百年来,书虽传而盲者如故,或妄援大易之阴阳而为采补,或错认黄老之养性而为独修,或傅会炉火之伏食而为烧炼,一盲引众盲,相将入火坑,纵遇真师指点,仍冥然不信,哀哉!祖师于绝笔之余,惓惓欲结舌忘言,盖逆知后世之多盲夫矣。此《参同》中,末后全提之句也,谁肯泄露到此？信乎，天不爱道矣。读者请具只眼，庶不空过。

自叙启后章第三十六

(章名从旧)①

邻国鄙夫，幽谷朽生。挟怀朴素，不乐权荣。栖迟僻陋，忽略利名。执守恬淡，希时安宁。晏然闲居，乃撰斯文。歌叙大易，三圣遗言。察其旨趣，一统共论。务在顺理，宣耀精神。神化流通，四海和平。表以为历，万世可循。序以御政，行之不烦。引内养性，黄老自然。含德之厚，归根返元。近在我心，不离己身，抱一毋舍，可以长存。配以伏食，雄雌设陈。挺除武都，八石弃捐。审用成物，世俗所珍。罗列三条，枝茎相连。同出异名，皆由一门。非徒累句，谐偶斯文，殆有其真，砾硌可观。使予敷伪，却被赘愆。命《参同契》，微览其端。辞寡道大，后嗣宜遵。委时去害，依托邱山。循游寥廓，与鬼为邻。化形而仙，沦寂无声。百世以下，遨游人间。敷陈羽翮，东西南倾。汤遭厄际，水旱隔并。柯叶萎黄，失其华荣。吉人乘负，安稳长生。

此章魏公自叙其作书之意，兼隐名以俟后世也。

邻国鄙夫，幽谷朽生。挟怀朴素，不乐权荣。栖迟僻陋，忽略利名。执守恬淡，希时安宁。晏然闲居，乃撰斯文。

此节魏公自言其隐处著书之意也。按《列仙传》：真人魏伯阳者，会稽上虞人也。世袭簪裾，惟公不仕，修真潜默，养志虚无，博瞻文辞，兼通纬候，恬淡守素，惟道是从，每视轩冕如糠秕焉。从阴长生真人，得受金丹大道，依法伏炼成真，乃约《周易》撰《参同契》三篇。

此处自叙一段，与《传》中所称引，大略仿佛，盖实录也。魏公本会稽人，而托言古邻国，殆亦隐文耳。

歌叙大易，三圣遗言。察其旨趣，一统共论。务在顺理，宣耀精神。神化流通，四海和平。表以为历，万世可循。序以御政，行之不烦。

此节言《参同契》一书，原本大易，即御政之旨也。盖易更三圣，画

---

① 此校语底本无，据贵文堂本补。

卦、系辞、作翼，无非示人以尽性致命之功。魏公察其旨趣之所在，外参造化，内印身心，统括而究论之，不出坎离二用。其体为性命，其用则为精神，性命之理既顺，精神之用方全，故曰：务在顺理，宣耀精神。穷神知化，易之妙也。惟一故神，惟两故化，以此治心，则神化藏于中黄，而有通理之验；以此治世，则神化布于四海，而著和平之功。故曰：神化流通，四海和平。子南午北，互为纲纪，建纬卯酉，璇玑循环，即历法之祖也，故曰：表以为历，万世可循。君主无为，臣主有为，明堂布政，国无害道，即治世之准也，故曰：序以御政，行之不烦。盖易道便是治道，治道便是丹道，内圣外王，一以贯之，此段专结御政宗旨，即所谓大易性情，各如其度也。

引内养性，黄老自然。含德之厚，归根返元。近在我心，不离己身，抱一毋舍，可以长存。

此节言养性自然之旨也。以外象言之，清净无为之道，本诸黄帝、老子；以内象言之，人身九宫之中，有丹扃黄庭，为中央黄老君之所治。内藏祖性，天真自然，所谓养性者，养此而已，故曰：引内养性，黄老自然。祖性即上德也，本来无丧无得，不减不增，学人若洞明此性，当下可以归根复命，返本还原，故曰：含德之厚，归根返元。祖性本是一体，分为两用，便属身心二物。但心非肉团之心，即本来妙有中真空；身非四大之身，即本来真空中妙有。此两者人人具足，一切修证，不离当体，故曰：近在我心，不离己身。祖窍是真中，身心两家会归祖窍，便是真一。人能守中抱一，须臾弗离，则长生久视之道得矣，故曰：抱一毋舍，可以长存。

此段专结养性宗旨，即所谓：黄老用究，较而可御也。

配以伏食，雌雄设陈。挺除武都，八石弃捐。审用成物，世俗所珍。

此节言炉火伏食之旨也。以内象言之，本是真性真命，一阴一阳之大道；以外象配之，喻为真铅真汞，一雌一雄之两物。以魂魄相制而言，则谓之伏；以龙虎相吞而言，则谓之食。乃是金液还丹作用，迥非旁门所谓服食也，故曰：配以伏食，雌雄设陈。世人闻说炉火，定猜作五金八石；闻说雌雄，定认作雌黄雄黄。不知此皆有形有质后天渣滓之物，真人所除弃而不用者也,故曰:挺除武都,八石弃捐。既已弃捐矣,何故配以伏食？良以烧铅干汞,点铜成金,从来有此方术,世俗贵术而不贵道,往往于此极其珍重,祖师再三审度,知世俗所最珍重者,黄白之物,故借假说真,寓言金丹伏食之妙用,则信从者众矣,故曰:审用成物,世俗所珍。武都在凉州西数千里,产雌黄雄黄,魏公言我之所谓雌雄设陈,非武都所产之物也。《悟真篇》云:休炼三黄及四神。即此意。

此段专结伏食功用,即所谓:炉火之事,真有所据也。

罗列三条,枝茎相连。同出异名,皆由一门。非徒累句,谐偶斯文,殆有其真,砾硌可观。使予敷伪,却被赘疣。命《参同契》,微览其端。辞寡道大,后嗣宜遵。

此章总结三道由一,乃《参同契》之所以得名也。盖大易性情,隐藏坎离药物；黄老养性,隐藏中黄炉鼎；炉火伏食,隐藏煅炼火候。露其枝条,藏却根本,究而言之,即身心意之三家也,亦即精气神之三元也。枝茎虽列三条,根本实为一致,三家相见,便结圣胎,三元合一,便归太极。惟三者相参,金丹之作用乃备,故曰:罗列三条,枝茎相连。然三条之中,举一即三,会三即一,处处合同,确然一贯,即太上所云同出异名,而为众妙之门者也,故曰:同出异名,皆由一门。三条罗列,枝茎虽繁,然非抽黄对白,谐世俗之文辞也,实有至真之道隐乎其中,外契造化,内契身心,天人性命之理,无不相印,若合符节,如璞玉之藏石中,剖出即现,故曰:殆有其真,砾硌可观。若谓敷陈谬妄之辞,诳惑后学,此如附赘悬疣,岂不反被天谴？初心之所不敢出也。此书之成,特命之曰《参同契》者,正以三家相参,同出一门,乃契无上至真之妙道耳。学者能探厥端绪,方知其辞虽寡,其道甚大,尽性至命之道,毕出其中。后世法嗣,可不遵守之乎？

此段特发《参同契》所以命名之意,所谓:三道由一,俱出径路也。

委时去害,依托邱山。循游寥廓,与鬼为邻。化形而仙,沦寂无声,百世以下,遨游人间。敷陈羽翮,东西南倾。汤遭厄际,水旱隔并。柯叶萎黄,失其华荣。吉人乘负,安稳长生。

此节魏公于著书篇终,隐名以俟后世也。十六句中,离合成文,藏仙翁姓名在内。委时去害四句,合成魏字;化形而仙四句,合成伯字;敷陈羽翮四句,合成阳字;柯叶萎黄四句,合成造字。言《参同契》全文,乃魏伯阳所造也。仙翁本遁世之士,不欲自著其姓名,却又不肯尽晦,故为漫辞隐语,半藏半露,以庶几后人之我知。正犹一句根本,藏在三篇枝叶之中,含吐隐跃,以庶几后人之自悟耳。仙翁隐名之意,即前章闭口不用谈之意也。知其解者,旦暮遇之,初不得觌面蹉过。

上篇末章有吾不敢虚说,仿效圣人等句,中篇末章有吾甚伤之、定录此文等句,俱述著书垂训之意。语意尚未了,至于下篇末章,自叙启后,发明三道由一,乃《参同契》之所以作。上承先圣,下启后贤,为穷理尽性致命之准则,故知此章不特结三相类,实全书之总结也。

《参同契》一书,最不易读,盖其初以一句,分为三篇,其究以三篇,合为一句,而句本无句也。但分合之间,神奇变化,虽有离朱之目鲜不眩,师旷之聪鲜不聋矣。今得吾师尽发其覆,正如千年暗室,一灯能照,岂非羲《易》之指南,而《参同》之慧炬哉!

静观拜述[①]。

---

① 此四字据贵文堂本补。